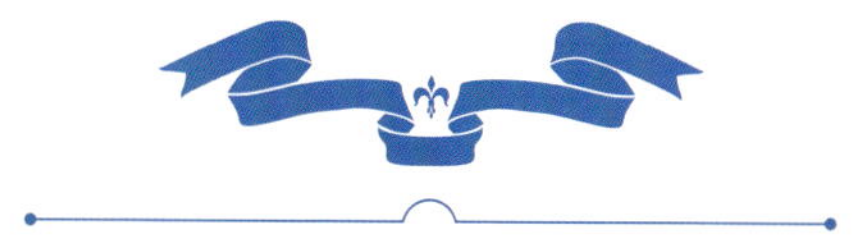

王利明◎著

中国民商法研究文丛

典藏本

第十一卷

中国人民大学出版社

·北京·

作者简介

王利明，1960年2月生，湖北省仙桃市人。1981年获湖北财经学院法学学士学位；1984年获中国人民大学法学硕士学位并留校任教；1990年获中国人民大学法学博士学位；1989年2月至1990年2月、1998年8月至1999年6月，先后在美国密歇根大学法学院和哈佛大学法学院进修。现任中国人民大学一级教授、博士研究生导师，中国人民大学民商事法律科学研究中心研究员，国务院学位委员会法学学科评议组成员兼召集人，中国法学会副会长，中国法学会民法学研究会会长，中国法学会民法典编纂项目领导小组副组长，首届全国十大杰出青年法学家，教育部社会科学委员会委员，“新世纪百千万人才工程”国家级人选，“万人计划”哲学社会科学领军人才，享受国务院政府特殊津贴。

主要学术成果：《违约责任论》（获第三届中国高校人文社会科学研究优秀成果奖一等奖）、《侵权行为法归责原则研究》（获高等学校人文社会科学研究优秀成果奖二等奖）、《司法改革研究》（获2002年度司法部法学教材与法学优秀科研成果奖一等奖、吴玉章人文社会科学奖三等奖）、《物权法论》、《物权法研究》（获第六届国家图书奖提名奖）、《合同法研究》（第一、二、三、四卷）、《民法总则研究》（获第十四届中国图书奖）、《人格权法研究》（获第五届中国高校人文社会科学研究优秀成果奖二等奖）、《中国物权法草案建议稿及立法理由书》（获第

四届中国高校人文社会科学研究优秀成果奖一等奖）、《我国民法典重大疑难问题之研究》（入选新闻出版总署第一届“三个一百”原创图书出版工程）、《法律解释学导论》（获第五届中国高校人文社会科学研究优秀成果奖一等奖）；主编或合著《民法新论》（上、下册，获北京市高等学校第二届哲学社会科学中青年优秀成果奖、全国高等学校出版社优秀学术专著奖）、《民法・侵权行为法》（获北京市第三届哲学社会科学优秀成果奖二等奖、国家教委第三届高等学校优秀教材奖）、《人格权法新论》（获第九届中国图书评论奖）、《合同法新论・总则》、《中国民法典释评》（十卷本）（获第五届中国出版政府奖图书奖）。出版论文集《民商法研究》（第1至10辑），发表学术论文二百余篇。

迈进民法典时代
（代总序）

随着《民法典》的颁布、实施，我们进入民法典时代，几代民法学人的梦想最终实现。“法典编纂之举是立法史上一个世纪之大事业。国家千载之利害、生民亿兆之休戚，均依此而定。”① 民法典是党的十八届四中全会以来全面推进依法治国的重大成果。编纂民法典是贯彻习近平法治思想的一次生动实践，对于全面提升国家治理能力和治理体系的现代化，全面推进依法治国，实现人民对良法善治的美好期待，将发挥重大作用。

民法典时代是一个更好保障人民合法权益的时代。21 世纪是走向权利的世纪，是弘扬人格尊严和价值的世纪。进入 21 世纪以来，人权运动在世界范围内蓬勃发展，尊重与保护人权已经成为国际社会的共识，并成为当代法律关注的重点，对人的尊重和保护被提高到前所未有的高度。因此，我国《民法典》也充分反映了时代精神，全面保障人民的合法权益。法治的核心要义是规范公权、保障私权，《民法典》作为一部以“民”命名的法典，它坚持了以人民为中心的理念，以保障私权为立法目的和基本理念；它不仅全面保护财产权、人身权、人格权，而且为全面保护私权提供了各种保障和救济机制。正因为如此，《民法典》也被

① ［日］穗积陈重：《法典论》，李求轶译，商务印书馆 2014 年版，第 1 页。

称为“民事权利的宣言书”。

民法典时代是立法更加积极回应人民群众新要求、新期待的时代。孟德斯鸠说过，“在民法的慈母般的眼里，每一个个人就是整个的国家”[①]。《民法典》坚持以民为本、以民为上，努力促进人权保障、民生改善、民业兴旺、民心和顺、民风文明，更加注重人文关怀。《民法典》通过人格权独立成编，全面维护人民群众进入新时代后不断提升的精神层面的需求，全面强化了对人格尊严的维护，使人民群众不仅吃得饱、穿得暖，而且活得更有体面、更有尊严。《民法典》通过物权、合同等制度的设立，保障人民群众的基本财产权利，保障人民安居乐业，不断增强人民群众的获得感、幸福感、安全感，故民法典的时代也是以法律手段保障人民美好幸福生活实现的时代。

民法典时代是一个民事法律走向体系化、统一化的时代。在单行立法时期，法出多门，立法多元，民事立法较为散乱，甚至许多单行法之间存在一定程度的矛盾和冲突，尤其是由于缺乏一部系统完整的民法典，大量的司法解释、行政法规和地方性法规也与法律的规则极不统一。进入民法典时代之后，已形成了一个在民法典统率下由各个民商事单行法组成的制度体系，民商事法律体系已经形成，需要依据民法典进行立法层面的废、立、改、释，并总结实践经验，加强同《民法典》相关联、相配套的法律制定工作，以使民商事立法在《民法典》的统率下更加协调一致、完整统一；同时，以作为基础性法律的《民法典》为基准，清理司法解释和其他规范性文件，确保法律规则的统一。

民法典时代是一个民事法律规范基本齐备的时代。这就意味着，大规模创设规则的时代已经结束。民事法律制度建设的重心，应当从立法论转向解释论，以全面贯彻好、实施好、落实好《民法典》为重心。《民法典》实施后，应当充分发挥民法典的体系化效应，体系观法、找法、释法，释放民法典的规范储存功能，不断填补法律漏洞。此外，要注重《民法典》的基础性地位，从价值、制度、规则、概念等方面处理《民法典》和民事单行法的关系；同时，在《民法典》指导之下，积极推进重要领域立法，健全国家治理急需的法律制度、满足人民日益增

① ［法］孟德斯鸠：《论法的精神》（下册），张雁深译，商务印书馆 1997 年版，第 190 页。

长的美好生活需要必备的法律制度，在新的实践基础上推动民法典不断完善和发展。

民法典时代是一个解释的时代。在《民法典》已经颁布、实施，民事法律体系已经形成的情形下，大规模创设民事法律规则的时代已经结束，法治建设的任务应当是使“纸面上的法律”变为“行动中的法律”，最大限度地发挥法律适用的效果，因而我们需要从重视立法论向重视解释论转化。可以说，一个解释的时代已经到来。换言之，在现阶段，社会主义法治建设的一个重要内容就是通过解释，弥补现有法律体系的不足，消除现有法律之间的矛盾，使法律得到有效适用，最大限度地发挥立法的效用，并不断发展和完善法律。这正是法律解释在今天所应发挥的功能。因此，无论是立法者，还是司法者，都应当高度重视法律解释问题。法学研究也应当比以往更重视法律解释。这也是成文法国家法律发展史上的重要规律。正如帕特森所言，“毋庸置疑，我们的时代是解释的时代。从自然科学到社会科学、人文科学到艺术，有大量的数据显示，解释成为 20 世纪后期最重要的研究主题。在法律中，‘向解释学转向’的重要性怎么评价也不过分”①。

民法典时代也是一个民法学繁荣发展的时代。广大法学专家曾经为民法典编纂献计献策，实现了自己的学术抱负，描绘了人生的光彩画卷。随着《民法典》的颁布、实施，民法学的发展也迎来了一个繁荣发展的春天。在《民法典》已经颁布、实施的背景下，我国急需创建一个具有中国特色的民法学理论体系。何谓中国特色社会主义民法学理论体系？它应当是对中国实践具有解释力的思想和知识体系，是以社会主义法治理论体系为基础、具有中国特色的理论体系。广大民法学者应以《民法典》为基准，构建体现我国社会主义性质，具有鲜明中国特色、实践特色、时代特色的民法学理论体系和话语体系，努力提升民法学的理论品格，加强基础理论研究，科学、准确解释法典，积极回应现实需求，加快形成具有中国特色的民法学理论体系。

随着迈进民法典时代，我们对中国法治建设的美好明天充满信心，对实现中华民族的伟大复兴和实现人民的美好幸福生活充满期待。

---

① ［美］帕特森：《法律与真理》，陈锐译，中国法制出版社 2007 年版，序言。

序 言

自在20世纪80年代初期发表第一篇学术论文至今，我与民法同行已逾四十年。进入21世纪以来，我在法律出版社陆续出版了个人文集第一至十辑。此次应中国人民大学出版社之邀，对原在法律出版社出版的个人文集进行了全面修订。这确实是一件颇为繁复之事。

这套文集收录了我四十余年来公开发表和未发表的学术论文。在今天读来，一些文章显得粗糙甚至肤浅，但这些作品反映了当时我对中国民商法现实问题的一些思考，凝聚了我的汗水和心血。这些作品的写作也是一段冥思苦想、艰苦求索的心路历程。在那个年代，由于没有电脑网络，图书资料极度匮乏，从事学术研究是件苦差事。许多早期作品都是在那种艰苦的环境中创作出来的。虽然这些文章或许不乏幼稚之处，但敝帚自珍，更何况那也是对一段艰难困苦历程的记载。

古人云："君子之为学也，将以成身而备天下国家之用也。"我也一直铭记先师佟柔教授"治学报国、奉献法治"之教诲，以研究中国法治建设中的现实问题为使命，以为中国当代法治建设建言献策为己任，借此追求法治梦和民法梦。我国《宪法》通过对"依法治国"方略的确认，书写下我们的法治梦，描绘出中国法治的宏伟蓝图。而新中国几代民法学人的民法梦就是一部中国民法典的面世。

就我个人而言，民法梦还有一层含义，就是要构建中国民法学理论体系，这样一个体系是立足于中国实践、内生于中国传统文化、回应中国社会现实需求、展示民族时代风貌的理论体系。在世界文化多元化背景下，这样一个中国民法学理论体系也应当是一种具有自身特色，受世人广泛关注、高度评价和普遍尊重的法律文化样态，其能够为促进世界民法文化的繁荣与发展作出我们中国人自己的贡献。那么，我们应当构建什么样的中国民法学理论体系呢？

——它应当以研究中国现实问题为重心。“社会不是以法律为基础的。”“相反地，法律应该以社会为基础。”（马克思语）民法是社会经济生活在法律上的反映，更是一国生活方式的总结和体现。在社会主义条件下发展市场经济，是一项前无古人的伟大壮举。这也使我国社会主义市场经济在发展过程中出现了在许多其他国家和地区从未出现的新情况、新问题。作为市场经济基本法和市民生活“百科全书”的民商法，更应当以我国社会主义市场经济发展过程中的现实问题为依归。这就要求我们将民法论文写在中国的大地上，植根于中国的社会生活和经济生活的实践，密切关注和联系中国的改革开放、市场经济发展的实践，善于总结立法和司法实践的经验，善于归纳和运用市场经济社会所形成的习惯。德沃金言，“法律是一种不断完善的实践”。只有源于实践并服务于实践的民法学理论，才是真正有生命力、有针对性、有解释力的理论。

——它应当以解决中国现实问题为依归。“道无定体，学贵适用。”我们的民法学要成为经世济民、服务社会的有用之学，就必须从实践中来，到实践中去，解决中国的现实问题。“问题是时代的声音”，我国改革开放和市场经济建设实践中所出现的现实问题，既是我国民法学发展过程中的挑战，也是我国民法学发展的重要契机。我国民法学的发展始终应服务于中国改革开放的伟大实践，针对社会生活中产生的现实问题提出创造性的解决方案，以此为民主法治建设作出贡献。在我看来，解决了市场经济体制构建中的中国特色民商法重大问题，就是解决了为世界普遍关注的问题，就是对世界民商法学发展的重大贡献，也就达到了国际领先水平。还要看到，“人民的福祉是最高的法律”（Salus populi suprema lex esto），民之所欲，法之所系。民法本质上是人法，民法学研究应当始终以实

现人文关怀、保障人的自由和尊严、促进人的全面发展、增进人民的福祉为理念，始终以尊重人、保护人、关爱人为出发点。

——它应当具有对世界优秀民法文化的开放和包容态度。构建以研究我国现实问题为重心的民法学理论体系并不等于对异域法律文化的排斥。相反，在全球化背景下，中国民法学理论体系应当是一个包容世界民法学文化精髓的体系，它反映了人类社会发展进程中面临的共同问题和应对智慧。理论自信不等于盲目自大，学术自信离不开我们对异域法律文化的充分了解，离不开我们对人类社会最新成果和趋势的准确把握。对人类法律文明的优秀成果，应秉持鲁迅所言，“我们要运用脑髓，放出眼光，自己来拿”。但借鉴不等于照搬，域外的法治经验只能作为借鉴对象，我们必须立足中国，放眼世界。外国的制度、理论都只能是我们借鉴的素材，最重要的是从中国实际出发，绝不能“削中国实践之足，适西方理论之履”，绝不能在外国学者设计的理论笼子中跳舞，绝不能单纯做西方理论的搬运工，而要做中国学术的创造者，做世界学术的贡献者。

——它应当具有自身的逻辑性和科学性。民法学之所以是一门科学，是因为民法学本身具有科学的理论体系和科学的研究方法。一方面，经过两千多年的发展，民法学在自身独特研究对象的基础上，已经形成了一些具有共识性的概念、规则和制度，形成了富有逻辑的、体系严谨的理论体系。另一方面，民法学以私法自治等原则为基础，构建了自身独特的价值体系，并形成了自身的研究方法，通过对这些方法的运用，对同一问题能够相互交流，进而得出具有共识性的结论。民法学研究方法也需要不断创新，在注重解释方法的同时，也要注重实证研究，应高度重视利用我国丰富的案例资源，并充分借鉴经济学、社会学等学科的研究方法，努力反映时代精神、体现时代特征。

四十余年来，我本人的民商法学研究经历基本上遵循了前述思路。回顾自己的学术历程，从最初在佟柔教授指导下研究民法的调整对象和民法体系、民法与经济法的关系以及经济体制改革过程中的所有权形态等问题，到在 20 世纪 80 年代末期赴美学习，回国后开始从事对民法总则、侵权责任法归责原则、物权法基本原理等问题的研究，再到后来因参与合同法立法而开始全面研究合同法问题，

可以发现，本人就民法学中诸多重大疑难问题撰写了不少学术论文。在 90 年代末期我赴美国哈佛大学法学院进修，重点研究司法改革等法治热点、难点问题。进入 21 世纪以来，随着民法典编纂工作正式启动，我作为起草人之一参与民法典的编纂工作，就物权法、人格权法、侵权责任法和民法典体系等基本理论问题展开了专门研究；后又配合物权法、侵权责任法的起草，就相关领域的重大理论问题展开了认真探讨。作为中国民法法典化的见证者和参与者，我在整个研究历程中都尽最大的努力提出建设性意见，提供理论支持；我也与其他民法学同人一道，大力助推中国民法学理论体系的建构和民法学文化的传播。

弹指一挥间，四十余年过去了，当初荒芜的法学园地而今已繁花似锦，当初被认为“幼稚的”法学在今天已成为一门显学，民法学在其中表现得尤为突出。记得在改革开放开始之后相当长的时间内，社会上一般人都不知民法为何物，对一些重要的民法制度和民法术语更为陌生。例如，在 20 世纪 90 年代初期，我国权威词典仍然把“隐私”这一概念理解为“阴私”，将其视为一个贬义词汇。而在今天，“隐私”这一术语已广为人知，保护隐私的观念也已深入人心。这不能不说是一个巨大的社会进步。不得不承认，这一历史性演变与进步凝聚了一代又一代民法学人的汗水、心血与期盼。还记得在 20 世纪 80 年代初我大学毕业时，民法学教科书仅寥寥数本且尚未公开出版，民法学论文屈指可数。而今，我国民法学教科书汗牛充栋，民法学论文浩如烟海，民法学研究人才辈出，民法学的未来一片光明。

但我们还应当清醒地意识到，中国的法治建设任重道远，市场经济法律制度还处于不断完善之中。与此直接相关的是民法学理论体系仍处于初创阶段。这不仅表现在现有民法学理论和相应民法制度还未能有效地回应诸多重大现实问题，而且表现在我国民法学理论的国际影响尚不尽如人意，民法学界掌握的国际话语权仍然有限。虽然法治梦和民法梦已经筑起，但这些梦想的实现，还有待我们作出长期不懈的努力。

尼采有句理想主义名言：“不断重复一个梦幻，就能把它变为现实”。我们已经从迷茫中醒来，选择市场经济这一发展道路，法治是中国的唯一选择，舍此别

无他路。在这一过程中，法学工作者肩负着重大职责和光荣使命。基于这样一种认识，我希望借“中国民商法研究文丛”出版之机，重复我的中国民法梦想，以助推法治梦的实现。犹如大海需要涓涓细流的汇入，学术繁荣需要每位学人的不断努力和积累。我愿化作沧海一粟，汇入中国民法学文化的江海；我愿作为一粒石子，铺在法治的康庄大道。

期盼中国民法梦不久成真，期待中国法治梦早日实现。

本卷目录

第一编　民法总则

论《民法典》实施中的思维转化
——从单行法思维到法典化思维 …… 3
全面实施《民法典》推进中国人权事业发展 …… 27
推进编纂式法典化的几点思考 …… 44
论民法典时代的法律解释 …… 71
民法典时代的教学与研究初探 …… 91
试论中国民法学自主知识体系的构建 …… 112
加快建构中国民法学自主知识体系 …… 133

第二编　数据权益

论数据权益：以“权利束”为视角 …… 143
数字时代民法的发展与完善 …… 167
数据何以确权 …… 193
论数据来源者权利 …… 221

迈进数字时代的民法 …… 253
数据的民法保护 …… 282

第三编　人格权制度

强化人格权保护　促进宪法全面实施 …… 303
论人格权保护的全面性和方法的独特性
——以《民法典》人格权编为分析对象 …… 307
《个人信息保护法》的亮点与创新 …… 324
论个人信息删除权 …… 349
论声音权益的法律保护模式 …… 374
加强网络暴力治理　构建良好网络秩序 …… 401

第四编　物权制度

论平等保护民营企业产权 …… 409
物债二分视角下的物权请求权 …… 434
论赃物的善意取得
——以刑民交叉为视角 …… 457
论抵押权的追及效力
——以《民法典》第406条为中心 …… 482

第五编　合同制度

合同编通则司法解释的亮点与创新 …… 509
体系化视角下的恶意串通规则 …… 538
论越权代表中相对人的合理审查义务
——以《合同编通则解释》第20条为中心 …… 563
论债务加入人的追偿权
——以《合同编通则解释》第51条为中心 …… 594

对待给付判决：同时履行抗辩的程序保障
——以《合同编通则解释》第 31 条第 2 款为中心 …………………………… 620
论仲裁协议对代位权行使的影响
——兼评《合同编通则解释》第 36 条 ……………………………………… 644
仲裁协议效力的若干问题 ……………………………………………………… 658

第六编　婚姻家庭制度

体系化视野下《民法典》婚姻家庭编的适用
——兼论婚姻家庭编与其他各编的适用关系 ………………………………… 679

第七编　侵权责任制度

生成式人工智能侵权的法律应对 ……………………………………………… 705

第八编　其　他

论基本民事权利保护与人权保障的关系 ……………………………………… 727
坚持以习近平法治思想为指导，加强涉外法治人才培养 …………………… 743

后　记 …………………………………………………………………………… 753

第一编

民法总则

论《民法典》实施中的思维转化

——从单行法思维到法典化思维

《民法典》的颁布是习近平法治思想的生动实践，是党的十八大以来全面依法治国的重要成果。《民法典》完善了我国民商事法律体系，形成了以《民法典》为中心的、具有内在价值一致性的、完整的制度规则体系；与此同时，由法到典客观上也需要转变法律思维方式。所谓法律思维（legal mind）是“依循法律逻辑，以价值取向的思考、合理的论证，解释适用法律”的思维方式。[①] 法律思维可能是单行法思维，也可能是法典化思维。但是，法典化思维更有助于准确理解和运用法律规则解决纠纷，也是贯彻好、实施好、落实好《民法典》的关键。为此，在全面贯彻实施《民法典》的过程中，亟须讨论以下问题：由法到典所形成的法典化思维究竟为何？这种思维在贯彻实施《民法典》中发挥何种功能？如何准确运用这种思维？

一、从多中心思维到基础性法律思维

法律依据其性质与地位可以分为根本性法律、基础性法律和一般性法律。在

① 参见王泽鉴：《民法思维》，北京大学出版社2009年版，第1页。

汉语中，“典”具有典则、典籍、典范的含义，都表达的是基础性的意义。在中国古代，所谓“典”，通常有“经典”“典范”“典籍”等含义，因此，凡是入典之律，位阶较高。习近平总书记指出：“民法典在中国特色社会主义法律体系中具有重要地位，是一部固根本、稳预期、利长远的基础性法律。”[①] 这就精辟地揭示了《民法典》在中国特色社会主义法律体系中的基础性地位，需要我们尽快形成以《民法典》作为民商事法律部门中基础性法律的法典化思维。

从法典化的历史可见，随着中世纪后期罗马法的复兴，自16世纪始，欧洲开始推进法典化运动，其目的在于结束法律渊源多元和混乱的局面。从普鲁士、法国和奥地利等国家的法典化经验来看，都致力于使法典成为法律渊源的中心。19世纪的法典化运动将法典中心主义推向了极致，法典曾经被奉为法律的唯一渊源，即尽可能通过民法典形成法律渊源的排他性（exclusiveness）。正如有学者所指出的，减少其他法律渊源的数量，是历史上绝大多数法典的目标。例如，“在19世纪，民法典在法国一直被视为核心，法律的真正心脏”[②]。但自20世纪以来，法典中心主义现象已经出现了相当程度的缓和，许多国家都在法典之外制定了大量的单行法，判例法也发挥了越来越重要的作用，由此形成了意大利学者伊尔蒂（Irti）所说的“微系统”，导致了“去法典化”（decodification）现象的产生。[③] 当然，彻底去法典化只是某些学者极端的观点，民法典作为民法主要渊源的地位虽然受到单行法的影响，但其基础性地位并没有被弱化，即使伊尔蒂也不得不承认，民法典依然是这些特别规范的制度前提。[④]

新中国自成立以来，曾经四次起草民法典，以建构民商法的基础性法律，但都没有成功。自改革开放以来，为适应我国社会主义市场经济的发展和改革开放的需要，先后颁布了一大批单行法律，其中大量的都是民商事法律或者包

---

① 习近平：《充分认识颁布实施民法典重大意义 依法更好保障人民合法权益》，《论坚持全面依法治国》，中央文献出版社2020年版，第278页。

② Jacques Vanderlinden，Le concept de code en Europe occidentale du XIIIe au XIXe siècle：Essai de définition，Bruxelle：Éditions de l'Institut de sociologie Université libre de Bruxelles，1967.

③ 参见［意］桑德罗·斯奇巴尼：《法典化及其立法手段》，丁玫译，载《中外法学》2002年第1期。

④ 参见［意］纳塔利诺·伊尔蒂：《〈解法典化的时代〉：二十年后》，徐铁英译，《苏州大学学报》2018年第2期。

含民商事法律规范的法律，这种单行法的立法模式也使许多法律人形成了单行法的思维定式。单行法思维不是把法律看作有机的、逻辑贯通的整体，而是将各个单行法视为自给自足的规则体系，由此形成了多元的、分散的、碎片化的思维方式。

《民法典》颁布后，由法到典的重大变化在于确立了《民法典》的基础性法律地位，这实际上也树立了《民法典》在整个民商事法律体系中的中心地位，彰显了《民法典》作为私法的基本法的地位。由法到典所带来的观念上的改变之一，就是从多中心思维向基础性法律思维的转化。

首先，树立以《民法典》作为所有民商事法律的基础性法律的理念。在比较法上，民法因其悠久的历史和丰富的理论一直被认为是发展各法律部门的基础。[①] 在整个民商事法律体系中，《民法典》不仅是我国民事法律的集大成者，更是所有私法的基本法。在我国，民商事法律体系由《民法典》与大量的法典之外的民商事单行法组成，《民法典》与这些单行法之间是主干和分枝的关系，《民法典》作为主干，为各单行法提供基础，而其他单行法作为分枝，其生长不能脱离于主干。诚如苏永钦教授所说，单行法与民法典的关系，犹如行星围绕恒星运转一般。[②] 民法典作为基本法律，是私法的核心，“不了解民法的基本原则和一般规则，也就无法理解私法的特别领域”[③]。我国《民法典》是整个民商事法律的基础，因此，《民法典》既是民法的主要法源，又是弥补单行法规定不足、填补单行法规则漏洞的来源，也是使单行法制度规则体系融贯的基础。

其次，发挥《民法典》在统率民商事法律中的主导作用。在单行法时代，各个单行法的制度和规则自成体系，由于缺乏基础性法律的统率，不可能真正形成民商法体系。我国虽然一直秉持民商合一[④]，但庞大的商事法律如公司、保险、

① 参见［法］勒内·达维：《英国法与法国法：一种实质性比较》，潘华仿等译，清华大学出版社2002年版，第45页。

② 参见苏永钦：《现代民法典的体系定位与建构规则——为中国大陆的民法典工程进一言》，载季卫东主编：《交大法学》2010年第1卷，上海交通大学出版社2011年版，第59－93页。

③ ［德］卡尔·拉伦茨：《德国民法通论》（上册），王晓晔等译，法律出版社2003年版，第10页。

④ 参见王晨：《关于〈中华人民共和国民法典（草案）〉的说明》，载《中华人民共和国民法典》，中国法制出版社2020年版，第275页。

破产、票据、海商等法律，其实一直是游离在民法部门之外的，在具体适用中，与民法是相互脱离的，从而使民商合一体系并没有真正成为一种立法实践，而更多的是一种价值理念。随着《民法典》的颁布，一部基础性法律诞生，并可引领各个单行法，据此才真正形成了以《民法典》为统率的民商合一的法律体系。在《民法典》颁行后，充分发挥《民法典》统率各民商事法律的作用，其实就是要以《民法典》整合各个单行法，使整个民商事法律真正成为一个体系完整的统一整体。

再次，确立以《民法典》为中心的民事实体法律适用理念。① 如前所述，在单行法时代，面对纷繁复杂的单行法，法官时常陷入找法和用法的困境之中，当多个单行法规范都可以适用于某一法律关系时尤其如此。例如，一个简单的网购商品质量纠纷，从已公布的案例所援引的裁判规则来看，就包括《消费者权益保护法》《产品质量法》《合同法》《侵权责任法》以及相关的司法解释等，这种状况实际上成为法官适用法律的一大难题，也极大地妨碍了司法裁判的统一。在《民法典》颁布后，作为基础性法律的《民法典》将成为处理民事纠纷的主要法律依据。从比较法来看，有的国家民法典专门对此进行了规定。② 大陆法国家主张的法典中心主义，其实也旨在确认民法典在民事实体法中的中心地位。在我国《民法典》颁布实施后，法律人亟须树立以《民法典》为中心的实体法适用的理念，此种理念应至少包含如下含义：一是《民法典》是民法的主要渊源，即《民法典》在解决民商事纠纷中处于法源的核心地位。二是《民法典》是裁判民事纠纷的主要依据。在不具备特别法优先于一般法等正当理由的情形下，裁判者首先应当从《民法典》各编中找法用法，而不应当在庞杂的单行法中寻找裁判依据。三是《民法典》不仅具有资讯集中的功能，而且具有一种导航功能，即引导法律人正确找法用法。法典化的功能之一是可以快速实现体系定位，其中涉及纵向的体系定位与横向的体系关联。正如有学者所指出的，这种体系定位大量减少了找

① 参见最高人民法院研究室编著：《〈全国法院贯彻实施民法典工作会议纪要〉条文及适用说明》，人民法院出版社 2021 年版，第 11 页。

② 例如，《瑞士民法典》第 1 条明确规定："（1）凡依本法文字或释义有相应规定的任何法律问题，一律适用本法；（2）无法从本文得出相应规定时，法官应依据习惯法裁判；如无习惯法时，依据自己如作为立法者应提出的规则裁判。"

法过程中搜寻、比较、权衡、记录成本，其效益十分宏大。①

最后，《民法典》所确立的私权保护和市场交易规则是社会主义市场经济的基本规则。改革开放以来，《民法通则》、《合同法》和《物权法》等民事单行法律的颁布和实施，为社会主义市场经济的建设和完善做出了巨大贡献。党的十八大以来，中国特色社会主义进入新时代，创造了世所罕见的经济快速发展奇迹和社会长期稳定奇迹，以习近平总书记为核心的党中央把全面依法治国摆在突出位置，中国特色社会主义市场经济体制引领中国经济发展进入新常态。中国特色社会主义市场经济体制的优越之处在于，强调市场和政府的双重作用。在此意义上，相较于原来的民事单行法，《民法典》更有利于增强民事主体的活力，促进市场的繁荣和发展。这是因为："倘若各种规则系统形成一个从一般规则到具体规则的层级结构，就能在引导人的行为上更好地发挥作用。"② 这样的层级结构具有以下优势：一是使市场主体更易于理解这些具体规则，可以通过缔结合同实现私权的组合或者交易。二是当具体规则出现矛盾时，也可以根据一般规则化解矛盾。三是系统化的规则层级往往支持规则系统的演化，这是因为高级规则保证着规则系统的内在一致性，允许次级规则根据社会发展的变化而进行调整，据此仍然保持规则系统的一致性。③ 就我国《民法典》而言，确立了民事主体的财产权利受到法律平等保护的基本理念，同时在总则编和合同编中对民事法律行为和合同规则作出了明确规定，这些规则共同确立了私权保护和市场交易的基本规则。《民法典》所奠定的完整的私权体系，也为国家治理确立了基本规则。在行政执法和司法中，应摒弃重刑轻民的观念，多用善用民事方式遏制违法行为，平等保护各类民事主体的合法权益，让企业家专心创业、放心投资、安心经营。④

---

① 参见苏永钦：《现代民法典的体系定位与建构规则——为中国大陆的民法典工程进一言》，载季卫东主编：《交大法学》2010 年第 1 卷。

② 柯武刚、史漫飞、贝彼得：《制度经济学：财产、竞争、政策》（第二版），商务印书馆 2018 年版，第 174 页。

③ 参见柯武刚、史漫飞、贝彼得：《制度经济学：财产、竞争、政策》（第二版），商务印书馆 2018 年版，第 180 - 182 页。

④ 参见最高人民法院研究室编著：《〈全国法院贯彻实施民法典工作会议纪要〉条文及适用说明》，人民法院出版社 2021 年版，第 11 页。

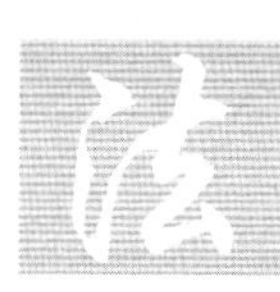

二、从碎片化思维到体系性思维

法典化就是体系化，生活关系总是体现了一定的客观关联，法学的任务就是使这些关联变得清晰。[①] 法学通过将这些生活关系进行抽象和概括，最终形成法体系。“如同自然科学一样，法学也具有高度的系统性。从法律的一般材料中经过科学研究所得出的原则，用复杂的组合形成一个体系，以后一旦发现新的原则就归并到这个体系中去。”[②] 体系化思维本质上就是一种系统思维，或者说是系统论在法学上的运用。在康德看来，法恰恰是“某人的意思与他人的意思根据自由的普遍法则得以结合的诸条件之整体”[③]。因此，法的有机体属性为法学作为一门科学奠定了基础，在法律的适用中也必须从系统论出发，充分发挥体系的功能，才能实现法学的价值。

然而，在单行法时代，单行法的分散立法模式和自给自足的特点，易于使法律人形成一种碎片化思维，这种碎片化思维体现在两方面。其一，面对某一法律纠纷，法律人的思维往往局限于某一单行法。例如，合同纠纷就仅仅局限于合同法，就合同谈合同，侵权纠纷仅仅局限于侵权法，就侵权谈侵权，而往往忽略了一个简单的合同纠纷可能涉及物权、侵权以及其他法律领域。这种思维方式显然具有片面性。其二，从价值层面看，不同单行法的立法目的和价值是相对独立的，缺乏贯穿于整个民法的统一价值基础，在解释单行法的规则时，只能从其特定的立法目的和价值出发。此外，单行法的制定往往是为了解决特定时期的具体问题，具有明显的时间边界和阶段特征。这也决定了单行法具有明显“各自为政”的局限性，难以避免各个单行法之间的冲突和矛盾。且单行法制定时，立法者往往要考量不同时期的价值取向，容易导致单行法的价值冲突。这在民事立法不健全的背景下显得尤为突出。

---

① 参见［德］卡尔·拉伦茨：《论作为科学的法学的不可或缺性》，赵阳译，商务印书馆2021年版，第34页。

② ［美］约翰·亨利·梅利曼：《大陆法系》，顾培东、禄正平译，法律出版社2004年版，第66页。

③ ［德］康德：《法的形而上学原理》，沈叔平译，商务印书馆1991年版，第40页。

《民法典》的颁布促进了民商事法律的体系化，有助于实现民事立法规则体系（也称外在体系）和内在价值体系的一致性、逻辑上的自足性以及内容上的全面性，形成在特定价值指导下的统一法律术语、法律规则和法律制度，保持法律各部分内容的相互协调、相互配合，形成严谨的体系结构。[①] 就规则体系而言，《民法典》的颁布使整个民商事法律形成一个有机的制度体系，这也为体系性思维提供了基本前提。诚如德国学者旺克所指出的："适用某一法律规范，实际上就是适用整个法秩序"[②]。如果要理解制度的内涵，就必须在体系之中进行，从制度与制度之间关系的角度予以把握。从碎片化思维转向体系化思维包含如下几层含义。

（一）体系观法

梅利曼指出，"民法典'科学化'的程度，决定着在实体法、一般法理以及关于民法总则或一般原理课程中所使用的概念和原则统一的程度"[③]。这实际上概括了体系观察的基本内容。在法律适用中，应当从体系层面观察各个制度之间是否是统一的，如果存在概念、制度、规则存在不一致的现象，应当依据《民法典》的立法目的及其所作出的相关规则对其进行解释，努力消除此种矛盾和冲突现象。具体而言：

第一，概念的一致性，即法典所使用的法律概念是一以贯之的。尽管某一概念在不同的上下文语境中其表述可能存在差别，或者具有不同的指向，但是，从基本方面来看，其内容具有相对的稳定性和确定的内核，同一概念在不同的语境下不存在相互冲突的现象。这就是所谓的"相同概念同一解释"的规则。当然，在某些情形下，某些概念可能要作不同的解释，但是解释者应当对此提供充分的论证理由。例如，《民法典》多处使用了"利害关系人"的表述，但在不同的法律关系中，利害关系人的范围存在一定的差别（如监护中的利害关系人与宣告死

---

① 参见［德］卡尔·拉伦茨：《德国民法通论》（上册），王晓晔等译，法律出版社2003年版，第39-41页。

② ［德］罗尔夫·旺克：《法律解释》（第6版），蒋毅、季红明译，北京大学出版社2020年版，第110页。

③ ［美］约翰·亨利·梅利曼：《大陆法系》，顾培东、禄正平译，法律出版社2004年版，第73页。

亡中的利害关系人的范围不同），因此，如有正当理由，就不能对其作同一解释，而应当区别对待。消除法律概念使用的差异性，正是由法到典所要解决的重要问题之一。

第二，规范的一致性，即各个民事法律规范相互之间能够形成密切协调与相互衔接的关系，构成内部自洽的规范群和制度群。一方面，民法的规范群要逻辑自洽、相互衔接、功能互补、相互协调。例如，民法典所确认的各个请求权如物上请求权、债权请求权、人格权请求权、继承权请求权等形成了周密、严谨的制度安排，对民事权利的保护发挥了协调一致的作用。另一方面，按照德国学者施瓦布的看法，建立“一个协调的、按抽象程度逐级划分的概念系统”构成了法典化的基本前提。① 例如，以租赁合同为例，就合同关系、债、总则这些规范之间的内在逻辑看，其等级体系表现为：租赁合同—合同—法律行为的上下位阶体系。这种规范的位阶结构也充分显示了民法典的形式合理性，保障了民事规范在适用上的整体效果。这种规范层级正是民法典所要追求的规范一致性的重要内容。

第三，制度的一致性，即民法的各项基本制度在调整社会关系的过程中形成了内在的一致性。在我国《民法典》的七编制体系中，形成了逻辑严谨的总分结构。这种结构不仅是一种简单的、形式上的安排，更是一种近乎完美的法律规则设计，总则编通过采用提取公因式的方式，确认共同适用的规则，发挥兜底作用，而且为解释分则、解决分则的矛盾提供规则基础和价值基础。总则编关于立法目的和基本原则的规定，实际上也宣示了《民法典》的基本价值，成为基础中的基础，具有“压舱石”的作用。《民法典》各分编就是总则编所构建的一般规则的具体展开，也是总则编中一般规定的特殊规定，各编之间、各项制度之间形成了内在的、密切的逻辑关联，而这种体系化的总分结构也是准确找法、用法的基础。

（二）体系找法

法典化思维要求从整个法律体系着手，寻找可供适用的裁判依据。在法律适用中，应全方位地检索《民法典》的相关规则，来解决具体个案。《民法典》的

① 参见［德］施瓦布：《民法导论》，郑冲译，法律出版社 2006 年版，第 19 页。

内容本身是一个具有内在逻辑一致性的体系。而每一个个案都可能涉及多个法律规范的适用，因而需要从体系的角度思考，确定妥当的法律依据。换言之，在寻找大前提的过程中，首先要建立完整的、体系的观念，才能够准确把握法律，寻找到最恰当的大前提。体系找法包括两个方面。

第一个方面是典内找法。即从《民法典》中，按照体系的观念，寻找妥当的法律适用的规则。

一是应善于识别完全法条和不完全法条。完全法条包含了构成要件和法律效果，可以独立作为请求权基础。而不完全法条只是为了说明、限制或引用另一法条，如果不与其他法条结合，通常不会产生规范效果。[①] 不完全法条必须与其他法条结合，才能成为请求权基础，并作为裁判规则适用。需要指出，在《民法典》颁布后，法条直接的结合并不仅仅局限于同一章内法条的结合，而可能是同一编内法条的结合，还可能会存在不同编之间法条的结合，法律人找法就要有开阔的体系视野。例如，《民法典》第238条规定了侵害物权的民事责任，但是该条在性质上并不属于完全法条。该条表述为“依法”请求损害赔偿和“依法”请求承担其他民事责任。此处的“依法”就需要结合其他规则进行判断。对于后者，可以结合同为物权编内第235、236条的规定确定构成要件和法律效果，但是对于前者，就需要适用侵权责任编的相关规则确定构成要件与法律效果。

二是要把握积极要件和消极要件。在找法的过程中需要把握法律规范的积极要件和消极要件。例如，关于法定抵销规则的适用，《民法典》第568条规定的“当事人互负债务，该债务的标的物种类、品质相同的”，这些都属于积极要件；该条规定的“按照当事人约定或者依照法律规定不得抵销”则属于消极要件。只有在积极要件被充分满足，而消极要件没有被满足的情况下，法条才能被援引。这就必然要求在援引该法条时，不能仅考虑积极要件，还要考虑消极要件。消极要件常常表现为特别规范，其要优先于一般规则适用。通常情况下，抗辩事由常常成为一种消极要件，在积极要件满足的情况下，还要进一步考察是否存在否定积极要件的抗辩事由。

---

① 参见黄茂荣：《法学方法与现代民法》（第五版），法律出版社2007年版，第162页。

三是构成要件和法律效果规定的结合运用。在《民法典》颁布之后，关于某一事实是否符合特定的构成要件，以及是否因此产生特定的法律效果，可能需要结合多个条款进行判断。例如，在侵害人格物造成精神损害的情况下，是否构成人格物可能需要结合《民法典》第 990 条第 2 款关于新型人格利益的保护标准的规定来确定，但要判断精神损害赔偿的构成和法律效果，则需要结合第 1183 条第 2 款的规定予以确定。同样，原告基于被告构成侵权的事实，请求被告承担精神损害赔偿责任，这既要适用《民法典》侵权责任编中有关归责原则的规定（如《民法典》第 1165 条、第 1166 条），也应当考虑该法第 1183 条关于精神损害赔偿的规定。

第二个方面是典外找法。体系化的思考不应当囿于某一法律部门，而应当在多个法律部门内查找裁判依据。许多民事案件不仅涉及实体法，而且涉及程序法。民事案件不仅涉及侵权责任，也会涉及行政责任和刑事责任。从体系的角度搜寻法律规范，寻找最具有密切联系性的大前提。例如，根据《民法典》第 1034 条第 3 款的规定，个人信息中的私密信息，优先适用隐私权的规定，隐私权没有规定的，适用有关个人信息保护的规定。这就涉及《个人信息保护法》对个人信息的保护规则。《民法典》中大量的参照适用和引致条款联结了《民法典》和单行法之间的关系。

（三）体系释法

体系解释以“法律不会自相矛盾”的推定为基础，假定法律存在外在体系，立法者构建了合理的外在体系。正是因为假定法律存在外在体系，法律本身的章节安排、各个法律条文的排列等都是合乎理性的。体系解释要借助于法律规则的逻辑结构，即立法者在构建规则体系时所运用的逻辑。[①] 反之，一旦法律体系内出现了“体系违反”，即出现了“规范矛盾”或“价值判断矛盾”，便可以借助于体系解释来排除这些矛盾。[②] 总之，体系化与法律解释具有良好的互动关系，一

---

① F. Bydlinski，Juristische Methodenlehre und Rechtsbegriff，Wien und New York：Springer，1991，S. 442 - 443.

② Claus-Wilhelm Canaris，Systemdenken und Systembegriff in der Jurisprudenz，Berlin：Duncker & Humblot，1983，S. 95ff.

方面，体系化为法律解释提供了依据；另一方面，法律解释也不断丰富和完善了法律体系。

《民法典》构建了完整的制度和规则体系，为体系解释奠定了基础。一是在解释法律规则时，不能仅仅咬文嚼字，机械地解释文义，而应当将法律置于体系的框架之中理解，换言之，要从该规则上下文之间的联系，甚至各编的联系中确定其准确含义。二是在适用和解释具体民法规定时，不能局限于单个法条或者民法规范，要考虑其体系性关联，形成规范群的思维，即找法不能仅仅将视野局限于某个法条，而要观察、寻找与案件相关联的规范群，以此避免解释的机械性、减少体系性的冲突，最终形成融贯的民法典价值体系和规范体系。通过体系释法，将被解释的法律规范嵌入整体的法体系中进行解释，不仅有助于准确阐释概念和规则的法律意旨，而且有利于发现法律规则适用的漏洞甚至缺失，并加以弥补。例如，《民法典》关于人格权主体的规定有的使用自然人的表述，有的使用民事主体的表述，通过体系解释可以发现，凡是使用自然人表述的该权利则适用于自然人，通过民事主体的表述则可以发现该主体不限于自然人，也包括法人与非法人组织。三是从《民法典》的整体体系中把握规则的内涵及适用范围，最大限度地发挥法律规则的规范效用。例如，凡是《民法典》合同编的条文采取“债权”“债务”或者“债权人”“债务人”表述的，表明该规则不仅可以适用于合同，还可以适用于非合同之债；而凡是表述为“合同”或“合同权利”“合同义务”的，表明该规则原则上应当仅适用于合同之债。通过这种简洁的表述方式，不仅可以将《民法典》各编分散的法律规则之间隐含的内在价值关联和内在的制度脉络揭示出来，实现从隐而不彰到有机互动，而且可以扩张法律规则的规范功能，使《民法典》合同编有效发挥债法总则的功能。当然，必须借助体系解释的方法，才能发现并且实现这些功能。

（四）体系补法

“法学最重要的任务之一就是要凸显出由这些规范而产生的意义关联。”① 在单行法时代，往往只能针对某一具体行为进行规范，这样难免挂一漏万。一旦出

① ［德］卡尔·拉伦茨：《法学方法论》，黄家镇译，商务印书馆 2020 年版，第 336 页。

现法律漏洞，由于单行法没有对整个私法体系进行规范，则难以根据单行法的规定进行“补法”。相比之下，《民法典》是对整个私法体系的完整规范，在《民法典》的外在体系之下，还蕴含着关于法律价值和法律原则的内在体系，借助于体系解释，可以达成如下目标。一是可以查漏。由于《民法典》具有强大的规范储存功能，虽然从表面上看可能欠缺某些规则，但可通过直接适用和参照适用等规则发现规则，或通过体系解释，从对《民法典》其他编相关规则的解释中发现规则。例如，《民法典》第 406 条修改《物权法》第 191 条，删除了有关涤除权的规定，但实际上涤除权的规则包含在《民法典》第 524 条第 1 款所确立的第三人代为履行制度之中。二是可以补缺。倘若现实社会的发展变化等原因导致法律规范存在漏洞时，对于这些现行法没有明确规定的情形，法律适用者可以根据《民法典》所蕴含的内在体系进行类推适用。通过体系解释使不同语境下的概念、术语保持统一的含义，也使下位规范与上位规范保持一致，并使特别规定与一般规定之间形成完整的整体，消除规则之间的矛盾，有效填补法律漏洞。例如，《民法典》第 992 条明确规定：“人格权不得放弃、转让或者继承。”而《民法典》第 1013 条规定：“法人、非法人组织享有名称权，有权依法决定、使用、变更、转让或者许可他人使用自己的名称。”此处，第 1013 条规定法人可以转让其名称权，而第 992 条并未规定人格权不得转让的例外，因此二者之间就发生了一定的冲突。通过体系解释可以认为第 1013 条构成法人名称权的特别规范，优先于人格权的一般规范而适用，从而可消弭二者之间的冲突。

三、从分散思维到统一思维

单行法思维是一种割裂、分散的思维。这在很大程度上是由单行法的立法模式造成的。一方面，单行法立法时常采取立法主体多元化方式，部门立法替代统一立法，法律渊源众多，规范适用紊乱。同时，由于单行法常常追求自成体系，容易造成法律之间的冲突和矛盾。例如，许多单行法在民事责任规定上极不统一，有的仅规定行政责任和刑事责任，没有规定民事责任，而有的在民事责任规

定中仅规定了损害赔偿，而没有规定其他民事责任形式，这也导致实践中难以妥当运用民事责任方式。另一方面，单行法是在不同时期制定的，其所秉持的立法精神和理念是多元的，很难形成统一的民法基本价值。且各个单行法各自形成了一种微循环系统，互相并立、相互隔离，必然导致法律思维的分散。

由法到典，要求我们形成一种统一思维，把民商法部门视为一个在《民法典》统率下由众多的单行民商事法律所组成的统一的、具有内在逻辑联系的整体。如果说体系思维注重从典内观法，那么统一思维则要将视野扩展到典外，环顾法典与单行法的内在关联。如何处理好《民法典》与单行法的关系？这就需要转化法律思维，由分散思维转变为统一思维。统一的含义意味着各个单行法要统一到《民法典》所确立的制度规则和价值理念上来，消除单行法之间相互隔离、相互冲突的现象，诚如卡纳里斯所说，“各种体系的共通之处仅在于，它们都追求‘统一（Einheit）’”[①]。由此，统一思维要求将民事法律制度和规则统一到《民法典》基础性的法律制度上来。具体而言，统一思维主要表现在如下几个方面。

（一）以统一思维处理好《民法典》与单行法之间的关系

法典作为形式理性的最高体现，是成文法最完备的形式。《民法典》归根结底只是成文法的一种，而成文法又只是法律渊源体系的一部分，《民法典》本身不应排斥其他的法律渊源。法典与单行法总是相伴而生，任何国家在编纂法典后，都会为解决新问题而颁布单行法，因此法典并不具有终止单行法的功能。[②]同时，《民法典》作为基础性法律，规定的是民商事法律关系的基本规范，确定的是民商事法律关系的基本规则，因而，聚焦于调整特别法律关系的民商事特别法同样不能被《民法典》所取代。于是需要妥当处理《民法典》与单行法之间的关系。

一般认为，《民法典》与单行法是一般法与特别法的关系。但如此理解过于简单。《民法典》第 11 条规定：“其他法律对民事关系有特别规定的，依照其规

---

① Claus-Wilhelm Canaris，Systemdenken und Systembegriff in der Jurisprudenz，S. 13.

② 参见［日］穗积陈重：《法典论》，李求轶译，商务印书馆 2014 年版，第 21 页。

定。”从字面含义上看，似乎凡是特别法有规定的都要适用特别法。笔者认为，此类理解并不妥当。一方面，《民法典》的许多规定已经修改了单行法的规则，则应当按照“新法优先于旧法”的原则，适用《民法典》的规定而不是单行法的规定。例如，《民法典》第1053条第1款规定：“一方患有重大疾病的，应当在结婚登记前如实告知另一方；不如实告知的，另一方可以向人民法院请求撤销婚姻。”该条规定已经修改了《母婴保健法》关于强制性婚检的相关规定，从解释上而言只能适用《民法典》的规定，而不应适用单行法的规定。另一方面，《民法典》第11条在很大程度上发挥着引致性规范的功能，其在承认民商事单行法效力的基础上，把《民法典》与单行法有机联系起来，使二者共同构成调整民事关系的法律整体。

以统一思维处理好《民法典》与单行法之间的关系，具体表现为：第一，如果单行法规则是《民法典》规则的具体化和特定化，且不与《民法典》冲突，则应当优先适用该单行法规则。如果不顾前述各种限制条件，径直坚持特别法优先于一般法的法律适用规则，单行法都可以代替《民法典》，《民法典》的基础地位就不复存在。第二，在民商事单行法之间存在矛盾与冲突的情况下，需要以《民法典》为基本的规则判断标准、基本的价值依据来处理，使法律之间形成和谐的关系，避免出现法律适用的障碍。由于立法时间、调整范围、立法目的和立法技术的不同，不同法律之间可能对同一民商事调整对象存在相互冲突的调整方式，这就有必要通过以在整个私法体系居于核心地位的《民法典》来协调各个单行法之间的关系，从而实现法律的统一适用。第三，如果单行法存在法律漏洞时，明确《民法典》的规范具有“补充法”的地位①，可以起到填补漏洞的作用。例如，在股权转让合同中，如果被转让的股权已经被质押，《公司法》对此并未规定，此时，可以参照适用《民法典》买卖合同中关于权利瑕疵的规则予以补充。第四，《民法典》对于单行法具有兜底适用的功能。确有必要依据特别法优先于一般法的规则从单行法中找法、又难以从单行法中寻找法律依据时，要回到《民

① 参见唐晓晴编著：《民法一般论题与〈澳门民法典〉总则》，社会科学文献出版社2014年版，第35-36页。

法典》中找法。

《民法典》实施后，制定与《民法典》相配套的单行法，必须着眼于民商事法律的体系化，着眼于《民法典》在该体系中的基础性地位以及《民法典》是否已修改了单行法规则等，以合理确定《民法典》和单行法特别规定的适用关系。一方面，在没有充分且正当理由的情况下，单行法不能突破《民法典》的规定。《民法典》的基础性地位意味着其是调整所有民商事法律关系的基本法，立法者应当从《民法典》的原则出发，来确定是否需要进行特别立法。[①] 另一方面，《民法典》对单行法的修正、制定也具有一定的约束作用。《民法典》作为基础性规范，在某些规则的设计上，较为原则与抽象，尚没有提供非常具体明确的规范。这是考虑到社会生活发展变迁，以及待调整对象的复杂性。例如，《民法典》第127条规定，法律对数据、网络虚拟财产的保护有规定的，依照其规定。这就为立法机关提出了制定单行法的立法任务，同时在单行法中应当将数据和网络虚拟财产等作为一项财产权益加以保护，这就为单行法形成了一个约束性的框架。换言之，民商事单行法的修正、制定不能违反或者突破《民法典》的价值体系和规则体系，要时刻观照到《民法典》的基础性、典范性作用。总之，《民法典》作为调整民商事法律关系的基本法，其基础性也主要体现在为单行法奠定价值基础、补充规范漏洞和提供立法指导等方面。

（二）以统一思维善用《民法典》的参照适用条款和引致条款

在运用统一思维处理《民法典》与单行法的关系时，要善用《民法典》所规定的引致条款和参照适用条款，架起一座有效沟通《民法典》和单行法之间关联的桥梁，有效增强《民法典》和单行法之间的逻辑性和体系性。

一是参照适用条款。《民法典》的参照适用条款（据统计约27条）极大地增强了民法的体系性，不仅简化了法律条文的规定，而且极大地丰富了法律适用的规则，填补了法律适用的空白。参照适用条款沟通了《民法典》各编内部的关系，增进了《民法典》各编的体系性，同时也沟通了各编之间的关系，形成了强

① 参见苏永钦：《寻找新民法》，北京大学出版社2012年版，第39页。

大的规范储备功能，增进了《民法典》整体的体系性。[①] 在《民法典》颁布以后，参照适用条款已经开始发挥其应有的功能。[②] 尤其应当看到，我国《民法典》不仅规定了典内参照适用规则，也规定了典外参照适用规则。例如，《民法典》第71条规定："法人的清算程序和清算组职权，依照有关法律的规定；没有规定的，参照适用公司法律的有关规定。"这就沟通了《民法典》和单行法的有机联系，因而需要以统一思维把握此类规范的准确适用。

二是引致条款。《民法典》第334、336、337条等关于土地承包经营权的规定，作出了"依照法律规定""依照农村土地承包的法律规定办理""法律另有规定的，依照其规定"的表述，表明这些条款都是引致到单行法的条款，连接《土地管理法》《城市房地产管理法》等法律。这种统一思维模式在单行法时代是不可能存在的，因为立法者不可能在某一个单行法中采用引致条款或参照适用条款去连接到另一个单行法。在《民法典》各章规范形成高度体系化的背景下，裁判者需要依据参照适用规范的指引，寻找其他各编中可能适用的规范。而在参照适用规范为概括式的规范时，裁判者还必须辨明哪些规范可以适用，哪些规范不能适用。这就要求裁判者必须具有法典化思维，整体上把握各编之间的内在关联和待决案件法律关系的性质，从而准确进行法律适用。

（三）以统一思维消除《民法典》与单行法的矛盾

卢曼认为，法律的功能就在于确定规则、稳定预期、将行为模式制度化。而要实现法律的此种功能，就必须确保法律的统一，因为不具备统一性的法律规则人们将无法形成对法律的一致性印象，并最终影响整个社会系统的稳定性。[③] 为避免这一现象，就要求我们从分散思维转向统一思维，消除《民法典》与单行法之间的矛盾。具体而言，法官在解释法律时首先应当推定法律体系是统一的，即使法律规定可能存在冲突，也应通过统一思维来消除矛盾。例如，关于提前收回

---

① Hans Schneider, Gestzgebung, Heidelberg: C. F. Mueller Verlag, 2002. S. 234－251.

② 截至2021年10月19日，在北大法宝"司法案例"数据库中，检索适用《民法典》的民事案件共计707 028件，适用参照条款的案例共计1 573件。

③ 参见顾祝轩：《民法系统论思维：从法律体系转向法律系统》，法律出版社2012年版，第30－31页。

土地使用权的规定，根据《民法典》第358条的规定，政府基于公共利益的需要而提前收回民事主体所享有的建设用地使用权，应当依据征收的规定进行补偿并退还相应的出让金。但对此《土地管理法》第58条第2款、《城市房地产管理法》第20条、《城镇国有土地使用权出让和转让暂行条例》第42条等规定得并不一致，需要按照《民法典》的规定进行统一解释。

统一思维要求在解释法律时应当作整体的、统一的解释，解释单行法时要以《民法典》为价值基础。法谚有云："法律解释的最佳方法，在于使法律与法律调和。"法律即使制定得再完备，也难免出现法律规则之间冲突与不和谐的现象，统一思维实际上可以起到一种"润滑剂"的作用，避免法律规则适用的僵化以及相互之间的冲突。某一法条，若孤立来看可能与其他法条的表述并不一致，但若从宏观角度来看，这些法条往往构成统一整体的有机组成部分，解释者在解释的过程中应从整体性和统一性出发进行解释，防止出现同法不同解的局面，避免因解释不统一而产生的矛盾。如果单行法的规定与《民法典》之间发生冲突和矛盾，此时要以《民法典》为价值基础，从而形成整体民法价值的统一性，《民法典》所秉持的价值理念，应当为所有民商事法律规范所共同遵循。《民法典》规定了平等、自愿、公平、诚信、守法和公序良俗、绿色原则等，形成了以平等为前提、以自愿为核心、以其他原则为扩充和限制的基本价值体系。该原则体系构成了所有民事法律都必须遵循的价值体系，在民商事法律的制定中具有价值引领作用，在相关规则的具体适用中具有解释准则作用，在漏洞填补时具有价值基础作用。

还应当看到，统一思维也有助于处理《民法典》与司法解释之间的关系。此类关系不同于《民法典》与单行法之间的关系。后者是一般法与特别法之间的关系，而前者是上位法和下位规范之间的关系。司法解释作为下位规范，不能任意突破《民法典》的规定而创设新的规范。《民法典》颁行后，其体系建构工作已经完成，规范体系也已经形成，司法解释更应当回归其本位，严格遵循《立法法》的要求。这也意味着：第一，司法解释不应以体系建构为其重心，也不应随意创设新规范，而应针对法律条文在具体适用中遇到的疑难问题作出规定，统一

《民法典》实施后的法律适用标准。第二，司法解释的规定应当符合《民法典》的目的、原则和原意，不能与《民法典》相冲突，尤其要注重把握外在和内在体系，以统一思维解释《民法典》。第三，司法解释要注意到《民法典》与单行法之间的关系，以法典化思维所要求的基础性、体系性、统一性和融贯性，对《民法典》与单行法之间规范的具体适用关系在司法解释中作出规定。

四、从并立思维到融贯思维

单行法思维不仅是一种碎片化的思维，而且是一种并立的、割裂的思维。这尤其表现在价值方面，各个单行法自成体系，因而形成了自身所追求的价值体系，且单行法在不同时期制定，受不同时期立法目的的影响，因而也形成了价值分离现象。在《民法典》实施后，需要转换思维方式，即从并立思维向融贯思维转化。

融贯思维主要是一种价值一致性的思维方式。如前所述，民法典体系包括形式体系（外在体系）和价值体系（内在体系）两方面[①]，如果说外在体系是指《民法典》的各编以及各编的制度、规则体系，那么内在体系则是指贯穿于《民法典》的基本价值，包括民法的价值、原则等内容，即支配整个民法的基本原则以及这些原则之间的实质联系。[②] 内在体系与外在体系共同构成了民法典体系的双重辩证关系，二者结合起来，才能满足一部现代科学立法的民法典要求。[③]

从广义上说，融贯思维也是体系性思维的组成部分，由此形成了规则融贯与价值融贯的区分，但在民法典中，两者相互衔接、互为表里。一方面，规则融贯建立在价值融贯的基础上，只有私法体系的价值理念具有融贯性，具体规则才能彼此协调，实现规则融贯。另一方面，私法体系的价值理念往往蕴含于具体规则

---

① Vgl. F. Bydlinski，System und Prinzipien des Privatrechts，Wien und New York：Springer Verlag，1996，S. 48ff.

② 参见卡尔·拉伦茨：《德国民法通论》（上册），王晓晔等译，法律出版社 2003 年版，沃尔夫序第 1 页。

③ 参见王泽鉴：《民法总则》，中国政法大学出版社 2001 年版，第 22 页。

之中，只有具体规则彼此融贯，才能从这些规则中解释出价值理念的融贯性。反之[①]，如果我们将法律体系分为外在体系和内在体系之后，融贯思维则主要指的是价值的融贯。如果说规则融贯是体系思维的外在体现，而价值融贯则是体系思维的价值内核。正是因为价值体系的存在，才能使庞大的民法典规则始终具有“神不散”的灵魂，并形成了有机的整体，这也凸显了融贯思维的重要性。

融贯思维首先要求将整个民法看作基于一定的价值而形成的整体，同时也要求将《民法典》的价值贯穿于整个民商法部门之中。虽然基于调整对象的区别，民商法内部可以继续细化为不同的法律领域，但是这种人为的法律领域的划分绝不应以牺牲立法目的的一致性为代价[②]，恰恰相反，民商法各领域均应贯彻经由《民法典》所统一的价值取向。在《民法典》所确立的各项价值中，首要的价值是保障私权，而《民法典》七编制始终以民事权利为“中心轴”，贯穿《民法典》始终，整个《民法典》就是由物权、合同债权、人格权、婚姻家庭中的权利（亲属权）、继承权以及对权利进行保护的法律即侵权责任编所构成。在七编制下，首先确认了各项基本的民事权利，最后规定了保护权利的侵权责任编，因此，我国《民法典》的整体框架思路是从“确权”到“救济”，始终以权利为中心来构建民法体系的。这表明我国《民法典》本质上是一部权利法，《民法典》分编通过全面保障民事权利，全面体现和贯彻了法治的价值。这一价值不仅是观察《民法典》，而且是观察整个民法的出发点。

一方面，在观察《民法典》各编制度时，必须要以保障私权的理念把握《民法典》各编及各项制度之间的逻辑联系。在《民法典》贯彻实施中，判断《民法典》是否真正得到有效贯彻实施，很大程度上要看是否真正落实了私权保护的理念。以司法解释的制定为例，判断相关司法解释是否符合《民法典》的精髓和意旨，就是看其是否真正落实了保障民事权利的理念。例如，最高人民法院在有关适用《民法典》时间效力的司法解释中，就是以是否有利于保护民事主体的合法

---

① 参见雷磊：《融贯性与法律体系的建构——兼论当代中国法律体系的融贯化》，载《法学家》2012年第2期。

② 参见［德］奥托·基尔克：《私法的社会任务》，刘志阳等译，中国法制出版社2017年版，第26页。

权益作为确定《民法典》能否适用于施行前所发生的案件的重要标准。[①] 另一方面，保障私权也应当是整个民法部门所应当秉持的价值理念。如果说公法要以规范公权为己任，则作为私法的民法，必然要以保障私权为其目标。

融贯思维要求以人为本，以关爱人、保护人、爱护人为整个民法的基本理念。[②] 传统民法以“财产法”为核心，为了鼓励民事主体创造财富，促进社会经济的发展，民法以意思自治为核心，构建了完整的价值体系，这无疑在当今依然是整个民法的基本价值。但是，传统民法在价值层面又存在“重物轻人”的体系缺陷，人只是被作为“权利义务的归属点”，而现代民法逐渐转向以人为核心，民法可以被更准确地理解为“活着的人”的法、“想更好地活着的人”的法。[③] 我国《民法典》秉持以人民为中心的理念，在价值理念上不仅确立了保护弱势群体、维护个人人格尊严等人文关怀的理念，而且当人文关怀理念与私法自治价值发生冲突时，优先保护生命健康，优先维护人身自由、人格尊严。生命健康是最高的法益，毕竟财产是个人的，但人是属于社会的，而人身安全、人的尊严等涉及社会利益。[④] 为此，《民法典》用多个条款，宣示了生命、身体、健康的优先地位。只有秉持人文关怀理念，才能全面理解《民法典》的精髓，把握好、贯彻好、实施好《民法典》。

（一）以融贯思维准确解释《民法典》

在解释和适用《民法典》时，应当以《民法典》的融贯性作为重要的出发点。当法律适用者发现根据《民法典》的规则解决纠纷存在争议时，其所提出的最佳建构性解释的方案应当在最大程度上契合《民法典》的内在体系和外在体系，从而实现《民法典》的融贯性。[⑤] 就价值融贯而言，需要处理好不同价值之

---

① 参见最高人民法院民法典贯彻实施工作领导小组、最高人民法院研究室编：《最高人民法院实施民法典清理（立改废）司法解释文件汇编》，人民法院出版社 2021 年版，第 3 页。

② 参见王利明：《民法的人文关怀》，载《中国社会科学》2011 年第 4 期。

③ 参见［日］大村敦志：《从三个维度看日本民法研究——30 年、60 年、120 年》，渠涛等译，中国法制出版社 2015 年版，第 36 页。

④ 参见欧洲侵权法小组编著：《欧洲侵权法原则：文本与评注》，于敏、谢鸿飞译，法律出版社 2009 年版，第 63 页。

⑤ 参见［美］德沃金：《法律帝国》，许杨勇译，上海三联书店 2016 年版，第 178 页。

间的关系。换言之，任何一种单独的价值都不是孤立的，必须与其他价值相互连接和配合，各种价值之间应当相辅相成、共同配合，形成一种“价值之网”，从而实现法秩序内部的价值融贯。[①]《民法典》的基础性表现之一就是《民法典》所确立的价值的基础性，但并非意味着《民法典》所确立价值的单一性，为此要处理好以下几个方面的关系。

第一，要衔接好人格尊严与私法自治价值之间的关系，这两项价值都是《民法典》的基本价值。人格尊严保护为私法自治划定边界，以避免由此可能产生的不利后果。密尔在《论自由》中将个人利益应受的限制概括为个人的行为应当以他人的利益为边界[②]，他认为，“挥舞拳头的自由止于他人鼻尖”[③]。在人格尊严和私法自治发生冲突的情形下，因为人格尊严更直接体现了对人的关爱，体现了对人的主体性的尊重，对个人人格全面发展的保护，它应当处于一种更优越的位置。我国《民法典》大量条款都体现了这样一种价值取向，因此，在解释、适用《民法典》时应当秉持此种价值取向。例如，《民法典》第 1019 条第 2 款规定肖像权与著作权冲突时优先保护肖像权，正是体现了这一优先规则。

第二，将社会主义核心价值观作为阐释《民法典》的价值指引。《民法典》第 1 条开宗明义地指明，弘扬社会主义核心价值观是我国《民法典》的立法目的之一。《民法典》确认了诚实信用原则、公序良俗原则等基本原则，倡导全社会诚实守信、崇法尚德、互助互爱、和谐和睦，强化规则意识，弘扬中华民族传统美德，并贯彻自由、平等、公正、法治等价值理念。社会主义核心价值观不仅是制定《民法典》的价值基础，也是准确理解与适用《民法典》的准则。

第三，价值融贯需要处理好权益位阶关系。《民法典》专设“民事权利”一章，集中地确认和宣示自然人、法人、非法人组织所享有的各项民事权利，充分彰显了民法保障私权的功能，尤其是构建了较为完整的民事权利体系。但各项权益之间可能发生一定的冲突，这就需要依据《民法典》的价值体系，明确权益位

---

① Ronald Dworkin，*Justice in Robes*，Cambridge：Harvard University Press，2006，p. 169.

② 参见［英］约翰·穆勒：《论自由》，孟凡礼译，上海三联书店 2019 年版，第 85 页。

③ ［美］理查德·A. 波斯纳：《超越法律》，苏力译，中国政法大学出版社 2001 年版，第 34 页。

阶，妥善处理相关的权利冲突。例如，在生命、身体、健康方面，《民法典》人格权编用多个条款，宣示了生命、身体、健康的优先地位，甚至是第一顺位的地位，这也反映了生命权、身体权、健康权在整个人格权体系中的重要地位。《民法典》总则编在列举民事权利时，首先列举的就是人格权，在人格权中首先列举的是生命权、身体权、健康权。这就意味着当生命权、身体权、健康权与其他权利发生冲突时，其他的权利都要退居其次。例如，在抗击疫情过程中采取扫“健康码”、人脸识别等措施，在一定程度上确实可能限制了个人的隐私，但这是为了维护公共卫生安全以及优先保护生命权、身体权、健康权不得已采取的必要、合理的限制，这些措施是完全符合《民法典》人格权编基本理念的。

（二）以融贯思维查漏补缺、填补漏洞

卡纳里斯指出：“体系不是静态的，而是动态的，因此表现出历史性的结构。”① 如果仅仅只注重规则的融贯性，忽略价值的融贯，必然会出现大量的法律漏洞，缺乏价值体系，就犹如断了线的风筝，最多只不过是规范的聚合，属于缺乏灵魂的规范体系。以融贯思维填补漏洞，具体而言：一是要以融贯思维观察、适用《民法典》，识别和发现漏洞。当找法遇到困难时，可秉持融贯思维，探究立法价值和目的，采用目的解释等方法，进而发现和识别法律漏洞。二是在确定法律漏洞之后，善用融贯思维填补漏洞。从方法论上看，缺乏价值体系，会使漏洞填补面临极大的障碍。例如，目的性限缩、目的性扩张等漏洞填补方法，都需要探求立法者所追求的目的，寻求规则背后的价值。仅仅依靠规范体系，可能会得出多元化的结论，而价值体系则可以发挥准确选择的作用。例如，《民法典》第185条没有规定英雄烈士等的隐私、个人信息遭受侵害时，此类人格利益能否受到该条保护的问题。笔者认为，这虽然构成法律漏洞，但从立法者强化对英雄烈士等人格利益、维护社会主义核心价值观等目的来看，应当将该条扩张适用于对英雄烈士等的隐私。

① ［德］卡纳里斯：《法学中的体系思想与体系概念》，第63页。转引自［德］卡尔·拉伦茨：《法学方法论》，黄家镇译，商务印书馆2020年版，第610页。

（三）以融贯思维指导配套法律的制定、发展和完善民法

尽管《民法典》对私法体系作出了基础的、体系的和统一的规定，但是，由于现代社会的发展与变化十分迅猛，我国将来还要针对特殊的专门领域制定单行法。就此而言，融贯思维不仅作用于《民法典》的解释与适用，还进一步作用于单行法的制定。详言之，《民法典》确立了私法体系的基础性法律框架，后续的配套民事立法应当在这一框架中进一步填充细化。后续的立法不能违背《民法典》所预先设定的价值理念体系。在这个意义上，立法过程如同德沃金所说的“法律的连环”，就像数位作家分别续写连环小说一样，要在理解前一作者所设定的小说人物、情节和思想的基础上，进一步续写下一章的内容。① 例如，《民法典》第 1034 条至第 1039 条对自然人个人信息的法律保护作出基础性和原则性规定，《个人信息保护法》的立法过程就要受到《民法典》的约束，不得背离这些基础性和原则性规定所确立的价值理念。

“法与时转则治。”《民法典》颁布后，虽然民法规则已经基本完备，但其也不可避免地存在滞后性，针对此种滞后性，如果仍旧频繁地制定法律，不仅成本巨大，也会影响法律的稳定性，因此应当秉持融贯思维，依据民法的基本价值进行民法的“立改废释”工作，发展和完善民法。这也有利于避免新的制度、规则与民法的内在价值和制度发生冲突和矛盾。

结束语

《民法典》的生命力在于实施。在《民法典》颁行后，如何全面贯彻实施《民法典》，是我们当前法治建设中亟须解决的重大问题。按照习近平总书记的要求，实施好《民法典》，需要加强《民法典》重大意义的宣传教育，加强民事立法相关工作，加强《民法典》执法司法活动，加强《民法典》普法工作，加强我

---

① 参见［美］德沃金：《法律帝国》，许杨勇译，上海三联书店 2016 年版，第 180 页。

国民事法律制度理论研究。[①] 完成这些工作，需要准确阐释《民法典》的具体制度和规则，更需要转化法律思维，以法典化思维贯彻实施《民法典》。实施《民法典》，仅仅理解其字面含义是不够的，应当坚持法典化思维，准确理解《民法典》各项制度规则的价值取向，对《民法典》进行体系化观察、体系化思考，协调好《民法典》内部以及《民法典》与单行法之间的关系，并将《民法典》的价值体系融贯于各项民事法律制度和规则之中，充分体现《民法典》的基础性、体系性、统一性和融贯性。从单行法向法典化思维的转化，也为条件成熟的部门法领域适时推进法典的编纂提供有益参考。任何成功的法典，同时也是体系完整、规则统一、价值融贯、逻辑严谨的规范体系，只有秉持这样一种思维，才能科学推进未来法典化立法进程。

① 参见习近平：《充分认识颁布实施民法典重大意义 依法更好保障人民合法权益》，载《论坚持全面依法治国》，中央文献出版社2020年版，第279－283页。

全面实施《民法典》推进中国人权事业发展*

党的二十大报告明确提出："坚持走中国人权发展道路，积极参与全球人权治理，推动人权事业全面发展。"① 人权反映了人类对美好生活的一种向往和追求。习近平总书记强调："尊重和保障人权是中国共产党人的不懈追求。党的百年奋斗史，贯穿着党团结带领人民为争取人权、尊重人权、保障人权、发展人权而进行的不懈努力。"② 中国人权发展道路必须坚持依法保障人权。"推进全面依法治国，根本目的是依法保障人民权益。"③ 按照党的二十大报告的要求，只有切实加强人权法治保障，才能推动人权事业全面发展。依法保障人权是各个法律部门的共同任务，民法典作为一部全面保障民事权利的基本法，承担着保障人权的重要任务，《民法典》的颁布极大地推动了中国人权事业的发展。《民法典》作

---

* 原载于《人民检察》2023年第1期。

① 习近平：《高举中国特色社会主义伟大旗帜 为全民建设社会主义现代化国家而团结奋斗——在中国共产党第二十次全国代表大会上的报告》，载《求是》2022年第21期。

② 习近平：《坚定不移走中国人权发展道路 更好推动我国人权事业发展》，载《人民日报》2022年2月27日，第1版。

③ 习近平：《以科学理论指导全面依法治国各项工作》，载习近平：《论坚持全面依法治国》，中央文献出版社2020版，第2页。

为一部以“民”命名的法典，坚持了以人民为中心的理念，以保障私权为立法目的和基本理念，它不仅全面保护人身权、财产权、人格权，而且为全面保护私权提供了各种保障和救济机制。因而，《民法典》的全面实施，必将强化人权的法治保障，推进中国人权事业发展。

法治的核心要义是“规范公权，保障私权”，保护人权是其中应有之义。规范公权可以有效防止公权的任意行使损害人民的利益，而保障私权就是要保护人民最根本的利益。《民法典》作为私法的基本法，其颁布实施不仅从保障私权的角度提升了人权保障水平，同时也从规范公权的角度强化了人权保障力度。

一、贯彻《民法典》“保障私权”理念，提升人权保障水平

（一）《民法典》贯穿人权的私法保障理念

中国人权发展道路必须坚持以人民为中心。习近平总书记指出，“人民性是中国人权发展道路最显著的特征”，“让人民成为人权事业发展的主要参与者、促进者、受益者”，“坚持以人民为中心的发展思想，坚持发展为了人民、发展依靠人民、发展成果由人民共享”①。说到底，依法保障人权就是依法保障人民的基本权利，就是为了人民、造福人民、保护人民。坚持以人民为中心的人权理念，就是要按照习近平总书记指出的，“把以人民为中心的发展思想贯穿立法、执法、司法、守法各个环节，加快完善体现权利公平、机会公平、规则公平的法律制度，保障公民人身权、财产权、人格权和基本政治权利不受侵犯，保障公民经济、文化、社会等各方面权利得到落实”②。从民法的角度，就是要保护人民群众的基本民事权利，依法维护人民的生命健康、财产安全、交易便利、生活幸福、人格尊严。全面推进人权事业的发展，就是要实现人民群众的美好幸福生活，充分彰显社会主义制度的优越性。

---

① 习近平：《坚定不移走中国人权发展道路 更好推动我国人权事业发展》，载《人民日报》，2022年2月27日。

② 习近平：《谱写新时代中国宪法实践新篇章——纪念现行宪法公布施行40周年》，载《人民日报》2022年12月20日，第1版。

《民法典》的本质是权利法，也被称为“民事权利保障的宣言书”。《民法典》作为全面保障私权的基本法，其立法宗旨是“保护民事主体的合法权益”，其基本理念就是确认和保障民事权利。《民法典》的七编围绕保障私权这一主线而展开，第一编总则确立了私权保护的基本规则；从第二编至第六编分别规定了物权、合同、人格权、婚姻家庭继承等的基本规则；最后一编为侵权责任编，该编规定了民事权利遭受侵害时的救济规则体系，确立了民事权利保护的兜底性规则。在前述各编所规定的民事权利遭受侵害后，受害人可以依据侵权责任编的规则（除合同债权以外）依法获得救济。因此，《民法典》不仅确定了民事主体的各项民事权利，也为这些权利提供较为完整的救济措施和损害预防手段。

为适应生存、发展、自我实现等不同层次的人权保护，《民法典》也对民事权利提供了多层次的保护，具体表现在：一是《民法典》是人民人身和财产安全的重要保障。“人民的安全，乃是至高无上的法律”[①]。在新时代，人民的物质生活条件得到极大改善，总体上实现了小康，安全感愈发成为人民的迫切需求。人们最重要的需求就是安全需求，这种需求具体包括“免受恐吓、焦躁和混乱的折磨，对体制、秩序、法律、界限的需要”等。这种需要既包括了使身体免于疾病、创伤、痛苦，也包括使自己的财产免于侵害，因而“几乎一切都不如安全重要”[②]。而《民法典》对财产、人身的保护，就是要满足人民群众对安全感的需要。二是《民法典》是个人人格尊严的重要保障。进入新时代，广大人民群众不仅对物质文化生活提出了更高的要求，对精神生活的要求也日益增长，尤其是对民主、法治、公平、正义、安全、环境等方面的要求更加强烈。[③] 正因如此，“保护人格权、维护人格尊严，是我国法治建设的重要任务”[④]。由于人格权是民事主体对其人格利益享有的排斥他人干涉的权利，关乎每个人的人格尊严，因此人格权是民事主体最基本、最重要的权利。这也是《民法典》将人格权独立成编

---

① ［美］E. 博登海默：《法理学：法律哲学与法律方法》，邓正来译，中国政法大学出版社 1999 年版，第 293 页。

② ［美］马斯洛：《动机与人格》，许金声、程朝翔译，华夏出版社 1987 年版，第 44 页。

③ 参见张文显：《法治与国家治理现代化》，载《中国法学》2014 年第 4 期。

④ 徐隽：《民法典分编草案首次提请审议》，载《人民日版》2018 年 8 月 28 日，第 6 版。

的重要原因。三是《民法典》是个人发展的重要保障。马克思主义倡导人的解放，实现人的全面发展，归根结底是为了人。[①] 在进入新时代后，人民的温饱和小康问题得到解决，个人全面发展成为现实的迫切需要。《民法典》通过维护个人平等的主体地位，贯彻私法自治，赋予个人在法定范围内所享有的意思自由，有利于激发个人活力和创造力，充分发挥个人在国家和社会治理中的作用，为每个人提供了“发展其人格的可能性”[②]。

《民法典》通过保障私权，旨在实现人民福祉，确保人民的美好幸福生活，为法治社会奠定基础。整个《民法典》围绕维护人身安全、维护人格尊严、维护财产安全、维护生活安宁、保障安居乐业、保护生态环境等全面展开，可见，整部《民法典》都彰显了私权保障的理念。《民法典》对私权的保障彰显了人民的根本利益，是确保人民群众享受美好生活的前提和基础，更是促进人民群众追求美好生活的动力。

（二）《民法典》关于私权保护的基本规则是人权保障制度的具体化

《民法典》构建的私权体系本身就是人权的基本内容。习近平总书记强调，“保障公民人身权、财产权、人格权，保障公民参与民主选举、民主协商、民主决策、民主管理、民主监督等基本政治权利，保障公民经济、文化、社会、环境等各方面权利”[③]。这些重要论述明确指出，人权包括基本民事权利、基本政治权利和经济文化社会环境权利等三部分内容。人身权、财产权、人格权是人权的重要组成，也是人之所以作为人所享有的最基本的人权。习近平总书记将这些基本民事权利置于各类人权之首，充分表明了这类人权的重要性。尽管人权的内涵和外延不断扩张，从个体到集体，从物质到精神，但无论如何发展，这些基本民事权利都是各类人权发展的基础。

首先，生命权是第一位的、最高的人权。天地间，人为贵，人之所贵，莫过于生；“皮之不存，毛将焉附”，没有生命健康，其他人权都将化为乌有。“人命

① 参见丰子义：《历史唯物主义与马克思主义哲学主题》，载《中国社会科学》2012年第3期。

② ［德］迪特尔·梅迪库斯：《德国民法总论》，邵建东译，法律出版社2013年版，第14页。

③ 习近平：《坚定不移走中国人权发展道路 更好推动我国人权事业发展》，载《人民日报》，2022年2月27日。

关天，发展决不能以牺牲人的生命为代价。这必须作为一条不可逾越的红线。”[①]在生命、健康与其他权利发生冲突时，其他的权利都要退居其次。为此，《民法典》也将生命权置于最优先的地位进行保护。

其次，财产权反映了人民最基本的物质需求。“仓廪实而知礼节、衣食足而知荣辱”，没有财产权谈不上人权，在财产权缺乏保障、食不果腹的年代，何谈其他权利？生存是享有一切人权的基础，人民幸福生活是最大的人权，而财产权保护是最大的民生。“对中等收入群体来说，财产权是他们对社会信心的主要来源。保护好产权、保障财富安全，才能让他们安心、有恒心，才能稳定他们的预期。”[②] 我们已经全面建成小康社会，历史性地解决了绝对贫困问题，脱贫人数占全世界贫困人口总数的四分之三，这难道不是人权事业的巨大成就吗？《民法典》中具有大量的有关财产权保护的规则，民法典物权编和合同编集中地调整民事主体间的财产关系，为财产权的保护提供了基本规范。

最后，基于人身自由和人格尊严产生的人格权，在现代社会中占据了重要的位序。保护人格权是为了使人们生活得更幸福和更有尊严。新中国成立后有一段时间，出现了严重侵害个人人格权、践踏人格尊严的现象，基于对此的反思，我国逐步重视对人格权的保护。《民法典》将人格权独立成编，构建了完整的人格权体系，并增设了人格权特有的保护规则。

“权利的存在和得到保护的程度，只有诉诸民法和刑法的一般规则才能得到保障。”[③]《民法典》的上述规则正是人权保障制度的集中体现。其不仅以人权保障理念为指导，也丰富了人权保障的措施和方法，使人权保障在具体制度层面得到了落实。借助于《民法典》的颁布实施，人权保障走入社会实践，理论与实践得到了紧密的联结。

---

① 习近平：《始终把人民生命安全放在首位 切实防范重特大安全事故的发生》，载《人民日报》2013年6月8日。

② 习近平在中央财经领导小组第十三次会议上的讲话，载中共中央党史和文献研究院编：《习近平关于尊重和保障人权论述摘编》，中央文献出版社2021年版，第94页。

③ ［英］彼得·斯坦、约翰·香德：《西方社会的法律价值》，王献平译，中国人民公安大学出版社1989年版，第41页。

（三）《民法典》通过构建私权体系完善了人权的私法保护机制

中国几千年的封建社会里，以刑为本，重刑轻民，民刑不分。不仅不存在民法的概念，而且一直采用刑事方法解决民事纠纷。中国古代虽有民本思想，但始终不存在西方法制中的“权利”概念，直到19世纪中叶才产生权利概念。[①] 但是在人权保障法治中，单纯依靠公法并不充分，私法规范的缺失将导致人权保护机制不健全。《民法典》的颁布实施必然要求从根本上改变重刑轻民的观念，强化人权的私法保护，以使得人权保护机制更加完整。

《民法典》通过构建完整的私权体系，完善了人权的私法保护机制。《民法典》对民事主体的各项民事权利的确认为人权的私法保护提供了范围上的依据。为提升人权保障力度，《民法典》规定了人格权请求权、物权请求权、合同请求权、侵权损害赔偿请求权，规定了侵害人身权、财产权、人格权的各种责任。《民法典》不仅保护权利，还保护一些新型的人格利益，例如个人信息、数据、网络虚拟财产等。这样就可以积极应对现代社会出现的新型民事权益救济问题。在确权的基础上，《民法典》还形成了完整的损害预防和损害救济体系。在权利遭受侵害的情况下，通过多种侵权责任形式，对受害人提供充分的救济和保护。除事后进行救济外，《民法典》还通过停止侵害、排除妨害、消除危险等责任承担形式，提供事先的预防。这一体系回应了现代风险社会提出的课题，适应了当代社会对权利救济的迫切需要，体现了损害预防和损害救济并重的立法理念。同时，《民法典》还构建了多元的归责原则，体现了对受害人的救济。《民法典》将损害赔偿与责任保险、社会救助结合起来，适应了风险社会的发展需要。这一从确权到救济的完整私权体系弥补了人权保障协同机制中私法规范的缺失，使得人权的私法保护机制不断完善。

（四）《民法典》对民事权益保护的开放性与人权的发展性相契合

“人民的福祉是最高的法律。”按照美国心理学家马斯诺的需求层次理论，在物质层面的需求得到满足以后，精神层面的需求将得到大幅提高。因此，进入新时代以来，人民群众比以往任何时候都更加渴盼人权保障。在新时代，人民群众

---

① 参见夏勇：《中国民权哲学》，生活·读书·新知三联书店2004年版，第133页。

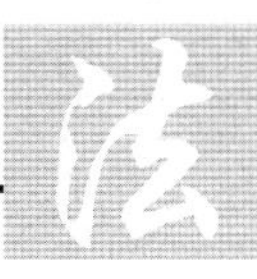

对人权保障的期待呈现出全新的特点。一是人民群众对权利保障的期待更高，对人身安全和财产安全的保障需求更加强烈。二是人民群众期待权利保障的范围更加宽泛。不仅要求丰衣足食，在精神方面的需求也大幅提高，要求活得更体面、更有尊严。三是人民群众对权利保障公正性、及时性的期待更为强烈。人民群众期待权益能够得到及时的维护，诉求能够得到及时的回应，纠纷能够得到公正的解决，不仅要求实体公正，还要求程序公正，在每一个案件中都能体会到公平正义。

中国人权事业在不断发展，许多新型的权利在不断产生。为适应上述人民群众对于人权保障的新期待，《民法典》保持了民事权益保护的开放性。这具体体现在：一是对人身权保护的开放性。人身权在民法意义上包括人格权和基于婚姻家庭所产生的身份权，而从人权的意义而言，更多地指生命、人身自由和人身安全等。[①] 为强化对人身安全的保护，《民法典》使用“生命尊严”“身心健康”等表述来扩张对生命权、健康权的保护。二是对财产权保护的开放性。针对互联网时代的发展，《民法典》通过对网络虚拟财产、数据的保护，扩张了传统意义上财产权的保护范围。三是对人格权保护的开放性。特别是在互联网、大数据、高科技时代，科技进步和科技发展威胁着人民的隐私、个人信息等人格权益，人格权保护比任何时候都要重要。新一轮科技革命和产业变革正在改变人类的生产方式、生活方式、交往方式，互联网、大数据、云计算、人工智能、基因检测与基因编辑等，都对包括隐私、个人信息在内的人格权益保护提出了新的时代性课题，加强科技时代的人权保障，重要任务就是强化对隐私、个人信息权益的保护。《民法典》第 990 条第 2 款所规定的一般人格权为人格权的丰富发展预留了法律上的空间。与此同时，在具体的人格权中，《民法典》同样保持了较为开放的态度。例如，各种高科技、互联网的发明在给人类带来巨大福祉的同时，也都可能有一个共同的副作用，即给隐私权保护带来巨大威胁。[②] 为顺应新技术发展可能导致的隐私权内容发展，《民法典》使用“私人生活安宁”和“私密空间、

---

① 《国家人权行动计划（2021—2025）》中将人权称为生命权和人身权利；《世界人权宣言》第 3 条规定：“人人有权享有生命、自由和人身安全。”

② See A. Michael Froomkin，“Cyberspace and Privacy：A New legal Paradigm? The Death of Privacy?”，52 *Stan. L. Rev.* 1461（2000）.

私密活动、私密信息”这一较为宽泛的表述来定义隐私权的内容，并列举了各种法律禁止的隐私权侵害行为，保持了隐私权内容的开放性。

二、发挥《民法典》规范公权的功能，加大人权保障力度

（一）《民法典》通过规范公权的行使强化人权的保障

在现代社会，公法的主干是行政法，私法则以民法典为核心。规范公权和保障私权正是现代法治的核心理念，以行政法为主干的公法和以民法典为核心的私法如车之两轮、鸟之两翼，不可偏废。虽然公法和私法的界限较为清晰，但从实践来看，二者并非能截然区分，总是在相互交融中共同达成人权保障这一目的。

《民法典》在社会主义法律体系中，处于基础性法律的地位，超出了单纯的保障私权的功能。一方面，《民法典》所确认和保护的人身权、财产权、人格权等基本民事权利，属于人民享有的基本权利，这些权利本身具有一种防御权的效力，即具有对抗任何权利人以外的任何义务主体侵害的效力，因而，也具有对抗公权力侵害的效力。基本权利划定了国家公权力的行使界限，确保了个人行为自由的空间，也保障了个人自主决定、自主生活、自我发展的空间。[①] 另一方面，《民法典》在确认和保护民事权利的同时，也设置了权力不得擅自侵入的领域清单，从而具有功能上的“溢出效应”，为公权力的行使确定了边界，起到了规范公权的作用。因此，《民法典》作为社会主义法律体系中固根本、稳预期、利长远的基础性法律，不仅具有保障私权的作用，而且具有规范公权的作用，是依法行政的基本遵循。

习近平总书记指出：“各级政府要以保证民法典有效实施为重要抓手推进法治政府建设，把民法典作为行政决策、行政管理、行政监督的重要标尺，不得违背法律法规随意作出减损公民、法人和其他组织合法权益或增加其义务的决

---

① 参见张翔：《论基本权利的防御权功能》，载《法学家》2005 年第 2 期。

定。”[①] 这就深刻阐释了民法典对加强依法行政的作用。强调公法不能与民法典冲突，是因为作为“生活百科全书”的民法典全面表达了社会生活的基本规则，蕴含于其中的民事权利具有正当性，国家公权力要为民事权利的保护提供坚强的后盾，甚至可以说，公权力的设立目标就是保障私权。[②] 公权力的行使不得损害民事权利，否则就失去了正当性。

（二）《民法典》确立的民事权利保护规则具有规范公权的功能

第一，公权行使不得侵害私权。现代法治的核心理念是“规范公权，保障私权”。《民法典》确立了完善的私权保障体系，有利于规范公权行使行为、将权力关进制度的笼子。行政机关、司法机关在行使公权的过程中，不得以侵害为《民法典》所确认的各项私权为代价，必须尊重和保护民事主体的财产权（如不得非法查封、扣押）、人格权、人身权。公权力机关行使职权的行为均不得损害民事主体的权利。公权力机关在依法对公民权利进行限制时，应当具有法定职权，严格遵守法定程序。

第二，依法行政必须依法限制私权。私权并不是绝对的，也要受到一定限制。但是，按照《民法典》的要求，对私权的限制应符合一定的条件：一是于法有据，即不得违背法律法规随意作出减损公民、法人和其他组织合法权益或增加其义务的规定。如果法律规定可以限制的，也必须符合法定条件，如为满足公共利益等。二是遵守法定程序。例如，《民法典》第 117 条规定：“为了公共利益的需要，依照法律规定的权限和程序征收、征用不动产或者动产的，应当给予公平、合理的补偿。”这其中就强调了要依照法律规定的权限和程序进行征收、征用。三是要遵守比例原则，限制不得过度。所谓比例原则，就是行政机关实施的行政行为，尤其是对公民、法人、其他组织作出行政处罚时，必须符合一定的比例，根据行政相对人的过错来决定处罚的方式和程度。一般认为，比例原则由三

---

① 习近平：《充分认识颁布实施民法典重大意义 依法更好保障人民合法权益》，载《求是》2020 年第 12 期。

② 参见汪习根主编：《发展、人权与法治研究——法治国家、法治政府与法治社会一体化建设研究》武汉大学出版社 2014 年版，第 268 页。

个子原则所构成：适当性原则、必要性原则和均衡性原则。[①] 比例原则要求对权利的限制应当合比例、适度、合理。例如，《民法典》第 999 条规定："为公共利益实施新闻报道、舆论监督等行为的，可以合理使用民事主体的姓名、名称、肖像、个人信息等；使用不合理侵害民事主体人格权的，应当依法承担民事责任。"该条强调"合理使用"，就是要求按照比例原则对民事主体的人格权利进行限制。

第三，公权行使必须善用民事方式遏制违法行为。"法典推进了司法的可接近性，使规则的制造中心在数量上减少，避免了实在法中的空隙"[②]。因此，《民法典》也应当成为执法和司法的基本遵循。这就意味着，要善用民法的保护机制来保护权利。事实上，通过私权保护常常可以达到更好的社会治理效果。例如，从实践来看，非法泄露个人信息已经成为一种社会公害，虽然许多个人信息涉及公共利益，政府对个人信息的管理是必要的，但面对现代社会中海量的信息，政府的管理资源毕竟是有限的，针对非法收集、泄露个人信息的行为，完全通过政府进行管理未必是有效的办法。这就需要通过保护私权的方式来应对大量侵害个人信息的行为。在这种情况下，私权保护也是一种管理的模式，甚至可能是治理无序状态的最佳选择。再如，在环境保护问题中，我们一度认为应当主要靠政府管理和行政处罚来解决，但实际上这是非常困难的，而且造成了治理成本的显著提升，事实上，在因环境污染和生态破坏同时损害特定民事主体的权益时，鼓励受害人通过请求损害赔偿的方式捍卫其权利，也可以成为实现良好治理效果的一种有效手段。[③]

（三）《民法典》确立的平等保护原则应当成为依法行政、公正司法的理念

党的二十大报告强调，"完善产权保护""毫不动摇巩固和发展公有制经济，毫不动摇鼓励、支持、引导非公有制经济发展"。公有制经济财产权不可侵犯，非公有制经济财产权同样不可侵犯。平等保护原则作为民法典的核心原则，就是

---

① 参见郑晓剑：《比例原则在民法上的适用及展开》，载《中国法学》2016 年第 2 期。

② H. Rot，"Criteres dappreciation dune codification du droit"，Rapports polonais，1982. 转引自［意］简曼拉·阿雅尼：《比较法在新法典编纂中的角色》，禹明译，载《私法研究》2002 年第 1 期，第 65 页。

③ 参见吕忠梅：《环境损害赔偿法的理论与实践》，中国政法大学出版社 2013 年版，第 63－64 页。

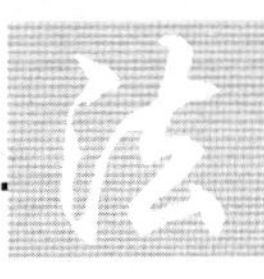

"两个毫不动摇原则"的法律表现。《民法典》第 4 条确立了平等保护原则："民事主体在民事活动中的法律地位一律平等。"平等保护原则也体现于财产权的保护法律规则之中。例如，《民法典》第 113 条规定："民事主体的财产权利受法律平等保护。"第 207 条规定："国家、集体、私人的物权和其他权利人的物权受法律平等保护，任何组织或者个人不得侵犯。"坚持平等保护的法律原则，才能让亿万人民群众专心创新，放心置产，大胆投资，安心经营，才能对各类市场主体一视同仁，营造公平竞争的市场环境、政策环境、法治环境，确保权利平等、机会平等、规则平等，才能落实党的二十大报告所提出的"依法保护民营企业产权和企业家权益"的任务。

平等保护是人权法治保障的重要原则，也是一种重要的司法保护理念。具体而言：第一，必须按照习近平总书记的要求，"要把平等保护贯彻到立法、执法、司法、守法等各个环节，依法平等保护各类市场主体产权和合法权益"①。"各类市场主体最期盼的是平等法律保护。一次不公正的执法司法活动，对当事人而言，轻则权益受损，重则倾家荡产。"② 平等保护对于依法保护民营企业产权和企业家权益，营造市场化、法治化、国际化营商环境意义重大。第二，《民法典》的平等保护原则要求在公权行使中，对各类民事主体要平等对待，无论是国有企业、民营企业，还是外资企业，均应当受到法律的平等保护，不能因为企业性质不同就在司法上区别对待。正如最高人民检察院张军检察长指出的，贯彻实施民法典，应当更加自觉优化刑事司法理念、强化民事权利平等保护意识③，避免侵害私权、干预私权。第三，刑事司法保障是民事权利保护的最后一道防线。本着平等保护的原则，在刑事案件办理中，应当牢固树立民事权利保护的观念，平

---

① 习近平：《完善法治建设规划提高立法工作质量效率 为推进改革发展稳定工作营造良好法治环境》，载《人民日报》2019 年 2 月 26 日，第 11 版。

② 习近平：《为做好党和国家各项工作营造良好法治环境》，载习近平：《论坚持全面依法治国》，中央文献出版社 2020 年版，第 254 页。

③ 参见林平：《最高检：司法机关必须落实平等保护理念，避免损害、干预私权》，https://www.thepaper.cn/newsDetail_forward_10296646，2020 年 12 月 7 日访问。

等、充分保障每一位诉讼参与人的合法权益。[①] 对涉及重大财产处置的产权纠纷等申诉案件依法甄别，确属事实不清、证据不足、适用法律错误的，应依法予以纠正并赔偿当事人的损失。

（四）《民法典》确立了国家机关的积极作为义务，强化人权保护

《民法典》和其他许多法律不同，没有规定执法机关，但这并不意味着民法典的实施就不需要公权的保障。恰恰相反，《民法典》所确立的民事主体的各项私权，多数都依靠行政机关的积极作为来维护，尤其是在权利遭受损害时，更需要国家机关的积极帮助。因此，国家机关要依法履行职能职责、行使职权，履行《民法典》规定的法定义务，保护民事主体人身、财产安全。

以人格权的保护为例，《民法典》第 1005 条规定："自然人的生命权、身体权、健康权受到侵害或者处于其他危难情形的，负有法定救助义务的组织或者个人应当及时施救。"第 1039 条规定："国家机关、承担行政职能的法定机构及其工作人员对于履行职责过程中知悉的自然人的隐私和个人信息，应当予以保密，不得泄露或者向他人非法提供。"这两条确立了国家机关、承担行政职能的法定机构及其工作人员保护个人隐私和个人信息的义务。再如，高楼抛物行为不仅会造成受害人人身及财产的严重损害，成为人们"头顶上安全"的重大威胁，而且危害了公共安全。就此《民法典》第 1254 条在总结《侵权责任法》规定经验的基础上，对高楼抛掷物或坠物致人损害的责任作出了进一步修改和完善，明确规定，在发生高楼抛掷物致人损害以后，公安等机关应当依法及时调查，查清责任人。因为只有在公安等机关主动作为、行使职权的情形下，人民的人身、财产安全才能得到有效保障。

可见，作为法律体系中的基础性法律，《民法典》能规定国家公权力机关的一些义务，公法也应配合这些规定进行自我调整和完善。为了促使公权力机关的积极配合，公法有必要从规范公权力机关行为的角度加以具体规定，以配合《民法典》人权保障工作的展开。

---

① 参见林平：《最高检：司法机关必须落实平等保护理念，避免损害、干预私权》，https://www.thepaper.cn/newsDetail_forward_10296646，2020 年 12 月 7 日访问。

（五）《民法典》的贯彻实施为合宪性审查提供了必要的、具体化的规则基础

合宪性审查是维护法律体系统一性的重要保障。一个国家的法律体系必须建构在宪法的基础上，形成统一的合宪性法秩序，这也是现代法治国家实施宪法、约束公权力、保障宪法实施的重要机制，其重要功能已经为许多国家的宪法实施经验所证实。合宪性审查是完善宪法实施监督机制的重要内容。党的十九大报告又进一步从加强宪法实施和监督的层面，提出“完善人大专门委员会设置”“加强宪法实施和监督，推进合宪性审查工作，维护宪法权威”①。这意味着全国人民代表大会（以下简称“全国人大”）及其常务委员会（以下简称“全国人大常委会”）要切实履行监督宪法实施的职责，不能使宪法监督权闲置。2018 年 3 月，第十三届全国人民代表大会第一次会议通过的宪法修正案，将全国人大法律委员会修改为宪法和法律委员会，使合宪性审查在机构和职责安排上实现了突破。此后，全国人大常委会法制工作委员会宪法室也正式成立，为全国人大常委会和全国人大宪法和法律委员会履行宪法方面有关职责提供服务保障。虽然《民法典》本身也是合宪性审查的对象，合宪性审查的直接依据是宪法，但《民法典》人格权编是以宪法为依据制定的，是对宪法关于尊重与保障人权原则以及人身自由、人格尊严保护规定的具体化，人格权编的规定具体落实了宪法基本权利的价值，使宪法的尊重和保障人权、维护人身自由和人格尊严的原则得以具体化，使宪法基本权利的内涵和外延更为明确，从而为宪法的合宪性审查提供了具体的标准。这有助于防止出现任何超越宪法和法律的特权，防止公权力机关侵害个人的人格权，侵害个人的人身自由、人格尊严，真正把公权力关进制度的笼子里，加强宪法的实施和监督，维护宪法权威。

三、全面实施《民法典》，坚持不懈加强人权法治保障

人权不是抽象的概念和空洞的口号，而应当成为广大人民群众看得见、摸得

① 习近平：《决胜全面建成小康社会夺取新时代中国特色社会主义伟大胜利——在中国共产党第十九次全国代表大会上的报告》，载《人民日报》2017 年 10 月 28 日，第 1 版。

着的切身利益。习近平总书记指出："要加强人权法治保障，深化法治领域改革，健全人权法治保障机制，实现尊重和保障人权在立法、执法、司法、守法全链条、全过程、全方位覆盖。"[①] 因此，在人权保障机制中，法治是基础、是关键。在新时代新征程上，加快推动人权事业全面发展，必须持之以恒在立法、执法、司法、守法全过程中全面贯彻实施《民法典》，加强人身权、财产权、人格权的法治保障，在全面推进国家各方面工作法治化的进程中发展我国人权事业。

（一）坚持以良法保障人身权、财产权、人格权

党的二十大报告明确提出"加强重点领域、新兴领域、涉外领域立法"，推进科学立法、民主立法、依法立法，以良法保人权、促善治。《民法典》配套法律制度的制定和实施，将进一步加强对人身权、财产权和人格权的保护。党的二十大报告指出，要"依法保护民营企业产权和企业家权益""深化农村土地制度改革，赋予农民更加充分的财产权益。保障进城落户农民合法土地权益""加强知识产权法治保障""加强个人信息保护"。这充分回应了时代的需要，宣示了对人身权、财产权、人格权保护的重要性。因此，《民法典》颁布以后，还要制定与《民法典》相配套的相关法律法规，全面落实对三项权利的保护。党的二十大报告要求，"完善产权保护、市场准入、公平竞争、社会信用等市场经济基础制度，优化营商环境"。通过确认和保护各类财产权利，健全归属清晰、权责明确、保护严格、流转顺畅的现代产权制度，推动形成明晰、稳定、可预期的产权保护制度体系，确保有法可依、有法必依，让市场主体专心创业、放心投资、安心经营。

（二）深化人身权、财产权、人格权的行政保障

行政权的行使与公民权益的维护具有密切的联系，解决好严格执法、公正执法的问题，才能保障好人权。因此，深化人权的行政保障，是充分保障人权的关键。在《民法典》实施过程中，行政机关应当自觉将《民法典》作为行使行政权力的依据和约束。具体而言，一是政府应树立善意对待人民群众合法民事权益的施政理念，尊重各个民事主体的合法产权，把切实保障公民人身权、财产权、人

① 习近平：《坚定不移走中国人权发展道路 更好推动我国人权事业发展》，载《人民日报》2022年2月27日，第1版。

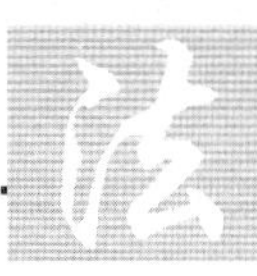

格权贯穿于行政执法全过程。[①] 要处理好办案与企业正常生产经营的关系，不能因办案简单化或不讲方式方法而致使企业经营遭受不必要的损失甚至倒闭。二是大力推进法治政府和政务诚信建设，地方各级政府及有关部门应严格兑现在招商引资等过程中向社会及行政相对人依法作出的政策承诺，严守合同，不得以“新官不理旧账”等理由违约毁约，相反，应当带头以政务诚信带动社会诚信。三是把保障人身权、财产权、人格权作为行政裁量、行政处罚各项行政执法活动的基本理念、重要标尺，不得违背法律法规随意作出减损公民、法人和其他组织合法权益或增加其义务的规定。如果法律规定可以限制的，应当符合法定条件，且必须遵守法定程序，作出的限制也要符合比例原则，防止限制过度。四是政府部门要依法履行职能、行使职权，保护民事权利不受侵犯，善用民事方式遏制违法行为。

（三）加强人身权、财产权、人格权的司法保障

党的二十大报告指出：“公正司法是维护社会公平正义的最后一道防线。”加强人权司法保障，通过法治构建社会公平正义，保障人权才能得到全面落实。“一个案例胜过一沓文件”，现代法治的重要价值是公平正义，只有让人民群众从具体案件中真正感受到公平正义，才能使人们有获得感、幸福感、安全感。为此，要实施好《民法典》和相关法律法规，强化对广大人民群众的人身权、人格权、财产权的保护。司法机关应更加自觉优化司法理念、强化民事权利保护意识。

在全面实施《民法典》的过程中，司法机关应严格贯彻落实党的二十大报告精神，公正司法，维护人民群众的人身权、财产权、人格权。首先，司法机关要严格公正司法，深化司法体制综合配套改革，全面准确落实司法责任制，加快建设公正高效权威的社会主义司法制度。实施好《民法典》和相关法律法规，以确保《民法典》在实施的过程中不走样。强化对广大人民群众的人身权、人格权、财产权的保护，努力让人民群众在每一个司法案件中感受到公平正义。其次，提高民事权利的保护水平和效率，畅通司法救济渠道，统一法律适用标准。准确把握和运用宽严相济的刑事政策，坚决防止利用刑事手段插手民事案件，防止将经

① 参见黄文艺：《民法典是经世济民、治国安邦之重器》，载《光明日报》2020年6月3日，第11版。

济纠纷当作犯罪处理，防止将民事责任变为刑事责任。落实少捕慎诉慎押的刑事政策，严格按照法定程序采取查封、扣押、冻结等措施，对滥用查封、扣押、冻结财产等强制措施，把民事纠纷刑事化，搞选择性执法、偏向性司法的，应严肃追责问责。在罪与非罪不清晰、不明确时，应当遵循罪刑法定原则，少捕慎捕，能够使用民事手段的，就不要使用刑事手段。从这一点来讲，“刑法要谦抑，民法要扩张”。再次，完善办案质量终身负责制和错案责任倒查问责制，从源头上有效预防错案冤案的发生。最后，强化刑事诉讼监督，促进公正司法，从立案、侦查、采取强制措施、审判和执行等各个环节保障人民群众的合法权益。检察机关应依法加强法律监督，当其他国家机关怠于履行职责、违法或不当行使职权侵犯公民人权时，通过依法履行法律监督职能，督促其他权力主体依法履职，使公民的人身权、财产权、人格权等权利得到保障。①

（四）增强全民的人身权、财产权、人格权观念

《民法典》的实施需要全社会的参与，而普法是提升全民参与度的重要手段。在普法过程中要增强全社会尊重和保障人权意识，引导全体人民尊重、学习、遵守《民法典》，在日常生活和社会各种交往中，努力培育人权观念。每个公民要做社会主义法治的忠实崇尚者、自觉遵守者、坚定捍卫者，不仅需要作为“关键少数”的领导干部带头守法，而且需要培养广大民众的守法意识。人人自觉真正遵守《民法典》和其他法律规范，使法律成为全社会行动的准则，法律深入人心，成为人们的自觉行动指南。如此才能依靠法律化解矛盾和纠纷，从而真正实现社会和谐、稳定、有序，实现国家长治久安。培育法治观念，必然要树立尊重他人人权，不得侵犯他人的人身权、财产权、人格权的理念，使全民守法、保障人权观念在全社会蔚然成风。

《民法典》的颁布促进了中国人权事业的发展。习近平总书记特别强调，《民法典》对于“依法维护人民权益、推动我国人权事业发展，对推进国家治理体系

---

① 参见万春：《检察机关在人权司法保障中的作用》，载《民主与法制》2022 年第 33 期。

和治理能力的现代化，都具有重大意义”[①]。在当今世界，促进人权事业的发展已成为人类社会的共识，对人的尊重和保护被提升到前所未有的高度，尊重和保障人权既是宪法的基本要求，也是国家和社会的基本责任。人权保障没有最好，只有更好。进入新时代，踏上新征程，我们要在以习近平总书记为核心的党中央的坚强领导下，全面贯彻习近平法治思想，坚定不移走中国特色社会主义法治道路，加快建设中国特色社会主义法治体系，全面贯彻实施《民法典》，加强人权法治保障，推动人权事业全面发展。

① 习近平：《充分认识颁布实施民法典重大意义 依法更好保障人民合法权益》，载《人民日报》2020年5月30日，第1版。

推进编纂式法典化的几点思考*

前　言

《民法典》是党的十八大以来全面依法治国的重大成果。习近平总书记指出："民法典为其他领域立法法典化提供了很好的范例，要总结编纂民法典的经验，适时推动条件成熟的立法领域法典编纂工作。"① 我国《民法典》的编纂和颁布为法典化立法提供了许多重要启示和有益经验。伴随着民法的法典化工作完成，不少法律领域和法学部门（如行政法、环境法、劳动法、税法、教育法等）的学者也先后开始积极主张推进法典化工作。

我们已经进入了一个法典化时代。但是推进法典化工作，需要明确：采取什么方式、步骤推进法典化？要推进什么样的法典化？法典化的目标是什么？如果法典化目标不明确，就会使法典化工作难以起到预期的成效。在推进法典化过程

* 原载于《政治与法律》2023年第12期。

① 习近平：《坚定不移走中国特色社会主义法治道路 为全面建设社会主义现代化国家提供有力法治保障》，载《求是》2021年第5期。

中也必须看到，法典化具有不同的形式，其既有编纂式，也有汇编式，究竟采取何种形式，应当综合考虑各方面因素进行确定。法典化特别是编纂式法典化具有自身的基本条件，只有明确法典化的内在规律及边界，才能有效推进法典化进程。有鉴于此，笔者拟就编纂式法典化谈一点看法。

一、编纂式法典是成文法的典型形态

（一）法典编纂存在两种形式

从比较法上看，各国法典的表现形态、功能各异，但从法典化的形态来看，主要包括两种典型模式，即编纂式和汇编式。一是“编纂式”，又称“体系式”，它是指由立法机关制定的、以高度的体系化为特征的法典。它通常是按照一定的体系，具有逻辑自洽、规则完整、价值融贯、内容完备等特征所进行的法典编纂，此种模式大多以总分结构为典型特征①；其特点重在“纂”。二是汇编式，又称“松散式”，它是指对某一具体领域、行业中法律法规的汇编与总结。汇编式的法典编纂主要是按照一定的体例将已经出台的单行法汇编在一起，换言之，它是指不以一定的逻辑体系和价值体系进行编纂的法典，而是将现行颁布的法律依据其调整对象和范围进行汇编整理形成的法典，其特点重在“编”。

中国古代历朝历代大多重视法典编纂，可以说，我国具有长期的法典化传统。一方面，自春秋末期中国历史上的第一部法典《法经》以来，成文法典成为历代统治者治国理政的重要形式，法典编纂工作也从未停息。《秦律》《九章律》《开皇律》《永徽律》《宋刑统》《大明律》和《大清律例》等，都是法典的典型代表，尤其《唐律疏议》，以其完整性和逻辑性成为古代中国法典化的杰出代表，在同时期的世界范围内也处于领先地位。② 但由于中国古代法民刑不分，甚至礼

---

① 需要指出，部分大陆法系民法典未设置总则，例如，《法国民法典》首编是人法而非总则，《荷兰民法典》也采取了“先人后物”的编制体例，在第一、二编全面规定主体制度之后，第三编财产法总则统领全部财产关系，规定了合意、能力、效力瑕疵以及代理等法律行为一般制度。但总体而言，编纂式法典以具有形式上的总分结构为特征，以强化其体系性。

② 参见何勤华：《法典化的早期史》，载《东方法学》2021年第6期，第9－10页。

法也没有严格区分，且不少法典常常是将一些法律规则汇集在一起，例如，宋朝政治经济急剧变化，在《宋刑统》外出现了大量单行的敕、令、格、式，南宋时期更产生了作为法律汇编的《条法事类》。[①] 从这个意义上说，古代法典与编纂式的法典相去甚远，更类似于汇编式的法典。另一方面，我国古代法典并没有高度重视总分结构的设计，曾有一些法典以“名例律”作为开篇，理论上多将其等同于总则，如有观点认为，“总则之义，略与名例相似”[②]，“唐律始以总则”[③]，但这一观点是值得商榷的。有观点举例指出，名例律中“亲属相为容隐”条反而是刑律“知情藏匿罪人”条的特别规则。在体系关系上，其他六律是“常行之正法”，而名例律则是基于情理的“权益之变法”[④]。因此，我国古代法典的编纂逻辑并不在于总分结构或提取公因式，名例律和其他各律也并非完全意义上的一般与特殊关系，而是侧重于教化与宣导，为人情义理保留空间，故不宜将其等同于现代意义上的总分关系。[⑤] 中国古代法典尽管也有其独特的篇章体例，但其更近似于汇编式法典，而非严格意义上的编纂式法典。当然，由于我国古代法典类似于汇编式，我们积极总结我国古代汇编式法典编纂的经验，也可以为我国目前的法典化活动提供有益的参考。

（二）编纂式与汇编式法典制定伴随法典化的历史进程

法典作为成文法的最高形式，是理性主义时代的产物。其实，法典式立法的现象早已存在，但这些法典并非现代学者指称的法典。[⑥] 例如，公元 4 世纪至公元 5 世纪，罗马法学家就制定了《艾尔莫折尼亚诺法典》（Codice Ermogeniano）和《格来高利亚诺法典》（Codice Gregoriano）。公元 5 世纪，狄奥多西皇帝制定

---

① 参见张生：《中华法系的现代意义：以律典统编体系的演进为中心》，载《东方法学》2022 年第 1 期，第 34 页。

② （清）沈家本：《修订法律大臣沈家本等奏进呈刑律草案折》，载上海商务印书馆编译所编纂：《大清新法令（1901—1911）点校本》（第一卷），李秀清等点校，商务印书馆 2010 年版，第 462 页。

③ 刘俊文：《唐律疏议笺解·序论》，中华书局 1996 年版，第 33 页。

④ 李栋、雷明波：《清律名例律与六律关系再探析》，载《广东社会科学》2022 年第 4 期，第 238－241 页。

⑤ 关于名例律中的教化宣导和人情义理，参见刘晓林：《唐律立法语言、立法技术及法典体例研究》，商务印书馆 2020 年版，第 15、39 页。

⑥ 参见［意］桑德罗·斯奇巴尼：《法典化及其立法手段》，丁玫译，载《中外法学》2002（1）。

了一部完整、系统的皇帝宪令，称为《狄奥多西法典》(Codice teodosiano)。这些古代法典虽有法典之名，但其实际上是法律的汇编，与现代意义上的法典仍然存在区别。[①] 这些法律因为大都是诸法合体，实体和程序不分，甚至民刑不分，因此不具备近现代以来法典的体系化特征。

从法典化发展的历史来看，公元6世纪优士丁尼《法学阶梯》在盖尤斯《法学阶梯》的基础上，创建了人、物、诉讼的法典体系，有人说“它是人间的三位一体，像3颗定位很好的卫星”[②]。这一体系也构成了《法国民法典》的基础，更类似于编纂式法典。但事实上，优士丁尼《学说汇纂》(digesta) 并没有一个完整的体系，其是将罗马法学家的观点进行汇集整理，其更类似于汇编式法典，所谓Digesten，指的就是“整理排序”“收集”，也称为Pandekten，本意是指“包罗万象内容广泛的书”[③]。进入中世纪，注释法学派对评注法学派汇编作品的内容，尤其是对《学说汇纂》的内容，借助于同时代神学形成的思维方法进行了基础性理论加工[④]，在19世纪，经过德国法学家们的体系化整理，才产生法典的五编制构造，并由此产生了《德国民法典》。可见，罗马法中的法典虽然主要是汇编式的法典，但也开始注重法典的体系设计，已经开始重视编纂式法典活动。

18世纪以来，在法典化进程中，根据学者的推论，1756年的《巴伐利亚民法典》是民法法系最早的民法典，欧洲第一部现代意义的法典则是1797年的《西加利西亚民法典》。[⑤] 1794年的《普鲁士一般邦法》虽然已经具有了编纂式法典的一些要素，但编纂式法典的杰出代表乃是1804年的《法国民法典》。《法国民法典》在《法学阶梯》基础上形成了整体体系，法国学者波蒂埃遵循了盖尤斯的“人、物、诉讼”三分法，但是，其加入了自己对近代自然法的理性看法，区分了法律和权利，他把权利分为对物权和对人权，其债法理论成为《法国民法

---

① 参见陈朝璧：《罗马法原理》，法律出版社2006年版，第20－21页。

② 徐国栋：《优士丁尼〈法学阶梯〉评注》，北京大学出版社2011年版，第8页。

③ ［德］马克斯·卡泽尔：《罗马私法》，田士永译，法律出版社2018年版，第16页。

④ 参见［德］马克斯·卡泽尔：《罗马私法》，田士永译，法律出版社2018年版，第16页。

⑤ 参见［匈］伽波·汉扎：《民法典编撰的历史回顾及其在匈牙利的最新发展》，载张礼洪等主编：《民法法典化、解法典化和反法典化》，中国政法大学出版社2008年版，第254页。

典》的蓝本。[①]《法国民法典》三编制体例的优点首先在于，它符合事物的秩序和人的认识规律。在理性主义者看来，这一体例非常符合清晰性和秩序的要求。[②] 三编制体例简洁明晰、通俗易懂，因为人—物—取得物的方式这样一种体系，非常符合人与其所处的环境进行交流和互动的规律。需要指出的是，在2006 年 3 月的修正案生效以后，《法国民法典》增加了新的一编“担保”，因此从形式上看，今天的《法国民法典》已经不是三编制模式了。但是，三编制常常用于对《法国民法典》体系的描述，因此，被视为《法国民法典》的主要特征之一，并构成其法律文化的重要内容。当然，在制定编纂式法典时，法国也同时存在汇编式的法典，一些法典实际上也更类似于法律的汇编。例如，1807 年的《法国商法典》也是将当时有关商事的法律进行汇编形成的法典：在 1673 年，路易十四以国王的名义颁布了第一个商事法，即《陆上商事条例》，共计 112 条，其中包括了公司、票据、破产。1681 年，法国又公布了海事条例，类似于现在的海商法。拿破仑制定民法典时，正是考虑到法国已有商事单行法并相沿了一百多年，既不宜废除，也不宜并入民法典，于是将这些商事单行法合并而成商法典。[③] 当然，由于《法国商法典》主要是法律的一个汇编，故其影响力远不及《法国民法典》。此外，法国虽然有《劳动法典》(Code du travail)、《税收一般法典》(Code général des impôts)、《海关法典》(Code des douanes) 等，但通常认为这些法典属于法律汇编。

1900 年《德国民法典》的施行标志着编纂式民法典制定进入成熟阶段。需要指出的是，《学说汇纂》虽然没有严谨的逻辑体系，而更多的是观点汇编，但是经过德国法学家的整理，逐渐形成了五编制的特点。《德国民法典》首创了总则的体系，进一步实现了民法典的体系化。除设置独立的总则编外，《德国民法典》还区分物权和债权，首创了物权的概念和制度，并将亲属法和人法分离，设

① Jean-Louis Gazzaniga, Introduction historique au droit des obligations, PUF, 1992, pp. 56 - 57.

② 参见石佳友：《民法法典化的方法论问题研究》，法律出版社 2007 年版，第 152 页。

③ Jean HILAIRE, “Droit commercial”, in Denis ALLAND et Stéphane RIALS (sous la dir.), Dictionnaire de la Culture juridique, PUF, Lamy, 2004, p. 445.

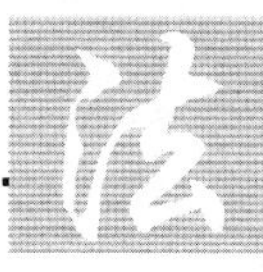

立了独立的亲属编和继承编。德国虽然颁布了民法典、商法典、刑法典、社会法典等，但例外情况下，也有专门适用于某一行业领域的汇编式法典，如《建筑法典》(Baugesetzbuch/BauGB)、《资本投资法典》(Kapitalanlagegesetzbuch/KAGB)、《食品、日用品与饲料法典》(Lebensmittel-，Bedarfsgegenstände-und Futtermittelgesetzbuch/LFGB) 等。制定这些汇编式法典的原因在于：一方面，原有单行法数量多、内容庞杂，相互间亦有所冲突和矛盾，需要通过汇编法典消除这些缺陷；另一方面，欧盟法律一体化的推动，欧盟指令明确了统一的政策目标、制度工具以及法律修改后应该达到的标准，法典化可以实质地整合、更新零散的法律规定、达到欧盟标准。此外，制定这些汇编式法典便利找法，促进法律的实施。①

英美法虽然为判例法国家，但也有法典立法。《美国法典》(Code of Laws of the United States，简称 U. S. C.)，就是汇编式法典的典型。它是联邦成文法的官方汇编，目前共 53 编 (title)，是以调整对象 (subject matter) 为标准编排的法典。②《美国统一商法典》虽然为民间机构制定，但也是汇编式的法典，其并未严格遵循体系化安排，而主要是将既存的各项统一法置于一部法典中进行规定，以实现统一美国商法的目标。③

可见，从法典化的历史进程来看，各国在推进法典化进程中，通常都同时有编纂式与汇编式两种法典化模式，之所以产生这种现象，主要是因为，推进法典化进程本身并没有一成不变的形式，在不同的法律领域，究竟采取何种法典化方式，取决于立法者对相关领域法典化特点和进程的考量。对汇编式的法典化模式而言，如果立法者只是为了解决找法的便利，也可以将法律汇编活动交给民间机构或者学者完成，而不一定都需要由立法机关完成。应当说，编纂式法典与汇编式法典这两种模式各有利弊，可以由立法者根据实际需要选择一种更佳的模式。在我们当前推进法典化的进程中，如果理解了多样化的法典化形式，就能选择适

---

① Rathke，in：Sosnitza/Meisterernst，Lebensmittelrecht，186. EL，2023，Vorbemerkung，Rn. 1.

② See E. A. Farnsworth，*An Introduction to the Legal System of The United States*，4th edn.，p. 82.

③ 参见孙新强：《法典的理性——美国〈统一商法典〉法理思想研究》，山东人民出版社 2006 年版，第 303 页。

合我国国情的法典化模式，从而更好地推进法典化进程。

（三）编纂式法典是法典化进程的集大成者

虽然法典化模式存在着上述两种基本形态，但从历史发展来看，影响更大、更为典型的仍然是编纂式法典，可以说编纂式法典是法典化进程的集大成者。以法典化进行以来的民法典为例，迄今为止，在世界范围内已有一百多部民法典，但影响最大的民法典仍然是 1804 年的《法国民法典》和 1900 年的《德国民法典》，甚至可以说其影响力历经数百年而不衰。

就《法国民法典》而言，其被称为编纂式法典的经典代表，是现代民法典的典范，恩格斯曾将其称为“典型的资产阶级社会的法典”[①]。法国大革命时期的两位立法者特隆谢（Tronchet）和若伯尔（Jaubert）认为，《法国民法典》从逻辑和安排来看都是自然的，民法典的结构划分都是“源于事务的自然属性”，而且与“思想的自然运动相一致”[②]。《法国民法典》的颁布推动了欧洲的法典化，揭开了近代法典化运动的序幕。此后相继问世的一系列民法典，如 1811 年的《奥地利帝国一般民法典》、1838 年的《荷兰民法典》、1865 年的《意大利民法典》、1867 年《葡萄牙民法典》以及《魁北克民法典》等，都在相当程度上沿袭了《法国民法典》的体系和内容。受《法国民法典》的影响而制定的法典，都被称为法国法系。

《德国民法典》构建了完整的近代民法体系[③]，因而其被认为代表了 19 世纪法典化的最高成就。从编纂技术来说，《德国民法典》是极为严谨、科学的，该法典也常常被称为“科学法”。《德国民法典》中的“总则”展现“潘德克顿体系”的显著特色。总则编采取提取公因式的方法，从人法和物法两部分中抽象出共同的规则，包括权利主体、权利客体，使这两部法律构成了有机的整体，避免和减少了许多重复和矛盾现象。[④]《德国民法典》在总则中首次创造了法律行为

---

① 《马克思恩格斯选集》，第 2 版，第 4 卷，人民出版社 1995 年版，第 253 页。

② 1 P. Fenet，Recueil Complet des Travaux Preparatoires du Code Civil lxix，cxiii（Paris，1827）.

③ 参见［德］K. 茨威格特、H. 克茨：《比较法总论》，潘汉典等译，法律出版社 2003 年版，第 220 页。

④ 参见谢怀栻：《大陆法国家民法典研究》，中国法制出版社 2005 年版，第 43 页。

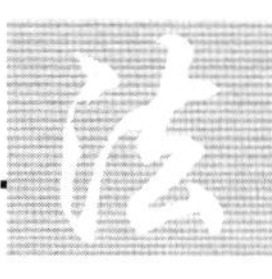

的概念，形成了意思表示的系统理论，并且将意思自治的价值贯穿于整个民法之中。在法律行为之后又规定了代理、时效、权利的行使规则等，从而形成了总分结合的体例，总则统率了整个分则，使得整个法典形成了逻辑分明的内在联系，大大提升了法典的体系化。《德国民法典》大量采用了抽象的概念，而后在判例中运用解释的技术，结合社会演进的现实，对法典的一些概念，如权利能力、意思表示、不法性等，进行灵活的解释，从而完善了法典的内容。按照梅特兰的观点，"我以为从未有过如此丰富的一流智慧被投放到一个立法行为当中"①。因此，《德国民法典》的体例结构对后世的民法典产生了重大的影响。大陆法系许多国家和地区如日本、泰国、韩国、葡萄牙、希腊、俄罗斯等国家的民法，以及我国台湾地区、澳门地区的民法都接受了德国式民法典体系。在大陆法系国家和地区，法典编纂凡是受德国法的影响而采用德国法编制体例的，都被称为德国法系。②

从法典化运动的历史可以看出，编纂式法典之所以能够称为法典化进程的集大成者，主要是因为其具有体系的完整性和价值的融贯性，是一种理性化的产物，是形式合理性的完整表达。编纂式法典以一定的思想理论为基础，而且以一定的逻辑体系相连结，体系化水平较高，能体现法典的内容完备、体系完整、逻辑自洽这些特征。编纂式法典的特点主要在于其体系化。体系主要包括两个层面：一是外在体系（Ausere Systematik），又称制度体系，它是指篇章节、基本制度的安排等。外在体系包括"从单纯的字母或者数字排序，到根据所规定事项而进行的教条式抽象，最后发展为一个完善、复杂和富有系统性特征的秩序，这是一个严格的逻辑—公理式演绎过程（logical-axiomatic deduction）"③。二是内在体系（Innere Systematik），又称为价值体系④，它包括法律的价值原则等内容。内在体系是指各单个法律制度之间的基本价值内在联系，它是立法者在立法时需要遵循的基本价值理念和原则，这些价值应当融贯于整个规范和制度之中。

---

① 参见［德］K. 茨威格特、H. 克茨：《比较法总论》，潘汉典等译，法律出版社 2003 年版，第 273 页。

② See R. David & J. Brierley, *Major Legal Systems in the World Today* 49 (2nd ed., 1978), at 85.

③ Franz Bydlinski, System und Prinzipien des Privatrechts 421 (1996), at 9-17, 64-65.

④ 参见王泽鉴：《法律思维与民法实例》，中国政法大学出版社 2001 年版，第 225 页。

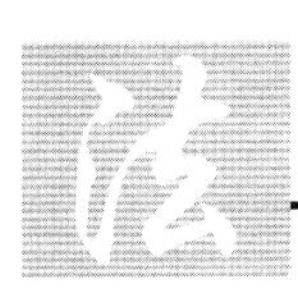

内在体系与外在体系的区分首先由利益法学派的代表人物赫克（Heck）在 20 世纪 30 年代提出，在此之后，得到了众多民法学者的认同。① 内在体系与外在体系构成了民法典体系的双重辩证关系，二者必须结合起来，才能够满足一部编纂式法典的基本要求。“如同自然科学一样，法学也具有高度的系统性。从法律的一般材料中经过科学研究所得出的原则，用复杂的组合形成一个体系，以后一旦发现新的原则就归并到这个体系中去。”② 编纂式法典主要是将各种制度规则形成内在逻辑，其中又有价值融贯于其中，构成形意合一，形就是外在体系，意就是内在体系，两者缺一不可。正是在这个基础上，构成了编纂式法典的主要特征，其他特征都衍生于此。

二、编纂式法典与汇编式法典的比较

（一）编纂式法典与汇编式法典的区分

编纂式法典和汇编式法典的区分首先体现在是否追求体系性上，通常我们说，法典化就是体系化。编纂式法典以实现法典的体系性为目标追求，无论是否采取总分结构，编纂式法典都追求各项制度所构成的布局合理、结构完整、逻辑严密、搭配得当的结构，形成概念、规则、制度的有机整合。汇编式的法典，通常不具备严密的逻辑结构。编纂式法典大都通过提取抽象公因式、形成了统领法典结构的总则，各分则沿着总则确定的规范逻辑展开，在法律适用中需要借助于法学方法、往返于总则与分则之间；汇编式法典可以根据其具体需要进行更为灵活的体系安排，并不以体系性的达成为目标，而旨在实现找法便利、统一法律实施等目标。

但是，仅从体系层面考察二者的区别，显然是不够的，作为法典化的两种基本形式，选择何种法典化模式掺杂着立法者对立法传统、现实的多种考量。虽然编纂式法典是法典化的典型代表，但并不意味着我们所有的立法都要实现编纂式

---

① Vgl. Heck，Begriffsbildung und Interessenjurisprudenz（1932）.

② ［美］约翰·亨利·梅利曼：《大陆法系》，顾培东、禄正平译，法律出版社 2004 年版，第 66 页。

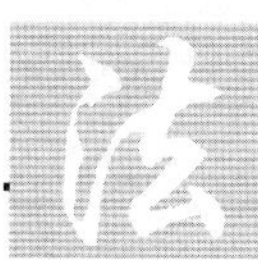

的法典化，一些法律领域不宜进行编纂式法典化，在立法技术上也存在困难。这就需要对这两种法典化模式的区别进行比较，从而确定特定的法律领域究竟应当选择何种法典化模式。具体来看，二者的区别主要体现为：

第一，是否必须由立法机关制定不同。如前述，编纂式法典重在“纂”，它是指立法机关的立法活动，而不是民间机构所拟定的示范法，这也决定了编纂式法典只能是一种立法行为。但汇编式的法典既可以是立法行为，也可以由立法者基于各种利益考量，将其留给学者或者研究机构去完成。例如，如果只是为了找法的方便，汇编式法典并不一定要由立法机关完成，完全可以由研究机构进行汇编。美国法学会自 1932 年 2 月成立后，对美国私法的几乎全部重要领域的规则制定了“重述”（restatement），包括合同法重述、财产法重述、侵权法重述等十三种，形成了庞大的汇编式法典。[①] 当然，如果立法机关认为，出于法律体系的完善、规则的完备等考虑，确有必要进行立法行为（如 1807 年的《法国商法典》的制定），则立法机关也可以进行汇编式立法。如果立法机关认为某些单行法需要纳入法典内进行修改，也可以采取汇编式的法典化。

第二，功能不同。汇编式法典虽然也具有完善法律的作用，但其核心功能是为了便利找法、统一法律，即通过将相关的法律规范汇编在一起，从而便利找法，从而实现一种“资讯的集中”，且有利于实现法律的统一性。例如，美国法学会在 20 世纪初决定“创造一个能对法律进行有序重述的组织……以澄清并尽可能简化美国的普通法”，从而开始“重述”（restatement）的制定工作。[②] 而对编纂式法典而言，其虽然也具有便利找法的功能，但其追求严谨的体系化，并通过体系化实现规范储存、查漏补缺、消除矛盾冲突等多元化的发现和法律解释功能。例如，由于我国《民法典》就具有强大的规范储存功能，因而从表面上看，可能欠缺某些规则，但通过直接适用和参照适用等规则发现规则，或通过体系解释，就可以从《民法典》其他编相关规则的解释中发现规则。

---

① 参见刘承韪：《美国合同法重述：徘徊于法典法与判例法之间》，载梁慧星：《民商法论丛》（第 36 卷），法律出版社 2006 年版，第 566 页。

② See Lewis, *History of the American Law Institute and the First Restatement of the Law*, Restatement in the Courts 1, 2 (perm. ed. 1945).

第三，效力不同。对汇编式法典而言，如果是立法机关对现行法律规范的一种汇编，则其也具有强制性效力，但如果汇编式法典是由立法机关之外的研究机构或者民间机构制定的，则其更多的是一种示范法，典型的如由美国法学会制定的《统一商法典》。《统一商法典》对各州并无约束力，对于《统一商法典》的修订或修正，有的州采纳、有的州未采纳，各州在采纳时也作出了不同程度的改动。[①] 当然，虽然此种汇编式法典通常并不具有国家强制力，在性质上是软法，但如果当事人约定将其作为仲裁的准据法，此时，其也具有法律效力。而对编纂式法典而言，其是立法机关制定的法律文件，当然具有法律效力。

第四，体系化程度与规范体例不同。汇编式法典通常只是相关法律规范的一种汇编，其主要是出于找法便利、统一法律的需要，而不是为了追求体系化和完整性，因此，其体系化程度通常并不高，而且汇编式法典各部分内容之间可能也不具有统一的规范体例。[②] 尽管在汇编过程中也要考虑一定的逻辑性和体系性，即在确立分类的标准时，需要按照一定的逻辑进行分类。但是，它不需要考虑严谨的逻辑体系，也不需要考虑是否设置和如何设置总分结构。而对编纂式法典而言，其以追求体系化为主要目标，并通过体系化的方式实现法律规范整体的科学性。也正是因为这一原因，编纂式法典通常具有明确的规范、体系安排。

第五，调整的对象不同。编纂式立法植根于传统部门法的划分、适用于基础性法律关系，如民法、刑法、诉讼法与行政法，其调整对象主要是特定的社会关系。同时，编纂式法典主要属于基础性法律部门，突出其基础地位，将基础性法律规则进行编纂。此类法典化的编纂，在世界各国大多体现在民法、刑法、行政法等法律部门，在民商分离的国家还包括了商法典。编纂式法典概括了法律部门的基本规则，可以专门适用于各类社会关系。而汇编式的法典调整的主要是某个领域内的多个社会关系，其更多地适用于某一特定领域或行业，服务于某一特定目标，如教育、财税与环境，其大多具有针对性或者特殊性，往往不是基础性的

---

① 参见孙新强：《美国〈统一商法典〉及其正式评述》，中国人民大学出版社 2004 年版，第 19 页。

② 参见孙新强：《美国〈统一商法典〉及其正式评述》，中国人民大学出版社 2004 年版，第 19－20 页。

部门法，从这个意义上说，其具有领域法的特点。

第六，和单行法的衔接不同。编纂式法典并不一定都将单行法纳入法典之中，相反，编纂式法典作为基础性法律，为单行法的适用提供了基本的准则，并为单行法的解释提供了依据。当然，如果单行法是法典规则的具体化，则可以通过引致条款连结法典与单行法之间的关系。而汇编式法典出于找法的便利，可能会将某一领域的单行法全部纳入其中，因此，其并不存在法典与单行法的衔接问题，也不需要通过引致条款连结法典与单行法。

第七，规范属性不同。对编纂式法典而言，由于其追求规范的体系性，并以部门法及其理论体系为基础，因此，其具有较为鲜明的公法或私法属性。而汇编式法典则可能具有公私法相结合的特征。在现代社会更为强调公共治理的背景下，汇编式法典既包括垂直的行政管理规范，也可能包括发挥治理功能的社会组织、自治团体以及行业标准等内容，因此，汇编式法典在内容上可能是公私法相结合的产物。

第八，成熟性不同。编纂式法典必须保持一定的成熟性、稳定性，不能经常修改，性质上是将相对成熟的规则汇总在一起。编纂式法典追求法典的体系性，而体系本身具有相当程度的一般性、基础性和开放性，因而具有相当程度的稳定性。诚如黄茂荣教授所言，法的体系不但可以提高法之“可综览性”，从而提高其适用上之“实用性”，而且可以提高裁判上之“可预见性”，从而提高“法之安定性”，只要由之所构成的体系“圆满无缺”，则光凭逻辑的运作便能圆满解答每个法律问题。[①] 因此，编纂式法典以规则较为成熟为前提条件，因为法典不能经常变动，具有较强的稳定性，因而只有具有相当成熟度的法律规则才能够进入立法式的法典之中。从这一意义上说，编纂式法典更有利于实现法典的稳定性和适应性。在我国《民法典》通过之后，习近平总书记指出：“民法典在中国特色社会主义法律体系中具有重要地位，是一部固根本、稳预期、利长远的基础性法律。”[②] 这揭示了《民法典》在中国特色社会主义法律体系中的基础性地位，也

① 参见黄茂荣：《法学方法与现代民法》，中国政法大学出版社 2001 年版，第 471 页。

② 《习近平著作选读》（第二卷），人民出版社 2023 年版，第 313 页。

回答了其被称为“典”的原因。而汇编式法典实际上仍以单行法为单元，对于规则的成熟度要求相对较低，其规则可以不断修改，并不强调成熟性、稳定性，如美国的税法法典就始终保持开放性。

总之，法典化是人类法治文明的最重要成果，也是现代国家走向法治之路的最佳选择之一，满足了形式合理性要求，能够较好地满足法治体系建设对法律制度规范性、严谨性、协调性的要求。① 正如德国学者卡斯滕·施密特所言，民族国家建立后，“法典会给法律乃至国家带来无尽的益处，法典的制定被视为政府的最高成就，被视为民众教养的有力证明，被视为一个时代里程碑式的成果”②。汇编式和编纂式各有利弊，编纂式并非法典化的唯一选择，而要根据不同场景和实践需要选择最优的法典化模式。

（二）编纂式法典的优势和不足

编纂式法典的优势和不足其实都是与其固有特点即体系性联系在一起的，“法典编纂是一系统性的表述，是以综合和科学方法，对特定国家内一个或若干法律部门诸普遍和永久规则加以组织的整体”③。法典化不同于一般立法之处就在于，法典“包含了各种有效的控制主体的法律规则的完整性、逻辑性、科学性”④。编纂式法典所具有的内在体系和外在体系的体系化，就使其功能不限于简单的找法便利，还包括以下几方面的功能。

第一，统一法律。法典化就是体系化，德国法学家科殷说：“关于法典的编纂，有许多理由，而最重要的理由之一，就是希望使法律清晰，使法律成为整个国家通用的规范，保证法律在政治水准上的一贯性。”⑤《民法典》的制定起到了

---

① 参见刘剑文、唐贺强：《法典化目标下税法总则立法的三个问题》，载《交大法学》2023 年第 3 期，第 6 页。

② ［德］卡斯滕·施密特：《法典化理念的未来——现行法典下的司法、法学和立法》，温大军译，载《北航法律评论》第 2012 年第 1 期，第 38 页。

③ ［法］让·路易·伯格：《法典编纂的主要方法和特征》，郭琛译，载《清华法学》（第 8 辑），清华大学出版社 2006 年版，第 13 页。

④ Lobinger，Codification，in 2 *Encyclopedia of the Social Sciences* 606，at 609 - 610（1930，Reissued 1937）.

⑤ ［法］勒内·达维德：《英国法与法国法：一种实质性比较》，潘华仿等译，清华大学出版社 2002 年版，第 25 页。

统一法律规则的作用。长期以来，我国在立法上采取的是所谓“成熟一部，制定一部”的原则，单行立法模式形成了规则的不统一甚至发生矛盾和冲突的局面。而《民法典》将分散的民事法律制度整合在一起，形成一个体系化的集合体，由法到典也就是一个体系化的过程。《民法典》的颁布促进了民商事法律的体系化，有助于实现民事立法外在规则体系的一致性、内在价值体系的一致性、逻辑上的自足性以及内容上的全面性，形成在特定价值指导下的统一法律术语、法律规则和法律制度，保持法律各部分内容的相互协调和相互配合，形成严谨的体系结构。① 可以说，在《民法典》的统率下，我国民商事法律有了统一的基本规则，构成了完整的、系统化的整体。但汇编式法典更多的是实现找法方便等功能。

第二，价值整合。编纂式的法典编纂注重通过整合价值、实现法典的价值融贯，构成完整的内在价值体系。例如，我国《民法典》就以私法自治、人文关怀为价值基础，构建了完整的体系。这有利于消除因为价值冲突带来的规则冲突甚至制度冲突，为统一法律奠定价值基础。例如，《合同法》第 51 条与《物权法》第 106 条之间存在一定的冲突，前者的目的是保护真正权利人的利益，而善意取得制度则旨在保护交易安全，在二者发生冲突时，由于价值不统一，就难以消除冲突。而《民法典》则统一了价值，贯彻交易安全优先的理念，消除了这一冲突。同时，价值整合也有利于准确解释、适用民法规则，甚至在《民法典》与单行法发生冲突时，也可以基于统一的价值基础妥当解决相关的规范冲突问题。而汇编式的法典化则以法律的整理汇编为目的，而并不需要追求价值的融贯，法典各部分之间的价值也不一定需要统一。尤其是汇编式法典常常针对某一领域的法律关系进行调整，而调整不同社会关系的规范性质各异，包括民事、行政、刑事的，规范属性不同，很难实现价值的整合，这就决定了在汇编式的法典中，实现价值的整合是十分困难的。

第三，规范储存。规范储存是指在编纂式法典中，能够从现有法条中发现、解释出更多的可供适用的规范，借助于体系整合，具有较大的规范储存功能。例

---

① 参见许中缘：《政治性、民族性、体系性与中国民法典》，载《法学家》2018 年第 6 期，第 46－47 页。

如，我国《民法典》大量采用了适用、参照适用、引致条款等立法技术，使现有的法条能够适用于大量的相类似的法律关系。同时，通过对法条文义的不同表述，能够将某一个法条扩张适用到其他情形。例如，在合同编中，凡是使用债权、债务等表述时，表明其不仅适用于合同之债，而且适用于其他债的关系，这就实现了一种规范储存效应。在单行法时代，往往只能针对某一具体行为进行规范，这就难免挂一漏万。但在《民法典》颁行后，对于实践中出现的新情况、新问题，不能完全依赖司法解释予以调整，而应当借助法律解释的方法，充分发挥《民法典》的规范储存功能，使《民法典》作为正确处理民事关系、解决民事纠纷的基本准则发挥更大的作用。而汇编式法典只是将现行的单行法和相关法律规定进行整合，也很难发挥上述法律规范的规范储存效应。

第四，查漏补缺。与体系化相联系的，编纂式法典借助于体系整合，有助于查漏补缺。所谓查漏，是指可以通过体系解释的方法，发现法律的缺漏。所谓补缺，就是在确定法律漏洞之后，运用法律解释方法填补法律的漏洞，这实际上都是体系化解释操作的结果。法典不可能完全消除漏洞，关键在于如何运用体系化的方法发现和填补漏洞。编纂式法典既提供了融贯的内在价值体系，也具备完备的外在规则体系，这也为运用法律解释方法发现法律漏洞、填补法律漏洞创造了条件。但汇编式法典通常很难通过体系化的方式进行查漏补缺，或者虽然能够发现漏洞，但很难通过体系解释的方式填补漏洞。

第五，消除矛盾。所谓消除矛盾，是指借助体系化的方式，将概念与概念之间、制度与制度之间、规则与规则之间的矛盾消除，由于编纂式法典是立法机关制定的，在编纂过程中就需要解决相关的概念、规则、制度之间的矛盾。同时，在法律适用中，也需要借助体系化的方式消除法律规范之间的矛盾。正如拉伦茨所指出的："法律科学最为重要的任务之一就是发现单个的法规范之间和规则体相互之间，以及它们与法秩序的主导原则之间的意义脉络，并将该意义脉络以可被概观的方式，即以体系的形式表现出来。"① 在法典内部，甚至在法典与单行法之间发生矛盾时，可以通过此种方法消除矛盾。但是汇编式法典由于缺乏统一

---

① ［德］卡尔·拉伦茨：《法学方法论》，黄家镇译，商务印书馆 2020 年版，第 549 页。

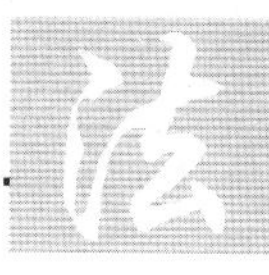

的价值基础和规范体系，即便汇编式法典内部各个概念、规则、制度之间存在一定的矛盾，也很难通过法律解释等方法消除相关的矛盾和冲突。

在推进法典化的过程中，也要看到编纂式法典化的不足。编纂式法典虽然是人类文明的重要成果，是法典化的集大成者，但并不意味着其完美无缺。换言之，编纂式法典化并非立法的最终和唯一选择。

一方面，其灵活性不足。编纂式法典化一旦形成，就可能导致立法处于停滞状态。社会是不断变化发展的，高度体系化的编纂式法典稳定性有余，导致其在回应急速变化的社会生活时往往就显得捉襟见肘。[①] 有学者据此主张，法典式法治模式已经跟不上时代变迁的步伐。[②] 法律体系越严谨，也就意味着其必然要求规范集合更加稳定。[③] 在社会实践变动越是剧烈的领域，法典化与社会现实变动之间的矛盾就越是突出。例如，20 世纪一些法学家提出“去法典化”的概念，就是强调高度体系化的法典无法回应社会现实的剧烈变动。尤其应当看到，21 世纪进入信息时代以来，数字经济和科学技术的发展给许多领域造成了一定的冲击，社会关系具有不稳定性，而法典化可能无法及时回应这些冲击和变化。例如，在民法典编纂过程中，立法者曾专门考虑知识产权是否纳入民法典，但是，考虑到知识产权的灵活性很强，需要及时根据实践状况和国内外政策作出调整，如果将其纳入民法典，反而会妨碍知识产权的发展。因此，立法机关最终未将其纳入民法典。

另一方面，针对性不足。编纂法典化所追求的体系性与法律调整社会关系的针对性存在矛盾。编纂式法典化以形式体系和价值体系的普适性为典型特征，着重的是法律基础结构，因此，其也存在针对性不足的问题。也正是因此，“去法典化”的主张者也提出，为了弥补法典化所带来的针对性欠缺的问题，立法也开始出现碎片化的现象。法典的高度抽象性和特别法的不断丰富也导致了法典的“空洞化”，大量的特别法使得民法典的适用逐渐退居后方。[④] 这种观点也具有某些合理性。

---

① 参见何勤华：《法典化的早期史》，载《东方法学》2021 年第 6 期，第 18 页。

② 参见史际春：《经济与法探究：从部门法到法治一般》，光明日报出版社 2022 年版，第 5 页。

③ 参见［奥］弗朗茨·比德林斯基：《私法的体系与原则》，中国人民大学出版社 2023 年版，第 19 页。

④ 参见［日］内田贵、［日］大村敦志编：《民法的争点》，张挺等译，中国人民大学出版社 2023 年版，第 4 页。

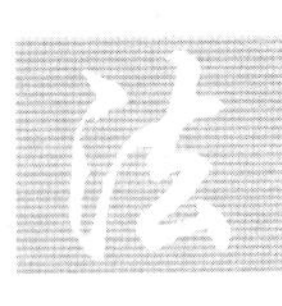

（三）法典化模式的不同场景

我们在比较编纂式模式与汇编式模式的区别后，其实也已经指出了二者适用的不同场景。维斯（Weiss）指出，“如果我们审视诸多国家的立法和法律著述（奥地利、瑞士、法国、比利时、德国、意大利、荷兰、俄罗斯以及普通法国家）以及欧洲法、国际法在最近几十年在法典化方面的一系列文献，我们就会很容易地发现，法典化的定义不可能形成某一单一的标准”①。应当看到，在新中国第一部以“典”命名的《民法典》颁布之后，《民法典》因其体系性、规则的科学性和完备性等，在国内外都产生较大影响，并受到普遍好评，因而不少学者呼吁，应当以《民法典》为蓝本，推进相关领域的法典化进程。这种看法虽然不无道理，但实际上，一概采用编纂式法典的模式推进法典化进程，并不当然符合各个领域立法的特点和现实需要。

我们已经指出了编纂式法典自身的优点，但正如硬币具有正反面一样，其也具有自身的不足，相反，汇编式法典虽然体系化程度并不高、逻辑性并不强，但其也具有自身的优点，具体而言：

第一，汇编式法典具有整全性。所谓整全性，又称为完备性（comprehensive），是指将同一领域同一性质的法律规范，按照某种内在的结构和秩序整合在一起，能够覆盖社会生活的基本方面，对需要法律调整的主要社会关系能够提供基本的法律规则。尽管汇编式的法典往往是针对性的立法，针对专门性、特殊领域进行规定，但是总体而言，汇编式法典也具有调整对象和调整范围的全面性。与此同时，汇编式法典针对某一领域的相关规则进行整体性汇编，从而全面地调整这一领域。相比之下，编纂式法典是针对具体的法律关系，而汇编式法典则是针对某一特定的领域，例如针对劳动、海关、环境等领域的法典汇编，其可能同时包含公私法规范，在规范的全面性方面甚至超过了编纂式法典。

第二，汇编式法典具有统一性。法典化就是“一部法律的典章，它声称不仅能消除一切抵触，而且可以专属性和完整性地调整法律的整个部门，或者至少是

① Gunther A. Weiss, “The Enchantment of Codification in the Common-Law World”, *Yale Journal of International Law*, Summer, 2000.

其中的一大部分”[①]。汇编式的另一个功能是统一法律，特别是由于某个法律领域的单行法彼此间存在冲突和矛盾时，将这些单行法汇编在一起时，就需要消除这些冲突和矛盾。例如，德国制定《食品、日用品与饲料法典》旨在实现食品安全链规则的全覆盖，使食品法标准化、透明化：一方面，使消费者、经营者以及行政管理者更容易找法，从而促进法律的实施；另一方面，有利于统一制裁措施的标准与尺度。[②]

第三，汇编式法典具有便利性。即便利找法、用法，具有规范检索功能。通过法典化可以形成“系统和广泛制定的法律集合体”[③]。无论是编纂式法典还是汇编式法典，都具有便利找法、用法的功能，都可以成为必须援引的法律依据以及配套行政法规、规范性文件的上位法基础。尽管汇编式法典没有采用总则编，也没有一以贯之的内在体系，但是仍然按照一定的逻辑顺序，将纷繁复杂的社会关系进行排列和汇编，从而有利于法律适用者分门别类地找法。尤其是对一些条件较为成熟，可以由立法机关采取汇编式的法典化方式形成相应法典。例如，在劳动法领域即可采取汇编式，消除《劳动法》与《劳动合同法》因颁布时期不同而可能带来的矛盾和重复内容。再如，在环境法领域，也可以将《大气污染防治法》《水污染防治法》《固体废物污染环境防治法》《环境噪声污染防治法》《海洋环境保护法》《环境影响评价法》等单行法进行汇编、整理形成法典。

第四，汇编式法典具有灵活性。汇编式法典既实用性强，又易于修改，因而具有灵活、变动性大的特点。在一些法律部门中，社会生活实践变化迅速，统一、普适的规则难以抽象，此时以汇编式法典的形式可以最大化地降低编纂式法典稳定性的负面效应。这是因为，汇编式法典中的许多规则具有一定的松动性和可变动性。与编纂式法典相比，汇编式法典不需要受到总则编的拘束，也不受到某一价值体系的约束，因此汇编式法典中的法律规则可以随着社会现实的变动而

① Manfred Rehbinder，Einführung in die Rechtswissenschaft 207（1995）.

② Rathke，in：Sosnitza/Meisterernst，Lebensmittelrecht，186. EL，2023，Vorbemerkung，Rn. 1.

③ Karsten Schmidt，Die Zukunft der Kodifikationsidee：Wissenschaft und Gesetz-gebung vor den Gesetzeswerken des geltenden Rechts 78（1985）.

发生相应的调整。就此而言，汇编式法典相较于编纂式法典更具有灵活性。

第五，汇编式法典具有针对性。汇编式法典并不像编纂式法典那样只纳入成熟、稳定的法律规则，而可以根据实际需要调整其规范内容，尤其是汇编式法典可以将单行法的规则纳入其中，从而满足社会的现实需要。同时，与编纂式法典不同，汇编式法典的修改程序也相对简单，这也使其能够更好地适应社会发展需求，及时回应社会需要。

“法典编纂是一系统性的表述，是以综合和科学方法，对特定国家内一个或若干法律部门诸普遍和永久规则加以组织的整体。”① 如果规则不是系统全面的，而是残缺不全、七零八落，就根本无法体系化。习近平总书记指出，科学立法的核心在于尊重和体现客观规律，“要研究丰富立法形式，可以搞一些‘大块头’，也要搞一些‘小快灵’，增强立法的针对性、适用性、可操作性”②。因此，在科学立法的指导下，必须充分关注法律部门之间的差异。虽然法典作为一项工具，可以有效提升治理能力现代化，但这并不意味着所有立法都必须以法典化的形式开展。要做到科学立法，法典化并非唯一路径，即使在法典化内部也存有不同的方式。在了解法典化的不同类型及其特征之后，方可选择最佳模式推进法典化进程。科学立法应当充分研究法典化的规律，针对不同法律领域的特点，选择最佳的法典化模式。

汇编式法典大多是在单行法基础上汇编而成的。依据前文所述，单行法和汇编式的法典化各有其独特的适用场景，立法式的法典编纂工作并非立法的唯一选择，在编纂式法典化模式、汇编式法典化模式、单行法模式中应当依据客观情况进行取舍和选择，也即要贯彻场景化思维。所谓场景化思维，也即要根据具体的场景进行分析，要具体情况具体分析而非一刀切。③ 笔者认为，法典化模式选择至少需要从如下几个方面进行判断：一是要根据调整社会关系的特点出发考虑法

---

① ［法］让·路易·伯格：《法典编纂的主要方法和特征》，郭琛译，载《清华法学》，第8辑，清华大学出版社2006年版，第13页。

② 习近平：《坚定不移走中国特色社会主义法治道路 为全面建设社会主义现代化国家提供有力法治保障》，载《求是》2021年第5期。

③ 参见丁晓东：《个人信息保护原理与实践》，法律出版社2021年版，第17-20页。

典化模式。例如，行政法涉及社会生活的方方面面，而行政关系纷繁复杂，要涉及教育行政、海关行政、税收行政、工商管理、市场监管等，其规范类型过于庞杂，很难采用高度体系化的编纂方式。二是考虑现有的体系化程度。例如，就税收法典而言，虽然国外也不乏先例，但要制定一部编纂式税收法典是十分困难的，因为其无法采取提取公因式的方式形成完整的总分结构，而且不具有统一的价值基础，需要综合采用各种法律调整方法调整税收关系，保障国家税收，因而其也很难具有统一的价值基础。三是考虑自身的规范特点。很多领域的法律规范可能同时包含实体规范和程序规范，很难统一在一部法典之中。四是考虑规范的稳定性与变动性。某些领域的法律规范可能需要根据社会情况的变化而及时作出修改和调整，对于此种法律领域，采用汇编式法典模式可能更为合理，因为汇编式法典本身是诸多法律规范的集合，其修改程序较为灵活，可以及时回应社会需要。而编纂式法典一般注重实现规范的稳定性，对于上述法律领域，就不宜采用编纂式法典的模式。五是考虑调整对象是法律关系还是法律事项。如果法典调整的是特定的法律关系，具有稳定性，则可以考虑通过编纂式法典的方式对其进行调整。而如果其调整的是特定领域的法律事项，而非特定的法律关系，则应当采用汇编式法典的模式。

当然，单行法也具有针对性、灵活性强的特点，其具有小、快、灵的特点，因此，在推进法典化的过程中，也不一定必须要将一些单行法纳入法典之中，在许多领域，继续保留单行法模式可能是更合适的选择。换言之，在特定的法律领域，单行法可能更具有优势，这样可以充分发挥单行法的灵活、高效、有针对性的优势，对于单行法之间的矛盾和重复问题，可以通过法律的修改程序加以解决。

三、推进编纂式法典化的基本要求

如前所述，编纂式法典是法典化的典型形式，而《民法典》作为我国第一部成功的编纂式法典，为推进我国的法典化进程提供了成功的样本。在我国，《民

法典》也不是编纂式法典的终结，而是编纂式法典的开端。我们需要在总结《民法典》编纂成功经验的基础上，有效推进编纂式法典进程。我们要认真研究《民法典》编纂的成功经验，在此基础上明确制定一部编纂式法典究竟应当具备哪些基本要求。并非任何一部法典都能采取编纂式法典的模式。因此，我们应该了解编纂式法典的基本要求，从而为将来某一部门法的立法工作尤其是法典起草工作提供指导和借鉴。也就是说，不同法律部门由于调整法律关系的性质、内容与复杂程度不同，对于是否需要法典化以及在法典化形式上是否采取编纂式或汇编式也有不同要求。总体而言，一部法典只有在满足以下要求时，才能有效推进编纂式法典。

（一）编纂式法典所调整的法律关系具有基础性

编纂式法典应在法律体系中具有基础性地位，能够调整基础法律关系，统领相关单行法。有学者指出，编纂式法典“尽可能用抽象的规范把社会生活简化为严格的关于权利、义务和责任的规则”①。这种法律关系的抽象化，既有助于保持法典规则的一般性和涵摄力，也可以为单行法的特别调整保留空间，理顺法典与各单行法间的规范关系。② 在法典与单行法的统领关系上，法典发挥价值宣示和框架功能，是解释适用单行法的重要依据，同时法典通过引致条款、参照适用条款、一般条款以及对于其他法律渊源的承认保持体系开放。

以《民法典》为例，《民法典》是整个民商事法律的基础性法律，其既是弥补单行法规定不足、填补单行法规则漏洞的来源，也是实现单行法制度规则体系融贯的基础。为了解决《民法典》与单行法在适用中的关系问题，最高人民法院《总则编解释》第 1 条第 2 款规定：“就同一民事关系，其他民事法律的规定属于对民法典相应规定的细化的，应当适用该民事法律的规定。民法典规定适用其他法律的，适用该法律的规定。”依据该规定，在民商事单行法与《民法典》存在矛盾的情况下，如果单行法属于《民法典》规定的具体细化，则应当适用单行法的规定，否则应当适用《民法典》的规定。所谓“具体细化”，是指与《民法典》

---

① 朱明哲：《法典化模式选择的法理辨析》，载《法制与社会发展》2021 年第 1 期，第 91 页。

② 参见苏永钦：《寻找新民法》，北京大学出版社 2012 年版，第 38－39 页。

规定相比较，单行法的规定更加具体明确，具有更强的针对性，但并不存在与《民法典》规定的不一致现象。这也意味着，在单行法的规定与《民法典》的规定有冲突时，原则上应当适用《民法典》，以体现《民法典》的基础性法律地位。当然，如果《民法典》中明确规定相关的民事关系适用单行法的规定，则应当适用该单行法的规则。例如，《民法典》第1208条规定："机动车发生交通事故造成损害的，依照道路交通安全法律和本法的有关规定承担赔偿责任。"依据该条规定，交通事故责任的承担需要适用《道路交通安全法》的相关规定。此外，在单行法的规定存在法律漏洞时，应发挥《民法典》"补充法"的功能，以填补法律漏洞。

（二）编纂式法典具有体系性

体系化思维是法律思维的基本方法，没有体系就没有法律。"如同自然科学一样，法学也具有高度的系统性。从法律的一般材料中经过科学研究所得出的原则，用复杂的组合形成一个体系，以后一旦发现新的原则就归并到这个体系中去。"[①] 法典化就是体系化，体系化思维其实就是一种系统思维，这既是哲学上整体观念的体现，也是系统论在法学上的反映。编纂式法典是将各项法律制度以内在的结构组织和编排起来，构成一个体系。仅仅具有形式上的体例安排（编章节等），仍然不能被视为具有体系性，只有整个法典存在着某种内在的体系组合和逻辑结构，才能被称为真正的编纂式法典。[②] "法典化不能被视为法律在数量上的简单叠加，在其中必定具有某种体系和整体的理念"[③]。这也就是说，"法典构成一个系统，它是一个整体，自身包含其他的相互协调的次级整体"[④]。法典化实际上是一种制定体系化的法典的过程。

编纂式法典应形成结构完整、逻辑自洽的体系，其具体体现为：一方面，具有形式上的总分结构（lex generalis，lex specialis），立法者通过"提取公因式"的方法制定总则，总则中的抽象概念、制度具有提纲挈领的功能、贯穿于各分则

① ［美］约翰·亨利·梅利曼：《大陆法系》，顾培东、禄正平译，法律出版社2004年版，第66页。

② 参见许中缘：《体系化的民法与法学方法》，法律出版社2007年版，第68－78页。

③ Jean Carbonnier，Droit civil，Introdutcion，PUF，2000，p. 199.

④ Jean Ray，Essai sur la structure logique du Code civil français，Alcan，1926，p. 12.

的解释与适用之中。[①] 总则不仅自成体系，而且统领整个法典其他各编，甚至整个民商事法律，具有纲举目张的作用。如总则是《民法典》中最基础、最通用的原则，是解释《民法典》各分编以及各个单行法的重要依据。总则关于立法目的和基本原则的规定，实际上也宣示了《民法典》的基本价值，成为基础中的基础，具有“压舱石”的作用。总则的一般性规定又是《民法典》分编乃至各个单行法在适用中存在漏洞时查漏补缺、填补漏洞的重要依据。[②] 但在找法的过程中，应当先从分则中找，如果分则中没有相关规定，才应当适用总则的规定。另一方面，体系性要求概念连贯、意义一致，规则、制度间不具有冲突和矛盾。正是因为这一原因，在法律适用层面，如果出现概念、规则、制度之间的冲突，应当通过法律解释和漏洞填补方式消除各项冲突和矛盾。我国《民法典》的颁布促进了民商事法律的体系化，有助于实现民事立法规则体系和价值体系的一致性、逻辑上的自足性以及内容上的全面性，形成在特定价值指导下的统一法律术语、法律规则和法律制度，保持法律各部分内容的相互协调、相互配合，形成严谨的体系结构。

（三）编纂式法典具备价值的融贯性

法律价值是法律存在的正当性基础，也确定了法律的目的性和基础。法典外在的结构完整、逻辑自洽以及规则之间没有明显矛盾是“形”，而法典内在的价值融贯则是“神”，一部“形神兼备”的法典才能被认为是真正的编纂式法典，这两个方面也分别被称为法典的外在体系与内在体系。[③] 内在体系预设了外在体系的存在。卢梭指出，法律最重要的，并不是制定个别的规章，这些规章都只不过是穹窿顶上的拱梁，而只有法律背后的精神和价值，才是穹窿顶上不可动摇的拱心石。[④] 私法的特定部分体现了原则的特定结合，正是价值体系才将私法统一

---

① 参见王利明：《总分结构理论与我国民法典的编纂》，载《交大法学》2019 年第 3 期，第 46 页。

② 参见王泽鉴：《民法总则》，中国政法大学出版社 2001 年版，第 25－26 页。

③ 参见［德］卡尔·拉伦茨：《法学方法论》，黄家镇译，商务印书馆 2020 年版，第 549、609 页。

④ 参见［法］卢梭：《社会契约论》，何兆武译，商务印书馆 2003 年版，第 73 页。

为一个融贯的整体。[①] 在历史上，拉丁文"法典（Codex）的最初含义是书的意思，因此，罗马法上的法典主要是按照时间顺序对现有的法律进行汇编。而现代意义上的法典是对某一特定领域的法律规则进行体系化建构，从而使这些规则之间具有严密的逻辑联系。[②] 有价值融贯，即便形散却神不散，一旦价值融贯，就会形成真正的规则融贯，但如果只有规则体系，体系仍然是不完整的。如果说规则融贯是体系思维的外在体现，则价值融贯是体系思维的价值内核。正是价值体系的存在，才能使庞大的民法典规则始终具有"神不散"的灵魂，并形成了有机的整体，因此也凸显了融贯思维的重要性。价值融贯意味着一部法典应有一以贯之的价值遵循，制度、规则间在价值判断上"评价一致"。以我国《民法典》编纂为例，其首要的价值追求就是保障私权。《民法典》七编制始终以民事权利为主线，贯穿《民法典》始终。总则编确认了各项基本民事权利、明确了权利位阶，各分编按照基本民事权利体系逐次展开，最后规定了保护权利的侵权责任编，从而形成了以民事权利为中心、从"确权"到"救济"为主线的法典框架。此外，基本原则也贯穿《民法典》始终。

（四）编纂式法典具有内容的完备性

法典能够基本覆盖其所调整的法律关系，为相关纠纷的解决提供基本的法律遵循。这要求立法者必须全面考虑和回应实践中的制度需求与新问题。这就是说，法典可以为当事人提供一套基本的行为规则，也为法官裁判各类案件提供基本的法律规则和法律依据。完备性是体系化的前提和基础，如果缺乏完备性，则必然会残缺不全、支离破碎。[③] 如果一部法典所包含的规范是残缺不全、支离破碎的，它仍然只是一部简单的法律汇编，而不是有机的整体。但完备性并非意味着一部法典要事无巨细、架空特别法，也不是说必须包罗万象，预见一切。期望

---

① 参见［瑞典］亚历山大·佩岑尼克：《法律科学：作为法律知识和法律渊源的法律学说》，桂晓伟译，武汉大学出版社 2009 年版，第 52－53 页。

② 参见方新军：《融贯民法典外在体系和内在体系的编纂技术》，载《法制与社会发展》2019 年第 2 期，第 26 页。

③ See Gunther A. Weiss，"The Enchantment of Codification in the Common-Law World"，*Yale Journal of International Law*，Summer，2000.

一部法典提供所有的规则是不现实的，法典的编纂者“并非所有的内容都应该予以吸收，只有那些适应国家以及从而实现‘重要的内容法典化’”①。需要指出的是，编纂式法典的完备性与汇编式法典的完备性不同：一方面，编纂式法典内容的完备性主要是指要发挥法典的价值与规范框架作用，保持法典与特别法的协调关系。例如，我国《民法典》第123条规定，“民事主体依法享有知识产权”，从基本法上宣示了对知识产权的承认与保护，但具体的确权与保护规则仍然需要适用单行法规定。而汇编式的法典通常不需要设置引致条款。另一方面，编纂式法典并不需要将相关领域的单行法都纳入其中，而汇编式法典为了追求法典的完备性，则可能需要将特定领域的相关立法都纳入其中。

（五）编纂式法典的制度和规则具有稳定性

如前述，编纂式法典是特定领域较为成熟的法律规则的集大成，它通常都是在总结相当长时期内立法、司法实践经验的基础上形成的，确定在实践中行使有效的、较为成熟的规则，将其纳入法典，从而既可以发挥编纂式法典的基础性功能，同时也能使编纂式法典的制度、规则保持长久的生命力。此类法典不能朝令夕改，否则有损其权威性，与法典追求法律安定性、可预期性以及稳定的社会秩序不符。这意味着法典仅应纳入较为成熟的规则，其中的具体制度已获得理论与实践一定时期的检验。因此，编纂式法典在制定中必须要考虑相关制度、规则的稳定性问题，对于社会经济条件变动或争议较大的领域应另行交给单行法规定，法典中仅需要规定引致条款或参照适用规则。例如，《民法典》第127条规定“法律对数据、网络虚拟财产的保护有规定的，依照其规定”，从而为数据专门立法保留了空间。而汇编式法典化更多的是单行法的一种集合，其通常并不考虑相关规则是否成熟、稳定。

马克斯·韦伯认为：“形式合理化的法典，与一般的规范性文件相比，语言更加精确，逻辑更加严密。”② 一部成功的编纂式法典应当符合上述基本要求。

---

① Golab, Theorie et Technique de la Codification, in Studi Filosofico-Giuridici Dedicati a Giorgio del Vecchio 296.

② 苏国勋：《理性化及其限制——韦伯思想引论》，上海人民出版社1988年版，第219-222页。

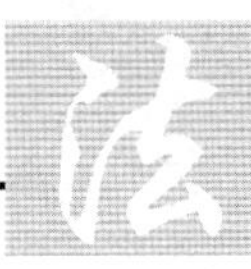

正是因为我国《民法典》编纂具备上述基本要求，这就保证了其科学性和高质量，因而也体现了马克斯·韦伯所说的“形式合理性”。自《民法典》颁行以来，其有效调整了社会生活，保障了当事人合法权益，维护了社会交易秩序，对坚持以人民为中心的发展思想、依法维护人民权益、推动我国人权事业发展，以及对推进国家治理体系和治理能力现代化，都具有重大意义。尤其是《民法典》作为高度体系化的法典，同时具备了规则完备、体系严谨、逻辑自洽、价值融贯等优点，正如习近平总书记所指出的，它“是一部体现对生命健康、财产安全、交易便利、生活幸福、人格尊严等各方面权利平等保护的民法典，是一部具有鲜明中国特色、实践特色、时代特色的民法典”①。《民法典》的颁布实施全面实现了民事立法的体系化和现代化。

应当看到，上述编纂式法典的基本要求不仅适用于《民法典》，也应当适用于其他领域的立法。在推进法典化进程中，我们应当明确编纂式法典的基本要求，从而才能够以《民法典》为样本，制定出高质量的法典。但我们也必须要看到，编纂式民法典并非法典化的唯一选择，立法本身可以采取多种模式。从改革开放以来的民事立法进程和《民法典》编纂过程和经验来看，民法典之所以能够编纂成功源于编纂式法典化的条件已经齐备。自《民法通则》开始，民事立法奉行“成熟一部、制定一部”的立法思路，经过数十年之功，构建了民事基本法的框架。如果很多新兴领域相关法律规范尚不成熟、规则欠缺的问题较为突出，此时大力推进编纂式法典化也并非明智之举。党的二十大报告深刻阐述了全面依法治国的重大意义，强调在法治轨道上全面建设社会主义现代化国家。同时提出“加强重点领域、新兴领域、涉外领域立法”，“推进多层次多领域依法治理，提升社会治理法治化水平”。针对这些重点领域、新兴领域、涉外领域，立法可以采取较为灵活、具体、方便的单行法方式，如果要制定法典，也可以考虑采用汇编式法典模式，并不一定要采取编纂式法典的模式。但在将来条件成熟、满足编纂式法典基本要求的情形下，也可以考虑采用编纂式法典的模式。

---

① 《习近平著作选读》(第二卷)，人民出版社 2023 年版，第 313 页。

结　语

法典化中“典”的概念，的确是我国固有的用语。所谓“典”，通常有“典则”“典范”“典籍”等含义，因此，凡是入典之律，均被认为具有一定的基础性、典范性。因此，无论是编纂式的法典，还是汇编式的法典，只要是高质量的法典，都可以成为经典，这首先取决于我们根据相关立法的特点和实践需求，妥当选择法典化的模式。如前所述，《民法典》是我国立法工作中法典化的典型代表，其为法典化工作提供了有益经验。但是应当注意，《民法典》所采取的编纂式法典并非唯一可供选择的模式，也并非适合于所有法律部门和领域。在推进法典化进程中，因时制宜、顺应法律部门和领域的自身特点，选择合适的法典化模式才是更为合理的做法，如此才能实现科学立法，有序推进法典化进程。

论民法典时代的法律解释*

前　言

“法无解释不得适用。”《民法典》颁布之后，民事法律的基本规范已经较为齐备，建立民法规则和体系的任务总体上已经完成，社会主义法律体系也因此进一步完善。在《民法典》颁布之后，摆在我们面前的有两大重要任务：一是使《民法典》从“纸面上的法律”（law in paper）变为“行动中的法律”（law in action）；二是最大限度地发挥《民法典》在实施中的效果。二者都离不开法律解释方法的运用。只有准确运用法律解释方法，才能够准确理解和运用《民法典》规则，不断克服法典的滞后性，促进民法的发展和完善。因此，进入民法典时代后，我国民法学研究的重心应当从立法论转向解释论，这也昭示了一个民法解释论的时代已经到来并将长期持续。在这一过程中，解释论工作需要承担什么样的任务、发挥什么样的角色，需要遵循什么样的观念和方法，则是一个值得系统审视和重新思考的问题。本文不揣浅陋，就此谈一点粗浅的看法。

---

* 原载于《荆楚法学》2021 年第 1 期。

一、解释的对象：以《民法典》为中心

法律解释的对象是指解释者在法律解释活动中所指向的客体。“法律解释”的概念，在英文中被称为“statutory interpretation”，德文中则被称为“Gesetzes auslegung”。可见，在两大法系，“法律解释”这一用语本身就包含了将成文法作为解释对象的含义。在大陆法系背景下，法律的形式不是对个案判例的总结，而是由立法机关颁布的具有效力的法律文本。所以，法律解释总是以法律文本为中心而展开的。而所谓“文本”，就是任何经由书写固定下来的话语，具体到法律解释的语境中，就是法律规范。① 因而，以文本为中心，其实就是以法律规范为中心。

在民事案件裁判中对民事法律进行解释适用，以法律文本为中心，实际上就是以《民法典》为中心。在《民法典》颁行前，民事法律规范以单行法的形式出现，而在《民法典》颁行后，各项民事法律在《民法典》的统率下构成了完整的体系，《民法典》与民事单行法的关系犹如树根、主干与枝叶之间的关系。习近平总书记指出，“民法典在中国特色社会主义法律体系中具有重要地位，是一部固根本、稳预期、利长远的基础性法律”②。因此，《民法典》在民事法律体系中处于基础性地位，《民法典》不仅是各民事单行法的基础和根据，而且是民事单行法解释、适用的基础和依据。《民法典》在整个民事法律规范体系中的中心地位，决定了民法解释必须以《民法典》为中心而展开。具体而言，以《民法典》为中心进行法律解释主要包括以下几个方面的要求。

（一）找法释法以《民法典》为首要法源

以《民法典》为中心，要求将《民法典》置于找法释法过程的核心地位。《民法典》在民事法律体系中具有基础性地位，也是民事法律适用的基本依据。

① 参见［法］保罗·利科尔：《解释学与人文科学》，陶远华等译，河北人民出版社 1987 年版，第 148 页。

② 习近平：《论坚持全面依法治国》，中央文献出版社 2020 年版，第 276 页。

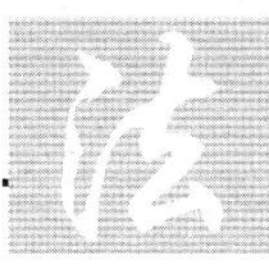

民事法律规范集中规定于《民法典》之内，也散见于单行法之中。在找法的过程中，必须以《民法典》为基础，即先从《民法典》出发。这是因为：一方面，《民法典》作为调整民事关系的基础性法律，统摄各个民事单行法。另一方面，只有从《民法典》出发来寻找法律依据，才能节省执法和司法成本。迄今为止，我国已有 279 部法律，其中许多单行法都包含民事法律规范，在寻找解决民事纠纷的裁判依据时，如无正当或特别的理由，不宜直接以单行法为依据，而应当树立以《民法典》为中心的民事实体法律适用理念。① 当然，《民法典》也设置了一些引致条款，只有当依据这些引致条款需要适用单行法时，才应当适用单行法的规定。只有从《民法典》入手寻找法律依据，才能起到纲举目张的效果，提高执法和司法效率，保障法律适用的统一。

（二）以《民法典》为基准适用单行法

以《民法典》为中心，要求在法律解释中处理好《民法典》与单行法的关系。《民法典》第 11 条规定："其他法律对民事关系有特别规定的，依照其规定。"该条规定是《民法典》对其与单行法之间关系的直接表达，必须准确理解。从字面上看，该条可能意味着，只要其他法律与《民法典》规定不一致，就要适用其他法律的规定。但这种理解并不妥当，因为民商事单行法的数目众多，其规范条文汇总远远超过了《民法典》的条文数量。如果按照此种观点，只要单行法有规定，就都优先适用单行法的规定，如此可能使《民法典》的规定沦为具文。从性质上看，《民法典》第 11 条属于引致规范，其有效衔接了《民法典》与各民事单行法之间的关系，从而形成调整民事关系的法律整体。②

以《民法典》为基准适用单行法，可以包括如下内容：一是明确《民法典》属于基础性法律。《民法典》是私法的基本法，在没有充分且正当理由的情形下，应当以《民法典》作为处理民事案件的依据。二是将《民法典》作为处理各个单行法相互之间矛盾和冲突的依据，即以《民法典》的规定为基础，协调各单行法之间的关系。三是将《民法典》规范和价值作为解释单行法的基础。四是以《民

---

① 参见最高人民法院《全国法院贯彻实施民法典工作会议纪要》（法〔2021〕94 号）第 20 条。

② 参见王利明：《正确适用民法典应处理好三对关系》，载《现代法学》2020 年第 6 期，第 9 页。

法典》的规定为基础查漏补缺、填补单行法存在的漏洞。五是在适用单行法的规则时，应当注重其与《民法典》的结合。虽然单行法相对于《民法典》是特殊的、具体的规定，但在《民法典》已经对单行法的规则作出修改的情况下，按照“新法优先于旧法”的原则，应当适用《民法典》。

（三）《民法典》优于司法解释

以《民法典》为中心，还意味着在解释民法时要遵循法律文本优先于司法解释的规则。在单行法时代，各个单行法之间可能存在一定的矛盾和冲突，司法解释的规定可能会与单行法规定不一致。而在《民法典》颁行后，司法解释的制定应当以《民法典》为基础，司法解释的规则不得与《民法典》的规定相冲突。但是在特殊情况下，如果司法解释与法律文本的含义完全不符，则应当以法律文本为准。[①] 也就是说，在法律解释过程中，如果司法解释的规定与《民法典》的规定不一致，则应当遵循法律文本优先于司法解释的规则，即《民法典》的规则应当优先于司法解释的规则。

（四）以《民法典》为准绳规范释法

全面贯彻实施《民法典》，要求法官应当严格从《民法典》文本出发，准确解释《民法典》，把握《民法典》的立法目的和宗旨。文本的含义就是立法者所要表达的含义。[②] 裁判者在对《民法典》进行解释时，要始终以《民法典》的立法目的作为解释工作的指引，从文本中挖掘立法者的立法目的，从而确保立法目的的实现。在《民法典》的适用过程中，必然需要借助于各种法律解释的方法，探求立法目的和意旨，从而准确适用《民法典》。即便出现了法律漏洞，也需要在《民法典》的体系内，通过解释填补漏洞。裁判者解释法律，首先要推定文本都是合理的，而不能对文本的科学性和合理性持怀疑态度。裁判者解释法律，不是创造法律，而是“确定字义，纠正辞句，补充法意”[③]。在民事案件裁判中，应当充分尊重《民法典》的规范。在解释过程中，解释者不能简单地以“追求社

---

① 参见张文显：《法理学》，法律出版社 1997 年版，第 89 页。

② Jeffrey Goldsworthy，“What is Legal Interpretation? Moderate versus Strong Intentionalism”，42 *San Diego L. Rev.* 2005，p. 672.

③ 梅仲协：《民法要义》，中国政法大学出版社 1998 年版，第 12 - 13 页。

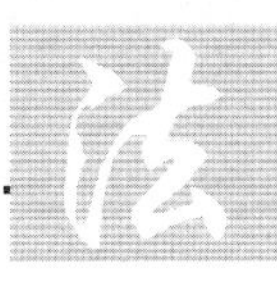

会效果”为由，简单地对生效的法律规则作否定性评价，甚至完全撇开现行法，以追求所谓的“社会效果”，撇开《民法典》，而以其自己理解的意思来代替法律的意旨。在《民法典》已经就特定事项作出具体规定的情形下，不能以适用法律原则代替法律规则，也就是说，不能“向一般条款逃逸”。

二、以《民法典》为依据善用多种法律解释

从有权解释立场来看，法律解释并非是任何人对法律文本所作的解释和说明，只能是由立法者、司法者所作出的具有法律拘束力的解释。从这个意义上理解的法律解释包括立法解释、司法解释和裁判者在个案中作出的解释。[①] 从狭义上说，法律解释专指裁判者针对个案中法律适用所作的解释，主要是法院和仲裁机构在裁判案件过程中为适用法律而对法律文本作出的解释。习近平总书记指出：“要发挥法律解释的作用，及时明确法律规定含义和适用法律依据，保持民法典稳定性和适应性相统一。”[②] 此处所说的法律解释是指有权解释。《民法典》贯彻实施的重要环节就是有权解释工作的开展，而这一环节包含了不同解释主体的解释工作。

（一）充分发挥立法解释的重要作用

所谓立法解释，是指立法机关依据其立法权对于成文法进行的有权解释。在我国，依据《立法法》第 48 条第 1 款的规定，法律解释权属于全国人民代表大会常务委员会。因此，“立法解释专指我国人民代表大会常务委员会行使对宪法和法律的解释权的理论和制度”[③]。在众多的《民法典》解释主体之中，立法者应当处于最高层级。由于立法解释在性质上仍然是立法活动的组成部分，立法解释活动是立法权的延伸，是完善和发展法律的方式，因此，立法解释是具有普遍约束力的规范，其他的法律解释者在从事法律解释过程中，也应当以立法和立法

① 参见孙国华：《关于法律解释的概念问题》，载《求是学刊》2004 年第 6 期，第 85 页。

② 习近平：《论坚持全面依法治国》，中央文献出版社 2020 年版，第 280 页。

③ 郭华成：《法律解释比较研究》，中国人民大学出版社 1993 年版，第 151 页。

解释为基础。由于我国《民法典》颁行不久，且规范较为完整齐备，通过立法解释修改、完善《民法典》的必要性并不突出。但即便如此，也要看到，随着社会生活日新月异，《民法典》难免具有一定的滞后性，且一些规则在适用中也可能因过于抽象而导致适用的困难，在此情形下，立法解释仍具有其必要性。

应当看到，在社会生活的基本法律确定之后，通过一定的法规进行必要的配套，再辅之以立法解释，如此则可以解决社会生活的规范问题。立法并非多多益善，繁杂但又不实用的法律，不仅将耗费大量的立法成本，也使有些法律会形同虚设，影响法律的权威和公民对法律的信仰。《法国民法典》之父波塔利斯在两个世纪前就曾告诫后世的立法者："不可制定无用的法律，它们会损害那些真正有用的法律。"这句话在今天仍然有相当的启示意义。就对社会的调整功能而言，与单纯的立法相比较，法律解释具有节约立法成本、提高立法效用、维持法律稳定、保持法制安定等优势。尤其是在《民法典》颁行后，不可能朝令夕改，而通过立法继续制定大量单行法将冲散《民法典》的核心功能，甚至造成条文的冗杂、重复。因此，需要善于运用立法解释的方法，来发展和完善《民法典》。如此，既可以避免另行立法带来的条文繁杂，也可以缓和法律修改与法典稳定性之间的矛盾。

（二）准确界定司法解释的功能

在《民法典》颁布之后，最高人民法院展开了司法解释的清理工作，对 591 件司法解释进行清理，废止 116 件，修改 111 件，为《民法典》的准确贯彻实施提供了重要保障。[①] 司法解释具有双重属性，它既具有准立法的性质，也具有法律解释的属性。它不是针对个案，而是针对具有普遍性的特定问题而作出的。从司法实践来看，司法解释本身也可以被裁判者在判决之中作为法律渊源加以援引。因而，司法解释既是法律解释的一种方法，同时其也成为法律解释的对象。司法解释统一了法律的解释和适用，为裁判者的解释提供了指引，并且弥补了立

① 参见最高人民法院民法典贯彻实施工作领导小组编：《最高人民法院实施民法典清理（立改废）司法解释文件汇编》，人民法院出版社 2021 年版，第 3 页。

法的不足。[①]

司法解释是完善和发展民法的重要途径，并仍会成为我国民法的重要法源。[②] 在司法解释清理工作结束后，围绕《民法典》而作出的一批新的司法解释也在加紧制定中，但应当看到，在《民法典》颁布后，基本的法律规则已经齐备，大规模通过司法解释创设规则的时代已经结束。司法解释应当回归其应有的本位，即主要解决《民法典》贯彻实施中的疑难问题，以准确地理解和适用《民法典》。司法解释必须严格受《民法典》的约束和指导，且司法解释应当以问题为导向，以准确理解、适用《民法典》为出发点，针对法律适用过程中的具体问题展开解释，而不宜追求体系性，更不能求大求全。司法解释的主要任务是明确在已经被储存的规范群中，哪些规范可以适用，哪些规范不可以适用，而不能够再去创设《民法典》本来已经储存的规范。司法解释应当注重总结实务经验，发现实践中存在的问题，通过解释统一法律适用的规则。[③] 我国司法解释基于对实践经验的总结，创设了大量的有效规则，并为《民法典》所采纳。在《民法典》颁布以后，新制定的司法解释也需要接受实践的检验，并通过实践不断丰富和发展。只有在实践中不断验证、修改、完善，才能使司法解释具有旺盛的生命力，并有效地回应实践的需要。

（三）发挥裁判者在解释法律中的作用

严格地说，大量的司法解释与充分发挥裁判者在解释中的作用之间经常形成一种张力。司法解释越多、越具体，则裁判者在解释法律中受到的限制就越严格。但事实上，社会生活不断发展，案件类型也日新月异，法官在司法裁判实践中会遇到大量的新型案件，其可能是《民法典》在制定中并未为立法者所预见的，因而，需要裁判者作出解释。而裁判者的解释无法被司法解释完全取代。与立法活动类似，司法解释也具有一定的滞后性，因为一旦在实践中出现某个新问

---

① 参见曹士兵：《最高人民法院裁判、司法解释的法律地位》，载《中国法学》2006年第3期，第177页。

② 参见韩世远：《民法典开启民法教育新纪元》，载《中国教育报》2020年6月11日，第6版。

③ 参见杨万明主编：《〈中华人民共和国人民法院组织法〉条文理解与适用》，人民法院出版社2019年版，第137页。

题，裁判者就不会立即作出回应，而需要经历实践的积累。因而，在司法解释颁行之前，不可避免地需要裁判者的解释，可以说裁判者的解释空间无法避免。而且由于司法解释具有准立法的功能，因此，即便其对特定的新型问题作出了规定，也具有抽象性和概括性，如何将其与特定的案件事实相连结，以及如何解释适用该规则，也仍然有赖于裁判者的解释。

裁判者在个案中所作出的解释是针对个案中存在的法律问题进行相应的解释，其仅对个案具有拘束力。① 裁判者在作出解释时，应当阐明其所使用的法律解释方法，如文义解释、历史解释等，并且应当进行必要的说理论证。尤其是对于解释结论是否能和法律适用中的大前提、小前提相吻合，需要做出说明。与立法解释和司法解释不同，此种解释不具有法律渊源的属性。从司法层面看，准确地依据《民法典》展开裁判者的解释，可以有效防止法官解释和裁判活动的任意性，规范法官自由裁量，保障司法的公正。法律解释的重要任务是探寻立法者的意志，准确地将现行法的规定适用于待决案件。此种解释就是发现法律、探求法律真意的过程，它最直接、最充分地表现了法律适用的特点。同时，裁判者在进行法律解释时要秉持正确的解释方法，并辅以充分的说理性论证。应当看到，在现阶段，由于缺乏运用方法论的自觉，部分裁判文书的说理论证并不充分；同时，由于实践中缺乏一套科学的法律解释方法，因而法官对法律规则的理解存在一定的偏差，这也是实践中“同案不同判”现象产生的重要原因，个别法官甚至“操两可之说”随意进行裁判，这也在很大程度上影响了法律的可预期性和法治的统一。

裁判者在个案中的解释与《民法典》的适用存在互动关系。一方面，《民法典》是裁判者展开狭义解释活动的对象和依据。前已述及，在狭义的解释活动中，解释者应当在《民法典》的体系内完成解释作业，而不能代行立法职能。另一方面，裁判者的解释对于《民法典》的贯彻实施也具有重要意义。法律解释活动在很大程度上也决定了成文法的生命力，也就是说，法律解释活动越发达，成

① 参见范愉：《关于法律解释的几个问题》，载江伟主编：《民事审判制度改革研究》，中国政法大学出版社 2003 年版，第 574 页。

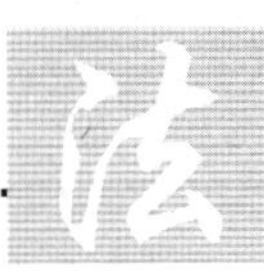

文法调整社会生活的规范效果就越明显，其也更具有生命力。同时，法律解释也可以有效填补成文法的漏洞，并成为克服成文法刚性和僵化缺点的“润滑剂”。因此，如果相关的解释技术比较落后，成文法在遭遇挑战之后的生命力就显得十分脆弱，许多内容很快会暴露出其滞后性并最终不能得到真正适用。正是基于以上原因，在《民法典》的贯彻实施中，除立法解释和司法解释这些一般性解释外，还必须充分发挥裁判者解释的应有功能。

三、依据《民法典》发挥法律解释的多元功能

法律解释以文本为中心，需要从文义中来到文义中去。这很容易被理解为法律解释主要是对法律概念和规范的文义的解释。应当看到，文义解释是法律解释的首要任务，但并非法律解释的全部功能。马克思说，“法官的责任是当法律运用到个别场合时，根据对法律的诚挚的理解来理解法律”①。从这一意义上说，法律解释是一个探寻立法目的和宗旨的过程，也是法官探寻法律规则的立法目的和宗旨的过程。解释并非机械式的解释，而要依据《民法典》，实现规范储存、查漏补缺、消除矛盾冲突等多元化的法律解释功能。

（一）统一法律

法典化就是体系化，德国法学家科殷说：“统一的观点也是法学解释的基本规则之一，对契约的解释也好，对法律的解释也好，无不如此。”②《民法典》的制定起到了统一法律规则的作用。长期以来，我国在立法上采取的是所谓“成熟一部，制定一部”的原则，单行立法模式形成了规则的不统一甚至发生矛盾和冲突的局面。而《民法典》将分散的民事法律制度整合在一起，形成一个体系化的集合体，由法到典也就是一个体系化的过程。《民法典》的颁布促进了民商事法律的体系化，有助于实现民事立法外在规则体系的一致性、内在价值体系的一致性、逻辑上的自足性以及内容上的全面性，形成在特定价值指导下的统一法律术

① 《马克思恩格斯全集》第1卷，人民出版社1956年版，第76页。

② ［德］科殷：《法哲学》，林荣远译，华夏出版社2002年版，第211页。

语、法律规则和法律制度，保持法律各部分内容的相互协调和相互配合，形成严谨的体系结构。① 可以说，在《民法典》的统率下，我国民商事法律有了统一的基本规则，构成了完整的、系统化的整体。

在法律解释中，必须秉持统一性的原则解释《民法典》以及民事单行法。一方面，在民法典各种制度存在矛盾和不和谐时，要秉持统一性的规则。裁判者在进行法律解释时，首先应当推定法律制度是已经经过了体系化过程，形成了一个完整的、具有内在一致性的体系。② 在解释《民法典》规则的过程中，应当始终秉持规则统一性的原则。如果确实存在用语有多意、表述不一致的现象，也要通过运用各种法律解释方法消除矛盾。例如，《民法典》总则编关于人格权以外的其他民事权利的规定，采用“依法享有”的表述（如第 114 条第 1 款规定：“民事主体依法享有物权”；第 118 条第 1 款规定：“民事主体依法享有债权。”）。但是在人格权的规定中，没有采用“依法”两个字的表述。这并不是一个疏漏。立法目的在于，人格权保护应当保持开放性。立法者实际上是为了表明自然人的人格权，不能仅仅限于法律列举的权利，即使对于法律没有规定的新型人格权益，也要进行保护。这就意味着，必须借助体系解释等方法消除矛盾。另一方面，如果《民法典》与单行法律和法规的规定不一致，则应当以《民法典》价值体系和制度体系为依据，准确解释单行法律和法规，消除二者之间的矛盾和冲突。例如，对于网络侵权中的“通知—删除”规则，《信息网络传播权保护条例》第 15 条规定：“网络服务提供者接到权利人的通知书后，应当立即删除涉嫌侵权的作品、表演、录音录像制品，或者断开与涉嫌侵权的作品、表演、录音录像制品的链接，并同时将通知书转送提供作品、表演、录音录像制品的服务对象；服务对象网络地址不明、无法转送的，应当将通知书的内容同时在信息网络上公告。”依据这一规定，网络服务提供者在接到通知后，应当立即删除。《民法典》第 1195 条第 2 款规定：“网络服务提供者接到通知后，应当及时将该通知转送相关

① 参见许中缘：《政治性、民族性、体系性与中国民法典》，载《法学家》2018 年第 6 期，第 46－47 页。

② 参见［德］Ingeborg Puppe：《法学思维小学堂》，蔡圣伟译，元照出版公司 2010 年版，第 77 页。

网络用户，并根据构成侵权的初步证据和服务类型采取必要措施；未及时采取必要措施的，对损害的扩大部分与该网络用户承担连带责任。”上述《信息网络传播权保护条例》的规定显然与《民法典》的规定存在冲突。此时，应当按照上位法优先于下位法的规则，优先适用《民法典》的规则。

在实践中，《民法典》统一规则的功能还必须通过法律的准确解释才能得到实现。解释者在解释过程中应当从整体性和统一性出发进行解释，防止出现同法不同解的局面，避免因解释不统一而产生矛盾。

（二）规范储存

法典化所带来的体系化的重要功能之一就是规范存储功能，而这一功能的实现，必须以法律解释为媒介。在单行法时代，往往只能针对某一具体行为进行规范，这就难免挂一漏万。但在《民法典》颁行后，对于实践中出现的新情况、新问题，不能完全依赖制定司法解释予以调整，而应当借助法律解释的方法，充分发挥《民法典》的规范储存功能，使《民法典》作为正确处理民事关系、解决民事纠纷的基本准则发挥更大的作用。

《民法典》的规范储存功能往往通过引致条款和参照适用条款实现，此时就要求解释者准确对这些条款进行解释，以辨明哪些案件事实对应适用哪些裁判规范。《民法典》中存有大量相互援引适用的规则。据粗略统计，《民法典》有40多个条款属于引致条款，此类规范极大地克服了单行法难以相互引致的困难。由于单行法自成体系、相互隔离，很难通过引致形成这种互动关系。《民法典》颁布后，引致就较为便利。例如，当人格权请求权与物权请求权、侵权请求权相分离时，如果涉及侵害人格权与物权的损害赔偿，就需要引致侵权责任编的相关规定，从而形成了人格权编、物权编与侵权责任编规则的互动，甚至形成《民法典》与单行法之间的互动。如《民法典》第363条规定：“宅基地使用权的取得、行使和转让，适用土地管理的法律和国家有关规定。”

《民法典》的参照适用条款（据统计约27条）极大地增强了民法的体系性，不仅简化了法律条文的规定，而且极大地丰富了法律适用的规则，弥补了法律适用的空白。具体而言：一是协调了《民法典》与特别法的关系，增进了民法自身

的体系性。《民法典》中的参照规范不仅包括对法典内部各项制度之间、编与编之间的相互参照，还包括依据《民法典》的规定，参照适用《民法典》之外的单行法规范。例如，《民法典》第 71 条规定："法人的清算程序和清算组职权，依照有关法律的规定；没有规定的，参照适用公司法律的有关规定。"此类参照规则进一步密切了《民法典》与特别法的关系。二是沟通了《民法典》各编内部的关系，增进了《民法典》各编自身的体系性。例如，《民法典》第 468 条规定非因合同产生的债权债务关系可以参照适用合同编通则的有关规定，就增强了合同编通则的体系性，充分发挥了合同编替代债法总则的功能。三是沟通了各编之间的关系，形成了强大的规范储存功能，增进了《民法典》整体的体系性。[①] 例如，《民法典》第 464 条第 2 款规定，婚姻、收养、监护等有关身份关系的协议，可以参照适用合同编的规定；《民法典》第 1001 条规定对自然人因婚姻家庭关系等产生的身份权利保护可以参照适用人格权保护的规定。借助这样一种参照适用，各编之间形成完整的体系，并可以查漏补缺，弥补大量的规则缺陷。

（三）查漏补缺

《民法典》虽然已经形成了完备的制度体系，但像所有的法律一样，其仍然不可避免地存在一些漏洞，有些漏洞已经被立法者意识到，属于"立法者有意的沉默"，但也有一些漏洞是立法者在立法时没有预见到的。[②] 无论是"立法者有意的沉默"，还是法律漏洞，都需要通过解释者、运用一定的解释方法，发现漏洞并努力消除漏洞。如前所述，《民法典》所规定的引致条款、参照适用条款为查漏补缺提供了依据，实践中应当注重充分发挥此类条款的作用。尤其应当看到，即便运用这些方法，仍然难以避免漏洞的存在，这就需要借助法律解释，尤其是漏洞填补的方法，帮助我们发现漏洞的存在。对于开放的漏洞而言，一般较为容易发现，但是，对于隐藏的漏洞则往往难以发现。由于隐藏的漏洞多体现为法律体系内部的评价矛盾，因此，其发现需要建立在对法律规则的解释和比较的

---

① Hans Schneider，Gesetzgebung，3. Aufl. 2002，S. 234 - 251.

② Ernst A. Kramer，Juristische Methodenlehre，4. Aufl. 2003，S. 190.

基础之上。[①] 在发现漏洞之后，也要以《民法典》为依据，准确地运用类推适用、目的性扩张、目的性限缩等解释方法，有效填补漏洞。[②]

（四）消除矛盾

拉伦茨指出："法律科学最为重要的任务之一就是发现单个的法规范之间和规则体相互之间，以及它们与法秩序的主导原则之间的意义脉络，并将该意义脉络以可被概观的方式，即以体系的形式表现出来。"[③] 可以说，法律解释的重要目的在于要使法律相互之间形成一种有机的和谐。体系化要求"在法条可能的文义范围内和意义脉络范围内进行解释时应尽可能避免评价矛盾"[④]。《民法典》虽然具有极强的体系性，无论是在制度层面还是在价值层面，其都保持了极强的逻辑性，但这并不意味着民法内部不存在任何冲突和矛盾。事实上，在《民法典》和单行法之间仍然存在不少冲突。即便是就《民法典》内部而言，也仍然存在规则不一致的现象，这就需要通过解释来消除这种矛盾，尽可能地避免此种规范矛盾发生。例如，《民法典》第 209 条第 1 款规定："不动产物权的设立、变更、转让和消灭，经依法登记，发生效力；未经登记，不发生效力，但是法律另有规定的除外。"依据该规定，除法律另有规定的情形外，不动产物权的变动需要办理登记，否则不发生物权变动的效力。而依据《民法典》第 397 条规定，在建筑物抵押的情形下，该建筑物占用范围内的建设用地使用权一并抵押，抵押人未一并抵押的，视为一并抵押。依据该规定，建设用地使用权抵押权的设立并不需要办理抵押登记，此种情形并不属于法律规定的不需要办理登记的例外情形，这就与《民法典》第 209 条第 1 款的规定存在一定的冲突。在解释上，应当将上述建设用地使用权抵押权解释为法定抵押权，其设立不需要办理抵押登记，从而消除上述规定之间的冲突。

（五）发展法律

《民法典》颁布后，基本的法律规则已经形成，在许多领域，无法可依的局

---

① Canaris，Die Feststellung von Lücken im Gesetz，2. Aufl. 1983，S. 40.

② 这些解释方法的具体运用，参见王利明：《法律解释学导论——以民法为视角》（第二版），法律出版社 2017 年版，第 585 - 628 页。

③ ［德］卡尔·拉伦茨：《法学方法论》，黄家镇译，商务印书馆 2020 年版，第 549 页。

④ ［德］卡尔·拉伦茨：《法学方法论》，黄家镇译，商务印书馆 2020 年版，第 421 页。

面已经基本结束，但这并不意味着，民法的发展就此终止，民事法律也不存在任何漏洞。事实上，立法者的理性总是有限的，立法者不可能预见未来发生的一切，尤其是随着社会生活的日新月异，可能出现大量的新情况、新问题。卡纳里斯指出："体系不是静态的，而是动态的，因此表现出历史性的结构。"[①] 因此，解释《民法典》也不能采用一种封闭的、僵化的立场，而应当秉持一种开放的立场。

一方面，解释者应该在法律的各种可能文义之中选择最符合客观理性的语义，而不是探究立法者当时的意思。[②] 正如霍姆斯指出的："我们并不探求立法者的意思，我们只探求法律文本的含义。"[③] 更确切地讲，解释者应当探求文本在当下的意义，而不仅仅是探求文本在立法时的意义。例如，《民法典》第994条规定："死者的姓名、肖像、名誉、荣誉、隐私、遗体等受到侵害的，其配偶、子女、父母有权依法请求行为人承担民事责任。"关于死者人格利益中的财产利益是否受法律保护，《民法典》并未作出明确规定，立法者的意旨也不明确，但从《民法典》第994条规定来看，在死者人格利益遭受侵害的情形下，相关主体有权请求行为人承担民事责任，而民事责任具有多种责任承担方式，其中也包含了财产损害赔偿。因此，在解释上可以认为，《民法典》第994条也对死者人格利益中的财产利益提供保护。这就在一定程度上需要从有利于保护当事人合法权益出发，准确解释相关的法律规则。

另一方面，应当用发展的观点观察法律现象。民法的许多概念和制度本身会随着社会的发展而产生新的内涵。以公序良俗为例：它是一个发展变动的概念。"公序良俗"没有固定的、绝对的标准，应当随时间和空间而变更其观念。换言之，是否违反公序良俗，应当根据当地社会生活的实际情况来认定。[④] 诚如郑玉波先生所言："从时间着眼，法文之解释应注意其进化性，因文字之含义每随时代之进化而变迁，一法律虽不能万古长存，然亦不可朝令夕改，因此法文之意

---

① Canaris, Die Feststellung von Lücken im Gesetz, 2. Aufl. 1983, S. 40.

② 参见［德］齐佩利乌斯：《法学方法论》，金振豹译，法律出版社2009年版，第29页。

③ Oliver Wendell Holmes, "The Theory of Legal Interpretation", *Harvard Law Review*, Vol. 12, No. 6 (1899), p. 419.

④ 参见管欧：《法学绪论》，五南图书出版股份有限公司2007年版，第237页。

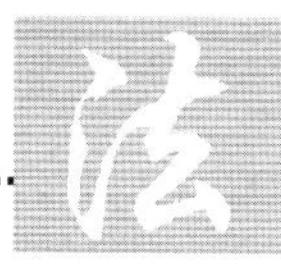

义，自亦应与时代而俱新，否则不足以应社会之需要，但辞典在学说上颇有争议。"[①] 此外，在填补漏洞和消除矛盾的过程中，法律解释也成为法律体系中新规范的生长起点。法律解释可以为新的规范提供经验积累[②]，新的制度体系的形成离不开既有法律解释经验的总结。所以，正是在填补漏洞的过程中，《民法典》才能不断地发展和完善。

四、依据《民法典》准确适用法律解释方法

法律解释方法是指运用什么样的方法来解释法律本文，填补法律漏洞。在古希腊语中，方法有"通向正确的道路"之义。正确运用解释方法对于实现解释功能至关重要。[③] 一般认为，裁判者在个案中的解释就是在法律对于待决案件已有规定，并且在其文义的可能范围之内进行的解释。这些解释方法主要包括：文义解释、体系解释、目的解释等。[④] 各种狭义解释方法都有其适用的特殊性和特定范围，并且通过这些方法的运用，有可能得出妥当的解释结论。而从广义上理解，法律解释方法则包括狭义的法律解释、价值补充和漏洞填补三种基本类型。价值补充是针对不确定概念和一般条款所进行的具体化。漏洞填补又称为法律补充，是指在存在法律漏洞的情况下，通过习惯法、类推适用、目的性扩张等方式填补法律漏洞，确定待决案件中的大前提。[⑤]

然而，上述解释方法更多的是一种学理上的探讨，并没有真正达成广泛的共识，在司法实践中，裁判者究竟应当运用何种方法，各种方法的内涵如何，运用这些方法应当遵循何种程序和规则等，都没有达成共识。例如，目的解释中如何理解和确定相关规则的目的，就是一个经常引起争议的话题。裁判者如果不运用科学的法律解释方法，则可能会基于不同的前见，采取不同的推理、论证方法，

---

① 郑玉波：《法学绪论》，三民书局 2008 年版，第 73 页。

② 参见徐向华主编：《立法学教程》，上海交通大学出版社 2011 年版，第 227 页。

③ Heck，Interessen Jurisprudenz und Gesetzestreue，DJZ 9（1905），S. 32.

④ 参见杨仁寿：《法学方法论》，三民书局 1986 年版，第 119 页。

⑤ 参见王泽鉴：《民法总则》，中国政法大学出版社 2001 年版，第 64 页。

并因此产生不同甚至相互冲突的解释结论，这可能影响司法裁判的公正性和可预期性。① 笔者认为，在《民法典》颁布之后，首先要通过总结《民法典》实施中的经验，提炼出具有共识的法律解释方法，以及运用这些解释方法所应当遵循的基本规则。那些已经转化在《民法典》中的价值和规则，应当发展成为具有普遍应用价值的解释方法。这些方法的运用，有利于从整体上把握民法、理解民法，并准确适用《民法典》的规则解决纠纷。具体而言，应当从如下几个方面着手。

（一）以《民法典》规范为素材，丰富法律解释方法

法律解释方法既是法律解释规律的总结，也是司法实践经验的一种归纳，《民法典》文本中实际上已经为总结、提炼、归纳各种解释方法提供了丰富的素材和依据。这些丰富的解释素材可以充分调动裁判者采取各种方法解释法律的积极性，也为各种法律解释方法的发展提供了肥沃的土壤。由于《民法典》用语更为清晰准确，因而便于文义解释的展开；又由于《民法典》所具有的体系化特点，为体系解释的展开提供了充分的条件和基础。在单行法时代，民事法律制度的体系化效应难以凸显，体系解释也往往只能局限在各个单行法之内。而《民法典》的出台，则使得民事法律规范体系得到了极大的完善，体系解释可以在更广泛和更深入的层面展开。例如，我国《民法典》虽然没有规定债法总则，但是却通过各项规则实际上发挥了债法总则的功能。《民法典》在合同编通则中，大量使用了债权债务概念，这就意味着该规则不仅仅适用于合同，还可以依据具体情形适用于其他债权债务关系，但如果《民法典》表述为合同的权利义务关系，则一般意味着该规则仅仅适用于合同之债（参见《民法典》第557条第2款)。由于《民法典》文本相较于各单行法的变化，也为历史解释提供了素材，故在立法史的考察中，解释者可以更加清晰地理解法律规范的演变，从而为探寻立法目的提供了可能。

《民法典》所具有的强大的体系性功能，也为查漏补缺、填补法律漏洞提供了重要依据。以整体类推方法的运用为例，这种方式在单行法时代是很难采用的，但在《民法典》颁布之后，其有可能得到实际运用。整体类推是一种归纳法

① 参见江必新：《在法律之内寻求社会效果》，载《中国法学》2009年第3期，第10页。

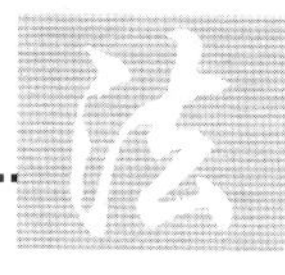

的运用，它是从特殊到普遍的一种逻辑推导。[①] 例如，在仓储合同中，如果当事人逾期提货，仓储期限已经到期后，而仓储人继续代为保管，另一方继续支付仓储费，应当如何认定双方的法律关系？此时可以通过总体类推《民法典》第 734 条第 1 款关于租赁合同到期后的当事人继续支付租金可视为不定期租赁的规定，以及《民法典》第 948 条第 1 款规定的物业服务合同届满，继续提供物业服务的视为不定期合同的规则，抽象出继续性合同到期后双方继续履行的视为不定期限的继续性合同这一规则，进而在这类案件中，将继续支付仓储费用的仓储合同作为不定期的仓储合同对待。[②]

（二）《民法典》总则编第一章关于立法目的和原则的规定提供了法律解释的价值基础

价值体系（innere Systematik），也称为内在体系，是贯穿于《民法典》各项制度与规则的价值理念。[③]《民法典》不仅坚持私法自治的价值，而且适应时代精神发展需要，确立了人文关怀的价值，充分保护弱势群体的权益，维护个人的人格尊严，甚至通过相应的条款，确认在人格尊严和私法自治发生冲突的情形下，优先保护人格尊严，这也丰富了民法学的内在价值体系。《民法典》第 1 条规定："为了保护民事主体的合法权益，调整民事关系，维护社会和经济秩序，适应中国特色社会主义发展要求，弘扬社会主义核心价值观，根据宪法，制定本法。"该条不仅仅确立了立法目的，同时为法律解释方法的运用奠定了价值基础。因而，无论是目的解释，还是目的性扩张和目的性限缩，首先都要从立法目的着手，不能偏离这样一个基本的立法目的进行法律解释和漏洞填补。从该目的展开，可以为法律规则的解释提供价值和规则指引。例如，涉及对无权处分效力的解释，就需要平衡受让人的权益与原权利人权利之间的冲突和矛盾。此时，从目

---

① ［德］卡尔·拉伦茨：《法学方法论》，黄家镇译，商务印书馆 2020 年版，第 482 页。

② 《民法典》第 734 条第 1 款关于租赁合同到期后的当事人继续支付租金可视为不定期租赁的规定，视为不定期的租赁合同。《民法典》第 948 条第 1 款规定："物业服务期限届满后，业主没有依法作出续聘或者另聘物业服务人的决定，物业服务人继续提供物业服务的，原物业服务合同继续有效，但是服务期限为不定期。"

③ Vgl. Franz Bydlinski，System and Prinzipien des Privatrechts，1996，S. 48ff.

的解释出发，就需要探寻其背后的目的价值，而这个目的正是由《民法典》第1条规定的“维护社会和经济秩序”的表述中得出维护交易安全这一重要的立法目的。在审判实务中，有的法院以著作权法的立法目的作为侵权行为的认定标准①，有的法院明确援引了诉讼时效的立法目的作为论证依据②，等等。由此表明，立法目的在法律解释中的基础性地位。

民法典价值的序位性也会对法律规则的解释产生重要影响。例如，《民法典》第1019条第3款规定：“未经肖像权人同意，肖像作品权利人不得以发表、复制、发行、出租、展览等方式使用或者公开肖像权人的肖像。”从该规定来看，在肖像权和著作权发生冲突的情形下，肖像权要优先于著作权受到保护，其背后体现的是人格权保护优先于财产权的价值理念。③《民法典》规则所体现的价值的序位性，也要求在运用各种法律解释方法时，不能仅从法律文本出发进行机械解释，而应当探究《民法典》规范所体现的价值理念，并在此基础上运用各种法律解释方法。

（三）《民法典》第1条关于依据宪法制定本法的规定，为合宪性解释提供了依据

《民法典》第1条规定：“根据宪法，制定本法。”该规定为合宪性解释方法的运用提供了依据。所谓合宪性解释，是指在出现复数解释的情况下，以宪法的原则、价值和规则为依据，确定文本的含义，得出与宪法相一致的法律解释结论。合宪性解释方法的运用通常采取选择或排除的方式。④合宪性解释方法的运用，有助于维护法律体系的统一性，维护法律秩序的稳定。⑤从《民法典》第1条规定来看，合宪性解释方法的运用，一方面表明宪法具有最高的法律效力，《民法典》的规范不得与宪法的规定相抵触。在我国，宪法是国家的根本大法，是维护国家统一、民族团结、经济发展、社会进步和长治久安的法律基础⑥，是

① 参见天津市高级人民法院（2021）津民终65号民事判决书。

② 参见安徽省宿州市中级人民法院（2021）皖13民终2080号民事判决书。

③ 参见王利明：《人格尊严：民法典人格权编的首要价值》，载《当代法学》2021年第1期，第13页。

④ 参见苏永钦：《合宪性控制的理论与实际》，月旦出版公司1994年版，第80页。

⑤ 参见吴庚：《政法理论与法学方法》，中国人民大学出版社2007年版，第364－365页。

⑥ 参见胡康生：《学习宪法 忠于宪法 维护宪法权威》，载《中国人大》2009年第5期，第24页。

我国社会主义法律体系的基础，因此，维护宪法的权威，保障宪法的实施，是维护我国法制统一的必然要求。[①] 另一方面，宪法还是《民法典》规范价值和效力的来源。[②] 这就是宪法学者所说的“法源法定”。《民法典》的规则必须符合宪法的原则和精神。因此，合宪性解释方法的运用也有利于实现对民法规范的合宪性控制，使《民法典》符合宪法的精神。

（四）以《民法典》的规定为基准，遵守解释的基本规则

在形成一定的方法之后，最重要的是如何在实践中运用这些方法、遵循哪些规则。“法律解释学并不只是从形式上对法规作简单的解释，而是以创造出对具体事件妥当的法为目的的技术。”[③] 法律解释学不仅是单纯地为了解释法律的方法，而且要保障这些方法得到正确的运用，因为即使形成了具有共识性的方法，也不意味着这些方法可以为裁判者所任意选取和运用。如果不能形成一定的规则，再好的方法在运用中都会偏离其应有的目的。因此，法律解释方法的运用需要遵守一定的规则，这就首先需要从《民法典》的规定着手，解释《民法典》所确立的一些解释规则。例如，《民法典》第464条第2款规定：“婚姻、收养、监护等有关身份关系的协议，适用有关该身份关系的法律规定；没有规定的，可以根据其性质参照适用本编规定。”在该规定中，实际上明确了运用参照适用的方法，必须要根据法律关系的性质来确定。这与域外的民法典相比较，是独具特色的。国外一些国家的民法典虽然也规定了类似的参照适用条款，但并没有规定依据其性质参照适用。所谓依据其性质，就是不仅要考虑被参照适用的法律规范的性质，也要考虑争议案件的法律关系的性质，并对二者进行比较，在此基础上进行参照适用，这就为裁判者准确适用参照适用条款提供了明确的法律指引。

（五）《民法典》规定的动态系统论为利益衡量方法的运用提供了依据和指引

动态系统论认为，调整特定领域法律关系的法律规范包含诸多构成因素，但在具体的法律关系中，相应规范所需因素的数量和因素的强度有所不同，也就是

① 参见胡康生：《学习宪法 忠于宪法 维护宪法权威》，载《中国人大》2009年第5期，第24页。

② 参见韩大元：《由〈物权法（草案）〉的争论想到的若干宪法问题》，载《法学》2006年第3期，第24页。

③ 陈金钊：《再论法律解释学》，载《法学论坛》2004年第2期，第25页。

说，调整各个具体关系的规范因素是一个动态的系统。[①] 与要件构成说不同，动态系统论并非采取全有全无的观点，而强调对各种因素的影响进行动态衡量[②]，实际上就是要求法官对各种因素进行考量，以实现一种利益平衡。《民法典》第998条规定："认定行为人承担侵害除生命权、身体权和健康权外的人格权的民事责任，应当考虑行为人和受害人的职业、影响范围、过错程度，以及行为的目的、方式、后果等因素。"这实际上是在法律上引入了动态系统论的方法，将其作为认定侵害人格权民事责任的重要方法。《民法典》在作出此种规定时，确立了法官的考量因素，这些因素实际上要求法官在个案中运用利益平衡的方法解释法律规则，援引法条解决纠纷，应当考量法律规定的因素。所以，法定的因素也为限制法官的自由裁量以及准确考量各种因素提供了明确的指引。

结　语

大千世界，万事万物，莫不需要理解和解释。正如帕特森所言："毋庸置疑，我们的时代是解释的时代。从自然科学到社会科学、人文科学到艺术，有大量的数据显示，解释成为二十世纪后期最重要的研究主题。在法律中，'向解释学转向'的重要性怎么评价也不过分。"[③] 随着《民法典》的颁布，一个解释的时代已经到来。《民法典》不仅为法律解释方法的运用提供了基础，而且提供了前所未有的实定法基础。《民法典》本身是法律解释的对象，其也为法律解释方法的形成和发展提供重要依据。因此，全面贯彻实施《民法典》，必须要以《民法典》为基准和依据，运用正确的解释方法和解释规则，从而理解好、贯彻好、实施好《民法典》。

---

① 参见［日］山本敬三：《民法中的动态系统论——有关法评价及方法的绪论性考察》，解亘译，载梁慧星主编：《民商法论丛》（第23卷），法律出版社2002年版，第177页。

② 参见［日］山本敬三：《民法中的动态系统论——有关法评价及方法的绪论性考察》，解亘译，载梁慧星主编：《民商法论丛》（第23卷），法律出版社2002年版，第207－208页。

③ ［美］帕特森：《法律与真理》，陈锐译，中国法制出版社2007年版，序言。

民法典时代的教学与研究初探*

前 言

伴随着《民法典》的颁行，民法典时代已经来临。《民法典》不仅在立法层面推进了法治现代化，也势必给民法研究与教学产生重大影响。就民法研究而言，《民法典》颁布以后，我国民法学应当以《民法典》为主要研究对象。① 习近平总书记指出，“民法典在中国特色社会主义法律体系中具有重要地位，是一部固根本、稳预期、利长远的基础性法律”②。在汉语中，“典”通常有“经典”“典范”“典籍”等含义，因而，凡是被纳入《民法典》的规则，一般都具有基础性、典范性的特点。这就意味着，民法学教学与研究也必须以《民法典》为中心展开，脱离于《民法典》的民法学教学与研究也必将成为空中楼阁、无本之木。在进入民法典时代后，我们也应当思考：在民法典时代，民法教学与研究应当何

* 原载于《中国政法大学学报》2022年第3期。

① 参见王轶：《构建中国特色民法学体系》，载《中国社会科学报》2020年6月3日，第004版。

② 习近平：《充分认识颁布实施民法典重大意义 依法更好保障人民合法权益》，载习近平：《论坚持全面依法治国》，中央文献出版社2020年版，第278页。

为？如何转换思维，推进民法研究和教学的改革，以适应民法典时代的新特点、新趋势、新理念？这些问题已经成为民法学人亟须回应的时代之问。

一、民法典时代的民法研究

民法学作为一门古老的学问，自罗马法以来，经过两千多年的发展，在自身独特研究对象的基础上，已经形成了一些具有共识性的概念、规则和制度，形成了富有逻辑的理论体系。在我国，自清末变法以来，西学东渐，民法学理论逐渐兴起，但早期的民法学研究基本属于舶来品，缺乏对本土语境的关注。自新中国成立以来，特别是改革开放以来，具有中国特色的中国民法学逐渐形成。在《民法典》颁布后，习近平总书记明确提出，要“坚持以中国特色社会主义法治理论为指导，立足我国国情和实际，加强对民事法律制度的理论研究，尽快构建体现我国社会主义性质，具有鲜明中国特色、实践特色、时代特色的民法理论体系和话语体系，为有效实施民法典、发展我国民事法律制度提供理论支撑”①。这就为民法典时代的民法研究指明了方向。以《民法典》颁布为契机，构建中国民法学理论体系，这是当前每位民法学者责无旁贷的使命和任务。要完成上述任务，就要求民法学研究者在研究立场、研究观念、研究重心上全方位契合民法典时代的发展方向，做紧扣时代脉搏、符合时代要求的民法学研究。

（一）把握研究立场，构建中国特色社会主义民法学理论体系

构建中国特色社会主义民法学理论体系，首先必须明确民法学研究的立场。习近平总书记将《民法典》的特色概括为：中国特色、实践特色和时代特色。②就民法典体系而言，我国《民法典》突破了经典的大陆法国家的五编制体系，将人格权和侵权责任独立成编，并使合同编通则发挥债法总则的功能。这在世界民法典立法史上独树一帜，也是我国《民法典》对世界民法典立法的重要贡献。我

① 习近平：《充分认识颁布实施民法典重大意义 依法更好保障人民合法权益》，载习近平：《论坚持全面依法治国》，中央文献出版社2020年版，第283页。

② 参见习近平：《充分认识颁布实施民法典重大意义 依法更好保障人民合法权益》，载习近平：《论坚持全面依法治国》，中央文献出版社2020年版，第279页。

国《民法典》虽然借鉴了德国法的总分结构经验，但是并没有像《德国民法典》那样以法律行为为中心，而是以民事权利为中心构建了整个民法典体系[①]；无论是总则各项制度的构建，还是分则各项制度的展开，都是围绕民事权利这根主线而构建的。从内容上看，《德国民法典》的重心是调整财产关系和交易关系，忽略了对人格权的保护，因此，始终存在着“重物轻人”的体系缺陷。正如梅迪库斯所指出的，《德国民法典》的体系“是按照从事商业贸易的资产阶级的需求来设计构思的，它所体现的资产阶层所特有的‘重财轻人’正出自于此。这种重财轻人的特色使关于人的法律地位和法律关系的法大大退缩于财产法之后”[②]。而我国《民法典》的内容实际上是以“人”为中心而展开具体制度构建的。围绕着对人的保护，《民法典》健全了从人身到财产，从精神到物质的民事权利体系，构建了规范有效的权利保护机制，其不仅仅保护每个人的财产权利，还注重保护人格、身份等权利。从价值上看，《德国民法典》主要以私法自治为价值贯穿于各项制度的始终，而我国《民法典》虽然也确认了私法自治价值，但更注重强调人文关怀价值，甚至在私法自治价值与人文关怀价值发生冲突的情形下，优先维护人文关怀价值。《德国民法典》主要反映了工业社会的社会发展需求，而我国《民法典》不仅适应现代市场经济发展需求，而且适应互联网、高科技社会的发展需求，因而形成了中国特色、时代特色和实践特色。这三大特色贯穿《民法典》的始终，成为《民法典》的重大亮点，也为构建中国特色社会主义民法学理论体系指明了方向。因此，构建中国特色社会主义民法学理论体系，必须立足中国，根植实践，放眼世界，彰显《民法典》的三大特色。这就需要坚持以下研究立场。

1. 在继承中彰显民族性

我国《民法典》有许多具有中国元素的制度创新。习近平总书记指出：“民法典系统整合了新中国成立 70 多年来长期实践形成的民事法律规范，汲取了中

---

① 关于《德国民法典》总则主要以法律行为为中心构建，参见 Hans Hattenhauer，Grundbegriffe des Bürgerlichen Rechts，2. Aufl.，C. H. Beck，2000，S. 68。

② ［德］迪特尔·梅迪库斯：《德国民法总论》，邵建东译，法律出版社 2000 年版，第 24 页。

华民族5000多年优秀法律文化，借鉴了人类法治文明建设有益成果。”① 我国《民法典》在积极借鉴人类文明的有益成果的同时，也为世界法治文明贡献了中国方案和中国智慧。例如，《民法典》合同编通则发挥债法总则的功能，物权编所采纳的物权变动模式，侵权责任编规定多元化的救济措施，婚姻家庭编注重弘扬良好家风，建立和睦、和谐的家庭关系等，都体现了《民法典》的中国特色。《民法典》还吸收了中华民族优秀传统文化的精华，弘扬重家庭、讲仁爱、守诚信、尚公平、促和谐的传统法律精神，发扬了传统文化所体现的民本主义、人文关怀、互助互爱等思想，展现出鲜明的民族特色和深厚的文化底蕴。《民法典》物权编在维护公有制的基础上，通过用益物权制度设计，确立了土地等生产要素进入市场、实行资源优化配置的方针，也适应了在公有制基础上实行市场经济的制度需求。《民法典》的鲜明本土特色，为民法学研究提供了丰富的养料，也为民法学研究指明了方向。中国特色民法学理论体系的形成也应当从中国实际出发，在结构和内容上充分回应中国市场经济建设过程中出现的各种现实问题。

在《民法典》颁布后，民法学研究应当秉持《民法典》所体现了民族特色，更进一步坚持主体意识，在继承中彰显民族性。首先，民法学的研究应当注重反映我国优秀的传统文化、善良风俗，从中华民族五千多年优秀法律文化中汲取营养。我国历史发展过程中所形成的传统文化与传统道德对人们的行为具有潜移默化的影响，我国民法学研究也应当积极反映我国优秀的传统文化与道德，以充分彰显民族性。其次，民法学研究应当注重对习惯的研究。习惯是人们长期生活经验的总结，具有长期性、恒定性和内心确信性的特点。它既是人与人正常交往关系的规范，也是生产生活实践中的一种惯行，习惯是“活的法”。法谚云：“习惯乃法律之最佳说明”，许多法律规则都根植于习惯，并从习惯中汲取营养。我国《民法典》承认习惯的法律渊源地位，就可以丰富成文法的内容，并对成文法形

① 习近平：《充分认识颁布实施民法典重大意义 依法更好保障人民合法权益》，载习近平：《论坚持全面依法治国》，中央文献出版社2020年版，第283页。

成有益的补充。[①] 我国民法学研究要彰显民族性，就应当注重对我国传统习惯的研究。最后，民法学研究应当反映中国的本土性，积极汲取本土性资源。中国特色民法学理论体系还应当植根于中国大地，以中国问题为中心，从中国经验中汲取营养，解决现实问题。

2.在内容上永葆实践性

我国《民法典》体现了鲜明的实践性特色。《民法典》已经孕育出了可以被称为是“中国元素”的诸多有力回应实践需求的民事法律制度。总则编在主体制度中确定了营利法人与非营利法人的分类，构建了特别法人制度与非法人组织制度；在监护制度中，《民法典》构建了“家庭监护为主体、社会监护为补充、国家监护为兜底”的监护体系，为弱势群体构设了周密的法律保障体系，强化了对被监护人的保护。物权编关于所有权的分类和平等保护、用益物权体系的构建，以及农村土地制度“三权分置”的规定，等等，都是对中国改革开放实践经验的归纳和总结。合同编中以合同编通则发挥债法总则的功能，规定了打破合同僵局等规则，新增了保理合同、物业服务合同等典型合同类型，都是对中国实践问题的有效回应。人格权编积极回应了互联网、高科技发展的需求，在隐私、个人信息保护等问题上作出了许多创新性规定，顺应了科技发展和公众关切。婚姻家庭编和继承编尤其彰显了浓厚的本土色彩，例如关于离婚冷静期的规定、夫妻财产制的相关规则以及夫妻共同债务的承担规则等。侵权责任编中采用多元救济机制为受害人提供救济，确立了有关自甘冒险、违反安全保障义务、高楼抛物致人损害责任等，都具有鲜明的中国元素。

《民法典》的实践特色也对民法学研究提出了要求，《民法典》的实践特色必然要求民法学的发展坚持实践性。法学本身是一门实践性很强的学科，民法更是如此，中国特色社会主义民法学理论体系应当是对实践具有充分解释力的理论体

---

① 参见李可：《论习惯法的法源地位》，载《山东大学学报（哲学社会科学版）》2005年第6期，第23-30页。

系。我国民法学研究不仅要反映中国的现实，而且要解决现实问题。[①] “问题是时代的声音”，社会生活纷繁复杂、变化无穷，法律需要不断适应社会的变化。作为一门实践性很强的学科，法学不仅应对中国和世界法治实践具有精准的解释力，还应对中国和世界法治变革具有引领力，尤其是要适应中国社会发展的变化，配合国家的战略需求，不断提供理论支持。在《民法典》颁布后，要继续立足于实践、服务于实践，不断促进民法学的繁荣与发展。《民法典》的大量规则来源于司法实践，是司法实践经验的总结。这使《民法典》具有鲜活的生命力，也保障了《民法典》将来能够得到很好的贯彻实施。[②] 这一实践特色也为我们民法学的研究指明了方向，民法学研究必须紧扣实践的脉搏，还原民法学科作为一门实践学科的本质，有效回应社会现实中不断涌现的真问题，抛弃空对空的伪命题。改革开放以来，中国民法学者在立足基本国情的基础上，以更开阔的视野借鉴大陆法系、英美法系的先进经验，并在许多领域进行了融通性、创新性发展。《民法典》颁布后，我们民法学者应当挖掘更多的本土资源，从中国的实际出发，研究具有价值的中国案例，丰富中国民法学的实践内涵。同时，民法学研究也应当密切结合中国的发展实践，始终注重问题导向，解决法治建设中的重大问题。

3. 在发展中展现时代性

我国已经进入了互联网、高科技时代，新一轮科技革命和产业变革正在改变人类的生产方式、生活方式、交往方式，互联网、大数据、云计算、人工智能、基因检测与基因编辑等技术的兴起，提出大量的时代性命题，民法的概念、规则、制度、体系需要对这些问题的回答提供理论基础。我国《民法典》积极反映了上述需求，彰显了鲜明时代特色。例如，为回应大数据和网络技术发展的需要，《民法典》总则编对数据和网络虚拟财产的保护作出了规定；为适应网络交易发展的需要，《民法典》合同编对电子合同的规则作出了规定；此外，《民法典》还对网络侵权规则以及隐私权、个人信息的保护规则作出了规定，这也适应

① 参见孙宪忠：《从人民法院司法的角度谈解读和实施〈民法典〉的几个问题》，载《法律适用》2020 年第 15 期，第 31 页。

② 参见谢鸿飞：《中国〈民法典〉的实践特色》，载《红旗文稿》2020 年第 15 期，第 25－27 页。

了互联网环境下民事权利保护的现实需求。

《民法典》所体现的时代性也必然要求民法学的发展要坚持时代性。民法学需要加强对新时代经济社会发展中新型法律问题的研究，只有积极回应互联网、高科技等带来的时代问题，才能真正实现民法学研究的现代化。民法学也应当反映时代精神、体现时代特征。我们的民法教学研究也要与高科技结合起来，拥抱人工智能、生物科技，同时要注重与高新科技相关的领域法的研究，研究医药法、科技法、人工智能法等新兴领域，探索新问题，这样才能丰富和发展民法学。民法学要反映经济全球化对交易规则趋同性要求的发展趋势；反映在生态环境不断恶化的背景下对生态环境保护的时代要求；反映在风险社会通过多种救济措施保护受害人并重预防损害发生的要求；反映新时代人民群众对人身权、财产权、人格权保护的更高要求。

4.在借鉴中彰显包容性

我国《民法典》编纂广泛借鉴了两大法系的先进经验，并结合本土国情和现实需求，对域外法律制度有一定的变通，而没有完全照搬域外的法律制度，例如：物权编中借鉴《美国统一商法典》关于担保制度的规则，承认了功能主义的担保物权制度。合同编中大量借鉴《联合国国际货物销售合同公约》和《国际商事合同通则》的经验，使我们的许多合同规则都实现了与国际接轨。侵权责任编中也大量采用了国际公认的有关产品责任、高度危险责任等规则。《民法典》既借鉴了比较法的先进经验，也结合中国的本土实际对其有所改造，使其更加符合中国国情和现实需要。

我国民法学研究也应当放眼世界。构建以研究我国现实问题为重心的民法学理论体系并不意味着对异域法律文化的排斥。在全球化背景下，中国民法学体系应当是一个包容世界民法文化精髓的体系，也是一个反映人类社会发展进程中面临的共同问题和应对智慧的体系。对人类法律文明的优秀成果，应秉持鲁迅先生所说的，“我们要运用脑髓，放出眼光，自己来拿”[①]。民法学的研究应当有广阔的视野和开阔的胸襟，广泛借鉴两大法系的先进经验，高度重视国际上民商法学

---

① 鲁迅：《且介亭杂文》，印刷工业出版社 2001 年版，第 32 页。

的发展趋势。当然，外国的制度、理论只是我们借鉴的素材，最终应当服务于我国民事立法和司法的需要。民法学研究应当从中国实际出发，立足中国实践，绝不能完全从希腊、罗马出发，绝不能只作外国学术的搬运工，简单地用外国学者的观点来验证中国的法治实践。总而言之，我们需要有放眼全球的国际化视野，对比较法经验中的精华予以吸收借鉴，但也不能盲目照搬、忽视国情、削足适履。

综上所述，我国《民法典》所具有的民族性、实践性、时代性和包容性，为我国民法学理论的发展提供了依据，我国民法学研究也应当以《民法典》为中心，准确把握《民法典》的鲜明特色；同时，民法学研究还应当妥善处理继承与发展的关系，充分回应时代之问。

（二）转换研究思维，形成中国特色社会主义民法学话语体系

从单行法到法典化必然要求我们要有观念上的转化，即必须形成法典化思维，因为：一方面，由法到典使得我们的研究重心发生转化，由单行法时期所形成的思维方式也应当进行相应的转化，如单行法长期各自并立、相互独立，使许多人养成了碎片化的法律思维习惯。进入法典化时代就应当形成体系化的研究思维方式，把整个民商事法律视为一个在《民法典》统率下的完整整体。另一方面，法典化思维是研究好民法的前提，只有借助法典化思维，才能准确观法、准确找法、准确释法、准确用法。此外，还应当保持概念、规则、术语、制度之间的一致性，注意总则与分则之间的协调性、《民法典》与单行法以及司法解释之间的统一性以及价值上的融贯性，等等。也只有这样，才能真正把握民法的精髓，推动民法的发展。具体而言，法典化思维包括如下内容。

第一，基础性法律思维。《民法典》在中国特色社会主义法律体系中的基础性地位，也需要我们尽快形成将《民法典》作为基础性法律的思维。《民法典》是民法的重要组成部分，《民法典》作为整个民商事法律的基础，是民法的主要法源，因此要树立以《民法典》为中心的民事实体法律适用理念。① 在不具备特别法优先于一般法等正当理由的情形下，裁判者首先应当从《民法典》各编中找

① 参见 2021 年最高人民法院《全国法院贯彻实施民法典工作会议纪要》第 20 条，载最高人民法院研究室编著：《全国法院贯彻实施民法典工作会议纪要条文及用说明》，人民法院出版社 2021 年版，第 11 页。

法用法，而不应当在庞杂的单行法中寻找裁判依据。《民法典》第 11 条规定："其他法律对民事关系有特别规定的，依照其规定。"这就明确确认了特别法优先于普通法的原则。该规定容易产生一个误解，即只要单行法规定与《民法典》规定不同的，都应当适用单行法的规定。依据《最高人民法院关于适用〈中华人民共和国民法典〉总则编若干问题的解释》第 1 条规定，所有的民事和商事单行法都是《民法典》的特别法，由于单行法属于《民法典》规定的具体细化，因此，只有在单行民商事法律的规定属于对《民法典》规定的具体细化规定时，才应当适用。如果单行法的规定与《民法典》的规定有冲突，则不能适用单行法的规定，而应适用《民法典》的规定，以体现《民法典》的基础性法律地位。如果《民法典》及其他法律对民事关系没有具体规定的，应当遵循《民法典》关于基本原则的规定。这实际上进一步明确了《民法典》在所有民商事法律体系中的基础性地位，同时也要求我们在适用法律过程中树立基础性法律思维。

第二，体系性思维。体系性思维要求用体系的观念来观察民法、理解民法、解释民法，并准确适用民法。法典化就是体系化，体系化思维其实就是一种系统思维，从哲学上整体观念的体现，也是系统论在法学上的反映。《民法典》的颁布促进了民商事法律的体系化，有助于实现民事立法规则体系（也称为外在体系）和内在价值体系的一致性，逻辑上的自足性以及内容上的全面性。[①]《民法典》分七编，总计 1260 条，《民法典》各编之间形成非常严谨的逻辑体系，贯穿在七编的始终有一条中心轴，即民事权利，或者说是保障私权。整个《民法典》就是围绕着保障私权而全面展开，形成了一个完整体系。树立体系性思维要求在观察任何一个民事纠纷或者寻找裁判依据时，应当从体系化的思维方式着手，而不能再依循单行法思维，就合同论合同、就侵权论侵权，而应当从体系化的、整体性的角度观察一个具体的个案。例如，某人借用他人的财产之后，擅自将该财产转让给他人，从合同角度看，该行为确实构成了违约，违反了借用合同，但该纠纷并不仅仅是合同纠纷问题，因为非法转让行为还构成无权处分，在第三人善意的情形下，还可能涉及善意取得规则的适用，权利人在主张返还该财产时，还

① 参见姚辉：《民法学方法论研究》，中国人民大学出版社 2020 年版，第 57 页。

可能涉及物权请求权的适用，此时，行为人擅自转让他人的财产也构成侵权，权利人也有权依法主张侵权责任。可见，任何一个简单的民事案件，在体系化思维的框架下，可能涉及多个法律制度的适用，因此，只有树立体系性思维，才能把握案件的全貌，并准确适用《民法典》和其他民事法律。

第三，统一性思维。它要求将整个民法部门看作是统一的整体，随着《民法典》的颁布，才真正形成了以《民法典》为统帅的民商合一的法律体系，民法部门形成了统一的整体，民商合一才真正成为一种实践。民商法部门形成了一个统一的整体，由此也必然要求形成统一性思维。一方面，要树立统一性思维，将民法部门视为以《民法典》为核心的、由大量的单行法所组成的完整体系，以统一思维处理好民法典与单行法之间的关系，消除二者之间的矛盾。另一方面，要运用统一思维、体系找法、统一释法。我们在运用统一思维来观察《民法典》时，可以发现《民法典》本身包含了巨大的规范储存功能。据统计，《民法典》设置了约 27 条参照适用条款，同时还设置了大量的引致条款和直接适用条款，这为我们找法提供了充足的根据。例如，婚姻家庭编规定了探望权，但在探望权遭受侵害时，权利人如何主张权利，婚姻家庭编并未作出明确规定，而依据《民法典》第 1001 条的规定，保护人格权的相关规定可以参照适用于对基于婚姻家庭关系而产生的身份权益的保护，因此，人格权编的相关规定也可以适用于探望权的保护。再如，《民法典》并未对担保人的权利作出细化规定，这就可以参照适用《民法典》关于保证人权利的规则。《民法典》正是通过这些参照适用、引致条款等，发挥了强大的规范储备功能，并使整个民商事法律形成了完整的统一整体，极大地方便了法律的适用。

第四，融贯性思维。融贯思维主要是一种价值的一致性思维，我国《民法典》的体系化也将极大地促进民法学的科学性，民法典的体系化不仅体现在其制度层面，还体现在价值层面。[①] 正是《民法典》基于维护人格尊严、私法自治等

---

① 关于民法典外在体系与内在体系的分类，参见 Franz Bydlinski，System und Prinzipien des Privatrechts，Springer Verlag，Wien/New York，1996，S. 48ff.；Heck，Begriffsbildung und Interessenjurisprudenz (1932)。

价值，形成了内在的统一的价值体系，从而为融贯性思维的形成奠定了基础。一方面，融贯思维要求以社会主义核心价值观作为阐释《民法典》的价值指引。《民法典》第1条开宗明义地指明，《民法典》的立法目的之一，是弘扬社会主义核心价值观。将社会主义核心价值观融入全过程，弘扬中华民族传统美德，强化规则意识，增强道德约束，倡导契约精神，弘扬公序良俗。另一方面，《民法典》不仅坚持私法自治的价值，而且适应时代精神发展需要，确立了人文关怀的价值，充分保护弱势群体的权益，维护个人的人格尊严。《民法典》正是因为融贯性思维，才具有了贯穿于各种制度的灵魂。以价值统领各项制度和规范，可始终保持“神不散”的状态。如果说规则融贯是体系思维的外在体现，而价值融贯则是体系思维的价值内核。①

进入民法典时代之后，无论是适用民法，还是研究民法，都应当进行研究思维方式的转换，即从单行法思维转化为法典化思维，只有这样，才能理解好、贯彻好、实施好《民法典》，在此基础上达成广泛的共识，并进而形成具有鲜明中国特色的民法学研究的话语体系。

（三）调整研究重心，服务《民法典》实施和法律制度完善

《民法典》颁行后，我们应当调整研究重心，主要原因在于：一方面，《民法典》的颁布，已经构建了较为完整的、体系化的民法部门。在单行法时代，立法的缺失和体系化的不足往往使民法学研究者从具体的制度设计出发，着力于在立法论层面贡献智识。但在《民法典》颁行后，我们应当以《民法典》为中心，将研究重心聚焦于《民法典》的实施与完善。另一方面，进入21世纪后，市场经济和社会生活的发展，以及高科技、互联网的发展，也为我们提出了新挑战和新要求，我们的研究也要与时俱进，以适应这些需求。具体而言，研究重心的调整主要包括以下几个方面。

第一，从立法论向解释论转化，聚焦《民法典》的解释适用。在民法典时代，基本的法律规则已经齐全，因此应当加强解释论的研究。随着《民法典》的

---

① 参见方新军：《融贯民法典外在体系和内在体系的编纂技术》，载《法制与社会发展》2019年第2期，第25页。

颁布，一个解释的时代已经到来。《民法典》不仅为法律解释方法的运用提供了基础，而且《民法典》本身就是法律解释的对象，这也为法律解释方法的形成和发展提供了重要依据。因此，全面贯彻实施《民法典》，必须要以《民法典》为基准和依据，运用正确的解释方法和解释规则，从而理解好、贯彻好、实施好《民法典》。法谚云："法无解释不得适用。"《民法典》颁布后，民法解释学的重要性将日益凸显，并成为民法学研究的重要课题。一方面，要以《民法典》为基准进行解释。例如，《民法典》总则编第一章关于立法目的和原则的规定提供了法律解释的价值基础，《民法典》第 1 条关于"根据宪法制定本法"的规定，为合宪性解释提供依据。《民法典》引致条款、参照适用条款为体系解释方法的运用提供了大量的法律素材和依据。另一方面，在《民法典》颁布之后，要通过总结《民法典》实施中的经验，提炼出具有共识的法律解释方法，以及运用这些解释方法所应当遵循的基本规则。通过这些方法的运用，可以从整体上把握民法、理解民法，并准确适用《民法典》的规则解决纠纷。

第二，注重价值体系研究，落实《民法典》的立法目的。我们历来注重对制度规则本身的研究，其实还要挖掘制度背后的立法意旨和价值，了解制度背后立法者的意图。缺乏对价值体系的研究，没有对规则背后立法目的的认识，就很难把握民法制度的功能。《民法典》第 1 条不仅仅确立了立法目的，同时为法律解释方法的运用奠定了价值基础。对该目的予以展开，可以为法律规则的解释提供价值指引。无论是目的解释，还是目的性扩张和目的性限缩，首先都要从立法目的着手，不能偏离这样一个基本的立法目的进行法律解释和漏洞填补。加强对民法宗旨、价值理念的研究，进而形成完整的价值体系，也有助于实现《民法典》体系效益的最大化。

第三，注重研究新情况、解决新问题。在 21 世纪，随着社会的发展，会出现许多新情况和新问题，例如，大数据、云计算、人工智能、基因检测与基因编辑以及新科技革命不断发展，出现了许多无形财产和新类型财产，这些权益的内容更为复杂，侵权形态以及相应的救济方式也呈现多样化的特点。同时，我国市场经济也在向高质量发展，在这个过程中，给民法学提出了许多新的挑战。各种

新的民事权益不断出现，新类型的合同也逐渐发展，非典型担保的类型不断丰富，这些都需要我们做专门研究，以回应时代需要。在这个过程中，我们也要关注世界各国民法的发展趋势。例如，德国债法改革之后，法国、日本等相继进行了债法、担保法的改革，《联合国国际货物销售合同公约》也正在酝酿修改，以适应“网购”等新业态发展的需要。上述情况都值得我们关注和借鉴。

二、民法典时代的民法教学

《民法典》颁布之后，对我们民法教学产生重大影响。之前我国的民法没有体系化，没有形成完整的体系，这也导致我们的课程设置、教材以及教学内容等都不成体系，甚至民法学的教材都没有真正做到统一。《民法典》颁布之后，必然要求我们的民法学要以《民法典》为基准展开教学，推进我们的课程、教材等的改革，为适应培养高层次的法治人才服务。民法教学是法治人才培养的核心环节之一，也是关系到民法学研究可持续发展的关键。民法教学同样应当坚持中国特色、实践特色、时代特色；中国特色要求民法教学一定要结合中国的国情，体现鲜明鲜活的本土特色；实践特色要求在民法学教学中充分利用丰富的本土案例资源；时代特色要求关注高科技、互联网的发展对民法学提出的新任务、新要求。

（一）价值传导：将民法典所体现的核心价值观贯穿于民法教学之中

德国法学巨儒耶林在《为权利而斗争》一文中明确提出：“不是公法而是私法才是各民族政治教育的真正学校。”[①] 我们的民法教学理应贯彻《民法典》的价值，具体而言：

一是弘扬社会主义核心价值观。专业课的教学不能就制度论制度，还要结合制度规则背后的价值理念和立法宗旨进行阐释。社会主义核心价值观在《民法典》中得到了充分体现，包括：重视家庭的和睦，弘扬家庭美德，提倡良好家风，重视家庭文明建设；强化对人格尊严的保护；确立未成年人利益最大化的原

---

① ［德］鲁道夫·冯·耶林：《为权利而斗争》，刘权译，法律出版社 2019 年版，第 47 页。

则。《民法典》确认诚信原则，要求从事民事活动秉持诚实，恪守承诺，遵守契约，崇法尚德。《民法典》确认了公序良俗原则，禁止滥用权利，鼓励见义勇为和救助行为，倡导互助互爱，守望相助，致力于构建和谐的人际关系，维护社会和经济秩序。民法教学要弘扬社会主义核心价值观，让主旋律更响亮、正能量更强劲。

二是弘扬人文关怀价值。强化人文关怀、维护人格尊严的价值追求是构建民事权利体系的基石。[①] 法律应当充分彰显对人的关怀，在人格权与其他民事权益发生冲突时，应确立生命健康等人格权价值的高阶性和保护的优先性，这也是落实《宪法》第38条“维护人格尊严”的要求。要把民法教学真正当作一种人文主义教育。进入21世纪以来，尊重人权、保障人权、发展人权已经成为整个国际社会的共识，人文关怀价值已经成为民法的重要价值，这主要表现在：《民法典》实现了从传统民法的形式平等到兼顾实质平等，注重对弱势群体的保护，维护社会的实质正义。[②] 在《民法典》的适用过程中，除强化意思自治以外，还要高度重视人格尊严和人身自由的价值。

三是贯彻私法自治的价值理念。民法教学还要坚持私法自治的价值，换言之，我国《民法典》对人的关怀不是纯父爱主义式（Paternatism）的关爱，不是说把个人对自己生活的一切安排都交由法律来决定；相反，我国《民法典》将个人视为具有理性的人，可以依法自主地在其行为能力范围内决定自己的事务。[③] 在民法教学中，贯彻私法自治价值，实际上也是要弘扬自主自愿的理念，传导作为社会主义核心价值观的自由的价值。当然，这种应当是法律规定范围内的自由，而不是不受任何限制的自由。

四是贯彻权利观念。我国《民法典》本质上是一部权利法，《民法典》分编通过全面保障民事权利，充分体现和贯彻了法治的价值。《民法典》作为保护民

---

① See Joseph W. Singer, “Something Important in Humanity”, 37 *Harv. C. R. -C. L. L. Rev.* 103 (2002).

② 参见马骏驹、余延满：《民法原论》（第四版），法律出版社2016年版，第39页。

③ 参见唐勇：《以民法为业，抽丝剥茧、鲁钝致远》，载微信公众号“中国民商法律网”，2021年11月9日。

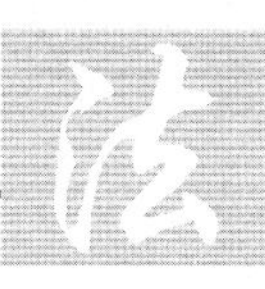

事权利的宣言书，健全了从人身到财产，从精神到物质的民事权利体系，构建了规范有效的权利保护机制。《民法典》坚持以人民为中心的理念，饱含爱民、护民、安民、惠民的情怀，促进民权保障、民生改善、民业兴旺、民心和顺、民风文明，成为充分关心人、爱护人、保障人的尊严的基本法。[①] 民法尊重生命尊严，秉持生命至上、健康至上的理念，全面保障人身权、财产权、人格权，促进了我国人权事业的发展。在人格尊严与财产权发生冲突时，将人格尊严置于更高的保护地位，并贯彻在民法各项制度和规则之中。甚至通过相应的条款，确认在人格尊严和私法自治发生冲突的情形下，优先保护人格尊严，这也丰富了民法学的内在价值体系。民法教学要弘扬《民法典》以民为本、全面保障私权的理念。

五是贯彻生态环境保护的绿色原则，实现人与自然的和谐共处，彰显"绿水青山就是金山银山"的发展理念。[②]《民法典》确认了绿色原则，是我国民事立法的一大进步，从世界范围来看，没有哪个国家或地区的《民法典》把绿色原则规定为基本原则，我国是首个在《民法典》中规定绿色原则的国家。这也表明，我国《民法典》的绿色原则在尊重民法逻辑自洽的前提下，在基本精神和理念上顺应生态规律，为资源保护和生态文明建设预留了充分的空间。[③] 民法教学中也应当弘扬人与自然和谐相处、保护生态环境的绿色理念。

总之，民法学课程是思政元素最丰富的法学学科，应当从民法学中多提炼思政元素，以更好地落实立德树人的育人目标。[④]《民法典》作为社会主义核心价值观的载体，民法学相关课程正是学生接触《民法典》的重要途径。在课程教学中，引领学生理解社会主义核心观，在课程实践中促进学生践行核心价值观是民法教师的时代使命。

---

① 参见黄文艺：《民法典是经世济民、治国安邦之重器》，载《光明日报》2020年6月3日。

② 参见吕忠梅课题组：《"绿色原则"在民法典中的贯彻论纲》，载《中国法学》2018年第1期，第27页。

③ 参见王旭光：《环境权益的民法表达——基于民法典编纂"绿色化"的思考》，载《人民法治》，2016年第3期。

④ 参见蒋安杰，战海峰：《一场聚焦民法学教学如何改革与发展的研讨会》，载《法治日报》2021年7月11日，第11版。

（二）教学改革：以《民法典》为基准推进课程改革与教材编写

教学的开展总是依托于课程和教材而展开。因此，要推动、提升民法学的教学质量就必须抓住课程体系建设与教材建设两个至关重要的环节。

一方面，民法教学的课程设置应当与《民法典》大体保持一致，适当对原有课程体系进行必要调整。《民法典》已经建构了以保障民事权利为中心的七编制完整体系，尤其是人格权独立成编、侵权责任编独立成编，彰显了鲜明的中国特色和时代特色。我们的课程体系要与此相衔接。例如，有的学校仍然开设债法总则课程，由于《民法典》并未采债法总则体系，而是采纳了由合同编通则发挥债法总则功能的模式，因此课程名称宜改为债与合同法或者合同法更为妥当。由于《民法典》中侵权责任已经与债法分离独立成编，因此也应设立单独的侵权责任法课程。还有的学校仍然将人格权法置于民法总则的主体制度中介绍，这显然不符合《民法典》的体系，宜将人格权作为单独课程开设。课程的内容设置也应当与《民法典》的体系保持关联。例如，长期以来，婚姻家庭法课程自成体系，与整个民法体系缺乏关联，但婚姻家庭已经成为《民法典》中的重要组成部分，尤其是《民法典》其他编的许多规则可直接适用或参照适用于婚姻家庭法律关系（例如《民法典》第1001条就明确规定了人格权编可参照适用于因婚姻家庭关系等产生的身份权利的保护），因此，婚姻家庭法的内容应当与《民法典》的其他各编保持有效协调。而人格权、物权也应当注重与侵权责任编的有效协调。例如，《民法典》设置相关的引致条款使人格权请求权、物权请求权与侵权损害赔偿请求权之间形成了密切的互动关系，教学中也应当注重各编之间的内在逻辑联系。因此，要以《民法典》为基准，在课程改革中努力把民法学课程打造成一门门的金课。

另一方面，民法教材的编写也应当以《民法典》为基准。首先，就结构而言，民法教材的体系安排应当尽量与《民法典》相适应；就内容而言，应当结合《民法典》对教材内容进行及时修订，确保《民法典》中的制度变化在教材中得以体现。民法教材应当充分尊重《民法典》的体例、规则，准确客观地反映《民法典》。其次，对《民法典》的新规则的规范意旨和适用范围等要作出准确的解

释，并尽可能在教材中反映出来。例如，《民法典》为强化保护生态环境，在全世界范围内首次把绿色原则规定为民法基本原则，并创设多层次的规则共同确保绿色原则的实现。[①] 有的教材没有介绍绿色原则，而这其实是《民法典》的一大特色，应当体现在教材之中。教材编写者应当将教材与专著进行区别，教材是引领学生学习的工具，从而区别于探讨某一专门性问题的专著。在教材的编写过程中，应尽可能全面展现通说。

总之，民法学是实用之学，如何将民法的规则和生活实践相结合，从本土资源中挖掘有益的法治经验，并且把它应用到课堂教学之中，转化为教学资源，为课程实践提供宝贵的资料，这是下一阶段我们每位民法学者应当承担的一项重要工作。把每一门民法课打造成金课，就能够更好地立德树人，培养更多的优秀法治人才。

（三）本土资源：案例教学的广泛应用

案例教学有助于准确解释《民法典》，使《民法典》能够真正走到人民身边，走进人民心中。一方面，我们可以通过案例教学讲好中国的故事，通过活生生的案例展现中国法治发展进程。另一方面，借助案例教学方法，也可以讲好《民法典》的规则，即通过以案说法的方式，准确阐释《民法典》的规则。此外，通过案例教学方法，也可以使我们真正实现学以致用。法学是一门实践之学，而不是象牙塔式的学问。法学学科以法的发展为研究对象，以公平正义为主要价值追求，其不同于其他学科之处就在于其实践性。德沃金指出，“法律是一种不断完善的实践”[②]，富勒也认为，法律制度是一项“实践的艺术”[③]。真正的实践教学必须以案例教学为基础，才能够有效培养学生的动手能力，也就是分析、解决现实问题的能力。法科学生所掌握的知识体系再娴熟，但如果不知道如何运用，也不能真正做到学以致用。因此，法学教育也要适应法学实践之学的特点。民法教学不仅要注重概念、制度，还要注重将《民法典》的规则运用于实践中，理论联

① 《民法典》第 9 条规定：“民事主体从事民事活动，应当有利于节约资源、保护生态环境。”

② Ronald Dworkin，*Law's Emipire*，Harvard University Press 1986，p. 44.

③ See Lon L. Full，*The Morality of Law*，New Haven and Yale University Press，1969，p. 91.

系实践，学以致用，而这一能力的提升离不开案例教学方法的应用。

案例教学方法的运用离不开案例的选择。在案例教学实践中，教师学术背景、学术偏好有很大影响，有时教师的备课阅读材料有限，有时教师偏重使用外国案例，甚至使用百年前的外国案例。虽然这其中不乏经典案例，但也有一些已经与当下的社会环境明显脱节，很难激发学生的学习兴趣，也不利于解决现实问题能力的培养。事实上，中国在司法实践方面已经有相当丰富的本土资源，这些案例资源值得民法教师充分挖掘。自 2014 年 1 月起，最高人民法院开始实施裁判文书上网的举措，“截至 2020 年 8 月 30 日 18 时，中国裁判文书网文书总量突破 1 亿份，访问总量近 480 亿次”[①]。这些案例为案例教学提供了宝贵的素材，甚至有些案例在国内外产生了重大影响。而且，案例也不限于司法案例，还包括仲裁和其他纠纷解决方式以及行政执法案例。民法教师不应忽视这些案例教学的本土资源，只有如此，才能真正做好学生感兴趣、有收获、受启发的案例教学。

三、民法典时代研究方法的演进

在古希腊语中，方法有“通向正确的道路”之义。赫克（Heck）曾经指出：“在所有的改变中，方法的改变才是最大的进步。”[②]《民法典》的颁布不仅推进了民法研究与教学的发展，同时推进了方法论的发展，因为：一方面，在《民法典》颁行后，民法研究的重心发生了转变，如果不实现方法论的变革，则很难准确理解和把握《民法典》。另一方面，在《民法典》颁行后，民法已经实现了体系化，基本的法律规则已经具备。在《民法典》颁布之后，我们要注重法律解释等方法，并将其运用于实践、解决实践问题，并不断推动民法的发展和完善。

民法典时代的研究方法的演进就是要准确掌握民法研习的各种方法，并准确地理解、解释和运用《民法典》，并推动民法的发展，具体而言：

---

① 姜佩杉：《中国裁判文书网文书总量突破一亿份，司法公开规范司法行为促进司法公正》，人民法院新闻传媒总社，https://www.chinacourt.org/article/detail/2020/09/id/5433643.shtml，2020 年 9 月 16 日访问。

② Heck，Interessenjurisprudenz und Gesetzestreue，DJZ 9（1905），S. 32.

第一，重视运用逻辑的方法。逻辑的方法是指运用演绎推理、归纳推理等形式逻辑的方法进行法律思维。严复曾经指出：逻辑为“一切法之法，一切学之学”。张岱年先生认为，中国传统思维方法的重大缺陷是重视整体思维，缺乏逻辑思维。[①] 其实，逻辑思维是法律人的重要思维方式，也是学习民法的基本方法。民法学研究是依据传统的形式逻辑方法进行的，论证可以分为归纳论证与演绎论证。[②] 演绎论证是一种从一般到个别的论证方法，而归纳论证是从个别到一般的论证方法[③]，这些逻辑推理贯穿于民法学研究的全过程。还要看到，逻辑方法如相似性论证、反比论证、当然论证、体系论证、一致性论证法等，也是学习民法学的基本方法。民法的适用也应当在三段论的框架内进行逻辑推理，重视概念和规则的逻辑性，注重说理论证中的逻辑性。

第二，注重体系分析。法典化思维实际上就是体系化思维。一是应当把《民法典》看作是逻辑严谨的有机整体。如果缺乏体系化的研究方式，观察者的视野可能只是局限于某一个部门或某一个制度之中，这可能导致观察者“一叶障目，不见泰山”，无法理解该问题在民法中的真正性质。二是准确把握引致条款和参照适用条款等，增强对民法体系性的了解。例如，《民法典》第 464 条第 2 款规定，婚姻、收养、监护等有关身份关系的协议，可以参照适用合同编的规定。借助参照适用方法，可以查漏补缺，弥补大量的规则缺陷。三是要注重把握总则和分则、原则和规则、一般规则和特别规则之间的逻辑关系，结合完全法条和不完全法条、引致条款和被引致条款等准确适用法律。四是掌握好类型化的学习方法。所谓类型化，就是通过分类的方式来实现对具体问题的分析。通过类型化思维，可以揭示民法现象的本质，认识民法在调整社会关系过程中的规律。例如，诚实信用的概念是较为抽象的，如果在具体个案中将其类型化，转化为情事变更、禁止权利滥用、禁止获取非法利益等具体的法律规则，则可以提高其适用的

① 参见张岱年：《文化与哲学》，教育科学出版社 1988 年版，第 208 页。

② 参见［美］欧文·M.柯匹、卡尔·科恩：《逻辑学导论》（第 11 版），张建军、潘天群等译，中国人民大学出版社 2007 年版，第 49 页。

③ 参见焦冉：《论马克思主义的归纳—演绎法》，载《理论月刊》2015 年第 1 期，第 10 页。

准确性和针对性，这也反映了类型化研究方法在法律思维中的重要性。①

第三，注重运用比较法方法。比较法是指对不同国家或者地区法律制度的比较研究，是不同国家或地区法律秩序的比较研究。比较法研究不仅仅是进行制度和规则的比较，还要比较不同国家法律制度的异同及其发展趋势，研究不同法律制度之间的现实与历史的关系，重点在于对不同制度之间沿革与联系的考察。②我国《民法典》的编纂广泛借鉴了两大法系的经验，因而研究民法也应当注重比较法方法的运用。尤其是随着社会经济生活的发展，社会生活日新月异，《民法典》的规定也可能具有一定的滞后性，在此情形下，也需要通过比较法研究，借鉴域外法律制度的有益经验，不断发展和完善我国的法律制度。

第四，必须加强对案例的分析和研究。首先需要灵活掌握关系分析法、请求权基础分析法等各种案例分析方法。其次，《民法典》的各项制度都是司法实践经验的总结和提炼，背后都有鲜活的案例基础。只有通过案例学习，才能够以案释法，并能够举一反三，掌握法律适用的技巧，才能够深刻把握《民法典》的意旨和精髓，从而灵活运用《民法典》的规则。

第五，善于运用其他学科知识。法学并非一门发现真理的学科，而是“一门思考如何维持社会秩序的学科”③。而在实现维持社会秩序的目标中，单一的知识结构与技能方法显然并不足够。宗教学之父麦克斯·缪勒（Max Muller）说：“只知其一，一无所知。”（He，who knows one，knows none.）清末民初学者王国维曾指出：“然为一学，无不有待于一切他学，亦无不有造于一切他学。”尤其是在我们已经进入了一个知识爆炸和知识融合的时代后，社会现实对法科人才的培养提出了新的要求，仅掌握单一的知识类型显然无法很好应对这一社会发展趋势，因而在民法学研究中应当合理运用研究方法，增加与其他学科的沟通和对话能力，并为其他学科贡献民法学的方法智识。例如，生物科技进步带来的人工辅

---

① 参见亚图·考夫曼：《类推与“事物本质”——兼论类型理论》，颜厥安审校、吴从周译，学林文化事业有限公司1996年版，第115页。

② 参见朱景文：《比较法总论》，中国人民大学出版社2004年版，第1页。

③ ［日］道垣内弘人：《法学之门：学会思考与说理》，张挺译，北京大学出版社2021年版，序言。

助生殖、人体器官移植、克隆、基因编辑等社会现象，对传统民法中人、物、人格权、身份权等提出了一系列新问题，需要综合运用生物学、医学、伦理学、法学等知识才能给出稳妥的解决方案。与此同时，其他学科的研究方法也可以为民法学习提供工具。诸如经济学、社会学、哲学、历史学、心理学甚至统计学等其他社会科学的研究方法，法学的研究和学习也应当积极借鉴其他社会科学的方法。例如，社会学注重实证研究方法，其强调通过观察、经验或者试验来发现真实的世界，在民法学习中也应当注重借鉴此种方法，只有这样，才能够使纸面上的法转变成生活中的法。同时，法律本身是一种社会现象，也应借助伦理学方法研究婚姻家庭，借助经济分析方法、逻辑分析方法、实证研究方法等多种跨学科方法，借助于田野调查方法准确了解民法在实践中的运用，以增强民商法学研究的科学性和实用性。①

结　语

大变革、大发展呼唤新作为。我们已经进入《民法典》的时代，可以说民法的春天已经来临。广大民法学者要更加团结包容、携手努力，为繁荣和振兴中国的民法事业，推动全面依法治国做出我们应有的贡献。应当看到，目前我国民法学已经取得了长足的进步，但中国特色的民法理论体系和话语体系尚未建立，国际影响力不足，一些重大疑难问题的研究不够，原创性的研究仍然欠缺，低水平的重复也仍然存在。在《民法典》颁布和实施后，我们应当以《民法典》为准绳，深入阐释民法各项制度，解决司法实践中的难题，切实推动《民法典》的科学有效实施，为世界提供中国民法学的方案和经验参考。为培养一大批高水平的法治人才；也需要以《民法典》颁布和实施为契机，以课程改革和教材编写为抓手推进教学改革的实现，努力提升教学质量和人才培养质量，为党和国家培养更多合格的法治人才。

---

① 参见王轶：《对中国民法学学术路向的初步思考》，载《法制与社会发展》2006 年第 1 期。

试论中国民法学自主知识体系的构建*

前　言

随着《民法典》的颁布，民法典时代已经来临。在《民法典》颁布后，习近平总书记明确提出，要“坚持以中国特色社会主义法治理论为指导，立足我国国情和实际，加强对民事法律制度的理论研究，尽快构建体现我国社会主义性质，具有鲜明中国特色、实践特色、时代特色的民法理论体系和话语体系，为有效实施民法典、发展我国民事法律制度提供理论支撑”①。党的二十大也明确提出：“深入实施马克思主义理论研究和建设工程，加快构建中国特色哲学社会科学学科体系、学术体系、话语体系。”这就为我国民法典时代的民法研究指明了方向。进入民法典时代，我们要以《民法典》颁布为契机，并以《民法典》为依据，构建中国民法学自主知识体系，这是当前每位民法学者应当负有的使命和任务。虽

* 原载于《重庆邮电大学学报（社会科学版）》2023 年第 2 期。

① 习近平：《充分认识颁布实施民法典重大意义 依法更好保障人民合法权益》，载习近平：《论坚持全面依法治国》，中央文献出版社 2020 年版，第 283 页。

然《民法典》实现了我们几代民法学人的法典梦。但我们还有一个梦想，这就是尽快构建中国民法学自主知识体系，形成对中国立法和司法实践有解释力的理论体系。为此，我们必须要守正创新，以《民法典》为依据和准绳，坚持“双百”方针，从中国实际出发，借鉴国外的先进法治经验，勇于探索、勇于创新，加快构建中国民法学自主知识体系。

一、中国民法学自主知识体系的基本特征

“法典编纂之举是立法史上一个世纪之大事业。国家千载之利害、生民亿兆之休戚，均依此而定。”① 由于《民法典》的颁布，我们已经形成了自身的实体法体系，包括形式体系和价值体系，这为中国民法学自主知识体系的构建提供了基础。中国《民法典》是中国改革开放四十多年民事立法的集大成者，其一方面借鉴了本国及各国民事立法的经验，另一方面特别注重回应中国社会的现实需求，不仅总结了中国自改革开放以来形成的民事立法经验，而且体现了中国社会在这个时代的发展特点。习近平总书记将《民法典》的特色概括为中国特色、实践特色和时代特色。在《民法典》的体系设计、价值取向和各编的具体规定中，都充分彰显了这三大特色。在这样的背景下，民法学研究迫切需要实现研究范式的转变。正如美国学者库恩所言：“科学革命是指科学发展中的非累积性事件，其中旧范式全部或部分地为一个与其完全不能并立的崭新范式所取代。”② 进入民法典时代之后，就应该以《民法典》的形式体系为准绳，以《民法典》的价值体系为依据，构建中国自主的民法学知识体系。

何为中国民法学自主知识体系？它首先应当是对中国实践具有解释力的思想和知识体系，也就是说，它应当立足于中国实践、内生于中国文化传统、回应中国社会现实需求、展示民族时代风貌、具有浓厚的中国特色。它应以社会主义法

① ［日］穗积陈重：《法典论》，李求轶译，商务印书馆 2014 年版，第 1 页。

② ［美］托马斯·库恩：《科学革命的结构》（第四版），金吾伦、胡新和译，北京大学出版社 2012 年版，第 79 页。

治理论体系为基础，最充分地反映广大人民群众的利益和意愿，反映公平正义的法治理念，以全面保护公民权利、推进社会主义法治为重要目的。“道无定体，学贵适用”，构建中国民法理论体系和话语体系，应当坚持以下研究立场。

1. 体现本土性

每个民族的法学理论都脱胎于本民族的独特法律传统和法律实践，都是对本民族的独特法律记忆和法律经验的理性提取，民法学也是如此。体现本土性，一方面，要继承中国的优秀传统文化，并坚持创造性转化、创新性发展，坚守中华文化立场，提炼展示中华文明的法治精神标识和法治文化精髓，阐发中国优秀传统法治文化。[①] 中国民法学也应当反映我国优秀的传统文化、善良风俗，从传统道德中汲取营养。另一方面，要坚持主体性意识，从中国实际出发，在结构和内容上应充分回应中国市场经济建设过程中出现的各种现实问题，中国民法学理论体系应当植根于中国大地，以中国问题为中心，解决中国的现实问题；要结合我国民事立法和司法实践，构建民法学理论体系。民法典时代是一个解释的时代。在我国《民法典》已经颁布实施、民事法律体系已经基本形成的情形下，大规模创设民事法律规则的时代已经结束，法治建设的任务应当是使“纸面上的法律”变为“行动中的法律”，最大限度地发挥法律适用的效果，因而我们需要从重视立法论向重视解释论转变。可以说，一个解释的时代已经到来。换言之，在现阶段，社会主义法治建设的一个重要内容就是通过解释弥补现有法律体系的不足，消除现有法律之间的矛盾，使法律得到有效适用，最大限度地发挥立法的效用，并不断发展和完善法律。

2. 体现借鉴性

构建中国民法学自主知识体系并不意味着对异域法律文化的排斥。相反，在全球化背景下，中国民法学体系应当是一个包容世界民法文化精髓的体系，能够反映人类社会发展进程中面临的共同问题和应对智慧。中国需要世界，世界也需要中国，我们在构建这样一个体系时，必须坚持开放、包容和交流的态度，才能了解学术前沿与发展趋势，并通过充分交流和借鉴，使我国民法学永葆时代性和

① 参见胡铭：《科学构建中国自主法学知识体系》，载《浙江日报》2022年10月24日。

科学性。对人类法律文明的优秀成果，应秉持鲁迅先生所说的，“我们要运用脑髓，放出眼光，自己来拿”[①]。建构中国自主的民法学知识体系，并不是要推倒重来，另起炉灶。相反，在建构体系的过程中也要积极借鉴人类法治文明的有益成果，笔者认为，借鉴人类文明的先进法治经验和成果，在吸收消化后为我所用，这本身也是建构中国自主的民法学知识体系的组成部分。民法学的研究应当有广阔的视野和开阔的胸襟，广泛借鉴两大法系的先进经验，高度重视国际上民商法学的发展趋势。当然，外国的制度、理论，都只能是我们借鉴的素材，只能服务于我国民事立法和司法的需要。民法学研究应当从中国实际出发，绝不能简单照搬照抄他国理论。不可奉某一外国法律制度为圭臬，更不可“削中国实践之足，适外国理论之履”，在外国学者设计的理论框架中“跳舞”，而要立足本国实践，放眼世界，借鉴先进经验，为我所用。

3.体现原创性

构建中国民法学自主知识体系，不仅要反映中国的现实，而且要解决现实问题。马克思也认为，“立法者……不是在创造法律，不是在发明法律，而仅仅是在表述法律”[②]。因此，民法学研究要加强理论创新，避免低水平重复。民法理论创新应当来源并服务于中国改革开放的伟大实践，对社会生活中产生的现实问题提出创造性的解决方案，推陈出新、革故鼎新，为民主法治建设作出贡献。原创性的表现形式是多样化的。正如习近平总书记所指出的那样，哲学社会科学创新可大可小，揭示一条规律是创新，提出一种学说是创新，阐明一个道理是创新，创造一种解决问题的办法也是创新。[③] 民法学要成为一门治国安邦、经世济民、服务社会的学问，就必须以中国的现实问题为依归，提出科学合理的解决方案。改革开放以来，中国民法学者在立足基本国情的基础上，以更开阔的视野借鉴大陆法系、英美法系的先进经验，并在许多领域进行了融通性、创新性发展。无论是人格权、侵权责任的独立成编，还是《民法典》各编许多重要制度和规则

---

① 鲁迅：《且介亭杂文》，人民文学出版社 1973 年版，第 46 页。

② 《马克思恩格斯全集》第 1 卷，人民出版社 1995 年版，第 347 页。

③ 参见习近平在哲学社会科学工作座谈会上的讲话，载《人民日报》2016 年 5 月 19 日，第 2－3 版。

的设计，都是在借鉴两大法系经验基础上作出的重要创新，也是中国民法学对世界民法学作出的重要贡献。

4.体现时代性

一方面，中国特色的民法学应当不断地与时俱进，随着我国市场经济的发展而不断发展，并与改革开放相伴而行，不断反映和确认改革开放的成果，为推进全面依法治国建言献策。民法学研究应当强调原创性，不能进行低水平的重复。改革开放以来社会主义市场经济的伟大实践和法治建设的巨大成就，都为民法学体系奠定了坚实的基础。这是产生伟大法典的时代，也是产生民法思想的时代。在这个时代，我们会面临许多新情况、新问题，这些问题的解决无先例可遵循，需要我们去面对和回答，去发出自己的声音，去讲好自己的故事。另一方面，民法学也应当反映时代精神、体现时代特征。具体来说，应当不断反映互联网时代、大数据时代、高科技时代民法的特点；要反映经济全球化对交易规则趋同性要求的发展趋势；要反映在生态环境不断恶化的背景下保护生态环境的时代要求；要反映在风险社会通过多种救济措施保护受害人，同时预防损害发生的要求；要反映新时代人民群众对人身权、财产权、人格权保护的更高要求。我国《民法典》积极反映了上述需求，彰显了鲜明的时代特色，而《民法典》所体现的时代性也必然要求民法学的发展要坚持时代性。

5.体现科学性

一是要注重知识的体系性。民法学之所以是一门科学，是因为民法学本身具有科学的理论体系和科学的研究方法，经过两千多年的发展，民法学在自身独特的研究对象基础上，已经形成了一些具有共识性的概念、规则和制度，形成了富有逻辑、体系严谨的理论体系。但近代以来，法学的许多概念、制度，仍主要是舶来品，中国的民法学传统是在19世纪末西学东渐的过程中逐渐形成的，因此受到西方法律的影响较深。在《民法典》颁布以后，各种制度都被加以归纳、整理，其内在关联性也得到澄清，在此基础上，概念明晰、逻辑严密的严谨体系得以形成，民法学的知识体系的逻辑性不断得到增强。因此，要以《民法典》为依据，加强自身的知识体系、概念体系的建构。二是应当包含自己的价值体系。不

管是法律制度的建构，还是对法律制度的研究，都应当始终以中国特色社会主义的价值追求为根本宗旨。既要坚持私法自治理念，又要坚持人文关怀价值。价值决定了每一个具体制度及其法学研究的具体形态和样貌。只有始终秉持以社会主义核心价值观为中心的价值理念，我们才能构建好中国民法学自主知识体系。三是内容的科学性。就像任何一门科学以探究“实质性的、解释性的真理”为目的一样，法学也是在寻求法律现象的必然规律，只不过它是以法律为研究对象，以探究法律发展的真理为其研究目标。法学并非一门发现真理的学科，而是“一门思考如何维持社会秩序的学科”①。中国民法学自主知识体系应当是在内容上具有科学性的学术体系。民法学的科学性就是要使民法学具有解释力、符合社会需要、解决实际问题，真正成为一门治国理政、经世济民的学问。四是方法的科学性和创新性。在古希腊语中，方法有“通向正确的道路”之义。赫克（Heck）曾经在“Interessenjurisprudenz und Gesetzestreue”一文中指出：“在所有的改变中，方法的改变才是最大的进步。”既然民法学是一门博大精深的科学，那么法学研究者应当自觉地遵循科学研究的一般规律，秉持科学研究的严谨态度，坚持科学研究的学术规范，贯彻严谨的科学研究的系统方法。《民法典》的颁布不仅推进了民法研究与教学的发展，同时也推进了方法论的发展，因为：一方面，在《民法典》颁行后，民法研究的重心发生了转变，如果不实现方法论的变革，则很难准确理解和把握《民法典》。另一方面，在《民法典》颁行后，民法已经实现了体系化，基本的法律规则已经具备。民法研究重心应当从立法论向解释论转变，聚焦《民法典》的解释适用。就法律适用方法而言，我们应当注重运用各种法律解释方法和案例研究方法，并将其运用于实践以解决实践问题，进而不断推动民法的发展和完善。而就法学研究方法而言，我们应当注重运用体系分析方法和其他方法。

6. 体现实践性

我国民法学不仅要反映中国的现实，而且要解决现实问题。诚如德沃金所

① ［日］道垣内弘人：《法学之门：学会思考与说理》，张挺译，北京大学出版社2021年版，序言。

言，“法律是一种不断完善的实践”[①]，随着社会生活的变化而不断变化，民法学源于实践并服务于实践，是真正有生命力、有针对性、有解释力的理论。民法学的未来发展必须面向实践和时代，认真总结我国改革开放以来民事立法和司法实践的经验，系统分析《民法典》全面贯彻实施以来的经验，认真总结我国社会主义市场经济法律体系建立和发展的经验，以真正实现法学的科学性、实践性和时代性。

总之，中国民法学自主知识体系是兼具本土性与借鉴性、继承性与超越性、原创性与时代性、科学性与实践性的整体，是立足中国实际、着眼人民诉求、聚焦时代变革、回答实践之问的真学问。[②]

二、以《民法典》体系为依据构建中国民法学自主知识体系

中国民法学自主知识体系首先要建立自己的理论体系。在 18、19 世纪之交，德国潘德克顿学派也崇尚法学的科学性，主张以古典罗马法（尤其是《学说汇纂》）为蓝本，借助法学体系方法建构近代民法体系。[③] 但在我国，在单行法时代，我们难以建立一个真正的法典体系。虽然学者在研究民法的过程中大多采用了体系的方法，但是由于没有颁布《民法典》，缺乏体系构建的立法依据，学界难以对民法学理论体系达成共识。所谓“有一千个读者，就有一千个哈姆雷特”，每位学者都可能对民法体系的构建具有自己的看法，但在《民法典》颁布后，其体例安排为构建统一的民法学理论体系提供了依据。要坚持《民法典》所构建的制度体系和价值体系，充分发挥《民法典》在建构民法学自主知识体系上的立柱架梁功能，民法学必须以《民法典》为依据和基础，尤其是要立足于《民法典》的制度体系和价值体系，在此基础上发展、繁荣民法学。这些制度体系和价值体

① Ronald Dworkin，*Law's Emipire*，Harvard University Press，1986，p. 44.

② 参见徐伟轩、吴海江：《建构中国自主知识体系的学术使命》，载《中国社会科学报》2022 年 10 月 27 日。

③ 参见谢鸿飞：《法律与历史：体系化法史学与法律历史社会学》，北京大学出版社 2012 年版，第 151 页。

系也是民法学的四梁八柱。《民法典》所具有的私法自治和人文关怀以及保障民事权益的价值理念，是建构中国民法学自主知识体系的价值基础。

（一）贯彻民商合一原则，构建以《民法典》为统率、以单行法为组成部分的民法体系

民法典时代是一个民事法律走向体系化、统一化的时代。在单行立法时期，法出多门，规则分散，始终缺乏统一的基础性法律将民商事法律统合起来。我国虽然一直在立法中采用民商合一原则，但在《民法典》颁行前，此种立法理念并没有真正得到落实，《民法典》的颁布使民商合一从理论变为现实。进入民法典时代之后，我国已形成了一个在《民法典》统率下由各个民商事单行法组成的制度体系，民商事法律体系已经形成，需要依据《民法典》进行立法层面的废、立、改、释，并总结实践经验，加强同《民法典》相关联、相配套的法律制定工作，从而使民商事立法更加协调一致、完整统一，以确保法律规则的统一。我国民法学研究也应当以该体系为基础，以七编制为基础，将整个民商事单行法纳入研究范围。例如，《个人信息保护法》虽然是一部单行法，但其中有关个人信息保护的规定，也是《民法典》人格权编统率下的个人信息保护规则体系的组成部分，其解释与适用也应当在《民法典》人格权编的指导下全面展开。对于此类单行法而言，也必须将其作为民法学研究的重要对象，以保持民法学研究的整体性和体系性。

（二）以七编制构建民法学的内部体系

以体系建构来看，我国《民法典》既未因循以《法国民法典》为代表的三编制体例，也没有照搬以《德国民法典》为代表的五编制体例，而是将人格权法和侵权责任法独立成编，并由合同编通则发挥债法总则的功能，形成了七编制的体例安排。这一模式在世界民法典立法史上独树一帜，也是我国《民法典》对世界民法典立法的重要贡献。七编制模式是基于实践和时代要求而对五编制的发展，在这一模式中，人格权和侵权责任的独立成编是中国《民法典》的重大亮点和体系创新。《民法典》的体例安排是民法典体系的外在表现，也是构建中国民法学自主知识体系的依据和基础。

1.以总则编为依据构建民法总则体系

总则编是《民法典》的总纲，纲举目张，整个民商事立法都应当在民法总则的统辖下具体展开。《民法典》总则编倡导自由、平等、公正、法治等价值理念，并确认了诚实信用原则、公序良俗原则等基本原则，弘扬了社会主义核心价值观。尤其应当看到，《民法典》总则编将民事权利作为制度体系构建的主线，将民事主体、客体、民事权利的行使、保护等共同规则进行提炼：民事主体其实就是权利主体，法律行为是民事权利发生变动的原因，代理制度发生于权利行使的过程中，时效则是对民事权利行使的限制。同时，总则编第五章还专门规定了民事权利体系，并保持了民事权利体系的开放性。这一体系不仅在组合和搭配上具有逻辑性、系统性，而且保持了民事权益保护体系的开放性；同时，总则编第五章在列举各项民事权益时，还构建了民事权益位阶。可见，民事权利作为一条红线，贯穿《民法典》总则编的始终，这既增强了《民法典》的科学性和内在逻辑性，也更加全面地展现了《民法典》的权利法性质。因此，对民法总则的研究应当深刻领悟《民法典》总则编的基本理念、价值、原则，认知民法中最基本的范畴，如人、物、权利义务以及民事法律行为，整体把握以私权保护为中心的民法总则体系框架，从而建构我国民法总则理论体系。

2.以物权编为基础构建物权法体系

物权法反映了一个国家基本经济制度，并且深受其历史传统、民族习惯等因素的影响[①]，物权法具有强烈的固有法和本土法的色彩。[②] 因此，物权法研究中要反映中国基本经济制度需要，体现出鲜明的固有性，深深植根于中国特色社会主义市场经济。物权法研究要充分体现公有制如何与市场经济相结合的制度设计，同时适应多种所有制经济共同发展的需要，强化平等保护原则，着力构建产权制度的基本框架，为市场的正常运行奠定基础；要着力建构保护广大人民群众财产的制度体系，形成“风可进，雨可进，国王不可进”的财产权保护体系。保护财产权，就是公民的基本人权，保护公民通过诚实合法的劳动创造的财富，保

① 参见崔建远：《物权法》（第二版），中国人民大学出版社 2011 年版，第 2 页。

② 参见陈华彬：《物权法原理》，国家行政学院出版社 1998 年版，第 30 页。

护公民基本的生产和生活条件；就是鼓励亿万人民创造财富，增强我国综合国力，实现共同富裕的目标。物权法研究要坚持物尽其用的原则，充分发挥财产的效用，根据中国市场经济的发展来持续完善和调整用益物权制度。此外，还需要按照改善营商环境和促进市场经济的要求，促进担保物权制度的进一步完善，在此基础上，建构我国民法物权法理论体系。

3.以《民法典》合同编为基础构建完整的合同法体系

《民法典》合同编一共分为三个分编（通则、典型合同、准合同），共计526条，占《民法典》条文总数的40%以上，故在《民法典》中具有举足轻重的地位。合同编构建了合同法的总分结构体系。尤其是在大陆法系国家，其民法体系基本都采纳了债法总则。《民法典》为了保持合同法体系的完整性，避免规则设计叠床架屋，同时也便利司法适用，避免法官找法的困难，并没有设置独立的债法总则编，但合同编尤其是合同编通则实际上发挥了债法总则的功能。这是我国《民法典》合同编的一大特色。因此，构建债和合同法体系，不能像研究外国民法典那般，简单地以债法总则为基本模式来研究我们的合同法，这既不符合《民法典》的体例安排，也不符合《民法典》的实际内容。应该根据《民法典》的体例，以合同编通则发挥债法总则功能的模式来研究债和合同制度。

合同编系统地总结了我国合同法立法经验，吸取了我国实行改革开放和发展市场经济的经验，回应了我国经济生活、交易实践的需求。合同编贯彻合同自由、鼓励交易、兼顾合同正义的原则。合同编总结司法实践经验，确立了相关规则，如预约合同（《民法典》第495条）、未生效合同（《民法典》第502条）、打破合同僵局（《民法典》第580条第2款）、代位权的直接受偿（《民法典》第537条）等规则，这些规则都来源于司法实践，有利于便利交易和维护交易安全。同时，合同编许多条款大量借鉴了有关国际公约（《联合国国际货物销售合同公约》）和示范法（如《国际商事合同通则》《欧洲示范民法典草案：欧洲私法的原则、定义和示范规则》）以及两大法系关于合同立法的先进经验。[①] 这些都为合同法学体系的构建奠定了良好的基础。

---

① 参见王利明：《具有国际化视野的〈民法典〉合同编立法》，载《经贸法律评论》2021年第4期。

4. 以《民法典》人格权编为基础构建完整的人格权法体系

在传统的大陆法系国家或地区的民法典中，人格权并未被单独作为一编加以规定，仅以侵权法保护人格权。该模式被称为“被动防御的人格权”（the defensive structure of personality rights）学说结构[①]，因此，人格权法并没有形成自身的体系。我国《民法典》将人格权独立成编，从根本上满足了新时代人民群众日益增长的对美好幸福生活的需要，强化了对人格尊严的维护，满足了人民群众希望过上更有尊严、更体面的生活需要。《民法典》总结现有人格权立法以及实践经验，对人格权制度作出了详细的、科学合理的规定，全面确认和保护了人格权；落实了宪法“尊重和保障人权”、维护人格尊严的原则，推动我国人权保障事业的发展，充分回应了科技进步和社会发展的客观需要。互联网技术的发展给人格权保护，特别是隐私权、个人信息的保护带来了巨大挑战，而《民法典》强化了对隐私、个人信息的保护。

人格权不仅是民法学研究的新的增长点，也是民法学研究的重心所在。一是要建构人格权法的完整体系。《民法典》已经形成了人格权的总分结构，应当按照《民法典》关于人格权总分结构的规定，全面深化对人格权的研究，构建完整的、具有逻辑性的人格权法律体系。在《民法典》颁布以后，我们不能简单地把人格权放在总则，或者单纯地放在总则的主体制度中进行研究，否则不符合《民法典》的内容和体系构建。不应该把人格权放在民法总则部分，是因为其本身不具备总则的特点，并且放在一起容易混淆作为主体资格的人格与作为民事权利的人格权的概念。此外，如果人格权属于民法总则的内容，那么为什么其他权利不能作为总则的内容？因此，我们应该按照《民法典》将人格权独立成编的思路，构建完整的中国人格权法体系和内容。二是要注重协调一般人格权和具体人格权的关系，注重新型人格利益的保护。在我国，一般人格权的产生和发展是司法实践经验的总结。在司法实践中，民事主体往往会提出各种新型“权利”的诉求，

---

① See Giorgio Resta, “The New Frontiers of Personality Rights and the Problem of Commodification”, 26 *Tulane Eur. Civ. L.* Forum33, 36 (2011).

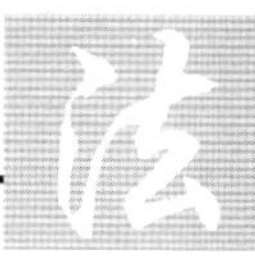

如“安葬权”“亲吻权”“悼念权”“祭奠权”“生育权”“被遗忘权”等[①]，其实这些新型权益大多涉及一般人格权的保护问题，应纳入人格权法研究领域。三是要重点加强对隐私和个人信息保护的研究，协调好《民法典》和《个人信息保护法》之间的关系，以有效应对互联网、大数据、高科技的发展对隐私和个人信息所形成的威胁。四是要加强对人格权保护规则的研究。应当注重人格权请求权及其特殊的表现形式，如更正、删除等请求权的行使并不以行为人的行为产生损害为前提，这些保护方式是互联网时代人格权的有效保护和损害预防机制。

5.以《民法典》为基准构建婚姻家庭法和继承法体系

一方面，我国《民法典》从中华民族几千年的历史文化中吸取经验，弘扬社会主义核心价值观，充分强调本土性和实践性。例如，关于遗产酌给请求权和法定继承顺位等规定都是从我国的文化和本土实践中产生出来的。我们在研究婚姻家庭法和继承法的内容体系时，也应当以《民法典》为基准，注重其本土性和实践性；同时，应注重《民法典》婚姻家庭编、继承编与其他各编的密切联系，可以说婚姻家庭编、继承编与总则编以及分则其他各编之间均具有逻辑关系，形成了完整统一的体系。[②] 另一方面，按照《民法典》的体系设计和相关规定，婚姻家庭编应该注重和其他各编保持密切联系，不能和其他各编完全断裂或者游离于民法之外，如此才能构建完整的体系化的婚姻家庭法和继承法制度。依据《民法典》第1001条，保护人格权的相关规定可以参照适用于对基于婚姻家庭关系而产生的身份权益的保护，人格权的保护规则也可以参照适用于对探望权等身份权益的保护。因此，婚姻家庭法和继承法入典后，应采取体系观法、体系释法、体系用法的方法，准确理解并适用这些法律。

6.顺应侵权责任独立成编，构建完整的侵权责任法体系

传统大陆法系国家把侵权责任损害赔偿之债作为法定之债置于债法体系中，但是我国《民法典》未采用这种模式。《民法典》分则的体例结构是按照从权利

① 参见《陶某萍诉吴某道路交通事故人身损害赔偿纠纷案》，四川省广汉市人民法院（2001）广汉民初字第832号民事判决书。

② 参见夏吟兰：《婚姻家庭编的创新和发展》，载《中国法学》2020年第4期，第67－69页。

到救济的逻辑进行编排的，所以，侵权责任编置于分则的最后一编。在整个侵权责任法中，《民法典》侵权责任编是基础，在权利遭受侵害后，《民法典》又建立了救济体系，以充分保障民事主体的合法权益。但在侵权责任独立成编后，有的教材仍然将侵权责任放在债法中作为“法定之债”阐述，这显然不符合我国《民法典》体系。虽然侵权行为也产生债，但是《民法典》不是单纯地将其作为法定之债来对待，而是体系化地构建完整的侵权责任法。《民法典》将侵权责任独立成编并置于第七编规定，就是要为各项基本民事权利遭受侵害的受害人提供救济和保护，为此形成了自身的完整体系和内容。因此，我们一定要从我国《民法典》独特的体系出发来构建完整的自主的侵权责任法内容和体系。

法治的核心就是规范公权、保障私权。“权利的存在和得到保护的程度，只有诉诸民法和刑法的一般规则才能得到保障。”① 侵权责任编集中体现了对私权的保障功能。它是通过侵权责任的认定和承担来保障民事权利的，侵权责任法保障民事权益的功能主要体现在六个方面。一是侵权责任法全面保障除合同债权之外的各种绝对权，包括物权、人格权、知识产权、股权、身份权等。保障私权就是要充分保障广大人民群众的人身和财产权利。在我国现实生活中，各种侵害私权的现象时有发生，诸如野蛮拆迁、网络侵权、环境污染、公权滥用等。这些都表明，侵权责任法对权利的保障直接关系到人民群众的切身利益。二是侵权责任法不仅保护权利，而且保护权利之外的利益，包括一些新型的利益，如个人信息、数据、网络虚拟财产等，以积极应对现代社会出现的新型民事权益救济问题。三是积极回应社会问题，强化对民生的保障。通过规定产品责任、交通事故责任、高楼抛物致人损害责任等，可保护“舌尖上的安全”“车轮上的安全”“头顶上安全”；通过全面保护人身权、财产权、人格权，从而可保护人民群众的人身安全和人格尊严。四是积极回应互联网高科技时代的权利保护问题。《民法典》用四个条文，规定了网络侵权及其责任。这在世界民事立法史上是绝无仅有的。五是侵权责任编专章规定了环境污染和生态破坏责任，明确了生态修复的法律责任：

① ［英］彼得·斯坦、约翰·香德：《西方社会的法律价值》，王献平译，中国人民公安大学出版社1989年版，第41页。

对故意违反国家规定污染环境、破坏生态造成严重后果的，被侵权人有权请求相应的惩罚性赔偿。这些规则在维护生态环境、为人民群众创造良好的生产生活环境方面提供了制度保障。六是侵权责任编回应了现代“风险社会”提出的课题，适应了当代社会对权利救济的迫切需要，体现了损害预防和损害救济并重的立法理念；同时，侵权责任编规定了多元化的归责原则，也充分体现了对受害人的全面救济。

（三）构建以民事权益保护为中心的民法学体系

民法学体系应以《民法典》的主线特征为准绳来增进逻辑性。我国《民法典》没有像《德国民法典》那样以法律行为为中心构建民法学体系，也没有采纳物权行为理论，而是以民事权益为中心构建了我们的民法体系。民事权益保障是贯彻于整部《民法典》的一根红线，也是把握民法学知识体系的一根主线。因此，建构中国自主的民法学知识体系一定要以民事权益为中心。

中国《民法典》的结构和内容都表明，其是一部诞生于新世纪、以保障私权为中心思想而构建起来的法典。《民法典》第 1 条明确规定，该法典制定的核心目的就是“保护民事主体的合法权益”。其七编围绕保障私权正义主线而展开，第一编“总则”确立了私权保护的基本规则。第二编至第六编则分别规定了物权、合同债权、人格权、婚姻家庭中的身份权和继承权的内容、行使、保护等基本规则。最后一编为侵权责任编，该编规定了民事权利遭受侵害时的救济规则体系，确立了民事权利保护的兜底性规则。前述各编所规定的民事权利遭受侵害后，受害人可以依据侵权责任编的规则（除合同债权以外）依法获得救济。可见，整部《民法典》都彰显了私权保障的理念。《民法典》实质上是权利法，是一部民事权利保障的宣言书。习近平总书记强调，“坚持以生存权、发展权为首要的基本人权。生存是享有一切人权的基础，人民幸福生活是最大的人权”，“保障公民人身权、财产权、人格权，保障公民参与民主选举、民主协商、民主决策、民主管理、民主监督等基本政治权利，保障公民经济、文化、社会、环境等各方面权利”[①]。习近平总书记将人身权、财产权、人格权置于各类人权之首，

① 习近平：《坚定不移走中国人权发展道路 更好推动我国人权事业发展》，载《人民日报》，2022 年 2 月 27 日。

这充分表明了这类人权的重要性。《民法典》总则编第五章关于民事权利的规定时常被理解为宣示性条款，不具有法律适用层面的意义，但实际上该章所具备的功能是十分广泛的，内容极为丰富，它也为民法学体系的构建提供了重要的指引。

民法学体系应当以民事权益为红线构建，并充分挖掘《民法典》中权利保护规则的内涵和意蕴。民事主体不能任意侵犯其他人的民事权益；同时，《民法典》对民事权益保护，也具有功能上的“溢出效应”（spillover effect），即具有规范公权的作用，构成行政主体行使行政权力的界限。各级政府要以保证《民法典》有效实施为重要抓手来推进法治政府建设，把《民法典》作为行政决策、行政管理、行政监督的重要标尺。行政机关在行使行政权的过程中，不得以侵害为《民法典》所确认的各项私权为代价，必须尊重和保护老百姓的财产权（如不得非法查封、扣押）、人格权、人身权，否则，即便行政机关行使职权的行为符合程序，但如果因此不当造成民事主体私权的损害，该行为也不再具有合法性。行政机关在实施行政行为，在依法对公民权利进行限制时，应当具有法定职权，严格遵守法定程序。

（四）以《民法典》人文关怀等价值构建民法学价值体系

民法是私法，毫无疑问应当以私法自治为价值理念。我国《民法典》第5条所规定的自愿原则也是私法自治的体现。《民法典》各编都贯彻了私法自治的价值，但同时注重人文关怀价值，而非将私法自治作为单一的价值。

构建民法学价值体系要秉持人文关怀价值。马克思主义倡导人的解放，实现人的全面发展，归根结底是为了人。[①] 孟德斯鸠在《论法的精神》中指出，“在民法的慈母般的眼里，每个个人就是整个国家”[②]。这深刻地表达了民法所应当秉持的人本主义精神。这种以人为本的精神贯穿于中国民法典编纂的始终，并通过体系和制度的设计得到实现。我国《民法典》在内容上有一个鲜明的特点，就是从传统民法过度注重调整财产关系转换为注重调整人身关系和财产关系。《民

① 参见丰子义：《历史唯物主义与马克思主义哲学主题》，载《中国社会科学》2012年第3期。

② ［法］孟德斯鸠：《论法的精神》（下册），张雁深译，商务印书馆1997年版，第190页。

法典》第2条关于民法调整对象的规定，将人身关系置于财产关系之前，强调了对人身关系的重视，彰显了人文关怀价值。通过人格权以及侵权责任独立成编，《民法典》弥补了传统民法所具有的“重物轻人”的体系缺陷，重视对人的保护是我国《民法典》的一大特色。民法学价值体系应以《民法典》的人文关怀等价值来构建。我国《民法典》的价值理念不仅包括私法自治，还包括人文关怀。其中，人格尊严具有价值上的统领性和优先性。在私法自治与人格尊严发生冲突时，应当优先维护个人的人格尊严，并对私法自治价值进行必要的限制。人文关怀价值贯彻《民法典》的始终，为民法学研究提供了价值指引。《民法典》坚持以人民为中心的理念，坚持“保护人民人身权、财产权、人格权”①，饱含爱民、护民、安民、惠民的情怀，促进民权保障、民生改善、民业兴旺，民心和顺、民风文明，成为充分关心人、爱护人、保障人的尊严的基本法。② 为实现《民法典》的人文关怀价值，民法学研究也应当从单一价值理念向多元价值理念发展，既应当贯彻私法自治，也应当关注人文关怀，并且在私法自治和人文关怀发生价值冲突的时候，优先考虑人文关怀价值，这是建构我国自主的民法学知识体系应该把握的重要的价值取向。

构建民法学价值体系要以社会主义核心价值观为指引。《民法典》第1条将弘扬社会主义核心价值观作为民法典编纂的宗旨之一，其中蕴含的大量价值观体现了中华民族的传统美德。社会主义核心价值观在《民法典》中得到了充分体现：《民法典》重视家庭的和睦，弘扬家庭美德，重视家庭文明建设。提倡家庭成员相互扶养、帮助、和睦、和谐，这也体现了中华民族的传统美德。《民法典》倡导互助互爱、守望相助。儒家“仁者爱人”的观念，已经成为我国传统文化中的重要精神内核。为发扬互助互爱的传统美德，促进守望相助的社会风尚形成，《民法典》制定了一系列相关制度。强化诚实守信，中华民族的传统道德就是遵守诺言、诚实守信，《民法典》第7条规定：“民事主体从事民事活动，应当遵循

---

① 习近平：《决胜全面建成小康社会 夺取新时代中国特色社会主义伟大胜利》（2017年10月18日），载《习近平谈治国理政》（第三卷），外文出版社2020年版，第38页。

② 参见黄文艺：《民法典是经世济民、治国安邦之重器》，载《光明日报》2020年6月3日。

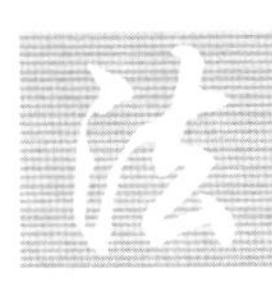

诚信原则，秉持诚实，恪守承诺。”诚实信用不仅是解释合同的依据，是填补合同漏洞的依据，也是确立附随义务的根据。

构建民法学价值体系要强化对弱势群体的保护与关爱。为实现实质正义和实质平等的要求，《民法典》强化了对弱势群体的保护与关爱，追求实质正义和实质平等，但这并不意味着《民法典》放弃了形式正义和形式平等。《民法典》维护实质正义和实质平等体现了对社会正义的追求，是对形式正义和形式平等发生严重扭曲时的纠正，以确保弱势群体受到充足的保护。而对于弱势群体之外的主体，仍要以形式平等保护为原则。

（五）系统总结《民法典》编纂经验和制度精华

理解好、总结好《民法典》的基本概念和制度规则，尤其要加强民法基础理论研究，在构建自主知识体系的过程中，对形成广泛共识的基本概念，不能简单地否定、推倒重来，而应当在此基础上发展民法学。进入民法典时代后，大规模创设民事立法规则的时代已经结束，我们要从重视立法论转向重视解释论，建构自主知识体系，必须要解释好《民法典》。但我们不能把民法学简单地当作注释法学，我们还应当重视民法学的科学性、体系性、完整性，我们也要重视民法哲学、民法经济学等交叉学科研究，注重运用其他学科的方法、知识，不断推动民法学的发展与创新。就法律适用方法而言，我们应当注重运用各种法律解释方法，并将其运用于实践、解决实践问题，并不断推动民法的发展和完善。

三、不断促进中国民法学自主知识体系的理论创新与发展

民法学是以市场经济基本规则为研究对象和作为市民生活“百科全书”的民商事法律的科学，应以《民法典》的时代特征为基础来引领其研究的未来发展。我国《民法典》作为互联网、高科技时代的产物，堪称面向21世纪的、具有代表性的民法典；体现了鲜明的时代特色，为把握未来民法研究发展趋势、构建自主的民法学体系提供了重要指引。因此，我们的民法学研究应该立足于中国现代市场经济，面向互联网时代、数字时代、人工智能时代，以及回应环境生态保护

的需要。同时，我们还要面向中国的司法实践；《民法典》的实践特色要求我们必须围绕本土实践的需要展开研究。如此，我们才能够真正建构中国自主的民法学知识体系。

一是面向互联网、高科技和大数据。我们已经进入互联网、高科技时代，法学面临着前所未有的挑战。未来法治是“面向未来”的法治，以互联网、物联网、云计算、大数据、人工智能、区块链为代表的现代信息科学技术，牵引人类社会跨入了智能社会。① 大数据将成为我们观察人类自身社会行为的显微镜和监测大自然的仪表盘。但这些科技也给权利的保护带来了一些挑战：大数据使人变成透明的人、裸奔的人，大数据所具有的可预测性的功能已经使人们的行为透明化②，由此引发的算法黑箱和歧视、对隐私和个人信息的保护等问题，都成为民法学发展中的新课题。③ 生物科技的发展提出了人体捐赠、人体试验、基因编辑、绝症病人的临终关怀等课题，对人的尊严、生命健康权的保护等提出了新的挑战。而辅助生殖、人体器官移植、克隆、基因编辑等社会现象，对传统民法中的人、物、人格权、身份权等提出了一系列新问题，需要综合运用生物学、医学、伦理学、法学等知识才能给出稳妥的解决方案。在我们迈入一个信息爆炸、万物互联和人际互通的数字时代以后，数字技术和平台应用的智能化发展，正在日益深刻地改变着社会关系。④ 在商业交易领域，社会资源从传统的单向生产和流动模式转变成了一种由供应商、顾客和平台等多元主体深度互动的模式，持续开展着双向甚至多向的生产、交换和互动。数字财产正以一种新型的面貌出现，不仅数字财产权益本身的配置和利用以一种全新的方式展开，而且对隐私、个人

---

① 参见张文显：《何谓“未来法治”》，《法制日报》2018年12月5日。

② See Katharina Pistor, “Rule by Data: The End of Markets”, *Law & Contemporary Problems*, Vol. 83: 2, p. 105 (2020).

③ 参见王利明：《〈个人信息保护法〉的亮点与创新》，载《重庆邮电大学学报（社会科学版）》2021年第6期，第1-13页。

④ See Katharina Pistor, “Rule by Data: The End of Markets”, 83 (2) *Law & Contemporary Problems* 101, 105 (2020).

信息等人格性权益形成了新的挑战。[①] 尤瓦尔·赫拉利在其著作《未来简史》中对未来之法进行了预测，认为在未来，人工智能将获得统治地位，法律除了无法管理物理定律之外，将规范人类的一切行为。[②] 此种观点也不无根据。因此，如果未来的法学不能积极面向这些问题，就会使法学无法体现时代性，无法真正地回应社会所提出的问题。

二是面向现代市场经济。在社会主义条件下发展市场经济是一项前无古人的伟大壮举。公有制如何与市场经济相结合，这也是人类历史上从未遇见的难题，而中国改革开放以来的立法已经对此作出了回答，如何总结、提升这些经验，是法学需要解决的重要问题。因此，民法学应当以我国社会主义市场经济发展过程中的现实问题为依归。这就要求我们将民法论文写在中国的大地上，植根于中国的社会生活和经济生活的实践，密切关注和联系中国的改革开放、市场经济高质量发展的实践，善于归纳和运用市场经济社会所形成的习惯。市场经济的发展需要完善财产权保护制度，落实平等保护原则，依法保护各类主体的财产权。为促进物尽其用，需要强化对所有权权能分离与新型物权的研究；需要应对跨国交易、电子商务、网络直播带货、区块链等新型交易对规则所提出的挑战。数据、网络虚拟财产等价值不断增加，成为新的交易客体；由于我国电子商务发展迅速，无论是交易数量还是总规模都居于全球首位，因而为适应其需要，应针对电子交易的订立、履行等特点完善合同规则。由于新的担保方式不断扩展，担保成为不断提升财产的交换价值的手段。还要看到，现代市场经济的发展也提出了环境生态保护问题，这也是现代市场经济发展所带来的负面效应，因此法学要贯彻生态环境保护的绿色原则，实现人和自然的和谐共处，彰显“绿水青山就是金山银山”的发展理念。

三是面向中国社会的实践需要。我国民法学要成为经世济民、服务社会的有

---

① 参见刁胜先、杨巧：《互联网平台企业的数据生成者权之构建》，载《重庆邮电大学学报（社会科学版）》，2022 年第 2 期，第 40－50 页。

② 参见［以色列］尤瓦尔·赫拉利：《人类简史：从动物到上帝》，林俊宏译，中信出版社 2017 年版，第 296 页。

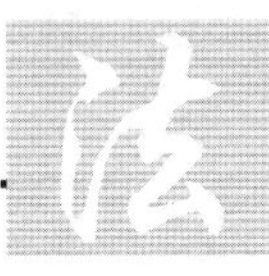

用之学，就必须从实践中来，到实践中去，解决中国的现实问题。① 一方面，中国社会的实践需要解决法律在司法实践中的新情况、新问题，解决中国社会中的重大问题。如何使《民法典》从“纸上的法律”变成“行动中的法律”，是民法学研究的重要任务。在法学中，民法、刑法等学科属于应用法学，其实践性的特点十分突出。自 2014 年 1 月起，最高人民法院开始实施裁判文书上网的举措。据统计，截至 2022 年 12 月 13 日，中国裁判文书网文书总量突破 1.37 亿篇，访问总量近 980 亿次；中国裁判文书网已成为全球最大的裁判文书公开网站。② 这些案例为案例教学提供了宝贵的素材，甚至有些案例在国内外产生了重大影响。我们应当结合、挖掘这些已经有相当丰富积累的本土资源，为民法学理论的发展注入源头活水。另一方面，需要解决全面依法治国过程中所出现的问题，尤其要在如何满足人民日益增长的美好生活需要中发挥应有的作用。“人民的福祉是最高的法律”，民之所欲，法之所系。民法本质上是人法，对于在人民美好生活需要的发展和满足中所出现的问题，都应当展开研究并提出可能的解决机制。

我国民法学研究还须回应“风险社会”的发展需要。正如德国社会学家乌尔里希·贝克教授（Ulrich Beck）所指出的，现代社会是一个“风险社会”，其中风险无处不在、事故频发。③ 因此，对人身权、财产权的保护被提到了前所未有的高度。为保障民事主体的权利、维护社会的秩序，回应社会发展的需要，我国民法学研究要以人文关怀为基本价值理念，以保护人、关爱人、关心人为目标，通过各种方式强化对受害人的救济和保护。为了更有效地保护受害人，最大限度地防止损害的发生，侵权责任法必须在发挥事后救济功能的同时，发挥事前预防功能。

“问题是时代的声音”④，而且社会生活纷繁复杂和变化无穷。民法学作为一门实践性很强的学科，需要不断适应社会的变化，不仅应对中国和世界法治实践

---

① 参见张文显：《何谓“未来法治”》，载《法制日报》2018 年 12 月 5 日。

② 参见《2020 年度人民法院十大新闻》，载《人民法院报》2021 年 1 月 8 日。

③ 参见［德］乌尔里希·贝克：《风险社会》，何博文译，译林出版社 2004 年版，第 16－17 页。

④ 习近平在全国政协新年茶话会上的讲话（2014 年 12 月 31 日），载《人民日报》2015 年 1 月 1 日，第 1 版。

具有精准的解释力，还应对中国法治变革具有必要的引领力，尤其要适应中国社会发展的变化，配合国家的战略需求而不断提供理论支持。改革开放以来，民法学者对市场经济的重要立法进行了论证设计，或者对政策措施进行解读宣传，成为社会主义法治事业的见证者、建设者、贡献者。特别是中国特色社会主义法律体系，从法律体系框架结构的设计，到重要法典法律的起草，再到法律规则制度的论证，都凝聚着法学学者们的思想和智慧。《民法典》本身就是凝聚万众智慧的法典，在其颁布后，我们还要继续立足于实践、服务于实践，不断促进民法学的繁荣与发展。我们的民法学研究应当坚持上述面向，持之以恒推进知识创新、理论创新、方法创新，加快构建中国民法学自主知识体系。①

结 语

进入《民法典》时代之后，依据《民法典》来建构中国自主的民法学知识体系，可以说是我们每一位民法学者应当承担的重要使命。人在天地间贵在自立，国家和民族贵在自强。古老的中华法系源远流长，长久地傲然屹立于世界法制之林，为人类法制文明作出了重要贡献。如今，作为一个拥有 14 亿人口的大国，我们应该努力构建我们自己的民法学自主知识体系，并把它发扬光大。特别是在当代，中国已经是世界第二大经济体，是崛起中的大国，而改革开放以来社会主义市场经济的伟大实践和法治建设的巨大成就，都为民法学理论创新奠定了坚实的基础。中国民法学应当有自己的自主知识体系，它应当在世界民法学之林中具有重要地位。作为民法学工作者，我们应以《民法典》为依据，深化民法理论研究，不断创新、发展与繁荣中国民法学，构建中国自主的民法学知识体系，为推进全面依法治国提供强有力的理论支撑。

① 参见张文显：《何谓“未来法治”》，载《法制日报》2018 年 12 月 5 日。

加快建构中国民法学自主知识体系

中国民法学自主知识体系是法学自主知识体系的重要组成部分，构建这一体系是进入《民法典》时代民法学者肩负的重要使命。《民法典》颁布后的第二天，习近平总书记在中央政治局第二十次集体学习时强调，充分认识颁布实施民法典重大意义，依法更好保障人民合法权益。他指出："要坚持以中国特色社会主义法治理论为指导，立足我国国情和实际，加强对民事法律制度的理论研究，尽快构建体现我国社会主义性质，具有鲜明中国特色、实践特色、时代特色的民法理论体系和话语体系，为有效实施民法典、发展我国民事法律制度提供理论支撑。"① 这为我国民法典时代的民法学自主知识体系建构指明了方向。中国人民大学法学院民商法学教师团队，坚持以习近平新时代中国特色社会主义思想为指导，全面践行习近平法治思想，为构建中国民法学自主知识体系作出了积极努力，取得了明显的成效，荣幸地被教育部评为"全国高校黄大年式教师团队"（以下简称"团队"）。

① 习近平：《实施好民法典》，载《习近平著作选读》（第二卷），人民出版社2023年版，第317页。

一、深入学习领会习近平总书记关于民法典的重要思想，把握建构中国民法学自主知识体系的科学方法论

习近平总书记关于民法典的重要思想，是习近平法治思想的重要组成部分，对于构建民法学自主知识体系具有重大指导意义。一是明确《民法典》作为基础性法律的地位。习近平总书记指出："民法典在中国特色社会主义法律体系中具有重要地位，是一部固根本、稳预期、利长远的基础性法律。"① 我国《民法典》具有重要的宪法意义。② 在构建中国民法学自主知识体系的进程中，我们要树立以《民法典》作为所有民商事法律的基础性法律的理念，贯彻民商合一原则，构建以民法典为统帅、以若干单行法为支撑的民法体系。二是遵循《民法典》以人民为中心、保障人民权益的根本价值理念，建构中国民法学中的民事权益体系。这正如习近平总书记所指出的："实施好民法典是坚持以人民为中心、保障人民权益实现和发展的必然要求。"③ "民法典实施得好，人民群众权益就会得到法律保障，人与人之间的交往活动就会更加有序，社会就会更加和谐。"④ 三是贯彻《民法典》弘扬的社会主义核心价值观，建构中国民法学的价值体系。建构中国民法学自主知识体系，要按照习近平总书记的重要指示精神，"阐释好民法典关于民事活动平等、自愿、公平、诚信等基本原则，阐释好民法典关于坚持主体平等、保护财产权利、便利交易流转、维护人格尊严、促进家庭和谐、追究侵权责任等基本要求，阐释好民法典一系列新规定新概念新精神"。我国《民法典》规定的自愿原则是私法自治的体现，《民法典》规定了诚信原则并贯彻于整个法典始终。《民法典》体现了关爱人、尊重人、维护人格尊严的人文关怀价值。四是要继承中国的优秀传统文化，并坚持创造性转化、创新性发展。习近平总书记指出：《民法典》"汲取了中华民族 5000 多年优秀法律文化，借鉴了人类法治文明

---

① 习近平：《实施好民法典》，载《习近平著作选读》（第二卷），人民出版社 2023 年版，第 314 页。

② 参见沈春耀：《充分认识我国民法典的宪法意义》，载《中国人大》2023 年第 11 期，第 15－17 页。

③④ 习近平：《实施好民法典》，载《习近平著作选读》（第二卷），人民出版社 2023 年版，第 314 页。

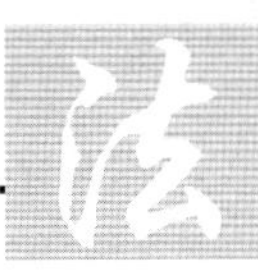

建设有益成果”①。构建中国民法学自主知识体系，必须坚守中华文化立场，提炼展示中华文明的法治精神标识和法治文化精髓，阐发中国优秀传统法治文化。② 中国民法学也应当反映我国优秀的传统文化、善良风俗，从传统道德中汲取营养。五是构建中国民法学自主知识体系，要按照习近平总书记所指出的，保持中国民法学的“中国特色、实践特色、时代特色”。多年来，团队成员践行习近平法治思想，大力开展新时代法治宣传和普法工作：团队面向全国高等法律院校教师开设“习近平法治思想政治理论课”，联合司法部面向全民推出“《民法典开讲》系列公益讲座”，多次组织研讨会，并在期刊上发表一系列论文，提出以习近平法治思想为指导，以《民法典》为依据，建构中国民法学自主知识体系。

二、系统总结《民法典》编纂经验和制度精华，充分发挥《民法典》在建构民法学自主知识体系上的立柱架梁功能

《民法典》是中华民法思想、民法理论和民法智慧之集大成，是中国民法学自主知识体系的制度化表达。建构民法学自主知识体系，要坚持《民法典》所构建的制度体系和价值体系，充分发挥《民法典》在建构民法学制度知识体系上的立柱架梁功能，民法学必须以《民法典》为依据和基础，尤其是要立足于《民法典》的制度体系和价值体系，才能不断发展、繁荣民法学。

作为一部新世纪的法典，《民法典》的编纂在技术上具有高度的体系性，在价值观念和具体规则上都具有很强的逻辑体系。一方面，《民法典》所弘扬的私法自治原则、人文关怀精神和保障民事权益的价值理念，是建构中国民法学知识体系的价值基础。《民法典》不仅系统地规定了民事权利的种类和内容，形成了以物权制度和合同制度为重心的财产权制度，还专编系统地规定了人格权制度，形成了完备的民事权利体系。另一方面，我国《民法典》既没有照搬以《法国民法典》的三编制体例，也没有照搬《德国民法典》的五编制体例，而是形成了七

① 习近平：《实施好民法典》，载《习近平著作选读》（第二卷），人民出版社 2023 年版，第 315 页。

② 参见胡铭：《科学构建中国自主法学知识体系》，载《浙江日报》2022 年 10 月 24 日。

编制的《民法典》体例结构。我国《民法典》充分考虑了中国社会建设的新经验和现代民法发展新趋势，采取了在世界民法史上都独树一帜的七编制现代体例，为我国民法学自主知识体系构建提供了法理依据和法治基础。具体而言：一是为了彰显人格性权益，并为整个民事权利体系提供周全保障，将人格权和侵权责任法独立成编，形成了中国《民法典》的重大亮点和体系创新。因此，建构中国民法学理论体系，不能简单地把人格权放在总则的主体制度中进行研究，或者简单将侵权责任放在债法"法定之债"中阐述，否则不符合《民法典》的内容和体系构建。二是建构了一套具有现代性的合同编规则体系，并由合同编通则发挥债法总则的功能，这是我国《民法典》合同编的一大特色。因此，构建债和合同法体系，不能像研究外国民法典那般，简单地以传统大陆法国家的债法总则为基本模式来研究我国的合同法，这样不太符合《民法典》的体例安排，也不符合《民法典》的实际内容。三是注重婚姻家庭编与其他各编的关系协调。构建完整的体系化的婚姻家庭法和继承法制度。依据《民法典》第1001条，保护人格权的相关规定可以参照适用基于婚姻家庭关系而产生的身份权益的保护，人格权的保护规则也可以参照适用于保护探望权等身份权益。

在《民法典》颁布前，团队成员就民法典内容和体系构建提出了一系列意见和建议，被立法机关采纳。在《民法典》颁布后，团队成员以习近平总书记的讲话精神为指导，以《民法典》为依据，组织编写"马工程"教材《民法学》以及一系列民法学教材，出版了两套十卷本的大型《民法典》释义丛书，并获得了第五届"中国出版政府奖"图书奖、第八届中华优秀出版物提名奖。

三、积极回应民事法治实践中的重大立法、司法问题，推动建构具有时代容涵力、实践变革力的民法学知识体系

"问题是时代的声音。"① 社会生活纷繁复杂且变化无穷，法律需要不断适应

① 习近平在全国政协新年茶话会上的讲话（2014年12月31日），载《人民日报》2015年1月1日，第1版。

社会的变化，作为一门实践性很强的学科，民法学不仅应对中国和世界法治实践具有精准的解释力，还应对中国和世界法治变革具有强大的引领力，尤其是要适应中国社会发展的变化，配合国家的战略需求，不断提供理论支持。民法学自主知识体系构建要以《民法典》为依据，以《民法典》的中国特色、实践特色、时代特色为基础引领民法学研究的未来发展。为此，要实现三个面向。

一是面向民事立法和司法实践，推动建构具有时代包容力、实践变革力的民法学知识体系。民法学需要配合国家重大战略需求和重要立法需求，不断提供理论支持。为此，民法学自主知识体系的建构，需要大兴调研之风，认真总结我国改革开放以来民事立法和司法实践中出现的重大问题和丰富经验，以真正实现法学的实践性和科学性。只有源于实践并服务于实践的法学理论，才具有真正的生命力、针对性和解释力。特别是，随着我国裁判文书公开制度的推行，数以亿计的裁判文书为民法学研究提供了源头活水。为将民法学研究更加贴近实践，贴近生活提供了丰富的素材。充分利用和发掘这些资源的研究价值，有助于让民法学的自主知识体系能够更全面、更有效地回应中国司法实践提出的真问题。

二是面向社会主义市场经济。为我国社会主义市场经济建设提供充分的法治保障，是我国当前面临的最为核心的法治实践问题之一。民法既是市场经济的产物，也对持续发展和壮大社会主义市场经济保驾护航具有重要作用。在社会主义条件下发展市场经济是一项前无古人的伟大壮举。公有制如何与市场经济相结合，这也是人类历史上从未遇见的难题。而中国改革开放以来的立法已经对此作出了回答。系统总结和提升这些经验，并将其反映到民法学知识体系之中，有助于确保民法学自主知识体系的中国特色和实践特色。而中国改革开放以来的一系列法治建设，特别是民法典的编纂，对此作出了科学回答。民法学还要植根于中国的社会生活和经济生活的实践，密切关注和联系中国的改革开放、市场经济高质量发展的实践，善于归纳和总结市场经济发展中提出的新情况、新问题，为立法、执法、司法提供理论支撑。

三是面向新一轮科技革命和产业变革，推动建构面向未来、走向未来、引领未来的民法学知识体系。我们今天身处科学技术快速更新发展的时代，以互联

网、物联网、云计算、大数据、人工智能、区块链为代表的现代信息科学技术，牵引人类社会跨入了智能社会。数据要素的规模化积累和广泛运用，成为我们观察人类自身社会行为的显微镜和监测大自然的仪表盘。但随之而来的隐私权与个人信息保护、算法黑箱与歧视、人工智能与伦理等问题也给民事权利的保障提出了新的挑战。建构民法学自主知识体系，需要紧跟时代发展趋势，积极开展网络法治、数据、网络虚拟财产、人工智能、算法、区块链等法律问题的研究，确保现代科技被用于促进人格尊严的维护和人性的普遍绽放。

团队有幸直接参与了民法典的编纂工作，直接将关于民法学自主知识体系的理论为立法提供支撑，转化为国家立法层面的规范表达。在《民法典》颁布后，团队成员以习近平总书记的讲话精神为指导，以《民法典》为依据，推出了“民法典新规则研究”等系列丛书，发布了一系列制度研究成果。

四、牢牢把握民法学研究的自主性、实践性、科学性、前沿性，推动建构中国特色、实践特色、时代特色的民法学理论体系和话语体系

一是自主性。中国民法学理论体系应当植根于中国大地，以中国问题为中心，解决中国的现实问题。从中国实际出发，在结构和内容上应充分回应中国市场经济建设过程中出现的各种现实问题，中国民法学理论体系应当植根于中国大地，以中国问题为中心，解决中国的现实问题。紧紧围绕新时代全面依法治国实践，切实加强扎根中国文化、立足中国国情、解决中国问题的法学理论研究，团队始终聚焦中国民商事法治建设进程中的重大前沿问题，面向国家重大需求，为党中央重大决策部署和国家重大立法工作提供科学理论支撑。

二是实践性。诚如德沃金指出，“法律是一种不断完善的实践”[①]，不断适应社会生活的变化而变化，民法学只有源于实践并服务于实践，才真正有生命力、有针对性、有解释力。团队成员积极投身于立法、司法和法学教育实践，总结提

① Ronald Dworkin, *Law's Emipire*, Harvard University Press 1986, p. 44.

炼中国特色社会主义法治具有主体性、原创性、标识性的概念、观点、理论，努力构建具有鲜明中国特色、实践特色、时代特色的民商事法学理论体系和话语体系。

三是科学性。要系统总结《民法典》编纂经验和制度精华，理解好、总结好《民法典》的基本概念和制度规则，尤其要加强民法基础理论研究，在构建自主知识体系的过程中，对达成广泛共识的基本概念，不能简单地否定、推倒重来，而应当在此基础上发展民法学。进入民法典时代后，大规模创设民事立法规则的时代已经结束，我们要从重视立法论转向重视解释论，建构自主知识体系，必须要解释好民法典。但我们不能把民法学简单地当作注释法学，我们还应当重视民法学的科学性、体系性、完整性，重视民法哲学、民法经济学等交叉学科研究，注重运用其他学科的方法、知识，不断推动民法学的发展与创新。就法律适用方法而言，我们应当注重运用各种法律解释方法，并将其运用于实践、解决实践问题，并不断推动民法的发展和完善。

四是前沿性。我们强调构建中国民法学自主知识体系，并不等于故步自封。相反，中国民法学知识体系应当是一个包容世界民法文化精髓的体系，反映人类社会发展进程中面临的共同问题和应对智慧。构建中国民法学自主知识体系并不意味着对域外法律文化的一概排斥。只有坚持开放、包容和交流的态度，我们才能与世界同步，使我国民法学永葆时代性和科学性。积极借鉴两大法系在民商事法治发展历史上形成的优秀经验，高度重视国际上民商法学的发展趋势，借鉴人类法律文明的优秀成果并为我所用，也就成为我们民法学自主知识体系的组成部分。当然，外国的制度、理论，都只能是我们借鉴的素材，服务于我国民事立法和司法的需要。因此，在交流借鉴中，我们不能做简单照搬他国理论的学术“搬运工”，不可奉某一外国法律制度为圭臬，更不可在外国学者设计的理论框架中“跳舞”。

结　语

进入《民法典》时代之后，依据《民法典》来建构中国自主的民法学知识体

系，可以说是我们每一位民法学者应当承担的重要使命。人在天地间贵在自立，国家和民族贵在自强。古老的中华法系源远流长，长久地傲然屹立于世界法制之林，为人类法制文明作出了重要贡献。如今，作为一个拥有 14 亿人口的大国，我们应该有自信构建我们自己的民法学自主知识体系，并把它发扬光大。改革开放以来社会主义市场经济的伟大实践和法治建设的巨大成就，都为民法学体系奠定了坚实的基础。我们进入了新时代，这是产生伟大法典的时代，也是产生民法思想的时代。我们要以习近平法治思想为指导，坚定道路自信、理论自信、制度自信、文化自信，勇于探索、勇于创新，加快构建中国民法学的自主知识体系，为世界民法学的发展作出中国贡献。

第二编 数据权益

论数据权益：以“权利束”为视角*

我们已经进入一个互联网、大数据时代，伴随着数字技术在政治、经济和文化领域的广泛运用和不断发展，作为数字技术核心载体的数据在社会生活中的重要地位已经得到了广泛重视，在以互联网广泛应用和大数据不断挖掘为背景的信息社会中，数据日益成为重要的财富，是经济增长和价值创造的重要源泉，甚至有学者称其为“新石油”（new oil）①。然而，数据究竟是一种什么样的权利，是数字时代的法律必须要回答的首要问题。近年来，学界围绕能否以传统物权法或财产法的理念来解释数据的权利属性展开了大量讨论，但关于数据的内容、归属等，仍然存在重大争议。对这些问题的判断将直接影响信息、数据的流通、再利用，甚至会影响互联网、高科技的发展。有鉴于此，本文拟从数据权益的性质出发，对数据权益与个人信息权益之间的关系、数据权益与数据产品权益的界分等问题进行探讨。

---

* 原载于《政治与法律》2022 年第 7 期。

① Samuel Flender, *Data is Not the New Oil*, Towards New Data Sci (Feb. 10, 2015), https://towardsdatascience.com/data-is-not-thenew-oil-bdb31f61bc2d, Mar. 17, 2022.

一、"权利束"：作为数据权益的一种分析框架

自罗马法以来，传统大陆法国家民法的财产法具有如下特点：一是物债二分。借助罗马法中的"对物权"（iura in rem）和"对人权"（iura in personam）的概念，大陆法国家民法形成了物权和债权的区分与对立，进而又分为物权法和债权法。[①] 二是物必有体，即主要是以有体物（动产、不动产）为保护客体。三是物权排他，即物权都具有排他性。大陆法系国家民法以所有权为中心，并在所有权的基础上产生出他物权，不论是所有权还是他物权，都具有对抗一般人、排除他人干涉的排他性特点。[②] 受此种观念的影响，我国《民法典》第114条第2款在规定物权的概念时，仍然采用了有体性、支配性、排他性的表述。应当看到，此种理论体系本质上是观察物质世界财产权的一种研究方法，但对于网络虚拟世界的数据权益，上述理论则缺乏有效的解释力。在进入数字时代后，传统民法中的财产发生了重大的变化，民法上的财产已经逐渐由有形变为无形，解释对象发生变化后，解释的视角和方法也应当相应地发生变化。

从词源上讲，人们一般将数据定义为数字或信息，数据是信息的载体。[③] 但这一定义方式显然并不足以揭示数据的全部内涵。与技术层面不同，从法律层面看，数据不是一个简单的信息问题，而是一个权利问题。毫无疑问，关于数据被赋权的必要性，在理论上是存在共识的。从权利层面观察数据，首先需要确定其作为一项权利，在民事权利体系中处于什么地位。[④] 关于数据的权利属性，我国《民法典》第127条规定："法律对数据、网络虚拟财产的保护有规定的，依照其

---

① 参见常鹏翱：《体系化视角中的物权法定》，载《法学研究》2006年第5期；张鹏：《物债二分体系下的物权法定》，载《中国法学》2013年第6期。

② Gaier，in MünchKomm zu BGB，Einleitung Rn. 10. 参见刘保玉：《物权法》，上海人民出版社2003年版，第8-9页。

③ See Katharina Pistor，"Rule by Data：The End of Markets"，*Law & Contemporary Problems*，Vol. 83：2，p. 104（2020）.

④ 参见申卫星：《论数据用益权》，载《中国社会科学》2021年第11期。

规定。”该条对数据的保护规则作出了规定，该条虽然将数据规定在财产权之后，但其在性质上是否为财产权，并不明确，因为严格地说，该条只是一个引致条款，即将数据的法律性质与保护方式链接到其他法律规范，并宣示了对数据权益应予以保护，但该条没有对数据的权利属性作出明确规定。虽然我国已经颁布了《数据安全法》《个人信息保护法》等法律，但这些单行法对数据权益的法律性质并没有作出明确界定。

关于数据权益的性质，学者存在不同的观点，具有代表性的观点包括人格权说、财产权说、特许权说等。[①] 这些观点都不无道理，都从特定的角度相对准确地分析、总结了数据权益的某种属性。正如卡拉布雷西曾评论的那样，“提出某种分析框架或者模型这种方法……只是提供了大教堂的一个图景罢了（But this approach also affords only one view of the Cathedral）”[②]。这些观点围绕数据权益的性质，从某一个角度提出了各自的一套分析框架，就其所涉及的社会生活的局部而言，不可谓不正确。但准确解释数据权益，需要突破原有的以物理世界为观察对象的研究范式，寻求可适用于研究虚拟世界的新的范式和方法，以新的视角来观察、解释数据权益。

面对数据权益的解释困境，建立在物债二分基础上的传统研究范式受到了一定冲击：一方面，物债二分和物权理论立足于物质世界，以有体性的财产权益为观察对象，而在数字时代，数据权益是以信息为载体生成的各项权益，其客体具有无形性的特点，它是在虚拟世界中产生的各种权益，因此，传统的物权—债权分析方式对数据权益的利用和保护难以作出周全解释。另一方面，所有权权能分离以及所产生的各类物权的排他性理论难以有效解释数据权益，因为对数据权益而言，各项权益交织在一起，形成了一种“你中有我，我中有你”的格局，无论是大陆法系的物债二分理论，还是英美法上的“对物权/对人权”理论，都难以

① 具体参见钱子瑜：《论数据财产权的构建》，载《法学家》2021年第6期。

② See Calabresi，Guido & A. Douglas Melamed，“Property Rules，Liability Rules，and Inalienability：One View of the Cathedral”，*Harvard Law Review*，Vol. 85：6，pp. 1089－1128（1972）.

解释数据权益现象。[①] 此外，各个数据权益主体利用数据权利的绝对排他性也受到了消解，各个权利人对数据的利用权往往呈现出叠合与并行的共赢局面。在此背景下，“权利束”（bundle of rights）理论为我们全面观察数据权益提供了崭新的视角，该理论充分认识到一宗财产或者一宗有价值的经济资源上的权利主张的多样性和可分割性，并认为同一客体上可以同时并存多元主体的多种权益主张。只要这些权益主张之间的边界是清楚的，那么，各权利人就可以和谐共处，并行不悖地行使自己的权利。[②]

“权利束”理论来源于霍菲尔德（Wesley Hohfeld）对权利的分析。早在20世纪20年代，美国著名法学家霍菲尔德就提出了“权利束”的初步构想，他认为，财产权的本质并不是人对物的关系，而是人与人之间的法律关系，而且是由一系列复杂权利，即请求权（claim）、特权（privilege）、权力（power）和豁免（immunity）构成的关系集合。[③] 根据霍菲尔德的观点，任何物权都应被视为无数的个人之间的个人权利。因此，我对一辆汽车的所有权不应该被视为个人之间的法律关系，也不应被视为我和汽车这一事物之间的法律关系，而应被视为我对所有其他人的一系列权利。任何标准的财产权都被恰当地视为所有者针对许多其他人所拥有的一揽子权利。此外，财产权的各项权益内容本身也是可以分割的。[④] 这些观点后来又发展成了“权利束”的思想，即一宗财产上发生的多重权利关系集合在一起，构成一个权利关系的束体，就像一束束花朵一样。[⑤] “权利束”的观点深刻地影响了美国财产法，也为后来法与经济学的财产权理论的发展

---

① 参见熊丙万：《实用主义能走多远？——美国财产法学引领的私法新思维》，载《清华法学》2018年第1期；包晓丽、熊丙万：《通讯录数据中的社会关系资本——数据要素产权配置的研究范式》，载《中国法律评论》2020年第2期。

② See Thomas W. Merrill & Henry E. Smith, “What Happened to Property in Law and Economics Essay”, *Yale Law Journal*, Vol. 111, p. 357 (2001).

③ 参见［美］霍菲尔德：《基本法律概念》，张书友编译，中国法制出版社2009年版，第144页。

④ See Wesley N. Hohfeld, “Some Fundamental Legal Conceptions as Applied in Judicial Reasoning and Other Legal Essays”, *The Yale Law Journal*, Vol. 26, No. 8, 1917, 1923, p. 96.

⑤ See J. E. Penner, “The Bundle of Rights Picture of Property”, *UCLA Law Review*, Vol. 43. p. 711 - 820 (1995).

奠定了基础。法经济学派认为，在一个科斯所想象的零交易成本的世界中[①]，人们可以彼此之间就所有这些构件一一达成协议，进行多样复杂的权属分割和让渡。这样一来，任何一种固定的权利类型安排都将是多余的。[②] 因为人们永远可以就特定资源的利用达成最有效率的分割和利用协议。可见，“权利束”理论成为法律经济学派重要的分析工具。[③]

美国学者贝克尔认为，对财产的“权利束”分析可以作为一种“主导范式”，在这个范式的支持下，法学家可以关注财产法中的特殊问题，包括各种无形财产和各类新财产。[④] 这就给我们一种启示，即针对物质世界的财产关系进行分析和解释的物债二分和物权理论，很难解释虚拟世界的数据权益问题，因此，讨论数据权益，需要突破传统的大陆法财产权研究范式，寻求一种新的研究范式。虽然数据权利不完全是财产权，但可以以“权利束”作为观察视角，分析其权利内容和权利属性。

第一，“权利束”理论有助于解释不具有物理排他性的各种权益的集合。传统财产法理论以所有权为出发点和中心，强调一物不容二主，以及财产权利在利用层面的排他性功能。但随着数字时代的各种新型财产的出现，权利人对数据这类客体的物理排他性越来越弱，很难用以物理排他性为基点的所有权理论来解释。相反，通过“权利束”学说可以化解这一解释困难。因为在“权利束”这样一个更具有包容性的权利分析框架中，只要同一客体上的各权利人之间权益主张的边界能够基本清晰，相互间就可以同时并行不悖地利用该宗客体。这样一来，就没有必要确定完全控制客体并享有所有权益的原初所有人。实际上，在现代社

① 参见［美］罗纳德·H. 科斯：《企业、市场与法律》，盛洪译，格致出版社、上海三联书店、上海人民出版社 2014 年版，第 78 页以下。

② See Henry E. Smith, “Exclusion versus Governance: Two Strategies for Delineating Property Rights The Evolution of Property Rights”, *Journal of Legal Studies*, Vol. 31, pp. 453 - 488 (2002).

③ See Lee Anne Fennell, “Lumpy Property”, *University of Pennsylvania Law Review*, Vol. 160, pp. 1955 - 1994 (2012); Thomas W. Merrill, “Property as Modularity”, *Harvard Law Review*, Vol. 125, pp. 151 - 163 (2012).

④ See Lawrence C. Becker, “Too Much Property”, *Philosophy and Public Affairs*, Vol. 21, pp. 198 -199 (1992).

会，很多客体从产生之时就凝聚了多元主体的贡献，各个主体相互之间都有正当的权益主张需要给予承认和保护，很难认定某一主体对该客体享有绝对排他的控制权或者完整所有权。①

第二，“权利束”理论有助于解释多元权益主张之间的复杂交织现象。在传统的物权理论看来，一宗有形财产之上的确可以产生各种他物权。尤其是随着社会商业模式的创新发展，财产利用方式的多样化，所有权权能分离的复杂性越来越高，传统的“占有、使用、收益、处分”权能四分法在解释复杂的权能分离现象时显得力不从心、捉襟见肘。② 到了数据时代，围绕数据承载的信息之上的各种权益，更难以通过传统的权能四分法作出周延的解释。数据本身具有无形性，其价值不同于数据载体的价值，而是体现于数据所包含的信息内容。③ 用传统的物权观念就难以解释数据上多元主体的权利交织现象。但从“权利束”的视角，我们在对一宗客体上的诸多权益主张进行解释时，不用拘泥于四项权能的有限划分，而可以根据法律规定或者当事人约定的权利分配方案更弹性地认识和描述各种不同的权益主张，从而更好地承载一宗数据之上的复杂权益网络。

第三，“权利束”理论有助于更好地解释和更充分地促进数据上的权能分离和流通利用。传统的物权理论强调物理上的排他性利用，即便是从所有权中分离出来的用益权，也可以排除所有权人的利用。此种理论特别强调物理占有意义上的排他性利用，但也因此限制了物理财产分离程度和样态的多样性和复杂性。但到数字时代以后，数据作为无形财产，不仅不用受制于物理排他性的拘束，而且可以鼓励复制性流通和非排他性利用。④ 从数据要素市场的培育和促进的角度来看，更应该从这个视角来看待数据上的权益分离现象和发展方向。这不仅有助于我们认识到数据上权益分离的多样可能性，而且有助于鼓励数据处理者更积极地构想和发挥数据要素的利用潜能。

---

① 参见包晓丽、熊丙万：《通讯录数据中的社会关系资本——数据要素产生配置的研究范式》，载《中国法律评论》2020年第2期。

② 参见常鹏翱：《体系化视角中的物权法定》，载《法学研究》2006年第5期。

③ 参见郑佳宁：《数据信息财产法律研究》，载《东方法学》2021年第5期。

④ 参见许可：《数据权利：范式统合与规范分殊》，载《政法论坛》2021年第4期。

上述三个方面只是概要说明“权利束”理论对于解释数据权益，具有一定的合理性，而随着大数据、互联网的发展，“权利束”理论可能在解释不断发展的数据权益方面，彰显出更加旺盛的生命力。

二、数据权益构成复杂的“权利束”

（一）数据权益是信息之上产生的多项集合的权益

传统的所有权及其排他性的理论以有体物为观察对象，通过该理论分析有体物的权利结构，可以确定明确的权益结构，即一般情况下，所有权权能的分离可以形成他物权，从而在一物之上形成平行的双层权利结构，例如，基于占有、使用、收益与处分权能的分离，所有权、用益物权和担保物权被作为对物的不同管领和支配方式而加以区分。在特殊情形下，他物权之上还可以进一步分离出其他权利，从而形成三层权利结构。例如，土地承包经营权人再次将土地经营权进行分离，形成所有权、土地承包经营权与经营权的三层结构。但即便是在这种三层结构的情况下，权利的结构仍然也是较为清晰的。此种权利分层方式具有如下特点：一是可以对权利彼此间的边界作出相对明晰的界定。不论是上述双层权利结构还是三层权利结构，各项权利的内涵、外延以及权利边界都可以是清晰的。物权的这种权利结构无非是基于所有权部分权能的不断剥离而形成，每一项权利对应不同的权能，即便可能层级较多，但各个权利之间的界分仍然可以是明晰的。二是各项权利之间不存在相互包容、交融的现象，这也奠定了物权排他性的基础。三是各项财产权利与人格权益是相分离的，即便是在部分人格要素的商业化利用中，其利用形态也与所有权派生出用益物权的结构存在本质差异。

然而，以此种理论难以解释数据权益，因为数据权益与上述物权的权利结构存在明显的不同。传统物权依据权能分离的方式构建权利结构的方法在解释数据权益上明显捉襟见肘，数据权益体系的构建明显呈现出更为复杂的特点，这主要体现在以下几个方面。

第一，从权利产生的视角看，与物权相比，数据权益的产生更为复杂。数据

权益的来源多种多样，有的可能是已经公开的信息，有的可能来自处理人收集的信息，甚至可能需要经由算法的知识产权人的加工等方可形成。数据权益的形成过程中可能混合了个人信息权益、著作权、商标权、专利权、名称权等不同的权利类型。

一方面，数据可能来源于数据处理者的劳动或资金、技术等投入①，因而可能具有财产权的属性。数据处理者为处理数据投入了大量劳动和资金，由此形成的数据产品，有可能因具有独创性而应受到知识产权的保护。即便没有独创性，数据处理者付出的劳动和投入的资金，也应当受到财产法的保护，如此才有利于数据的有效利用和优化配置，促进技术的进步和发展。② 例如，有的作者进行了法律汇编，法律和司法解释本身不受知识产权保护，这些汇编虽然不具有独创性，但是汇编者在汇编过程中进行了大量的校对，投入了大量劳动，如果他人擅自将这些汇编作品进行复制和发行，也侵害了汇编作者的利益。此时，数据财产权利的意义就得到凸显，该法律汇编可以作为一种数据产品加以保护。虽然数据主要是通过流通、交换进而创造出更大的利用价值和预测价值，因而不同于有体物通过支配来分享其权能的法律关系构造③，但这并不影响数据产品的财产权属性。

另一方面，数据也可能来自信息主体及其社会活动，信息主体的个人信息被编译成数据后，并不因此切断其与信息主体之间的联系，因而数据权利也可能与人格权联系紧密。也正是因为这一原因，欧盟保护个人信息的重要规范——欧盟《一般数据保护条例》将个人信息包括在个人数据（personal data）中，将敏感个人信息包括在敏感个人数据（personal sensitive data）中，这也反映出数据权利与个人信息权利之间的密切关联性。

第二，数据权益的主体更为复杂。

由于数据来源和处理的方式不同，数据权益的主体也更为广泛。数据之上之

---

① 参见程啸：《论大数据时代的个人数据权利》，载《中国社会科学》2018 年第 3 期。

② 参见申卫星：《论数据用益权》，载《中国社会科学》2021 年第 11 期。

③ 参见胡凌：《数据要素财产权的形成：从法律结构到市场结构》，载《东方法学》2022 年第 2 期。

所以存在复杂的权益网络，很重要的原因在于，数据的价值来源于数据的流通与利用，在数据的多次流通与利用中，可能形成各种利益互动关系，而且通过数据流动、共享，不论是针对个人信息、企业数据还是针对公共数据，都可能逐步形成多元主体间的复杂权益网络。[①] 数据权益可能涉及的主体包括个人信息主体、信息处理者、算法的知识产权人，甚至在政府等提供信息的场合还可能包含公权力主体。企业自身在其产品上公开发布的信息和行为动态所产生的数据，也属于企业数据。因此，单纯以权能分离的方式划分数据权益的权利结构可能无法适应这一局面。还应当看到，数据的外延较为广泛，其包括政府数据、企业数据、个人数据，有的是公开的数据，有的则是非公开的数据。同一数据产品上的各类数据不一定都属于数据处理者。例如，就企业数据而言，企业除了对自己活动产生的数据享有权利外，对其他数据不能认定其享有独占的权利，即便就已公开的信息而言，其也只是有权依法利用，不能当然认定其归属于企业。

第三，利用方式更为多元。对传统物权，多是不同主体分别就客体的不同权能加以利用。例如，用益物权人对标的物进行占有、使用，且对物的利用是排他的，因为对某一有体物的占有、使用往往天然地排除他人同时进行占有、使用。也正是基于这一原因，权能分离后的相互排斥使得物权的权利结构较为单一。但是，在数据权益中，权益之间不具有明显的排他性，共同利用成为常态，单独利用反而是个例。数据是非竞争性（unrival）和非排他性的财产。[②] 原始数据通常并不具有竞争性，只是处理后的数据和允许数据控制者从中提取预测价值的算法，才具有竞争性。[③] 平台上对外公开的一些数据，任何人都可以随意浏览。[④] 有学者将数据权益划分为不同的权利或权力，包括数据主权、个人信息权、数据财产权、知情权和数据自由权等。[⑤] 此种说法虽然有值得商榷之处，但也表明了

① 参见戴昕：《数据界权的关系进路》，载《中外法学》2021年第6期。

② 参见包晓丽：《数据共享的风险与应对——以网络借贷平台为例》，载《上海政法大学学报（法治论丛）》2021年第5期。

③ See Katharina Pistor, “Rule by Data: The End of Markets”, *Law & Contemporary Problems*, Vol. 83: 2, p. 105 (2020).

④ 参见钱子瑜：《论数据财产权的构建》，载《法学家》2021年第6期。

⑤ 参见齐爱民：《数据法原理》，高等教育出版社2022年版，代前言。

数据权益的内在结构的复杂性。

可见，与有体物之上形成的各个物权的平行结构不同，数据之上的权益往往呈现网状结构一般的“权利束”，这就好比在数据之上长出了一束束的花朵，而这些花朵就是“权利束”。以数据为载体的数据权益，交叉地分散于网状结构之上，并与其他权利相互联结，形成了独特而复杂的权利结构特征。数据实际上是信息之上形成的各项财益的集合。可以说，两权分离后形成的权利状态就像是树的主干上长出的分枝，主干即为所有权，分枝为他物权，如果在他物权之上再次产生他物权，就好比在分枝之上再次长出分枝。而数据权益则像是长在同一花枝之上的一束束花朵，各束花朵并开，没有像传统物权那样形成主干与分枝的关系。总而言之，数据权益这种网状的权利束结构，使得数据权益相较于有体物之上基于所有权权能分离而构建的权利结构而言更为复杂，只能用“权利束”理论来予以解释。数据是在信息之上形成的各种权益的集合，正是由于数据权益之上所形成的各种权益十分复杂，因此《民法典》第127条并没有对数据性质作出规定。

以“大众点评”这类产品所包括的数据而言，在数据之上就可以看到各种权利的分配呈现出多样性的色彩，具体表现为：其一，“大众点评”作为一个整体的产品，是一项无形财产，可以归属于数据的处理者或者”大众点评”平台；其二，“大众点评”中消费者的账户信息、消费记录、地理位置等个人信息虽然也属于数据的一部分，但是这些可识别特定自然人的个人信息权益就应当归属于消费者；其三，“大众点评”的算法可能是一个商业秘密，应当归属于算法的设计者或平台；其四，“大众点评”涉及的各个餐饮店的介绍、其发布的各类信息，以及优惠券等，应当归属于经营者；其五，“大众点评”许可经营者进入“大众点评”的权利，归属于经营者；其六，“大众点评”应用软件的各种元素，比如设计、符号等可能涉及独创性的作品，属于著作权保护的范围；其七，“大众点评”的名称及其商标本身也受到名称权、商标法的保护；其八，“大众点评”的数据架构，数据产品的架构也是一种财产权益，包括数据资产目录、数据标准、数据模式和数据分布等，由数字平台通过技术和私人规范进行塑造和控制，允许

生产要素通过账户在其中流动并产生价值。架构财产权的出现意味着从控制单一的生产工具和生产资料扩展至控制要素活动的“系统”[①]。当然，“大众点评”还不局限于上述权益。由此可见，“大众点评”形成了一个完整的“权利束”，很难说该数据产品是归属于谁。这些信息的性质并不完全相同，难以作出统一的数据权益性质和归属的认定。

综上所述，简单地将数据看作某一类单一的权利，都显得有失偏颇。有些学者认为数据权益是财产权[②]，就数据产品而言，这种观点不无道理，但此种观点忽略了数据作为个人信息载体的属性，个人信息是一项人格权益，不是单纯的财产性权利。因此，在这个层面上，数据又具有人格权益的属性。此外，数据中还存在其他权益。而如果我们用“权利束”的理念来观察数据权益，可以认为数据权益是多项权益的集合。这就意味着，对数据权益的赋权可能来自法律的多个领域。在侵害了数据的财产权益时，就触发了侵害财产的损害赔偿责任；在侵害了数据的人格权益时，就涉及侵害人格权的责任；如果以侵害知识产品的方式窃取具有独创性的数据，就会受到知识产权法等法律的规制。如前所述，我国《民法典》第127条虽然将数据规定在财产权之后，但其并没有明确将其界定为财产权，此种规定具有其合理性。

（二）数据产品整体上是一种无形财产

讨论数据权益，还需要区分数据与数据产品。在某些情形下，数据可能特指数据产品，其可以表现为某个数据库，或者数据分析产品，甚至是某个平台等。所谓数据产品，是指数据处理者通过合法手段收集各种数据后依法进行处理所形成的数据产品。诚然，数据与数据产品是很难分割的，数据产品是数据的产物，是数据的集合体。但是通常所说的数据是一种用数字化、电子化方式来承载一定信息的一种符号。[③] 而数据产品不一定由基本符号作为单元而构成，而是一种相对完整的作品。例如，以“大众点评”为例，其虽然包含多种数据，但其在整体

① 胡凌：《数字经济中的两种财产权——从要素到架构》，载《中外法学》2021年第6期。

② 参见钱子瑜：《论数据财产权的构建》，载《法学家》2021年第6期。

③ See Katharina Pistor, “Rule by Data: The End of Markets”, *Law & Contemporary Problems*, Vol. 83: 2, p. 104 (2020).

上可以被看作是一种数据产品。许多数据是由商业公司收集、加工整理并发布，进而开发成有价商品进行销售，可以通过整合、计算、优化相关数据来提高商业决策的效率与收益保障。[①] 其目的是为其他有需求的商业公司提供潜在客户的获取渠道，帮助其他企业开发有效客户，为中小企业提供数据服务。这些数据产品应当归属于那些对于数据处理付出一定财力、物力、劳动，形成具有一定商业价值的产品的数据处理者。区分数据与数据产品的实益在于以下几个方面。

首先，数据权益包含复杂的权益结构，但数据产品在整体上属于无形财产。如果数据或者数据产品具有独创性，则其可以受到著作权法的保护。即使数据或者数据产品不构成知识产权客体的数据，数据之上可能成立署名权、数据携带权（或提取权）、数据完整权、数据删除权、数据更正权等，也要受到法律保护。例如，某个数据库将各类法律方面的书籍汇编成集，形成了电子图书库，即便被侵害的电子图书的内容都是已经公开的法律信息，但如果具有独创性，也应当受到知识产权法的保护。如果某人将这种电子图书完全转载或传播，这就有可能造成对他人知识产权的侵害。即使不具有独创性，产品研发者投入大量成本尤其是智力投入（例如，在校对、编排等方面付出了劳动），其对于数据的权益也要受到保护。他人不得实施“不劳而获”搭便车的行为，将其完全复制、利用。

其次，数据通常都涉及个人信息，而数据产品并不一定涉及个人信息。数据通常包含个人信息，而数据产品则并不当然包含个人信息。一方面，某些数据产品可能已经对所涉及的个人信息进行了匿名化处理，此时，该数据产品即属于单纯的财产，其所包含的权益结构也较为单一，不涉及人格权等权利。另一方面，如果数据产品仅开发非个人信息的信息，如气象等数据，此时，该数据产品也不涉及个人信息。

最后，就对数据产品中单个数据的侵害而言，要区分是对数据中个人信息主体权益的侵害，还是对数据产品权利人的权益的侵害。如果数据产品归属于企业，任何人不得非法利用企业的数据产品，否则将构成对企业财产权的侵害。但个人信息保护的不是产品，而是一种具有人格利益的个人信息，数据产品无法纳

---

① 参见王天夫：《数字时代的社会变迁与社会研究》，载《中国社会科学》2021年第12期。

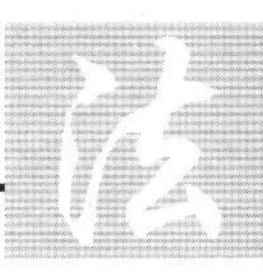

入我国《个人信息保护法》的保护范畴。某个信息即便成为已公开的数据，只要其能够直接或间接地识别特定主体，则任何人非法处理该数据都可能会构成对他人个人信息的侵害。因此，在侵害数据产品的情形下，如果构成对数据产品中个人信息的侵害，个人也可以依法请求行为人承担民事责任。

由于理论上一直没有对数据产品的性质达成共识，在行为人侵害他人数据产品的情形下，司法实践中通常将其作为不正当竞争纠纷予以解决。例如，在“淘宝（中国）软件有限公司诉安徽美景信息科技有限公司不正当竞争纠纷案”①中，法院认为，被告美景公司未经许可利用淘宝的“生意参谋”数据产品，产品研发者投入大量成本尤其是智力成本，能为其带来可观的商业利益与市场竞争优势，这一数据产品已经成为淘宝公司一项重要财产性权益。美景公司未付出劳动创造，将涉案数据产品直接作为获取商业利益的工具，此种据他人劳动成果为己牟利的行为，明显有悖公认的商业道德，属于不劳而获“搭便车”的不正当竞争行为，如果不加禁止将挫伤大数据产品开发者的创造积极性，阻碍大数据产业发展，进而会影响到广大消费者福祉的改善。在该案中，法院即将侵害他人数据产品的行为界定为不正当竞争行为，但事实上，如果承认数据产品的无形财产权地位，则行为人侵害他人的数据产品将构成侵权，此时就没有必要必须依据不正当竞争的规定解决相关纠纷。

需要指出的是，即使企业开发的数据产品应当归属于企业，但对数据产品的利用也应当尊重个人在个人信息处理活动中的权利。有观点认为，“大公司有技术手段来管理他们所积累的数据的访问，而且他们还从数据所有权的模糊性中获益。他们也从围绕着数据所有权的模糊性中获益，因为他们已经开始从数十亿人中提取数据。实际上，大公司将其获取的数据，它所捕获的数据视为无主之物，即野生动物：不属于任何人的东西，但可以由谁先抓到它们来索取。谁先抓到它

① 浙江省杭州市中级人民法院（2018）浙01民初终7312号民事判决书。该案中，杭州市中级人民法院于2018年12月18日作出二审判决，确认淘宝（中国）软件有限公司（以下简称“淘宝公司”）对大数据产品“生意参谋”数据享有竞争性财产权益，安徽美景信息科技有限公司（以下简称“美景公司”）需停止涉案不正当竞争行为，并赔偿淘宝公司的经济损失及为制止不正当竞争行为所支付的合理费用共计200万元。

们，谁就可以拥有”[①]。此种观点将个人信息认定为类似于无主财产，平台在收集相关的个人信息后，相关的数据权利即归属于平台。但事实上并非如此，个人信息作为数据的重要来源之一，其并非“无主物”，因为人们在浏览网页、网上购物时，在不经意间同意了大公司收集个人信息的隐私政策，为大公司提供了海量的数据。对于个人每天产生的大量个人信息，平台不能随意收集。有学者认为，在网络环境下，对数据的确权要采取两权分离的模式，用户享有所有权，平台拥有用益权。[②] 其实，用户在网络购物时留下的一些记录，不能当然都归平台所有。依据我国《民法典》和《个人信息保护法》的规定，个人应当对其个人信息享有权利，个人信息应当归属于信息主体。例如，“大众点评”App中包含的消费者的点餐记录等个人信息，仍然应当属于信息主体，不能认为都归属于平台，这时就需要区分数据产品与个人信息。

三、数据权益与个人信息具有不可分割性

依据传统的物债二分理论区分物权和债权，这些财产权都与人格权是分离的。特别是以所有权为基石的权能分离理论，认为每个客体之上必须先确定一个所有权和所有权人，然后在所有权基础上分离出各种他物权。而他物权与所有权之间以及他物权之间的权利是彼此分离、相互排他的。此种观察视角难以解释数据权益现象。有一种观点认为，发展数据要素市场不仅需要明确数据权属，而且要以所有权为原型确认数据财产权。[③] 数据权益和个人信息之间是一种用益权和所有权之间的关系。如果将个人信息权益作为“母权”，就可以将数据权利作为“子权”，通过设定数据原发者拥有数据所有权与数据处理者拥有数据用益权的二

---

① Richard A. Epstein, “Property Rights and Governance Strategies: How Best to Deal with Land, Water, Intellectual Property, and Spectrum”, *The Colorado Technology Law Journal*, Vol. 14, p. 181 (2016).

② 参见申卫星：《让数据共享在信息社会中发挥作用》，载《社会科学报》2021年11月18日，第1版。

③ See Andreas Boerding et al., “Data Ownership-A Property Rights Approach from a European Perspective”, *Journal of Civil Law Studies*, Vol. 11: 2, p. 323 - 370 (2018).

元权利结构，以实现数据权益分配的均衡。[①] 这种分析路径实际上仍然是用传统的物权理论来观察分析数据财产权益现象，其合理性在于揭示了数据权益产生的部分原因和基础在于个人信息，但是这种完全以有形财产的权利结构来观察数据财产的权益的现象，显然无法准确解释数据权益与个人信息的相互交织关系。

诚然，确有一些数据的权利与个人信息是分离的，可以被某个单一的数据处理者完整控制和享有，就像传统物理世界中一个人对某个客体的完全所有一样。例如，将个人信息进行匿名化处理且完全排除了技术复原可能性，或者处理特定地域的气象数据。不过，在当前的数据要素市场中，这类数据样态及其处理过程并非常态，相反是例外。在绝大多数情形下，数据权益和个人信息权益是难以分离的。也正是因为数据往往是个人信息的集合，欧盟《一般数据保护条例》（GDPR）即通过数据保护形式保护个人信息，这就体现了数据与个人信息的紧密联系。

显然，对于数据权益与个人信息权益的不可分割现象，难以通过以所有权为基础权利的分离理论来解释。一方面，所有权人和用益权人分离之后，常常形成了两个不同的权利，且相互之间是独立的，相互之间的交融性较弱。但在数据客体上，即便个人信息主体的个人信息权益与数据处理者的财产性权益可以分离为两种独立的权利，但是，这两种权益难以截然分开。数据权益中常常包含个人信息权益，因此，“最基本且看来最正当合理的排他主张来自个人，其诉求主要是避免因数据处理遭受隐私损害”[②]。另一方面，所有权与用益权分离之后，两种权利之间具有物理上的排他性。在物理控制层面，在同一客体上难容二主。就利用形态而言，同样按照排他性理论，用益权人对物的利用必然排斥所有权人的利用。然而在数据客体上不存在这样的相互排他性问题。相反，各种权益主张可以以一种非竞争和非物理排他的方式共存。

鉴于前述特殊现象，“权利束”可以成为一种替代性权利理论，能够有效地描述和解释数据上的此种多元权利交融并存现象。“权利束”学说从一开始就把

① 参见申卫星：《论数据用益权》，载《中国社会科学》2021年第11期。

② 戴昕：《数据界权的关系进路》，载《中外法学》2021年第6期。

一宗客体上的权利结构视为一个“束体”（a bundle），承认“束体”内部的权利可分性和多样性结构。在一个客体上的权利束，不仅从一开始就可能发生了权利分割，即该束体内容从一开始就是由多个不同的权利块构成的（multiple sticks within the bundle），就像一束花果中又结出了多枚花果一样。虽然在权利人享有的利益层面是可以分开的，但各项权益之间不具有排他性。当然，从“权利束”视角来看，一个权利束体内部可以发生多样性权利分割，分化出各种不同的权利块，但并不是说这些权利块是杂乱无章的。相反，这些权利“束体”（a bundle）又常常以成型的模块（modules）的形式出现，如此方能便于一个客体上的各位权利人和潜在的交易当事人比较好地认识和理解相互之间可能享有的权益或者承受的权益负担，更有助于一宗财产上的权利分割、流通和利用。[①]

数据权益与个人信息交织在一起，形成一种你中有我、我中有你的交融状态。数据处理者要行使权利，必然要受制于个人信息主体的个人信息权益制约。反之亦然，个人信息权益的行使也会对数据处理者的数据权益产生重大影响，具体表现为以下几方面。

一是数据权益的享有和行使应以尊重信息主体享有的各项信息权益为前提，并且必须在法律规定和合同约定的权限范围内行使数据权利。例如，数据处理者虽然在处理数据之前已经获得了信息主体的授权，并且依据合法授权而处理信息主体的个人信息，进而形成了数据。但这并不意味着其有权将该数据作任意使用或者与他人共享。依据我国《民法典》第 1038 条第 1 款的规定，“未经自然人同意不得向他人非法提供其个人信息”。共享是对他人信息的再次利用，对被共享者而言，也是一种信息收集行为。数据处理者行使权利不得超出信息主体的授权使用范围。

二是信息主体行使撤回同意权。即便数据处理者已经依据信息主体的授权通过处理他人的个人信息形成了数据，但信息主体仍然可享有撤回同意权等个人信息权益。我国《个人信息保护法》第 15 条第 1 款规定：“基于个人同意处理个人

① See Thomas W. Merrill, “Property as Modularity”, *Harvard Law Review*, Vol. 125, pp. 151-163 (2012).

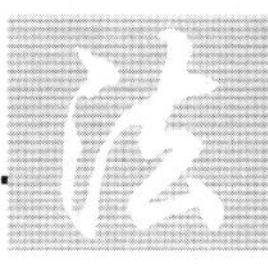

信息的，个人有权撤回其同意。个人信息处理者应当提供便捷的撤回同意的方式。”依据该条规定，个人撤回同意没有期限限制，而且信息主体撤回同意并不需要说明理由。此外，信息主体撤回同意后，原则上没有溯及力，也就是说，撤回同意后，不影响撤回前因个人同意已进行的个人信息处理活动的效力。① 据此，此种权利在性质上可视为任意解除权。一旦信息主体行使撤回同意权，数据处理者不得拒绝或者不当阻止。且这种权利的行使必然会对数据处理者的权益产生重大影响。

三是信息主体行使信息携带权。我国《个人信息保护法》第45条第3款规定：“个人请求将个人信息转移至其指定的个人信息处理者，符合国家网信部门规定条件的，个人信息处理者应当提供转移的途径。”根据这一规定，信息主体享有信息携带权。在实践中，信息携带主要是指用户将在某个平台的数据移转至另一个平台，如将某个通讯公司中的通话信息移转至另一家公司，又如将用户在某一电商平台上的消费信息转移至另一电商平台。从竞争政策的角度，信息携带权不仅有助于维护信息主体对其个人信息的自主决定权，而且可以提升竞争并且鼓励创新。② 如果不允许数据携带，则用户在移转到另一个平台时，需要重新积累数据，这不仅成本较高，而且用户前期积累的数据也无法利用，这显然不利于用户对数据的有效利用。③ 当然，依据我国《个人信息保护法》第45条第3款，信息携带权的行使必须符合法律规定的条件。

四是信息主体行使信息删除权，即在符合法律规定或者当事人约定的情形下，信息主体可以请求信息处理者及时删除相关个人信息的权利，该权利旨在保障信息主体对其个人信息的自主决定。在信息控制者删除信息后，应当使被删除的信息处于不被检索、不被访问和浏览的状态；如果仍然可以被检索、访问，则并没有完成删除行为。一旦信息主体行使信息删除权，同样将对数据处理者的数

---

① 参见张新宝主编：《中华人民共和国个人信息保护法释义》，人民出版社2021年版，第128页。

② See B. Engels, “Data Portability among Online Platforms”, *Internet Policy Review*, Vol. 5: 2, p. 5 (2016).

③ See Peter Swire & Yianni Lagos, “Why the Right to Data Portability Likely Reduces Consumer Welfare: Antitrust and Privacy Critique”, *Maryland Law Review*, Vol. 72, p. 335 (2013).

据权益产生重大影响。例如《征信业管理条例》规定征信机构处理的信息保存期限为 5 年。这意味着期限未满 5 年时，信息主体就不得随意请求删除。一旦 5 年届满之后，则信息主体就有权请求征信机构删除相关信息。

鉴于前述复杂的权益交织关系，我们可以打一个形象的比喻来概括数据权益与个人信息之间的关系：它们二者之间就好像一种放飞的风筝与风筝线之间的关系，数据处理者对其数据产品享有的权利如同放飞的风筝一般，但是这个风筝无论放得多远，它始终不能脱离个人信息权利人的权利而自由放飞。它在天空中自由飞翔的时候始终都受制于个人信息权益这条风筝线，而信息权利人牢牢地控制着这一根风筝线，使信息处理者的权益不能任意飘荡。信息权利人如果要将这种权利通过行使撤回权、删除权等将其信息收回或者删除，信息处理者也必须尊重信息权利人依法享有的权利。这种现象显然和所有权和用益权分离下相互对抗性的关系是截然不同的。一方面，这两者之间根本不存在这种对抗和排他的关系。信息处理者所享有的权利不可能直接对抗信息权利人所享有的权利。另一方面，用所有权及其分离理论来解释使得两种权益割裂开来，反而弱化了对信息权利人的保护。

还应当指出，我们之所以放弃用所有权及其分离理论来解释数据权益，还有一个重要的原因在于，当信息主体行使权利时，必然会对数据权利产生重大影响，这就形成了两种权利的相互冲突现象。笔者认为，解决数据权益冲突现象时应明确如下规则。

第一，信息主体应依法行使其个人信息权益，这也是维护数据处理者权益的前提。如果信息主体行使权利过于随意，自然会不当损及数据处理者的合理预期和正当权益诉求。例如，信息主体不当行使个人的信息携带权，则可能会影响到数据产品本身的流通和使用，也可能会影响到数据产品本身的数据权益的权益完整性，还可能会影响到数据处理人对数据权益的行使。因此，信息主体必须依据我国《个人信息保护法》第 45 条，正当行使信息携带权。

第二，信息主体合法行使其信息权益，数据处理者不得拒绝。例如，如果某用户在某个平台依法将其个人在该平台上的留言、通话记录等数据携带到另一个

平台，这将影响到该平台对数据产品的完整性，数据产品的处理人能否禁止该用户行使携带权？显然，依据我国《民法典》和《个人信息保护法》的相关规定，此时，首先要判断信息主体行使权利是否合法、正当，只要该权利行使合法，就应当优先保护个人信息主体的权益，这就是说，虽然这两种权益之间存在着冲突，在此情形下也应当首先依据我国《民法典》和《个人信息保护法》的规定，充分保护信息主体所享有的各项信息权益，这实际上也就是在保障数据权益。因此，数据处理者必须尊重和保护信息主体的个人信息权益。

第三，数据处理者应充分尊重信息主体对其信息权益的合法行使，需要指出的是，如果法律对信息主体的权益保护没有作出具体、明确规定，产生了模糊地带，此时如何处理权益冲突？笔者认为，此时应当依据权利位阶理论，基于人格尊严优先的原则，优先保护信息主体的权利。因为人格尊严的维护要优先于财产利益，毕竟数据主体享有的是财产性权益，而信息主体所享有的是人格权益，人格权益直接体现的是人格尊严，是对人的主体性的体现，财产毕竟是身外之物，而人格权益体现了人的主体性，正如康德所说，人是目的不能作为手段①，所以优先保护人的权益就是优先保护人的主体性和目的性。在此情形下，数据处理者享有的对于数据产品的权利应当受到一定的限制。当然，如果个人信息处理者对其所处理的个人信息进行了匿名化处理，则相关的个人信息与个人之间的关联性将被消除，其不再属于个人信息，而应当属于纯粹的数据，此时，数据处理者即可对该数据享有更为广泛的权利。

笔者之所以强调数据权益与个人信息之间的密切关系，旨在说明在我国数据立法中，对数据权益的保护首先体现在对个人信息的保护。所谓数据权属确定，首先要确认信息主体享有的个人信息权益，然后才应确认数据处理者的财产性权益。例如，2022年《上海市数据条例》第12条规定：“本市依法保护自然人对其个人信息享有的人格权益。本市依法保护自然人、法人和非法人组织在使用、加工等数据处理活动中形成的法定或者约定的财产权益，以及在数字经济发展中

---

① 参见［德］伊曼努尔·康德：《道德形而上学原理》，苗力田译，上海世纪出版集团2012年版，第36-37页。

有关数据创新活动取得的合法财产权益。”该条在确认数据权益时，首先规定要保护数据中的个人信息权益，这是较为妥当的。如果个人信息权益得不到保障，不仅会使得与个人的主体性维护相关的各种隐私和信息权益得不到保护，人格尊严也将受到损害。如此一来就背离了通过发展数据要素市场来满足人民群众的美好幸福生活的需要这一出发点和宗旨。同时，如果数据处理者可以随意处理个人信息而不尊重个人对其信息的自主决定和隐私权，那么，个人在未来的数字化生活中就可能变得更加谨慎和保守，不会轻易同意他人处理自己的个人信息。如此一来，数据处理者更难以获得信息，从而会阻碍数据市场的培育和发展。[①] 尤其是在建立大数据市场的过程中，尽管政策和立法设计的重点是鼓励数据采集和流通，但鉴于数据采集和流通过程必然伴随着个人信息权益受侵害的风险，有必要在促进和发展数据要素上的财产性权益的同时，注重坚持和强调个人信息权益保护的优先性。这也是我国数据立法所应当坚持的基础性原则和理念。

四、数据权益重利用而非重归属

采取“权利束”理论观察数据权利，一个重要原因在于“权利束”理论不以外在客体的归属为前提条件。在传统大陆法系的物权制度中，以及在英美法系国家所采纳的布莱克斯通定义的财产权框架中，重视的均是外在客体的归属。当法律秩序将某一外在客体归属于某一主体时，该主体就对外在客体享有全面的法律权能，而且可以排除他人一切干涉。例如，我国《民法典》第 240 条定义的所有权，尽管列举了占有、使用、收益和处分四项法律权能，但是通说认为所有权人享有全面的、不受限制的积极权能。相比之下，“权利束”理论并不将所有的法律权能全都建立在外在客体的归属基础上，而是建立在一一分析特定法律权能究竟归谁利用上。例如，针对某一外在客体，某项特定权能可以归属甲所有，但是另一项特定权能可以归属于乙。简言之，“权利束”理论认为，应当一项一项地

① 参见戴昕：《数据界权的关系进路》，载《中外法学》2021 年第 6 期。

针对利用行为进行具体分析，或者逐项分析利用方式，即采取所谓“use-by-use”方式。①

（一）确认数据权益的目的在于保障数据的利用

数据虽然被称为“新石油”，但事实上，这种说法并不准确。数据与石油等有形财产的利用价值完全不同。一方面，数据具有不可消耗性。对数据而言，利用通常不会减损其价值，反而可能因为利用而增加其价值。② 数据具有无限再生的特点③，数据可以每天数亿计的数量产生④，我们每天的生活也会产生各种数据，如上网浏览网页、购物等，均会产生数据，这些数据将被平台存储和分析，基于这些数据可以产生有利于平台的有价值的信息。对数据的利用也不会发生物理损耗。另一方面，与传统的财产权不同，数据很重要的利用价值体现为预测功能（prediction），换言之，数据的价值不在于支配，而在于预测。现代法律的发展在财产权方面出现了新的趋向，即从单纯地保护财产权的归属和使用价值朝着一种可预测性的价值转化。这是因为数据权利的产生引导了一种财产权的演化新趋势（a new turn in the evolution of property right），而数据的价值也正体现于其可预期性。⑤ 例如，通过分析可以了解消费者的偏好和人们的行为习惯，就可能产生独特的甚至是巨大的价值。

还要看到，数据的价值在于利用，只有利用才能产生价值，而且对数据而言，其利用方式越多，就越能体现数据的价值。大数据技术能够有效整合碎片化的个人信息，实现对海量信息的分析和处理，从而发挥其经济效用。与传统的财产权不同，对数据而言，利用通常不会减损其价值，反而可能因为利用而增加其

① See Thomas W. Merrill & Henry E. Smith, “What Happened to Property in Law and Economics Essay”, *Yale Law Journal*, Vol. 111, p. 389 (2001).

② See Katharina Pistor, “Rule by Data: The End of Markets”, *Law & Contemporary Problems*, Vol. 83: 2, p. 105 (2020).

③ 参见纪海龙：《数据的私法定位与保护》，载《法学研究》2018年第6期。

④ See Cameron F. Kerry, *Why Protecting Privacy is a Losing Game Today—and How to Change the Game*, BROOKINGS (July 12, 2018), https://www.brookings.edu/research/why-protecting-privacy-is-a-losing-game-today-and-how-to-change-the-game/, last visited on Mar. 16, 2022.

⑤ See Katharina Pistor, “Rule by Data: The End of Markets”, *Law & Contemporary Problems*, Vol. 83: 2, p. 105 (2020).

价值。数据只在反复利用中产生价值，即越利用越有价值。例如，同一个平台收集的大量数据，如果只允许这一家平台进行利用，那么显然无法充分发挥出这些数据的价值，只有让这个平台将数据进行交易，允许其他的公司对这些数据进行挖掘、分析、利用，这些数据的价值才能真正显现出来。数据的非竞争性和非排他性特点也为财产共享提供了基础。① 因此，在数字社会，不能用传统的所有权的概念来理解数字权利，并遵循严格的排他性原则，否则将不利于这些新兴财产的共享、共用。此外，对数据的利用也不受物理空间的阻隔和限制，其利用范围更加宽泛，所以，在数字时代，包容共享成为具有共识的价值理念，即“不求所有，但求所用”，这也符合数据市场建立的目标，因此，正在开展的数据立法应当将推进数据的充分利用和共享作为其重要的立法目的。

（二）立法需要妥当平衡利用与保护的关系

如前述，数据只有在利用中才能产生价值，也只有利用才能充分发挥数据的价值，数据本身的价值就是在利用中实现的。但如果单纯强调数据的有效利用，而不强调个人信息的保护，则会走向另一个极端。在这一点上，类似于知识产权保护。曾有不少知识产权学者强调知识产品的共享和利用，但是这种观点却忽略了很重要的前提，即仅注重利用而忽略保护，只能最大限度地发挥现有知识的利用价值，但不利于知识的创新，会使得任何技术创新失去动力。因此，保护知识产权就是尊重知识的创造、技术的创新，激发人们进行技术创新的活力。林肯曾说过：“专利制度就是给天才之火，浇上利益之油。”② 数据同样如此：如果只强调利用而不强调保护，最终会妨碍大数据的发展以及技术创新和进步，也不利于对于数字时代人格尊严的维护。另外，如果个人信息权益不能受到必要保护，人们也不敢授权他人来利用他们的数据和个人信息，这反过来也会妨碍数据的利用和流通。

---

① See Katharina Pistor, “Rule by Data: The End of Markets”, *Law & Contemporary Problems*, Vol. 83: 2, p. 105 (2020).

② Abraham Lincoln, *Second Lecture on Discoveries and Inventions*, *Collected Works of Abraham Lincoln*, Volume 3, New Brunswick, N. J.: Rutgers University Press, 1953. p. 363.

随着大数据、互联网的发展，我国开始全面推动数据立法，但无论是国家立法还是地方立法，都应当妥当平衡利用与保护的关系。既要鼓励数据的开发、利用和共享，以促进数据产业的发展，也要提高对个人信息的保护关注度，完善相关保护规则。在数字时代，如何有效地平衡数据安全、个人信息保护与数字产业发展之间的关系，如何寻求一个恰当的平衡点，是政府着力要解决的重点问题[①]，也是现代民法制度需要解决的重大难题。我国《民法典》和《个人信息保护法》都没有直接使用个人信息权的概念，而是采用了个人信息保护的概念，其根本的原因在于，个人信息的保护要适当平衡信息主体的利益与数据共享利用之间的关系，立法者担心采用个人信息权的表述后，将赋予个人过大的控制其个人信息的权利，这将妨碍到数据的共享、利用以及大数据产业在我国的发展。[②] 从世界范围来看，数据的采集和共享的方式正在发生日新月异的变化，而且导致数据作为一种产业蓬勃发展，但由此带来的其与个人信息等人格权益的保护之间的冲突越来越明显。因此，我国有关数据立法所应当秉持的一项原则是，既要鼓励数据的开发、利用和共享，以促进数据产业的发展，又要加大对个人信息保护的关注度，完善个人信息保护规则。

五、结　语

在现代社会，数据已经成为一种重要的生产要素，在现代市场经济中发挥越来越重要的作用，数字经济已经成为国际竞争的重要的组成部分，数据安全已上升为国家安全，我国大数据战略的重要内容是鼓励数据依法开发利用，促进数据数动，推动数字经济发展。[③] 但促进数字经济发展首先需要解决数据的赋权问题。[④] 数据权益的性质与权利分配规制要求通过数据权属的清晰来促进数据利

---

① 参见江小涓：《数字时代是开源、开放的时代，监管对数字发展应有新理念》，http://www.bkeconomy.com/detail-162816682314984.html，2022年5月15日访问。

② 参见黄薇：《中华人民共和国民法典解读》，中国法制出版社2020年版，第200页。

③ 参见齐爱民：《数据法原理》，高等教育出版社2022年版，第13页。

④ 参见申卫星：《让数据共享在信息社会中发挥作用》，载《社会科学报》2021年11月18日，第1版。

用，进而发挥数据的市场要素的功能和作用。应当看到，与对有形财产不同，对数据权益不能简单地以传统的物权理论来解释，而“权利束”理论为我们观察数据权益提供了全新的视角。依据这一视角观察，数据之上可能存在网状的权益结构。在确认数据权益时，应当强调对个人信息的保护，并注重个人信息保护与数据利用之间的有效平衡。只有这样，才能为促进信息数字技术的有序发展提供有力的法律保障。

数字时代民法的发展与完善*

我们已经进入数字时代，数字时代呈现出信息爆炸、万物互联和人际互通等特征，数字技术和平台应用的智能化发展改变了社会关系，同时也给民法制度带来了新挑战。2022 年 12 月 2 日，中共中央、国务院在《关于构建数据基础制度更好发挥数据要素作用的意见》（以下简称《意见》）中指出，要“以维护国家数据安全、保护个人信息和商业秘密为前提，以促进数据合规高效流通使用、赋能实体经济为主线，以数据产权、流通交易、收益分配、安全治理为重点，深入参与国际高标准数字规则制定，构建适应数据特征、符合数字经济发展规律、保障国家数据安全、彰显创新引领的数据基础制度”，对数字时代民法的发展与完善提出了明确的要求。应当看到，在传统民法上，财产权所采取的“物必有体”、“物债二分”和“物必排他”的基本规则，在面对数据权益的保护时，已经显得捉襟见肘。① 我们需要改变研究范式，对新权益采取新模式进行思考。因此，本文拟从财产、合同、人格权、侵权责任等制度出发，对数字时代民法的发展与完善提出一点浅见。

---

* 本文系与丁晓东合著，原载于《华东政法大学学报》，2023 年第 2 期。

① 参见王利明：《迈进数字时代的民法》，载《比较法研究》2022 年第 4 期，第 17－32 页。

一、数据确权：数据民法保护的基础

（一）《民法典》宣示了数据权益作为民事权益的属性

对数据权益的保护是多个法律部门的共同任务，但民法对数据权益的确权，是所有法律对其提供保护的前提和基础，也是数据交易开展的前提和基础。公法对于数据权益的保护以对违法行为的制裁为主，这种保护方法总是以权益侵害的事后救济形态出现。但是，对于权益侵害行为的制裁要以权益的确立为前提。换言之，数据权益只有在法律体系内得到确权，对其进行保障才具有正当性。而公法不能完成对数据权益的确权，数据权益的确权是由民法完成的。

《民法典》第 127 条对数据权益的保护做了宣示性的规定，宣告了数据权益本身就是一种民事权益类型。数据权益作为民事权益体系的重要组成部分，当然受到《民法典》关于权益保护规则的调整。《民法典》第 127 条虽然属于引致条款，为未来制定单行法保护数据提供了民事基本法层面的法律依据，但该条将数据置于“民事权利”一章中，也宣示了数据的民事权益属性。既然数据在性质上属于民事权益，那它当然应受到民法的保护。且《民法典》第 126 条规定：“民事主体享有法律规定的其他民事权利和利益。”该条在规定民事权益的范围时，采用了开放性的方式，其也可以涵盖数据的保护。因此，数据产品总体而言是一种财产，但其又具有特殊性，不宜简单地将之归于某一财产类型之中①，这也是《民法典》第 127 条作出单独规定的重要原因。

（二）数据确权对数据权益的保护具有基础性作用

虽然《民法典》宣示了数据权益作为民事权益的属性，但对数据权益的确认和保护仍然较为抽象、简单。根据《意见》的要求，要构建以数据产权、流通交易、收益分配、安全治理为重点的数据基础制度，其中，数据产权的确权是基础

① See Shyamkrishna Balganesh, “Quasi-Property-Like, But Not Quite Property”, 160 *University of Pennsylvania Law Review* 1889 (2012).

和前提。一方面，确权是权益保障的基础。[①] 数据权益的确权为数据权益的救济和侵权行为的惩治提供了基础。[②] 另一方面，确权是数据交易的前提和基础。按照法经济学的观点，产权需要获得确权之后，交易才能进行，明确的确权有利于降低交易成本、节约交易费用。例如，波斯纳就认为，“排他权的创设是资源有效率地适用的必要条件”[③]。在数据交易中，无论是转让还是担保，都必须以数据成为权益客体为前提。例如，在数据担保交易中，数据的财产权益性质使其具备了可供支配的交换价值，因而可以成为担保的客体，数据作为财产的可流通性则为担保权利的实现提供了可能[④]，进而担保权人才能够优先受偿。

严格地说，“数据产权”是一个经济学的概念，如何将该概念转化为民法语言和民法规则，是我们当前应当重点研究的话题。“数据产权”概念的提出，旨在要求确认数据财产的权益，其实也是要解决数据确权的问题。

第一，应当确认数据所涉及的不同权益。因为数据权益是一种综合性权益：其可能因为具备独创性而受到知识产权法，尤其是著作权法的保护；其可能因为以个人信息的集合形态展现，而需要受到个人信息保护规则的调整；在数据信息涉及自然人的隐私时，则需要受到隐私权规则的调整。尤其是数据权益中常常包含个人信息权益，其与个人信息具有不可分割性[⑤]，难以通过以所有权为基础的权利分离理论来解释，否则会割裂数据与个人信息之间的关联性。即便是企业数据，也可能构成商业秘密，受到私法规则的规范。[⑥] 数据中包含了复杂的权益类型，各种权益呈现出一种网状结构，因而有必要借鉴“权利束”理论作为数据权

---

① 参见申卫星：《论数据用益权》，载《中国社会科学》2021年第11期。

② 当然确权的模式存在多样性，参见 Guido Calabresi & A. Douglas Melamed, “Property Rules, Liability Rules, and Inalienability: One View of the Cathedral”, 85 *Harvard Law Review* 1089, 1089-1128 (1972).

③ ［美］波斯纳：《法律的经济分析》，蒋兆康译，法律出版社2012年版，第43页。

④ See Luis Miguel M. del Rosario, “On the Propertization of Data and the Harmonization Imperative”, 90 *Fordham Law Review* 1699, 1699 (2022).

⑤ See Nadezhda Purtova, “The Law of Everything: Broad Concept of Personal Data and Future of EU Data Protection Law”, 10 *Law, Innovation and Technology* 40, 40-81 (2018).

⑥ See Mark A. Lemley, “The Surprising Virtues of Treating Trade Secrets as IP Rights”, 61 *Stanford Law Review* 311, 336-337 (2008).

益的一种分析框架，即数据权益是信息之上产生的多项集合的“权利束”，无法简单地将其看作某一类单一的权利。[1]

第二，必须根据不同类型的数据确认权益归属。《意见》提出：“根据数据来源和数据生成特征，分别界定数据生产、流通、使用过程中各参与方享有的合法权利。”数据分为公共数据、企业数据和个人数据，不同类型数据的权利属性不同，我们需根据数据的不同类型来确立各个权益主体的利益归属及内涵机制。《意见》提出，要“建立公共数据、企业数据、个人数据的分类分级确权授权制度”。这就是说，数据的权利主体不同，相关主体所享有的权益也应当有所区别。对个人数据而言，如果处理者未将个人信息匿名化，则应当注重保护数据中的个人信息；对企业数据而言，需要强化对数据处理者权益的保护，如果涉及个人信息，也需要同时加强对个人信息的保护；对公共数据而言，则应当强调数据的共享与开放，推进互联互通，打破“数据孤岛”[2]。

第三，必须确认数据在流通交易中的权属。就数据而言，其被利用通常不会减损其价值，反而可能因为利用而实现甚至增加其价值。数据的价值正是体现在反复和广泛的利用上。数据利用频次越高，利用范围越广，数据资源的经济价值就发挥得越充分。在数字时代，对数据的利用、共享十分普遍，数据也主要是在利用中产生价值。数据的利用需要借助“合同网”（contract network）运行。[3]相关主体在进行数据交易、共享时，必须借助合同法规范，如果当事人违约，还需要依据合同法的规则认定其违约责任。因此，需要构建完善的面向数字时代的合同法，全面保障数据的流通交易。

第四，区分数据产品与数据权益。传统民法的物权法采取“物必有体”“物债二分”的范式，难以适用于数据保护。数据产品权益是将数据整体作为一种无形财产，如果其具有独创性，可以纳入著作权的保护范围；如果其具有商业价

---

① 参见王利明：《论数据权益：以“权利束”为视角》，载《政治与法律》2022年第7期。

② 马长山：《数字社会的治理逻辑及其法治化展开》，载《法律科学（西北政法大学学报）》2020年第5期。

③ See Aaron Perzanowski & Chris Hoofnagle, “What We Buy When We ‘Buy Now’”, 65 *University of Pennsylvania Law Review* 315, 317 (2017).

值，并且企业对其采取了保密措施，可以纳入商业秘密权的保护范围；如果其具有新颖性、创造性和实用性，则可以纳入专利权的保护范围。但如果不具备这些要件，也可以将其作为财产来加以保护。

具体而言，作为财产的数据产品具有如下三个重要特点。一是具有无形性。数据的客体具有无形性，不能用有形财产的保护规则对其进行保护。由于数据没有有形的物理形态，通常不存在排他性和恢复原状等问题，因此，传统的物权请求权、占有保护请求权等方法，难以适用于数据的保护。同时，数据可以共享，可以由多人共用①，因此，在数据遭受侵害的情形下，也难以通过排除妨害等方式对其进行保护。二是主体具有多样性。如前所述，数据的来源具有多样性，数据财产的主体包括企业、个人等②，由于公共数据更应当注重其开放和利用，因此公共数据不一定要明确其权利主体，应当由有关机关对其进行管理。对于涉及个人信息的数据，则应当注重对人格的保护。三是根据数据产品是否具有独创性，采取不同的保护方式。公共数据大都不具有独创性。企业数据的来源既包括企业自身产生的数据，也可能包括公共数据和个人信息，因此，企业数据的利用规则较为复杂。对于涉及个人信息且具有独创性的数据产品，则可能需要借助知识产权的保护规则予以保护。

二、数字合同：从控制权转移到利用

数据的价值与有形财产有所不同，数据不具有排他性，更注重的是利用。《意见》指出，要“完善和规范数据流通规则，构建促进使用和流通、场内场外相结合的交易制度体系，规范引导场外交易，培育壮大场内交易；有序发展数据跨境流通和交易，建立数据来源可确认、使用范围可界定、流通过程可追溯、安全风险可防范的数据可信流通体系”，为数据时代合同法的发展提出了新要求。

---

① See Lawrence Lessig，*Free Culture*，Penguin Press Hc，2004，pp. 33 - 34.

② 欧盟等地区开始制定法律，赋予数据用户或来源者相关权利，see Proposal for a Regulation of the European Parliament and of the Council on Harmonised Rules on Fair Access to and Use of Data（Data Act），COM（2022）68 final，§2（5）（6）（7）（2022）。

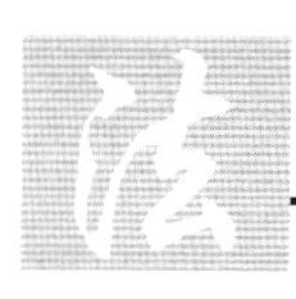

传统合同法以所有权的买卖为原型，合同往往是交易双方围绕着所有权与价金交易展开的谈判。为回应数字时代的交易形式，应首先注重许可协议，许可合同可能成为数字时代交易的基础性、典型性合同。[①] 此外，以隐私政策为代表的用户协议开始兴起，这些用户协议常常与公民的切身利益相关，而且包含了很多不合理、不平等的条款。合同法应注重对格式条款进行规范，从注重意思自治转向注重合同正义。

（一）数据利用：从控制权转移到利用

数据的特征区别于传统财产。有观点提出数据是一种“新石油”，这一说法不太准确，因为石油仍然是有形财产，而数据具有石油所不具有的特性。其一，数据具有非消耗性。传统民法对石油等有形财产进行排他性保护，原因之一就在于石油等有形财产是可消耗的产品，如果不对这类财产进行一定的排他性保护，就可能导致不必要的纷争。但数据具有不可消耗性，其在反复利用中产生价值，即越利用越有价值。这种共享与共同利用的特征，使数据形成了经济学上的非竞争性的特点。其二，数据具有可再生性。数据不像土地或石油这类财产具有一定的有限性，而数据可以被无限生产，取之不竭、用之不尽。其三，数据具有易共享性。相比传统财产，数据利用不受物理空间的阻隔和限制，可以被多方主体轻易地分享与利用。其四，数据的形成往往与多方主体相关，例如医院的病历数据库数据，它既与患者相关，也与医生、医院、医疗设备相关，其数据的生产与整理是多方主体共同作用的结果。[②]

典型的数据财产交易方式已经不同于过去的实体财产交易，数据财产通常并不强调单一的控制权和所有权归属的移转。比如消费者从网上下载 App，购买电子书、电影等虚拟物品时，企业所提供的常常不是这些虚拟产品的所有权，而是用户在一定时期内的使用权，同时附加若干使用限制。购买使用权、许可权成了

---

① 参见梅夏英：《数据交易的法律范畴界定与实现路径》，载《比较法研究》2023 年第 1 期；丁晓东：《数据交易如何破局——数据要素市场中的阿罗信息悖论与法律应对》，载《东方法学》2022 年第 2 期。

② 参见沈健州：《数据财产的权利架构与规则展开》，载《中国法学》2020 年第 4 期。

数字时代交易的主要形式。①

许可协议的兴起与软件行业的发展密切相关。20世纪六七十年代，美国司法部对IBM等行业巨头提起反垄断诉讼，认为IBM将硬件和软件捆绑销售是一种垄断行为。为了避免法律风险，IBM等企业将硬件和软件拆分销售，并逐渐促成了软件产品与软件许可协议的发展。② 软件许可协议具有格式条款的特征，使得软件制造商可以大规模销售其产品，而不必与每个消费者单独谈判。③ 但与一般买卖或租赁的格式条款不同，软件许可协议一般并不转让其产品的所有权，而是对软件的用途进行多项限制。④ 此外，软件许可协议也具有个性化定价的特征，针对其使用的对象是大公司、小公司、图书馆还是普通用户，软件企业收取的费用不同，对其施加的限制也不同。

许可协议具有和传统合同法不同的特征。其一，许可协议中常常存在许可方与被许可方认知与谈判能力不等、信息不对称等问题。软件制造商或拥有者往往在许可协议中处于优势地位，其对许可协议往往较为了解，能够利用许可协议形成对自身谈判有利的条款；而被许可方由于时间、精力、专业等的限制，往往会出现不阅读或不理解的问题。⑤ 对于消费者而言，这种情形更为严重。相关研究表明，消费者购买相关软件时，常常误以为其购买的产品和有形财产一样，可以完全拥有、自由转让、和第三方分享，但事实并非如此。例如，苹果对于音频和视频内容的出售和出租规定，“将已购音乐的音频播放列表刻录至光盘，最多可收听7次”，“出租内容一次只能在一台设备上观看，必须在30天内播放，开播

---

① See Aaron Perzanowski & Chris Hoofnagle, “What We Buy When We ‘Buy Now’ ”, 65 *University of Pennsylvania Law Review* 315, 317 (2017).

② See Michael J. Madison, “Reconstructing the Software License”, 35 *Loyola University Law Journal* 275, 311 (2003).

③ See Robert W. Gomulkiewicz & Mary L. Williamson, “A Brief Defense of Mass Market Software License Agreements”, 22 *The Rutgers Computer and Technology Law Journal* 335, 342 (1996).

④ See Sean F. Crotty, “The How and Why of Shrinkwrap License Validation Under the Uniform Computer Information Transactions Act”, 33 *Rutgers Law Review* 745, 746 (2002).

⑤ See Robert A. Hillman, “Online Boilerplate: Would Mandatory Website Disclosure of E-Standard Terms Backfire?”, 104 *Michigan Law Review* 837, 850 (2006).

后必须在48小时之内播放完毕（停止、暂停或从头播放不延长该时段）”①。这些复杂的许可协议条款，往往超出了消费者的合理预期。

其二，许可协议对知识产权法律体系和下游交易的影响也和传统合同不同。在专利、著作权等知识产权体系中，存在权利用尽原则或首次出售原则（first sale principle），根据这一原则，当所有者出售其专利或著作权之后，购买者可以自由出售或处置该商品。例如，在书籍出售后，个人可以任意进行转让、处置甚至销毁。权利用尽原则使潜在的购买者可以很方便地和出售者打交道，而不必担心出售者没有权利，或其购买的产品存在侵权风险等问题。② 但在许可协议下，购买者仅仅获取了软件等数字产品的有限使用权，这使得潜在的购买者需要花费较高的信息成本，弄清到底谁是产品的所有权人。③ 在没有完全弄清许可协议的情形下，购买者即使完全善意，也很可能侵犯许可方的知识产权。④

（二）用户协议与格式条款规制

在数字时代，以互联网企业为代表的平台还普遍使用用户协议。在数据大规模自动化处理的情况下，数据处理者很难与每个人进行一对一谈判。为了降低交易费用，用户协议、隐私条款等被广泛使用。而用户在下载App时不可能对条款提出修改和变更意见，只能概括地表示接受或不接受，但在这些格式条款中确实夹杂了很多不合理、不平等的内容。因此，合同法在数字时代遇到的一个重要问题，就是如何强化对格式条款的规制。这一问题比以往任何时候都显得重要。

从形式上看，用户协议又可以分为拆封协议（shrinkwraps agreement）、点击协议（clickwraps agreement）、浏览协议（browsewraps agreement）、安装协

---

① 《Apple媒体服务条款和条件》，https://www.apple.com/legal/internet-services/itunes/cn/terms.html，2022年11月24日访问。

② See Aaron Perzanowski & Jason Schultz, "Digital Exhaustion", 58 *UCLA Law Review* 889, 889 (2011).

③ 从信息成本对这一问题的分析，参见Christina Mulligan, "A Numerus Clausus Principle for Intellectual Property", 80 *Tennessee Law Review* 235, 247 (2013)。

④ See R. Anthony Reese, "The First Sale Doctrine in the Era of Digital Networks", 44 *Boston College Law Review* 577, 585 (2003).

议（installwraps agreement）、注册协议（registration agreement）等不同模式。[①] 首先出现的是前一部分提到的软件销售和许可协议背景下的拆封协议。这类合同一般不出现在软件的外部包装上，只有当顾客购买后，在安装软件的过程中才能看到其内容。而顾客要顺利安装软件，就需要点击同意。[②] 在拆封合同逐渐获得部分国家的认可后，网络平台开始发展出了更多的合同类型。其中，点击协议指的是，平台在用户浏览或使用前，需要点击同意平台的用户协议[③]；而浏览协议则不需要用户的点击同意，用户协议的内容一般在某个超链接的背后[④]；安装协议或注册协议则指的是，App 或网站在其用户协议中声明，只要用户安装 App 或注册用户，即表明用户同意其协议内容。

用户协议与格式合同或定式合同（adhesive contract）存在某些类似问题。早在 20 世纪六七十年代，阿瑟·勒夫（Arthur Leff）教授就指出，格式合同“不是讨价还价或合作的过程”，其意思自治元素已经被大幅削弱，变成了一方附加给另一方的条款。他形象地将格式合同中的双方类比为苍蝇和苍蝇纸（fly and flypaper）的关系，格式合同起草者对用户的支配，类似苍蝇纸对苍蝇的捕获，用户很难反抗。[⑤] 大卫·斯劳森（David Slawson）教授也认为，格式合同与传统合同有较大区别，法律需要对格式合同进行规制。[⑥]

但相比商业化背景下的格式合同，数字化时代的用户协议还具有若干特殊性，使其更需要法律的规制。首先，用户协议更缺乏显著性，用户更难进行协商与谈判。在线下的购房、租赁、办理手机卡等场景中，格式合同的相对方虽然也

---

① See Stephen Y. Chow，“A Snapshot of Online Contracting Two Decades After ProCD v. Zeidenberg”，73 *The Business Lawyer* 267，267（2017）.

② 拆封合同的经典案例，参见 ProCD，Inc. v. Zeidenberg，86 F. 3d 1447，1449（7th Cir. 1996）。

③ See Nathan J. Davis，“Presumed Assent：The Judicial Acceptance of Clickwrap”，22 *Berkeley Technology Law Journal* 577，577（2007）.

④ See Bill Wiese，“The Enforceability of Browsewrap Agreements”，7 *Journal of Internet Law* 1，14（2004）.

⑤ See Arthur Allen Leff，“Contract as Thing”，19 *American University Law Review* 131，143（1970）.

⑥ See W. David Slawson，“Standard Form Contracts and Democratic Control of Lawmaking Power”，84 *Harvard Law Review* 529，530（1971）.

常常不仔细看格式合同，但至少能够大致了解格式合同的内容，并且有机会与格式合同的提供者讨价还价。在数字环境下，网络用户协议则常常很不显著。例如前文提到的浏览协议、注册协议，一般用户很难注意到它们；即使是具有弹窗形式的点击协议，用户也常常无心浏览。[①] 至于谈判，用户则更少有机会和能力与网络企业讨价还价，用户协议大多是一种要么同意要么拒绝的二元机制，用户很少有机会能够对用户协议进行修改。

其次，用户协议中的很多权益属于微型权益，用户难以对此类权益进行有效的权衡与决策。例如对于用户在网络平台上所产生的内容（user-generated content），有的平台通过用户协议约定此类内容归平台所有，或者此类内容不得转移到第三方平台。相比用户购买的明码标价的产品或服务，此类权益的价值并不明显。个人信息权益是另一个例子，《金融时报》曾经做过研究，指出“即使是非常详细的个人信息，普通人的数据零售价通常也不到 1 美元，而关于一个人的一般信息，如年龄、性别和位置，每人仅值 0.0005 美元”[②]。微型权益使用户更难注意到相关条款，或者更不愿意就这类问题进行决策，因为其决策的成本大于微型权益的收益。

最后，用户协议中有的条款并非财产或交易性权益，可能涉及公民的基本权益。例如，有的条款涉及法院的管辖，有的条款涉及社交账号的封禁。此类条款虽然可以在形式上视为用户与平台之间的约定，但由于它们会对公民的基本权益造成较大影响，所以应受到法律的严格规制。例如，公民的微信账号一旦被封禁，就会对个人生活产生重大影响。法律在面对此类条款时，应进行严格审查，并为公民提供合理的救济途径。

（三）从注重意思自治到注重合同正义

传统合同法强调意思自治，从价值形态上看，工商业社会尊重意思自治，目的在于激发主体的活力，进而创造社会财富。但是，在进入数字时代之后，许可

---

① See Yannis Bakos et al.，“Does Anyone Read the Fine Print? Consumer Attention to Standard-Form Contracts”，43 *The Journal of Legal Studies* 1，23－24（2014）.

② Emily Steel et al.，“How much is your personal data worth?”，https://ig.ft.com/how-much-is-your-personal-data-worth，accessed December 17，2022.

协议、用户协议都对意思自治原则提出了挑战。如何在数字化时代重构合同机制，学界产生了不同的看法。我们认为，数字时代的合同法应当注重合同正义，但也不应过于激进，应注重维护合理网络协议的有效性。

一方面，一部分学者主张限制甚至否定网络协议的效力。例如，玛格丽特·雷丁（Margaret Radin）教授认为，数字时代的合同法已经"变样"（deformation），网络协议通过单方立法，形成了一系列的"不公平、欺骗性或不民主行为"，亟须国家权力的大力规制。她甚至主张，对于很多用户协议，应避免使用"合同"这一术语，因为此类用户协议已经远离了合同的基本特征。①

另一方面，一部分学者仍然坚持认可许可与用户协议的效力，并进行辩护。这些学者认为，网络协议除了可以减少成本、提升商业效率，还有若干可以对其进行支持的原因。其一，虽然普通用户一般并不阅读网络协议，但用户中会有一些"知情少数"，这些群体能够有效监督网络协议。② 其二，网络协议作为网站或产品的一部分，可以形成一个声誉市场。如果企业发布不合理的网络协议，引起消费者或市场的不满，最终会倒逼企业改善其协议。③ 其三，网络协议虽然对公民权益有影响，但消费者可能愿意放弃此类权益以换取免费服务或低价服务。允许市场对网络协议进行意思自治，最终有利于消费者的利益。④

综合双方的观点，网络协议对意思自治的挑战毋庸置疑，应通过合同正义来

---

① See Margaret Jane Radin, "The Deformation of Contract in the Information Society", 37 *Oxford Journal of Legal Studies* 505, 505 - 533 (2017).

② See Douglas G. Baird, "The Boilerplate Puzzle", 104 *Michigan Law Review* 933, 936 (2006); Clayton Gillette, "Pre-Approved Contracts for Internet Commerce", 42 *Houston Law Review* 975, 976 (2005); George L. Priest, "A Theory of the Consumer Product Warranty", 90 *Yale Law Journal* 1297, 1347 (1981). 这一理论的起源, see Alan Schwartz & Louis L. Wilde, "Intervening in Markets on the Basis of Imperfect Information: A Legal and Economic Analysis", 127 *University of Pennsylvania Law Review* 630, 659 (127)。

③ See Lucian A. Bebchuk & Richard A. Posner, "One-Sided Contracts in Competitive Consumer Markets", 104 *Michigan Law Review* 827, 829 (2006); Jason Scott Johnston, "The Return of Bargain: An Economic Theory of How Standard-Form Contracts Enable Cooperative Negotiation Between Businesses and Consumers", 104 *Michigan Law Review* 857, 858 (2006).

④ See Omri Ben-Shahar, "Regulation Through Boilerplate: An Apologia", 112 *Michigan Law Review* 883 (2014).

改善网络用户协议。特别是当平台利用暗黑模式（dark patters）来“套路”用户①，或者利用算法等手段来支配消费者时，法律就应当对表面上的意思自治进行严格规制。面对数字化平台的专业与信息能力，一般网络用户很难有同等的谈判能力（bargain power）。② 而且，即使平台对信息的披露更为详细，给用户提供更多的交互界面，用户也未必能够阅读和理解许可协议、用户协议。此类信息披露中的信息过载（information overloaded）与决策过频问题③，已经为很多研究和实验所证实。但是，这些问题存在并不意味着应当完全抛弃网络协议。对于网络协议，应对一部分违反公民基本权利的内容进行规制。对于可以用市场化方式解决的问题，则可以参考伊恩·艾尔斯（Ian Ayres）和艾伦·施瓦茨（Alan Schwartz）两位教授提出的方案，要求企业着重披露与用户预期相悖的信息。④ 通过注重合同正义，可以避免数字时代的操控与支配，保护用户权益和促进网络协议的有效运行。⑤

三、人格权保护：从注重财产与交易到注重数字人格

在数字时代，网络科技、数据科技的频繁迭代和广泛应用，不仅影响了人格权的客体，而且对人格权的行使和保护方式、人格权与财产权的交互关系产生了深刻影响。我国《民法典》将人格权独立成编，在一定程度上就是要积极回应数字科技快速发展和广泛应用给人格权保护机制带来的挑战，以及强化对数字化背

---

① 暗黑模式已经越来越引起各国监管机构的注意，see https://edpb.europa.eu/our-work-tools/documents/public-consultations/2022/guidelines-32022-dark-patterns-social-media_en；https://www.ftc.gov/news-events/events/2021/04/bringing-dark-patterns-light-ftc-workshop，accessed November 24，2022。

② See Eric A. Posner，“ProCD v，Zeidenberg and Cognitive Overload in Contractual Bargaining”，77 *University of Chicago Law Review* 1181，1185（2010）.

③ See Omri Ben-Shahar & Carl E. Schneider，“The Failure of Mandated Disclosure”，159 *University of Pennsylvania Law Review* 146，169（2011）.

④ See Ian Ayres & Alan Schwartz，“The No-Reading Problem in Consumer Contract Law”，66 *Stanford Law Review* 545，545（2014）.

⑤ 参见姚佳：《知情同意原则抑或信赖授权原则——兼论数字时代的信用重建》，载《暨南学报（哲学社会科学版）》2020年第2期。

景下人格权的保护与人格尊严的维护。在数字时代，应积极协调财产权益与人格权益，注重从保护财产权益转向注重维护数字人格权益。

（一）数据权益：财产权与人格权的协调

在数据权益中，财产权益和个人信息权益密切结合，之所以要用权利束来观察，就是因为在大量的数据中，数据权益和人格权益呈现了一种相互交融的状态，很难进行严格分离。[①] 数据既包括非个人信息，也包括个人信息，但以个人信息为主。所谓大数据，实际上几乎都是以个人信息为内容经过加工处理而形成的。因此，数据和个人信息的关系是：数据是橘子的皮，个人信息是橘子的橘肉，二者形成了载体与表达形式之间的关系。

在数据权益中，个人信息主体的人格权益始终具有优先性。[②] 即便个人信息主体允许数据处理者分析、加工、处理他的个人信息，也不等于信息主体完全放弃了他对个人信息的权益，同样也并不意味着信息主体对数据产品里面所包含的各类信息不再享有任何权益。相反，即便信息主体许可数据处理者处理其个人信息，形成了数据产品，此数据产品里的个人信息，以及因这些个人信息产生的各种权益，仍然应当受到保护。

因此，数据权益和个人信息的关系是，前者始终受制于后者。具体而言，二者的关系应按如下方式进行协调。首先，数据处理者对其数据权益的享有和行使，应当以尊重信息主体享有的信息权益为前提，即数据处理者的数据权益必须以合法处理个人信息为前提。其次，即使数据处理者经过信息主体的同意制成了数据产品，该数据产品也不能随意与他人共享，或允许他人处分。《民法典》对此专门作了规定，因为再次共享实际上是一种新的利用行为，必须再次取得信息主体的同意。最后，信息主体还具有撤回权、携带权、删除权等优先性权利。按照《个人信息保护法》第 15 条的规定，信息主体享有撤回同意权，即便先前信息主体同意处理者收集其个人信息，制作数据产品，但是在同意之后，这个信息主体仍然有权撤回他的同意。法律之所以赋予信息主体这一权利，是为了充分地

---

① 参见彭诚信：《论个人信息的双重法律属性》，载《清华法学》2021 年第 6 期。

② 参见王叶刚：《企业数据权益与个人信息保护关系论纲》，载《比较法研究》2022 年第 4 期。

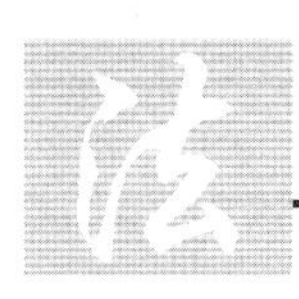

尊重信息主体、强化对个人信息的保护。按照《个人信息保护法》第 45 条的规定，信息主体享有信息携带权。如果符合条件，即便其个人信息被制成了数据产品，信息主体要行使信息携带权的，数据的处理者也不能拒绝。按照《个人信息保护法》第 47 条的规定，信息主体享有删除权，当处理目的已实现、无法实现或者为实现处理目的不再必要，或者个人信息处理者停止提供产品或者服务，或者保存期限已届满，个人信息处理者应当主动删除个人信息；个人信息处理者未删除的，个人有权请求删除。

《意见》指出："对承载个人信息的数据，推动数据处理者按照个人授权范围依法依规采集、持有、托管和使用数据，规范对个人信息的处理活动，不得采取'一揽子授权'、强制同意等方式过度收集个人信息，促进个人信息合理利用。"在数据处理中，要创新技术手段，推动个人信息匿名化处理，保障使用个人信息数据时的信息安全和个人隐私。目前，很多地方正在进行数据立法，需要注意处理好数据权益和个人信息权益之间的关系。在数据立法中，所谓保护数据权益，首先要确定各个信息权益主体所享有的各种个人信息权益①，然后对数据处理者的财产性权益进行保护。

（二）个人信息保护法不足以解决数据权益保护问题

从比较法来看，确实存在通过个人信息保护法来对数据权益提供保护的模式。例如，1970 年，美国在征信领域制定了具有个人信息保护雏形的《公平信用报告法案》，德国黑森州制定了全球第一部个人数据保护法——《黑森州数据保护法》。2018 年，欧盟正式实施《一般数据保护条例》（General Data Protection Regulation，GDPR），美国加利福尼亚州颁布了《加州消费者隐私保护法》（The California Consumer Privacy Act of 2018）。此种模式确有一定的合理性，但也存在不足之处。

首先，数据权益是综合性的，但数据产品是无形财产，虽然其中可能涉及个人信息，但数据产品的权益从整体上应当归属数据处理者。数据权益是综合性的权利，很难将其归属于哪一种具体的权利类型，数据中既可能包含个人信息，也

① 参见包晓丽：《二阶序列式数据确权规则》，载《清华法学》2022 年第 3 期。

可能包含知识产权等。以“大众点评”App为例，它包含了各种权益。作为整体，它是无形财产；而拆分来看，其中关于消费者的账户、地理位置的内容，属于消费者的个人信息；涉及的算法则属于商业秘密，归属于平台；关于餐饮店的介绍、经营信息、优惠券等则属于经营者；关于符号的设计等，如果具有独创性还涉及知识产权……由此，我们可以发现，数据权益是一个具有集合性特点的权益。在数据权益里，人格权益和财产权益交互，突破了传统民法中以有体物为客体而产生的排他性。但对于数据产品，法律对它的保护，显然超出了个人信息保护法的范围。

其次，数据权益的主体和形态具有多样性。对于公共数据来说，可能根本不涉及个人信息问题，甚至对于公共数据而言，确权都不是必需的，是不应当进行的。[①] 这是因为：一方面，要积极推动数据要素市场化配置改革，促进数据要素交易流通、开发应用，从而释放数据要素的潜力与价值，加快数字产业创新发展，就要让公共数据“多跑路”，让群众“少跑腿”。在这一背景下，应当更多地鼓励公共数据的流通，对其进行确权，将不利于甚至妨碍这些数据的流通。[②] 将公共财产的保护规则适用于这些数据，将给数据流通带来不必要的阻碍。另一方面，公共数据也不需要进行交易，因此其并不需要进行确权。[③] 此外，即使就企业数据来源而言，其既包括企业自身产生的各种数据（如搜集当地的气象信息形成数据出售给他人），也可能包括公共数据（如企业公开发布的各种通知等），还可能涉及个人信息，但对于不涉及个人信息的企业数据，不能援引个人信息保护法予以保护。

最后，还要看到，即使在数据涉及个人信息的场合，虽然个人信息应当受到优先保护，但是保护个人信息并不能完全解决数据处理者的权利问题。例如，当

① See Barbara Ubaldi, “Open Government Data: Towards Empirical Analysis of Open Government Data Initiatives”, in *OECD Working Papers on Public Governance*, OECD Publishing, 2013.

② See Mashael Khayyat and Frank Bannister, “Open Data Licensing: More Than Meets the Eye”, 20 *Information Polity* 238, 245 (2015).

③ See Yochai Benkler, “Commons and Growth: The Essential Role of Open Commons in Market Economies”, 80 *The University of Chicago Law Review* 1551, 1551 (2013).

个人信息权利人通过合同等形式作出了许可，而信息处理者主要是在合同授权的范围内处理个人信息时，应该对信息处理者的权利提供必要的保护。因此，个人信息保护法不能完全替代数据保护规则。

（三）数字时代更应注重维护数字人格权益

传统民法学将物权与债权作为研究重点，民法常常被认为是保护公民财产权与市场交易的法律。20 世纪以来，人格权逐渐成为私法体系的重要组成部分[①]，在财产领域，雷丁教授提出了“人格物”的概念。她借助黑格尔的理论，认为财产的重要特征是人的意志在物上的实现，因此财产权保护应以人格实现为目标；同时，为了保障个人人格的发展，社会也会对财产权施加一些限制。[②] 康奈尔大学的格雷戈里·亚历山大（Gregory Alexander）教授指出，财产保护的目的是实现人的发展，人们常常通过财产来界定自身的人格，应注重财产权保护中的社群价值。[③] 布鲁斯·阿克曼（Bruce Ackerman）在财产权与宪法的交叉研究中指出，现代社会对财产权的保护应以公民的人格尊严为基础。[④] 在合同领域，一系列研究也聚焦人格权益的重要性。例如，20 世纪六七十年代兴起的关系型契约理论发现，社会中的大量合同并不是高度商业化与去人格化的；大量的民事合同甚至商事合同，都以人与人之间的人格信任为基础。因此，合同法不仅保护当事人之间的交易本身，也应当保护当事人之间的信任关系与人格尊严。[⑤] 再如，一些强调选择与自治的合同法理论也指出，个体选择与意思自治的基础在于公民的

---

① 参见王利明：《民法典人格权编的亮点与创新》，载《中国法学》2020 年第 4 期；石佳友：《人权与人格权的关系——从人格权的独立成编出发》，载《法学评论》2017 年第 6 期，第 98－108 页。

② See Margaret Jane Radin，“Property and Personhood”，34 *Stanford Law Review* 957（1982）.

③ See Gregory S. Alexander，“Property as a Fundamental Constitutional Right? The German Example”，88 *Cornell Law Review* 733，747（2003）；Gregory S. Alexander，“Dilemmas of Group Autonomy：Residential Associations and Community”，75 *Cornell Law Review* 1，11（1989）；Gregory S. Alexander & Eduardo M. Peñalver，“Properties of Community”，10 *Theoretical Inquiries in Law* 127，160（2009）.

④ See Bruce Ackerman，*Private Property and the Constitution*，Yale University Press，1977.

⑤ See Ian R. Macneil，“Relational Contract Theory：Challenges and Queries”，94 *Northwestern University Law Review* 877（2000）；Lisa Bernstein，“Opting out of the Legal System：Extralegal Contractual Relations in the Diamond Industry”，21 *The Journal of Legal Studies* 115（1992）.

人格尊严，即个体有能力为自身的自由意志负责。[①]

在数字时代，人格权应当得到更多的关注和重视。这是因为，数字化时代的财产与合同中可能涉及个人的人格权益。以财产为例：很多企业都从财产权的视角看待财产性利益，如在用户协议中规定用户账户归企业所有。但从用户的角度看，此类账户常常与人格权益不可分离。一旦企业封禁个人的社交、邮箱账户，用户受到的不仅是财产性损失，而且包括对个人人格尊严的侵害，甚至是“社会性死亡”。在前文提到的用户协议等合同关系中，公民的人格尊严价值也日益凸显。在平台企业与个人所形成的不平等关系中，个人的自由意志常常受到支配。近年来，域外民法学界兴起了一系列对“信息支配”（information manipulation）问题的研究[②]，其根源在于人们认识到，数字时代的个人意思自治能力受到严重威胁。在数字时代更应注重个人人格权益的保护，打造值得用户信任的数字平台。

在数据问题上，其人格权益的特征更为显著。在近年来的数据法研究中，已经有越来越多的学者指出，大数据虽然具有财产属性，但并不完全等于“石油”，而是包含了很强的人格利益属性。在大陆法系，隐私与个人信息一直被列入人格权保护的范畴。[③] 在英美法系，数据保护的人格权进路也具有持续的影响力。例如爱德华·布洛斯汀（Edward Bloustein）认为，侵犯数据隐私是“对人类尊严的打击，对人类人格的攻击”[④]。安妮塔·艾伦（Anita Allen）指出，对隐私与个人信息的保护，应被视为“不可随意放弃的权益”[⑤]。朱莉·科恩（Julie Co-

---

① See Hanoch Dagan & Michael Heller, *The Choice Theory of Contracts*, Cambridge University Press, 2017.

② See Jack M. Balkin, “Information Fiduciaries and the First Amendment”, 49 *UC Davis School of Law Review* 1183 (2016).

③ 数据隐私法的权威学者施瓦茨将大陆法系的这种保护进路称为不可让渡性（inalineable）权利，see Paul M. Schwartz & Karl-Nikolaus Peifer, “Transatlantic Data Privacy Law Review”, 106 *The Georgetown Law Journal* 115, 127 (2017)。

④ Edward J. Bloustein, “Privacy as an Aspect of Human Dignity: An Answer to Dean Prosser”, 39 *New York University Law Review* 962, 974 (1964).

⑤ Anita L. Allen, *Unpopular Privacy: What Must We Hide?*, Oxford University Press, 2011.

hen）则指出，大数据对个人人格尊严造成了系统性的影响。[①] 劳伦斯·舒尔茨（Lauren Scholz）指出，个人信息关乎人格，就“像手和腿一样，是一个人不可分割的一部分”[②]。数据行业的兴起，使数据企业、规制机构与个人形成了一种权力不平等的“处理关系”，亟须法律对其进行保护。[③]

四、侵权责任法的发展：从有形财产到数字权益保护

传统侵权责任法主要以有体物为保护对象。在农业与小工商社会，侵权大多损害确定、因果关系简单、侵权方与被侵权方关系相对清晰。进入数字时代后，侵权责任法所面临的情形发生了重大变化。首先，数据侵权成为亟须解决的民事难题，仅仅依靠反不正当竞争法难以对数据权益进行有效保护。其次，“大规模微型侵害”成为重要的侵权类型。这种“大规模微型侵害”是指，对个体而言，损害可能是微型的，但是它常常针对众多的信息主体，所以又是大规模的。[④] 再次，网络平台的兴起也使侵权责任的界定变得更为复杂，平台具有媒介的特征，传统上可能被免除责任或适用避风港规则[⑤]，但随着平台组织与管理功能的增强，其履行合理安全保障的守门员责任也日益凸显。[⑥] 最后，算法与人工智能的兴起使很多侵权认定变得复杂。[⑦] 由于侵权责任法所要解决的问题发生重大变

---

① See Julie E. Cohen, “Examined Lives: Informational Privacy and the Subject as Object”, 52 *Stanford Law Review* 1373, 1382 (2000).

② Lauren Henry Scholz, “Big Data is Not Big Oil: The Role of Analogy in the Law of New Technologies”, 85 *Tennessee Law Review* 863 (2020).

③ 参见王苑：《数据权力视野下个人信息保护的趋向——以个人信息保护与隐私权的分立为中心》，载《北京航空航天大学学报（社会科学版）》2022 年第 1 期。

④ 参见［德］格哈特·瓦格纳：《损害赔偿法的未来——商业化、惩罚性赔偿、集体性损害》，王程芳译，中国法制出版社 2012 年版，第 178 页；王利明、丁晓东：《论〈个人信息保护法〉的亮点、特色与适用》，载《法学家》2021 年第 6 期。

⑤ 参见薛军：《〈电子商务法〉平台责任的内涵及其适用模式》，载《法律科学》2023 年第 1 期。

⑥ 参见张新宝：《互联网生态“守门人”个人信息保护特别义务设置研究》，载《比较法研究》2021 年第 3 期；程啸：《侵权责任法的希尔伯特问题》，载《中外法学》2022 年第 6 期。

⑦ 参见冯珏：《自动驾驶汽车致损的民事侵权责任》，载《中国法学》2018 年第 6 期；郑志峰：《自动驾驶汽车的交通事故侵权责任》，载《法学》2018 年第 4 期。

化，数字时代的侵权责任法应当在保护功能、内容、方法等多方面作出相应的改变。

（一）数据权益保护：从反不正当竞争法到侵权责任法

目前，我国对数据产品的侵权保护尚未形成共识，实务中主要通过《反不正当竞争法》对其提供相应的保护。无论理论界还是实务界，比较流行的观点认为，应当通过反不正当竞争法对数据权益进行保护，对于行为人抓取、使用他人数据的行为，应当适用《反不正当竞争法》第 2 条和第 12 条的规则进行调整。对于相关主体控制、持有的数据，其他主体具有不当抓取、使用等行为，妨害竞争秩序的，可依照《反不正当竞争法》第 2 条等规则予以处理。[①] 在我国司法实践中，有些法院也通过反不正当竞争法的规则调整相关纠纷。例如，在被称为"全国首例大数据产品不正当竞争案"的"安徽美景信息科技有限公司与淘宝（中国）软件有限公司不正当竞争纠纷案"[②] 中，法院认为：侵害数据产品应属于反不正当竞争法规制的范围。此种观点有一定道理，因为：一方面，数据权益的侵害大多来自不正当竞争行为，相关行为本身具有违法性，通过反不正当竞争法可以有效制裁、遏制相关的行为；另一方面，从比较法上看，有些国家也采取了类似的立场，如《德国民法典》第 823 条第 2 款也规定了违反保护他人的法律的侵权责任问题；此外，从立法层面看，我国《反不正当竞争法》的规则已经十分完善，通过反不正当竞争法保护数据也是妥当的。

但简单运用反不正当竞争法难以保护数据权益，主要理由在于以下五点。

第一，反不正当竞争法主要是公法，数据虽然具有公共性，但完全以公法代替私法的保护是不妥当的。从比较法来看，在德国法中，反不正当竞争已经纳入侵权的范畴，其行为规范被认为是保护性法律和善良风俗在竞争领域的具体化。因此，反不正当竞争法的民事责任规范是对竞争者施加特殊行为要求的特别侵权责任法，侵权责任法与反不正当竞争法属于一般法和特别法的关系，反不正当竞

---

① 参见李恩正：《关于数字产权保护等问题的思考——中国法学会民法学研究会 2022 年年会会议简报第九期》，https://weibo.com/minshangfalv，2022 年 11 月 24 日访问。

② 浙江省高级人民法院（2018）浙 01 民终 7312 号民事判决书。

争法中侵权规范会对一般侵权的构成、后果、责任形式等各个方面进行具体化、补充和严格化。[①] 这一立法经验是值得借鉴的。

第二，反不正当竞争法主要规范特定的不正当竞争行为。[②]《反不正当竞争法》第12条第4项虽然设置了兜底条款，即“其他妨碍、破坏其他经营者合法提供的网络产品或者服务正常运行的行为”，但其只针对行为的违法性问题，并没有提出确权的问题，更没有确定权利的内容。通过该规则调整数据，虽然明确了抓取、利用他人数据行为的违法性，但并没有回答该行为究竟侵害了何种权利的问题，也不能代替民法侵权责任对受害人的保护。

第三，侵权责任不仅可以确认侵害权益的对象，而且可以明确侵权责任的构成要件，如过错、因果关系等，其在责任的确认方面更为精细和规范。通过侵权责任规则保护数据，也可以指引法官准确认定相关的责任。通过反不正当竞争法规则调整侵害数据的行为，可能仅能根据违法性认定相关的责任，而无法确认是否侵害了相关权利，是否有因果关系等，此种保护模式显然过于笼统，也会给法官过大的自由裁量权。例如，《反不正当竞争法》第2条第2款规定：“本法所称的不正当竞争行为，是指经营者在生产经营活动中，违反本法规定，扰乱市场竞争秩序，损害其他经营者或者消费者的合法权益的行为。”该条款非常原则、笼统，仅以该条来处理客体权益复杂、主体多样、侵权形态各异的数据侵权纠纷，确实过于简单化。

第四，数据权益本身具有综合性，需要对不同的权益主体的权益内容进行整体考量与利益平衡，而这需要以数据确权为前提。[③] 反不正当竞争法显然没有作出此种利益冲突的考量，如在个人信息与数据权益发生冲突时，反不正当竞争法显然难以适用，如果适用该法调整此类关系，反而会使当事人之间的权利义务关

---

① Deutsch/Ahrens, Deliktsrecht: Unerlaubte Handlungen • Schadensersatz • Schmerzensgeld, Aufl. 5, 2009, Rn. 261. 420. 734.

② See Frauke Henning-Bodewig ed., *International Handbook on Unfair Competition*, C. H. Beck, Hart, Nomos, 2013, pp. 41－75.

③ See Shyamkrishna Balganesh, “‘Hot News’: The Enduring Myth of Property in News”, 111 *Columbia Law Review* 419, 438－440 (2011).

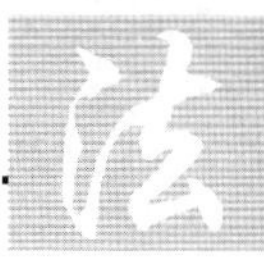

系更加模糊，也更难以有效处理相关的纠纷。

第五，没有对数据权益的确权，难以形成有效的激励机制。反不正当竞争法虽然具有鼓励竞争的目的，但其侧重点并不在于对具体权益的保护。[①] 通过确权的方式保护个人对数据财产权益的产生所做出的投入与贡献，从而不断激励创新，可能更有意义。

从责任形式来看，我国《民法典》侵权责任编是以损害赔偿责任为中心构建的，但其也可以适用于对数据的保护，尤其是《个人信息保护法》已经对侵害个人信息的民事责任作出了规定，对侵害数据的行为也完全可以适用侵权责任法的规则。此外，针对数据侵权行为，停止侵害、赔礼道歉等侵权责任承担方式也是适用的。应当看到，《民法典》第127条在性质上是不完全法条，其主要是引致规范和宣示条款，但由于数据属于民事权益，因此，可以将该条规定与侵权责任编的过错责任条款等规则结合起来，形成完全法条，从而准确认定数据侵害的侵权责任。

（二）侵权责任法的功能：从事后过错认定到事前风险预防

过错认定是传统侵权责任法的核心。布莱克斯通早在18世纪就指出，侵权责任法就是过错法。[②] 直至当代，有的学者仍然将判断过错视为侵权责任法的核心功能。例如，加拿大多伦多大学的两位教授亚瑟·里普斯坦（Arthur Ripstein）和欧内斯特·韦恩利布（Ernest Weinrib）认为，侵权责任法的核心功能是确定一方对另一方是否具有过错，应将不符合这一特征的法律救济排除在侵权责任法之外。[③] 美国哈佛大学法学院的约翰·戈德堡（John Goldberg）和福特汉姆大学法学院的本杰明·齐普斯基（Benjamin Zipursky）认为，侵权责任法就是确认过错的法。[④] 他们借助康德等古典自由主义哲学理论与分析哲学理论，对侵

---

① See Julie Brill, "Competition and Consumer Protection: Strange Bedfellows or Best Friends?", 11 *Antitrust Source* 1, 3 (2010).

② See Blackstone William, *Commentaries on the Laws of England*, Book Ⅲ, Oxford: OUP, 1765.

③ See Ernest J. Weinrib, *The Idea of Private Law*, Oxford University Press, 2012; Arthur Ripstein, *Private Wrongs*, Harvard University Press, 2016.

④ See John Goldberg & Benjamin Zipursky, *Recognizing Wrongs*, Harvard University Press, 2020.

权责任法的功能进行了严格的限定。

但进入工业化特别是数字时代以来，侵权责任法的重心越来越注重预防侵害风险。随着社会大规模生产和风险社会的兴起，人们越来越多地面临着侵权链条复杂的产品风险和事故风险。面对这类侵权，在西方侵权责任法的研究中，事故法与过失法逐渐成了现代侵权责任法研究的重心。① 在这类侵权中，侵权结果常常不是由一个主体的过错行为形成的，而是有多个链条的复杂活动。正如格雷戈里·基廷（Gregory Keating）教授所言，如果说传统侵权责任法关注的重心是“行为的世界”（world of act），那么现代侵权责任法关注的重点是“活动的世界”（world of activities）②。在数字时代，风险预防更为重要。由于网络技术的应用，侵权损害的后果一旦造成，就可能迅速蔓延和发酵，这种损害后果甚至是无法估量的。

从预防侵害风险出发，数字时代的侵权责任法应注重合理的责任分配，以形成合理威慑，避免或降低侵害风险。③ 例如，在个人信息与数据侵权中，数据的泄露常常既有数据处理者的安全保护漏洞，也有黑客等侵害者的责任；在算法侵权中，侵害常常由程序设计者、产品制造者、算法使用者的多方活动构成；在平台的各类侵权中，既存在平台内主体自身的责任，也涉及平台的安全保障等责任。侵权责任法研究应着重分析何种责任分配能够更有效地避免事故的发生，同时维持产业发展与社会的有效运转。

在侵权责任法的研究中，现代侵权责任法的权威学者圭多·卡拉布雷西（Guido Calabresi）较早提出了“最小成本预防者”（cheapest cost avoider）的概念，认为现代侵权责任法应当将责任分配给能够用最小成本防止事故发生的主

---

① See Catherine M. Sharkey, “Modern Tort Law: Preventing Harms, Not Recognizing Wrongs”, 134 *Harvard Law Review* 1423, 1454 (2021).

② Gregory C. Keating, “Is Tort Law Private”? in Oberdiek, J. & Miller, P. eds., Civil Wrongs and Justice in Private Law, *Oxford University Press*, 2019.

③ 我国《民法典》对此也进行了一定的回应，参见周友军：《〈民法典〉侵权责任编的守成与创新》，载《当代法学》2021年第1期。

体。[①] 在数字法学的研究中，很多侵权责任法学者将这一理论应用在个人信息、算法、平台责任等问题上。例如，美国杜克大学的詹姆斯·格里梅尔曼（James Grimmelmann）教授认为，个人信息处理者就像水库的所有者，个人信息泄露就像水库泄洪，个人信息处理者是最能有效避免事故发生的主体[②]；美国纽约大学的凯瑟琳·沙基（Catherine Sharkey）教授认为，网络平台如能用较小成本即发现和阻碍其平台内商家的侵权，就应承担侵权责任。[③] 德国洪堡大学的格哈特·瓦格纳（Gerhard Wagner）教授认为，普通用户使用人工智能产品发生侵权行为，软件设计者或产品制造者应承担相应的产品责任，因为他们更了解人工智能产品，更能有效避免侵权事故的发生。[④]

在我国与域外的数字法治的司法实践中，法院也经常采取此类进路。例如，在"庞某与北京趣拿信息技术有限公司等隐私权纠纷案"中，庞某在趣拿公司下辖网站"去哪儿网"购买东航机票，其后收到诈骗短信。此案的二审法院适用举证责任倒置规则，引入了高度可能性的证明标准，认定趣拿公司应承担责任。[⑤] 在这一案件中，二审法院实际上引入了风险预防的理念，让最可能导致风险发生的企业承担责任。在国外，法院也在一些案例中引入了概率理论、市场份额理论等来解决复杂侵权问题。其核心理念是，在过错难以确定的复杂侵权中，应让最能有效预防风险的主体承担责任。[⑥]

（三）赔偿救济功能的多样化：从补偿到治理

在传统侵权责任法中，对个体的救济主要是补偿个体遭受的损害。但在数字

---

① See Guido Calabresi, *The Costs of Accidents. A Legal and Economic Analysis*, *Yale University Press*, 1970, pp. 311 - 318.

② See James Grimmelman, "Privacy as Product Safety", 9 *Widener Law Journal* 793 (2010).

③ See Catherine M. Sharkey, "Products Liability in the Digital Age: Online Platforms as 'Cheapest Cost Avoiders' ", 73 *Hastings Law Journal* 1327, 1327 - 1351 (2022).

④ See Gerhard Wagner, *Liability for Artificial Intelligence*: *A Proposal of the European Parliament*, SSRN (Jul, 162021), https://ssrn. com/abstract=3886294, accessed November 24, 2022.

⑤ 参见北京市第一中级人民法院（2017）京 01 民终 509 号民事判决书。

⑥ See Aaron D. Twerski, "Market Share—A Tale of Two Centuries", 55 *Brooklyn Law Review* 869 (1989); George L. Priest, "Market Share Liability in Personal Injury and Public Nuisance Litigation: An Economic Analysis", 18 *Supreme Court Economic Review* 109 (2010).

时代，大规模微型侵权成为重要的侵权类型，严格遵循损害赔偿的补偿原则可能面临严峻的挑战。被侵权方常常是多个或海量个体，而且其损害常常具有微型、不确定的特征。在此类侵权中，如果侵权责任法救济以个体补偿为原则，就会面临种种问题。不但个体遭到的侵害难以获得有效救济，而且难以实现对大规模群体的有效救济与保护：其一，是否存在损害常常难以认定。在大规模微型侵权中，损害可以做宽泛界定，也可以做严格限定，仅限于具有实质性的具体损害。在司法实践中，各国对于损害的认定存在较大争议。例如，美国联邦最高法院认为个人信息泄露产生了具体损害，但并不存在侵权责任法上可以救济的损害。[①]其二，即使认定大规模微型侵权的损害，损害赔偿的具体数额也常常难以确定。例如，个人信息泄露造成的损害可能因人而异，因不同情形而异。其三，个体的补偿性主张也难以实现。在大规模微型侵权中，大量侵害都存在潜在的风险。

为应对上述难题，侵权责任法应注重不同救济方式和救济功能，以实现大规模微型侵权的有效治理。首先，应适用补偿之外的其他救济方式。我国《民法典》第179条规定，承担民事责任的方式包括停止侵害、排除妨碍、消除危险等多种方式，应在大规模微型侵权中采纳这些方式。此类救济方式不仅有利于对个体进行救济，防止损害与风险进一步扩大，而且有利于保护更广泛的群体，实现大规模微型侵权的有效治理。以个人信息侵权为例，很多国家和地区的法律都把停止侵害、排除妨碍、消除危险作为免予被提起个人信息之诉的条件。例如，《加州消费者隐私法案》规定，如果企业在接到消费者投诉的“30天内实际补救了所发现的违规行为，并向消费者提供了一份明确的书面声明，说明违规行为已得到补救，不再发生违规行为，那就不得对企业提起个人或集体的法定损害赔偿诉讼”[②]。

其次，侵权救济可以根据不同的损害情况，采取不同的损害赔偿计算方式。[③] 在损害较为明确而且损害数额较大的情形中，损害赔偿的数额可以按照实

---

① 代表性案例，参见Spokeo，Inc. v. Robins，136 S. Ct. 1540，1549（2016）；Trans Union LLC v. Ramirez，141 S. Ct. 2190（2021）。

② 美国《加利福尼亚州民法典》第1798.150节（b）.

③ 参见王利明：《我国〈民法典〉侵权责任编损害赔偿制度的亮点——以损害赔偿为中心的侵权责任形式》，载《政法论丛》2021年第5期。

际损失确定。在此类案件中，由于赔偿数额较大，按此方案既可以对受害者进行补偿，也可以对相关主体产生足够威慑。但在损害数额不明确或微型侵权的情形中，则可以采取获利返还的规则确定数额或设定法定赔偿额。我国《民法典》第1182条规定，赔偿数额可以按被侵权人“受到的损失或者侵权人因此获得的利益”计算，或者“根据实际情况确定赔偿数额”，《个人信息保护法》第69条作出了类似规定，也不再局限于以个体补偿作为损害赔偿的标准。域外有的法律则直接设定法定赔偿额，例如《加州消费者隐私法案》规定，企业因违规而导致泄露、盗窃或披露的，可以主张100美元到750美元的损害赔偿金或实际损害赔偿金。[①]

最后，侵权救济应注重和行政规制等法律的配合协调。[②] 大规模微型侵权与风险社会的兴起，带来了一系列风险规制性法律的兴起，从环境污染、食品安全到个人信息保护、平台责任与网络安全，这类领域法往往需要公法与私法的密切配合。[③] 相比侵权责任法制度，公法规制有一些自身优势，例如，行政机关常常配备有专业人员，并且可以直接对社会群体进行事前预防。[④] 但是，侵权责任法也有自身独特的优势。侵权责任法作为一种事后救济方式，可以为产业发展提供合理空间，避免行政机关恣意武断的事前禁止；侵权责任法通过原告与被告的控辩，可以为相关问题提供更多的论辩空间与专业信息；侵权责任法通过合理的损害赔偿，也可以威慑潜在的侵权者，从而保护社会群体。[⑤] 在救济问题上，在数字领域应协调配合，注重发挥公法与私法各自的比较优势；同时，也要注意避免对侵权方科以重复赔偿或惩罚。

---

① 参见美国《加利福尼亚州民法典》第1798.150节（a）.

② 参见朱虎：《规制法与侵权责任法》，中国人民大学出版社2018年版。

③ 参见谢鸿飞：《个人信息泄露侵权责任构成中的“损害”——兼论风险社会中损害的观念化》，载《国家检察官学院学报》2021年第5期；丁晓东：《从个体救济到公共治理：论侵害个人信息的司法应对》，载《国家检察官学院学报》2022年第5期。

④ Richard B. Stewart，“Regulatory Compliance Preclusion of Tort Liability：Limiting the Dual-Track System”，88 *The Georgetown Law Journal* 2167（2000）.

⑤ See Robert L. Rabin，“Reassessing Regulatory Compliance”，88 *The Georgetown Law Journal* 2049（2000）.

五、结语：制定专门的数据保护立法

《意见》提出："加强数据产权保护、数据要素市场制度建设、数据要素价格形成机制、数据要素收益分配、数据跨境传输、争议解决等理论研究和立法研究，推动完善相关法律制度。"这就对数字时代民法的发展与完善提出了新要求。为顺应高科技发展的要求，《民法典》第127条对数据和网络虚拟财产的保护作出了规定。《民法典》人格权编和侵权责任编的许多规则可以适用于对数据的保护，但毕竟缺乏特别针对数据保护的具体法律规则。从比较法来看，欧盟于2022年提出了《数据法案》（Data Act）提案，并预计在2023年通过。[①] 这一法案赋予了数据用户对于数据企业的访问权与利用权，进一步完善了欧盟的数据法律体系。这对我国民事立法不无借鉴意义。未来，我国有必要按照《意见》所作出的规划，通过专门的保护数据的立法，对数据权益提供全方位保护，既包括公法保护，也包括民法保护；在民法保护中，也应当综合侵权责任、人格权请求权、违约责任等多种方式，对数据权益提供全方位保护。目前，我国的数字技术与国外呈现大致同步发展的趋势，在部分领域，我国的数字场景甚至更为丰富。因此，我国民法应面向数字时代的内在需要，不断与时俱进、发展完善。

---

① Proposal for a Regulation of the European Parliament and of the Council on harmonised rules on fair access to and use of data (Data Act), COM (2022) 68 final (2022).

数据何以确权*

引　言

我们已经进入数字经济时代。数据是重要的新型财富，被称为“最有价值的资源”①。数字经济在一国的国民生产总值或者国家财富中的比重不断上升，未来世界经济的竞争很大程度上是数字经济的竞争。② 数据的保护和利用也因此成为各国普遍关注的重大问题。我国《民法典》第127条对数据权益的民法保护作出了宣示性规定，宣告了数据权益本身就是一种民事权益类型，数据权益作为民事权益体系的重要组成部分，应当受到民法典关于民事权益保护规则的调整。

然而，从立法层面看，我国目前尚无全国性的法律、行政法规对数据权益作

* 原载于《法学研究》2023年第4期。

① The World's Most Valuable Resource Is No Longer Oil, but Data, in The Economist, London, 6 May 2017, www. economist. com/leaders/2017/05/06/the-worlds-most-valuable-resource-is-no-longer-oil-but-data, last visited on 2022-07-07.

② 根据中国信息通信研究院最新发布的《全球数字经济白皮书》，2016—2022年，中国数字经济年均复合增长14.2%；2022年，数字经济占GDP比重为58%。参见《北京青年报》2023年7月6日，第A6版。

出具体界定，一些地方性立法在数据保护方面进行了相关探索。[①] 2022 年 12 月 2 日公布的中共中央、国务院《关于构建数据基础制度更好发挥数据要素作用的意见》（以下称“数据二十条”）就建立数据产权制度、数据要素流通与交易、数据要素收益分配以及数据要素治理等基础制度提出了非常全面系统的意见，对于规范数据的保护和利用具有非常重要的指导作用。但是，地方立法和中央政策文件尚不能取代全国性的立法，从国家层面推动数据产权或数据权益保护相关立法，势在必行。数据保护立法需要研究解决的基本问题是数据是否需要确权以及如何确权。有鉴于此，本文拟就数据确权的必要性和路径加以讨论，以供理论界与实务界参考。

一、为何确权：数据确权可有效激励数据生产和流通

所谓数据确权，是通过对数据处理者等赋权，使其对数据享有相应的法律控制手段，从而在一定程度或范围内针对数据具有排除他人侵害的效力。数据的特性是可复制性、非竞争性、非排他性、非耗竭性[②]，这就使得对于数据的取得和利用难以通过物理方式加以阻隔，而必须依靠对数据进行确权等法律手段，否则很难保护相关主体的数据权益。尤其应当看到，数据权益和知识产权等权益的不同之处在于，在数据中存在的各种权益通常并不是归属于某一主体，而是可能分别归属于不同主体。在此情形下，很容易发生各种权益之间的冲突，数据处理者的权利难以得到保护，尤其是不能形成对数据生产和流通的有效激励机制。

经济学认为，激励是一个人对惩罚或奖励产生预期从而作出相应的反应。[③] 数据确权旨在建立促进数据生产的激励机制，进而更好地开发和利用数据，更好

---

① 例如，2021 年《上海市数据条例》虽然回避了数据权的概念，但单设第二章规定了“数据权益保障”；2022 年《重庆市数据条例》采用的是“合法权益”的表述。

② 参见张平文、邱泽奇编著：《数据要素五论：信息、权属、价值、安全、交易》，北京大学出版社 2022 年版，第 71 页。

③ 参见［美］N. 格里高利·曼昆：《经济学原理》（第 8 版·微观经济学分册），梁小民等译，中国人民大学出版社 2020 年版，第 7 页。

地发挥数据作为新型生产要素的作用。

（一）数据确权将有效激励数据生产

激励数据生产必须尊重和保护劳动。在数据的开发过程中，数据处理者投入大量的资金、人力和物力，需要通过法律赋权使其产生合理预期，从而获得回报、获取收益，否则将极大地挫伤人们创新的动力和积极性。[①] 正因如此，“数据二十条”指出，“保障其投入的劳动和其他要素贡献获得合理回报”，并提出了建立保障权益、合规使用的数据产权制度，其目的就在于建立激励机制，激励相关主体投入数据的生产和流通，充分实现数据要素价值，激活数据要素潜能，做强做优做大数字经济。

数据是一种新型财产[②]，它蕴藏着难以估量和评价的巨大价值。自然资源具有稀缺性、消耗性和不可再生性，其利用潜能是有限的，而数据资源具有不可消耗性、无限再生性，其利用价值是无限的。数据可以每天数以亿计地产生，例如，日常网络购物、网络约车等过程中会自动产生大量的信息，其通常不会留痕，这些信息若要形成数据，需要由平台经营者收集和加工，才能形成有价值的数据。数据价值的形成、创造都需要相关主体投入一定的资金、技术和劳动；否则，每天大量自动产生的成千上万的信息难以生成可供利用的数据，甚至会自动消失，这也意味着数据财富被白白浪费。因此，数据财产是一种投入劳动才能形成的财产。

数据生产包括数据收集、数据整理和数据挖掘等活动，都依赖劳动。劳动可以创造数据的价值，或者使数据增值，相应地，这种创造价值的劳动应当得到法律的尊重与保护，并需要在法律上构建相应的权利保护机制。从这一意义上说，数据确权是尊重劳动的应然结论。洛克在其著名的《政府论》中指出：“既然劳动是劳动者的无可争议的所有物，那么对于这一有所增益的东西，除他以外就没

① See Florent Thouvenin, Rolf H. Weber & Alfred Früh, Data Ownership: Taking Stock and Mapping the Issues, in Matthias Dehmer, Frank Emmert-Streib (eds.), *Frontiers in Data Science*, CRC Press, 2017, p. 115.

② 也有学者将其称为“准财产”（quasi-property）。See Shyamkrishna Balganesh, “Quasi-Property-Like, But Not Quite Property”, 160 *University of Pennsylvania Law Review* 1889 (2012).

有人能够享有权利”[①]，这就揭示了劳动不仅创造价值，而且是财产权的源泉。在马克思“劳动价值论”的观念下，劳动成为产权的来源。这一原理同样可以适用于数据确权问题。“数据二十条”指出，“尊重数据采集、加工等数据处理者的劳动和其他要素贡献”，也意在强调尊重与保护相关主体在数据生产中的劳动和贡献。我国司法实践也采纳了这一原理。例如，在“淘宝（中国）软件有限公司诉安徽美景信息科技有限公司不正当竞争纠纷案”中，法院肯定了淘宝对数据产品形成投入的劳动应当受到保护。[②] 但该案并没有回答在法律上是否应当承认其对形成的数据产品享有权益。数据处理者合法实施的数据处理行为需要付出相应的成本，理应享有相应的民事权利。[③]

数据确权有利于激励数据生产。具体而言：一是保护预期。有恒产者有恒心。这里的“产”，不限于在农业社会存在的动产和不动产，也不限于在工业社会产生的知识产权，还应当包括大数据时代的新型财产即数据。只有保护数据财产，才能使人们产生未来取得利益的合理预期，从而产生投资、生产数据的意愿，产权的激励效应由此得以发挥。这种期待包括数据处理者能够享有相关权利的期待，能够持有、加工、使用数据资源的期待，能够将数据投入流通并充分利用的期待[④]，能够将数据用于融资担保、投资入股的期待等。二是“逐数兴业”，即通过便利计算数据投资及其合理回报，鼓励企业大力生产数据，投资创业。对数据确权后，相关主体进行数据投资时，就可以对成本与收益进行更为精确的计算。赋予数据处理者相应的权利，实际上是保障数据处理者相应的收益，只有在收益大于成本时，数据处理者才会有生产数据的动力，如此才能激励人们积极投入数据生产。三是定分止争。数据确权是数据保护的前提，也是数据保护的基础。如果法律没有对于数据处理者及其他主体针对数据享有的权益作出公正、高效与合理的界定，那么围绕数据归属和利用的纷争将难以从根本上解决，从而不

① ［英］洛克：《政府论》，叶启芳、瞿菊农译，商务印书馆1996年版，第19页。

② 参见浙江省杭州市中级人民法院（2018）浙01民终7312号民事判决书。

③ 参见程啸：《论大数据时代的个人数据权利》，载《中国社会科学》2018年第3期，第118页。

④ See Katharina Pistor, “Rule by Data: The End of Markets”, 83 (2) *Law & Contemporary Problems* 105 (2020).

利于数据生产。

（二）数据确权有利于促进数据流通

从经济学角度看，确认产权不仅为交易和流通提供了前提，也有助于提高交易和流通的效率，降低交易和流通的成本。① 科斯定理认为，只有在初始权利确定后，才能产生交易，一旦交易成本大于零，产权就是重要的，不同的产权界定所隐含的交易成本是不同的。只有合理界定产权，才能降低交易成本，从而鼓励交易。② 问题在于，如何降低交易成本。这就必须寻求交易成本相对较低的产权制度安排。虽然上述观点主要适用于有形财产，但其基本原理同样能够适用于数据等无形财产。有学者指出，从历史上看，知识产权的保护促进了作品、商标、专利的披露与流通。③ 类似地，如果不承认数据处理者对数据享有权益，通过合作实现的数据再生产乃至数据的培育和开发利用等就会难以进行。数据确权有利于促进数据流通，具有以下几方面的理由。

第一，数据确权为数据流通提供了确定性和可预见性，从而减少了相应的法律风险。“数据二十条”指出，“探索建立数据产权制度，推动数据产权结构性分置和有序流通”。这就解释了数据确权与数据流通的相互依存关系。从法律上看，数据确权也是数据流通的前提和基础，二者密切联系、不可分割。正如产权学派的代表学者登姆塞茨所言，“当一种交易在市场中议定时，就发生了两束权利的交换……正是权利的价值决定了所交换的物品的价值”④。数据产权安排既是数据合规流通的前提，也是数据合规流通的重要内容。一方面，只有存在明晰的产权，数据交易才具有确定性。随着我国数据市场的蓬勃发展，数据许可利用、融资担保、投资入股等经营方式纷纷涌现，但因为缺乏对数据的确权，相关交易的确定性存疑，这也导致数据流通受阻。如果相关主体对所交易的数据并不享有产

① 财产权可以降低信息成本。See Henry E. Smith，“Property and Property Rules”，79 *New York University Law Review* 1719，1791 - 1793（2004）.

② See R. H. Coase，“The Problem of Social Cost”，3 *Journal of Law and Economics* 1，15 - 19（1960）.

③ See Mark A. Lemley，“The Surprising Virtues of Treating Trade Secrets as IP Rights”，61 *Stan. L. Rev.* 311（2008）.

④ ［美］H. 登姆塞茨：《关于产权的理论》，载［美］R. 科斯、A. 阿尔钦、D. 诺斯等：《财产权利与制度变迁：产权学派与新制度学派译文集》，刘守英等译，上海人民出版社 1994 年版，第 96 页。

权，则当事人能否如愿实现缔约目的，存在不确定性，这也可能危及交易安全和秩序。另一方面，只有对数据进行确权，相关主体才能确信交易具有合法性。反之，数据交易本身可能面临极大的法律风险，当事人对交易缺乏信心，这也是目前影响数据流通的重要障碍。

第二，数据确权有利于减少数据流通的障碍。数据类型具有多样性，数据之上可能存在多种权利，不对数据进行确权，可能会极大地增加权属信息检索成本和其他交易成本，从而妨碍数据交易与流通。一方面，数据处理者不知道其对数据究竟享有哪些权利。在缺乏明确的权利内容规定时，数据处理者自身也许可以对数据进行事实上的利用，但无法通过合法自愿的交易让他人利用数据，因为处理者不知道其是否有权以及在多大范围内有权允许他人使用这些数据，而他人要了解数据的权属状况，也需要付出极高的成本。另一方面，数据的产生还可能是多个主体分工协作的结果，如果缺乏对数据的确权，则在进行数据交易时，相对人可能难以确定该数据的权利主体，不知道该与谁进行数据交易谈判。为了明确数据的权利主体，相对人要么付出较高的成本核验出让人的财产权利，要么采取各种防范交易风险的措施如担保等，甚至可能因为不清楚交易的法律风险而放弃潜在的交易机会，这些都构成数据流通的重大障碍。① 还应当看到，数据产权不明晰也会诱发各种数据非法复制和盗取行为，导致数据权益被随意侵害。数据处理者可能需要通过各种方式防范大规模的数据“爬取”，通过各种相应的技术措施保障自己的数据安全，这也会极大地增加数据生产和持有成本，尤其是会因此导致公众无法正常利用数据，反而限制数据的供给和流通。

第三，数据确权有利于降低数据流通的成本。数据主要是在利用中产生价值，数据利用则需要借助“合同网”进行。② 但在数据确权之前，当事人为了降低数据流通的风险尤其是法律风险，可能需要对数据流通的方式、内容等作出事

---

① 有学者在20世纪60年代即指出了这一问题。See Kenneth J. Arrow，“Economic Welfare and the Allocation of Resources for Invention”，in Nat'l Bureau of Econ. Research（ed.），*The Rate and Direction of Inventive Activity：Economic and Social Factors*，Princeton：Princeton University Press，1962，p. 609.

② See Aaron Perzanowski & Chris Hoofnagle，“What We Buy When We ‘Buy Now’ ”，65 *University of Pennsylvania Law Review* 315，317（2017）.

无巨细的约定，从而会大大增加谈判成本，影响数据流通。在数据确权之后，权利人享有对合同未约定内容的控制权，有权决定在何种范围内、以何种方式流通数据，这就可能降低数据流通的风险和成本。如果法律没有赋予出让方以明确的财产权，则交易相对人会担忧出让人在拟让渡的数据上是否还面临外部权利负担或者其他人的财产权主张，并因此面临交易后的不确定性[①]，也会使数据交易的谈判受阻。

总之，数据合规、高效地流通依赖于数据确权。“数据二十条”明确提出要“建立合规高效、场内外结合的数据要素流通和交易制度”。只有对数据进行确权，才能明确数据产权的主体，奠定数据交易的基础。

（三）数据确权有利于解决“数据孤岛”的困境

对数据进行确权之后，是否会形成“数据孤岛”?“信息孤岛”或“数据孤岛”描述的是一种数据相互割裂的状况。反对数据确权的学者认为，如果各方都对数据主张权利，就会形成“数据孤岛”[②]。在这些学者看来，数据确权将使数据上存在更多权利，反而增加了数据流通的障碍。笔者认为，此种观点值得商榷。如前述，数据确权不仅不会妨碍数据流通，反而更有助于数据流通。在承认数据处理者对数据的权利后，数据处理者可以自己利用或者许可他人利用相关数据，既保障了数据处理者的权益，也有利于通过市场手段促进数据的流通与利用。如果否定数据处理者对数据享有的权益，数据处理者为了维持其对数据的控制和支配，维持其竞争优势，则可能需要采取更多的数据保护措施，这既会增加数据持有的成本，也可能产生更多的数据壁垒和“数据孤岛”现象。此外，数据确权后，相关主体也可以通过数据合理使用等制度实现对数据的利用。

“数据孤岛”的提法也来自另一方面的担忧，即确认众多的数据来源者的权利，会妨碍数据流通。诚然，数据来源多元，如果相关主体都要求确权，则会妨碍数据流通。尤其是成千上万的用户每天上网购物、网络约车、浏览社交平台

---

① See Robert P. Merges，“Contracting into Liability Rules：Intellectual Property Rights and Collective Rights Organizations”，84 *Calif. L. Rev.* 1293 (1996).

② 周汉华：《数据确权的误区》，载《法学研究》2023 年第 2 期，第 21 页。

等，都会留下大量信息，成为数据的组成部分，如果这些用户都要求享有数据财产权，就会导致数据处理者的权利与用户的权利发生冲突，进而妨碍数据的流通和利用。对此，有学者提出了数据确权的新思路，即数据确权不应当是对数据处理者确权，而应当是对用户财产权进行确权，因为大量的数据是由用户产生的。① 例如，德国学者费泽认为，“在资产阶级社会的历史上，知识产权的正当性是个人的智力创造。在21世纪的数字信息社会，数据所有权的正当性基础是数据由公民个人行为生成。由此显现出了一条清晰的历史脉络：从物上所有权到知识产权，再到行为产生的信息数据所有权”②。这也反映了为数据生产贡献信息的主体可以对因其而生的数据提出合理的权益主张。美国学者莱斯格认为，如果将数据财产权绝对排他地授予数据收集者即经营者，那么数据来源主体即用户就要花费大量的成本才能发现其信息是否被收集以及正在被如何使用，而数据收集者将不需要支付任何成本，因为其已经占据并使用着数据。③

上述观点值得商榷。数据确权实际上是确认对数据投入一定资金和劳动的人的权益，对成千上万的用户而言，信息是在日常生活中自动形成的，他们对信息并未投入额外的劳动。因此，普通用户或数据来源者留下的非个人信息的数据，并不属于我们所说的数据财产权确权的范畴。数据确权应当是对数据处理者确权，而不是确认每个用户或数据来源者对其非个人信息的数据享有财产权，因为在数据中包含用户个人信息的情形下，通过个人信息保护规则已经足以保护作为自然人的用户的权利，特别是个人信息保护规则既注重保护个人的人格权益，又通过民法典、个人信息保护法所规定的损害赔偿制度实现了对个人信息财产权益的保护，而没有必要再额外通过确认用户对非个人信息的数据享有数据财产权益的方式对其提供保护。当然，当事人可以通过合同约定，用户对非个人信息的数据享有查询、复制和更正自己数据的权益。

还应看到，即便相关数据不属于个人信息，也不应当确认用户享有相关的数

① See Nadezhda Purtova, “Do Property Rights in Personal Data Make Sense after the Big Data Turn?”, 10 *Journal of Law and Economic Regulation* 64 (2017).

② Vgl. Karl-Heinz Fezer, Dateneigentum der Bürger, 2017, S. 101.

③ See Lawrence Lessig, “Code and Other Laws of Cyberspace”, 32 *Conn. L. Rev.* 1061 (2000).

据财产权益。一方面，某些数据集合中可能包含海量用户的非个人信息的数据，如果确认用户享有相应的数据权益，则可能导致该数据难以利用。[①] 数据处理者在处理用户的个人信息时，已经通过用户协议等方式取得了用户的授权，如果再赋予用户对相关的非个人信息的数据享有财产权，则会增加交易成本并阻碍数据的流通。另一方面，法律在保护数据财产权时，保护的主要是数据集合，而非单个数据，数据资源只有集合才具有价值增量，因此，不需要赋予用户个人对数据集合享有财产权。尤其是，数据处理者所处理的相关数据虽然与用户的行为相关，但是除用户个人数据外，其他数据并没有身份识别的特点，如果赋予用户对相关的非个人信息的数据也享有财产权，则其在整个数据权利中的权利份额客观上是无法确定的，这反而会产生权利行使的冲突和困境。如果用户也能对其非个人信息的数据主张确权，确实会形成权利壁垒，妨碍数据的流通和利用。

二、依法确权：现有法律制度不能充分保护数据权益

反对数据确权的学者所持的一个重要理由是，现有法律制度已经足以实现对数据上各种权益的保护，从而没有必要单独创设数据产权制度。[②] 笔者认为，由于数据本身是一种新型财产，现有法律规则难以全面保护数据权益。

（一）反不正当竞争法保护不能替代数据确权

有观点认为，可以通过反不正当竞争法对数据进行保护[③]，即通过《反不正当竞争法》第 2 条规定的兜底性保护规则，以承担反不正当竞争法上的责任为手段，从反面对数据权益进行保护。然而，通过竞争法调整数据纠纷并设定数据财产权的边界，实际上是在缺乏数据产权立法的情形下，不得已而为之的现象。通

① 对此问题的分析，参见［英］维克托·迈尔-舍恩伯格、肯尼斯·库克耶：《大数据时代：生活、工作与思维的大变革》，周涛等译，浙江人民出版社 2013 年版，第 197 页以下。

② 参见李恩正：《关于数字产权保护等问题的思考》，中国民商法律网，https://www.civillaw.com.cn/gg/t/?id=39029，2023 年 2 月 6 日访问。

③ 参见许可：《数据保护的三重进路——评新浪微博诉脉脉不正当竞争案》，载《上海大学学报》2017 年第 6 期，第 15 页以下。

过竞争法规则保护数据，存在明显缺陷。

第一，反不正当竞争法的立法目的在于维护竞争秩序，而非确认民事权益，其无法从正面规定数据权利的内容、数据权利的限制以及数据许可使用、数据转让等规则。[①] 通过竞争法规则保护数据，回避了是否存在数据财产权这样一个重大前置问题。这一规则重点处理的是具有竞争性利用关系且构成不正当竞争的情形，但并不能考虑除此以外的大量情形中的财产权问题，特别是没有系统考虑受害方的诸多其他权益侵害救济问题。对竞争法调整方式而言，法院只是通过这种口袋式理由解决了个案，却无法通过确认权利形成一种持久而稳定的经济激励机制以保护和促进数据持有人的创新活动。

第二，对数据进行确权有利于准确判断不正当竞争行为。认定是否构成不正当竞争，仍要以所侵害的权益是否为法律所保护的权益为基础。[②] 缺乏对数据的确权，将导致数据合理使用与不正当竞争的界限难以区分。从实践来看，最为典型的侵害数据的行为是所谓“搭便车”行为，该行为是一种不正当利用他人权益甚至侵害他人权益的行为。判断行为人是否“搭便车”，以对方是否享有权益为前提。如果相关主体的权益本身不受法律保护，那么他人为什么不能“搭便车”?[③] 因此，“搭便车”与合理利用的界限，就在于是否不正当利用他人的权益，合理利用并不构成所谓“搭便车”行为。

第三，反不正当竞争法规则只能解决具有竞争关系的经营者之间的数据纠纷（《反不正当竞争法》第 2 条第 2 款）。然而在实践中，一方面，当事人可能并非经营者，自然人和数据权益主体之间也可能产生纠纷，此时反不正当竞争法将难以作为纠纷解决依据。另一方面，在侵害数据权益的案件中，当事人双方可能并不存在竞争关系，此时一概通过反不正当竞争法进行保护，将使缺乏竞争关系的

---

① 参见崔国斌：《大数据有限排他权的基础理论》，载《法学研究》2019 年第 5 期，第 22 页。

② 有学者指出，反不正当竞争法应当以财产性权益或合同性权益作为基础性参照。参见丁晓东：《互联网反不正当竞争的法理思考与制度重构——以合同性与财产性权益保护为中心》，载《法学杂志》2021 年第 2 期，第 70 页以下。

③ Mark A. Lemley，“Property，Intellectual Property，and Free Riding”，83 *Texas Law Review* 1031 (2005).

纠纷在法律适用层面出现向反不正当竞争法逃逸的现象。[①]

此外，由于反不正当竞争法并未为数据财产权提供系统的基础性保护规则，目前法官只能通过《反不正当竞争法》第12条第2款第4项网络不正当竞争行为兜底条款及同法第2条的一般条款对数据权益进行保护。但这两个条款都是兜底性、开放性的规定，因此赋予了法官过大的自由裁量权。一概适用这些条款为数据权益提供保护，无异于适用公平原则解决数据纠纷，构成向一般条款逃逸。因此，竞争法规则无法规范数据利用的具体行为，也无法对数据侵权作出具体认定并进行救济。

（二）知识产权保护不能代替数据确权

在满足特定条件时，有些数据可以受到知识产权规则的保护。[②] 例如，当数据以数据产品的形式出现时，如果该数据产品具有一定的独创性（如构成汇编作品的数据库），那么其应当受到著作权法规则的保护。[③] 再如，当数据符合反不正当竞争法所规定的商业秘密的构成要件时，则可以通过商业秘密的规则加以保护。正是由于某些数据可以成为知识产权的客体，加之数据和知识产权的客体一样均是无形财产，交易流通的主要方式是许可利用，知识产权中有关许可利用的规则也可以适用于数据交易，因此，有观点主张，借助知识产权的规则完全可以实现对数据的有效保护。[④]

上述观点有一定道理。应当看到，数据与知识产品确实具有一定的相似之处，如果数据确实具有独创性，可受到知识产权的保护；同时，知识产权的不少规则如合理利用规则，对数据确权和流转具有一定的借鉴意义。此外，从权利内容层面看，数据权益和著作权一样，都包括各种不同的权益[⑤]，如著作权包括署

---

① 参见薛军：《互联网不正当竞争的民法视角》，载《人民司法》2016年第4期，第14页。

② 参见孔祥俊：《商业数据权：数字时代的新型工业产权——工业产权的归入与权属界定三原则》，载《比较法研究》2022年第1期，第87页以下。

③ 参见黄薇主编：《中华人民共和国民法典总则编解读》，中国法制出版社2020年版，第408页。

④ 参见郝思洋：《知识产权视角下数据财产的制度选项》，载《知识产权》2019年第9期，第45页以下。

⑤ 利用权利束理论对著作权的分析，see Robert Merges，“What Kind of Rights Are Intellectual Property Rights?”，in Rochelle Dreyfuss & Justine Pila（eds.），*The Oxford Handbook of Intellectual Property Law*，Oxford：Oxford University Press，2017，pp. 57 - 94。

名权、发表权、信息网络传播权等多项权利。尽管如此，认为知识产权规则可以完全实现对数据权益的保护，显然是片面的，主要理由在于：

第一，权益结构不同。数据权益不是归属于一个主体，而是归属于不同的主体，需要区分数据来源者与数据处理者的权益分别予以保护。针对数据来源者权益，又要区分自然人主体的来源者权益以及非自然人主体的来源者在先权益，分别予以保护。但是知识产权的权利大多归属于同一主体，在确权阶段常常将其权利赋予某个单一主体，因此较少发生在多个主体之间的权属分配问题。例如，除了一些特殊的作品（如电影作品）外，著作权大多归属于同一主体。因此，数据权利保护又不同于知识产权的保护。

第二，是否有期限限制有所不同。知识产权属于法定垄断权，因此不能长期垄断，否则将阻碍技术创新和进步。超过一定期限后，知识产品就会进入公共领域。[①] 但是，数据权利通常没有期限限制，也难以发生自然灭失。[②] 数据可以永久保存，且可以同时被多人使用、收益，并且可以突破地域限制，通过网络迅速传递、收集。因此，对数据权益保护，不宜机械地设置保护期限。

第三，保护理念不同。知识产权保护的基本理念是赋予创作者垄断权利，从而激励创作者投入更多的时间和成本进行创作。[③] 但是，保护数据权利并不意味着赋予数据处理者对数据的垄断性权利，否则将不当限制数据在市场中的流通。

第四，是否涉及个人信息保护不同。知识产权通常不涉及他人的个人信息，往往不存在与个人信息权益之间的冲突，只在少数情况下涉及与个人信息或其他人格权之间的冲突。相比之下，数据上经常承载着个人信息权益，数据权利与个人信息权益之间的协调问题，是数据确权的关键。[④] “数据二十条”第 7 条提出数

---

① See Robert P. Merges，“Intellectual Property Rights and Bargaining Breakdown：The Case of Blocking Patents”，62 *Tenn. L. Rev.* 75（1994）；Mark A. Lemley，“The Economics of Improvement in Intellectual Property Law”，75 *Tex. L. Rev.* 989，1000－1013（1997）.

② 参见张钦昱：《数据立法范式的转型：从确权赋权到社会本位》，载《经贸法律评论》2023 年第 1 期，第 9 页。

③ 参见冯晓青：《知识产权法的价值构造：知识产权法利益平衡机制研究》，载《中国法学》2007 年第 1 期，第 71 页。

④ See Stephen Black，“Who Owns Your Data”，54 *Ind. L. Rev.* 305（2021）.

据来源者的合法权益和数据处理者对数据的控制权限之间的冲突协调，也体现了数据权利和个人信息权益之间的冲突。

第五，权利客体要件不同。知识产权的客体通常具有独创性或原创性，但并不是所有的数据都可以成为知识产权的客体。[①] 在美国“费斯特诉乡村电话服务公司案”案中，美国联邦最高法院认为，单纯收集的电话数据并不具有独创性，无法得到版权法的保护。[②] 我国民法典制定过程中，围绕“数据信息”是否属于知识产权的客体，曾产生过一定的争议，最终意见认为，“数据信息”不宜一概作为知识产权的客体。[③] 与知识产权相比，数据权利并不一定以独创性或者原创性等特殊要求为前提条件，只要是数据处理者收集的数据，均可以成为数据权利的客体。

基于上述数据权益与知识产权的差异，如果以知识产权保护替代数据确权，一方面，无法准确地确定数据权益，将知识产权的相关规则照抄照搬到数据确权中，会给数据确权带来有害影响。例如，知识产权的客体通常具有一定的特殊条件，如独创性、新颖性等方面的要求，这意味着当数据无法达到这些要求时，就难以得到知识产权的保护。另一方面，通过知识产权保护替代数据确权，难以解决数据确权中涉及的公共利益、国家利益等方面的问题。知识产权的侵权构成要件和数据权利的侵权构成要件并不完全相同，倘若通过知识产权规则保护数据，将会引发一系列体系性问题。

实践中，企业数据可能获得商业秘密规则的保护。[④] 但是商业秘密的构成条件较为严格，完全通过商业秘密规则保护数据，也存在一定的问题：因为数据可能是公开的，而不是秘密的，如平台中的用户评价等数据，都是公开的数据。因此，并非所有的数据都构成商业秘密，部分数据并没有被经营者采取相应的保密

---

① 欧盟的数据库权利不要求独创性，但欧盟数据库权利的法律保护存在特殊性。See Directive 96/9/EC of the European Parliament and of the Council of 11 March 1996 on the legal protection of databases，27 March 1996.

② See Feist Publ'ns，Inc. v. Rural Tel. Serv. Co.，499 U. S. 340（1991).

③ 参见黄薇主编：《中华人民共和国民法典释义》（上），法律出版社2020年版，第251页。

④ 参见丁晓东：《论企业数据权益的法律保护》，载《法律科学（西北政法大学学报》2020年第2期，第91页。

措施；同时，相关的数据也不一定是《反不正当竞争法》第9条规定的技术信息、经营信息等。总之，现有的知识产权规则无法解决数据的保护问题。

（三）个人信息保护不足以替代数据确权

在数据处理者通过处理个人信息生成数据的情形下，个人信息是数据的主要来源，但这并不意味着，个人信息保护规则可以替代数据确权。

数据确权与个人信息保护涉及两种互不相同、彼此独立的法律关系，两者的区别主要表现在：

第一，调整对象不同。数据确权主要调整数据处理者与其他市场主体关于数据利用的法律关系，而个人信息保护调整的是任一数据处理者与信息主体之间的法律关系。

第二，权益性质不同。个人信息保护是为了保护作为数据来源之一的个人信息，性质上属于对人格权益保护，重在对信息主体的消极保护。而数据确权是为了确立对数据本身的权益，是对数据处理者的财产权保护，重在调整数据的生产和流通。当然，不论数据处理者是否享有数据权利，也不论数据处理者是自己收集数据还是从他人处取得数据，都应当遵守个人信息保护规则的要求。[①]

第三，内涵不同。个人信息是能够直接或者间接识别特定自然人的信息，而数据则是通过收集、加工等方式所形成的信息的记录。没有数据处理者的处理行为，个人信息无法形成数据。一方面，如果仅仅保护个人信息而不保护数据权益，处理者将丧失加工处理数据的动力，数据要素的生产将停滞不前。另一方面，个人信息保护法与数据确权也并非同一层面的问题，法律保护个人信息不等于保护数据，个人信息权益的主体即信息主体，与数据产品的权益主体，完全可能是分离的。个人信息权益与数据权益可以分别享有，为个人信息权益主体提供的保护，不能直接作用于数据权益主体。

当然，个人信息保护和数据权益保护可能会发生一定的冲突。例如，如果对个人信息未采取匿名化处理即生成数据，可能影响个人信息保护，对此，数据处理者应当尊重作为在先权利的个人信息权益，尊重个人信息主体的访问权、查询

① 参见黄薇主编：《中华人民共和国民法典总则编解读》，中国法制出版社2020年版，第409页。

权、删除权、携带权等。但如果数据处理者对采集的个人信息已经予以匿名化处理，则生成的数据与个人信息不再有关联。

总之，数据保护涉及多个法律部门，需要受到多维度的保护，其保护方法也具有综合性，但民法上的确权应当在其中发挥至关重要的作用，因为《民法典》第 127 条已经宣示数据为民事权益的客体，受到民法保护。民法对数据的确权也是通过其他方式对数据进行保护的重要前提。

三、如何确权：构建数据的双重权益结构

（一）双重权益结构是数据确权的重要思路

所谓双重权益结构，是指在同一数据之上，区分数据来源者和数据处理者而确认不同的权利。数据权益的特点就在于，数据之上各种权益相互交织、且权益主体多样化，这的确给数据确权带来了较大困难。例如，就“大众点评”这类平台服务而言，其所包括的数据权益就呈现出多样性特点。具体表现为：“大众点评”平台上记载的关于各类网店的点评数据是一项无体财产，作为一宗整体数据，其财产权可以归属于作为数据处理者的“大众点评”平台。“大众点评”上消费者的账户信息、消费记录、地理位置等个人信息，虽然也属于数据中承载的重要内容，但是消费者等个人数据来源主体对这些可以识别特定自然人的个人信息享有法定的个人信息权益，且应当优先于数据处理主体的财产权益予以保护。而“大众点评”用于处理数据的算法可能构成商业秘密，应当归属于算法的设计者或平台。类似地，“大众点评”这款应用软件的外观、符号设计等元素可能构成独创性作品，属于著作权法的保护范围；“大众点评”的名称及商标本身也受到名称权、商标法的保护。“大众点评”涉及的餐饮店的介绍、其发布的各类信息以及优惠券等，也是“大众点评”上生成的数据的重要内容，经营者作为此类数据的来源主体，也应当依法享有各种法定的在先权益，以及依据法律规定和合同约定享有的登录、查询、复制、更正等信息类权益。可见，数据上承载的权益类型具有多样化的特点，而且各项权益之间相互交织与并存。这也是某些观点反

对数据确权的一个重要理由，即数据上涉及的权益类型众多，建立数据产权可能影响其他权益的实现。但事实上，前述分析表明，各种并存的权利的法律属性存在差异，且都可以归入相应的法律保护框架下予以定性和保护；各种权利的行使也存在较为明晰的优先顺位关系，因此不存在因数据确权而导致权利冲突或者失序的问题。

恰恰相反，数据确权的重要意义就在于厘清各种权益主张的属性和优先顺位，更有效地协调数据上的多元权益主张，从而形成更优的数据权益行使秩序。关键问题在于，如何建构数据上的财产权益的归属主体与权利内容。在这方面，“数据二十条”实际上提供了很好的思路，即双重权利结构。“数据二十条”区分数据来源者与数据处理者权益，在具体确权思路上放弃了所有权的思维定式，转而采用了一种基于数据持有权、数据使用权和数据经营权的权利分置方案。这种在数据确权过程中区分数据来源者与数据处理者的双重权益架构，为立法上对数据进行确权提供了可行的思路。

以前述“大众点评”为例，“大众点评”的平台经营者即为数据处理者，而在该平台之上发布信息的用户等主体即为数据来源者。在数据确权方面，区分数据处理者与数据来源者的权利主要具有如下意义：第一，区分了数据来源和数据产品。“数据二十条”中所说的数据产品，是数据处理者对数据进行处理所形成的集合，而数据具有多种来源，包括个人信息和非个人信息。各类数据来源中又可能涉及知识产权、个人信息等各种法定在先权益。这些权益可以在数据来源者权利中进行归类。[①] 第二，区分了数据处理者和数据来源者的权益。数据处理者对数据和数据产品享有财产权益，数据处理者之外的主体不能主张分享数据和数据产品的财产权益，包括持有权、使用权、收益权、处置权等。而数据来源者如果本身不能成为数据处理者，其只是享有在先权利以及对其所提供数据的访问权等权利。就个人数据而言，个人作为数据来源者，依法对其所提供的个人信息享有查阅、复制、更正甚至删除相关信息等权利。第三，区分了数据处理者和数据

① 参见熊丙万：《数据产权制度的理论挑战与现代回应》，国家发展和改革委员会官方网站，https://www.ndrc.gov.cn/xxgk/jd/jd/202212/t20221219_1343666_ext.html，2023年6月7日访问。

来源者的权利范围。数据处理者对整体数据以及相关的数据产品等，依法享有财产权，其可以对整体数据以及数据产品进行各种形式的商业化利用。数据来源者虽然也提供了部分数据，但其并不能主张对整体数据享有权利，只能依法对其所提供的部分数据享有权利。例如，就个人数据而言，个人仅能对其个人信息依法行使各项权利，而无权主张对整体数据享有权利。第四，区分了人格权益和财产权益。由于大量数据是以自然人信息为内容的，因此，从数据来源者的层面，主要涉及人格性权益的保护问题，而数据处理者所享有的权益主要是财产性权益。虽然此种财产权益的行使需要尊重个人信息等法定在先权益，但数据处理者的权益受到侵害的，则受财产权规则的保护。

（二）数据来源者权益的确认和保护

2023年欧盟通过的《数据法案》（Data Act）第2条将提供信息内容的主体称为“用户”，我国“数据二十条”从信息来源的视角将其称为“数据来源者”，并强调要“充分保护数据来源者合法权益”。数据确权当然包括了明确和保护数据来源者的权益，从而明确数据之上各权利主体所享有的权利内容，以及他人行为自由的边界。

数据的来源错综复杂，我们每天都会自动生成海量数据，但概括而言，可以将数据来源者分为两类。一类是自然人，自然人的相关活动会被记录或采集成相关数据。特别是在数据处理主体处理个人信息时，个人信息成为数据的重要来源。另一类为非自然人，特别是中小型网络店铺，其只是在大型电子商务平台提供的网络应用界面从事简单的信息输入操作，其本身并不处理数据。对于这些非自然人数据来源主体，法律应当充分保障其查询、复制、更正以及在有正当事由时从此数据处理主体向其他场合移转其数据的权利。但是，如果其在大型网络平台上从事生产经营活动时，也同步自建了数据处理系统，或者说是以自动化处理的方式参与大型网络平台的数据处理活动（如大型网络店铺）。在此情形下，数据来源主体同时成为数据处理主体，且与网络平台持有高度同质化的数据。[①] 可

① See Shoshana Zuboff, *The Age of Surveillance Capitalism*: *The Fight for a Human Future at the New Frontier of Power*, New York: Public Affairs, 2019, pp. 1－23.

以说，此类数据来源主体与网络平台一样，都有在生产要素意义上取得相应数据上的财产权的正当性。依法确认和保护数据来源者的权利，主要体现在如下几点。

首先，要区分不同的数据来源，并明确各类数据来源主体的法定在先权益的属性与内容，从而更好地保护数据来源者的权益。上述两类数据来源主体都享有相应的法定在先权益。原则上，数据来源主体的前述权益应当处于更高的权利位阶，相较于数据处理主体的财产权而言优先受到保护。[①] 数据处理者行使数据财产权利时，有权排除任何第三人对数据权利的侵害，但对于数据来源者的各项在先权利，都应当予以尊重。[②] 不过，就第一类而言，因为信息内容主要事关相应主体的隐私与个人信息权益，因此，数据处理主体在生成数据和行使数据财产权的过程中，不仅有必要遵守与数据来源主体的约定义务，而且要履行告知同意、更正、删除和携带等法定义务，以满足民法典和个人信息保护法等法律优先配置给个人的人格性权益。就第二类而言，数据处理主体同样要尊重合同约定与法定的数据来源者权益，但法律优先保护的在先权益属性和内容有所差异，主要表现为著作权、商业秘密等权益和依据格式条款规则等享有的合同债权。

其次，要明确非个人信息的数据来源者的权益范围。与个人信息的数据来源主体类似，非个人信息的数据来源主体同样享有信息查询、复制和更正的权益。但是，与对个人信息的保护规则不同，我国目前尚没有一部专门的“非个人信息保护法”，因此，非个人信息的数据来源者的权益保护在法律上主要通过合同来解决。但实践中，非个人信息的数据来源主体与数据处理主体之间没有明确的合同约定或者约定不公平的，一定程度上会影响对这类数据来源主体的权益保护。尤其需要指出的是，在权益范围上，此类数据来源主体与个人信息的数据来源主体有明显差异。例如，关于此类来源主体是否享有请求删除相关数据的权益或者携带数据的权益，是否需要与个人信息保护法规定的个人信息删除权、携带权作

① Vgl. Malte Engeler，Der Konflikt zwischen Datenmarkt und Datenschutz-Eine Ökonomische Kritik der Einwilligung，NJW 2022，S. 3398ff.

② 参见刘文杰：《数据产权的法律表达》，载《法学研究》2023 年第 3 期，第 44 页以下。

同等处理，存在较大争议。欧盟《数据法案》赋予数据来源者以用户访问、请求共享和利用数据的权利。[①] 笔者认为，个人信息保护法主要立足于个人人格性权益的保护，存在诸多不可约定排除的强制性权利规则。与此不同，非个人信息的数据来源主体与数据处理主体之间的约定在属性上不涉及人格权益的保护问题，而主要涉及合同的公平性问题。如果合同约定不公平，例如限制非个人信息的数据来源主体查询、复制和更正自己信息的权益，可能违反《民法典》第 496 条、第 497 条关于对格式条款提请注意或作出解释的规定，也可能因为显失公平而被撤销。而在缺乏合同约定的情况下，原则上应当通过合同解释明确保障此类数据来源主体的查询、复制和更正的权益[②]，以保障这类主体正常的商业活动以及合同目的的实现。但是，非个人信息的数据来源主体一般不得主张保护个人信息的删除权、携带权等具有浓厚的人格性色彩的权益，以防止对数据处理者权益的过度妨害。

最后，要区分数据来源者权益与数据处理者权益。“数据二十条”要求重点处理“公共数据、企业数据、个人数据”这三类数据的确权，但此种分类过于复杂，在法律层面有必要按照数据来源者权益和数据处理者权益的分类，分别确权。个人数据是就数据的信息内容而言的，相对应的是非个人数据，关注的重点应该是数据来源者的法定在先权益。而“公共数据、企业数据”是另一层次的概念，即从数据的财产权归属主体和分配机制来考虑。公共数据是具有明显公共属性的数据，典型如政府在开展政务活动过程中收集的政务数据和具有公共服务职能的企事业单位在提供公共服务过程中收集的数据。尽管这类数据也可能需要明确授权利用或者法定公开的问题，但其更强调开放、共享，相关主体对特定的公共数据应当负有开放和共享的义务。[③] 与公共数据相对应的概念是非公共数据，典型为企业数据，即企业作为数据处理主体所采集的数据。原则上，这些数据的

---

① 《数据法案》第二章规定的用户权利主要就是访问、请求共享和利用数据的权利。See Andreas Wiebe，The Data Act Proposal-Access Rights at the Intersection with Database Rights and Trade Secret Protection，GRUR 2023，pp. 227 - 238.

② 参见丁晓东：《数据公平利用的法理反思与制度重构》，载《法学研究》2023 年第 2 期，第 35 页。

③ 参见丁晓东：《数据公平利用的法理反思与制度重构》，载《法学研究》2023 年第 2 期，第 33 页。

财产权具有私权属性，企业在尊重数据来源主体的法定在先权益的前提下，可以对此类数据依法享有数据财产权。当然，如果企业利用相关企业数据的行为违反了反垄断法规则，则要受到合理利用规则或者反垄断规制的约束。

（三）数据处理者财产权益的确认和保护

数据处理者对其处理的数据享有财产权。根据“数据二十条”，数据处理者享有“数据产权”，但“产权”是一个经济学概念，不是严谨的法律术语。我国法律体系通常不采用“产权”的概念，如民法典没有规定“产权”，而是使用“财产权利”或“财产”的概念。

“财产”一词不仅指财产权，还指财产对象。因此，界定财产权也需要从主体、客体、内容三方面确定。就数据处理者的财产权益而言，权利主体应当是数据处理者。例如，“大众点评”平台上积累的数据的财产权，应当属于该平台经营者。该平台上的网店，其主要角色是数据来源者，但如前所述，如果网店自身也同步建构了数据处理设施并同步掌握了相应的数据，其就可能具有数据来源主体与数据处理主体的双重角色。在此情形下，应当依据法律和合同约定调整不同数据处理者之间的关系。“数据二十条”第7条明确规定，要“建立健全基于法律规定或合同约定流转数据相关财产性权益的机制”。对于特定数据处理者享有财产权益的数据，除法律规定的情形外，其他主体应当通过合同的方式对该数据进行利用，除法律规定和合同约定的情形外，行为人擅自通过大规模“爬取”、复制等方式侵害他人数据的，构成对他人数据财产权的侵害，数据处理者有权依法主张损害赔偿等请求权。

数据财产权的客体是已经形成集合的数据。[①] 财产权实质上是针对物的、对抗世上一切他人的权利。这就是德国学者泽奇（Zech）所说的，财产权客体具有“边界功能”（Abgrenzungsfunktion）[②]。有形财产的客体边界是清晰的，可以确定其权利客体范围，但数据作为无体财产，难以明确其物理边界，这一特殊属性

① See Miriam Marcowitz-Bitton, “A New Outlook on the Economic Dimension of the Database Protection Debate”, 47 *The Journal of Law and Technology* 93 (2006).

② Vgl. Zech, Die, Befugnisse des Eigentümer nach § 903 Satz 1 BGB-Rivalität als Kriterium für eine Begrenzung der Eigentumswirkung, AcP 219 (2019) 488, S. 507.

决定了其作为财产权的客体可能会面临一定的困难。[①] 不过，其作为权利客体的特定化是可以实现的，尽管数据本身处于不断变化之中，但特定主体在特定范围内处理的数据是可以特定化的。[②] 一个企业可以通过数据的来源、数量、内容和类型等标准描述一个数据集合状态，从而使一宗数据（a set of data）不同于另一宗数据，实现数据财产权客体的特定化；同时，数据处理者也可以通过一定的技术手段（如保密措施）等方式，控制相关数据[③]，这同样可以实现数据的特定化。"数据二十条"在界定数据财产权的内容方面，提供了几项未来立法值得借鉴的经验。

第一，表述数据处理者财产权益时，避开了所有权这一概念。[④] 这一处理方式是合理的。一方面，所有权是针对有形财产形成的概念，难以解释数据这种无形财产现象。数据处理者对数据不享有如同所有权一样排除他人一切干涉的权利。另一方面，所有权具有完备的四项权能，且具有严格的排他性。但数据不是在有形财产上产生的权利，很难用所有权的四项权能简单概括。同时，在数据利用过程中，数据财产权也不具有严格的排他性，数据财产权在确权之后，也应当通过数据的合理利用规则，对该权利进行必要的限制，以防止数据垄断。因此，不宜照搬以有体物为原型的财产所有权概念来解释数据财产权。

第二，"数据二十条"在放弃了所有权的确权方式的基础上，转而采用了一种三权分置方案，具体而言，数据财产权包括以下三种不同层次上的权利：数据资源持有权、加工使用权、数据产品经营权，这一方案为在法律上构建数据财产权体系提供了思路。三权分置也蕴含着数据财产权的标准化思想，与有体物财产权规则体系中的物权法定原则具有功能相通性。为了实现数据财产权的标准化，

---

① See Mark A. Lemley & Philip J. Weiser, "Should Property or Liability Rules Govern Information?", 85 *Texas L. Rev.* 783 (2007).

② 参见熊丙万、何娟：《数据确权：理路、方法与经济意义》，载《法学研究》2023年第3期，第58页以下。

③ See Orin S. Kerr, "Norms of Computer Trespass", 116 *Colum. L. Rev.* 1163 (2016).

④ 参见国家发展和改革委员会：《加快构建中国特色数据基础制度体系促进全体人民共享数字经济发展红利》，载《求是》2023年第1期，第22页以下。

数据财产权的类型及其内容不应交由当事人通过合同创设[①]，而应当交由将来的数据财产权立法予以明确，从而降低各方当事人与该财产权人进行交易时的信息成本。

但是，应当看到，“数据二十条”主要采用的还是一种经济学的话语表达，仍需转化为法律层面的规范表达，满足立法技术上的概念周延性要求。具体而言：一是加工使用权的提法不够准确。关于加工和使用的关系，从原始数据到可以进一步利用的数据，常常需要经过加工处理。但是，随着数据处理技术的快速发展，之前需要付出巨大成本进行前期加工才能进一步利用的数据，在新的数据分析技术应用的情况下，可以跳过传统的前期加工环节直接进行分析、训练或者其他形式的利用。因此，加工并非使用的前提，没有加工也不意味着不能对数据进行利用。二是没有系统确立收益权的概念。“数据二十条”只是规定“充分保障数据处理者使用数据和获得收益的权利”，因而仅是在规定使用权时顺带提及了收益权。但严格地说，使用或者经营并不当然能够获得收益。例如，将数据融资担保、投资入股等，未必能够获得收益。收益权能可以理解为使用权能和经营等处置权能的自然延伸和应有之义。此外，“数据二十条”仅提到了数据产品经营权，而没有规定对数据的经营权，这也可能不当限制数据处理者对数据享有的权利。三是没有系统地规定数据主体所享有的完整的处置权（与有体财产所有权中的处分权能具有相似性）。“数据二十条”似乎将对数据财产的处分纳入经营权之内，但从民法典的规定来看，经营与处分属于不同的概念，处分权无法被经营权所涵盖。毕竟，数据处理者作为数据财产权人，只要不侵害数据来源主体的法定在先权益且不违反国家的数据安全管理规范，原则上就享有较为广泛的处置权能。数据财产权人既可以在事实上对数据作物理性处置，如作匿名化处理或者销毁处理，或者根据自己的商业经营需要予以长期保存；也可以在法律上对他人进行许可使用，或者转让相关数据，包括但不限于经营性处置。例如，数据财产权

---

① See Sharon K. Sandeen, “A Contract by Any Other Name Is Still a Contract: Examining the Effectiveness of Trade Secret Clauses to Protect Databases”, 45 *The Journal of Law and Technology* 119 (2005).

人可以向公众免费开放数据。总之，如果仅从文义上理解上述三项权利的政策表达，可能无法涵盖数据权利的全部内容。因此，需要结合民法典的规定，找到更为准确的法律表达，用以解释数据财产权的完整内容。

我们所说的数据确权，并不是要像有体物所有权那样赋予数据处理者绝对独占和排他的权利。相反，数据处理者对其数据财产权的享有，既要尊重数据来源主体的法定在先权益，又要依法受到合理使用规则和开放利用规则的约束，其应当是一种在法定范围内对数据进行支配和排他的权利。但是，我们仍然可以借鉴所有权的经验，构建数据财产权的体系①，有体物上的所有权权能体系为数据财产权的内容提供了可供参照的架构。针对数据财产权的特殊性，对所有权的占有、使用、收益、处分等权能进行适当的调整，是较为高效和实用的做法。

1. 持有权

"数据二十条"明确保护数据处理主体对所持有的数据进行"自主管控"的权利。因此，在法律层面，首先需要承认和保护数据财产权人对数据的持有权，即权利人有权依照法律规定或合同约定的方式自主管控所取得的数据资源。对数据的持有权，是从积极权能的角度进行描述的，强调的是数据财产权人对数据的稳定持有权能。为了实现数据财产权人对数据的稳定持有，应当要求不特定第三人不得擅自获取或者干扰财产权人对数据的稳定持有秩序和管控状态，除非存在合理使用等法定例外事由。数据处理者为了维护其对数据的持有权，可以采取一定的防护措施，也可以不采取相关的保护措施，但即便数据处理者没有采取相关的防护措施，行为人也不得擅自侵害他人的数据持有权。② 也就是说，在既没有法定事由也未经数据处理主体同意时，他人原则上应当尊重数据持有人对数据的自主持有状态，不得随意侵扰；同时，权利人享有持有权也意味着数据财产权具有一定程度的排他性，即数据处理者对其生产的数据享有有限的排他权。排他权有限的原因在于绝对的、全面的排他权可能构成对数据流通的限制，应当允许其

① See Robert Merges, "What Kind of Rights Are Intellectual Property Rights?", in Rochelle Dreyfuss & Justine Pila (eds.), *The Oxford Handbook of Intellectual Property Law*, Oxford: Oxford University Press, 2017, pp. 57 - 94.

② 参见刘文杰：《数据产权的法律表达》，《法学研究》2023 年第 3 期，第 42 页。

他市场主体对该数据进行合理利用。①

2. 使用权

使用权即权利人享有的在不损及数据来源主体的法定在先权益的前提下，根据自身需要在各个生产经营环节自主使用数据，包括对数据进行开发利用的权利。使用可以由数据处理者自己使用，也可以许可他人使用，包括许可他人访问、复制等。在尊重数据来源主体法定在先权益的前提下，数据持有人可以根据自己的商业生产经营需要使用数据，包括利用数据分析生产经营规律、训练人工智能模型、加工数据产品等诸多使用方式。无论是数据来源主体还是其他主体，都不得干扰数据财产权人使用数据的行为。使用权可以分为两类：一是原始数据处理主体享有的最为广泛的使用权，即包括前述分析性使用、训练性使用和加工性使用等；二是受让人基于合同约定或者法律规定从原始数据处理主体处取得的数据使用权。这些都是使用权的重要表现形式。

3. 收益权

确认和保护数据处理主体的使用权、处置权，也就自然保护了数据财产权人的收益权。承认数据处理者的收益权，是国家政策和法律层面保障数据使用权和处置权的应有之义。无论是基于自我使用数据还是基于法律上的处分，权利人都有权据此获得各种经济收益，包括通过数据产品获得收益、许可他人使用获取金钱对价等。“数据二十条”提及的数据产品经营权中的对数据产品和服务享有的收益权，以及对数据资源价值增值享有的权利等，均可涵盖于收益权之内。

4. 处置权

除自我使用外，数据财产权人还可以对数据进行自主处置，包括物理性处置与交易性处置，或者说事实上的处置与法律上的处置。就事实上的处置而言，只要不违反法律规定的保存义务或者销毁义务，数据处理主体就可以根据自己的意愿销毁数据或者长期保存。为了鼓励流通，应当尽量鼓励数据财产权人将其取得

① See Orin S. Kerr, “Vagueness Challenges to the Computer Fraud and Abuse Act”, 94 *Minnesota Law Review* 1561 (2010).

的数据财产权进行流转，而这都需要承认数据处理者对数据的处置权。[①] 具体而言，数据财产权人可以通过整体转让、许可经营、数据融合、融资担保、投资入股等方式，整体或者部分让渡所持有数据的使用价值或者交换价值。在这些处置方式中，相对人经常面临如何确保受让权利的确定性和来源正当性问题，尤其是在独家许可、融资担保和投资入股等情形，受让人如何避免出让一方违背约定再次向他人出让的风险，是当前制约数据要素市场发展的一大难题。避免产生此类风险的有效措施，就是落实“数据二十条”明确强调的数据登记制度建设，通过登记和披露相应交易来实现相应的权利保护和交易安全。采取此种举措，恰恰需要依靠数据确权才能够完成。[②]

此外，数据财产权还应当蕴含消极权能，即在数据财产权遭受侵害或妨碍，或者面临危险时，数据处理者可以主张停止侵害、排除妨碍或消除危险请求权。[③] 停止侵害、排除妨碍和消除危险请求权无法被“持有权”所涵盖。因为持有权是静态层面的权利，其重点在于要求不特定第三人不得随意利用归属于数据处理者的数据，而不是数据处理者提出具体的权利主张。停止侵害、排除妨碍和消除危险请求权则是动态层面的权利，即在数据财产权遭受侵害或者妨碍这一新的法律事实发生后，数据处理者针对特定的加害人或者妨害人提出的停止侵害或者排除妨碍的请求权。这种请求权虽然具有一定的相对性，但本质上是绝对权的保护方式。如果说持有权规定的是他人不得擅自利用数据的义务，那么停止侵害、排除妨碍和消除危险请求权则有利于保障上述义务的履行。需要指出的是，数据财产权给不特定第三人施加的不得侵害的义务，不同于物权或者人格权给第三人施加的义务，因此在判定停止侵害、排除妨碍和消除危险请求权是否成立时，不能简单地遵循物权请求权或者人格权请求权的判定方法。此外，也应当区分数据财产权保护规则与商业秘密保护规则，商业秘密一旦被公开，就不再构成

---

① 参见张新宝：《论作为新型财产权的数据财产权》，载《中国社会科学》2023 年第 4 期，第 163 页。

② 知识产权理论对这一问题的分析，参见 Scott Kieff，“Property Rights and Property Rules for Commercializing Inventions”，85 *Minn. L. Rev.* 697 (2001)；Paul J. Heald，“A Transaction Costs Theory of Patent Law”，66 *Ohio St. L. J.* 473，488 - 489 (2005)。

③ 参见刘文杰：《数据产权的法律表达》，载《法学研究》2023 年第 3 期，第 43 页。

商业秘密，受害人通常只能请求损害赔偿，但数据被公开的，仍然可以通过断开链接等更多元的方式获得救济。

（四）对数据财产权的限制

反对数据确权的另一个重要理由在于，数据确权会导致数据垄断，影响数据的流通和利用。此种观点具有一定的合理性，因为对数据财产权进行确权后，他人利用相关数据的自由将因此受到一定的限制，如果权利人滥用权利，将可能形成数据垄断。为了防止数据垄断造成的数据流通障碍，有必要在法律层面对数据处理主体的财产权作出必要的限制，明确数据财产权的行使规则，以确保数据资源能够最大限度地满足社会公众的福祉。① 尤其是公共数据和自行公开的数据，应当受到比其他类型的数据更高程度的限制，以体现这类数据财产的公共性。② 在这方面可以借鉴知识产权的相关规则。与数据财产权一样，知识产权也需要妥当平衡权利人对知识的垄断与社会公众对知识的接触之间的关系③，因此，知识产权一方面赋予权利人对智力成果的垄断性权利，另一方面也通过合理使用、强制许可等相关制度对权利人的权利进行限制。同样，数据也面临着权利人的控制权限和其他主体对数据的利用需求的协调问题。在这个意义上，数据确权和知识产权具有一定的相似之处。具体来看，对数据财产权的限制应当主要包括以下两个方面。

一是通过在法律上确立数据的合理使用制度进行限制。合理使用制度作为对数据财产权的限制措施，可以使基于个人的生产生活需要、科学研究需要等对数据的小规模利用需求得到便捷的满足。④ 虽然我国民法典人格权编对人格利益的合理使用规则作出了规定，但由于数据权益在性质上属于财产权益而非人格权益，因此其无法直接适用人格利益合理使用的相关规则。⑤ 为了确保数据的广泛

---

① See Yafit Lev-Aretz, "Data Philanthropy", 70 *Hastings L. J.* 1491 (2019).

② See Keiran Hardy & Alana Maurushat, "Opening Up Government Data for Big Data Analysis and Public Benefit", 33 *Computer L. & Security Rev.* 30, 31 (2016).

③ See William M. Landes & Richard A. Posner, "An Economic Analysis of Copyright Law", 18 *J. Legal Stud.* 325 (1989).

④ 参见吴汉东：《数据财产赋权的立法选择》，载《法律科学》2023 年第 4 期，第 57 页。

⑤ 参见潘重阳：《解释论视角下的侵害企业数据权益损害赔偿》，载《比较法研究》2022 年第 4 期，第 50 页。

和高效流通，将来立法需要规定数据合理使用制度，即规定出于某些私益及各类公益等的需要，相关主体在使用相关数据时可以不经数据处理者的同意。如此可以在发挥数据要素市场流通机制作用的同时，满足那些难以通过市场机制实现的数据利用需求。

二是通过反垄断机制进行限制。有学者认为，数据确权将导致其他主体丧失获取和利用数据的机会，从而影响数据的公平利用。[①] 事实上，这一问题可以通过反垄断机制得到解决。[②] 在特定数据处理主体的数据财产权利行使行为构成滥用市场支配地位等情形时，应当通过反垄断法上的措施对相应行为予以矫正，包括在必要时对数据处理主体与潜在需求方之间的合同交易予以强制缔约，以此减少垄断行为给数据利用造成的负面影响。

需要强调的是，无论是合理使用的限制还是反垄断法的限制，都应当坚持基本的法治原则，即需要通过法律明确规定对数据财产权的限制事由、限制方式与限制程度，避免在限制规则不明确的情况下造成数据获取和利用秩序的混乱。特别是要区分大众话语体系中的“垄断”与法律层面的“垄断”，对后者需要严格遵循法定要件来判断。[③]

结　语

数据确权最终必须获得立法表达。数据保护立法的缺乏，在一定程度上制约了数据产业的发展。虽然现行法对个人信息权益、数据安全等问题作出了规定，但是对数据权利仍然存在保护不周的问题。“数据二十条”在一定程度上发挥了指导性作用，但它毕竟不是法律而是政策文件，需要转化为数据确权和保护的相关立法。

---

① See Stacy-Ann Elvy，“Commodifying Consumer Data in the Era of the Internet of Things”，59 *B. C. L. Rev.* 423 (2018).

② Vgl. Anne Riechert，Dateneigentum-ein unauflösbarer Interessenkonflikt? DuD 6/2019，S. 353 - 360.

③ 参见熊丙万、何娟：《数据确权：理路、方法与经济意义》，载《法学研究》2023 年第 3 期，第 61 页以下。

诚然，数据保护是世界性难题，各国目前的确尚不存在统一的数据立法。以欧盟为例，其在20世纪就对投入实质性投资的数据库提供数据库特殊权利保护[①]，确立了数据库的财产性权益保护。不过，这一法律要求被保护数据库“在质量和/或数量上进行了重大投资”[②]；此外，这一法律保护数据库的“整体性或实质性”部分，允许对数据的“非实质性部分”进行零星利用。[③] 这些做法都与本文提到的数据确权与数据合理利用具有一定的相似性。2023年欧盟又通过了《数据法案》，赋予数据来源主体一定的权利。这些法律可以为我国制定专门的数据保护立法提供一定的参考。我国要制定的数据立法不仅要为裁判提供依据，更要为数据保护提供完整的制度，通过权益保障机制形成一种激励机制，从而更好地发挥数据的经济效用。尤其是，通过立法对数据进行确权，并且对数据交易的法律规则作出规定，可以实现数据流转的制度化和秩序化，为我国数字经济行稳致远提供坚实的法律保障。

---

① See Directive 96/9/EC of the European Parliament and of the Council of March 11, 1996 on the Legal Protection of Databases, 1996 O. J. (L 77) 20, Chap. 3.

② 同上引指令，第7条（1）。

③ 同上引指令，第8条（1）。

论数据来源者权利*

一、问题的提出

数据常常是多重主体相互作用的结果。相应地，数据上的权利具有“权利束”特点，往往同时承载了多元主体的多重权利主张，其既包括提供信息原材料的数据来源者的权利主张，也包括将分散信息予以数字化记载并形成数据的数据处理主体的权利主张。[①]《中共中央国务院关于构建数据基础制度更好发挥数据要素作用的意见》（以下简称“数据二十条”）在构建数据处理者与数据来源者双重权利结构的基础上，明确提出，“充分保护数据来源者合法权益，推动基于知情同意或存在法定事由的数据流通使用模式，保障数据来源者享有获取或复制转移由其促成产生数据的权益”。“数据二十条”在建立健全数据要素各参与方合法权益保护制度的前提下，强调保护个人信息权益等数据来源者的法定在先权

* 原载于《法制与社会发展》2023年第6期。

① See Paul M. Schwartz, “Property, Privacy, and Personal Data”, *Harvard Law Review*, Vol. 117, No. 7 (May, 2004), p. 2056.

利，这意味着法律不仅要确认数据处理者对数据享有的各项权利，还要保护数据来源者的权利。①

在欧盟的《数据法：关于公平访问和利用数据的统一规则的法规提案》（以下简称《数据法案》）中，数据来源者被称为“用户”（user，Nutzer），是指向数据处理者提供数据来源的自然人、法人和非法人组织。② 欧盟《数据法案》第二章规定的用户权利主要就是访问、请求共享和利用数据的权利。数据来源者是指对数据的产生提供了一定的信息的主体。在数据形成之后，数据来源者对已经形成的数据究竟享有哪些权利，成为亟须解决的现实问题。一方面，明确数据来源主体的法定在先权利范围，有助于数据处理主体在开展数据处理活动、行使生产要素意义上的数据财产权时，充分理解和尊重数据来源主体的权益，特别是做好相应的合规工作。③ 反之，如果数据来源主体的权益范围不明确，那么，数据处理者的数据财产权就容易与数据来源者的权益发生冲突，这将影响数据要素财产权的高效行使。④ 另一方面，明确数据来源主体的权益范围并予以充分保护，有助于解除广大信息来源主体的后顾之忧，让他们有更强的信心参与数字经济活动，并在相应活动中积极贡献信息原材料，从而最大限度地实现数据要素的生产与供给。⑤ 有鉴于此，笔者将对数据来源者的权利保护问题进行探讨。

---

① 参见国家发展和改革委员会：《加快构建中国特色数据基础制度体系促进全体人民共享数字经济发展红利》，载《求是》2023 年第 1 期，第 44 页。

② Hartmann/McGuire/Schulte-Nölke，Datenzugang bei Smarten Produkten nach dem Entwurf für ein Datengesetz（Data Act），RDi 2023，S. 54. 按照欧盟《数据法案》，用户“是指拥有、出租或租赁产品或接受服务的法人或自然人，如企业或消费者。根据其使用产品的法定所有权，此类用户承担使用连接产品的风险并享受其利益，还应享有访问其产生的数据的权利和从中获益，他们主要是数据持有者的合同伙伴。”

③ See Wolfgang Kerber，“Rights on Data：The EU Communication ‘Building a European Data Economy’：From an Economic Perspective”，in Sebastian Lohsse，Reiner Schulze and Dirk Staudenmayer（eds.），*Trading Data in the Digital Economy：Legal Concepts and Tools*，Nomos，2017，pp. 120 - 123.

④ 参见熊丙万：《论数据权利的标准化》，载《中外法学》2023 年第 5 期，第 5 - 6 页；Henry E. Smith，“Exclusion and Property Rules in the Law of Nuisance”，*Virginia Law Review*，Vol. 90，No. 4（Jun.，2004），p. 965.

⑤ 参见王利明：《数据何以确权》，载《法学研究》2023 年第 4 期，第 66 - 68 页；熊丙万：《论数据权利的标准化》，载《中外法学》2023 年第 5 期，第 5 - 6 页。

二、数据来源者与数据处理者的权利关系

严格来说，所谓“数据来源主体”应当被称为“信息来源主体”。毕竟，信息是数据的内容，数据是信息的载体。[①] 无论是关于自然人的信息，还是关于非自然人的信息，在信息被他人作数字化处理之前，数据可能尚不存在。存在的只有可被数字化记载的信息内容和数据处理主体的数字化工具。即便是在数字化过程中，信息来源主体提供的主要是信息，而不是形成产品的数据。信息来源主体对数据的产生作出了一定程度的贡献，但是不能说信息来源主体提供了数据。例如，在通过网约车平台打车的过程，乘客只是提供了信息，而没有直接提供数据。数据实则来源于网约车平台对该乘客的相关信息进行收集的过程；乘客并没有主动向平台提供数据，而是乘客的信息经由网约车平台的收集和存储形成了数据。当然，“数据二十条”在政策层面采用的“数据来源者”概念可以说已经约定俗成，继续采用并无不可。

数据权益纷繁复杂，以“大众点评”为例：“大众点评”本身可以被视作一个平台，又是一个数据处理者，同时，“大众点评”还可以被看作完整的数据产品，在该数据产品中形成了各种权益的集合：个人在“大众点评”中形成的消费记录、浏览记录以及留存的手机号码、家庭住址等属于个人信息，各个网店发布的各种公告和信息属于企业数据，“大众点评”中的算法属于商业秘密，“大众点评”中的商标、标识等属于知识产权的范畴。甚至消费者对餐饮店的各种点评不仅涉及个人信息，还可能涉及知识产权。例如，如果相关点评具有独创性，那么，其可以受到著作权规则的保护。“大众点评”还可能发布政府的公告、通知等，这些公告、通知属于公共数据的范畴。可见，在“大众点评”中形成了各种权利的集合。针对数据权益保护，“数据二十条”在国家政策层面作了一个重大决定，即区分了数据处理者的权益和数据来源者的权益。数据处理者对

---

① Vgl. Jan Oster, „Information“ und „Daten“ als Ordnungsbegriffe des Rechts der Digitalisierung, JZ 2021, S. 167ff.

数据和数据产品享有财产权益，数据处理者之外的主体不能主张分享对数据和数据产品的财产权益，这些财产权益包括数据资源持有权、数据加工使用权、数据产品经营权等。此种二元结构区分为每一种权利类型内部的进一步类型化提供了基础。

在这种二元区分结构基础上，数据来源者的权益成为一种概括性的权利类型，并且与数据处理者权益相对应。从整个数据权利秩序的建构上看，这两种权利类型的区分意义重大，既构成后续层次的权利建构的基石，也为数据确权立法提供了政策依据和经验。所谓数据确权，其不仅仅是针对数据处理者的确权，还应当包括针对数据来源者的确权。只有在明确数据来源者权利的情况下，数据处理者才能知道自己的数据处理活动的边界何在，从而促进数据处理者对数据的利用和数据的流通。数据来源者与数据处理者之间的权利关系可以从如下几个方面展开。

第一是数据内容贡献者与生产者权利之间的关系。在数据生产过程中，数据来源者与数据处理者扮演的角色并不相同。由于数据来源者提供了原料，数据处理者通过加工形成了新的财产。因此，数据来源者与数据处理者之间的关系属于贡献者和生产者之间的关系。数据是数据处理者通过实质性劳动创造形成的财产，尽管数据来源于数据来源者，但是，数据处理者也投入了大量劳动，因此，法律不能将该财产划归为数据来源者，并由数据来源者独占。有的学者认为，数据来源者权利和数据处理者权利之间是“母权与子权”的关系，数据处理者享有的权利乃是按照所有权权能分离的模式而产生的。① “权能分离”虽然在一定程度上描述了数据来源者与数据处理者之间的关系，但是，这一描述并不完全妥当，理由在于：一方面，虽然数据来源于数据来源者，但是，数据处理者在数据生成的过程中也投入了实质性的劳动。正是经由数据处理者的实质性劳动，数据权利才得以产生，数据处理者通过自己的劳动创造了财产。然而，在用益物权和所有权的关系中，用益物权人是通过订立合同的方式取得用益物权，而非通过投入实质性劳动获得用益物权。另一方面，数据来源者可能并不享有数据处理者享

① 参见申卫星：《论数据用益权》，载《中国社会科学》2020年第11期，第119－120页。

有的一些权利。例如，数据产品经营权并非来自数据来源者享有的权利，数据来源者权利也很难分离出内容更为丰富的数据处理者的权利。这与所有权和用益物权的关系有所不同。具体而言，所有权乃是最为完备的权利，用益物权只是所有权的部分权能分离出来产生的。

第二是数据处理者的财产权与数据来源者的在先权利之间的关系。数据中交织着多元权利。数据处理者的权利和数据来源者的权利虽然交织在一起，但仍然是可以分开的。为了客观呈现和解释这种利益交织现象，“数据二十条”将数据“权利束”中的权利区分为两大类型：一是数据来源主体的法定在先权利，二是数据处理者在生产要素意义上的数据财产权益。从权利性质上看，数据处理者的权利较为单一，主要是财产权益。在数据产品中，各项权利交织，但这些权利整体上是财产权益。数据来源者的权利是一个“权利束”。依据数据来源者的身份和数据的类型，数据来源者分别享有人格权益或者知识产权等类型的权利。数据来源者的权利通常是人格权等在先权利，如个人信息权益、著作权等。数据处理者与数据来源者之间的此种权利区分也决定了权利的保护方法不同，即数据处理者的权利保护应当适用财产权利的保护规则，数据来源者的权利保护应当适用人格权利或者知识产权的相关规定。因此，数据处理者的权利和数据来源者的权利虽然交织在一起，但仍然是可以分开的。

第三是数据来源者权利与数据处理者权利之间存在共生、并存和互动的关系。一方面，数据来源者向网络服务提供方贡献了信息的商业化利用机会和价值。没有数据来源者的贡献，数据就不可能形成；没有数据，数据来源者的权利也不可能存在。因此，数据来源者权利与数据处理者权利是相互依存的。另一方面，两者又是并存和互动的关系。数据来源者权利过大，甚至无所不包，将会不当限制数据处理者的权利，反之亦然。尤其应当看到，数据来源者贡献数据的行为并不意味着其因此失去了数据来源者权利，这些权利将会继续延伸到数据产品上。与有体物的生产和交易过程不同，数据来源者与数据处理者之间的前述互动交往过程很难谈得上权属的完全交割或者让渡，更谈不上所有权的完全让渡。相反，数据来源者即信息来源主体即便在让渡了信息的商业化利用价值之后，还在

相应信息上保留了大量非商业化权益，如与个人信息保护相关的各类人格性权益。[①] 即便个人的信息被记录在他人的数字化载体之上，这些人格性利益也不能被否认甚至剥夺。相反，正是因为法律充分承认和保护这些人格性信息权益，广大的数据来源者才有动力和信心积极参与数字化活动并贡献信息资源。因此，数据来源者与数据处理者在数据之上存在着利益共生关系，二者的利益并存于数据之上的"权利束"。

第四是数据来源者权利与数据处理者权利之间存在一定程度的顺位关系。一方面，在数据产品形成之后，数据来源者的在先权利仍然存在，法律应当尊重并保护数据来源者的在先权利。如果数据处理者的财产权益与数据来源者的在先权利发生冲突，法律应当优先保护在先权利。两种权利的具体配置要优先考虑信息来源主体的正当利益诉求。另一方面，数据来源者权利因权利主体是自然人还是非自然人而有所不同。数据来源者的权利通常更为复杂，因为权利性质不同，所以权利内容和权利构成均有所不同。在通常情况下，法律应当在区分自然人和非自然人的情况下，分别建构相应的数据来源者权利。依据《民法典》《个人信息保护法》等的规定，与非自然人享有的知识产权等相比较，自然人的隐私权与个人信息权益应当受到优先保护，这符合《宪法》确立的保护个人人格自由、维护人格尊严的目标。[②] 就非自然人的知识产权、商业秘密权利等权利而言，这些权利相对于数据处理者的财产权利是在先权利，也应当优先得到保护，非自然人的正当利益诉求需要得到满足。

之所以要在法律上承认数据来源者的权利，原因在于：一方面，承认数据来源者的权利有利于防止出现数据的封锁和垄断，防止出现"数据孤岛"现象。应当看到，法律在对数据处理者的权利进行确权后，如果不对数据来源者的权利予以保护，将可能逐渐导致数据处理者对数据的垄断现象发生。在此情形下，数据确权不仅难以实现数据的有效利用，反而还可能产生数据垄断、"数据孤岛"等

---

① See Stephen T. Black, "Who Owns Your Data?", *Indiana Law Review*, Vol. 54, No. 2 (Jul., 2021), p. 305.

② See Jonathon W. Penney, "Understanding Chilling Effects: A Response to Jonathon Penney's Understanding Chilling Effects", *Minnesota Law Review*, Vol. 106, No. 3 (Jul., 2022), pp. 1506-1509.

副作用。在法律上承认数据来源者的权利，承认数据来源者对数据享有访问权、使用权等权利，可以在一定程度上打破数据处理者对数据的垄断，有利于保护数据各方参与者的合法权益，实现数据生产、流通中的公平。[①] 另一方面，承认数据来源者的权利有利于促进数据的流通。"数据二十条"提出区分数据来源者权利与数据处理者权利。如果二者没有被区分，那么，数据的有效利用将可能受到影响。在数据来源者权利被明确之后，法律就需要处理数据来源者的权利保护问题，以及如何协调数据处理者权利与数据来源者权利冲突的问题。这些问题如果没有得到解决，数据的流通与利用会遇到阻碍。正如欧盟《数据法案》的起草者在解释性备忘录中指出的："在便于消费者和企业获取和使用数据的同时，保持对通过数据创造价值的方式进行投资的激励。这包括增加从产品或相关服务的使用中获得或产生的数据共享的法律确定性，以及确保数据共享合同公平的操作规则。"[②] 例如，如果消费者购买了某公司的车辆，那么，其应当有权访问车辆在使用中产生的数据。如果消费者无法访问相关数据，那么，车辆的售后服务势必完全依赖于厂家；如果消费者可以访问相关数据，那么，这将有利于厂家对售后服务作出必要的改进，并且可以使消费者和厂家及时发现产品在使用中出现的各种问题，避免发生相关的损害后果。[③]

数据来源者与数据处理者之间也可能发生身份转化，并出现双重身份归集于一体的现象。例如，中小型网店只是在大型电子商务平台提供的网络应用界面上从事简单的信息输入操作，并不处理数据。然而，大型网店特别是大型生产经营商在网络平台上的经营活动常常包括处理数据。[④] 一些非自然人信息来源主体在

---

① See Lawrence Lessig, *Code*: *And Other Laws of Cyberspace*, Basic Books, 1999, p. 163; Nadezhda Purtova, "Do Property Rights in Personal Data Make Sense After the Big Data Turn? Individual Control and Transparency", *Journal of Law and Economic Regulation*, Vol. 10, No. 2 (Nov., 2017), p. 64.

② European Commission, "Proposal for a Regulation of the European Parliament and of the Council on Harmonised Rules on Fair Access to and Use of Data (Data Act)", https://eur-lex.europa.eu/legal-content/EN/TXT/PDF/?uri=CELEX:52022PC0068，2023年10月18日访问。

③ 参见丁晓东：《论数据来源者权利》，载《比较法研究》2023年第3期，第17页。

④ See Shoshana Zuboff, *The Age of Surveillance Capitalism*: *The Fight for a Human Future at the New Frontier of Power*, Public Affairs, 2019, pp. 1-23.

以诸如网店等身份参与大型网络电商平台的经济活动的同时，自建了数据处理中心，与大型网络电商平台同步处理相关数据。与主要依赖网络平台的数字化技术的中小型网店不同，这类信息来源主体兼具数据来源者与数据处理者的双重角色。因此，在权利配置上，法律除了要考虑这类主体的著作权、商业秘密权利等法定在先权利保护的问题之外，还要特别考虑其作为数据处理主体与大型数据处理主体之间的数据财产权平行持有问题。

三、确定数据来源者权利的基本准则

以数据来源者权利与数据处理者权利的二元区分为基础，我们可以在法律层面分别构建两种权利内部的具体构成。不过，由于两类主体的权利共生于同一宗数据客体之上，对两类权利的主张和行使难免会发生不同程度的冲突。数据确权首先关注的重点内容是数据处理者的权利，这是培育和发展数据要素市场的关键所在。然而，法律如果要准确界定数据处理者的财产性权利，在生产要素意义上发挥数据的经济价值，当然就需要特别关注和考虑与数据处理者存在利益共生关系的数据来源者的权利的构成。如前所述，明确数据来源者的权利是促进数据要素生产与流通的前提条件。对于共生于数据客体之上的这两类权利而言，无论是权利内容，还是权利行使方式，都可能发生一定程度的冲突。因此，我们需要先确定数据来源者权利的配置准则，从而依据这些准则更好地确定数据来源者权利的具体内容构成。

有一种看法认为，法律在一个较为概括的意义上确认数据来源者对数据的合理使用原则即可，没有必要对数据来源者权利的配置准则作进一步区分讨论。具体而言，这种看法认为，对数据来源者权利的保护可以借鉴知识产权法特别是著作权法上的合理使用规则，即保障其他主体对作品的合理使用，从而打破著作权人的垄断。[①] 在欧盟，也有学者提出，借鉴商业秘密的保护模式，仅赋予相关主

① 参见华劼：《欧盟数据生产者权利质疑——以知识产权制度安排为视角》，载《知识产权》2020 年第 1 期，第 77 页。

体防御性权利，以保障他人访问数据的权利。① 由于数据来源者类型复杂，数据来源者权利涉及的利益类型较多，而且不同类型的利益在属性和需要的保护强度上也存在区别，法律仅仅依据宽泛的合理使用规则或者单一的防御性规则，难以解决数据来源者权利的有效保护需求。同时，数据合理使用的边界难以被确定，在数据来源者利用某种数据的具体情形中，数据来源者的行为是否构成合理使用往往难以被界定，这也使得合理使用制度难以有效解决这一问题。② 因此，更为合理的做法是，通过具体列举的方式规定数据来源者的权利。具体而言，数据来源者权利的配置需要遵循以下四项基本准则。

（一）优先尊重人格权益

大量数据特别是消费互联网上的数据都是通过个人信息收集行为形成的，而个人信息是重要的人格性要素，涉及独立人格的维系问题和人格尊严的维护问题。数据产品涉及多方主体的权益，尤其是对于那些在收集他人个人信息的基础上形成的数据，数据处理者权益与个人信息权益之间的冲突很容易形成。一旦数据处理者的数据财产权得到确认，数据处理者就可以据此对数据资源行使财产性权利，当涉及自然人信息来源主体的隐私权和个人信息权益时，权利冲突就可能发生。因此，法律有必要明确权利之间的优先顺位。

数据处理者的财产权在得到确认之后，确实可能与个人信息权益等发生冲突。如果数据处理者是在收集个人信息的基础上形成数据，那么，当数据来源者在依法行使删除权、更正权、携带权、撤回同意权和对已公开个人信息处理的拒绝权等权利时，数据的完整性必然会受到影响。③ 此时，法律究竟是应当优先保护数据处理者的数据财产权还是应当优先保护个人的隐私权、个人信息权益等，是一个值得探讨的问题。笔者认为，依据《民法典》《个人信息保护法》的相关

① 参见崔国斌：《大数据有限排他权的基础理论》，载《法学研究》2019 年第 5 期，第 3－24 页。

② See Mark A. Lemley and Bryan Casey，“Fair Learning”，*Texas Law Review*，Vol. 99，No. 4 (Mar.，2021)，p. 743.

③ See Robert C. Post，“Data Privacy and Dignitary Privacy：Google Spain，the Right to Be Forgotten，and the Construction of the Public Sphere”，*Duke Law Journal*，Vol. 67，No. 5 (Feb.，2018)，pp. 1039－1070.

规定，相较于数据处理者的财产权而言，信息来源主体（数据来源者）的人格权益应当处于更高的权利位阶，受到优先保护。[①] 一方面，毕竟数据处理者享有的权利是一种财产权利，人格权益是与人格尊严相关的权益。从尊重人、保护个人人格尊严出发，个人的人格尊严应当得到优先保护，我国《民法典》和其他法律充分体现了这一理念。另一方面，信息来源主体的人格权益应当处于更高的权利位阶，既是自然人信息来源主体的人格权权益属性的必然要求，也是确保信息来源主体积极参与数字经济活动并贡献信息的有效办法。如果这些权益难以得到优先保障，那么，信息来源主体很可能因为担忧参与数字经济活动遭受不利后果，而不敢轻易参与数字经济活动或者采取保守性参与态度，这将影响信息来源主体持续的、高质量的信息供给。[②] 可见，数据确权与个人信息保护之间并不存在不可调和的冲突，数据确权也不应当影响对个人信息的保护。在数据处理者处理的数据包含个人信息的情形下，数据处理者在行使数据权利时，如在对相关的数据进行加工，或者许可他人使用数据，或者转让相关的数据时，都应当以合法处理相关的个人信息为前提。换言之，如果数据处理者行使数据权利的行为侵害了个人的隐私权、个人信息权益，那么，数据处理行为就不再具有合法性，个人有权依法请求数据处理者承担民事责任。

（二）尊重在先权利

所谓在先权利，是指在数据权利形成之前，数据来源者对数据已经享有的权利，可能包括人格权、知识产权、商业秘密权利等权利。应当看到，数据来源者权利是一种概括性权利，除了包括隐私权、个人信息权益等人格权利，还包括知识产权、商业秘密权利等权益，这些在先权利需要被置于比数据处理者的数据财产权更加优越的保护地位。

数据来源者的在先权利之所以要受到保护，主要是因为以下四点：第一，这些权利是既有法律已经确定的权利，法律在确认数据处理者的数据财产权时不应

① Vgl. Malte Engeler，Der Konflikt zwischen Datenmarkt und Datenschutz-Eine Ökonomische Kritik der Einwilligung，NJW 2022，S. 3398ff.

② See Ari Ezra Waldman，“Privacy，Practice，and Performance”，*California Law Review*，Vol. 110，No. 4（Aug.，2022），pp. 1221，1268.

忽视相关民事权利的保护。换言之，法律在对数据处理者进行确权时，如果忽视对相关主体在先权利的保护，将可能使相关的权利保护规则沦为具文，数据确权的正当性与合理性也将因此存疑。[①] 第二，法律在规定在先权利保护的规则时，通常也明确了权利保护的优先性规则。例如，《民法典》第1035条规定："处理个人信息的，应当遵循合法、正当、必要原则，不得过度处理。"这实际上就确定了数据处理者从事数据处理活动和行使数据财产权益的基本准则，即优先尊重和保护法律赋予数据来源者的权益的原则。第三，在某种意义上，数据来源者的在先权利是数据形成的基础，对在先权利的保护应当是数据依法处理和利用的基本前提。如果法律不对在先权利进行保护，很多纠纷可能将因此产生，这会影响对数据的有效利用。例如，数据处理者在利用数据时，应当尊重与保护数据来源者的商业秘密。如果数据处理者收集的信息中包含了其他企业的商业秘密（如某网店的营销数据），那么，数据处理者在行使数据财产权时，就不得侵害这些商业秘密。反过来说，关于商业秘密的权益构成非自然人数据来源者的法定在先权利。正是由于法律充分承认和保护这些权益，广泛的、分散的数据来源者才具有积极参与数字经济活动的信心。原因在于：一方面，在参与数字经济活动过程中，数据来源者对这些权益受到承认和保护有明确的期待；另一方面，法律充分承认和保护这些权益也有助于提升数据来源者参与数字经济活动的信心。无论是对自然人主体而言，还是对非自然人主体而言，如果参与数字经济活动会损害其已经存在的利益，那么，其很可能就会对参与数字经济活动采取保守性态度，这将影响数据的生产。第四，法律明确对数据来源者的法定在先权利予以优先保护还有助于划定数据处理者权利行使的边界，确保数据生产与流通活动依法展开，维护数据要素市场的运行秩序。反之，如果法律不对数据来源者的在先权利予以优先保护，那么，数据处理者在行使数据权利时，就可能会出现竞相侵犯数据来源者权利，甚至无底线攫取数据上的利益的现象，这反而不利于数据要素市场的

---

① See Thomas W. Merrill and Henry E. Smith, "The Architecture of Property", in Hanoch Dagan and Benjamin C. Zipursky (eds.), *Research Handbook on Private Law Theory*, Edward Elgar Publishing, 2020, p. 135.

健康和可持续发展。

（三）尊重当事人的约定

就性质而言，数据来源者权利是一种私权，当事人应当被允许按照私法自治精神对权利进行具体约定、作出安排。而且，因为我国对数据来源者权利的规定，尤其是关于自然人的非个人信息和某些非自然人主体的法定在先权利范围的规定尚不明确，所以当事人应当被允许通过合同安排数据来源者权利。从比较法来看，2017年，日本经济产业省和物联网加速联盟发布的《数据使用权合同指南》明确了利益相关方订立数据使用权合同的步骤，并说明了企业在协商合同的详细信息或条款时应当考虑的方面，其中涉及各方对数据创建的贡献水平，如出资水平、财务负担、设备所有权或使用权、经营实体、独创性等，具有可行性和借鉴意义。① 依据欧盟《数据法案》的规定，在用户有义务向数据处理者提供数据时，数据来源者和数据处理者应就此达成协议。新加坡《数据共享与开放框架》也有类似规定。这些规定值得借鉴。鼓励当事人通过合同安排相关数据来源者权利有利于弥补法律规定的不足。

对自然人主体而言，《民法典》《个人信息保护法》对自然人主体的各项权利作出了大量强制性规定，当事人不得通过协商放弃或者剥夺这些法定权利。然而，即使是对于自然人主体的各项权利及其行使，当事人也可以在法定的范围内通过约定作出限制。例如，《个人信息保护法》规定了信息主体的任意撤回权。在个人信息处理过程中，个人可以任意撤回同意，该权利是法律明确规定的权利。不过，当事人可以通过合同约定对该权利作出一定程度的限制，如约定在一段时间内不能撤回同意。该约定只要不违反法律、行政法规的强制性规定，不违背公序良俗，就应当具有法律效力。应当看到，个人数据不仅包括个人信息，还包括由个人生成的或者与个人相关的非个人信息（数据）。尤其是用户在互联网上发布的天气情况、心情、日常生活情况、实时情况等内容，或者上传的图片、音频、视频等，均属于非个人信息的个人数据。② 虽然这些数据不属于个人信息

① 参见崔亚东主编：《世界人工智能法治蓝皮书（2023）》，上海人民出版社2023年版，第351页。

② 参见姚佳：《数据权益的构造及其动态比较》，载《中国应用法学》2023年第3期，第45页。

权益保护的范畴，但是，这些数据来源于个人，属于数据来源者权利应当保护的范围。如果数据处理者与自然人主体就这些非个人信息权益有明确的约定，那么，当事人之间的约定原则上应当得到尊重。与自然人主体不同，非自然人主体（如网络店铺等）主要从事生产经营活动，其在先权利主要是财产权而非人格权益，这些权利的内容与边界一般可以通过当事人的合同谈判得到安排。[①] 例如，当事人可以在合同中约定，数据来源者在向数据处理者提供相关数据时，数据处理者应当提供相应的补偿，这些约定当然具有法律效力。

当事人可以通过合同约定数据来源者权利的内容和行使方式。就公平访问权而言，当事人可以通过合同明确约定数据访问的时间、方式、规模等，这种约定是最有效的数据利用方式。[②] 当事人甚至可以通过合同约定，数据来源者不仅可以访问被收集的自己的信息，还可以访问与此相关的信息。就合理利用权而言，法律在判断数据来源者复制数据的行为是否超出合理范围时，不仅要考虑复制数据的数量，还要考虑复制数据的质量：在数量上要考虑复制的数据的规模占总数据的规模，在质量上要看数据来源者是否对数据处理者核心的观点、创新进行了利用等。[③] 当然，当事人完全可以就如何利用数据、数据处理者负有何种提供服务的义务等作出约定。

不过，数据处理者与数据来源者之间的约定常常是通过格式条款进行的。当事人之间的约定如果违反了《民法典》第 497 条关于合同条款公平性要求的规定，会受到法律的强制干预。就自然人数据来源者而言，法定在先权利旨在维护其人格的独立性和人格尊严，当事人可以通过合同约定适当限制这些权利的行使，但不能剥夺数据来源者依法享有的这些权利。与此类似，确立非自然人数据来源者的法定在先权利主要是为了维护其生产经营的独立自主性，使得非自然人数据来源者能够通过行使各类信息权益开展正常的生产经营活动。当事人不能通

---

① See Benjamin L. W. Sobel, "A New Common Law of Web Scraping", *Lewis & Clark Law Review*, Vol. 25, No. 1 (Jan., 2021), pp. 147, 167 - 182.

② See Wolfgang Kerber, "A New (Intellectual) Property Right for Non-Personal Data? An Economic Analysis", https://www.econstor.eu/bitstream/10419/155649/1/870294326.pdf, 2023 年 10 月 18 日访问。

③ 参见崔亚东主编：《世界人工智能法治蓝皮书（2023）》，上海人民出版社 2023 年版，第 331 页。

过合同完全剥夺非自然人数据来源者的法定在先权利。从实践来看，由于立法对数据来源者权利的规定不完善，某些平台通过用户协议、隐私政策等格式条款作出约定，往往会不当限制甚至排除相关主体的访问权，这就需要在立法层面确认相关主体的公平访问权等权利，并禁止当事人通过约定剥夺这些权利。

（四）促进数据的高效生产与有效利用

数据来源者权利的配置除了要坚持法定在先权利优先保护准则和意思自治原则外，还需要坚持经济效率观念，在生产要素层面进一步考虑数据的生产和利用效率问题，最大限度地发挥数据要素的经济效用。[①] 具体来说，法律在确认数据处理者对数据享有的财产权以后，有必要对数据来源者的权利同步予以确认和保护。如果法律仅仅是确认和保护数据处理者的权利，但对数据来源者的权利没有明文规定，那么，由于广大分散的数据来源者个体往往没有与数据处理者展开充分谈判和协商的机会，数据来源者对数据的合理利用需求很可能会得不到有效满足。此时，数据处理者有可能垄断数据，排斥数据来源者的访问、利用等行为，形成数据的“锁定效应”[②]。德国学者 Herbert Zech 认为，法律应当在保障商业数据市场流通的基础上，限制数据处理者对数据绝对、排他的要求，进而创设有利于市场竞争的、能相对控制数据使用权的权属。[③] 因此，法律在赋予数据处理者数据要素财产权的同时，要同步确保信息来源者能够自由地访问和使用与其参与数字经济活动相关的信息。法律确认来源者的权利，对于充分发挥数据同步满足多方主体多元利益诉求的功能，最大限度地发挥数据的社会福利促进功能具有重要的意义。[④]

对数据来源者权利的安排既需要考虑数据来源者权利与数据处理者权利之间

---

① 参见熊丙万：《中国民法学的效率意识》，载《中国法学》2018 年第 5 期，第 82－101 页。

② 丁晓东：《论数据来源者权利》，载《比较法研究》2023 年第 3 期，第 15 页。

③ Herbert Zech，Besitz an Daten?，in：Tereza Pertot（Hrsg.），Rechte an Daten，1. Aufl.，2020，S. 91ff.

④ See Cass R. Sunstein，“On the Expressive Function of Law”，*University of Pennsylvania Law Review*，Vol. 144，No. 5（May，1996），p. 2021；Jeffrey Ritter and Anna Mayer，“Regulating Data as Property：A New Construct for Moving Forward”，*Duke Law and Technology Review*，Vol. 16，No. 1（Mar.，2018），pp. 220－222.

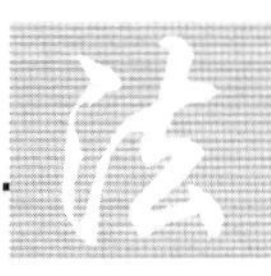

的平衡，避免过度赋权影响数据处理者的生产积极性，同时也需要避免保护不足而影响数据来源者的参与积极性和信心。如后文将要讨论的那样，对成千上万的分散个体留下的数量非常有限的信息确认和分配财产性权益，不但会带来巨大的分配成本，而且不符合数据来源者的真实利益预期。一旦法律如此确权，将会在数据的生成环节和流通利用环节大幅增加数据处理者的征求同意成本或者购买成本。此时，无论是生产规模的扩大，还是流通效率的提升，都会遭遇实质性的阻碍。

就数据来源者权利的内容构成而言，法律应当兼顾鼓励数据生产与流通的目标。原因在于，数据来源者权利与数据处理者权利是相对应的，如果数据来源者权利范围过大甚至无所不包，那么，这些权利的行使必然会给数据处理者增添巨大的满足成本。如果法律认为数据属于数据来源者，数据来源者可以根据自己的意愿复制和任意处置自己的数据，包括向数据处理者的竞争对手提供数据，数据处理者的权利和生产动力将会受到明显侵害。毕竟，数据处理者需要在投入实质性的人力和技术后才能使信息数字化，上述不受约束的数据使用行为将很可能使数据处理者的经济投入得不到必要的回报，从而让数据要素的整个生产环节进入混乱状态，数据的高效流通就更难以谈起。

四、数据来源者的权利内容构成

（一）数据来源者权利的具体内容

按照数据来源者权利的确定准则，我们进一步讨论这类权利的具体内容。尽管我们可以从多个角度对数据来源者的权利作出类型区分，但是，就数据来源者的权利而言，我们可以进一步将之区分为自然人主体的权利与非自然人主体的权利。原因在于：一方面，由于这两类主体在伦理属性上存在明显区别，因此，在对这两类主体赋权时，法律致力于保护的目标存在重大差异。法律赋予自然人主体权利，主要是为了保护此类主体的人格尊严和人身自由。相对于网络店铺经营者等非自然人主体的权利而言，有很多自然人主体的权利需要通过法律得到强制

承认和保护，有更多的权利内容需要受到优先保护，当事人甚至不能通过合同协商来约定排除甚至剥夺这些权利。另一方面，现行法律制度对这两类主体在先权利的规定的系统性与完备性存在明显不同。对于自然人作为数据来源者的权益，《民法典》人格权编与《个人信息保护法》已经结合数字经济的特点作出了系统性的规定，相关权利包括知情权、同意权、查询权、复制权、更正权、删除权和可携带权等多种具体类型的权益。不过，在数字化技术高速迭代和商业模式快速更新的过程中，自然人能否拒绝个人信息被规模化处理等争议开始出现，值得特别讨论。

1. 公平访问权

所谓公平访问权（Recht auf fairen Zugang，right of fair access)，是指用户可以访问、查询相关数据内容和信息的权利。欧盟《一般数据保护条例》第 15 条就确认了数据主体的数据访问权。当然，该条实际上是从个人信息的角度，允许个人信息主体有权从数据控制者处获取其个人数据是否正在被处理、处理的目的、所涉个人信息的类别等信息。[①] 欧盟《数据法案》第 8 条第 1 款规定："根据第 5 条和其他欧盟法律或实施欧盟法律的国家立法，数据持有者有义务向数据接收者提供数据，数据持有者应根据本章和第四章的规定，以公平、合理和非歧视性的条件和透明的方式提供数据。"此种经验值得借鉴。

公平访问权应当是一项广泛适用于自然人主体与非自然人主体的在先权利。一方面，就自然人而言，尽管《个人信息保护法》已经规定了个人对其个人信息的查阅权，但是，此种权利主要指个人信息主体对其自身信息进行查询的权利。然而，在自身个人信息之外，个人还应当享有访问更大范围的数据及其信息内容的权利。欧盟《数据法案》进一步确认了公平访问权，这也在一定程度上表明，查阅权还不能有效涵盖所有公平访问的权利。另一方面，非自然人主体也应当享有公平访问权。以网络平台内的大量网店为例，虽然这些网店为平台数据的生成贡献了有价值的信息内容，但是，这些网店也有通过广泛的数据访问权限实现其

① 参见李世刚等编：《GDPR：欧盟一般数据保护条例：文本和实用工具》，人民日报出版社 2018 年版，第 162 页。

正常经营活动的利益预期：这些网店不仅可以访问自己网店的经销信息，还应当可以访问其他同业网店的经销信息，如通过访问和参考其他网店的店面设置来优化和改善自身的网店界面，以提升自身的经销能力。

公平访问权应当从数据来源者与数据处理者两方面理解。第一，就数据来源者而言，数据来源者权利强调的是访问的合理性与公平性。首先，访问的主体原则上应当限于数据来源者，其他主体不应当享有访问权。如前所述，自然人对自身的个人数据当然依法享有访问权。非自然人主体对于由其促成的数据和与其相关的数据也应当享有访问权。其次，访问的目的应当具有正当性。通常来说，数据访问权要求用户在访问数据时必须要有正当的事由，用户不能出于不正当竞争等商业目的访问和利用数据。最后，访问的范围应当受到合理限制。用户的访问权限应当被限制在一定范围内，访问的范围通常是与自己的业务相关联的数据。第三人在主张访问相关的数据时，应当证明自身具有相应的合法利益。[①] 例如，用户在购买一辆汽车后，应当有权访问与该车型相关的使用数据，但不包括其他数据。至于如何具体判断公平访问的范围，需要结合用户的商业活动信息来讨论。第二，就数据处理者而言，其有义务保障向数据来源者以公平的、合理的、非歧视性的条件和透明的方式提供数据，确保数据来源者直接地、轻松地、安全地获取相关数据。尤其是数据处理者不得与用户签订不公平合同条款来排除数据来源者访问数据的权利。[②]

之所以要在法律上确认和保护公平访问权，主要原因在于：一方面，数据来源者对数据的形成作出了贡献。从实践来看，数据的形成通常是多个主体共同作用的结果，赋予用户等数据来源者对数据的公平访问权，可以被视作对其在数据形成过程中所作贡献的一种补偿。另一方面，在法律上确认和保护公平访问权，确保用户对使用产品或服务过程中产生的、涉及的数据享有公平的访问权和利用

① 参见王洪亮、叶翔：《数据访问权的构造——数据流通实现路径的再思考》，载《社会科学研究》2023 年第 1 期，第 75 页。

② Dirk Staudenmayer，Privatrechtsregeln für Datenzugangsrechte-Der Verordnungsvorschlag der Europäischen Kommision zum Datengesetz，EuZW 2022，S. 1038.

权，有利于构建一种良好的合作关系，从而鼓励用户积极参与数字经济活动。[①] 例如，已出售的智能汽车产生的传感器数据可被汽车制造者获取并用以维护汽车功能，该种数据在性质上并不属于商业秘密。允许用户访问此类数据，可以使用户及时了解智能汽车的使用状况[②]，这不仅有利于保护消费者的权益，还使用户能够及时向生产者、销售者反馈汽车的运行状况，从而有利于生产者提高产品质量。此外，在法律上确认和保护公平访问权有助于促进"数尽其用"。从实践来看，大量数据被掌握在少部分大型公司手中，这些大型公司不允许其他企业访问数据，这就使得这些数据不能得到有效利用。[③] 即便小型企业和消费者是产品的用户，即便相关数据系小型企业和消费者使用产品所产生，小型企业和消费者也很难访问和利用相关的数据，也很难将数据转移到第三方企业。这种数据利益分配情况通常被认为是不公平的。[④] 同时，对一些在下游或邻近市场提供服务的公司而言，其提供服务的前提是能够访问数据，获取数据困难成为这些公司进入市场进行自由竞争的障碍，这影响了数据潜在价值的发挥。[⑤] 因此，确认数据来源者对相关数据的公平访问权，对于促进数据流通以及确保利益相关方对数据的使用来说是一种很好的制度安排。[⑥]

2.合理利用权

所谓合理利用权（eine faire Datennutzng，fair use of data），是指依据法律和合同约定，数据来源者可以根据自身需要在各个生产经营环节自主加工使用数

---

① Klink-Straub/Straub，Data Act als Rahmen für Gemeinsame Datennutzung，ZD-Aktuell 2022，S. 01076.

② 参见华劼：《欧盟数据生产者权利质疑——以知识产权制度安排为视角》，载《知识产权》2020年第1期，第75页。

③ 参见陈永伟：《数据产权应划归平台企业还是消费者?》，载《财经问题研究》2018年第2期，第7－9页。

④ See Mauritz Kop，"The Right to Process Data for Machine Learning Purposes in the EU"，*Harvard Journal of Law & Technology*，Vol. 34，No. 2 (Spring，2021)，p. 1.

⑤ Podszun/Pfeifer，Datenzugang nach dem EU Data Act：Der Entwurf der Europäischen Kommission，GRUR 2022，S. 953.

⑥ 参见王洪亮、叶翔：《数据访问权的构造——数据流通实现路径的再思考》，载《社会科学研究》2023年第1期，第75页。

据的权利，包括对数据进行合理利用。欧盟《数据法案》第2条要求产品的设计和制造，以及相关服务的提供应该确保用户可以便捷地、安全地获取产品使用过程中产生的数据，并且可以通过适当的方式直接获得相应数据。我国法律也应当承认此种权利。在实践中，一些平台经营者既收集平台内经营者的经营数据，也向平台内经营者提供平台基础服务。例如，淘宝平台向平台内经营者提供"生意参谋"的数据服务，允许平台内经营者合理利用其经营的店铺的经营数据，作出更优的商业决策。由于这些平台内经营者往往缺乏数据处理能力，因而由平台经营者收集和处理相关数据，平台内经营者则应当对这些数据享有合理利用权。

法律之所以承认数据来源者对数据的合理利用权，主要是考虑到数据来源者对数据的形成有贡献，对数据的合理利用权在某种意义上可以被看作数据来源者贡献的一种对价。法律虽然不一定赋予数据来源者财产权，但可以赋予数据来源者合理利用权，这对于促进数据有效利用具有重大意义。确认数据来源者的合理利用权，有利于促进数据的流通与数据的发展，有效释放数据的潜力。[①] 倘若数据处理者不允许数据来源者使用数据，将会造成更加严重的数据垄断。由于数据来源者技术能力的限制，其很难自己收集相关数据，但是，在平台已经收集相关数据的情况下，法律赋予数据来源者合理利用权，有利于数据来源者进一步开发利用相关数据，从而促进数字经济的发展；同时，法律赋予数据来源者合理利用权也有利于打破数据处理者对数据资源的垄断。数据不同于传统生产要素的重要特征在于其具有非竞争性：数据越用越有价值。[②] 即便对同一数据资源而言，数据处理者与数据来源者对其开发利用的方式也可能完全不同。例如，作为数据处理者，平台重视的是某一类商品的销售数额，从而决定赋予该类商品多少广告空间；作为数据来源者，平台内经营者关注的是销售数据展示出来的用户购买需求。因此，平台和平台内经营者对同一数据的开发利用思路和方案将会存在显著差异。在这样的背景下，法律赋予数据来源者合理利用权，可以最大限度地发挥

---

① 参见丁晓东：《论数据来源者权利》，载《比较法研究》2023年第3期，第17页。

② See Michael A. Heller, "The Tragedy of the Anticommons: A Concise Introduction and Lexicon", *Modern Law Review*, Vol. 76, No. 1 (Jan., 2013), p. 6.

数据的经济效用。在这个意义上，法律应当赋权数个主体通过多维度开发、挖掘数据价值，提升企业管理效率和决策质量，或者形成新的数据产品或服务，从而创造商业价值，提升企业商业竞争力。[①] 例如，在汽车的销售和使用过程中可能会产生相应的销售数据、保险数据、驾驶数据等多种类型的数据，允许数据来源者访问相关的数据，将有利于更好地发挥相关数据的经济效用。例如，汽车的销售者可以通过汽车的运行数据实时了解汽车的运行状况，从而提供更好的服务；汽车的保险人则可以通过了解汽车的运行数据，更为精准地确定保险费、赔付条件等，这显然更有利于发挥相关数据的经济效用。[②] 在商业实践中，一些平台的"用户协议"或者"隐私政策"没有正面赋予个人对这些个人数据的使用权，而是直接规定平台自身对用户发布的文字、图片、视频、音频等享有使用权。在笔者看来，这种做法不正当地限制了个人作为数据来源者的合理利用权。

合理利用权的具体内容应当包括：一是复制权，即数据来源者有权复制数据处理者收集的关于数据来源者的数据。就个人信息而言，《个人信息保护法》第45条规定了复制权。这一权利允许个人从个人信息处理者处复制和携带个人信息，但是，这一权利只针对个人信息。除了个人信息以外，在实践中还存在大量来自个人但并不属于个人信息的数据。例如，个人信息处理者大量收集的个人的著作、论文、评论等虽然来自个人，但并不属于个人信息。又如，个人在微博上发布的微博、在"大众点评"上发表的评论，以及在微信朋友圈中发布的照片等很难被评价为个人信息，但又来自个人，因此，个人对这些数据应当享有数据来源者权利。数据来源者对于自己的相关信息可能没有进行收集和整理，但是，数据处理者进行了收集和整理，此时，数据来源者有权利要求进行复制。二是对自己数据的加工整理和利用权。数据来源者的复制权是合理利用数据的基础和前提，只有当数据来源者有权复制自己的数据时，数据来源者才有可能对该数据作进一步的利用。合理利用权首先是指数据来源者可以自己利用相关数据，这里的

---

① 参见张新宝：《产权结构性分置下的数据权利配置》，载《环球法律评论》2023年第4期，第5-20页。

② 参见华劼：《欧盟数据生产者权利质疑——以知识产权制度安排为视角》，载《知识产权》2020年第1期，第77页。

利用不仅包括复制数据，还应当包括分析和挖掘数据。此外，合理利用权还应当包括对数据进行加工的权利，即数据来源者可以对数据进行进一步的加工，甚至按照一定的算法处理数据，从而形成衍生数据或者数据产品。那么，数据来源者能否开发与数据来源产品竞争的产品？欧盟《数据法案》第 4 条第 4 款规定，用户不得将根据第 1 款所述请求获得的数据用于开发与数据来源产品竞争的产品。这一观点值得商榷。毕竟，此类数据源于数据来源者自身的生产经营活动，无论数据来源者将数据用于特定商业活动，还是数据处理者将数据用于相应商业活动，原则上说两者都有参与生产经营竞争活动的机会，法律应当给予平等的保护。三是依据合同享有的其他权利，如数据来源者请求数据处理者提供类似于淘宝平台向平台内经营者提供的“生意参谋”的平台基础服务的权利。

在没有合同约定的情况下，是否可以允许数据来源者将其复制的数据处分给第三方？对此存在不同观点。笔者认为，合理利用原则上应当限于数据来源者自身的生产经营和生活需要，包括将数据用于一些与数据处理者具有商业竞争关系的自我生产经营活动。不过，一般来说，数据来源者不能将其数据向与数据处理者具有竞争关系的第三方平台企业提供。毕竟，第三方没有直接参与数据的生产活动，这很容易构成不正当的搭便车行为，破坏公平的生产经营竞争秩序。数据来源者擅自向第三方提供相关数据，超出了合理利用数据权利的范围，缺乏正当性基础；同时，第三方擅自利用相关数据也可能构成不正当竞争行为，涉嫌剥夺数据处理者（平台）的竞争利益。①

3. 可携带权

所谓可携带权（right to data portability），是指数据来源者在符合法定条件和当事人约定的条件下，将其在一个平台上的数据携带到另一个平台。就个人信息而言，个人毫无疑问依法享有可携带权。可携带权和复制权的区别在于：复制权的行使意味着对数据的复制，数据处理者仍然可以保留这些数据；而可携带权

---

① See Shyamkrishna Balganesh, “Hot News: The Enduring Myth of Property in News”, *Columbia Law Review*, Vol. 111, No. 3 (Apr., 2011), p. 419; Shyamkrishna Balganesh, “Quasi-Property: Like, but Not Quite Property”, *University of Pennsylvania Law Review*, Vol. 160, No. 7 (Jun., 2012), pp. 1889, 1901-1906.

的行使意味着对数据的转移，而不只是一种简单的复制。同时，数据来源者在行使复制权时，通常是自己进行数据的复制；而数据来源者在行使可携带权时，数据处理者应当予以配合，并提供便利。

欧盟《一般数据保护条例》在个人信息层面确认了个人对其个人数据的可携带权。该条例第20条明确规定，数据主体有权以结构化的、通用的、机器可读的格式接收其提供给数据控制者的个人数据，并有权将其传输给其他数据控制者，而不受提供该个人数据的数据控制者的妨碍。① 欧盟《数据法案》第5条第1款规定，应用户或代表用户的一方的要求，数据持有者应向第三方免费提供因使用产品或相关服务而产生的数据，不得无故拖延，数据质量应与数据持有者可获得的质量相同，并在适用的情况下连续实时提供。我国《个人信息保护法》同样规定了个人信息主体的可携带权。不过，在个人信息被处理为数据后，对于非个人信息，个人和企业是否享有可携带权，现行立法并未作出规定。

企业数据的可携带权涉及数据来源者与数据处理者之间的权利冲突问题。例如，一家牛奶经销企业在多个电商平台从事经销活动，在各个平台上都产生了相应的经销数据。该企业当然可以通过行使复制权，将各类信息汇集到一起，这有助于更系统地分析和优化其商业经销策略。问题在于：网络店铺等非自然人信息来源主体是否享有相应经销信息的可携带权？是否有权要求一家电商平台为其提供技术协助服务，协助其将数据从一家平台转移到另一家平台或者第三方平台进行汇聚和分析？例如，曾经在一家网络零售平台上持续经营的网店拟入驻新的网络零售平台，并希望将在原平台上的经销信息迁移至新的平台。然而，原平台常常以相关经销信息同时构成网络平台自身的经营信息为由，或者以原平台与网络店铺之间有平台规则或者协议关系为由拒绝此种数据迁移。“数据二十条”规定，“保障数据来源者享有获取或复制转移由其促成产生数据的权益”。从该规定来看，虽然“数据二十条”将可携带的数据严格限制在“由数据来源者促成产生数据”的范围之内，但是，“数据二十条”实际上确认了数据来源者对其数据享有

① 参见李世刚等编：《GDPR：欧盟一般数据保护条例：文本和实用工具》，人民日报出版社2018年版，第168页。

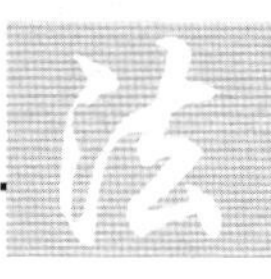

可携带权。

可携带权的行使确实可能导致数据的完整性受到损害。需要讨论的是，在数据来源者行使可携带权之后，数据处理者是否有义务删除相关的数据？笔者认为，如果相关的数据涉及个人信息，数据来源者的意愿首先要得到尊重。虽然我国《个人信息保护法》没有明确规定，在信息主体行使可携带权后，个人信息处理者负有删除个人信息的义务，但是，一旦信息主体要求删除相关个人信息，那么，依据《个人信息保护法》第 47 条的规定，个人信息处理者应当负有删除相关个人信息的义务。如果个人在行使可携带权后没有要求删除个人信息，那么，个人信息处理者仍然可以将相关个人信息继续保留在原数据中。不过，对非个人信息而言，数据来源者在行使可携带权后能否请求数据处理者删除相关数据？笔者认为，在此种情形下，数据处理者并不负有删除义务。原因在于：一方面，对个人信息而言，法律之所以允许个人在行使可携带权之后有权主张删除相关的个人信息，主要是因为个人信息保护涉及个人人格尊严的保护，即法律为保护个人的人格尊严而单独赋予个人要求删除个人信息的权利。与此相对，非个人信息并不涉及个人人格尊严的保护，而且没有法律规定数据处理者在此种情形下负有删除义务。另一方面，在数据来源者行使可携带权之后，如果允许数据来源者要求数据处理者删除相关的数据，数据的有效利用将可能受到影响，因为数据处理者通常对相关的数据进行一种集合性的、整体性的利用。虽然数据来源者行使可携带权通常并不会影响数据的整体性，但是，如果法律允许数据来源者要求数据处理者删除相关的数据，将会影响数据的整体性。这既会扰乱数据处理者的整体经营安排，影响数据处理者对利用数据的合理期待的实现，使数据处理者遭受一定的损失，也会影响数据的有效利用。[①]

在企业作为数据来源者的情形下，如果相关数据确实涉及企业的商业秘密，企业在行使可携带权后能否主张删除相关数据？笔者认为，此种情形涉及在先权利优先保护规则的适用。在此情形下，数据来源者应当依据在先权利优先保护规

---

① See Peter K. Yu, "Data Producer's Right and the Protection of Machine Generated Data", *Tulane Law Review*, Vol. 93, No. 4 (Apr., 2019), p. 859.

则主张数据处理者删除相关的数据，而不是依据可携带权向数据处理者主张删除请求权。

4.自然人个人数据大规模处理拒绝权

就自然人而言，我国《个人信息保护法》第27条对数据处理者处理已经公开的个人信息作了规定。依据该规定，对于已公开的个人信息，个人有权拒绝个人信息处理者处理该个人信息。当然，对于已公开的个人信息而言，即便未经个人同意，个人信息处理者也可以在合理范围内处理该个人信息。但是，此种规定主要还是以数据处理者处理单条个人公开信息的行为为规范原型的，尚未系统考虑对已公开的个人信息进行规模化处理的问题。个人信息的规模化处理可以表现为数据处理者将一个自然人的裁判文书信息、行政处罚信息、信用信息、作品发表信息乃至一般社会活动信息加以汇集，通过某个或者某些视角来呈现这个人的人格形象。同样是已经公开的信息，其在被汇集前后对个人人格形象的样貌形成和呈现度的影响存在重大差别。例如，在一个案件中，被告运营某款智能手机记账软件。该软件允许用户自行创设或添加“AI陪伴者”，设定“AI陪伴者”的名称、头像、与用户的关系、相互称谓等，并通过系统功能设置“AI陪伴者”与用户的互动内容，系统称这一过程为“调教”。法院认为，被告未经原告同意使用原告姓名、肖像，设定涉及原告人格自由和人格尊严的系统功能，构成对原告之姓名权、肖像权、一般人格权的侵害，遂判决被告向原告赔礼道歉、赔偿损失。[①] 这意味着，当数据来源者为个人时，个人享有对个人数据大规模处理的拒绝权。

当然，即便是自然人的个人信息，如果个人信息处理者已经对之进行了匿名化处理，那么，相关的个人信息将被转化为无法从中识别出个人身份的数据。在此情形下，个人信息处理者享有广泛的处理权。换言之，即便个人信息处理者对此类数据进行大规模处理，也无须单独取得个人的同意，个人不享有拒绝权。

值得注意的是，对于非自然人而言，同样存在数据的大规模处理问题。例

① 参见最高人民法院：《〈学法典读案例答问题〉——人工智能软件擅自使用自然人形象创设虚拟人物构成侵权吗?》，https://www.court.gov.cn/hudong-xiangqing-370321.html，2023年10月18日访问。

如，一家商业化的信用咨询平台将各大网络店铺的线上线下经销信息、生产物流信息、争议解决信息乃至融资信息加以汇集，形成企业生产经营画像并作为商业产品对外销售。一般来说，这种做法会影响相应店铺的市场形象和外部经营环境，对于店铺而言具有重大利害关系。关于非自然人数据的大规模处理问题，一方面，由于我国法律没有对非自然人主体的拒绝权作出规定，因此，非自然人主体的数据大规模处理拒绝权目前仍缺乏明确的法律依据；另一方面，非自然人数据的大规模处理问题可以交给当事人通过合同作出约定，也就是说，数据处理者可以与作为数据来源者的非自然人主体通过合同就数据的大规模处理作出约定。在当事人没有对此作出约定的情形下，笔者认为，不宜承认非自然人主体享有数据大规模处理的拒绝权，因为数据的大规模处理既是数据产业发展的重要条件，也是实践中数据处理的常见情形。如果我们承认非自然人主体享有数据大规模处理的拒绝权，将可能会影响数据经济效用的发挥，不利于保护数据处理者处理数据的合理预期，并从根本上影响数据产业的发展。同时，对非自然人主体而言，由于其数据权利的保护并不存在自然人个人数据保护中保障个人信息自决权利、维护个人人格尊严的制度需要，因此，法律不宜承认非自然人主体享有数据大规模处理的拒绝权。

此外，允许数据处理者对非自然人主体的数据进行大规模处理，也有利于对消费者权益的保护。例如，数据处理者汇集店铺的相关信息，并且在互联网上公开，有利于消费者知情权的实现，从而保护社会公共利益。尤其是，数据处理者将店铺直接向消费者提供产品或者服务的相关业务公之于众，可以保障消费者的合法权益。对非自然人主体而言，如果数据的大规模处理侵害了非自然人主体的商业声誉、商业秘密等在先权利，那么，其可以通过在先权利保护规则获得权利保护。例如，数据处理者如果将店铺的内部关系或者企业治理结构公之于众，不仅无益于消费者权益保护，还可能侵犯店铺的商业秘密，此时，店铺经营者应当有权予以拒绝。

除上述权利外，对于数据来源者究竟对数据享有哪些权利，当事人可以通过约定加以确定。例如，淘宝平台的“生意参谋”就为数据来源者提供了一些必要

的服务，这实际上体现了当事人通过约定确定数据来源者享有请求数据处理者提供数据服务的权利。当然，在当事人没有约定的情形下，数据处理者应当没有义务向数据来源者提供相关的数据服务，否则法律就赋予了数据来源者过大的权利，这反而可能会影响数据的有效处理与流通。

（二）作为数据来源者的自然人是否享有数据财产权？

按照“数据二十条”，数据确权主要是确认数据处理者对数据享有财产权，并没有确认作为数据来源者的自然人享有数据财产权。在数据形成过程中，作为数据来源者的自然人对数据的形成也作出了一定程度的贡献，例如，其通过点击鼠标、取款、购买信用卡等对数据的形成作出了一定程度的贡献。据此，有学者主张，数据确权不应当仅是对数据处理者进行确权，还应当是对数据来源者进行确权。例如，德国学者费泽认为：“在资产阶级社会的历史上，知识产权的正当性是个人的智力创造。在21世纪的数字信息社会，数据所有权的正当性基础是数据由公民个人行为生成。由此显现出了一条清晰的历史脉络：从物上所有权到知识产权，再到行为产生的信息数据所有权。”[①] 这就提出了一种基于用户个人作为数据生产者的行为生成的个人数据的非物质财产权理论。该理论建议将基于用户个人行为生成的信息数据的原始非物质财产权（sui generis）法律规范化。与此相似，莱斯格（Lawrence Lessig）教授认为，如果将数据财产权授予数据收集者即经营者，那么，事实上的数据主体（data subjects）即用户就要花费大量的成本才能发现信息是否被收集和正在被如何使用，而数据收集者将不需要支付任何成本，因为其已经占据并使用着数据。[②] 这种观点认为，数据权益是多方共同参与形成的，法律应当按照对数据形成作出贡献的比例赋予各方主体权益。同时，承认个人对其个人数据享有财产权，有利于提高个人同公司等主体进行谈判的能力，更有利于保护个人的利益。[③] 在我国有学者认为，法律应当从保有利益

---

① Karl-Heinz Fezer，Dateneigentum der Bürger，ZD 2017，S. 101.

② See Henry H. Perritt Jr.，“Lawrence Lessig，Code and Other Laws of Cyberspace”，*Connecticut Law Review*，Vol. 32，No. 3（Spring，2000），p. 1061.

③ See Ryan Calo，“Privacy and Markets：A Love Story”，*Notre Dame Law Review*，Vol. 91，No. 2（Dec.，2015），pp. 649，681-690.

的正当性以及价值贡献因素出发，构建数据主体与数据使用者、数据使用者与数据使用者之间的用益补偿规则（Nutzungsausgleich）。[①] 也有学者认为，法律有必要建立个人数据权和企业数据权，承认对数据作出贡献的主体享有财产权。[②]

上述观点不无道理。从比较法来看，《欧盟数据库指令》第 7 条第 1 款在版权之外创设了特殊权利（sui generis right），为选择或编排不具有独创性但在“质”或“量”上具有实质性投入的数据库提供保护。实质性投入体现在对内容的获取、检验核实或呈现方面。[③] 可见，如果数据库具有独创性，其可以依法受到著作权法规则的保护；即使其不具有独创性，也可以受到财产权规则的保护。自然人的少量非个人信息（如个人在互联网上发布的天气情况、心情、日常生活情况、实时情况等内容）不能形成数据库，无法受到个人信息保护法律和著作权法规则的保护。从“数据二十条”的内容来看，“数据二十条”区分了数据处理者的权利与数据来源者的权利，这实际上已经注意到了对用户权利的保护。不过，笔者认为，除享有在先权利外，作为数据来源者的自然人对其少量数据不应当享有数据财产权。主要理由在于：

第一，如果个人对其数据享有在先权利，那么，这种在先权利应当优先于数据处理者对数据享有的财产权而受到法律保护，法律不必确认个人对其少量数据享有财产权。例如，个人在“大众点评”上发布的对某个菜品的点评如果具有独创性，可以受到著作权规则的保护；如果个人留下了住址、联系方式，甚至有关银行账户信息等，这些信息属于个人信息权益、隐私权的保护对象。从权利救济层面看，对数据处理者的数据权益进行确权并不影响对个人信息的保护。因此，即便法律不承认作为数据来源者的自然人对数据享有数据财产权，也不会影响其隐私权、个人信息权益受到保护。

第二，即便相关数据不属于个人信息，法律也不应当确认自然人对其少量数

① 参见韩强、吴涛：《论数据要素收益分配的制度基础——基于用益补偿的视角》，载《行政管理改革》2023 年第 5 期，第 53 页。

② 参见龙卫球：《数据新型财产权构建及其体系研究》，载《政法论坛》2017 年第 4 期，第 63－77 页。

③ 参见华劼：《欧盟数据生产者权利质疑——以知识产权制度安排为视角》，载《知识产权》2020 年第 1 期，第 73 页。

据享有财产权。原因在于：一方面，对于自然人的少量数据，我们很难计算或确定其财产价值。另一方面，针对自然人的少量数据赋予自然人数据财产权会不当扩张自然人的权利范围，导致自然人对由其产生的数据之外的其他数据享有权利，这显然不妥当。例如，在“徐某婷诉苏州某公司个人信息保护纠纷案”中，法院认为：“鉴于苏州某公司违反法律规定，擅自收集、储存、使用徐某婷人脸信息构成侵权，故徐某婷有权要求苏州某公司删除其人脸信息并赔礼道歉。”① 虽然徐某婷同时主张苏州某公司赔偿其经济损失三万元，但是，法院认为，苏州某公司单独收集人脸信息的行为并没有给徐某婷造成财产损失，因此驳回徐某婷的诉讼请求。从该案来看，作为一种可以被商业化的人格要素，单个人的信息尽管具有经济价值，但是，就单个信息而言，在数据处理者进行规模化汇集处理之前，其经济价值是十分有限的，难以被计算。因此，法院在支持信息来源主体的其他个人信息权利主张的同时，并没有支持其关于财产损失赔偿的主张，判决结果具有合理性。当然，如果企业利用单个用户的个人信息给用户造成了现实的财产损失，或者企业违规对个人信息进行规模化处理等，那么，企业需要依法承担财产损害赔偿责任。

第三，虽然数据处理者处理的相关数据与用户的行为相关，但是，除了用户个人数据以外，其他的数据并没有身份识别的特点，因此，如果法律承认普通用户对相关数据的财产权利，由于数据缺乏身份识别的特点，权利的份额客观上无法被判定。尤其是对平台数据而言，平台数据通常包括海量用户的个人信息和基于用户个人信息产生的其他数据；而且除用户的个人信息、数据外，平台数据还可能同时包含企业数据与公共数据。这些数据共同构成了平台数据，并促成了平台数据整体价值的形成。在此情形下，单个用户的少量信息的价值在整个平台数据价值中的占比如何，难以得到精确的衡量。法律承认用户对平台数据享有数据财产权，显然会导致难以确定权利份额的问题。

第四，作为数据来源者的自然人通常没有获得数据财产权的利益期待。虽然

① “徐某婷诉苏州某公司个人信息保护纠纷案”，江苏省苏州市姑苏区人民法院（2022）苏0508民初5316号民事判决书。

自然人在从事网络活动时会产生一定数量的数据，但是，自然人的主要目的是获得相关的网络服务，而非取得相关的数据财产权。同时，个人在从事网络活动、产生数据的同时，也没有实施相关的数据收集、加工等数据处理活动，法律很难认定其具有取得生产要素意义上的数据财产权的利益期待。因此，法律不宜赋予作为数据来源者的自然人以数据财产权。

第五，如果法律赋予成千上万的分散数据来源者以财产权，那么，这不仅会产生巨大的权利分配成本，还会因为数据来源者行使此种权利，给数据处理者的数据利用活动造成巨大的经营成本，产生巨大的商业挫败成本，将更不利于数据的有效流通。的确，如有的学者关切的那样，数据“权利束”如果形成了“数据沼泽”，将不利于在数据上形成稳定的权利秩序，会阻碍数据权利边界的划分与数据的流通利用。①

总之，作为数据来源者的自然人如果享有在先权利，其应当受到相应的在先权利规则的保护。除在先权利外，法律不宜再赋予作为数据来源者的自然人对其少量数据的数据财产权。当然，如果数据处理者与数据来源者之间明确约定了数据财产权的分配，此种约定应当得到尊重。

五、数据来源者权利的保护

数据是一种新财产，该新财产蕴藏着难以估计、评价和计算的巨大价值。②在明确数据来源者权利之后，法律就需要解决数据来源者的权利保护问题。法律保护数据来源者的在先权利，有利于促进数据的生产和流通。无论是对自然人主体而言，还是对非自然人主体而言，如果这些权益得不到有效保障，广大数据来源者很可能趋于采取保守性网络活动策略，这将阻碍数据的生产，数据的高效流通和利用更无从谈起。③ 也就是说，数据处理者的数据财产权能否得到有效行

① 参见周汉华：《数据确权的误区》，载《法学研究》2023 年第 2 期，第 12 页。

② Vgl. Artur-Axel Wandtke, Ökonomischer Wert von Persönlichen Daten-Diskussion des „Warencharakters“ von Daten aus Persönlichkeits-und Urheberrechtlicher Sicht, MMR 2017, S. 6ff.

③ 参见熊丙万：《中国民法学的效率意识》，载《中国法学》2018 年第 5 期，第 82 - 101 页。

使，在很大程度上取决于法律对数据来源者前述权益的保障程度。如前所述，法律在数据保护中应当区分数据来源者的权利与数据处理者的权利，对数据来源者的权利予以尊重与保护应当成为数据处理者依法行使权利的前提和基础。① 因此，法律明确数据来源者的权利类型、权利边界，既有利于明确数据处理者对数据享有的权利类型和权利边界，也有利于数据处理者对数据的有效利用，如此才能真正有效地培育和发展数据要素市场。

法律保护数据来源者权利，首先要明确该项权利的性质。有学者认为，数据来源者权利是一种沟通治理型的权利。② 也有学者认为，数据来源者权利是一种程序性的、非绝对性的、举报建议性的权利③，这实际上是认为数据来源者的权利并非法定的民事权利。笔者认为，数据来源者的权利应当是一种法定的民事权利，它是当事人在没有特别约定的情形下应当享有的一项权利。一方面，《民法典》第 127 条规定："法律对数据、网络虚拟财产的保护有规定的，依照其规定。"该条既是一项宣示性条款，也是一项引致条款。该条规定了数据和网络虚拟财产的保护规则。从体系解释来看，该条被规定于《民法典》总则编第五章"民事权利"中，这表明数据权益是民事权利体系的组成部分，是一项重要的民事权利。数据来源者对数据享有的权利在性质上是数据权利的重要类型，也应当是一项重要的民事权利。另一方面，数据来源者享有的各项在先权利（包括人格权、知识产权等）都属于民事权利的重要组成部分，尤其是数据来源者对数据享有的合理利用权、可携带权和自然人个人数据大规模处理拒绝权等也应当受到《民法典》人格权编、《个人信息保护法》等法律的保护。具体而言，对数据来源者权利的保护应当注意如下几点。

首先，从性质上看，数据来源者权利应当属于民事权利，而非一种行政性的权利。在遭受侵害时，数据来源者有权依法主张民事责任。如果法律仅仅将数据

---

① See Thomas W. Merrill, "The Property Strategy", *University of Pennsylvania Law Review*, Vol. 160, No. 7 (Jun., 2012), p. 2061.

② 参见王洪亮、叶翔：《数据访问权的构造——数据流通实现路径的再思考》，载《社会科学研究》2023 年第 1 期，第 71－84 页。

③ 参见丁晓东：《论数据来源者权利》，载《比较法研究》2023 年第 3 期，第 25 页。

来源者权利界定为举报建议性的权利，那将会使数据来源者权利的效力大打折扣，同时也不利于对数据来源者的保护。例如，当数据来源者的权利受到数据处理者侵害时，如果数据来源者只能向行政机关投诉，那么，数据来源者权利的法律保护将会受到严重限制。“权利的存在和得到保护的程度，只有诉诸民法和刑法的一般规则才能得到保障。”[①] 倘若数据来源者权利只能向行政机关进行举报投诉，那么，数据来源者权利就不是真正意义上的权利，这是因为，只有当权利主体可以按照自己的意愿执行该权利对应的义务时，这一权利才是真正的权利。[②]

其次，法律应当区分数据来源者权利的不同类型，分别认定权利效力。从数据来源者权利的类型来看，数据来源者权利可以分为如下两大类：一是数据来源者的在先权利，如隐私权、个人信息权益、著作权等；二是数据来源者对数据处理者享有的公平访问权、合理利用权、可携带权等权利。这两类权利的内容和效力存在一定程度的区别。数据来源者的在先权利无论属于人格权益还是属于财产权，原则上都是一种绝对权。无论是数据处理者，还是其他主体，都不得非法侵害此类权利，否则数据来源者有权依法请求行为人承担相应的民事责任。例如，就包含个人数据的平台数据而言，如果平台经营者在处理该类数据时侵害了个人信息权益，那么，个人有权依法请求平台经营者承担民事责任；同时，如果平台经营者之外的行为人非法抓取平台数据，而且被抓取的数据中包含个人数据，那么，个人有权依法请求行为人承担民事责任。

数据来源者对数据处理者享有的公平访问权、合理利用权等权利在性质上主要是一种相对权。也就是说，此类权利的实现需要数据处理者实施一定的行为。数据来源者在行使此类权利时，首先应当向数据处理者提出请求，数据处理者应当依法为数据来源者行使权利提供便利。在数据来源者主张行使权利时，只有数据处理者未依法提供便利，甚至拒绝数据来源者依法行使权利，数据来源者才能依法请求数据处理者承担民事责任。例如，如果数据处理者拒绝向数据来源者提

---

① ［英］彼得·斯坦、约翰·香德：《西方社会的法律价值》，王献平译，中国人民公安大学出版社1989年版，第41页。

② 参见［英］H. L. A哈特：《哈特论边沁——法理学与政治理论研究》，谌洪果译，法律出版社2015年版，第192页。

供复制的数据，从而导致数据来源者无法行使合理利用权，那么，数据处理者就侵害了数据来源者的权利。此时，数据来源者可以要求数据处理者继续履行提供数据的义务，或者要求数据处理者承担损害赔偿的责任。因此，这种权利保护的特点在于，数据来源者必须先向数据处理者提出请求，倘若数据处理者加以拒绝，那么，数据来源者就可以要求数据处理者承担民事责任。在这一意义上说，数据来源者的此种权利具有相对性，就此种权利只能向实际处理数据的数据处理者主张，不能向不特定的第三人主张。与传统的侵权法保护的权利不同，这种性质的权利不能对任何第三人产生绝对的、排他的效力①，只有当数据来源者提出的请求不能实现的时候，其才能受到侵权法的保护。

结　语

自“数据二十条”颁布之后，学术界已经在数据应当确权的基础性问题上达成了初步共识，但仍需进一步深入研究如何确权的重大理论与实践问题。原因在于，这不仅涉及数据上各方利益相关者的利益期待的满足，更关涉数据的生产与流通活动能否高效展开和有序发展。迄今为止，学术界关于数据确权的讨论主要聚焦于数据处理者的权利属性与构成问题。这是必要的，但仍然是不够的。实际上，数据处理者的权利与数据来源者的权利之间具有复杂共生和相互依存的关系，它们均为数据权利的重要组成部分，需要法律予以系统协调和科学安排，以最大限度地提升各方主体参与数据生产和流通活动的积极性。在确认和保护数据处理者的权利的同时，未来我国立法应当明确承认数据来源者的权利，对数据来源者的权利进行列举规定，明确数据来源者权利的类型、范围和边界等问题。法律对数据来源者的权利予以确认和保护，有利于打破数据处理者对数据的垄断，并且有利于促进数据的流通和利用。当然，对数据来源者权利的保护既不应不当影响数据处理者对数据权利的合法行使，也不应不当妨碍数据的合理流通与利用。

① 参见阮神裕：《个人信息权益的二元构造论》，载《法制与社会发展》2023年第4期，第69页。

迈进数字时代的民法*

前　言

我们已经迈入了一个信息爆炸、万物互联和人际互通的数字时代。① 数字技术和平台应用的智能化发展，正在日益深刻地改变着社会关系。在商业交易领域，社会资源从传统的单向生产和流动模式转变成了一种由供应商、顾客和平台等多元主体深度互动的模式，持续开展着双向甚至多向的生产、交换和互动。数字财产正以一种全新的面貌出现，不仅数字财产权益本身的配置和利用以一种新型的方式展开，而且对隐私、个人信息等人格性权益形成了新的挑战。面临数字时代的社会变迁，法律尤其是民法需要重新审视传统财产权等方面的规则对数字时代的财产权利和社会关系的解释能力和调整效果。自罗马法以降，传统民法调整的主要是现实世界的社会关系；而进入数字时代后，现实世界与虚拟世界的融

---

* 原载于《比较法研究》2022年第4期。

① See Katharina Pistor, "Rule by Data: The End of Markets", 83 (2) *Law & Contemporary Problems* 101, 105 (2020).

合所产生的关系，以及虚拟世界的社会关系同样成为需要法律予以调整的社会关系。适用于现实世界的法律规则与调整虚拟世界的法律规则能否相互接纳、相互调适，还是相互排斥？[①] 这确实是数字时代的民法面临的重大问题。本文拟对迈进数字时代的民法发展与立法完善，谈一点粗浅的看法。

一、财产权的变迁：从有形财产向数字财产的扩张

众所周知，自罗马法以来的民法主要以现实世界的有形财产作为调整原型。当进入互联网、大数据时代以后，人类的社会组织和生活从现实世界大幅拓展到虚拟世界，也包括虚拟与现实世界高度融合的社会环境。如果我们今天还继续因循以现实世界为基础的财产权制度和研究范式，将会在解释广泛出现的新型财产形态时面临较大的解释难题和理解障碍。传统民法的“物必有体”、“唯一排他性”和“物债二分”（物权和债权的区分）等基本规则都受到了极大的挑战。数字权利的无形性、数字权利和人格的密切结合性、数字权利对物债区分的跨越、数字权利的非排他性，意味着数字财产无法完全适用基于现实世界的财产形态的解释范式，因此迫切需要解释范式的转变。正如美国学者库恩所言，“科学革命是指科学发展中的非累积性事件，其中旧范式全部或部分地为一个与其完全不能并立的崭新范式所取代”[②]。民法学的发展也需要遵循大致相似的发展规律。这就是说，要从物必有体向无形财产的扩张发展。传统民法都是以有形财产为基本形态，并在此基础上形成财产权的理论和规则。例如，物权客体有体性、排他性，所有权分离等规则，而这些规则在数字时代的财产中会受到很大的挑战，甚至有学者称之为“所有权的终结”[③]。解释对象发生变化后，解释的视角和方法

① 参见［荷］玛农·奥斯特芬：《数据的边界：隐私与个人数据保护》，曹博译，上海人民出版社2020年版，第15页。

② ［美］托马斯·库恩：《科学革命的结构》（第4版），金吾伦、胡新和译，北京大学出版社2012年版，第79页。

③ ［美］亚伦·普赞诺斯基、杰森·舒尔茨：《所有权的终结：数字时代的财产保护》，赵精武译，北京大学出版社2020年版，第19页。

也应当相应地发生变化。传统民法中的权利范式明显不再适合于数据、网络虚拟财产等无形财产。[①]

数字财产以无体的信息内容和数字化载体为主要构成，不以物理存在特别是四至明晰的物理边界为前提。因此，无形性是数字社会财产的重要特点，意味着在控制可能性和利用机会上都能够超越简单的物理控制的束缚，从而改变了物理财产上的支配与利用之间的关系，突破了以物理财产为原型的传统排他性财产权规则。数据财产、网络虚拟财产、虚拟货币、数字艺术品（NFT）、智能机器人作品等数字财产，形成了前所未有的财产创设和利用模式以及新的权利义务构架，难以通过直接适用传统社会的民法特别是物权法规则来予以妥善调整。以信息为内容的数据或者说信息的数字化载体上可能存在多方主体的多元利益。因此，我们不能在数字财产这样一种在物理形态、生成过程和利用方式上都有重大变化的财产样态上简单地沿用建立在物必有体基础上的财产权规则，包括动产与不动产区分规则、物权设立和变动规则，以及物权的保护规则。相反，当代民法需要充分考虑到数字财产的无形性和利益主体多样性的特点，在传统民法基础上构建一套新型的财产权规则。

在诸多类型的数字财产中，数据上的财产权益具有特别的重要性。在欧洲，欧盟委员会在2017年关于《打造欧洲数据经济》的报告中，初步提出了在欧盟范围内创立具有对世效力的“数据生产者权”（data producer's right）来保护数据权益的设想。欧盟委员会委员贡特·奥廷格（Günther Oettinger）也力倡“数据财产权”（Dateneigentum），并认为这是一个革命性的法律概念，其提出数据就是“未来的黄金”[②]。但是数据权益作为一种新型的民事权益，除了具有无形性之外，还具有如下特点，很难通过传统民法规则予以调整。

第一，数据财产具有无限再生性。传统社会中土地财产是有限的，自然资源具有稀缺性，再生性弱。即使动产可以不断产生，但仍受到资源总量的限制，因

① See Francesco Banterle, “Data Ownership in the Data Economy: A European Dilemma”, in *EU Internet Law in the Digital Era* 213 - 214 (Springe 2020).

② ［德］塞巴斯蒂安·洛塞：《数据交易：法律·政策·工具》，曹博译，上海人民出版社2021年版，第61页。

此必然面临需求无限而资源有限的矛盾。数字时代的财产可以无限产生，人类的任何活动都会产生信息，之前的财产需要人类劳动，但数据财产可以自发形成。数据具有无限再生的特点①，数据可以每天数以亿计的数量产生②，我们每天的生活如上网浏览网页、购物等，均会产生数据，这些数据可被平台存储和分析，因为这些数据可以产生有利于平台的有价值的信息。数据是无价之宝，其可以无限量地产生，数据采集者在采集和处理数据时可能会支付一些成本，但这对自然产生的原始数据的收集而言没有影响。可以说，数据是人类永不枯竭的“金矿”。

第二，数据财产与人格要素之间的交融。传统上，财产要素与人格要素常常是截然分离的。人格权益之前一直没有受到重视，其不直接进入财富的创造过程，所以工业时代不会过分关注人格权益，而只关注财产的产生和积累。但在数字时代，财产与个人信息产生密切的关联，甚至大量的数据是基于个人信息产生的，数据权益与个人信息是水乳交融的关系。数据权益与个人信息交织在一起，形成一种你中有我、我中有你的交融状态。数据处理者要行使权利，必然要受个人信息主体的个人信息权益制约。因为数据权益的享有和行使应以尊重信息主体享有的各项信息权益为前提，信息主体外的数据处理者必须在法律规定和合同约定的范围内行使数据权利，并充分尊重信息主体依法享有的信息处理撤回同意权、信息携带权、信息删除权等。数据处理者对其数据产品享有的权利如同系线的风筝一般，这个风筝无论放得多远，它始终不能脱离信息主体的权利而自由放飞。由此也提出了个人在享有个人信息权益等人格性利益的同时，是否还应当分享个人数据之上的财产性利益，以及如何协调信息保护与数据利用之间的关系，这也是一个全球各法域所广泛关注的问题。③

---

① 参见纪海龙：《数据的私法定位与保护》，载《法学研究》2018 年第 6 期。

② See Cameron F. Kerry, “Why Protecting Privacy Is a Losing Game Today: And How to Change the Game”, *Brookings* (July 12, 2018), https://www.brookings.edu/research/why-protecting-privacy-is-a-losing-game-today-and-how-to-change-the-game/, last visited on Mar. 16, 2022.

③ See Florent Thouvenin, Rolf H. Weber, Alfred Früh, “Data Ownership: Taking Stock and Mapping the Issues”, in *Frontiers in Data Science* 113 (Matthias Dehmer & Frank Emmert-Streib eds., Boca Raton, FL (US): CRC Press 2017).

第三，数据权益的建构难以按照“物债二分”的传统结构来展开。数据财产很难用传统的物权或者债权来作出周延的理论解释，这充分反映了以有体物为基础的物权、债权二元区分结构的解释力不足。物债二分是以物权的单一排他性、对世性以及公示性作为基础而建构的财产权利结构，支撑了整个传统民法中的财产权利体系。《民法典》也采纳了这种体系结构。但是，在数字时代，数据财产既关系到数据主体和信息主体之间的相对关系，也关系到与其他人之间的关系，这两种关系统一到数据权利的构建之中，其原因在于数据的非排他性，大量的数据权益也不具有有体性财产那么强的公开性，很多数据用债权规则来规范非常困难。例如，黑客攻击篡改邮箱和网络店铺数据，第三人盗走游戏装备，用债权方法对受害人予以保护都比较困难，对平台自身可以通过违约解决，但受害人难以对第三人主张权利。对数据权益而言，各项权益交织在一起，兼具物权和债权的特点。平台和用户之间的关系具有债权特点，但对于第三人则具有比较强的物权特点。如果用单一的物权或债权来解决，可能不利于保护数据财产。[①]

第四，对数据支配与利用的非排他性。传统社会的财产在利用方面具有严格的物理排他性，经济学上将其称为非竞争性。[②] 这就是说，某个权利人对财产的物理控制将排除他人对该财产进行占有和支配的可能性。这种严格的排他性不仅表现在物权性利用中，而且在租赁等不少债权性利用方式中也存在。但对于数据而言恰好相反，数据的利用不具有排他性，同一数据可以被不同主体同时以同样方式进行利用。一方面，由于数据等新兴财产具有无形性和可复制性，具有无限复制和再生的可能性，因此，其在满足某个主体对数据占有和利用的需求时，并不必然排除同步满足其他主体占有和利用的可能性，从而更充分地发挥数据财产本身的经济效用。另一方面，数据作为一种经济资源，具有非消耗性特点，明显区别于传统的物理财产。后者具有明显的消耗性，随着使用频次和强度的增加，

---

① 参见熊丙万：《实用主义能走多远？——美国财产法学引领的私法新思维》，载《清华法学》2018年第1期；包晓丽、熊丙万：《通讯录数据中的社会关系资本——数据要素产生配置的研究范式》，载《中国法律评论》2020年第2期。

② Zech，Information als Schutzgegenstand（Mohr Siebeck 2012）276 et seq.

其耗损程度也增加[①]；但就数据而言，其被利用通常不会减损其价值，反而可能因为利用而实现甚至增加其价值。这也是为什么今天普遍从经济资产的角度来理解数据这种资源的社会属性。[②] 尤其应当看到，数据的价值正是体现在反复和广泛的利用上。数据利用频次越高、利用范围越广，数据资源的经济价值就发挥得越充分。例如，某个平台收集了大量数据，如果只允许这一家平台利用，显然无法发挥出这些数据的全部价值，只有让这个平台将数据进行交易，允许其他企业对这些数据进行挖掘、分析、利用，这些数据的价值才能真正显现出来。因此，在数字时代，包容共享成为具有共识的价值理念，即“不求所有，但求所用”。

第五，数据权益主体的多样性。在数据的生成过程中，常常是多方主体相互协作的结果，包含了不同主体不同程度的投入和贡献；相应地，可能会有多个参与者或利益相关者主张享有和行使数据权利。这也被认为是建构数据权益过程中面临的重大疑难问题。[③] 例如，以个人信息为内容的数据上不仅承载着信息主体的人格利益，还承载了提供数字化载体的数据企业的经济利益。相应地，在民法上讨论民事权利时需要同时考虑到信息来源主体的信息权益和信息处理者的数据财产权益。此外，一些数据是多个企业在商业合作中收集的，甚至被不同的企业所同步获取，很难归结为某个单一主体的所有权。

面对数据权益的前述新特征，作为制度基础的民法特别是财产法应当如何作出有效回应呢？笔者有如下建议：

第一，解释范式的转换。这就是说，在解释范式上不应当拘泥于传统大陆法中以对物理财产的唯一排他控制为基础建立起来的财产权解释范式。实际上，大陆法学的财产法学说在面对数据这类新型财产时，也明确意识到了对财产权解释范式进行转型的必要性。一些学者倡导引进在英美法中已经成为财产权利解释范

① See Andreas Boerding et al.，“Data Ownership—A Property Rights Approach from a European Perspective”，11（2）*Journal of Civil Law Studies* 323，325（2018）.

② 参见王汉生：《数据资产论》，中国人民大学出版社 2019 年版，第 1－5 页。

③ See Christoph Krönke，“Data Regulation in the Internet of Things”，13（3）*Frontiers of Law in China* 376（2018）.

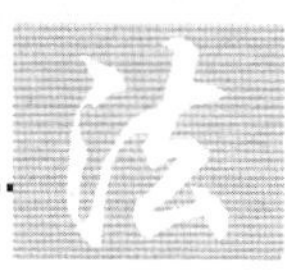

式的“权利束”（bundle of rights）理论来建构数据上的权利。[①] 在“权利束”理论看来，一宗财产上的权属可以进行各式各样的分割，以满足各种不同的财产利用目的。一宗财产上可以创设的财产权有无限的可能，远不止于既有法律已经承认和实践的权利类型。[②] 换言之，在权利束理论看来，只要对同一权利客体增加一种利用方式，就会产生一种新的权益，其既可以归属于原本的权利人，也可归属于第三人，至于如何判断权利归属，就取决于何种归属可以最大程度地发挥物的效用，促进经济效率。实际上，采用“权利束”这类具有更大包容性的财产权利解释框架，对包括数据财产在内的各类数字财产上的多元权利现象和形态都具有充分的解释力优势。

第二，应当以《民法典》第 127 条为基础来构建数据财产等新型财产的权利体系。《民法典》第 127 条规定：“法律对数据、网络虚拟财产的保护有规定的，依照其规定。”该条首先是宣示条款，即在法律上宣示将数据、虚拟财产纳入权利客体的范围，这就适应了数字时代的发展需要；该条也是一个引致条款，即将对数据、网络虚拟财产的保护的具体规则留待专门的特别法规定。[③] 既然数据、虚拟财产已被纳入权利客体的范围，就意味着数据权益是民事权利不可或缺的重要组成部分。一方面，鉴于“物债二分”权利框架在数据财产上面临解释力困难，不能在数据财产上简单适用物权和债权二分的一般规则，而要区分不同的关系和层面，例如转让、保护、利用等，分别考量具体的规则构建方式，分别吸纳并适当修正物权和债权的规则，为数据权利的交易和保护提供基础性规则。另一方面，即使采纳“权利束”的分析框架以弥补“物债二分”的解释力不足问题，仍然有必要尽可能地维持《民法典》中既有财产权体系的稳定性。因此，需要通过特别法对数据财产权的结构予以规定，避免使民法典的自身体系产生紊乱。当然，在关注和强调对数据财产权利的保护的同时，需要深刻认识到数据权利问题

---

① Zech, *Information as a Tradable Commodity*, in *European Contact Law and the Digital Single Market* 51 (De Franceschi ed., Intersentia 2016).

② 参见熊丙万：《实用主义能走多远》，载《清华法学》2018 年第 1 期，第 134 页。

③ 参见黄薇主编：《中华人民共和国民法典总则编解读》，中国法制出版社 2020 年版，第 48 页。

远不仅限于数据财产权利问题。相反，讨论数据权益的保护首先需要关注和处理个人信息主体的隐私权、个人信息权益的保护。唯有在坚持个人信息保护的前提下，才能够更放心、更高效地保护和发挥数据财产权利的社会经济价值。

第三，构建数据利用规则。数据具有非排他性，民法应当重视共享经济、包容共享的理念，构建有利于促进数字时代数据权益有效利用的规则体系。在数字社会，需要在“权利束”的权利框架下分别确认信息来源主体和各数据处理者可以分别同步享有的个人信息权益、数据财产权益以及不同种类的数据财产权益，从而实现数据资源的有序开发利用。因此，在数据利用上会存在更为复杂的权利堆叠关系，需要区分共享和冲突的不同场域、有效处理好保护和利用之间的相互关系。

二、合同法的变迁：从鼓励交易到注重数据的流通与利用

进入数字时代之后，大量的财产交易是在数字环境中借助于互联网平台而展开和完成的。传统的合同交易通常是通过面对面的个别谈判而达成的，而且一般需要进行现实的财产交换。但在数字经济时代，合同交易在很多情形下不再是通过一对一的谈判磋商，而是通过经营者事先设计的格式合同来完成的。在数字社会，人与人之间并不需要发生现实的接触，而可以在网络环境下以一种虚拟的方式发生关系；同时，数字财产、数据等财产的移转，也并不需要在现实世界中进行运输，在一瞬间便可以在网络上发生传输、移动、交易，这也使合同的履行方式发生了重大变化，从原来的物理控制移转这种单一的交付形式转变为包括许可使用、接口利用等新型的履行方式，而且一般不需要完成财产的现实交付。有学者认为，数字发行技术和许可协议的快速兴起和普遍运用，甚至导致了所有权的终结。①

面对这样的巨大变化，有观点认为，传统的合同法规则难以有效应对数字经济，或者保守地说，合同法虽然可以发挥作用，但不再发挥关键作用，也无助于

① 参见［美］亚伦·普赞诺斯基、杰森·舒尔茨：《所有权的终结：数字时代的财产保护》，赵精武译，北京大学出版社 2022 年版，第 251 页。

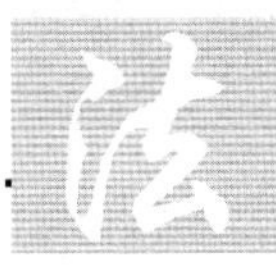

开拓原始数据使用和交易（许可）市场。[①] 这种担忧的确体现了传统合同法规则和学说在应对数字交易时所面临的挑战，但笔者认为，在数字时代，合同法仍然具有不可替代的重要功能，甚至比前数字经济时代更为重要，只不过，合同法需要适应数字经济的发展而发生相应的变迁。

（一）合同交易形式发生了重大变化

进入数字时代，从“一锤子”买卖中的永久性财产让与交易，拓展到广泛注重许可使用的持续性合同交易。传统工商业社会以有体物买卖为规范原型，合同法规则注重调整有体物所有权归属变动的交易关系，并通过瑕疵担保责任、风险负担规则、孳息归属规则等规则，调整与之相关的事项，换言之，传统合同法规则以调整财产的让与关系为中心，在此种交易关系中，当事人需要将物、权利或者其他财产权益完全转移给相对人。[②] 合同的履行强调标的物的清洁交付，特别是标的物的物理控制移转或者权利主体的更迭。然而，在数字时代，数据财产通常并不强调单一控制的移转和权利归属的变动。无论是典型的数据财产交易，还是购买电子书、电影、音乐、图片以及一些虚拟物品，受让人一般并没有取得其所有权的意愿，而只希望通过获得其使用权以满足自己特定的生产活动和生活消费的需要。同时，某一主体从原始的数据财产权利人处取得数据财产的使用权，并不排斥其他主体同步取得相关数据财产的使用权，从而可以实现对同一宗数据财产的多元开发和高效利用。此外，智能合约的出现也给传统的合同法带来了新的挑战，如智能合约中的代码执行的结果与当事人的真实意思不一致时，债务人是否构成违约；在解释合同债务的真实内容时，究竟应当以智能合约的代码为准，还是应以双方当事人的真实意思为准；等等，这些都是合同法在数字时代所面临的问题。[③] 因此，合同法有必要总结数字时代新型合同交易形式，构建新型典型合同规则。

---

① Zech, *Information as a Tradable Commodity*, in *European Contact Law and the Digital Single Market* 51 (De Franceschi ed., Intersentia 2016).

② 参见［德］迪特尔·梅迪库斯：《德国债法分论》，杜景林、卢谌译，法律出版社2007年版，第6页。

③ See Mateja Durovic & Franciszek Lech, "The Enforceability of Smart Contracts", 5 (2) *Italian Law Journal* 493-511 (2019).

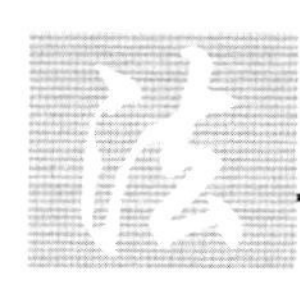

（二）交易内容发生重大变化

在传统的财产交易中，交易的客体主要是有体物，物的排他性占有和利用，通常，交易当事人最为担心的是“一物数卖”“一物数租”等重复处分造成的履行不能风险，“一物数卖”“一物数租”也因此成为学术讨论和立法长期关注的焦点问题。然而，在数字时代，在数据财产交易中，这些问题并没有那么重要。在数字时代，对数据的利用、共享十分普遍，数据财产之所以能够满足多个主体的同步利用需求，主要还是因为数据资源本身的无形性和可复制性。数据也主要是在利用中产生价值，需要借助于“合同网”（contract network）进行利用。“原则上，它有可能将产权有效地转让给对投资工作最重要的人，并为有关各方提供数据集的某些使用而量身定做的使用许可。”① 因此，如何有效发挥数据的经济效用，为数据的依法利用提供法治保障，也对合同法提出了新挑战。因为绝大多数数据的流通都是通过各种技术支持下的许可使用来完成的，在一些许可使用场景中，被许可人甚至无须接触原始数据，而只需要通过数据获取接口或者通过“多方安全隐私计算”等方式来实现对数据的有效利用。正是在这个意义上，数据财产可以实现非竞争性使用②，从而实现向“不求所有，但求所用”的“分享经济”的转变。在更广泛的意义上，包容共享已经成为数字时代一种更为流行的资源流通和利用理念，无论是较早兴起的“网约车”、共享单车、共享汽车、共享电池等可以分时利用的财产形态，还是当前的数据财产交易，都是这一发展趋势的重要例证。

（三）合同交易规则的参照系发生了变化

在传统的财产交易中，买卖合同一向被认为是最为典型的有名合同，在其他有偿合同没有特别规定时，可以参照适用买卖合同的规则来解决相关纠纷。而在数据交易中，最为典型的合同并非买卖合同，而是许可使用合同，因此需要以许可使用合同规则作为基础性规则。《民法典》合同编关于技术许可合同的规定，

---

① ［德］塞巴斯蒂安·洛塞：《数据交易：法律·政策·工具》，曹博译，上海人民出版社 2021 年版，第 22 页。

② Zech，Information als Schutzgegenstand（Mohr Siebeck，2012）276 et seq.

可以参照适用于数据许可合同。但由于技术许可合同的客体是技术而非数据，因此其也不能完全适用于数据许可合同，因此不能完全照搬以知识产权交易为原型的许可使用合同，有必要重视数据许可合同中的特殊规定。例如，在著作权法中存在“权利用尽原则”，即消费者对书籍的所有权不再受到著作权人的控制，而在数据财产交易中，如果数据财产中包含相关的个人信息，则受让人对该数据财产的利用仍应当符合合法处理个人信息的要求，甚至该交易本身都需要取得信息主体的同意，这也导致著作权中的“权利用尽原则”很难适用。此外，数据中包含多项权益，其是人格权益与财产权益的结合，而人格权具有人身专属性，无法转让，而只能成为许可使用的对象，因此，在数字时代，许可使用合同的规则将成为数据交易的参照系规则，有必要在《民法典》合同编关于技术许可合同的规定的基础上予以完善。

（四）对格式条款的规制日益重要

格式条款的产生和发展是20世纪合同法发展的重要标志之一，其出现不仅改变了传统的订约方式，而且对合同自由原则构成了重大的挑战。进入数字时代，格式条款规则被援引和适用的概率大幅增加，从某种意义上说，数字合同的订立主要是通过格式条款来完成的。例如，针对平台所制订的隐私条款、用户协议等，用户不可能对这些条款提出修改和变更意见，而只能概括地表示接受或不接受。更何况，这些条款的内容往往纷繁复杂，技术性和专业性很强，如果下载打印出来，如同一大摞文件摆在面前，用户根本没有足够的耐心去仔细阅读，也没有精力一一阅读这些格式合同。[①] 加上一些用户的确有“以隐私换便利”的心态，即便发现一些格式条款不公平，也不会提出异议。因此，在数字时代，如何保障网络服务协议、网络隐私政策中格式条款的公平、合理，如何准确认定其适用于个人信息处理中的效力，也成为数字时代需要解决的重要课题。[②] 一方面，在数字社会，对格式条款的规制比以往任何时候都更为重要。例如，无论是社交

① See Omri Ben-Shahar & Carl E. Schneider, “The Failure of Mandated Disclosure”, 159 (3) *University of Pennsylvania Law Review* 647 - 749 (2011).

② 参见程啸：《论〈民法典〉与〈个人信息保护法〉的关系》，载《法律科学（西北政法大学学报）》2022年第3期，第24页。

账号类虚拟财产，还是网店类虚拟财产，抑或游戏类虚拟财产，相关格式条款通常规定，网络用户只享有虚拟财产的使用权，禁止向第三人转让虚拟财产或者禁止该虚拟财产继承。对于此类限制用户虚拟财产使用权的条款，如何认定其效力，从而实现对用户的充分保护，是亟须解决的现实问题。另一方面，在数字时代，与平台相比，个人往往处于弱势地位，因此，加强对平台规则的规范引导，确立合理解释格式条款的规则非常重要，例如，网络平台往往通过网络协议、隐私政策等方式，取得处理用户个人信息的权限，相关的条款可能并不合理；如果条款制作人未履行提示、说明义务，致使用户没有注意或者理解与其有重大利害关系的条款，用户可以主张该条款不成为合同的内容。因此，在数据交易中，如何准确适用对格式条款的规制规则，强化对特定主体的权益保护，也是值得探讨的重大问题。

总之，合同法在数字经济时代仍然要发挥重大作用，但由于交易的客体、方式和内容等发生了变化，合同法中典型合同规则也应当随之发展。因此，在数字时代，作为参照系的许可使用合同制度应当针对数据许可使用的特殊性设定相应的特殊规则，尤其是价值上应当以促进数据的流通与利用，而不再是以传统交易中财产的移转关系为导向。这也是合同法在数字时代所应发挥的重要功能。

三、人格权的变迁：从注重保护财产权益向注重维护数字人格权益

在数字时代，网络科技、数据科技的频繁迭代和广泛应用，不仅影响了人格权的客体，而且对人格权的行使和保护方式、人格权与财产权的交互关系产生了深刻影响。我国民法典将人格权独立成编，在一定程度上就是对数字科技快速发展和广泛应用给人格权保护机制带来挑战的积极回应，以及对数字化背景下人格权保护机制的重大完善。

（一）人格权益与财产权益交叉融合

自罗马法以来的民事权利体系，主要是以财产权和身份权为基础，人格权始终没有成为私法体系的重要组成部分。传统的所有权及其排他性的理论以有体物

为观察对象，通过该理论分析有体物的权利结构，可以形成明确的权益结构，即一般情况下，所有权权能的分离可以形成他物权。随着20世纪人格权理论和实践的发展，人格权逐渐成为私法体系的重要组成部分。然而，这个阶段的人格权和财产权还是分离的，人格权的商业化利用还只是少数现象。我们可以将此种情形称为“人物二分”现象。但是进入数字时代之后，人格权和财产权逐渐交叉融合。[①] 如此一来，人身关系和财产关系之间的交叉融合，也成为当代人格权法所面临的重大问题。

数字技术的更新迭代和广泛应用大大地改变了传统上“人物二分”的局面，以数据为例：数据作为一种财产，其既有财产权利的属性，也具有人格权益的属性。除完全匿名化处理的个人信息外，其他数据可能包含了大量的个人信息，此时，就必须受到人格权的保护。数据往往是个人信息的集合，欧盟《一般数据保护条例》（GDPR）即通过数据保护形式保护个人信息，这就体现了数据与个人信息的紧密联系。虽然数据与个人信息也可能会存在分离，如将个人信息进行匿名化处理，或者处理非个人信息（例如搜集当地的气象信息形成数据出售给他人），但在绝大多数情形下，两者是难以分离的。有学者采取所有权与用益权区分的模式，认为个人信息属于个人信息权益人，数据处理者则是用益权人，但是这种方法割裂了数据与个人信息之间千丝万缕的持续性联系，既不利于数据经济价值的发挥，也可能不利于个人信息的保护。应当注意到，数字财产的弱排他性特征使得数字财产与传统的所有权结构呈现明显的区别。[②] 例如，法律之所以规定信息主体享有个人信息携带权等，旨在表明个人信息在形成数据之后仍然应当受到保护，二者处于结合状态，而并不如同所有权与用益物权一样处于两权分离状态。因此，在数字时代，需要更密切地关注数字财产与人格权之间的互动影响，在发挥数字财产经济价值的同时，依法保护个人信息等人格权益。

在数字时代，数据财产和个人信息权益相互交织；保护数据权益，首先要依

---

① See Giorgio Resta, “The New Frontiers of Personality Rights and the Problem of Commodification: European and Comparative Perspectives”, 26 *Tulane European & Civil Law Forum* 33, 33-65 (2011).

② 参见［美］亚伦·普赞诺斯基、杰森·舒尔茨：《所有权的终结：数字时代的财产保护》，赵精武译，北京大学出版社2022年版，第30-31页。

据法律和合同充分保护个人信息权益。当信息主体行使权利时，必然会对数据权利产生重大影响，反之亦然，这就形成了两种权利的相互冲突现象。笔者认为，保护数据权益，首先应当保护个人信息，一方面，《民法典》人格权编和《个人信息保护法》已经明确规定了信息主体对其个人信息所享有的各项权利，即便个人同意个人信息处理者处理其个人信息，个人对其个人信息所享有的权利仍然应当受到尊重与保护，数据处理者行使权利时，应当尊重个人信息的权利。另一方面，数据权益主要来自个人信息，个人信息处理者在处理个人信息时，通常会通过网络服务协议、网络隐私政策等方式，取得信息主体的授权，如果当事人之间有此类合同安排，则数据处理者在利用数据时，也应当遵守该合同的约定。此外，从权利位阶的角度看，个人信息属于人格利益，而数据属于财产权益，在二者发生冲突时，应当优先保护个人信息权益，以更好地维护个人的人格尊严。因此，保护数据权益，首先应当尊重和保护个人信息权益。

（二）既有人格权益内容的扩张

在数字时代，人格权益往往被数字化，这就使得人格权益的载体和内容得到了扩张。登姆塞兹（Demsetz）曾经指出，财产权的范围可能随着技术或者市场的发展而发生扩张。[①] 例如，就同一种资源而言，即便财产权的客体本身保持不变，但是只要产生一种新的利用可能性，就会面临这种利用方式应当分配给谁的问题，这时候就产生了财产权范围的变化与扩张。人格权益同样如此，传统的人格权的范围也可能随着数字技术的发展而发生变化。这是因为数据权利的产生引导了一种财产权的演化的新趋势（a new turn in the evolution of property right），而数据的价值也正体现于其可预期性。[②] 例如，通过分析可以了解消费者的偏好和人们的行为习惯，就可能产生商业价值。这也使大型数据集的控制者有能力在宏观层面上进行关于总体行为的预测。大部分数据的价值来自数据利用：收集到大量数据，处理、分析和使用这些数据并作出某种预测和判断，从而引导相关主

---

① See Thomas W. Merrill，“The Demsetz Thesis and the Evolution of Property Rights”，31（S2）*J. Legal Stud*. S331，S332（2002）.

② See Katharina Pistor，“Rule by Data：The End of Markets”，83（2）*Law & Contemporary Problems* 101，105（2020）.

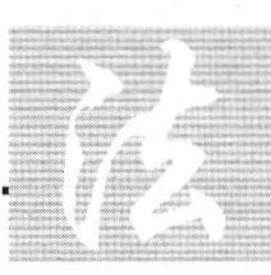

体的行为。这就使对个人信息等要素的利用更为广泛，前景更为广阔。因此，有学者认为，现代法律的发展在财产权方面出现了新的转向，从单纯的保护财产权的归属和使用价值朝着一种发挥信息的可预测性的价值的转化。[①] 在数字时代，人格权益内容的扩张具体体现在如下方面。

一是姓名权和名称权的扩张。在现代社会，互联网已经从根本上改变了现代人的生活，而人们在互联网上大都利用网名从事各种社会活动，这也是数字时代的重要特点，如果网名也具有一定的社会知名度，就会与用户的真实身份产生密切的联系。当他人擅自使用网名足以造成公众混淆时，将会侵害真实权利人的人格权益。因此，依据《民法典》第1017条，可以参照适用姓名权和名称权保护的有关规定保护网名等权益。

二是肖像信息可以被数据化。正是基于此，人脸信息才得到了广泛的利用，也体现出前所未有的价值。例如，《民法典》第1018条第2款规定："肖像是通过影像、雕塑、绘画等方式在一定载体上所反映的特定自然人可以被识别的外部形象。"同时，《民法典》第1019条第1款规定，任何组织或个人不得利用信息技术手段伪造等方式侵害他人的肖像权。根据这一条款，法律禁止他人使用"深度伪造"或者"AI换脸"的技术手段侵害肖像权，这是肖像权的法律权能随着技术发展而发生扩张的典型例证。

三是名誉信息的数据化。信用是自然人和非自然人主体的重要社会资本，是企业的重要财富。而信用以民事主体的各类生产经营活动信息为评价基础，有了丰富和准确的信息就可以更好地评价民事主体的信用。大数据为信用评分创造了新的机会，因为包含了丰富信息的数据都可以作为信用评价的素材。信用评分模型可以通过大数据变得更加复杂和详细，从而更好地分析客户的资产、还款能力、商业前景等信用信息。[②] 大数据在给信用评价带来便利和准确度的同时，也可能因为数据不准确等原因造成系统性的评估风险。所以《民法典》用两个条款

---

① See Katharina Pistor, "Rule by Data: The End of Markets", 83 (2) *Law & Contemporary Problems* 101, 105 (2020).

② 参见［荷］玛农·奥斯特芬：《数据的边界：隐私与个人数据保护》，曹博译，上海人民出版社2020年版，第34页。

专门规定信誉评价问题，更正、删除等也是保护名誉权人的方式。①

四是隐私的数据化。隐私的概念产生以后，其通常被认为不可能商业化利用，而只是一种消极性的权利。但是，随着数字技术的发展，对隐私的利用方式逐渐扩张。例如，个人的账户信息和健康信息也是个人的核心隐私，而这些隐私可以由权利人许可他人进行处理，形成数据。传统的隐私权制度就无法规制这些利用行为。在这个意义上，《民法典》对个人信息的规定，正是填补了传统隐私权力所不逮的领域。目前大量的隐私均可以通过信息的方式展现、储存、传播，这就导致了隐私与信息的结合程度比任何方式都更为紧密，二者很难截然分离。

五是声音利益的数据化，声音被数字化之后，其变得比以往任何时候都可能被侵害。声音本身也是一种独特的人格利益，声音可以成为商标，我们称之为语音商标，但是声音主要不受知识产权法保护，而应当受到人格权保护。声音具有独一无二性，比指纹更容易识别某一特定的人。随着数字技术、人工智能的发展，声音的利益日益显示出其重要性，实践中非法伪造、非法合成、非法模仿、非法篡改等侵害声音的现象已经出现。我国虽然曾通过零散的立法或者司法解释来应对生物识别特征信息方面的问题②，但并没有在法律上确认其为一种民事权益。《民法典》第 1023 条第 2 款规定："对自然人声音的保护，参照适用肖像权保护的有关规定。"这就从国家民事基本法层面承认了声音可以作为一种新型的人格利益予以保护。这是因为随着人工智能技术的发展，声音识别、人脸识别的应用日益广泛，对声音权益保护的要求愈加凸显。侵害声音的利益实际上直接侵害的还是个人的人格尊严和人格利益，故《民法典》明确规定了对声音的保护，这也是适应当今互联网、高科技特别是数字技术发展所作出的回应。

六是死者人格利益。在数字时代，无论是已公开的还是未公开的死者个人信息，都涉及死者人格权益。尤其是死者未公开的微信好友数据、与好友聊天数据、仅自己可见的日记、加密的云档案等，都涉及个人核心隐私，如果将其非法

---

① 参见《民法典》第 1029 条、第 1030 条。

② See Haidan Chen, Benny Chan & Yann Joly, "Privacy and Biobanking in China: A Case of Policy in Transition", 43 (4) *Journal of Law, Medicine & Ethics* 726 - 742 (2015).

窃取、公开以及非法传播，都可能严重损害死者人格尊严。在实践中，一些平台为防止死者隐私泄露，在其隐私政策中规定账户不可继承和转让，从而形成了所谓死者个人信息“死亡即毁”条款，但由此也引发了有关死者个人信息和隐私能否继承的问题。[①] 死者的肖像等也可被数据化。例如，利用人工换脸技术，将已故者的肖像与他人肖像替换，从而导致死者人格权益遭受侵害。对死者人格利益加以保护，是为了维护死者的人格尊严，让活着的人活得更好。[②] 因此，在数字时代，需要高度关注对死者个人信息、隐私等的保护，防止因数字技术的发展而给死者的人格权益造成侵害。

（三）新类型人格权益不断涌现

在数字时代，由于数字和网络深入个人生活的方方面面，人们在利用互联网时会产生数以亿计的个人信息，并形成数据，这些个人信息与数据的权益究竟归属于谁、如何保护，一直存在疑问。我们每天都在产生大量的个人信息，能否认为此类个人信息类似于无主财产？有人认为，平台在收集相关的个人信息后，相关的数据权利即归属于平台，此种观点并不妥当。笔者认为，个人在网络环境中产生了大量的个人信息，如浏览网页记录、网络购物记录等，依据《民法典》《个人信息保护法》的规定，个人应当对这些个人信息享有权利。平台在处理这些个人信息时，应当严格遵守法律规定，如平台在收集用户个人信息时，原则上应当通过网络隐私政策等方式取得用户的授权[③]，否则将构成对个人信息权益的侵害。因此，对于个人每天在网络环境中产生的大量个人信息，平台不能随意处理。

在新类型人格权益尚未得到法律的确认时，《民法典》关于一般人格权的规定为新型人格权益的保护提供了可能。应当看到，随着数字技术的进一步发展，

① 参见包晓丽、熊丙万：《通讯录数据中的社会关系资本——数据要素产权配置的研究范式》，载《中国法律评论》2020年第2期。

② 参见［英］伊莱恩·卡斯凯特，《网上遗产：被数字时代重新定义的死亡，记忆与爱》，张淼译，海峡文艺出版社2020年版，第45－49页。

③ See Richard A. Epstein, “Property Rights and Governance Strategies: How Best to Deal with Land, Water, Intellectual Property, and Spectrum”, 14 *The Colorado Technology Law Journal* 181 (2016).

个人信息或者其他人格要素可能面临新的利用方式，《民法典》的既有规范可能无法一劳永逸地解决这些问题。迈向数字时代的民法还要求其具有开放性，拥抱这些新的利用方式。《民法典》第 990 条第 2 款规定：“除前款规定的人格权外，自然人享有基于人身自由、人格尊严产生的其他人格权益。”这一条款为新型人格权益保护留下了发展空间。根据这一条款的规定，人身自由和人格尊严乃是所有人格权益的“核心权利”（core rights），而其他人格权益则是这些“核心权利”所产生的“衍生性权利”[①]。《民法典》第 990 条第 2 款的规定，既奠定了人格权益的价值基础，又保持了开放性和包容性，为迈向数字时代的人格权益提供了规范依据。

（四）人格权益利用与行使方式的多样化

借助于数字传播手段，人格权不再只是作为一项消极防御性的权利而存在。积极利用隐私权的直播、积极利用声音权的有声读物录制、积极利用肖像权带货等都已经成为全新的业态。[②] 人格要素的利用借助于数字技术也获得了极大的发展。例如，肖像数字化之后形成的人脸信息，不仅可以识别特定的自然人，进行人脸比对，甚至成为比 DNA 比对更为精确的破案方式；此外，还可以借助于人脸信息，判断某人的身体、健康、年龄、种族、遗传病、职业、地域来源等状态，甚至可能检测到个人的心理状态和精神状态。因此，随着数字技术的发展，肖像、声音、隐私、个人信息等人格要素具有了更为广泛的利用场景和机会。

在数字社会，人们更加注重对信息和数据的收集权、采集权、流转权、使用权，为了保护信息主体的权利，进一步发展出了删除、更正、回应、申请禁令等权利，这些权利显然不同于传统工商业社会的权利类型，围绕这些权利的一系列规则体系也不完全相同。在权利行使的过程中，不同类型的权利可能发生冲突。例如，信息主体行使删除权、信息携带权，必然要影响到数据的完整性，从而会妨碍数据处理者的权利行使，这就会发生信息主体所享有的人格权益与数据处理

① Joseph Raz, *The Morality of Freedom* 168 - 170 (Oxford: Clarendon Press 1986).

② See Giorgio Resta, “The New Frontiers of Personality Rights and the Problem of Commodification: European and Comparative Perspectives”, 26 *Tulane European & Civil Law Forum* 33, 33 - 65 (2011).

者之间的对数据享有的财产权益之间的冲突。在这两种权利产生冲突的情况下，如果法律和合同具有明确规定，则应当依据这些规定优先保护某个权利人的权利。但在法律和合同缺乏明确规定、出现模糊地带时，就应当考虑权利位阶理论，基于人格尊严优先的原则，应优先保护信息主体的人格权益。在此情形下，数据权利受到了一定的限制，权利人行使权利不得损及体现了人格尊严的个人信息权益。[①] 当然，依据《民法典》《个人信息保护法》的规定，如果个人信息处理者对其所处理的个人信息进行了匿名化处理，则相关的个人信息与个人之间的关联性将被消除，其不再属于个人信息，而应当属于纯粹的数据，此时，数据处理者即可对该数据享有更为广泛的权利。

在数据权益的归属中也可能出现权利之间的冲突。保护数据权益首先要保护个人信息。有一种看法认为，为数据贡献信息内容的自然人个人，除了对个人信息享有权益外，还应当有权分享数据之上的财产性权益。[②] 应当看到，个人信息是数据的重要来源，某些数据的形成可能需要汇集大量的个人信息，个人信息在数据价值形成的过程中发挥了重要的作用，但笔者认为，并不能据此认为信息主体可以分享数据之上的财产权益，主要理由在于：一方面，此种主张缺乏法律依据。我国现行立法并没有对数据中财产价值的归属问题作出明确规定，信息主体主张分享数据之上的财产权益缺乏法律依据。另一方面，在数据形成和利用过程中，通过个人信息保护规则已经足以保护信息主体的权益。我国《民法典》《个人信息保护法》对个人信息保护规则作出了详细的规定，这些个人信息保护规则也当然适用于对数据中个人信息的保护。数据处理者在利用数据的过程中严格遵守个人信息保护规则，这已经足以保护个人信息权益，而没有必要赋予个人对数据享有财产权益。此外，赋予信息主体对数据享有财产权益，可能导致数据之上存在多个权利主体，这也可能会影响数据的利用效率。因此，除非当事人有特别约定，信息主体不应主张对数据享有财产权益。

---

① 参见王利明：《论民事权益位阶——以〈民法典〉为中心》，载《中国法学》2022年第1期。

② Benedikt Buchner，Informationelle Selbstbestimmung im Privatrecht（Informational Self-Determination in Private Law），Mohr Siebeck（Tübingen），at 208－221（2006），cited in Christoph Krönke，“Data Regulation in the Internet of Things”，13（3）*Frontiers of Law in China* 376（2018）.

四、侵权责任的变迁：从有形财产保护到构建数字权益的保护规则

（一）数据等权益保护的特点

传统民法对于财产的保护方法主要以有体财产的保护为对象，并形成了一整套保护有形财产的救济方式和体系，且在功能上多为事后救济，并不注重事前预防。进入数字时代，由于数字财产的无形性，财产与人格权益的融合和利用的非排他性等原因，需要在民法特别是侵权责任法层面，构建针对数字权益保护的特殊规则。例如，传统财产权的客体主要是有形财产，在遭受侵害时，受害人通常很容易证明自身损害；而数据等无形财产在遭受侵害时，受害人可能难以证明自身损害的具体程度与数额。与数据等无形财产相似，人格权的客体也具有无形性，但人格权属于人身权，数据等无形财产虽然可能包含多种权益，但其主要是一种财产权，因此，无法简单适用人格权的保护方法保护数据等无形财产。此外，随着社会的发展，数字时代还会出现一些特殊侵权情形类型，需要为既有的侵权法规则所关注。① 例如，侵权行为人采用 AI 换脸技术从事电信诈骗、敲诈勒索，将不雅视频中的主角换成某个公众人物，造成受害人的重大损害。数字时代所出现的非法基因编辑、人工智能产品侵权、自动驾驶产生的事故等，都对侵权法规则的发展提出了新的要求。

为适应数据等权益保护的需要，民法特别是侵权责任法应当针对数字权益的保护，在保护功能、内容、方法等多方面作出相应的改变。在数字时代，针对数据等权益的保护在功能上应当具有以下特征。

一是效率性。在数字时代，之所以强调权益保护的效率性，主要原因在于：一方面，数据等无形财产在遭受侵害后，需要及时进行救济。在有形财产的保护中，主要是考虑保护的完整充分，但是在数字时代，借助于网络技术的应用，损害后果可能迅速蔓延，造成的后果难以弥补，因此在保护方法中更应当重视效

① 参见［荷］玛农·奥斯特芬：《数据的边界：隐私与个人数据保护》，曹博译，上海人民出版社 2020 年版，第 246 页。

率。另一方面，数据等无形财产在遭受侵害后，损害后果不仅会扩大，而且可能涉及隐私、个人信息等人格权益的保护问题，损害后果的扩大也会导致隐私、个人信息损害后果的无限扩大。例如，在数据中包含隐私、个人信息的情形下，行为人侵害相关数据也会造成对他人隐私权、个人信息的侵害，为了防止损害后果的无限扩大，也要求及时制止此类侵害数据的行为，提高此类权利保护的效率。

二是安全性。对传统的有体物的保护而言，其注重保障权利人对物的圆满支配状态，并对财产遭受损害的受害人提供事后救济。而在数字时代，对数据等安全性的需求日益增加，与事后的损害赔偿相比，保障数据等的安全对权利人而言意义更为重大。因为数据越安全，对信息主体权益的保障也越充分。我国《民法典》《个人信息保护法》等法律为适应此种权利保护需求，在个人信息的保护方面强化了对数据等安全性的保护。例如，《民法典》《个人信息保护法》赋予信息主体删除权、更正权、补充权以及安全维护请求权等权利，其目的主要就在于维护数据安全。

三是透明性。此处所说的透明性并不是指权利救济方式的透明性，而是指行为人行为本身的透明性。例如，个人信息处理者在利用个人信息进行自动化决策时，应当保障决策的透明性。我国个人信息保护法为解决大数据“杀熟”等问题，规定了算法的公开、算法解释等规则，这都是数字时代数据权利保护的特殊方法。[①] 鉴于算法技术的复杂性、专业性、隐蔽性，其很可能造成人格歧视、信息泄露、算法黑箱、算法伦理失范等问题，甚至有学者认为，“大数据将个人自治置于危险之中，因为它妨碍了个人在没有通过扭曲或外力操纵的情况下自主选择并自由生活的能力”[②]。考虑到数据处理等行为的专业性、技术性等特征，相对人由于专业知识、技能的欠缺，可能无法理解行为人处理其个人信息的行为，这就需要通过透明性的要求，对行为人处理数据的行为进行事前规范，发挥事前规制功

① 参见王莹：《算法侵害类型化研究与法律应对——以〈个人信息保护法〉为基点的算法规制扩展构想》，载《法制与社会发展》2021 年第 6 期，第 135、149 页。

② ［荷］玛农·奥斯特芬：《数据的边界：隐私与个人数据保护》，曹博译，上海人民出版社 2020 年版，第 45 页。

能与避免产生算法侵害的功能[①]，这也是数字时代数据等权利保护的特殊方法。

四是预防性。数字时代的侵权法也要发生变化。传统有形财产的保护强调事后救济，正如有学者所指出的，虽然损害赔偿请求权也具有一定的预防功能，但是相较于绝对权请求权和禁令等救济方式而言，其在预防损害发生上的效果较为薄弱。[②] 而在数字时代，预防功能比以往任何时候显得更为重要，这是因为数字时代所特有的人格权侵害损害发生迅速、扩张速度极快、后果难以补救的特征，要完整地保护人格权益就必须建立多维度的权益保护体系。随着微博、微信、抖音等社交平台的兴起，网络话语权不断下沉，侵权信息一旦发生，其传播速度之快超乎想象。相较于补偿，预防在数字时代的作用日益突出，这就要求将人格权益救济的重心由事后救济逐渐前移，以保护权利人的利益状态不受损，而不是恢复受损的利益状态。[③] 因此，《民法典》增设了人格权保护中的禁令制度，辅之以人格权请求权，实现了人格权益保护重心的前移。如果侵害他人权益的行为已经发生或即将发生，受害人有权依法请求法院颁发禁止令，责令行为人停止相关侵权行为。[④]

从整个数据权益保护的体系来看，数据权益处于不断变动和发展之中，且其内涵十分复杂，要想在短时间内通过法律将数据上的各类权益一次性地以正面确权的方式规定下来，确实较为困难。即便是关于个人信息的人格性权益，其也经历了从《网络安全法》到《民法典》人格权编关于个人信息保护的规定，再到《个人信息保护法》更具体的权益类型规则的发展过程。就数据权益而言，也有一个通过观察数据生产和利用实践活动来不断归纳和总结数据财产权利类型的过程，从而从正面确认哪些利益相关者享有对数据资源的占有权、使用权、经营权

① See Gerhard Wagner & Horst Eidenmueller, “Down by Algorithms? Siphoning Rents, Exploiting Biases, and Shaping Preferences: Regulating the Dark Side of Personalized Transactions”, 86 (2) *University of Chicago Law Review* 581 - 609 (2019).

② 参见［英］彼得·凯恩：《阿蒂亚论事故、赔偿及法律》，王仰光等译，中国人民大学出版社 2008 年版，第 457 页。

③ See Richard L. Hasen, *Remedies* 126 (4th ed., Wolters Kluwer 2017).

④ 参见黄薇主编：《中华人民共和国民法典人格权编解读》，中国法制出版社 2020 年版，第 44 页。

等财产性权益。如此不仅能够给投资生成数据的人提供一个稳定的财产权利预期，而且有助于在各类流通交易场景中明确初始权利归属和返还请求权，节省各环节的流通交易成本。另外，为了更好地保护这些财产权益，有必要确立合理利用规则、明确侵权行为和救济规则，特别是要构建预防性救济规则。

（二）损害赔偿功能的多样化

损害赔偿在民事救济中处于核心地位，被称为“民事责任的核心”[①]。进入数字时代，损害赔偿的方式之所以仍然要作为重要的救济方式，是因为将损害赔偿的正当性建立在完全补偿的基础之上，而禁止重复赔偿、损害的确定性等理论均是补偿性要求的具体制度反映[②]，并可以运用于数字权益的保护之中。

但是，在数字时代，严格遵循损害赔偿的补偿原则可能面临严峻的挑战。一方面，对于侵害人格权益造成的损害数额往往难以确定。在人身损害中的痛苦抚慰金、侵害精神性人格利益的精神损害赔偿之中，损害赔偿数额的确定成为难题。[③] 有观点认为，对于因为个人信息遭受侵害后，受害人主张精神损害的，需要灵活掌握《民法典》第1183条所规定的“严重性”，采取更低的判断标准。此种观点也不无道理。[④] 另一方面，单纯从补偿的角度已经难以解释众多的损害赔偿现象。实践中大量出现的网络侵害人格权益中的象征性赔偿以及诸多惩罚性赔偿等都在不断冲击损害赔偿的补偿性特质。因此，单纯的补偿功能已经难以全面揭示损害赔偿制度的功能。考虑到数据权益的特殊性，损害赔偿的规则也应当有所变化，具体而言：

1.损害的多样性的应对

数据权益具有复合性和主体多样性的特点，从数据的构成来看，其既可能包

---

① 刘云：《论个人信息非物质性损害的认定规则》，载《经贸法律评论》2021年第1期；张建文、时诚：《个人信息的新型侵权形态及其救济》，载《法学杂志》2021年第4期。

② See Richard L. Hasen, *Remedies* 108 - 109 (4th ed., Wolters Kluwer 2017).

③ 参见［英］W. V. 霍顿·罗杰斯主编：《比较法视野下的非金钱损失赔偿》，许翠霞译，中国法制出版社2012年版，第170页。

④ 参见程啸：《论〈民法典〉与〈个人信息保护法〉的关系》，载《法律科学（西北政法大学学报）》2022年第3期，第29页；彭诚信、许素敏：《侵害个人信息权益精神损害赔偿的制度建构》，载《南京社会科学》2022年第3期。

含信息主体的个人信息，也可能包含公共数据，还可能包含企业自身的数据，因此，数据权益的内容具有复合性的特点。有些数据涉及人格利益的保护，有些数据则与人格利益无关。也正是因为这一原因，侵害数据权益可能产生多样化的损害后果。一方面，行为人侵害他人数据权益，将构成数据处理者无形财产权的侵害，此时，可以通过财产损害赔偿的方式对受害人进行救济。另一方面，行为人侵害他人数据还可能同时侵害他人的隐私权或者个人信息，此时，则可能需要通过人格权的保护规则或者专门救济人身损害的侵权规则对受害人进行救济。可见，数据权利内容复合性的特点，可能导致同一侵权行为产生多样化的损害后果，这在客观上也要求调整相关的侵权救济方式。

2. 大规模微型损害带来的赔偿

数据中可能包含大量的个人信息，这也使得侵害数据权益可能同时构成对多个信息主体信息权益的侵害。例如，行为人未经许可擅自利用他人的病例资料数据，或者盗取他人信用平台的数据等，在侵害他人数据权益的同时，也可能构成对海量信息主体信息权益的侵害，从而构成大规模侵权，但在此种情形下，对各个信息主体的损害通常又是微型的，即构成所谓的“大规模微型侵害”①。针对此种类型的损害，直接适用既有的损害赔偿规则可能存在一定的问题，例如，损害的认定、损害赔偿额的确定等，均存在一定的问题。笔者认为，针对此种大规模微型损害，可以考虑引入法定赔偿规则对众多的个人信息主体予以救济。

3. 获利返还规则的适用

传统的损害赔偿规则是以有形财产为基础而设计的，通过差额法可以解决损害的确定与损害的计算问题。而在数字时代，作为数据权益客体的数据具有无形性的特点，行为人侵害他人数据权益，通常并不会给权利人造成有形的损害，难以通过传统的差额法确定权利人的损害。例如，破坏数据完整性很难计算实际损失。同时，如前所述，在数字时代，应当注重对侵害数据权益行为的预防，这就需要运用获利返还等规则，剥夺行为人的侵权获利，消除其侵权动机，从而实现

① 参见［德］格哈特·瓦格纳：《损害赔偿法的未来——商业化、惩罚性赔偿、集体性损害》，王程芳译，中国法制出版社2012年版，第178页。

对损害的预防。特别是对于个人信息这种微型损害，更有必要如此处理。[①] 我国《民法典》第1182条对侵害人身权益的获利返还规则作出了规定，在数据权益救济方面，可能也需要确立获利返还规则。

此外，由于数据权益的内容具有复合性，侵害数据权益的损害后果也具有多样性的特点，单纯通过民法调整可能具有一定的局限性。例如，针对算法歧视问题，其既可能造成权利人的人身损害、财产损害，还可能需要借助公法手段予以调整。这在客观上也要求，不能仅仅通过私法的方法保护数据权益，还要借助于公法，包括反不正当竞争法、反垄断法等给予保护，要形成数据市场的有效、正当的竞争。例如，对数据产品的侵害常常构成不正当竞争行为，通过反不正当竞争法调整此类行为将更为快捷，也更具有预防性。[②] 因此，就数据权益的保护而言，单纯的私法保护是不够的，需要在数字领域，结合公法和私法，协同配合，共同发挥调整作用，由此导致数字法和个人信息保护法、网络安全法等领域法的产生和发展。[③]

总之，虽然传统的损害赔偿责任方式仍然可以适用于数据权益的保护，但毕竟此种方式主要是针对有形财产保护所形成的一整套规则，针对数据权益的保护，民法的损害赔偿责任也需要作出进一步的完善，构建对侵害数字权益的有效保护规则。

五、价值理念的变迁：从注重意思自治到注重维护人格尊严

从内在价值层面看，我国民法典不仅强调私法自治，也强调人文关怀的价值，这实际上是实现了从意思自治到人格尊严价值的发展，这一价值理念的变化也是数字时代所应具有的价值变迁。从价值理念来看，传统民法注重私法自治，

① 参见［德］格哈德·瓦格纳：《损害赔偿法的未来——商业化、惩罚性赔偿、集体性损害》，王程芳译，中国法制出版社2012年版。

② 代表性的判决如“安徽美景信息科技有限公司、淘宝（中国）软件有限公司商业贿赂不正当竞争纠纷案”，浙江省杭州市中级人民法院（2018）浙01民终7312号民事判决书。

③ 参见［荷］玛农·奥斯特芬：《数据的边界：隐私与个人数据保护》，曹博译，上海人民出版社2020年版，第244页。

鼓励创造财富，但是对人的道德情感和人格权益的关注并不充分。[①] 从价值形态上看，工商业社会尊重私法自治，目的在于激发主体的活力，进而创造社会财富。但是，在进入数字时代之后，民法比以往任何时候都更加强调对人的关爱。数字社会更强调国家对个人的保护，更注重人格尊严的维护。不少学者呼吁要构建数字化、信息化的人权，并称为“数字人权”[②]。从民法上看，人格尊严保护是实现私法自治的前提和保障，在二者发生冲突时，应当优先维护个人的人格尊严。例如，就个人信息保护而言，当信息主体行使权利时，必然会对数据权利产生重大影响，这就形成了两种权利相互冲突的现象；此时，应当根据权利位阶理论，优先保护个人信息权益。正如康德所说，“人是目的，不是手段”[③]，所以，优先保护人的权益就是优先保护人的主体性和目的性。

在数字时代，之所以要实现这一价值理念的转变，首先是因为，数字技术等高科技的发展要求强化人格尊严的保护，在科技时代，高科技会给人带来极大的福祉，但几乎大多数的高科技都有一个共同的副作用，即可能给个人隐私和信息安全带来威胁，进而对人格尊严造成威胁。科技本身具有价值中立性，可服务于人的需求，但一旦被滥用，后果不堪设想。美国学者 Froomkin 提出了“零隐权”（zero privacy）的概念，认为各种高科技、互联网的发明在给人类带来巨大福祉的同时，也都有一个共同的副作用，即对我们的隐私权保护带来了巨大威胁。[④] 科技主宰了人，就会对人的自由和尊严造成巨大威胁。任何科技发展既解放人又会对人形成新的制约和控制，是进化的开始，也是异化的开始。[⑤] 在实践中，已经出现健康宝被滥用赋码、侵害个人人格权益现象（例如，河南“红码”事件）[⑥]，由此造成了恶劣的社会影响。因此，为了避免对人的自由和尊严的威胁，

---

① See Mindy Chen-Wishart, “In Defence of Consideration”, *Oxford University Commonwealth Law Journal* (2015), https://www.tandfonline.com/doi/abs/10.5235/14729342.13.1.209.

② 马长山：《迈向数字社会的法律》，法律出版社 2021 版，第 138－139 页。

③ ［德］康德：《道德形而上学原理》，苗力田译，上海人民出版社 2002 年版，第 52 页。

④ See A. Michael Froomkin, “The Death of Privacy?”, 52 *Stan. L. Rev.* 1461－1543 (2000).

⑤ 参见王鑫：《算法批判与人—机社会想象》，载《探索与争鸣》2021 年第 3 期，第 28 页。

⑥ 参见人民网：《评河南赋红码事件：赋“红”一时爽，后果必须扛！》，https://new.qq.com/omn/20220620/20220620V091B400.html，2022 年 7 月 16 日访问。

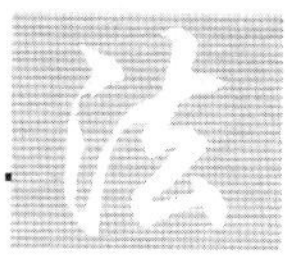

有必要在数字时代更加强化对人和人格尊严的保护。具体而言：

第一，许多人格权益可以被数字化，也因此带来了人格权益的侵害可能。数字技术和数据财产的深入应用使得肖像、声音、隐私、个人信息等人格要素有了更为广泛的展现场景和机会，大幅拓展了自然人人格利益的应用价值，有助于更好地促进人格自由、人格发展与人性的绽放。但与此同时，数字技术和数据财产本身也可能被误用甚至滥用，并损及人格自由和人格尊严。大数据的发展，信息技术的高度进化和“全景监测”等监管手段的迭代，造成了“无隐私”的透明社会。① 数据的利用价值具有特殊功能即其具有可预测性（prediction）。数据的价值不在于支配，其真正的价值体现在预测功能。而大数据所具有的可预测性功能已经使人们的行为透明化。② 因为借助于大数据分析不仅可了解我们的过去和现在，甚至可预测我们的未来，大数据使人变成透明的人、裸奔的人。

第二，算法的发展产生了算法歧视等诸多问题。算法歧视是人工智能自动化决策中由数据分析导致的对特定群体的、系统性的不公正对待。算法歧视正在人工智能技术应用的多个场域出现，对受害群体及整个社会有着多重的不利影响。例如，现下非常流行的短视频 App 通常都以一套抓取用户偏好的数据画像算法为核心，以便向特定用户精准地投送其所喜爱的内容，从而吸引用户并在此基础上进一步形成用户对该 App 的使用黏性。但是，其在推送过程中有可能向一个厌恶低俗信息的人不断推送相关的低俗信息，这本身就涉及算法价值伦理问题，也会妨碍个人的私生活安宁。除此之外，算法黑箱、算法伦理失范等都威胁着个人的人格尊严。③ 因此，为了维护平等与公正的社会秩序，有必要对算法歧视进行法律规制。作为人工智能法律规制的先行者，在应对人工智能算法歧视方面，欧盟选择了以数据保护为中心的规制模式，而美国选择了以算法责任为中心的规制模式。④ 应当看到，算力既是数字时代的第一生产力，也是数字技术的核心。

---

① 参见刘超：《数字化与主体性：数字时代的知识生产》，载《探索与争鸣》2021 年第 3 期。

② See Katharina Pistor，“Rule by Data：The End of Markets”，83（2）*Law & Contemporary Problems* 101，105（2020）.

③ 参见王敏芝：《算法之下：“透明”社会的技术与观念》，载《探索与争鸣》2021 年第 3 期。

④ 参见章小杉：《人工智能算法歧视的法律规制：欧美经验与中国路径》，载《华东理工大学学报（社会科学版）》2019 年第 6 期，第 63－72 页。

算法也是企业的核心竞争力，但数字时代所要求的数字正义特别要求实现算法公正。算法的滥用还可能导致民事权益遭受侵害，当披露算法需要披露相关数据时，可能会涉及对他人的个人信息保护，因此，近 20 年来，许多学者主张，自动化决策需要更高程度的透明度，以预防算法歧视，保障算法公平，实现可问责的算法（accountable algorithms）。① 应当看到，我国个人信息保护法规定禁止大数据杀熟，该法第 48 条规定信息主体可以请求个人信息处理者对个人信息处理规则进行解释、说明。该项权利也被称为解释说明权，旨在防止算法的滥用。

第三，数据与个人信息的高度结合，也导致数据的滥用将严重危害个人信息。我们考察数据权益，解释财产权益与人格权益结合的现象，就是要重视数据中个人信息权益的保护，注重利用和保护之间的平衡，并注重保护方式的变化。所有这些目的，都旨在维护信息权益背后的人格尊严。个人对其信息的自主决定来源于人格尊严②，在欧盟，个人数据经常被隐私所涵盖，从欧洲人权法院的一些判例来看，其涉及数据处理的规模，数据是否被系统性收集和储存，个人是否具有合理的隐私预期，数据的敏感性如何，以及数据对个人私生活产生了何种影响，甚至一些公共数据都可能涉及个人隐私。③ 在数据权益中，大量涉及信息处理者如何处理个人信息和隐私保护问题。在我国，同样如此。数字技术的发展对个人的人格尊严、人的隐私、个人信息都提出新的挑战。例如，虽然我国法律并不严格禁止数据画像，但是利用数据画像的自动化决策产生了不良决策结果，就可能侵害人格权。我国《个人信息保护法》第 24 条第 1 款规定，“个人信息处理者利用个人信息进行自动化决策，应当保证决策的透明度和结果公平、公正”，就是针对用户画像、算法推荐等新技术的运用所采取的对策。④

第四，基因编辑等也会涉及对个人信息特别是敏感个人信息的处理。在数字

---

① See Joshua A. Kroll et al.,“Accountable Algorithms”，165（3）*University of Pennsylvania Law Review* 633－705（2017）.

② See Paul Bernal，*Internet Privacy Rights*：*Rights to Protect Autonomy* 14（Cambridge University Press 2014）.

③ 参见［荷］玛农·奥斯特芬：《数据的边界：隐私与个人数据保护》，曹博译，上海人民出版社 2020 年版，第 10 页。

④ 参见程啸：《个人信息保护法理解与适用》，中国法制出版社 2021 年版，第 227 页。

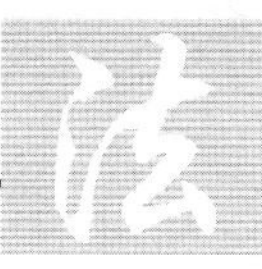

时代，民法所面临的也绝不仅仅是数据的问题，还涉及如基因编辑、虚拟艺术作品、人工智能侵权、自动驾驶、机器人主体地位、区块链引发的各种财产权益保护等，都是因为数字技术的发展所带来的民法问题。例如，基因编辑就是通过侵入式的特定手术介入，修改人类基因组结构。21 世纪是生物技术时代，生物技术运用得好，将会造福人类，而一旦被滥用，就会严重损害人类福祉，由此导致人的主体地位可能被异化，从主体沦为客体。[①] 基因编辑也涉及敏感个人信息的处理，因此与数字技术具有密切关联。此外，非法倒卖个人信息，构成对人格尊严、个人隐私的威胁，所以这些问题都是数字时代民法所面临的问题，但都在一定程度上提出了对人的保护，尤其是人的尊严的保护问题。

孟德斯鸠曾言："在民法慈母般的眼里，每一个个人就是整个的国家。"[②] 民法就是人法，强化人文关怀是当代民法的重要发展趋势，它使得整个民法规则发生一种重大的改变，即要重视对人特别是人格尊严的保护。所有的社会科学最终还是要回到人的问题上来，社会科学归根结底还是人学。民法不应仅将重心放在交易法和财产法，而更应当成为尊重人、关爱人、保护人的人法，我国民法典是充分彰显人文关怀和人文价值的法典，从重视保护财产权益，到同等重视保护财产和人格权益，这也是数字时代民法转型的关键所在。

六、结语

莱斯格指出："我们正迈入一个新时代，在这个新时代里，出现了新的架构，使我们规制的权力达到前所未有的高度。"[③] 我们已进入数字时代，数字与法治要同步发展、同频共振。数字技术越发达，越需要法治保障。虽然我国民法典已初步回应了数字时代的发展要求，但随着数字技术的发展和应用，民事立法也需要不断与时俱进，在响应数字中国战略、回应数字时代的需求中不断发展完善。

---

① See Kerry Lynn Macintosh, I. Glenn Cohen, Jacob. S. Sherkow & Eli Y. Adashi, "Gene Editing Sperm and Eggs for Use in Clinical Trials—The Authors Respond", 49 *J. L. Med. & Ethics* 156 (2021).

② ［法］孟德斯鸠：《论法的精神》（下册），张雁深译，商务印书馆 1994 年版，第 190 页。

③ ［美］劳伦斯·莱斯格：《代码 2.0：网络空间中的法律》，李旭等译，清华大学出版社 2009 年版，第 366 页。

数据的民法保护*

我们已经进入了一个信息爆炸、万物联网和人际互通的数字时代，人类社会面临着从工业生产经济的迅猛发展到数字经济大爆炸的重大变迁。现代信息技术以数字化、网络化、智能化为特征，深刻地影响、改变了经济社会发展与人民生产生活的方式。① 数字时代对于法律的调整提出了新的要求与挑战。2022 年 12 月 2 日，中共中央、国务院在《关于构建数据基础制度更好发挥数据要素作用的意见》（以下简称《构建数据基础制度意见》）中指出：要“以维护国家数据安全、保护个人信息和商业秘密为前提，以促进数据合规高效流通使用、赋能实体经济为主线，以数据产权、流通交易、收益分配、安全治理为重点，深入参与国际高标准数字规则制定，构建适应数据特征、符合数字经济发展规律、保障国家数据安全、彰显创新引领的数据基础制度”。就数据权益的保护而言，它是一项综合性工程，是各个法律部门的共同任务，需要公法与私法相互配合才能完成。本文拟对数据的民法保护谈一点看法。

---

* 原载于《数字法治》2023 年第 1 期。

① 参见张军：《提高数字政府建设水平》，载《人民日报》2021 年 10 月 29 日，第 9 版。

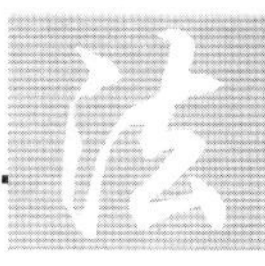

一、民法对数据保护的必要性和有效性

（一）数据权益不能仅靠公法保护

从广义上说，数字中国建设涉及多种法律关系和多个部门法律规范的适用。在数据权益的保护中，公法主要是通过设定禁止性规范的方式，防止大规模数据侵害行为的发生。例如，《网络安全法》的宗旨是保障网络安全，维护网络空间主权和国家安全、各方合法权益，其重点是对网络运营者进行规范，因此在其中对网络运营者收集与处理个人信息进行了若干规定。《数据安全法》的宗旨是规范数据处理活动，保障数据安全，维护国家主权、安全和发展利益，其重点是国家数据安全与数据跨境流通等问题。虽然公法规范相较于私法规范可能更具威慑力，并能有效维护数据安全，实现有效利用、合规流通，防止大规模侵权发生，但这并不意味着数据权益保护可以完全交由公法进行。针对数据权益的保护，民法保护具有公法所不能替代的独特功能。

（二）《民法典》宣示了数据权益作为民事权益的属性

数据权益本身就是一种民事权益类型。《民法典》第 127 条对数据权益的民法保护进行了宣示性的规定。数据权益作为民事权益体系的重要组成部分，当然受到《民法典》关于权益保护规则的调整。《民法典》第 127 条虽然属于引致条款，为未来制定单行法保护数据提供了民事基本法层面的法律依据，但该条将数据置于“民事权利”一章中规定，也宣示了数据的民事权益属性，既然数据在性质上属于民事权益，其应当受到民法保护。且《民法典》第 126 条规定：“民事主体享有法律规定的其他民事权利和利益。”该条在规定民事权益的范围时，采用了开放性的规定，其也可以涵盖对数据的保护。还应当看到，就数据权益的性质而言，其是综合性权利，但就数据产品而言，其是一种无形财产，具有特殊性，不宜简单地将其归于某一财产类型之中[①]，这也是《民法典》第 127 条之所

① See Shyamkrishna Balganesh, “Quasi-Property-Like, But Not Quite Property”, *University of Pennsylvania Law Review*, Vol. 160 (2012).

以单独规定数据保护条款，而未将数据置于物权或知识产权之下予以保护的重要原因。

（三）民法对数据权益保护的必要性

民法对数据权益的确权，是所有法律对其提供保护的前提和基础，也是数据交易展开的前提和基础。一方面，确权是权益保障的基础。[①] 公法对于数据权益的保护主要以对违法行为的制裁为主，这种保护方法总是以权益侵害的事后救济形态出现，但是，对于权益侵害行为的制裁以权益的确立为前提。换言之，只有首先将数据权益在法律体系内进行确权，对其保障才具有正当性。而公法不能完成对数据权益的确权，数据权益的确权正是由民法完成的。数据权益的确权为数据权益遭受侵害后的救济和惩治提供了基础。[②] 另一方面，确权是数据交易的前提和基础。按照法经济学的观点，产权需要获得确权之后交易才能进行，明确的确权有利于降低交易成本、节约交易费用。例如，波斯纳就认为，“排他权的创设是资源有效率地适用的必要条件”[③]。数据交易中，无论是转让还是担保等交易形态，都必须以数据能够成为权益客体作为基础。如在数据担保交易中，数据的财产权益性质，为其提供了可供支配的交换价值，因而可以成为担保的客体，数据作为财产的可流通性则为担保权利的实现提供了可能[④]，进而担保权人才能够获得优先受偿。上述对数据权益进行确权的功能，均是公法规范无法实现的。

数据权益的独特性在于其具有综合性特点，这也决定了数据权益保护涉及民法的多项制度，必须依据民法予以保护。

第一，数据权益是一种综合性权益。其可能因为具备独创性而受到知识产权法尤其是著作权法的保护；其可能因为以个人信息的集合形态展现，因而又需要受到个人信息保护规则的调整；在数据信息涉及自然人的隐私时，则需要受到隐

① 参见申卫星：《论数据用益权》，载《中国社会科学》2021年第11期。

② 当然确权的模式存在多样性，see Guido Calabresi & A. Douglas Melamed，“Property Rules，Liability Rules，and Inalienability：One Vie w of the Cathedral”，*Harvard Law Review*，Vol. 85（1972），pp. 1089－1128。

③ ［美］波斯纳：《法律的经济分析》，蒋兆康译，法律出版社2012年版，第43页。

④ See Luis Miguel M. del Rosario，“On the Propertization of Data and the Harmonization Imperative”，90 *Fordham L. Rev.* 1699（2022）.

私权规则的调整。尤其是数据权益中常常包含个人信息权益，其与个人信息具有不可分割性[①]，难以通过以所有权为基础的权利分离理论来解释，否则会割裂数据与个人信息之间的关联性。即便是企业数据，也可能构成商业秘密，受到私法规则的规范。[②] 数据中包含了复杂的权益类型，各种权益呈现出一种网状结构，因而有必要借鉴“权利束”理论作为数据权益的一种分析框架，即数据权益是信息之上产生的多项集合的“权利束”，无法简单地将其看作某一类单一的权利。[③] 这就需要借助于民法的各项制度予以规范，例如，数据中可能包含一定的个人信息，而我国《民法典》《个人信息保护法》已经对个人信息的保护作出了规定，这在客观上也需要借助民事法律规范对数据进行保护。因此，单纯由公法对数据权益进行保护，既与数据的综合性权益性质不符，也无法回应从多角度保护数据权益的实践要求。[④]

第二，相关主体在进行数据交易、共享时，必须借助合同法规范的调整，如果当事人违约，还需要依据合同法的规则认定其违约责任。据此可见，数据应当受到民法的保护，特别是许可他人利用、共享中，需要采用合同方式。[⑤] 在数字时代，对数据的利用、共享十分普遍，数据财产之所以能够满足多个主体的同步利用需求，主要还是因为数据资源本身的无形性和可复制性。数据也主要是在利用中产生价值，需要借助于“合同网”进行利用。“原则上，它有可能将产权有效地转让给对投资工作最重要的人，并为有关各方提供数据集的某些使用而量身定做的使用许可。”[⑥] 因此，在个人信息的授权处理、数据产品的利用等过程中，

---

① See Nadezhda Purtova，“The Law of Everything. Broad Concept of Personal Data and Future of EU Data Protection Law”，10 *Law*，*Innovation and Technology* 40，40 - 81 (2018).

② See Mark A. Lemley，“The Surprising Virtues of Treating Trade Secrets as IP Rights”，*Stanford Law Review*，Vol. 61 (2008)，pp. 336 - 337.

③ 参见王利明：《论数据权益：以“权利束”为视角》，载《政治与法律》2022 年第 7 期。

④ See Lauren Henry Scholz，“Big Data is Not Big Oil：The Role of Analogy in the Law of New Technologies”，*Tennessee Law Review*，Vol. 2020 (85)，p. 863.

⑤ See Aaron Perzanowski & Chris Hoofnagle，“What We Buy When We ‘Buy Now’ ”，*University of Pennsylvania Law Review*，Vol. 2017 (65)，p. 317.

⑥ ［德］塞巴斯蒂安·洛塞：《数据交易：法律·政策·工具》，曹博译，上海人民出版社 2021 年版，第 22 页。

都需要借助于合同制度对个人信息、数据等进行保护。

第三，应该区分数据权益和数据产品权益。数据产品权益是将数据整体作为一种无形财产，如果其具有独创性，可以纳入知识产权的保护范畴，如果不具有独创性，也可以作为财产保护，由信息主体享有数据署名权、完整权、复制权、携带权等。但数据产品从整体上看，具有财产的属性，经济学上常常将其称为“数据产权”。这是一种新型的财产权益。因为进入互联网、大数据、数字时代后，人类社会的组织形式已经不限于物理世界，而大量进入虚拟世界，物理世界开始与虚拟世界高度融合，在虚拟世界中产生的数据财产突破了物理世界的边界，应当属于一种无形的财产权益，所以，不能完全以观察物理世界的方式观察数据这种无形财产的保护问题。① 传统的民法规则，如物必有体、物债二分等，无法解释数据财产权益。具体而言，数据财产有如下几个很重要的特点：一是具有无形性。数据的客体具有无形性，不能用有形财产的保护规则对其提供保护。由于数据没有有形的物理形态，通常不存在排他性和恢复原状等问题，因此，传统的物权请求权、占有保护请求权等方法，难以适用于数据的保护。同时，由于数据可以共享，由多人共用②，因此，在数据遭受侵害的情形下，也难以通过排除妨害等方式对其进行保护。二是主体具有多样性。如前述，数据的来源具有多样性，数据财产的主体包括企业、个人等③，《构建数据制度基础意见》提出：“建立公共数据、企业数据、个人数据的分类分级确权授权制度。”这就是说，数据的权利主体不同，相关主体所享有的权益也应当有所区别。对个人数据而言，如果处理者未将个人信息匿名化处理，则应当注重保护数据中的个人信息；对企业数据而言，既需要强化对数据处理者权益的保护，如果涉及个人信息，也需要加强个人信息保护；而对公共数据而言，则更应当强调数据的共享与开放，推进

① See Anupam Chander，“The New，New Property”，81 *Tex. L. Rev.* 715（2003）.

② See Lawrence Lessig，*Free Culture*，Penguin Press Hc，2004，pp. 33－34.

③ 欧盟等地区开始制定法律，赋予数据用户或来源者以相关权利，see Proposal for a Regulation of the European Parliament and of the Council on harmonised rules on fair access to and use of data（Data Act），COM（2022）68 final（2022），Article 2（5）（6）（7）。

互联互通，打破“数据孤岛”，不应对其利用进行过多限制。[①] 由于公共数据更应当注重其开放和利用，因此公共数据不一定要明确其权利主体，而应当由有关机关对其进行管理。三是根据数据产品是否具有独创性，而采取不同的保护方式。公共数据大多不具有独创性。企业数据的来源既包括企业自身产生的数据，也可能包括公共数据和个人信息，因此，企业数据的利用规则较为复杂。对于涉及个人信息且具有独创性的数据产品，则可能需要借助于知识产权法予以保护。

（四）民法为数据权益提供了独特的保护方式。

民事权益的救济可以广泛地适用于数据权益的保护。以损害赔偿为中心的事后救济体系可以使数据权益已经遭受侵害的权利人获得充分完整的赔偿。[②] 除此之外，民法中的预防性保护规范也为数据权益侵害的预防提供了可能。诸如停止侵害、排除妨碍等绝对权请求权等，可以在更大程度上预防损害的发生和扩大。这一功能也是公法中以事后救济为主要导向的禁止性规范所不具有的。

我国《民法典》侵权责任编是以损害赔偿为中心构建的，但其也可以适用于对数据的保护，尤其是《个人信息保护法》已经对侵害个人信息的民事责任作出了规定，对侵害数据的行为也完全可以适用侵权责任法的规则。此外，针对数据侵权行为，停止侵害、赔礼道歉等侵权责任承担方式也可以适用。应当看到，《民法典》第 127 条在性质上是不完全法条，其主要是引致规范和宣示条款，但由于数据属于民事权益，因此，可以将该条规定与侵权责任编的过错责任条款等规则结合起来，形成完全法条，从而准确认定侵害数据的侵权责任。

二、既有法律制度并不能完全解决数据的民法保护问题

应当看到，数据权益是综合性的权利，很难将其归属于哪一种具体的权利类型，数据中既可能包含个人信息，也可能有知识产权等，对于数据权益的概念需要整体性、全方位地考察，而不是仅仅将其限定为某一种权利，否则观察就过于

① 参见马长山：《数字社会的治理逻辑及其法治化展开》，载《法律科学》2020 年第 5 期。

② 参见周友军：《〈民法典〉侵权责任编的守成与创新》，载《当代法学》2021 年第 1 期。

片面。[①] 尤其是在数据权益中，如果涉及个人信息，需要妥善处理好数据与个人信息的关系，其本质上是财产权与人格权的关系[②]；同时，还需要妥当协调好数据权利归属于利用的关系。正是因为数据权益的复杂性，所以，需要民法的多个部门对其进行综合保护，而不是将其简单归属于某项具体制度。

据此，有观点认为，虽然数据是新兴的权利客体，但是现有的法律制度规则足以调整数据权益保护问题。通过知识产权法、个人信息保护法、反不正当竞争法等法律调整即可，不必单独增设有关数据的规则对数据权益进行保护。笔者认为这种看法是值得商榷的。

（一）知识产权法不能完全解决数据权益保护问题。

有观点认为，既然数据是一种无形财产，其与知识产权这一无形财产具有同等的性质，应当纳入知识产权的范畴。同时，与知识产权类似，相关主体在数据产品的研发过程中大多投入了劳动，因此，应当适用知识产权的规则对其提供保护。还应当看到，我国已经建立了完整的知识产权法律制度体系，这就没有必要通过单独立法的方式保护数据，直接适用知识产权的相关规定足以解决数据权益的民法保护问题。

笔者认为，不宜简单地采用知识产权的保护方式保护数据，主要理由在于以下几个方面。

第一，数据虽然是一种无形财产，但也要强调知识产权特别是著作权具有独创性，依据《著作权法》第 3 条的规定，作品应当具有独创性。而数据如果没有独创性，则难以受到知识产权规则的保护。[③] 对许多数据如企业数据而言，相关主体收集了大量数据，如网络平台中网店的数据、消费者的个人信息以及企业发布的各种信息等，都可以成为数据，显然，这些数据通常并没有独创性，但这并不意味着任何人都可以随意抓取、使用，其仍应当受到财产权保护。需要指出的

---

① See Lauren Henry Scholz, "Big Data is Not Big Oil: The Role of Analogy in the Law of New Technologies", *Tennessee Law Review*, Vol. 2020 (85), p. 863.

② See Paul M. Schwartz & Karl-Nikolaus Peifer, "Transatlantic Data Privacy Law", 106 *Geo. L. J.* 115, 115-116 (2017).

③ See Feist Publ'ns, Inc. v. Rural Tel. Serv. Co., 499 U. S. 340, 347 (1991).

是，汇编作品也受到知识产权保护，但前提是汇编的方式、方法具有独创性，如果只是汇编而没有独创性，则难以受到《著作权法》的保护。特别是对于许多公共数据、企业数据而言，往往缺乏独创性，并不能够适用知识产权法。而对于数据而言，即便没有独创性，其也应当作为财产受到法律保护。

第二，应当区分数据权益和数据产品上的权益。数据产品上的权益和数据权益是不同的概念。数据产品可能具有清晰明确的定位，可以通过适用既有的法律进行保护。例如对数据进行加工形成的数据库可能适用《著作权法》的规范进行调整。[①] 但是，数据权益却是一种综合性的概念，其本身并不能够简单通过知识产权法、《个人信息保护法》等现有规则一并解决保护的问题。例如，数据大量包括了个人信息，涉及信息处理者与个人信息主体权利的冲突，以及优先保护个人信息的问题，但知识产权一般不涉及这一问题。

第三，保护的价值理念存在区别。知识产权更侧重于控制，其保障权利人对相关知识产权的控制。[②] 虽然有观点认为，知识产权制度也鼓励知识的利用，但其本质上更强调权利人的控制。而数据虽然强调保护，但在大数据时代，更侧重于数据的共享共用，尤其是对公共数据而言，更应注重发挥其利用价值。[③]

（二）《个人信息保护法》并不足以解决数据权益的保护问题

从比较法上来看，确实存在通过个人信息保护法来对数据权益提供保护的模式。例如，德国于 1976 年颁布《联邦资料保护法》（Data Protection Act of 1976）；欧盟于 2018 年正式实施《一般数据保护条例》（General Data Protection Regulation）；2018 年，美国加利福尼亚州颁布了《加州消费者隐私保护法》（The California Consumer Privacy Act of 2018）。此种模式确有一定的合理性，但也存在不足之处。

---

① 除此之外，欧盟还对数据库进行了单独立法。See Directive 96/9/EC，of the European Parliament and of the Council of March 11，1996 on the Legal Protect ion of Databases，1996 O. J.（L 77）20，chap 3.

② See Robert P. Merges，“Of Property Rules，Coase，and Intellectual Property”，*Columbia Law Review*，Vol. 94，No. 8（1994），pp. 2655－2673.

③ See Carol M. Rose，“Romans，Roads，and Romantic Creators：Traditions of Public Property in the Information Age”，*Law and Contemporary Problems*，Vol. 66，No. 1（2003）.

首先，应当区分数据权益与数据产品的权益。数据权益是综合性的，但数据产品是无形财产，虽然其中可能涉及个人信息，但数据产品的权益从整体上应当归属于数据处理者。数据权益是综合性的权利，很难将其归属于哪一种具体的权利类型，数据中既可能包含个人信息，也可能有知识产权等。以“大众点评”平台为例，它包含了各种权益。作为整体，它是无形财产。而拆分来看，其中关于消费者的账户、地理位置的内容，属于消费者的个人信息；涉及的算法则属于商业秘密，归属于平台；关于餐饮店的介绍、经营信息、优惠券等则属于经营者；关于符号的设计等，如果具有独创性则还涉及知识产权……由此我们可以发现，数据权益是一个具有集合性特点的权益。在数据权益中，人格权益和财产权益交互，突破了传统民法中以有体物为客体而产生的排他性。但作为数据产品，其权属应当归属于“大众点评”平台。这显然超出了《个人信息保护法》的范围。

其次，数据权益的主体和形态具有多样性。对于公共数据来说，可能根本不涉及个人信息问题，甚至并不需要确权。[①] 因为一方面，要积极推动数据要素市场化配置改革，促进数据要素交易流通、开发应用，从而释放数据要素潜力与价值，加快数字产业创新发展，就要让公共数据“多跑路”，让群众“少跑腿”，在这一背景下，应当更多地鼓励公共数据的流通，如果对其进行确权可能不利于甚至妨碍这些数据的流通。[②] 将公共财产的保护规则适用于这些数据之上，将给数据流通带来不必要的障碍。另一方面，公共数据也不需要进行交易，因此其并不需要进行确权。[③] 此外，即使就企业数据来源而言，其既包括企业自身产生的各种数据（如搜集当地的气象信息形成数据出售给他人），也可能包括企业数据（如企业公开发布的各种通知等），还可能涉及个人信息，但对于不涉及个人信息的企业数据，不能适用《个人信息保护法》予以保护。

---

① See Barbara Ubaldi, *Open Government Data: Towards Empirical Analysis of Open Government Data Initiatives*, OECD Working Papers on Public Governance (2013).

② See Mashael Khayyat and Frank Bannister, “Open Data Licensing: More Than Meets the Eye”, 20 *Information Polity*, 238 - 245 (2015).

③ See Yochai Benkler, “Commons and Growth: The Essential Role of Open Commons in Market Economies”, 80 *The University of Chicago Law Review*, 1551 (2013).

最后，即使在数据涉及个人信息的场合，虽然个人信息应当受到优先保护，但是保护个人信息并不能完全解决数据处理者的权利问题。例如，在个人信息权利人通过合同等形式许可他人处理其个人信息时，信息处理者主要是在合同授权的范围内处理个人信息，应该对信息处理者的权利提供必要的保护。因此，《个人信息保护法》也不能完全替代数据保护规则。

（三）不能简单运用反不正当竞争法保护数据权益

由于目前我国对数据产品的侵权保护尚未形成共识，实务中主要通过《反不正当竞争法》对其提供相应的保护。无论是理论界还是实务界，比较流行的观点认为，应当通过《反不正当竞争法》对数据权益进行保护。对于行为人抓取、使用他人数据的行为，应当适用《反不正当竞争法》第 2 条、第 12 条的规则进行调整。对于相关主体控制、持有的数据，其他主体具有不当抓取、使用等行为，妨害竞争秩序的，可依照《反不正当竞争法》第 2 条等规则予以处理。① 在我国司法实践中，有些法院也通过《反不正当竞争法》的规则调整相关纠纷，如被称为“全国首例大数据产品不正当竞争案”的“安徽美景信息科技有限公司与淘宝（中国）软件有限公司不正当竞争纠纷案”②。美景公司以提供远程登录“生意参谋”用户电脑的技术服务为招揽，通过组织、帮助他人利用已订购用户所提供的子账户获取“生意参谋”数据产品中的数据内容，自己从中牟取商业利益。法院认为：“淘宝收集的原始数据经过算法分析后产出的衍生数据已成为网络大数据产品。该产品系经淘宝经营积累而形成，具有实用性，能够帮助商户提高经营水平，进而改善广大消费者的福祉，同时也为淘宝带来了可观的商业利益与市场竞争优势。因此，该数据应当归淘宝所享有。在特殊的网络经济环境下，市场主体只要使用了不正当手段，吸引了消费关注或破坏了他人的吸引力，即落入《反不正当竞争法》规制的范围。”

应当看到，此种观点不无道理：因为一方面，数据权益的侵害大多来自不正

---

① 参见李恩正：《关于数字产权保护等问题的思考——中国法学会民法学研究会 2022 年年会会议简报第九期》，微信公众号“中国民商法律网”，2022 年 12 月 8 日访问。

② 浙江省高级人民法院（2018）浙 01 民终 7312 号民事判决书。

当竞争行为，相关行为本身具有违法性，通过《反不正当竞争法》可以有效制裁、遏制相关行为。正如在上案中，法院所指出的："应及时依法制止以不正当技术手段侵害大数据产品获取竞争优势的行为，同时加大惩治力度，给予数据产品研发者充分、有效救济，依法保护数据产品研发者的合法权益。"另一方面，从比较法上看，有些国家也采取了类似的立场，如《德国民法典》第 823 条第 2 款规定了违反保护他人的法律的侵权责任问题。此外，从立法层面看，我国《反不正当竞争法》的规则已经十分完善，通过该法保护数据也是妥当的。

但笔者并不赞成这一做法，因为简单运用《反不正当竞争法》难以保护数据权益，主要理由为以下几点。

第一，《反不正当竞争法》主要是公法，完全通过《反不正当竞争法》调整数据意味着只能从公法层面对其进行调整。毫无疑问，数据虽然具有公共性，但完全以公法代替私法的保护是不妥当的。从比较法来看，在德国法中，反不正当竞争已经纳入侵权的范畴，将反不正当竞争法中的行为规范认为是保护性法律和善良风俗在竞争领域的具体化，因此，反不正当竞争法的民事责任规范是对竞争者施加特殊行为要求的特别侵权责任法，侵权法与反不正当竞争法属于一般法和特别法的关系，反不正当竞争法中的侵权规范会对一般侵权的构成、后果、责任形式等各方面进行具体化、补充、严格化等。[①] 这一立法经验是值得借鉴的。

第二，反不正当竞争法主要规范特定的不正当竞争行为。[②]《反不正当竞争法》第 12 条第 2 款第 4 项虽然设置了兜底条款，即"其他妨碍、破坏其他经营者合法提供的网络产品或者服务正常运行的行为"，但其只是针对行为的违法性问题，而并没有提出确权的问题，更没有确定权利的内容。通过该规则调整数据，虽然明确了抓取、利用他人数据行为的违法性问题，但并没有回答该行为究竟侵害了何种权利的问题，也不能代替民法侵权责任的保护。

第三，侵权责任不仅可以确认侵害权益的对象，而且可以明确侵权责任的构

---

① Deutsch/Ahrens，Deliktsrecht：Unerlaubte Handlungen · Schadensersatz · Schmerzensgeld，Aufl. 5，Wolters Kluwer，2009，Rn. 261. 420. 734.

② See Frauke Henning-Bodewig（ed）：*International Handbook on Unfair Competition*，C. H. Beck，Hart，Nomos，2013. pp. 41－75.

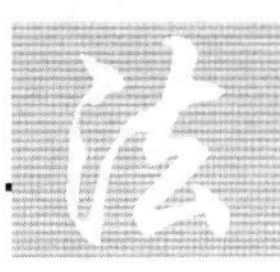

成要件，如过错、因果关系等要件，其在责任的确认方面更为精细和规范。通过侵权责任规则保护数据，也可以指引法官准确认定相关责任。仅通过《反不正当竞争法》规则调整侵害数据的行为，可能仅能根据违法性认定相关责任，而没有确认是否侵害了相关权利、是否有因果关系等，这显然过于笼统，也会给法官过大的自由裁量权。例如，《反不正当竞争法》第2条第2款规定："本法所称的不正当竞争行为，是指经营者在生产经营活动中，违反本法规定，扰乱市场竞争秩序，损害其他经营者或者消费者的合法权益的行为。"该条规定较为原则、笼统，仅仅以该条来处理侵害的客体权益复杂、主体多样、侵权形态各异的数据侵权纠纷，确实过于简单化。

第四，数据权益本身具有综合性，需要对不同权益主体的权益内容进行整体考量与利益平衡，这需要以数据确权为前提。[①]《反不正当竞争法》显然没有进行此种利益冲突的考量，如在个人信息与数据权益发生冲突时，《反不正当竞争法》显然难以适用，如果适用该法调整此类关系，反而会使得当事人之间的权利义务关系更加模糊，也更难以有效处理相关纠纷。

第五，因为没有对数据权益的确权，也难以形成有效的激励机制。《反不正当竞争法》虽然具有鼓励竞争的目的，但其侧重点并不在于对具体权益的保护。[②]而数据权益保护就是要形成一种激励机制，通过确权的方式保护个人对数据财产权益产生所作出的投入与贡献，从而不断激励创新，这可能更有意义。

我国《民法典》侵权责任编是以损害赔偿为中心构建的，但其也可以适用于对数据的保护，尤其是《个人信息保护法》已经对侵害个人信息的民事责任作出了规定，对侵害数据的行为也完全可以适用侵权责任法的规则。此外，针对数据侵权行为，停止侵害、赔礼道歉等侵权责任承担方式也可以适用。应当看到，《民法典》第127条在性质上是不完全法条，其主要是引致规范和宣示条款，但由于数据属于民事权益，因此，可以将该条规定与侵权责任编的过错责任条款等

① See Shyamkrishna Balganesh, "'Hot News': The Enduring Myth of Property in News", 111 *Columbia Law Review* 419, 438-440 (2011).

② See Julie Brill, "Competition and Consumer Protection: Strange Bedfellows or Best Friends?", *Antitrust Source*, Vol. 11 (2010), p. 3.

规则结合起来，形成完全法条，从而准确认定侵害数据的侵权责任。

三、应当对数据权益的民法保护进行单独规定

我们说数据应当受到民法保护，首先面临对数据的确权问题，只有对数据进行确权、定性，将其归属到特定类型的民事权益之中，才能更好地明确其保护规则。《构建数据基础制度意见》提出："数据来源和数据生成特征，分别界定数据生产、流通、使用过程中各参与方享有的合法权利。"公共数据、企业数据、个人数据这些不同类型数据的权利属性不同，利用方式也存在一定区别，应当通过不同的法律规则予以调整，同时，要建立保障数字经济正常运行的数据采集、交易、共享、安全使用等法律规范，促进数据的有效利用和共享。[①] 笔者认为，数据权益是各项权益的集合，它包含财产因素、人格因素、知识产权等。而数据产品应当作为无形财产受到保护。正是由于数据属于新型民事权益，与其他民事权益的关系并不清晰。因此，《民法典》并未对数据的保护作出细化规定，《民法典》第127条规定引致条款，也表明需要通过单行法立法明确数据的保护规则。仅依靠《民法典》的几个条款，显然无法全面保护数据权益，而需要制定专门的单行法。

第一，注重效率性。在数字时代，由于网络技术的应用，一旦造成侵权损害的后果，就可能导致损害后果迅速蔓延和发酵，这种损害后果甚至是无法估量的。所以，怎样及时化解纠纷和解决纠纷，是数字时代对数据权益保护提出的一个非常重要的挑战。[②] 另外，数据等无形财产在遭受侵害后，损害后果不仅会扩大，而且可能涉及隐私、个人信息等人格权益的保护问题，损害后果的扩大也会

---

① 参见贾文山、赵立敏：《数字经济时代的个人数据保护：欧美立法经验与中国方案》，载《首都师范大学学报（社会科学版）》2022年第5期。

② See Julie Cohen, "Litigation As Bellwether for Institutional Change", 66 *Depaul L. Rev.* 535 (2017).

导致隐私、个人信息损害后果的无限扩大。①

第二，注重安全性。在数字时代，数据安全更为重要，与事后的损害赔偿相比，保障数据等的安全对权利人而言意义更为重大。因为数据越安全，对信息主体权益的保障也越充分。② 我国《民法典》《个人信息保护法》等法律为适应此种权利保护需求，在个人信息的保护方面强化了对数据等安全性的保护。例如，《民法典》《个人信息保护法》赋予信息主体删除权、更正权、补充权以及安全维护请求权等权利，其目的主要就在于维护数据安全。

第三，强调透明性。此处所说的透明性并不是指权利救济方式的透明性，而是指行为人行为本身的透明性。比如针对大数据杀熟、算法的公开、算法解释权、自动化处理过程的公开等方法，都是数字时代权利保护的特殊方法。③鉴于算法技术的复杂性、专业性、隐蔽性，其很可能造成人格歧视、信息泄露、算法黑箱、算法伦理失范等问题，考虑到数据处理等行为的专业性、技术性等特征，相对人由于专业知识、技能的欠缺，可能无法理解行为人处理其个人信息的行为，这就需要通过透明性的要求，对行为人处理数据的行为进行事前规范，发挥事前规制功能与避免产生算法侵害的功能④，这也是数字时代对数据等权利保护的特殊方法。

第四，注重预防性。在数字时代，一旦造成侵权，其后果是难以估量的。这就更加要求注重预防，所以“既要向后，也要向前”⑤。数据作为一种无形财产，其易受侵害性导致对其保护的效率具有更高的要求。在数据的流通规则中，规则

---

① See Danielle Keats Citron & Daniel J. Solove, *Privacy Harm*, 2022, https://ssrn.com/abstract=3782222, pp. 18 - 41.

② See James Grimmelman, “Privacy as Product Safety”, *Widener Law Journal*, Vol. 2010 (9), p. 793.

③ 参见王莹：《算法侵害类型化研究与法律应对——以〈个人信息保护法〉为基点的算法规制扩展构想》，载《法制与社会发展》2021年第6期，第135、149页。

④ See Gerhard Wagner & Horst Eidenmueller, “Down by Algorithms? Siphoning Rents, Exploiting Biases, and Shaping Preferences: Regulating the Dark Side of Personalized Transactions”, 86 (2) *University of Chicago Law Review* 581 - 609 (2019).

⑤ Guido Calabresi & Spencer Smith, “On Tort Law's Dualism”, *Harvard Law Review*, Vol. 135, pp. 184 - 193 (2022).

的构建不应限制数据的流通效率。在数据权益的保护中，则既要注重事后救济，也要注重事前的预防。将事前预防作为数据权益保护的重心，对于提升数据权益保护的效率至关重要。正如有学者所指出的，虽然损害赔偿请求权也具有一定的预防功能，但是相较绝对权请求权和禁令等救济方式而言，其在预防损害发生上的效果较为薄弱。① 因此，在数字时代，相较于补偿方式，预防的作用日益突出，这就要求将人格权益救济的重心由事后救济逐渐前移，以保护权利人的利益状态不受损，而不是恢复受损的利益状态。②

数据权益保护需要加强立法，以良法促进数字技术和数字经济的发展，在这个过程中，构建一套专门的、行之有效的针对数据的民法保护机制，是十分必要的。如前述，数据在性质上属于一种无形财产，与既有的无形财产在保护上呈现出共性特征。在数据权益保护中，应当设置专门针对数据权益的民法保护规范，专门调整平等主体间的数据权益保护问题。

在对数据权益保护特别规范的构建中，应当以《民法典》第127条为基础，结合侵权责任编的相关规定和单行法的规定进行。具体而言，应当注重以下几个方面的问题。

第一，完善对数据的侵权规则。现有的针对无形财产保护的规范，如《个人信息保护法》第69条对侵害个人信息的民事责任作出了规定，其中规定了损害赔偿、获利返还等具体规则。这些都是对个人信息保护的特殊规则，能否参照适用或类推适用于数据的保护？在民法上，所谓类推适用，是指在对特定的案件缺乏法律规定时，裁判者比照援引与该案件类似的法律规定，将法律的明文规定适用于法律没有规定，但与明文规定类似的情形。③ 参照适用也称为“法定的类推”④，这表明，参照适用与类推具有一定的相似性。二者的区别在于是否法定化，即是否存在法定授权。有学者认为，获利返还、酌定赔偿、法定赔偿等制

① 参见［英］彼得·凯恩：《阿蒂亚论事故、赔偿及法律》，王仰光等译，中国人民大学出版社2008年版，第457页。

② See Richard L. Hasen, *Remedies* 126 (4th ed., Wolters Kluwer 2017).

③ 参见黄茂荣：《法学方法与现代民法》（第五版），法律出版社2007年版，第492页。

④ 史尚宽：《民法总论》，中国政法大学出版社2000年版，第51页。

度，都存在于特定的无形财产保护规则中。而当数据权益适用这些规则时，往往需要借助于类推或整体类推的方法进行。[①] 但这种类推的方法给法律适用带来很大的困难，可能导致法律适用的不统一。而现有的关于有形财产的保护方法能否适用于数据这一无形财产，在法律适用中也比较模糊。因此，需要在法律上明确规定在侵害数据权益的情形下，《个人信息保护法》对于损害赔偿中的损害数额的确定、获利返还责任能否适用或者参照适用，以限制法官的自由裁量权，保障裁判的统一和公正。

第二，完善基于合同约定流转数据相关财产性权益的机制。就民法的保护而言，应该区分数据权益的合同法保护和侵权法保护。对于数据权益的交易流通问题，主要受到合同规则的调整。[②]《构建数据基础制度意见》指出："建立健全基于法律规定或合同约定流转数据相关财产性权益的机制。"对于数据的转让、许可适用等问题，可以参照许可合同的相关规定，提炼出数据许可合同的规则，以引导当事人正确订约，防范纠纷的发生。同时，应当对平台制定的格式条款进行必要的规范。

第三，完善数据中的人格权益保护规则。针对人格权的保护，《民法典》第995条规定了人格权请求权。所谓人格权请求权，是指民事主体在其人格权受到侵害、妨害或者有妨害之虞时，有权向加害人或者人民法院请求加害人停止侵害、排除妨碍、消除危险、恢复名誉、赔礼道歉，以恢复人格权的圆满状态。[③]在民法中，基础性的民事权利都有相应的请求权，并因基础权利的功能差异而各自独立，物权请求权与债权请求权的区别就是适例。人格权不同于其他民事权利，人格权请求权因此也具有独立性。人格权作为一项保护人格利益的绝对权，也需要成为一项独立的请求权。[④] 但在我国人格权关系中，却一直未能形成独立

---

① 参见潘重阳：《解释论视角下的侵害企业数据权益损害赔偿》，载《比较法研究》2022年第4期。

② 参见梅夏英：《数据交易的法律范畴界定与实现路径》，载《比较法研究》2022年第6期；丁晓东：《数据交易如何破局——数据要素市场中的阿罗信息悖论与法律应对》，载《东方法学》2022年第2期。

③ 参见王利明：《民法典人格权编的亮点与创新》，载《中国法学》2020年第4期。

④ Vgl. MüKoBGB/Rixecker BGB §12 Anh. Rn. 58ff.

的人格权请求权，这也反映了立法的不完备性，因而需要确立人格权请求权制度。《民法典》第995条规定："受害人的停止侵害、排除妨碍、消除危险、消除影响、恢复名誉、赔礼道歉请求权，不适用诉讼时效的规定。"该条实际上对人格权请求权已经作出了规定。正是因为人格权具有特殊性，在其遭受侵害以后，要恢复其圆满状态，就必然要采取与救济财产权不同的方式。[①] 由于数据中也保护了个人信息等人格权益，因此，在这些权益遭受侵害时，《民法典》针对人格权益的侵害所提供的特殊保护方法，应当可以适用或者参照适用于对于数据的保护。

第四，在具体的制度构建中，应当增加关于删除、更正、补充权等的规定，以保障数据完整性、安全性，为权利人提供全面的保障。《民法典》第1028条规定了更正、删除等保护人格权的措施，这些措施能否适用于数据保护？严格地说，这些措施并非《民法典》第179条所规定的独立的责任形式，而只是"排除妨害""消除影响"等责任形式运用到特殊场景的具体形式。通过采用更正、删除等措施，不仅可以救济受害人的名誉遭受的损害，而且可以有效防止损害的扩大，并预防未来可能出现的侵害名誉的后果。受害人既可以直接向行为人直接提出，也可以以要求行为人承担"排除妨害""消除影响"责任的方式提起诉讼。在侵害数据权益的情形下，这些措施也有其适用的必要性。[②] 非法篡改、剽窃、爬取他人的数据，权利人应当有权请求行为人删除、更正、补充，以维护其数据权益的完整性和安全性。

综上所述，单纯依靠公法或现有的法律制度对于数据权益保护虽然能够起到一定的作用，但是尚不能满足司法实践对于规范的确定性和稳定性的需求。因此，有必要通过制定单行法等方式，对数据权益的私法保护进行明确规定。从比

---

① 参见［德］卡尔·拉伦茨：《德国民法通论》（上册），王晓晔等译，法律出版社2003年版，第326－328页。

② 比较法上的讨论，see Seth F. Kreimer, "Spooky Action at a Distance: Intangible Injury in Fact in the Information Age", *University of Pennsylvania Journal of Constitutional Law*, Vol. 18, p. 745 (2016); Danielle Keats Citron, "Risk and Anxiety: A Theory of Data-Breach Harms", *Texas Law Review*, Vol. 96, pp. 737, 743－44, 756－73 (2018).

较法来看，欧盟于近期提出了《数据法案》（Data Act）提案，并预计在2023年通过。[①] 这一法案赋予了数据用户对于数据企业的访问权与利用权，进一步完善了欧盟的数据法律体系。在我国，通过单行立法保护数据权益，确有必要。《构建数据基础制度意见》提出："建立健全数据要素各参与方合法权益保护制度。充分保护数据来源者合法权益，推动基于知情同意或存在法定事由的数据流通使用模式，保障数据来源者享有获取或复制转移由其促成产生数据的权益。合理保护数据处理者对依法依规持有的数据进行自主管控的权益。"因此，未来我国有必要通过专门的、保护数据的立法，对数据权益提供全方位保护，既包括公法保护，也包括民法保护，在民法保护中，也应当综合侵权责任、人格权请求权、违约责任等多种方式对数据权益提供全方位保护。

结　语

我们已经进入一个互联网、大数据时代，伴随着数字技术在政治、经济和文化领域的广泛运用和不断发展，作为数字技术核心载体的数据在社会生活中的重要地位已经得到了广泛重视，在以互联网广泛应用和大数据不断挖掘为背景的信息社会中，数据日益成为重要财富，是经济增长和价值创造的重要源泉，甚至有学者称其为"新石油（new oil）"[②]。为了适应21世纪互联网、大数据时代的需要，顺应高科技发展的要求，《民法典》第127条对数据和网络虚拟财产的保护作出了规定。《民法典》人格权编和侵权责任编的许多规则可以适用于对于数据的保护，但毕竟缺乏特别针对数据法律保护的具体规则，因此，需要通过专门立法，构建对数据权益的民法保护机制，与公法的保护相互配合，形成对数据的全面保护。

---

① See Proposal for a Regulation of the European Parliament and of the Council on harmonised rules on fair access to and use of data (Data Act), COM (2022) 68 final (2022).

② Samuel Flender, *Data is Not the New Oil*, *Towards New Data Sci* (Feb. 10, 2015), https://towardsdatascience.com/data-is-not-thenew-oil-bdb31f61bc2d, last visited on Mar. 17, 2022.

第三编

人格权制度

强化人格权保护　促进宪法全面实施*

宪法作为国家的根本大法，其全面实施是全面推进依法治国的关键。强化人格权保护，促进宪法全面实施，将宪法法律关于各项人权的保护性规定从纸面上的权利转变为现实生活中的权利，是制定和实施《民法典》人格权编的一项重要任务。

宪法的生命在于实施，维护宪法的权威也在于实施。习近平总书记指出："宪法与国家前途、人民命运息息相关。维护宪法权威，就是维护党和人民共同意志的权威。捍卫宪法尊严，就是捍卫党和人民共同意志的尊严。保证宪法实施，就是保证人民根本利益的实现。"①《民法典》第1条即开宗明义地强调"根据宪法，制定本法"。整个人格权编都是依据宪法的基本原则和价值确立的；同时，在《民法典》中独立成编的人格权编的制定以及实施，又是保障宪法贯彻实施的重要举措。

强化人格权保护是落实宪法尊重和保障人权原则的重要举措

《宪法》第33条第3款确认了"国家尊重和保障人权"的原则。2004年3月

* 原载于《上海法治报》2023年7月15日B7版。

① 《习近平在首都各界纪念现行宪法公布施行30周年大会上的讲话》，载《人民日报》2012年12月5日。

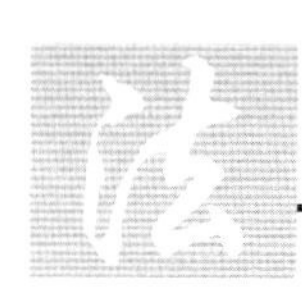

14 日的宪法修正案将“国家尊重和保障人权”写入宪法，成为核心的宪法原则，标志着中国人权事业进入一个新的发展时期，人权成为一项指导我国立法、司法和执法的最高宪法原则，对中国的法治建设起到重大的促进作用。习近平总书记强调，民法典“对坚持以人民为中心的发展思想、依法维护人民权益、推动我国人权事业发展”具有重要意义。“实现人民充分享有人权是人类社会的共同奋斗目标。人权保障没有最好，只有更好。”

当今世界，争取人权、尊重人权、保障人权、发展人权已经成为人类社会的共识，并成为当代法律关注的重点，对人的尊重和保护被提升到前所未有的高度。我国《民法典》充分反映这样的时代精神，全面彰显人文关怀。《民法典》作为保护民事权利的宣言书，坚持以人民为中心的理念，充分落实保护人民人身权、财产权、人格权的宪法精神，饱含爱民、护民、利民、惠民的情怀，强化人权保障、促进民生改善、推进民业兴旺、实现民风文明，成为充分关心人、爱护人、保障人的尊严的基础性法律。在各项人权中，人格权特别是生命健康权是排在第一位的人权，是最高的人权，隐私、个人信息等人格权益也是重要的人权，党的二十大报告指出要加强个人信息保护，充分回应了时代的需要。《民法典》人格权编全面维护民事主体所享有的各项人格权，维护人格尊严，构建了更加规范有效的权利保护机制，让每个人生活得更体面、更有尊严，有效落实了宪法关于尊重与保障人权的原则精神，更好推动了包括人格权在内的人权保障事业发展。

强化人格权保护是落实人身自由、人格尊严保护的重要路径

《宪法》第 37 条规定：“中华人民共和国公民的人身自由不受侵犯。任何公民，非经人民检察院批准或者决定或者人民法院决定，并由公安机关执行，不受逮捕。禁止非法拘禁和以其他方法非法剥夺或者限制公民的人身自由，禁止非法搜查公民的身体。”第 38 条规定：“中华人民共和国公民的人格尊严不受侵犯。禁止用任何方法对公民进行侮辱、诽谤和诬告陷害。”《宪法》第 37 条、第 38 条

关于人身自由、人格尊严保护的规定，既是我国《民法典》人格权编所规定的各项人格权的基本法依据，其本身也是人格权法的重要渊源。《民法典》第109条规定"自然人的人身自由、人格尊严受法律保护。"在总则编第五章关于民事权利的列举中，将人格权放到各项民事权利之首。单独设立人格权编，将之前法律中关于人格权的分散规定集中展现，对不够具体的加以具体化，对社会生活中亟须规范而没有规范的予以明确，还将法规、规章、司法解释已作规定并经实践检验行之有效的但尚未上升到法律的规则纳入，体现时代性和体系性。

在具体规则层面，人格权编列举了各项具体的人格权，拓展了既有人格权的保护范围，增加规定了新的人格权益类型，例如，在第990条第2款规定"自然人享有基于人身自由、人格尊严产生的其他人格权益"，实现了对人格权的兜底保护；同时，全面规定了各项人格权的权利内容、权利边界以及对应的行为人义务，加强了对人格权的预防和救济。综上，《民法典》人格权编无疑有助于我国进一步加强对人身自由和人格尊严的保护。

人格权编规则的可司法性可以解决宪法保障人权原则的司法适用问题

宪法的基本原则高度概括、抽象，必须借助人格权法使其具体化。在我国，宪法不具有可司法性，不能直接作为裁判依据，法官不能在具体的民事案件中直接援引宪法裁判民事案件，宪法规定的公民基本权利必须通过立法转化为具体民事权利，方能作为解决民事纠纷的裁判规范。2009年最高人民法院发布的《关于裁判文书引用法律法规等规范性法律文件的规定》第4条规定："民事裁判文书应当引用法律、法律解释或者司法解释。对于应当适用的行政法规、地方性法规或者自治条例和单行条例，可以直接引用。"从该条规定来看，最高人民法院认为宪法基本权利不能直接作为解决民事纠纷的裁判依据。当然，法官可以援引宪法作为说理的理由，2016年6月28日最高人民法院印发的《人民法院民事裁判文书制作规范》正文第七部分的"裁判依据"中明确规定："裁判文书不得引用宪法……作为裁判依据，但其体现的原则和精神可以在说理部分予以阐述。"

通过制定《民法典》人格权编和人格权编规则的可司法性，将宪法保障人权的原则和制度落地，就成为维护宪法根本法、最高法的重要机制。

人格权编为合宪性审查提供了必要的、具体化的规则基础

合宪性审查是维护法律体系统一性的重要保障。一个国家的法律体系必须建构在宪法的基础上，形成统一的合宪性法秩序，也是现代法治国家实施宪法、约束公权力、保障宪法实施的重要机制，且已经为许多国家的宪法实施经验所证实。合宪性审查是完善宪法实施监督机制的重要内容。党的十九大报告提出完善人大专门委员会设置，加强宪法实施和监督，推进合宪性审查工作，维护宪法权威。这就意味着全国人大及其常委会要切实履行监督宪法实施的职责，不能使宪法监督权闲置。2018 年 3 月，第十三届全国人大一次会议通过的宪法修正案，将全国人大法律委员会修改为宪法和法律委员会，合宪性审查在机构和职责安排上实现了突破，全国人大常委会法工委宪法室也正式成立，为常委会等履行宪法方面有关职责提供保障。虽然《民法典》本身也是合宪性审查的对象，合宪性审查的直接依据是宪法，但《民法典》人格权编以宪法为依据制定，是对宪法关于尊重和保障人权原则以及人身自由、人格尊严保护规定的具体化，人格权编的具体规定使得宪法关于公民基本权利的价值真正得到落实，使得宪法基本权利的内涵和外延更为明确，从而为宪法的合宪性审查提供了具体的标准。这就有助于防止任何超越宪法和法律的特权，防止公权力机关对个人的人格权及人身自由、人格尊严的侵害，真正把公权力关进“制度的笼子”，从而加强宪法实施和监督，维护宪法权威。

进入新时代，踏上新征程，我们要以习近平法治思想为指导，全面贯彻实施好《民法典》，强化人格权保护，促进宪法全面实施，谱写全面依法治国新篇章。

论人格权保护的全面性和方法的独特性*

——以《民法典》人格权编为分析对象

举世瞩目的《民法典》编纂在中国民事立法中具有里程碑式意义，在各项具体民事权利中，人格权得到系统的确认与保护也是我国《民法典》的最大亮点。我国《民法典》在博采传统大陆法系法典体系优点的基础上，创造性地将人格权作为独立一编进行规定，克服了传统大陆法系民法典“重物轻人”的体系缺陷。独立成编的人格权法自成体系，与物权法、合同法等并列，成为《民法典》的重要组成部分，与民法调整平等主体之间人身关系和财产关系相对应，形成了体系上的逻辑自洽。这一模式也开创了现代民法典的先河，为世界各国应对 21 世纪互联网、高科技时代共同面对的人格权保护问题提供了中国方案和中国经验。在独立成编的人格权编中，人格权保护的全面性和保护方法的独特性是其主要特色。本文拟对此进行阐述。

一、人格权保护的全面性

我国《民法典》将人格权独立成编的重要目的，就是为了全面强化对人格权

---

* 原载于《财经法学》2020 年第 4 期。

的保护，落实十九大关于强化人格权保护的精神，维护人格尊严。而强化对人格权的保护，也是实现人民群众美好幸福生活的重要内容。美国社会心理学家马斯洛提出了社会需求层次理论，他认为，在人们的物质生活需求得到保障之后，精神层面的需求也必然提升。我国社会发展的实践也证明了这一点，进入新时代以来，人民群众的物质生活条件得到了极大的改善，且不久将全面实现小康，在温饱问题基本解决之后，人们的精神需求更加强烈，人们不仅要吃得饱、穿得暖，还要求过上更加体面、更有尊严的生活。因此，为了实现人民群众对美好生活的向往，就必须要单设人格权编，全面确认和保护人格权。人格权编对人格权益的保护是十分全面、周延的，其特点主要表现在如下几个方面。

第一，全面确认了各项人格权。《民法典》首先在总则编的“民事权利”一章中，将人格权的保护置于各项民事权利之首，第 109 条确认了一般人格权，第 110 条确认了自然人享有的各项具体人格权，以及法人、非法人组织享有的名称权、名誉权和荣誉权，第 111 条规定了对个人信息的保护。《民法典》人格权编将总则编的规定进行了全面展开，第 990 条规定：“人格权是民事主体享有的生命权、身体权、健康权、姓名权、名称权、肖像权、名誉权、荣誉权、隐私权等权利。除前款规定的人格权外，自然人享有基于人身自由、人格尊严产生的其他人格权益。”这实际上是对总则编上述规定的具体展开。应当看到，人格权编第二章至第六章就是围绕着各项人格权而作出的规定，如果说人格权编构建了自身完整的体系，那么其总则是人格权编的一般规定，而分则是关于各项具体人格权的规则。尤其需要指出的是，我国《民法典》所规定的具体人格权类型其实并不完全限于上述几种，一些人格权实际上是包含在上述人格权的权能之中的。例如，《民法典》第 1011 条关于行动自由权的规定，是包括在第二章“生命权、身体权和健康权”之中的，但实际上，该项权利虽然与这三项权利存在联系，但也有区别，完全可以单独成为一项人格权。再如，《民法典》第 1029 条和第 1030 条规定了信用的保护规则，其将信用规定在名誉权中，作为经济名誉加以保护，但严格地说，信用权与名誉权存在差别，名誉权很难涵盖信用权，信用权可以单独作为一项权利存在。总之，我国《民法典》对人格权所列举的种类之多、内容

之全面，在古今中外的立法中都是前所未有的。

第二，保持了人格权益的开放性。人格权独立成编的一个重要原因，是实现人格权的法定化，并为人格权的行使和保护确立规则，但人格权是一个不断发展的开放体系，人们不可能完全预见人格权的未来发展趋势，并对人格权的类型进行周延列举，如果将人格权的保护范围限于法定的情形，则不仅不利于人格权的保护，反而会妨碍人格权的发展以及对新型人格利益的保护，因此，《民法典》对人格权保护范围的规定必须保持必要的开放，而我国《民法典》人格权编正是体现了人格权法定性和开放性的结合。一方面，《民法典》第 990 条第 1 款关于具体人格权的规定，在表述上就使用了“等权利”的表述，而第 990 条第 2 款对一般人格权作出了规定，实现了对人格权益的兜底保护，适应了新型人格利益保护的需要。为了进一步强化对新型人格利益的保护，《民法典》第 990 条第 2 款还专门使用了“其他人格权益”的表述，就是为了实现人格权益保护范围的开放性。另一方面，在人格权编分则中，各项具体人格权益的许多表述中其实都体现了这种开放性的精神。例如，《民法典》第 1002 条规定：“自然人享有生命权。自然人的生命安全和生命尊严受法律保护。任何组织或者个人不得侵害他人的生命权。”生命尊严的规则可以扩张到对人体胚胎、胎儿、遗体的保护，实际上就是增加了对新型人格利益的保护。再如，《民法典》第 1034 条对个人信息也采用了兜底性的开放式表述。

需要指出的是，《民法典》第 110 条规定实际上对《民法总则》第 110 条也作了适当的修改，《民法总则》第 110 条第 2 款关于法人、非法人组织的权利表述为“法人、非法人组织享有名称权、名誉权、荣誉权等权利”，但《民法典》第 110 条已经将“等权利”几个字删除，表明了法人、非法人组织所享有的人格权仅限于这三种，而不具有开放性。但自然人的人格权保持了开放性，从而更加突出《民法典》人格权编主要是对自然人人格权的保护。

第三，《民法典》适应互联网、高科技发展的需要，增加了新型人格利益的保护规则。我国《民法典》人格权编不仅保护各项具体人格权，而且保护人格利益，尤其是随着社会发展而出现的各种新型人格利益。我国《民法典》单设人格

权编，适应了高科技和信息社会发展的需要。21 世纪是高科技和信息爆炸的时代，现代科学技术具有价值中立性，科学技术是一把双刃剑：一方面，其给人类带来了巨大的福祉，对人们的生产和生活产生了极大的影响，甚至改变了人类社会的组织方式；另一方面，科学技术一旦被滥用，其可能反过来损害个人的生命健康、隐私以及个人信息等人格权益，从而损害人类的福祉。① 因此，需要保护各种新型人格权益。从《民法典》人格权编的规定来看，其适应时代发展需要、保护新型人格利益主要体现在如下几个方面。

一是人格权编的体系设计凸显了生命权、身体权、健康权在人格权体系中的优越地位。生命权除了包括生命安全外，还包括生命尊严。健康权的范围也已经从狭义上的身体健康或生理健康而发展为既包括生理健康也包括心理健康。②《民法典》人格权编不仅扩张了生命权、身体权、健康权的内涵，而且强化了对这些物质性人格权的保护。例如，《民法典》第 998 条规定："认定行为人承担侵害除生命权、身体权和健康权外的人格权的民事责任，应当考虑行为人和受害人的职业、影响范围、过错程度，以及行为的目的、方式、后果等因素。"依据本条规定，认定行为人侵害人格权时，需要考虑行为人和受害人的职业、影响范围等因素，但该规则并不适用于生命权、身体权、健康权等物质性人格权受到侵害的情形，这也体现了对生命权、身体权、健康权等物质性人格权的优先保护。

二是对姓名权、名称权的扩大保护。《民法典》第 1017 条规定："具有一定社会知名度，被他人使用足以造成公众混淆的笔名、艺名、网名、译名、字号、姓名和名称的简称等，参照适用姓名权和名称权保护的有关规定。"该条将具有一定社会知名度的笔名、艺名、网名、译名、字号、姓名和名称的简称等纳入保护范围，扩张了姓名权、名称权的保护范围。本条作出此规定的原因在于：一方面，这些符号与特定主体的身份存在直接关联，行为人冒用这些笔名、艺名以及

① 参见徐明：《大数据时代的隐私危机及其侵权法应对》，载《中国法学》2017 年第 1 期。

② 参见王利明主编：《人格权法新论》，吉林人民出版社 1994 年版，第 303 页。

网名等，将损害特定主体的公众形象，甚至损害个人的人格尊严。[①] 例如，行为人冒用他人笔名发布信息，足以产生身份混淆的，权利人有权依据姓名权的规则向行为人提出请求。正如王泽鉴先生所指出的，“凡在社会交易及生活上具有识别性功能的标志，均应纳入受‘姓名权’保护的范围”[②]。另一方面，某些笔名、艺名、网名具有一定的商业利用价值，对此类符号的权利人提供保护，也有利于防止不正当竞争行为，维护社会经济秩序。因此，扩张姓名权和名称权的保护范围，可以说是满足了实践的需要。

三是规定了声音的保护规则。随着计算机、人工智能算法和语音识别技术的发展，声音与个人身份的关联性越来越紧密，其利用方式也日益多样化，已经成为一种重要的人格利益。[③] 个人的声音利益值得保护，已经有比较法上的先例[④]，我国《民法典》第 1023 条第 2 款也规定，“对自然人声音的保护，参照适用肖像权保护的有关规定”，这就把声音视为一种新型的人格利益，从而能适应未来人格利益发展的需要。

四是确立了禁止以利用信息技术手段伪造等方式侵害他人肖像权的规则。从实践来看，深度伪造技术以换脸技术为典型，“AI 换脸”可以随意替换视频角色面部，出现了“只需一张照片，出演天下好戏”的情况。行为人伪造他人形象用于色情影片、广告宣传等，可能给受害人造成严重损害。对此，《民法典》第 1019 条第 1 款规定：“任何组织或者个人不得以丑化、污损，或者利用信息技术手段伪造等方式侵害他人的肖像权。未经肖像权人同意，不得制作、使用、公开肖像权人的肖像，但是法律另有规定的除外。”这就对禁止利用信息技术手段伪造他人肖像的规则作出了规定，适应了时代发展的需要。

五是明确将个人私人生活安宁规定在隐私权之中。为适应互联网、高科技发展的需要，《民法典》人格权编在我国立法上第一次规定了私人生活安宁受法律

---

① 参见崔建远：《姓名与商标：路径及方法论之检讨》，载《中外法学》2017 年第 2 期。

② 王泽鉴：《人格权法》，2012 年自版，第 139 页。

③ 参见杨立新、袁雪石：《论声音权的独立及其民法保护》，载《法商研究》2005 年第 4 期。

④ 例如，《秘鲁共和国新民法典》第 15 条第 1 款规定：“未取得本人明确授权的，不得利用其肖像和声音，或在本人已死亡时，只能按顺位经其配偶、卑血亲、尊血亲或兄弟姐妹同意，方可利用之。”

保护的规则，并通过反面列举的方式，对侵害私生活安宁的各种典型方式作出了规定。私人生活安宁是个人最重要的“福利性利益”，是“美好人生的基本条件”[①]，也是重要的民生事项。维护私人生活安宁，就是维护个人自由和精神生活的自治，为个人个性的充分发展提供空间，使个人能支配私生活领域的各项事务，孟德斯鸠将其视为个人自由的重要内容，政府因此负有确保个人享有此种安宁的义务。[②] 按照康德的观点，人是目的而非手段，但由于人具有“非社会性”的“动物本能”，这将驱使个人滥用其自由，干扰他人的安宁与幸福，这就需要通过法律构建秩序，以维护社会的和平与安宁。[③]《民法通则》《民法总则》等法律虽然规定了人格权，但不足以全面应对现实生活中的偷拍、偷录、垃圾短信、垃圾邮件、“人肉”搜索、非法泄露和倒卖个人信息等侵扰个人生活安宁的不法行为，为了解决这些问题，《民法典》人格权编以一般人格权的方式明确人格尊严受法律保护，对个人信息、私人生活安宁提供强有力的保护手段，并明文禁止非法进入、窥视、拍摄他人的住宅、宾馆房间等私密空间，非法拍摄、录制、公开、窥视、窃听他人的私密活动，非法拍摄、窥视他人身体的私密部位，同时明文规定预防和禁止性骚扰，等等，这些都有力地维护了人们的精神利益，有力地保障了社会生活的安定有序，有力地了维护个人的生活安宁。

六是扩展了个人信息的保护范围。《民法典》第 1034 条第 2 款采用了可识别性的标准，将个人信息规定为“以电子或者其他方式记录的能够单独或者与其他信息结合识别特定自然人的各种信息”。可识别性的标准不仅限于身份信息的判断，也同样适用于活动信息，从而扩展了个人信息的内涵。尤其是在该条中增加了身份识别信息、行踪信息、健康信息等，这也适应了互联网、高科技时代的需要，强化了对个人信息的保护。

七是《民法典》第 1001 条规定了人格权保护的规则可以参照适用于人身权的保护。《民法典》总则编和婚姻家庭编等有关身份权制度的部分主要规定的是

① 方乐坤：《安宁利益的类型和权利化》，载《法学评论》2018 年第 6 期。

② 参见方乐坤：《安宁利益的类型和权利化》，载《法学评论》2018 年第 6 期。

③ 参见陈乐民：《敬畏思想家》，生活·读书·新知三联书店 2014 年版，第 96 页。

身份权人所享有的权利和负担的义务，而并没有规定他人侵害身份权人权利时的救济规则。例如，《民法典》总则编规定了监护权人的权利义务等，但并没有规定第三人侵害监护权的责任。此时，允许参照适用人格权编的规则是十分必要的。例如，行为人侵害他人监护权，使被监护人脱离监护关系，受害人可以请求精神损害赔偿。允许身份权的保护参照适用人格权的规则，有利于弥补身份权立法规定的不足。

当然，《民法典》对人格权保护的全面性也要符合中国的国情，与中国的现实需要相结合，而不能过于超前，脱离中国实际情况，同时，在人格权保护中也要注重协调人格权保护与中国经济社会发展和公共利益维护之间的关系。例如，关于个人信息保护的问题，《民法典》并没有采用“个人信息权”的概念，而是使用了“个人信息保护”这一表述，根本的原因还是在于，立法者担心采用个人信息权的表述后，将赋予个人过大的控制其个人信息的权利，从而影响个人信息以及数据的共享、利用。从世界范围来看，收集、共享数据的方式日新月异，数据产业蓬勃发展，但这也使得个人信息保护与数据产业发展之间的冲突日益凸显。在我国现阶段，既要注重保护个人信息，也要兼顾数据产业发展的需要，鼓励数据的开发、利用和共享。例如，数据产业的发展在客观上需要数据共享，其中包含大量的个人信息，在数据共享中，要解决数据开发以及共享是否需要个人同意的问题。所以，《民法典》只是采用了“个人信息”的表述，而没有使用“个人信息权”这一概念，但不能因此忽视个人信息的保护，在个人信息保护规则实施的过程中，既要依法保护个人信息，也要保护数据产业的发展。

二、人格权保护方法的独特性

（一）保护方式的独特性

人格权独立成编的重要目的是规定人格权的独特保护方式，从而实现对人格权的全面保护。传统大陆法系民法主要通过恢复原状或损害赔偿的方式对人格权

进行救济，现代欧洲统一侵权法规则也只有损害赔偿和恢复原状两种救济方式。[①] 从我国《民法典》人格权编的规定来看，其专门规定了人格权的特殊保护方法，这些方法无法被侵权责任编的救济方式所涵盖，具体体现在以下几方面。

第一，确认了人格权请求权制度。所谓人格权请求权，是指民事主体在其人格权受到侵害、妨害或者有妨害之虞时，有权向加害人或者人民法院请求加害人停止侵害、排除妨碍、消除危险、恢复名誉、赔礼道歉，以恢复人格权的圆满状态。《民法典》第995条规定："……受害人的停止侵害、排除妨碍、消除危险、消除影响、恢复名誉、赔礼道歉请求权，不适用诉讼时效的规定。"该条就是对人格权请求权的规定。拉伦茨认为，人格权请求权的内容具有特殊性，即：在人格权有遭受侵害之虞时，实践中允许权利人请求消除危险；在侵害行为处于继续状态时，允许权利人请求停止侵害。[②] 人格权请求权与侵权损害赔偿请求权在是否要求行为人构成侵权、行为人是否具有过错、是否造成损害后果以及是否适用诉讼时效等方面，都存在明显的区别，因此，人格权请求权不能为侵权责任编的规则所替代。[③] 从《民法典》第995条规定来看，在人格权遭受侵害的情形下，权利人既可以主张人格权请求权，也可以主张侵权请求权，这就明确了人格权请求权与侵权请求权的适用关系。此外，该条还明确规定人格权请求权不适用诉讼时效，这就更加有利于权利人主张人格权请求权，更有利于人格权的保护。

第二，规定了侵害人格权的禁令制度。所谓侵害人格权的禁令，是指在人格权正在遭受侵害或者即将遭受侵害的情形下，如果不及时制止侵害行为，将导致损害后果迅速扩大或难以弥补，此时，权利人有权请求法院发布禁止令，以责令行为人停止相关侵权行为。《民法典》第997条规定："民事主体有证据证明行为人正在实施或者即将实施侵害其人格权的违法行为，不及时制止将使其合法权益受到难以弥补的损害的，有权依法向人民法院申请采取责令行为人停止有关行为

① 参见《欧洲侵权法基本原则》第六编"救济方式"，其中主要规定了"损害赔偿"和"恢复原状"两种救济方式。

② 参见［德］卡尔·拉伦茨：《德国民法通论》（上册），王晓晔等译，法律出版社2003年版，第169－170页。

③ 参见王利明：《论人格权请求权与侵权损害赔偿请求权的分离》，载《中国法学》2019年第1期。

的措施。”禁令旨在及时制止有关的侵害行为，即在人格权正在遭受侵害或者有遭受侵害之虞时，通过禁令临时制止行为人的侵害行为。[①] 禁令虽然不能终局性地明确当事人之间的权利义务关系，但也能够有效保护受害人的人格权益，有效防止损害的发生或者扩大。[②] 众所周知，在互联网时代，网络侵权层出不穷，网络暴力不断产生，这些不仅对自然人造成重大损害，甚至会给企业带来灭顶之灾。例如，一些竞争对手恶意污蔑其他企业的声誉和其产品的质量，一条谣言可能使其产品滞销，甚至蒙受巨大损害。如果按照诉讼程序，权利救济的时间将旷日持久，甚至是马拉松式的诉讼，等到最后官司终结，企业已经宣告破产了。如何及时制止、遏制这种行为？禁令制度就是最好的办法。这就是说，原告可以依据禁令规则向法院申请颁发禁令，对该信息采取紧急措施，如采取删除、屏蔽、断开链接等方法，当然，权利人在申请禁令时，应当提供担保，避免造成对方损害。在法院颁发禁令后，当事人可以在法院进行诉讼活动，确定权利义务关系，这可能是目前依法治网的最好措施。

第三，我国《民法典》人格权编多个条款规定了删除、更正等措施，并在特定情形下赋予受害人更正权、删除权等权利。《民法典》第1028条规定：“民事主体有证据证明报刊、网络等媒体报道的内容失实，侵害其名誉权的，有权请求该媒体及时采取更正或者删除等必要措施。”依据该条规定，在报刊、网络等媒体报道的内容失实、侵害他人名誉权时，权利人有权请求及时更正，或者及时删除。人格权编的多个条款都规定了更正、删除规则。[③] 删除、更正措施是保护人格权的独特方式，受害人在行使该项权利时，并不需要证明行为人具有过错，甚至不需要证明行为构成侵权，从而可以及时制止不法行为的发生，维护其人格权益。权利人在请求更正和删除时，既不需要通过诉讼的方式进行，也不需要证明自身损害以及行为人的过错，这就有利于强化对受害人的保护，预防损害后果的进一步扩大。

---

① 参见江伟、肖建国：《民事诉讼法》，中国人民大学出版社2008年版，第244页。

② 参见毕潇潇、房绍坤：《美国法上临时禁令的适用及借鉴》，载《苏州大学学报（哲学社会科学版）》2017年第2期。

③ 参见《民法典》第1028条、第1029条、第1031条、第1037条。

第四，细化了赔礼道歉的适用规则。我国《侵权责任法》虽然对“赔礼道歉”这一责任承担方式作出了规定，但如何适用这一责任形式，无论是《侵权责任法》，还是《民法典》侵权责任编，都没有细化规定，对此，《民法典》第1000条规定：“行为人因侵害人格权承担消除影响、恢复名誉、赔礼道歉等民事责任的，应当与行为的具体方式和造成的影响范围相当。行为人拒不承担前款规定的民事责任的，人民法院可以采取在报刊、网络等媒体上发布公告或者公布生效裁判文书等方式执行，产生的费用由行为人负担。”该条对赔礼道歉的具体适用规则作出了规定。赔礼道歉规则主要适用于名誉权等人格权遭受侵害的情形，因此，在《民法典》人格权编中对此种责任承担方式的具体适用作出细化规定是科学合理的。

（二）保护方式的多样性

我国《民法典》人格权编采用多种方式对人格权提供保护，首先表现在人格权编有效地协调了人格权编与侵权责任编的关系，从而实现对人格权的全面保护。人格权保护方式的多样性主要表现为，我国《民法典》人格权编不仅运用自身独特的方式保护人格权，而且运用侵权责任方式对人格权提供保护。《民法典》第995条规定：“人格权受到侵害的，受害人有权依照本法和其他法律的规定请求行为人承担民事责任。”此处所说的“本法”，实际上就是指《民法典》人格权编，此处所说的“其他法律”，就包括了《民法典》侵权责任编。由于侵权责任的主要形式是损害赔偿，在人格权遭受侵害之后，如果受害人遭受了精神损害或者财产损失，其可依据侵权责任编的规定主张损害赔偿。所以，该条实际上也是一个引致条款，将侵害人格权的救济规则引致到侵权责任编。在人格权遭受侵害的情形下，受害人之所以可以依据侵权责任编的规定主张权利，主要原因在于，一方面，人格权具有对世性，权利人之外的任何人都需要尊重权利人的权利，不得非法侵害。所谓对世性，是指人格权作为对世权，除权利人之外的其他人都负有不得非法侵害权利人人格权的义务。由于人格权可以禁止任何人实施侵害权利人权利的行为，所以人格权也被称为绝对权[①]，在人格权遭受侵害后，权利人有

① Otto von Gierke, Deutsches Privatrecht, Band I, Leipzig, 1895, S. 703.

权请求加害人承担停止侵害、排除妨碍、恢复名誉等民事责任。人格权的绝对性决定了人格权的排他性，这一点与物权、知识产权等绝对权无异，并像物权、知识产权一样受到侵权法的保护。另一方面，在人格权遭受侵害后，受害人遭受的常常是精神损害或财产损失，受害人在主张赔偿损失时，只能依据侵权责任编的规定提出请求。

在此需要讨论的是，人格权编规定引致条款，与侵权责任编相衔接，是否会导致法律规则的“双重适用”。首先，必须看到，在人格权遭受侵害或有遭受侵害之虞时，如果单独援引人格权编的规范能够实现对权利人的保护，则根本不需要双重适用。例如，在个人信息记载错误时，权利人有权主张对该错误信息进行更正，此时根本无须援引侵权责任编的规则，权利人也无须举证证明行为人的行为符合侵权责任的构成要件，而可以只援引《民法典》第 1037 条第 1 款的规定。人格权编中的一些规范都可以单独作为请求权基础，无须与侵权责任编相结合。[①] 但如果受害人提出了多项请求，就可能需要同时援引人格权编和侵权责任编的规则，此种援引本身也是法典化所要求的。民法的法典化实际上就是体系化，《民法典》的重要目的就是要形成完善的体系架构，为法官处理民事案件提供完备的规范体系。这就决定了，在《民法典》各编中会出现大量的引致条款，这些条款在最大程度上保证了立法的简洁。据粗略统计，《民法典》中有 49 个引致条文，引致条款的出现就意味着法官不能只援引一个条款，完全否定双重引用，否定引致条款的作用，将增加大量本不必要的规范，这就与实现法典体系化的目标相矛盾。还要看到，法典化的另一优势在于为法官裁判提供具有体系性的规范，任何一个民事案件的裁判，都需要从《民法典》规范中寻求裁判依据，进行体系性的思考，这种引导作用也正是法典化的优势。因此，在具体个案的裁判中，法官援用多个条款裁判是很常见的现象。还要看到，纵观整个《民法典》，其中包含大量的不完全规范，需要结合其他条款适用。这些不完全规范或说明，或限制，或引致，或解释，或推定，功能不一而足，绝非仅仅是“提示”。这些

① 参见王利明：《论人格权请求权与侵权损害赔偿请求权的分离》，载《中国法学》2019 年第 1 期。

不完全规范的性质就决定了其必须与其他规范共同适用。[①] 德国民法学者扬·沙普就认为，请求权基础规范和辅助性规范应当结合使用。因为在《德国民法典》中，请求权规范的数量远少于辅助性规范，在《德国民法典》的前三编中，只有大约 50～60 条请求权规范具有重要意义，大量的规范都属于请求权规范的辅助性规范，这些辅助性规范的数量是非常巨大的，包括补充构成要件的辅助性规范、补充法律效果的辅助性规范和反对规范（如抗辩权规范）。法官将大量的辅助性规范相互组合成所谓的请求权前提（Anspruchshypothese）。

（三）有效协调各种价值的冲突

人格权的保护与其他权益的保护不同，其常常需要平衡各种价值之间的冲突，因为人格权不同于财产权，与其他利益之间常常发生冲突。财产权虽然也可能与其他利益发生冲突，如财产权的行使可能与公共利益、生态环境保护的利益相冲突，但是相较于人格权而言，其可能性较小，即使发生冲突，其冲突的复杂程度也低于人格权。在人格权保护中，公共利益和个人利益时常会发生冲突。例如，医生向执法部门披露病人的健康情况，可能会违背其与患者之间的保密义务，如果披露的内容超过必要限度，也可能构成对患者隐私权的侵害。[②] 保护公共利益是对隐私权进行限制的合法理由，较为典型的公共利益包括预防犯罪、保护国家安全、维护公共健康、社会道德和福利等。[③]

从我国《民法典》人格权编的规定来看，其大量涉及对人格权与其他价值之间冲突的协调。例如：《民法典》第 999 条有效协调了人格权保护与新闻报道、舆论监督的关系；《民法典》第 1027 条第 2 款协调保护名誉权与鼓励创作自由的关系；《民法典》第 1020 条确定了肖像权保护和合理利用的平衡关系。此外，在隐私保护中，人格权编协调了个人隐私保护与维护公共利益之间的冲突；在个人

---

① 参见［德］扬·沙普：《请求权理论》，朱虎译，载《罗马法与现代民法》（第 9 卷），厦门大学出版社 2016 年版，第 121 页以下。

② See Neethling，JM Potgieter，PJ Visser，*Neethling's Law of Personality*，LexisNexis South Africa，2005，p. 245.

③ See Neethling，JM Potgieter，PJ Visser，*Neethling's Law of Personality*，LexisNexis South Africa，2005，pp. 243 - 244.

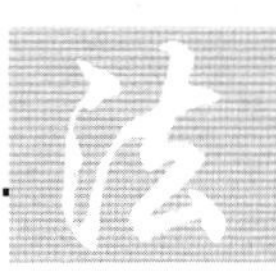

信息保护中，人格权编还妥当平衡了个人信息的保护与合理利用的关系。正是因为人格权与其他利益和价值之间存在冲突，这也决定了法官在具体个案中需要对各个因素进行综合考量。

（四）注重事前预防与事后救济的结合

21 世纪是科技和信息爆炸的时代，各种高科技的发明已经使得人类无处藏身，如何强化对隐私、个人信息等人格权益的保护，已经成为各国普遍面临的最严峻的挑战。[①] 在互联网时代，与传统社会的信息传播方式不同，网络信息的传播具有即时性，而且网络环境具有无边界性，受众具有无限性，这也使得网络环境对信息的传播具有一种无限放大效应，相关的信息一旦在网上发布，即可在瞬间实现全球范围的传播，相关的损害后果也将被无限放大，因此，更应当重视对人格权侵权行为的预防。尤其是在网络环境下，侵害人格权的损害后果往往具有不可逆性，损害一旦发生，将难以恢复原状，甚至造成难以估计的损害，这就需要强化对侵害人格权侵权行为的预防。有鉴于此，我国《民法典》人格权编在人格权的保护方面，高度注重预防和救济的有机结合。

在人格权遭受侵害时，侵权责任编侧重于事后救济，而人格权编则注重事先防范和事前预防，从而发挥损害预防功能，这也是人格权独立成编的重要价值。《民法典》人格权编在人格权保护方面注重兼顾预防和救济功能的具体体现为：

第一，《民法典》第 997 条规定了侵害人格权的禁令制度。从比较法上来看，禁令主要是为了及时制止不法行为，防止侵害人格权损害后果的发生或者扩大，从而及时救济权利人。[②] 我国《民法典》第 997 条对侵害人格权的禁令制度作出规定，强化了对侵害人格权行为的事先预防功能，为人格权请求权的行使提供了切实的程序保障。事实上，为强化对损害的预防，在《民法典》颁行前，我国司法实践中已经采用禁令制度保护人格权。例如，在“杨季康（笔名杨绛）诉中贸圣佳国际拍卖有限公司、李国强侵害著作权及隐私权纠纷案”中，行为人虽然尚

---

① 参见徐明：《大数据时代的隐私危机及其侵权法应对》，载《中国法学》2017 年第 1 期。

② See David Price, Korieh Duodu, *Defamation*, *Law*, *Procedure and Practice*, Sweet & Maxwell, 2004, p. 231.

未实施拍卖行为，但该行为一旦实施，将侵害权利人的隐私权，此时，权利人可以请求法院颁发禁令，责令行为人停止相关行为，以防止侵害隐私权行为的发生。①

第二，规定了有关主体的法定救助义务。我国相关特别法都规定了有关机关的法定救助义务。②《民法典》第1005条规定："自然人的生命权、身体权、健康权受到侵害或者处于其他危难情形的，负有法定救助义务的组织或者个人应当及时施救。"依据该条规定，在自然人的生命权、身体权、健康权遭受现实的危险时，负有法定救助义务的主体应当及时施救，该条规定的目的在于强化对个人生命权、身体权、健康权的保护，该条既是为了预防损害的发生，也是为了防止损害的进一步扩大。

第三，明确了有关主体防止性骚扰的义务。《民法典》第1010条规定："违背他人意愿，以言语、文字、图像、肢体行为等方式对他人实施性骚扰的，受害人有权依法请求行为人承担民事责任。机关、企业、学校等单位应当采取合理的预防、受理投诉、调查处置等措施，防止和制止利用职权、从属关系等实施性骚扰。"依据该条规定，机关、企业、学校等单位应当采取合理的措施，预防性骚扰行为的发生。人格权编对有关主体防止性骚扰的义务作出规定，有利于预防和减少性骚扰行为的发生，其根本上也是为了实现对侵害人格权行为的事先预防。

三、人格权保护的全面性和方法独特性的关系

我国《民法典》单设人格权编，有效协调了人格权保护的全面性与保护方法独特性之间的关系，表明人格权的核心价值在于维护个人的人格尊严，强化人格

① 参见李恩树：《钱钟书书信案引出新民诉法首例诉前禁令》，载《法制日报》2014年2月26日，第5版。

② 参见《人民警察法》第21条、《执业医师法》第24条。

权保护既是现代民法的重要价值目标，也是我国《民法典》编纂的基本目标之一。[①]

从我国《民法典》人格权编的规定来看，其一方面实现了人格权保护范围的全面性，另一方面又规定了人格权保护的独特方法，二者从不同角度揭示了我国《民法典》人格权编在人格权保护方面的特色。事实上，人格权保护的全面性与保护方法的独特性之间存在一定的关联，一方面，人格权保护的全面性在客观上要求采用多种方式保护人格权，而不能完全通过侵权法规则对其进行保护。另一方面，人格权保护方式的特殊性也顺应了人格权保护的全面性，即随着人格权保护范围的扩张，新型人格权益将不断出现，人格权益的类型不同，其保护方式也存在一定的差异，因此，《民法典》人格权编规定多种保护方式，并随着人格权保护的需要而不断丰富保护方法，也在一定程度上顺应了人格权保护全面性的特点。从域外法的做法来看，人格权主要受侵权法保护，各国民法典并没有通过独立的人格权编规定各种特殊的人格权保护方式。事实上，在人格权益保护范围不断扩张的情形下，有必要根据不同人格利益保护的特点而采用不同的保护方式，如果忽视人格权保护方式的特殊性，而一概采用侵权损害赔偿规则保护人格权，不仅不能充分保护人格权，反而会削弱对人格权的保护，主要理由在于：

一方面，人格权保护方法独特性决定了其可适用于未构成侵权的情形。如前所述，人格权具有积极效力和消极效力两个方面。积极效力是指权利人有权支配、控制以及依法利用其人格利益。与其他的绝对权一样，人格权也具有积极行使的权能。消极效力是指在人格权遭受侵害或者有遭受侵害之虞时，权利人享有的保护其权利的权能。当人格权受到侵害或者有受侵害之虞时，权利人有权主张人格权请求权。例如，在权利人的姓名变更请求权被无理拒绝或者征信机构记载

① 沈春耀同志在《关于〈民法典各分编（草案）〉的说明》中指出："全国人大常委会法工委研究认为，人格权是民事主体对其特定的人格利益享有的权利，关系到每个人的人格尊严，是民事主体最基本、最重要的权利。保护人格权、维护人格尊严，是我国法治建设的重要任务。"徐隽：《民法典分编草案首次提请审议》，载《人民日报》2018 年 8 月 28 日，第 6 版。

的个人信用记录有误等情形下，只要权利人的权利行使有障碍，即便行为人的行为并不构成侵权，权利人也可以主张人格权请求权，以恢复权利人对其人格利益的圆满支配状态。

另一方面，人格权保护方法独特性具有维持人格权圆满支配状态的功能，这也决定了其更有利于预防人格权侵权的发生，并防止损害后果的扩大。在财产权遭受侵害的情形下，大多可以通过金钱赔偿的方式对权利人提供救济，侵权损害赔偿的主要功能在于填补受害人的损害。而在人格权遭受侵害的情形下，损害后果往往具有不可逆性，例如，隐私一旦公开，就难以恢复私密状态。因此，在人格权侵权中，更应当注重对损害的预防，即注重运用停止侵害、恢复名誉、消除影响等预防性的责任形式为权利人提供救济。人格权请求权的功能在于维持权利人对其人格利益的圆满支配状态，只要行为人的行为不当妨害了权利人对其人格利益的圆满支配状态，即便该行为不构成侵权，权利人也可以主张人格权请求权。例如，在信息控制者所收集、公开的个人信息不准确的情形下，权利人有权请求信息控制者及时更正、删除，而并不需要证明信息控制者的行为构成侵权，这就更有利于防止损害的发生，并制止损害后果的扩大。如前所述，我国《民法典》人格权编注重采用多种方式保护人格权，尤其重视对侵害人格权损害后果的预防。人格权制度处于发展变化之中，随着经济社会发展，人格权的类型在不断丰富，由于人格权请求权与人格权具有不可分性，人格权的发展也必然导致人格权请求权的发展，因此，将人格权请求权与侵权损害赔偿请求权分离，能够更好地适应人格权制度的发展趋势，更好地解决人格权保护的新问题。

四、结语

《民法典》是中华人民共和国成立后第一部以法典命名的法律，开创了我国法典编纂立法的先河，具有里程碑意义。“天下之事，不难于立法，而难于法之必行。”[①]《民法典》的生命力在于实施，习近平总书记强调：“必须让民法典走

① （明）张居正：《请稽查章奏随事考成以修实政疏》。

到群众身边、走进群众心里。”[①]《民法典》要真正贯彻实施，必须要依靠全社会广泛宣传《民法典》，使其走进人民群众的生活，进一步增强全社会的民法意识，为其实施营造良好的社会环境。只有学习好、实践好这部法典，才能不断推进全面依法治国，坚持和完善中国特色社会主义制度、推进国家治理体系和治理能力现代化。

① 习近平：《充分认识颁布实施民法典重大意义 依法更好保障人民合法权益》，http://www.xinhuanet.com/politics/leaders/2020-05/29/c_1126051645.htm，2020年6月2日访问。

《个人信息保护法》的亮点与创新*

《个人信息保护法》是我国第一部全面保护个人信息的专门性、综合性法律。该法以保护个人信息权益、规范个人信息处理活动、促进个人信息合理利用等立法目的为中心，分别就个人信息处理规则、个人信息跨境提供规则、个人在个人信息处理活动中的权利、个人信息处理者的义务、履行个人信息保护职责的部门以及法律责任等，作出了系统完备、科学严谨的规定。该法在性质上属于"领域法"（field of law）的范畴，也就是说，其既涉及私法规范，也涉及公法规范。就私法而言，其作为《民法典》的特别法，与《民法典》关于个人信息保护的规则相结合，共同构成了完整的个人信息保护规则体系。[①]《个人信息保护法》在总结《民法典》等的立法经验基础上，借鉴了欧盟《一般数据保护条例》（以下简称 GDPR）等比较法的经验，形成了诸多的亮点和创新之处。本文拟对此谈一点粗浅的看法。

---

* 原载于《重庆邮电大学学报（社会科学版）》2021 年第 6 期。

① 参见郑维炜：《个人信息权的权利属性、法理基础与保护路径》，载《法制与社会发展》2020 年第 6 期，第 136 页。

一、进一步扩张了个人信息的保护范围

在互联网高科技大数据时代，各国法律对个人信息的规范都面临着如何有效平衡权利保护和有效利用的关系，实现法律的公平正义与效率价值相统一的问题。[①] 我国《民法典》对个人信息实际上是采取了保护与利用并重的立场[②]，而《个人信息保护法》第1条就明确规定了该法的立法目的旨在保护个人信息与促进个人信息合理利用。可见，该法与《民法典》在对个人信息保护的立法宗旨上是一致的，但在保护个人信息方面又进一步扩张了个人信息的范围，强化了对个人信息的保护。

第一，《个人信息保护法》对个人信息的界定采取了“识别＋相关说”。《民法典》第1034条第2款对个人信息的定义囿于“识别说”，并区分为“直接识别”与“间接识别”；而《个人信息保护法》第4条第1款采取的是“识别＋相关说”，所作区分则是“已识别”与“可识别”的信息。一般认为，其在范围上更为宽泛。[③]《个人信息保护法》第4条规定，个人信息是以电子或者其他方式记录的与已识别或者可识别的自然人有关的各种信息，不包括匿名化处理后的信息。根据该条的规定，个人信息包括两类：一类是“已识别”特定自然人的信息，即根据一定的信息，特定自然人已经被识别出来了；另一类是“可识别”特定自然人的信息，即“identifiable”，它是指根据一定的信息，特定自然人的身份虽然还没有被识别出来，但是可以通过某种方式加以识别，至于是采取直接识别还是间接识别，则无关紧要。[④]

在界定个人信息的范围时，《个人信息保护法》之所以采取“识别＋相关说”的标准，是因为识别说保护的范围虽然并不狭窄，但可能将一些不能直接识别特

---

① 参见龙卫球主编：《中华人民共和国个人信息保护法释义》，中国法制出版社2021年版，第5页。

② 参见张新宝：《论个人信息权益的构造》，载《中外法学》2021年第5期，第1146页。

③ 参见程啸：《个人信息保护法理解与适用》，中国法制出版社2021年版，第57页。

④ 参见程啸：《个人信息保护法理解与适用》，中国法制出版社2021年版，第63页。

定个人的信息碎片包括其中。[①] 可见，《个人信息保护法》第4条的规定实质上最大限度地扩张了个人信息的边界，从而尽可能地扩张《个人信息保护法》以及《民法典》等有关个人信息保护的规定的适用范围。例如，在很多情形下，网络服务提供者处理的信息往往不包含个人的姓名、电话与地址，仅是用户的IP地址、MAC地址、IMEI码、浏览记录、消费记录、行踪信息以及种种行为信息，仅凭这些信息可能无法识别特定自然人，但是这些信息可以结合其他信息，以某种方式识别出特定个人，因此依“识别＋相关说”，也应当被纳入个人信息的范围，从而将网络服务提供者的个性化推送等处理行为纳入《个人信息保护法》等法律法规的规制范围。

当然，《个人信息保护法》明确规定对于个人或者家庭事务处理个人信息的，不适用本法。例如，夫妻之间互相告知有关家庭的存款账务、存款记录等信息时，不适用《个人信息保护法》的规定。

第二，《个人信息保护法》区分了匿名化信息与去标识化信息。第4条还明确指出，经过匿名化处理后的信息，不被归类为其所定义的个人信息。许多学者认为“匿名化”本身不能解决所有的个人信息风险[②]，任何匿名化技术都无法完全避免“去匿名化”的风险。[③]《个人信息保护法》第73条第4项规定，该法所称的匿名化，是指“个人信息经过处理无法识别特定自然人且不能复原的过程”。因此，经过处理无法识别特定自然人是匿名化的核心要素。《个人信息保护法》第73条第3项第一次引入了“去标识化”的概念，即个人信息经过处理，使其在不借助额外信息的情况下无法识别特定自然人，可见，去标识化信息也属于可识别的个人信息。[④] 例如，当信息主体在网上购物过程中留下家庭住址或者手机

① 欧盟《一般数据保护条例》导言第26条：“需要考虑所有可能使用的手段，比如利用控制者或其他人来直接或间接地确认自然人的身份。为判断所使用的手段是否可能用于识别自然人，需要考虑所有客观因素，包括对身份进行确认需要花费的金钱和实践，考虑现有处理技术以及科技发展。”

② 参见吕炳斌：《个人信息保护的同意困境及其出路》，载《法商研究》2021年第2期，第94页。

③ Alexander Dix，Datenschutz im Zeitalter von Big Data：wie steht es um den Schutz der Privatsphäre? Stadtforschung und Statistik，Zeitschrift des Verbandes Deutscher Städtestatistiker，Vol. 29，No. 1，2016，p. 61.

④ 参见龙卫球主编：《中华人民共和国个人信息保护法释义》，中国法制出版社2021年版，第2页。

号码时，这些信息就是标识化的个人信息。如果经过信息处理删除家庭住址、手机号码等信息，购物记录本身就是去标识化的信息，但是这些信息与家庭住址、手机号码等重新结合后，仍然可以识别出信息主体，因此其依然属于个人信息。当然，即便是采纳“识别＋相关说”，如果将某一信息与其他信息相结合，不能识别出特定自然人，则这些信息不属于个人信息的范围。①

第三，《个人信息保护法》全面规范了个人信息处理活动。在《民法典》列举的个人信息的收集、存储、使用、加工、传输、提供、公开等处理活动类型的基础上，《个人信息保护法》第4条新增了“删除”这一处理个人信息的行为类型。此外，《个人信息保护法》对个人信息处理行为的规制是灵活、动态而全面的，在处理技术的维度上，从传统的手工处理个人信息方式到现代的自动化电子网络科技处理方式，都纳入该法的适用范围；在处理形式的维度上，包括删除、跨境提供等个人信息处理行为都要受到《个人信息保护法》的调整。②

第四，《个人信息保护法》的适用范围较为宽泛，既包括国家机关的个人信息处理行为，也包括法律法规授权的具有管理公共事务职能的组织抑或作为营利法人的公司企业的个人信息处理行为，还包括非法人组织以及自然人实施的个人信息处理活动，在法律没有特别规定的情形下，都适用《个人信息保护法》。

二、构建了以“告知—同意”为核心的个人信息处理规则

我国《个人信息保护法》第1条明确规定了其立法目的是“规范个人信息处理活动”。该法始终以“告知同意”为核心构建个人信息的处理规则，并对告知、同意规则作出了详细规定。严格地说，法律之所以保护个人信息，其目的是保护信息主体对个人信息的自主决定③，“数据保护是基于信息自决权的基本权利。

① 参见程啸：《个人信息保护法理解与适用》，中国法制出版社2021年版，第64页。

② 参见程啸：《论我国个人信息保护法中的个人信息处理规则》，载《清华法学》2021年第3期，第59页。

③ 参见杨合庆：《论个人信息保护法十大亮点》，载《法治日报》2021年8月22日。

除此之外，一个人有权知道何人、何时以及在何种基础上处理他们的哪些数据”①。这就决定了，信息处理者处理个人信息时，原则上应当经过信息主体的同意方可实施。《个人信息保护法》在《民法典》的基础上，进一步完善了“告知同意”在实际操作层面的具体规则。

（一）进一步完善了信息处理者处理个人信息的合法性事由

个人信息处理活动在客观上就是对个人信息权益的侵入或影响，如果没有合法根据，该处理活动就属于侵害个人信息权益的行为，构成违法行为。个人信息处理的合法根据有以下两大类。

第一，告知并取得个人的同意，《民法典》第 1035 条与第 1036 条都规定了告知同意规则，《个人信息保护法》第 14 至 18 条对“告知同意”规则设置了更具操作性的具体要求。一是为“告知”设定了方式显著、语言清晰易懂、真实、准确、完整的要求与标准。二是为“同意”设定了充分知情的前提与自愿、明确、遵从法律要求的形式等要求与标准。三是在基于个人同意处理个人信息的情形中，如果个人信息的处理目的、处理方式和处理的个人信息种类以及保存期限等发生变更的，应当重新取得个人同意。四是为保护信息主体的真实、合理意愿提供了撤回等权益。五是规定个人信息处理者不得以信息主体的“同意”为产品或服务的对价或前提。例如，手机 App 服务提供者不得在隐私条款中规定“如不提供相关信息就不得使用”等捆绑条款。六是个人信息处理者的处理行为即使有紧急情况作为合法事由的，也应该在紧急情况消除后及时告知信息主体。

第二，法定理由，即法律、行政法规规定的情形或理由，此时无须个人的同意即可处理个人信息。关于法定理由的规定可以说是“告知同意”规则的例外。《个人信息保护法》第 13 条第 1 款第 2 项至第 7 项明确规定了六类无须取得个人同意即可处理个人信息的情形。该条是在《民法典》第 1036 条关于“个人信息处理行为的免责事由”规定的基础上，针对更具体、现实的个人信息利用与保护

① Pärli K. Datenaustausch und Datenschutz in der Interinstitutionellen Zusammenarbeit（IIZ）（Data Exchange and Data Protection in Interinstitutional Cooperation（IIC））. Sozialpolitik，2013（6）：310.

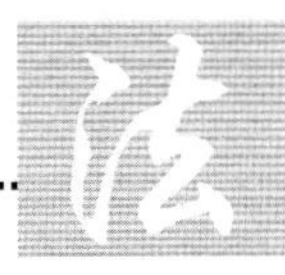

的实践需求，以非限定性列举“个人信息处理的合法事由”的形式进一步完善了信息处理者处理个人信息的合法性基础。具体而言，一方面，《民法典》采取的是责任豁免的进路，而《个人信息保护法》采取的是合法处理事由的进路，更重视信息处理行为本身的合理性、合法性与必要性；另一方面，《民法典》对免责事由的具体列举与《个人信息保护法》对合法处理事由的列举相比，更为概括、更加抽象，并对处理行为都作出“合理”的要求，而后者的规定更加具体，能够更直接地适用于个人信息保护的社会实践。

（二）进一步完善了个人信息的处理规则

第一，《个人信息保护法》第5条在《民法典》的基础上，进一步增加了“诚信原则”。之所以明确增加诚信原则，是因为在实践中，有一些App开发商以提供产品诱导信息主体同意对其个人信息进行处理。还有部分网贷平台在提供借款时，不仅要求借款人提供自己的个人信息，还要求提供其亲朋好友的个人信息，否则不予放贷。因此，《个人信息保护法》第5条确立诚信原则，禁止以误导、欺诈、胁迫等方式处理个人信息，以保障“告知同意”规则的实现。

第二，《个人信息保护法》第6条规定了合目的性原则和比例原则。合目的性原则又称为目的限制原则，目的限制原则被称为个人信息保护的“帝王条款”。目的限制原则是个人资料处理的基石。GDPR第5（1）条要求收集个人数据的目的必须明确和合法，不得以与这些目的不兼容的方式进一步处理。[①] 目的限制原则要求：一是目的必须特定、明确，并且应当向信息主体告知处理目的。二是个人信息的处理应当与特定目的直接相关，尤其是在处理敏感个人信息的时候，必须以特定目的与充分必要性为前提。三是对个人信息的处理应当符合目的限制原则的要求，特别是对敏感个人信息的处理，必须具有“特定的目的”。为了符合处理目的，应在最小范围内处理个人信息。信息处理者在收集个人信息时，应

① Iglezakis I，Trokanas T，Kiortsi P，“Big Health and Genetic Data：Opportunites，Risks，and Legal Conundrume Regarding Application of GDPR”，*Journal of Internet Law*，Vol. 24，No. 10，（2021）pp. 18－23.

当在满足处理目的的情况下，在最小范围内收集个人信息，这也被称为最小化原则（minimisation principle）。[①]

第三，《个人信息保护法》新增加了公开、透明原则。确立这一原则的目的，是为了进一步保护信息主体的知情决定权。该原则借鉴了 GDPR 的立法经验，即要求信息处理者采取公开、透明的方式，避免暗箱操作。公开、透明原则的具体要求为：一是信息处理者应当公开个人信息的处理规则（第 7 条），例如自然人在使用各种 App 时，应当被告知该 App 处理个人信息隐私的规则。二是信息处理者在处理个人信息时，应当清晰明确地向信息主体告知处理的目的、方式和范围等事项（第 7 条）。例如，收集信息主体的健康隐私时，应当告知具体用于何种目的。三是自动化决策应该公开透明，避免因算法黑箱导致的算法歧视、大数据杀熟等现象（第 24 条）。四是在公共场所安装图像采集、个人身份识别设备时，应当遵守国家有关规定，并设置显著的提示标识（第 26 条）。五是一旦发生或者可能发生个人信息的泄露、丢失等安全隐患时，信息处理者应当及时通知信息主体（第 57 条）。

第四，《个人信息保护法》新增加了保障质量原则。该法第 8 条借鉴了 GDPR 第 5 条第 1 款（d）项关于“准确性”的规定，即个人信息处理者应当保障其处理的个人信息的质量，避免因处理个人信息不准确、不完整而对个人信息权益造成不利影响。欧洲一些法院的判例也要求所收集的数据必须是相关的、准确的和最新的（relevant，accurate and up to date）。[②] 在实践中，征信行业经常发生由于信息错误或者不完整而给信息主体造成不利影响的现象。所以，《个人信息保护法》要求信息处理者对自己处理的个人信息的质量负责。除此之外，一旦个人信息的质量出现瑕疵，《个人信息保护法》还赋予信息主体请求更正、删除的权利。

---

① Iglezakis I，Trokanas T，Kiortsi P，“Big Health and Genetic Data：Opportunites，Risks，and Legal Conundrume Regarding Application of GDPR”，*Journal of Internet Law*，Vol. 24，No. 10，(2021) p. 19.

② Friesen J，“The Impossible Right to Be Forgotten”，*Rutgers Computer & Technology Law Journal*，2020 (1)：179.

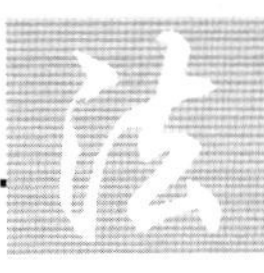

三、全面规范对个人信息的自动化决策

所谓自动化决策，是指通过计算机程序自动分析、评估个人的行为习惯、兴趣爱好或者经济、健康、信用状况等，并进行决策的活动（《个人信息保护法》第 73 条第 2 项）。自动化决策是建立在大数据、机器学习、人工智能和算法等基础之上，通过大数据技术对海量用户进行持续追踪和信息采集，然后遵循特定的规则处理所收集的个人信息，或通过机器学习对用户进行数字画像和相应的决策。在大数据与人工智能时代，自动化决策作为一种富有效率的信息处理方法已经得到了广泛运用。[①]《个人信息保护法》第 24 条对自动化决策作出了全面规范，有利于更加全面地保护个人信息，因为在信息时代，各行各业对个人信息的处理，很多是通过自动化方式实施的。在自动化的个人信息处理活动中，个人信息权益尤其容易遭受不利影响。例如，在实践中，有一些企业通过自动化程序的方式筛选简历，通过计算机设定简单的筛选条件，导致一些应聘者虽然十分优秀，但却没有机会获得进一步的面试机会。再如，由于自动化决策的算法不公开，信息主体很容易受到算法歧视。

（一）保证决策的透明度和决策的结果公平、公正

《个人信息保护法》第 24 条第 1 款规定了个人信息处理者利用个人信息进行自动化决策的基本要求，即应当保证决策的透明度和结果公正、公平。一方面，自动化决策是信息处理者采取一定的算法和系统处理信息主体的个人信息，并向信息主体提供产品或服务，但是，信息主体往往对这些算法和系统难以知悉。自动化决策可能带来算法黑箱，侵害信息主体的知情权和自主决策，威胁个人的隐私和自由，并可能导致歧视和偏见。所以自动化决策带来的最大挑战，就是算法的不透明性。[②] 因此，《个人信息保护法》第 24 条第 3 款规定，只要自动化决策方式对个人权益有重大影响的，个人有权要求信息处理者予以说明，信息处理者

---

① 参见孙建丽：《算法自动化决策风险的法律规制研究》，载《法治研究》2019 年第 4 期，第 108 页。

② 参见丁晓东：《论算法的法律规制》，载《中国社会科学》2020 年第 12 期。

有义务说明决策方式等情况。另一方面，自动化决策容易导致算法歧视，如人脸识别系统中的算法，如果数据采样、分析限于某一人种的话，容易歧视其他人种，导致处理的结果不公平、不公正。① 因此，个人信息处理者利用个人信息进行自动化决策，应当保证结果的公平、公正，不得对个人在价格等交易条件上实行不合理的差别待遇。

（二）信息主体享有要求信息处理者作出说明的权利

《个人信息保护法》第 24 条第 3 款赋予了信息主体要求信息处理者予以说明的权利，即通过自动化决策方式作出对个人权益有重大影响的决定，个人有权要求个人信息处理者予以说明，这也是保证决策的透明度这一基本要求在自动化决策中的具体表现。

通过自动化决策进行信息推送和扩大商业影响，是信息时代的市场广泛采用的商业模式，此种商业模式给消费者带来了便利、快捷以及个性化服务的需求，但也容易造成价格歧视、信息茧房的后果，或会造成对消费者的歧视。在实践中，有一些电商平台提供竞价排名服务，以广告商支付价格的多少来决定向消费者进行推荐的优先顺序，容易侵害消费者的知情权。② 因此，赋予信息主体要求处理者对自动化决策进行说明的权利，有利于保障个人的知情权。

（三）信息主体享有拒绝权

一方面，《个人信息保护法》第 24 条第 2 款规定，信息处理者在通过自动化决策进行信息推送、商业营销的同时，应当提供不针对个人特征的选项，并且允许个人以便捷的方式拒绝自动化决策。这一条款实质上赋予了个人对自动化决策的拒绝权。换言之，《个人信息保护法》要求同时提供不针对其个人特征的选项，或者向个人提供便捷的拒绝方式，实际上就是不进行个性化推荐。所谓“便捷的拒绝方式”是指，信息处理者应当向信息主体提供便捷的拒绝自动化处理的渠道。例如，有些电商平台根据消费者的消费记录和习惯，进行相应的产品推荐，此时，根据《个人信息保护法》第 24 条第 2 款的规定，这些电商平台应当提供

① 参见丁晓东：《论算法的法律规制》，载《中国社会科学》2020 年第 12 期。

② 参见程啸：《个人信息保护法理解与适用》，中国法制出版社 2021 年版，第 230 页。

“便捷的拒绝方式”，例如向消费者提供“一键切换”至不包含个性化推送的界面，通过此种简单便捷的操作，可防止自动化决策对消费者个人信息权益的侵害。

另一方面，《个人信息保护法》第 24 条第 3 款规定，个人有权拒绝个人信息处理者仅通过自动化决策的方式作出决定。这一规定来自 GDPR 第 22 条，该条第 3 款规定：在第 2 款所规定的（a）和（c）项的情形中，数据控制者应当采取适当措施保障数据主体的权利、自由、正当利益，以及数据主体对控制者进行人工干涉，以便表达其观点和对决策进行异议的基本权利。《个人信息保护法》第 24 条第 3 款借鉴了 GDPR 的经验。

（四）禁止大数据“杀熟”，规范自动化决策

《个人信息保护法》第 24 条实际上包含对大数据“杀熟”的规制。大数据“杀熟”是指同样的商品或服务，老客户看到的价格反而比新客户要贵出许多的现象。有一些企业通过掌握消费者的经济状况、消费习惯、对价格的敏感程度等信息，对消费者在交易价格等方面实行歧视性的差别待遇，误导、欺诈消费者，其中，最典型的就是社会反映突出的大数据“杀熟”。例如，在大型网络平台上购物时，只要留下消费记录和消费习惯，这些平台据此推荐的产品价格可能会比向第三人推荐的同一产品的价格更贵。大数据“杀熟”行为违反了诚实信用原则，侵犯了消费者权益保护法规定的消费者享有公平交易条件的权利[①]，也侵害了消费者知情权和公平交易权，其不仅是一种价格歧视行为，而且是一种价格欺诈行为。[②] 因此，《个人信息保护法》第 24 条第 1 款明确规定，自动化决策“应当保证决策的透明度和结果公平、公正，不得对个人在交易价格等交易条件上实行不合理的差别待遇”。

四、严格保护敏感个人信息

所谓敏感个人信息，是指与个人的人格尊严和人身财产安全有密切关联的个

① 参见杨合庆：《论个人信息保护法十大亮点》，载《法治日报》2021 年 8 月 22 日。

② 参见刘佳明：《大数据“杀熟”的定性及其法律规制》，载《湖南农业大学学报（社会科学版）》2020 年第 1 期，第 56－61 页。

人信息。在我国《民法典》第 1034 条第 2 款列举了健康信息等若干敏感个人信息，但是并没有对敏感个人信息的概念、处理等作出规定。《个人信息保护法》设专节规定了敏感个人信息的处理规则，依据该法第 28 条的规定，敏感个人信息的确定主要根据如下三个标准。

一是人格尊严标准。敏感个人信息与人格尊严的保护具有密切联系，此类信息一旦被泄露或者非法使用，就极易导致信息主体的人格尊严受到侵害。由于敏感个人信息对于维护自然人的人身财产安全与人格尊严极为重要，故对于敏感个人信息的不当处理，会损害自然人人格尊严，尤其会导致对自然人的歧视。[①] 例如，人体基因的泄露会造成个人在就业、保险等社会活动中遭受各种不公正的歧视。[②] 因此，严格保护敏感个人信息，有利于维护人格尊严。在我国《宪法》第 38 条规定了维护人格尊严的原则，《个人信息保护法》第 1 条就规定了“根据宪法，制定本法”，这实际上就是要将《宪法》的原则通过《个人信息保护法》予以具体化，通过对个人信息的保护实现其立法宗旨。

二是人身、财产安全标准。法律保护个人信息，包括敏感个人信息，主要在于保护个人信息所包含的人格利益而非财产利益，但敏感个人信息的泄露或非法使用不仅会损害个人的人格尊严，而且可能导致个人的人身、财产安全遭受侵害。因此，基于对人身财产安全的保护目的，也应当严格保护敏感个人信息。例如，非法泄露他人的银行账户，可能严重威胁个人的财产安全，因而，银行账户信息应当纳入敏感个人信息的范畴。在实践中，金融账户等信息的泄露，导致各种电信诈骗活动不断产生，给人民群众造成巨大的财产损失。[③]

三是未成年人标准。鉴于未成年人的信息一旦泄露，可能会被不法行为人利用，从事对未成年人实施侵害或对家长进行诈骗等不法行为，严重侵害未成年人的合法权益。因此，《个人信息保护法》将不满 14 周岁的未成年人的个人信息一概作为敏感个人信息，这就强化了对未成年人个人信息的保护。[④]

---

① 参见龙卫球：《中华人民共和国个人信息保护法释义》，中国法制出版社 2021 年版。

② 参见田野、张晨辉：《论敏感个人信息的法律保护》，载《河南社会科学》2019 年第 7 期，第 44 页。

③ 参见程啸：《个人信息保护法理解与适用》，中国法制出版社 2021 年版，第 259 页。

④ 参见龙卫球：《中华人民共和国个人信息保护法释义》，中国法制出版社 2021 年版，第 6 页。

根据《个人信息保护法》第 28 条第 2 款的规定，只有在具有特定的目的和充分的必要性，并采取严格保护措施的情形下，个人信息处理者才能处理敏感个人信息。这一条款规定了处理敏感个人信息的前提条件，具体包括：一是具有特定的目的，对一般个人信息的处理都应当出于特定目的，对敏感个人信息的处理就更应当具有特定的目的。[①] 例如，医疗研究机构、药品开发机构在收集个人的基因信息时，不能笼统地以符合医疗健康的目的而收集他人的基因信息，而应当明确指明其收集他人基因信息的具体目的，如制造某种药品防止基因突变，或者为了研究某种疫苗。二是具有充分的必要性。这就是说，处理相关敏感个人信息对于实现特定的目的而言是必要的、不可缺少的，如果不对敏感个人信息进行处理，就无法实现该目的。[②] 三是采取严格保护措施。例如，对敏感个人信息予以分类管理，采取一系列安全技术措施以去标识化或加密，设定严格的操作权限等。在这几个要件中，最核心的是特定目的。也就是说，只有具有特定目的，才能依法处理敏感个人信息，而充分的必要性和采取严格保护措施都是特定目的的具体展开。强化特定目的要件的主要原因在于，对敏感个人信息而言，法律并不鼓励对其利用，而重在保护。对敏感个人信息而言，原则上禁止处理，除非具有法律或约定的依据。[③] 特定目的必须是特定化的、具体的、明确的目的，而不是泛泛的目的。信息处理者收集他人敏感个人信息的目的越具体，也就越有利于确定该目的是否具有充分的必要性。

五、确认个人在个人信息处理活动中的各项权利

《个人信息保护法》第 1 条开宗明义规定保护个人信息权益，该法第 44 条规定："个人对其个人信息的处理享有知情权、决定权，有权限制或者拒绝他人对

---

① Iglezakis I，Trokanas T，Kiortsi P，"Big Health and Genetic Data：Opportunites，Risks，and Legal Conundrume Regarding Application of GDPR"，*Journal of Internet Law*，2021（19）.

② 参见程啸：《个人信息保护法理解与适用》，中国法制出版社 2021 年版，第 267 页。

③ Iacob N，Simonelli F，"Towards a European Health Data Ecosystem"，*European Journal of Risk Regula-tioin*，2020（4）：889.

其个人信息进行处理；法律、行政法规另有规定的除外。”这表明，个人信息保护的主要目的是保护个人对其个人信息的自主决定，并在自主决定的基础上形成个人对其个人信息所享有的完整权利体系。法律具体规定信息主体所享有的各项权利，不仅有助于规范信息处理者的行为，防止其造成对信息主体权益的侵害，而且有助于使信息主体更好地对自己的信息权益进行自我管理、风险预期与防范。[①]《个人信息保护法》在《民法典》关于个人信息保护的规定的基础上，细化和新增了如下规定。

第一，细化了对知情权、决定权、查询权、复制权、更正权等权利的规定。一是《个人信息保护法》规定了个人有权限制他人对其个人信息的处理，从而完善了《民法典》的规定，因为《民法典》确定了知情同意权和拒绝权，但是没有具体规定限制处理权。所谓限制处理权，是指个人可以限制信息处理者只在一定目的、方式或范围内对其个人信息进行处理。二是《个人信息保护法》第 45 条第 2 款增加规定了个人信息处理者的及时提供义务。三是《个人信息保护法》第 46 条第 2 款规定，个人请求更正、补充的，个人信息处理者应当对其个人信息予以核实，并及时更正、补充；在此基础上，丰富了删除权的请求情形并作出了例外规定，同时要求个人信息处理者建立个人行使权利的申请受理和处理机制，进一步完善了个人在信息处理活动中的权利。

第二，增加信息携带权的规定。《个人信息保护法》第 45 条第 3 款规定：“个人请求将个人信息转移至其指定的个人信息处理者，符合国家网信部门规定条件的，个人信息处理者应当提供转移的途径。”根据这一条款的规定，信息主体享有信息携带权。在实践中，信息携带主要是指用户将在某个平台的数据移转至另一个平台，如将某个通讯公司中的通话信息移转至另一家公司，又如将用户在某一电商平台上的消费信息转移至另一电商平台。依据《个人信息保护法》第 45 条第 3 款，信息携带权的行使应当满足以下要件：一是个人应当提出请求；二是个人必须具体指明接收个人信息的信息处理者；三是个人信息的转移，应当

① Waldman A E，“Privacy as Trust：Sharing Personal Information in a Networked World”，*University of Miami Law Review*，2015（3）：560－590.

符合国家网信部门规定的条件或标准。《个人信息保护法》新增数据携带权规定具有重要意义：一方面，强化了对用户信息自主决定权的保护，有利于强化信息主体对其数据的控制，并有助于打破锁定效应（lock-in effect）。例如，当市场上出现了比信息主体正在使用的某个 App 更加便捷的同类产品时，若不准许数据携带，就会给信息主体对新 App 的利用带来不便，变相地限制了消费者对市场产品的自由选择权。如果不允许数据携带，则用户在移转到另一个平台时，需要重新积累数据，这不仅成本较高，而且用户前期积累的数据也无法利用，这显然不利于用户对数据的有效利用。[①] 另一方面，这也有利于打破数据垄断，促进数据的流通和利用，促进市场的正当竞争。

第三，增加个人主张删除权的具体情形。《个人信息保护法》第 47 条规定了应当删除个人信息的情形，《民法典》第 1037 条第 2 款规定的删除情形主要是信息处理者违反法律、行政法规的规定或双方约定处理信息。与《民法典》第 1037 条第 2 款相比较，《个人信息保护法》进一步扩张了删除的事由，主要包括：处理目的已实现、无法实现或者为实现处理目的不再必要；个人信息处理者停止提供产品或者服务，或者保存期限已届满；个人撤回同意。在上述法定情形下，个人信息处理者应当主动删除个人信息。如果个人信息处理者未主动删除，则信息主体有权要求个人信息处理者删除其个人信息。应当看到，针对删除权，《民法典》第 1037 条没有规定兜底条款，而《个人信息保护法》第 47 条第 1 款第 5 项规定符合“法律、行政法规规定的其他情形”，也可以删除。这也保持了一定的开放性，可以适应在个人信息删除权方面的未来发展的需要。此外，依据《个人信息保护法》第 47 条第 2 款，法律、行政法规规定的保存期限未届满，或者删除个人信息从技术上难以实现的，个人信息处理者应当停止除存储和采取必要的安全保护措施之外的处理。在出现上述两种不能删除的情形下，法律规定个人信息处理者只能采取存储及其他保护措施。

需要指出的是，我国《个人信息保护法》第 47 条所规定的删除权不同于比

---

① Swire P，Lagos Y，“Why the Right to Data Portability Likely Reduces Consumer Welfare：Antitrust and Privacy Critique”，*Maryland Law Review*，2013（2）：335.

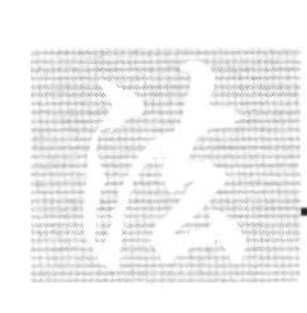

较法上的被遗忘权（right to be forgotten）。所谓被遗忘权，是指当出现法定或约定事由时，如果权利人不希望其个人数据继续被数据控制者进行处理，则有权要求数据处理者删除与其个人相关的信息。该权利最早是由欧盟法院于2014年在西班牙发生的“冈萨雷斯诉谷歌案”中所确立的。[①] GDPR第17条第1款规定了删除权，第2款进一步规定了被遗忘权。GDPR所规定的删除权又称为“被遗忘权”，由于其落地成本极高受到了广泛的质疑。[②] 我国《个人信息保护法》所规定的删除权与域外法上的被遗忘权不同。一方面，删除权是指信息主体有权要求信息处理者删除相关的个人信息，本质上是一对一的关系，而信息主体在行使被遗忘权时，不仅有权要求信息处理者删除相关的个人信息，其还应采取必要措施要求其他处理者删除此类信息。另一方面，如果平台是信息处理者，删除权针对的是平台，而如果平台将这些信息公开，被搜索引擎所处理，信息主体是否可以要求搜索引擎删除，我国法律没有明确规定要求搜索引擎删除，这属于被遗忘权的范畴。因此，《个人信息保护法》第47条虽然对删除的事由规定得较为宽泛，但并没有采用被遗忘权的概念。

第四，请求个人信息处理者对个人信息处理规则进行解释说明等权利。该项权利也被称为解释说明权。所谓个人信息处理规则是指由个人信息处理者单方面制定的处理个人信息的相关规则，这些规则类似于格式条款，如果不加以规制，就会损害信息主体的权益。因此，依据《个人信息保护法》第48条，信息主体有权要求信息处理者就此作出说明。例如，有些个人信息提供者的隐私政策冗长、难以理解，个人有权请求该信息处理者对这些隐私政策进行解释说明。

此外，为了保护死者近亲属自身合法、正当的利益，同时也尊重死者的遗愿并保护死者本人及其交往者的隐私和通信秘密，《个人信息保护法》允许死者近亲属对死者的相关个人信息行使查阅、复制、更正、删除等权利，但是，死者生

---

① 参见于向花：《被遗忘权研究》，中国社会科学出版社2020年版，第23-30页。

② 参见万方：《终将被遗忘的权利——我国引入被遗忘权的思考》，载《法学评论》2016年第6期，第161页。

前另有安排的除外。

六、强化个人信息处理者的义务

虽然我国《个人信息保护法》以保护个人信息权益为中心而展开其主要内容，但为了保护个人信息处理活动中信息主体的个人权益，《个人信息保护法》又规定了个人信息处理者的义务，保障这些义务的履行也有助于进一步强化对个人信息的保护。该法集中规定个人信息处理者的义务，也有利于实现规范个人信息处理活动的立法目的，因为：一方面，个人信息处理者是个人信息保护的直接责任人，由于其对个人信息将采取各种处理行为，因此通过强化其在处理活动中所承担的义务，才能够使其对个人信息处理活动负责，并采取必要措施保障所处理的个人信息的安全；另一方面，个人信息权利的自主决定权能够得到尊重与实现，在很大程度上依赖信息处理者对此种权利的尊重以及依法履行保护义务。因此，《个人信息保护法》第五章专门规定，个人信息处理者应当对其个人信息处理活动负责，并采取必要措施保障所处理的个人信息的安全。具体来说，表现在如下几个方面。

第一，细化了信息处理者的安全保障义务，确保个人信息的处理活动符合法律、行政法规的规定。《民法典》第 1038 条规定了信息处理者的安全保障义务，以防止信息泄露、篡改、丢失。但《民法典》的上述规定还比较抽象，《个人信息保护法》第 51 条在《民法典》之规定的基础上，从六个方面进一步确认了信息处理者的安全保障义务，该条具体列举了个人信息处理中应当采取的六项举措，只有切实采取这些举措，才能保障个人信息处理活动的合法性。

第二，规定了个人信息保护负责人制度。依据《个人信息保护法》第 52 条之规定，要区分大型和小型信息处理者，只有达到国家网信部门规定数量的个人信息处理者才有必要指定个人信息保护负责人，专门负责个人信息的保护。个人信息保护负责人制度与欧盟等国家和地区的数据保护官（data protection officer，DPO）制度具有一定相似性，设立这一制度的核心在于促进企业个人信息保护的

专业性与独立性，强化企业的内部数据治理。[①] 但对于许多小型企业而言，由于其信息处理量比较少，不一定要建立个人信息保护负责人机制。此外，依据《个人信息保护法》第53条的规定，在中华人民共和国境外处理中华人民共和国境内自然人个人信息活动的，也应当依法在我国境内设立专门机构或者指定代表，负责处理个人信息保护相关事务。

第三，建立个人信息保护影响评估制度。依据《个人信息保护法》第55条、56条，在处理敏感个人信息，利用个人信息进行自动化决策，委托处理个人信息、向其他个人信息处理者提供个人信息、公开个人信息，向境外提供个人信息以及其他对个人权益有重大影响的个人信息处理活动中，应当进行个人信息保护影响评估。此种评估是一种对风险进行防范的预防性保护措施，个人信息处理者在作出风险评估之后，就应当根据评估结果，考量其所采取的安全保护措施是否合法、有效并与风险程度相适应。如果对个人信息的处理可能会对个人信息权益产生较大影响，且产生的风险较大，就应当及时调整其信息处理行为。第56条实际上是借鉴了GDPR第37条所规定的“数据保护影响评估”（data protection impact assessment）制度的经验。[②] 需要指出的是，保护影响评估与《个人信息保护法》第36条至第40条所规定的安全评估制度并不相同，安全评估制度针对的是个人信息处理活动是否会损害国家安全、公共利益和国家利益，此种评估仅仅适用于向境外提供个人信息的情形，而保护影响评估主要涉及的是信息处理者对个人信息权益的影响，它涉及的是处理行为，不仅适用于向境外提供的个人信息，还适用于境内的各种信息处理行为。

第四，规定了提供重要互联网平台服务信息处理者的特殊保护义务。大型网络平台与超大型网络平台的出现，使用户对其往往具有很强的依赖性。[③] 由于重要互联网平台服务信息处理者（如腾讯、阿里等）不仅为成千上万的用户提供服

① WP 243. Guidelines on Data Protection Officers（“DPOs”）. https://ec.europa.eu/newsroom/article29/item-detail.cfm?item_id=612048.

② 参见程啸：《个人信息保护法理解与适用》，中国法制出版社2021年版，第420页。

③ See Bostoen F，“Neutrality，Fairness or Freedom? Principles for Platform Regulation”，*Internet Policy Review*，2018（1）：1-19.

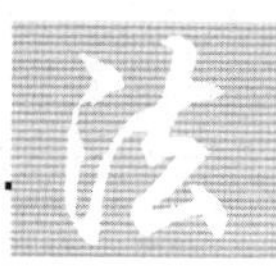

务，而且要处理大量的个人信息，故从防范风险的角度出发，对这些信息处理者的活动予以规范，对于保护信息主体的合法权益、规范信息处理者的活动至关重要。因此，《个人信息保护法》第 58 条对提供重要互联网平台服务、用户数量巨大、业务类型复杂的个人信息处理者规定了特别义务，包括按照国家规定建立健全个人信息保护合规制度体系，成立主要由外部成员组成的独立机构对个人信息保护情况进行监督；遵循公开、公平、公正的原则，制定平台规则；对严重违法处理个人信息的平台内的产品或者服务提供者，停止提供服务；定期发布个人信息保护社会责任报告，接受社会监督。法律作出此种规定是为了提高大型互联网平台经营业务的透明度，完善平台治理，强化外部监督，形成全社会共同参与的个人信息保护机制。

七、规范国家机关的个人信息处理行为

在我国，政府机关在行政管理过程中也会大量收集个人信息，如何有效规范政府机关处理个人信息的行为，也是保护个人信息的重要组成部分。从个人信息权益发展的历程来看，个人信息作为一项人格权益，最初产生的目的之一，就是防止政府机关不当处理个人信息[①]，而法律承认个人信息作为一项权益，也有利于防范政府行为对个人信息的侵害。在我国，国家机关处理个人信息是行使行政权的活动，但是在处理个人信息的过程中，国家机关也会涉及信息主体在个人信息上的权益。为此，《个人信息保护法》单独对国家机关的个人信息处理行为作出明确规定。依据《个人信息保护法》第 33 条的规定，国家机关处理个人信息的活动“适用本法”。这意味着国家机关作为个人信息处理者，也要遵守相关法律规定。规范国家机关的个人信息处理行为，一方面，有利于实现规范个人信息处理活动的立法目的，只有国家机关依据《个人信息保护法》从事各种个人信息处理活动，才能够在全社会起到示范效应，提升国家治理和社会治理水平。另一方面，这有利于全面维护信息主体的合法权益，尤其是从实践来看，政府机关已

① 参见张新宝：《论个人信息权益的构造》，载《中外法学》2021 年第 5 期，第 146 页。

经收集了大量的个人信息，一旦政府机关处理不当，容易给信息主体造成严重不利影响。为此，也有必要严格规范国家机关的个人信息处理行为。

当然，国家机关处理个人信息是为了公共利益，区别于商业机构对个人信息的收集和利用，因此《个人信息保护法》对国家机关处理个人信息作出了如下特别规定。

第一，必须依照法定的权限和程序处理个人信息。国家机关处理个人信息主要是为了履行法定职责、行使法定权限，但此种权力的行使必须具有法定的依据。依据《个人信息保护法》第 34 条，只有出于履行法定职责的需要，国家机关才能处理个人信息，而且国家机关处理个人信息的行为不得超出法定职责必需的范围和限度；可以说在这方面也要严格按照“法无授权不可为”的原则来处理个人信息。同时，国家机关在处理个人信息时，还应当依照法律、行政法规规定的权限、程序进行，否则可能构成非法处理个人信息的行为。

第二，必须依法履行告知义务。虽然国家机关处理个人信息是一种行使职责的行为，但依据《个人信息保护法》第 35 条的规定，除了法律规定不需要告知的情形之外，国家机关为履行法定职责处理个人信息，应当依照该法规定履行告知义务。该条为国家机关处理个人信息设立了一般规则，区别于对一般处理者的“告知—同意”要求，国家机关免除告知义务应当符合三种情形：一是具有法律、行政法规规定的应当保密的情形。二是法律、行政法规规定不需要告知的情形。例如，《国家情报法》第 15 条规定：“国家情报工作机构根据工作需要，按照国家有关规定，经过严格的批准手续，可以采取技术侦察措施和身份保护措施。”如果国家情报工作机构在履行职责时，依法不需要告知，则可以免除告知义务。三是告知将妨碍国家机关履行法定职责的情形。例如，税务机关为了征税的需要而检查纳税义务人的有关账簿、报表等信息，如果事先告知，有可能会导致相关纳税义务人篡改、销毁有关信息，妨碍税务机关公共职能的行使，因此，不必要事先告知。①

第三，国家机关处理的个人信息应当在国内存储。国家机关大规模收集的个

① 参见程啸：《个人信息保护法理解与适用》，中国法制出版社 2021 年版，第 297 页。

人信息，不仅关系个人的信息权利保护，而且关系到国家安全，因此，《个人信息保护法》第36条对国家机关收集的个人信息的存储规则作出了特别规定。所谓境内存储，是指个人信息（个人数据）的物理存储设备，无论是用来存储个人信息的硬盘，还是云存储服务所对应的远端存储设备，都应当存储在我国境内，以防止信息被窃取、泄露。法律作出这种规定的目的主要是维护国家安全和公共利益。[①] 如果确需向境外提供的，还应当进行安全评估。

八、规范个人信息跨境流动

所谓跨境流动，是指一国境内的个人信息或数据流出了境内，为他国信息处理者所收集、储存、加工和使用等。随着经济全球化、数字化的不断推进，我国对外开放的不断扩大以及互联网在全球范围内的互联互通，个人信息的跨境流动非常普遍，同时，货物贸易往来频繁，也必然会带动数据的流动。但长期以来，由于个人信息跨境流动的法律规制面临着保护规则缺失，产生了监管难度较大、数据出境安全评估标准存在差异等诸多问题，从而对个人权益产生了重大影响。[②] 为此，《个人信息保护法》对个人信息的跨境流动作出了专门规定，对个人信息的跨境流动进行了全面规范。

一是明确了因业务等需要，向境外提供个人信息的条件。依据《个人信息保护法》第38条规定，首先，必须是因业务等需要确需提供。个人信息处理者不得任意向境外提供个人信息，向境外提供个人信息，会涉及国家安全与公共利益，因此只有在“因业务等需要”而确需向境外提供时才能提供。换言之，如果不向境外提供就无法开展正常业务，例如，从事跨境购物业务的信息处理者，不向境外提供收货人、收货地址等信息，该跨境购物业务就无从开展，在此情形下，该信息处理者才可以按照法律规定向境外提供个人信息。其次，根据该条第

① 参见程啸：《个人信息保护法理解与适用》，中国法制出版社2021年版，第297页。

② 参见钟鸣：《数字贸易时代个人信息跨境流动的法律保护路径》，载《人民论坛》2021年第6期，第109页。

3款的规定，个人信息处理者应当采取必要措施，保障境外接收方处理个人信息的活动达到本法规定的个人信息保护标准，即比较法上的“同等保护水平”。要达到同等保护水平，不仅要考察境外接收方所在国家的法律规定，还要依据网信部门的规定，经专业机构进行个人信息保护认证，并与境外接收方订立合同，约定双方的权利和义务。

二是个人信息处理者的告知义务。《个人信息保护法》第39条对跨境提供个人信息的“告知同意”作出更严格的要求，切实保障个人的知情权、决定权等权利。也就是说，个人信息处理者向境外提供个人信息，要向信息主体明确告知境外接收方的名称或者姓名、联系方式、处理目的、处理方式等内容，还要取得个人的同意。尤其需要指出的是，《个人信息保护法》规定的是单独同意而非概括同意。即便根据《个人信息保护法》第13条第1款第2项至第7项的规定，不需要经过信息主体同意就可以实施的处理行为，但一旦涉及跨境流通，则需要取得信息主体的单独同意。例如，跨国企业依照依法制定的劳动规章制度或者依法签订的集体合同实施人力资源管理所必需的个人信息，在中国境内处理时，不需要取得信息主体的同意，但一旦这些个人信息向境外提供时，按照《个人信息保护法》第39条的规定，就应当取得信息主体的单独同意。

三是特定信息处理者应当将个人信息存储在境内。根据《个人信息保护法》第40条规定，关键信息基础设施运营者和处理个人信息达到国家网信部门规定数量的个人信息处理者，应当将个人信息存储在境内。例如，最近特斯拉宣布，特斯拉已在中国建立数据中心，所有中国业务所产生的所有数据，完全存储在中国境内。[①] 如果确实需要向境外提供的，应当通过国家网信部门组织的安全评估。

四是确需向境外提供个人信息的，应当通过安全评估。在向境外提供时，需要通过网信部门组织的安全评估。不同国家法律制度、保护水平之间的差异，导致个人信息跨境流动风险较大，因此，需要通过安全评估以确定个人信息跨境流

① 参见马斯克：《特斯拉所有中国业务数据将完全存储在中国境内》，载《重庆晨报》2021年9月26日。

动是否会造成对国家安全和公共利益的损害，是否会侵害个人信息权益。如果不能通过安全评估，则不能向境外提供个人信息。

五是针对个人信息跨境流动，规定了黑名单制度和对等反制措施。从比较法上来看，对于个人信息的跨境流动普遍采取了一定的限制。由于个人信息的跨境流动将直接关系到国家安全、经济安全①，因此，对于信息的跨境流动都设置了一定的限制措施。在我国，虽然个人信息跨境流动可能给国家安全和个人信息保护带来威胁，但也不宜因噎废食，一概禁止个人信息的跨境流动，否则将会导致我国数据市场环境的封闭。② 在维护国家数据主权的基础上，基于主权国家的平等互惠，《个人信息保护法》第三章对个人信息的跨境提供进行了专门的规制。《个人信息保护法》第 42 条特别规定，如果境外的组织、个人从事了侵害我国公民的信息权益或者危害了我国国家安全的行为，国家网信部门可以将其列入限制或禁止个人信息提供清单。《个人信息保护法》第 43 条对外国歧视性措施的对等反制措施作了规定。这些规定对于维护国家数据安全、保护信息主体的合法权益具有重要意义。

九、完善了侵害个人信息的法律责任

依据我国《民法典》，对于侵害个人信息权益造成损害的可以适用侵权责任编关于损害赔偿的规则，并可以适用第 995 条关于人格权请求权的规则。《民法典》中诸多保护个人信息的规则都可以适用于个人信息的保护，但《个人信息保护法》为强化对个人信息权利的保护，在《民法典》规定的基础上，新增了一些特殊的个人信息保护措施。

一是确立了多层次的责任体系。因为个人信息保护涉及众多不同的法益，侵害个人信息权益的行为既可能导致私主体的权利遭受侵害，也可能导致行政法和

---

① 参见杨合庆：《中华人民共和国网络安全法解读》，中国法制出版社 2017 年版，第 82 页。

② 参见邵国松、黄琪：《个人数据保护全球融合的趋势与挑战》，载《上海交通大学学报（哲学社会科学版）》2021 年第 4 期，第 157 页。

刑法所保护的公法益遭受侵害，因而同时涉及个人利益和公共利益。如何通过损害赔偿的方式来救济此种大规模且属性复杂的权益侵害，是传统民事司法救济、行政与刑事救济难以单独解决的问题。[①] 因此《个人信息保护法》采取了民事责任、行政责任与刑事相结合的责任体系，多维度地规范个人信息处理行为。《个人信息保护法》第 50 条第 2 款明确规定在个人信息处理者拒绝个人行使权利的请求时，个人可以依法向人民法院提起诉讼，这也为个人信息权利的保护提供了新的救济途径。允许个人在其个人信息权益遭受侵害时提起诉讼，这对于个人信息权益的保护意义重大。

二是确立了侵害个人信息的过错推定责任。过错推定也称过失推定，是指行为人因过错侵害他人民事权益，依法应推定行为人具有过错，如果行为人不能证明自己没有过错的，则应当承担侵权责任。《个人信息保护法》第 69 条第 1 款规定："处理个人信息侵害个人信息权益造成损害，个人信息处理者不能证明自己没有过错的，应当承担损害赔偿等侵权责任。"之所以采取此种归责原则，很大程度上是因为在实践中，受害人举证困难已经成为个人信息保护所面临的一大困境。在个人信息的处理中，个人信息处理者距证据较近，受害人则距离证据较远。加之对于数据处理中过错的证明专业性较强，尤其是对于算法等，只有处理者才具备判断处理过程中是否存在过错的专业知识和技能，而受害人举证的成本十分高昂。在这些情况下，就会发生"证据分布不均衡"的现象，此时就有必要让处于更易于使用必要证据的一方当事人负担证明责任。[②] 因此，采用过错推定原则有利于减轻受害人的举证负担，强化信息处理者的举证义务，从而对受害人提供有效的救济。[③] 当然，此处的过错推定主要适用于造成损害进而请求损害赔偿的情形。而对于停止侵害、排除妨碍等责任形式，当事人可以通过行使人格权请求权予以实现，而人格权请求权的行使不以过错的存在为要件，因此并不存在

---

① See Cohen J E, "Information Privacy Litigation as Bellwether for Institutional Change", *DePaul Law Review*, 2016 (2): 548.

② 参见［日］新堂幸司：《新民事诉讼法》，林剑锋译，法律出版社 2008 年版，第 399 页。

③ 参见周友军：《个人信息保护法来了：为数据利用、流通上把"锁"》，https://m.thepaper.cn/newsDetail_forward_14222199。

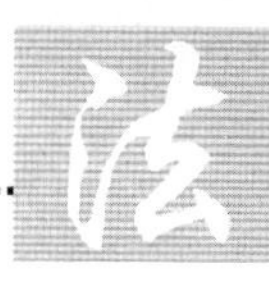

过错推定的问题。

三是确立了损害赔偿责任。依据《个人信息保护法》第69条第2款的规定，侵害个人信息的“损害赔偿责任按照个人因此受到的损失或者个人信息处理者因此获得的利益确定；个人因此受到的损失和个人信息处理者因此获得的利益难以确定的，根据实际情况确定赔偿数额”。该条是在《民法典》侵权责任编获利返还规则的基础上所作出的规定，也是对《民法典》第1182条的细化规定。从《民法典》第1182条规定来看，其使用了“侵害人身权益”的表述，立法者主要列举了名誉权、肖像权等权益遭受侵害的情形①，而对于其能否适用于个人信息保护，一直存在争议。在这一背景下，《个人信息保护法》第69条明确了获利返还规则可以适用于侵害个人信息的情形，也进一步完善了《民法典》的相关规定。

四是引入了侵害个人信息的公益诉讼制度。《个人信息保护法》还引入了公益诉讼制度，从而对个人信息侵权救济问题进行了重大创新。在侵害个人信息的案件中，往往受害人众多，而单个受害人能力有限，可能面临举证困难等问题，甚至有的受害人可能并不知道其个人信息权利已经遭受侵害。在面对不特定多数主体权利可能遭受侵害的场合，单个信息主体提起诉讼动力不足②，因此，就十分有必要引入公益诉讼制度。从制度安排上看，提起个人信息保护公益诉讼的诉权主体有人民检察院、法律规定的消费者组织和由国家网信部门确定的组织（《个人信息保护法》第70条）。通过公益诉讼可以调动诸多手段，协同多个部门，使具有更强纠纷解决能力的组织和机关介入，对个人信息的保护更具专业性、权威性和便利性，有助于克服实践中个人起诉存在的举证困难、成本过高等问题，对于强化保护个人信息十分必要。③

---

① 参见黄薇：《中华人民共和国民法典侵权责任编释义》，法律出版社2020年版，第56页。

② 参见王亚新、陈杭平、刘君博：《中国民事诉讼法重点讲义》，高等教育出版社2021年版，第206页。

③ 参见胡立彪：《用公益诉讼为个人信息保护助力》，载《中国质量报》2021年1月11日。

结束语

在现代社会中，伴随着互联网的发展，个人信息的保护与利用问题已经成为21世纪法律所面临的重要挑战，如何保护个人信息已经成为时代之问。我国《个人信息保护法》在《民法典》等法律法规的基础上，有效总结了我国个人信息处理的理论研究和实务经验，并积极吸收和借鉴欧盟《一般数据保护条例》等域外立法的经验，在多个方面进行了创新，形成了诸多制度亮点，充分彰显了我国在个人信息保护领域立法的时代性、国际性和本土性。全面贯彻实施好《个人信息保护法》，才能切实保护人民群众在数字化时代所享有的各项民事权益，从而促进数字经济的有序发展。

论个人信息删除权*

问题的提出

个人信息删除权（right to erasure），简称为删除权，是指在符合法律规定或者当事人约定的情形下，信息主体可以请求信息处理者及时删除相关个人信息的权利。该权利旨在保障信息主体对其个人信息的自主决定。[①] 信息删除权是个人信息被保护权的下位概念。[②]《民法典》第 1037 条第 2 款规定："自然人发现信息处理者违反法律、行政法规的规定或者双方的约定处理其个人信息的，有权请求信息处理者及时删除。"这就概括地确认了个人信息删除权及其产生的原因。在此基础上，《个人信息保护法》第 47 条进一步扩张规定了应当删除个人信息的具体情形。删除权作为个人信息权利主体的一项重要权利，在《民法典》和诸多单行法中均有所规定。其行使对于保障信息的完整性与自决性都具有十分重要的意

* 原载于《东方法学》2022 年第 1 期。

① Vgl. Nolte/Werkmeister，in：Gola，DSGVO，§17 Rn. 8.

② 参见余筱兰：《民法典编纂视角下信息删除权建构》，载《政治与法律》2018 年第 4 期，第 31 页。

义，然而，有关个人信息删除权的性质、地位、行使要件、法律效果以及其与被遗忘权的区别依然存在争议。本文不揣浅陋，拟对此谈一点粗浅的看法。

一、删除权的性质

（一）删除权是对人格权益进行私法救济的权利

删除权首先是一个民事权益，而非公法上的权利。在我国，有学者将个人信息定位为公法上的权利。[①] 据此，删除权作为个人信息的组成部分，当然也具有公法的属性。但笔者认为，不宜据此将删除权认定为公法上的权利，个人信息本身是由《民法典》确立的重要人格权益，删除权也是《民法典》所确认的一项人格权益，《民法典》不止一处对删除权进行了规定：一是在《民法典》人格权编“隐私权和个人信息保护”一章中，第 1037 条第 2 款规定了个人信息权利主体的删除权；二是在“名誉权和荣誉权”一章中，第 1029 条规定了民事主体请求对信用评价进行删除的权利。因此，删除权理当是一项由《民法典》所确认的民事权益。的确，侵害删除权虽然可能导致行政责任，但这并不意味着删除权就是公法上的权利，因为许多民事权利在遭受侵害后都可能产生行政责任的问题，而不限于个人信息遭受侵害的情形。例如，《治安管理处罚法》第 42 条第 6 项规定了侵害隐私须承担的行政责任，但这并不意味着隐私权是公法上的权利。

个人信息删除权也是受私法救济的权利。它和其他人格权益一样，不仅要受到《个人信息保护法》的保护，也受到《民法典》关于人格权益的规范的保护。如果删除权遭受侵害无法在《个人信息保护法》中找到法律依据进行救济时，还可以通过适用《民法典》的有关规定加以救济。故此，删除权受到私法规范的全面保护。

（二）删除权是基于人格权益所产生的权利

依据我国《民法典》和《个人信息保护法》的规定，无论是从权利主体，义务主体还是权利内容来看，删除权均属于私法上的一项权利。理由主要在于：

---

① 参见周汉华：《个人信息保护的法律定位》，载《法商研究》2020 年第 3 期，第 44－56 页。

首先，从性质上看，删除权是基于个人信息权益而产生的权利。虽然《民法典》并未将个人信息确认为一项独立的人格权，但仍然是受《民法典》所保护的一项人格权利，就个人信息删除权而言，其虽然是个人信息的一项权能，但仍然可以成为一项权利。所谓权能是为权利所包含的尚不能独立的权利的功能。[①] 权能虽然是权利的下位概念，但是，我国《个人信息保护法》第四章全面确认了信息主体在个人信息处理中的权利，个人信息本身是由删除权、查阅权、复制权、携带权、更正权、补充权等一系列权能所组成的“权能束”，各项权能分别承担个人信息保护的特定功能，发挥着不同的作用，在这些权能中，删除权作为一项独特的权能，承担着在个人信息处理活动中保障信息主体个人信息的完整、自决等功能。而《个人信息保护法》在确认个人信息的权能时，都采用了权利的表述。尤其是该法第四章的标题明确使用了“个人在个人信息处理活动中的权利”的表述，这表明这些权能本身可以成为权利。还要看到，《民法典》第 1037 条第 2 款规定删除权采用的是“有权请求”的表述，可见《民法典》已将删除权确认为一项权利。《个人信息保护法》第 47 条在表述个人信息删除权时，虽然采用的是“有权请求”的表述，但是该条第 1 款首先规定了在符合删除条件的情形下，个人信息处理者有义务主动删除，与义务相对应的，就依法删除而言，信息主体当然地享有一项权利。从这个意义上，可以认为删除权虽然在性质上应当属于人格权益，但也可以成为一项权利。

其次，从主体上看，删除权的主体是个人信息权利人，该权利的内容是在满足一定的条件下请求个人信息处理者删除其个人信息。删除权的目的是保证个人信息的自决和完整。对个人信息权益可以通过订立合同等方式进行积极的利用，但删除权显然并非对个人信息权益的积极利用。删除权作为一种消极防御的权利，其目的在于保证个人信息的自决和完整。可以说，删除权是个人信息自决的题中应有之义，该权利的正当性基础也在于对个人信息权益主体人格尊严的维护。[②]

---

① 参见［德］卡尔拉伦茨：《德国民法通论》（上册），王晓晔等译，法律出版社 2003 年版，第 263 页。

② See Oscar Rau'l Puccinelli, “The RTBF 2.0”, in A. Von Arnauld and others (eds), *The Cambridge Handbook of New Human Rights*, Cambridge University Press 2020, pp. 300 - 302.

最后，从客体上看，删除权体现为个人信息的人格利益，而非财产利益。虽然个人信息经过处理形成的数据可能具有财产权的属性[①]，但是个人信息与数据并不完全等同，个人信息权益的人格权属性并不应因此而遭受质疑。[②] 即便是对个人信息进行处理所形成的数据可能具有一定的商业价值，其也不过是人格权益的商业化利用而已。而删除权的功能在于维护个人信息的完整、自决，其并不直接指向财产利益，因此，删除权在本质上仍然是一种人格权益，以人格利益的保护为目的，其所作用的对象仍是具有彰显人格利益的个人信息。

（三）删除权是一项特殊的请求权

个人信息权益是一项绝对权、支配权，信息主体行使权利无须他人协助，即可实现对权利的行使，也即信息主体作为权利人可以按照自己的意愿支配和利用其个人信息。但是，删除权与此有所不同，其虽然属于个人信息权益的一项权能，但其又是一种特殊的权能，表现在它不得由信息主体自行实现删除个人信息的效果。从《民法典》第 1037 条第 2 款和《个人信息保护法》第 47 条的规定可以看出，信息主体只能以请求的方式实现删除个人信息的效果。据此，删除权人既不可能依据自己的意志进行利用，也不可能凭借单方的意思变更法律关系，而只能在个人信息处理者的处理行为危害个人信息自决和完整时，符合法律规定或者合同约定的条件下请求信息处理者删除个人信息。在这个意义上，删除权并非绝对权和支配权，而是一项请求权。这一权利必须借助他人的配合才能实现，在这一法律关系中，权利人是个人信息权益主体，义务人是个人信息处理者。该权利所对应的义务主体是特定的，权利人也只能针对特定的义务人行使，而不能对抗义务人之外的其他主体。[③]

删除权作为一项特殊的请求权也具有法律依据，因为《个人信息保护法》第 47 条规定的也是“个人有权请求删除”。此项权利之所以特殊，一方面是因为，

---

① 参见刘德良：《个人信息的财产权保护》，载《法学研究》2007 年第 3 期。

② 参见梅夏英：《数据的法律属性及其民法定位》，载《中国社会科学》2016 年第 9 期。

③ 基于欧盟比较法的研究，see Margot Kaminski，Binary Governance：“Lessons from the GDPR’s Approach to Algorithmic Accountability”，*Southern California Law Review*，Vol. 92，No. 6，2019，pp. 1586 - 1592。

该权利主要是一项防御性权利，其主要针对的是个人信息在遭受侵害时所能采取的一项措施；另一方面是因为，该权利并不以特定的给付为内容，而是以维护个人信息的准确、完整和有效支配为主要功能。因此，从该权利作用的方式来看，其需要通过请求个人信息处理者删除的方式实现。

（四）删除权是一种防御性权利

所谓防御性权利，是指个人信息的删除，通常不能由信息主体通过积极行为自行实现，而只有在个人信息处理者在处理个人信息过程中出现了《个人信息保护法》第47条规定的或约定的情形，没有必要或不宜处理个人信息时，信息主体通过行使请求权方式，请求信息处理者予以删除。如果将个人信息从权能方面作出区分，可以将其区分为两种类型：一是发挥积极利用的权能（如利用权、知情同意权），二是发挥消极防御的权能。删除权正是消极防御权能的体现，显然与积极利用的权能之间存在明显的区别。因为删除权的内容是在不当处理个人信息侵害个人信息自决和完整时，由权利人向个人信息处理者请求删除，且只有在符合上述条件的情形下，个人才有权行使删除权，在不具备上述条件时，个人无法积极行使该权利，这不同于对人格权益通过许可等进行积极利用的权利。

需要注意的是，删除权与“通知—删除”规则（避风港规则）中的“删除”存在显著的区别[①]，也不同于我国《民法典》侵权责任编“通知—删除”规则。具体而言：第一，两者适用的范围不同。民法典侵权责任编中的“通知—删除”规则只适用于网络环境，针对的仅是网络侵权行为，如利用互联网发布不实侵害他人权益的言论等不限于个人信息。而个人信息中的删除权针对的则是个人信息处理者的处理行为，且对于个人信息的处理不以网络环境为限。[②] 第二，两者的要件不同。“通知—删除”规则中的删除以权利人的通知为必要条件。然而，信

① 基于欧盟比较法的研究，Aleksandra Kuczerawy and Jef Ausloos，“From Notice-and-Takedown to Notice-and-Delist：Implementing Google Spain”（2016）14（2）*Colo Tech LJ* 219，232；4；Aleksandra Kuczerawy and Jef Ausloos，“From Notice-and-Takedown to Notice-and-Delist：Implementing Google Spain”（2016）14（2）*Colo. Tech. L. J.* 219。

② 参见程啸：《论我国〈民法典〉网络侵权责任中的通知规则》，载《武汉大学学报（哲学社会科学版）》2020年第6期，第142页。

息处理者有可能在信息主体对其主张删除权之前，就发现了存在法律规定应当主动删除个人信息的情形，根据《个人信息保护法》第47条第1款，此时信息处理者应毫不迟延地删除相关个人信息，不以信息主体的通知为必要的前置程序。[①] 同时，在信息处理者未主动删除时，个人有权请求信息处理者删除。第三，两者所保护的权益不同。“通知—删除”规则所保护的并不限于个人信息，甚至并不限于对人格权的保护。在网络侵权中，遭受侵害的可能是民事主体的名誉权、荣誉权、姓名权、名称权，甚至可能是知识产权、商业秘密等权益。而删除权仅仅针对的是个人信息的自决和完整遭受侵害。因此，这两种权利保护的对象并不相同。

（五）删除权是人格权请求权的组成部分

所谓人格权请求权，是指民事主体在其人格权受到侵害、妨碍或者有妨碍之虞时，有权向加害人或者人民法院请求加害人停止侵害、排除妨碍、消除危险、恢复名誉、赔礼道歉，以恢复人格权的圆满状态。《民法典》第995条规定：“受害人的停止侵害、排除妨碍、消除危险、消除影响、恢复名誉、赔礼道歉请求权，不适用诉讼时效的规定。”该条实际上对人格权请求权已经作出了规定。对于删除权与人格权请求权的关系，存在不同的观点。一种观点认为，删除权并非人格权请求权的组成部分。删除权作为个人信息权益的一部分，较人格权请求权具有独立的适用范围。而另一种观点则认为，删除权是人格权请求权的组成部分，其是人格权请求权的一种具体形态。[②] 笔者赞同后一种观点，主要理由在于：

第一，虽然《民法典》第995条将人格权请求权的适用范围限于“人格权”，而不包括人格利益，而个人信息属于人格利益，似乎无法适用人格权请求权。但笔者认为，可以通过扩张解释，将个人信息认定为人格权请求权的适用对象。此外，《民法典》第1167条也一般性地规定了侵权行为危及他人人身、财产安全的，权利人可以行使停止侵害、排除妨碍和消除危险请求权。这意味着个人信息权益也可以获得绝对权请求权的保护。故此，删除权依附于人格权益，以人格权

① 参见程啸：《个人信息保护法理解与适用》，中国法制出版社2021年版，第368页。

② 参见张红：《论〈民法典〉之人格权请求权体系》，载《广东社会科学》2021年第3期，第241页。

益为基础而产生。删除权作为一项防御性权利，其适用对象不限于个人信息，在名誉信用等权益中，民法典也明确规定了删除权。[①]

第二，从功能上看，删除权以恢复个人对其个人信息的完满支配为目的，与人格权请求权的功能具有内在契合性。人格权请求权作为一类权利，在不同的人格权保护中可能体现为不同的形态。例如，在名誉权的侵害中，其可能体现为请求相对人在一定范围内作出说明或道歉，以恢复名誉；在以盗用方式侵害名称权的情形中，其可能体现为请求相对人停止使用某一特定的名称并公开进行说明，以避免公众混淆。这些人格权请求权的具体形态因为其所保护的人格权益不同而有不同的形式。因此，不能因为删除权仅仅发生在个人信息权益的保护中而否认其人格权请求权的性质。而在个人信息保护中，删除权的行使目的在于实现个人信息权益人的自决并维护个人信息的完整和有效支配，这就与停止侵害、排除妨碍、消除影响等人格权请求权一样，最终目的在于实现对人格利益的完整支配。

第三，删除权与人格权请求权具有相同的适用要件。与其他人格权请求权一样，删除权的行使也不以信息处理者有过错为要件。从《个人信息保护法》第47条的规定来看，其所列举的删除权发生的情形中，前三项均不以个人信息处理者的过错为要件。例如，只要个人信息权益人撤回了同意，无论处理者是否有过错，个人信息权益人均可要求删除其个人信息，以实现其个人信息的自决。

总之，删除权作为个人信息的一项权能，其本身具有多重的功能，发挥着维护个人信息的完整、准确，保障个人对其个人信息支配的重要功能。

二、删除权的行使

（一）删除权行使的目的和行使条件

删除权虽然是个人信息的一项权能，但这并不意味着，在个人信息产生之后，个人就当然享有删除权。而只有在符合一定条件下，当事人才依法享有删除权。在该权利产生之后，还需要权利人积极行使，才能达到维护信息自决的目

① 参见《民法典》第1029条。

的。删除权作为一种防御权，其行使的主要目的在于维护信息的完整、准确和个人信息的自决。具体而言，一是维护个人信息的完整、准确。如果信息处理者违反法律、行政法规规定或者当事人约定，导致其处理的信息不准确，甚至发生错误，信息主体有权行使更正、删除等权利。二是维护个人信息的自决。早在20世纪六七十年代，美国学者艾伦·威斯汀（Alan Westin）率先提出个人具有决定自身个人信息的权利[①]，后来德国学者克里斯托夫·马尔曼（Christoph Mallmann）明确提出了“个人信息自决权”，认为个人信息的本质就是个人对其个人信息的自主决定，是个人自我表现及与社会环境交流的媒介。因此，基于自决权，权利人应当享有对个人信息的知情同意等权利。[②] 该理论已经被两大法系所认可。个人信息从本质而言是一种信息自决权，法律保护个人信息，目的在于保护个人对其个人信息享有一种平等的、自主决定、自主支配的权利。我国《个人信息保护法》第47条所规定的删除权的行使情形，主要是围绕上述目的而展开的，而行使删除权的目的就在于实现上述两个目的。

基于上述目的，《民法典》第1037条第2款规定了删除权行使的条件，但该规定仍然显得过于简略和概括，《个人信息保护法》第47条在《民法典》之规定的基础上，作了更加细化的规定。根据《个人信息保护法》第47条的规定，在符合下列情形时，信息处理者负有删除义务，同时信息主体也相应地享有请求删除的权利。

一是处理目的已实现、无法实现或者为实现处理目的不再必要。此种情形主要适用于合法收集个人信息的情形。[③] 个人信息的处理必须遵循目的限制原则，依据这一原则，信息处理者处理个人信息需要明确、合理的目的，并且只能在实现处理目的的最小范围内处理个人信息（《个人信息保护法》第6条）。根据《民法典》第1035条第1款的规定，对个人信息的处理应当遵循合法、正当、必要的原则。一旦处理目的已经实现或者无法实现，或者为实现处理目的不再必要，

① See Alan Westin, *Privacy and Freedom*, New York: Atheneum, 1967, p. 7.

② Vgl. Mallmann, Christoph, Datenschutz in Verwaltungsinformationssystemen, München 1976, S. 54f.

③ 参见程啸：《个人信息保护法理解与适用》，中国法制出版社2021年版，第362页。

那么该信息处理者继续处理个人信息就不再符合“目的限制原则”的要求。因此，为了维护对其信息的有效支配，个人有权依法请求信息处理者及时删除相关个人信息。例如，在购物时，商家要求消费者提供相关的个人信息。在购物完成后，收集消费者个人信息的目的不存在时，消费者应当有权请求商家及时删除其相关个人信息。

二是个人信息处理者停止提供产品或者服务，或者保存期限已届满。在实践中，信息处理者常常与信息主体之间具有某种提供产品或者服务的合同，依据该合同，信息处理者在向信息主体提供产品或者服务的过程中，基于信息主体的同意而处理其个人信息。个人为了接受相关的产品或者服务，同意信息处理者在一定期限内处理其个人信息，也是个人信息自决的重要体现。① 而在个人信息处理者停止提供产品或者服务，或者相关个人信息的保存期限已经届满的情形下，信息处理者处理其个人信息的目的已经不存在，此时，为了保护个人的信息自决，信息处理者应当删除相关的个人信息，个人也有权依法请求信息处理者删除其个人信息。

三是个人撤回同意，或者信息处理者保存个人信息的期限已经届满的情况。根据《个人信息保护法》第 13 条第 1 款的规定，对个人信息的处理是建立在告知同意原则基础上的，并且第 15 条赋予信息主体随时撤回同意的权利。一旦信息主体撤回同意，信息处理者基于同意而对个人信息的处理也丧失了合法性基础。如果是基于合同产生的处理信息的权利，则撤回意味着解除合同。同样，如果信息处理者保存个人信息的期限已经届满，这就说明该信息处理者基于信息主体的同意处理个人信息的期限已经届满；超越该期限继续处理个人信息的，也丧失了信息主体的同意，因此具有违法性。

四是违反法律、行政法规或当事人的约定处理个人信息。一方面，违反法律、行政法规的规定。依据《个人信息保护法》第 47 条第 1 款第 4 项，个人信息处理者违反法律、行政法规或者违反约定处理个人信息，以及存在法律、行政法规规定的其他情形。如果超出法律、行政法规规定的职责范围处理他人个人信

① 参见程啸：《个人信息保护法理解与适用》，中国法制出版社 2021 年版，第 363 页。

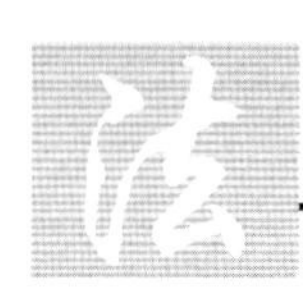

息，或者违反法律、行政法规规定的个人信息保护期限继续保存相关个人信息，既属于违法处理个人信息的行为，也属于未经个人同意处理其个人信息的行为，该行为即便没有影响个人信息的准确、完整，也应当构成对个人信息自决的侵害。另一方面，违反合同约定。删除权在有些情况下是以合同的存在为前提的，例如《民法典》第 1037 条第 2 款规定，删除权是基于违反合同产生的。在基于个人同意处理个人信息的情形，如果信息处理者违反约定处理个人信息，个人也有权依法请求信息处理者删除其个人信息。同时，按照私法自治原则，当事人也可以约定删除权的行使期限、行使方式等内容，从而实现删除权的具体化。当然，在基于个人同意处理其个人信息的情形，即便当事人没有约定删除权，在符合法定条件时，个人也有权依法行使删除权。

在上述法定情形下，个人信息处理者应当主动删除个人信息。如果个人信息处理者未主动删除，信息主体则有权要求个人信息处理者删除其个人信息。个人信息处理者主动删除是其所负有的法定义务，而删除权是个人信息主体所享有的权利。如果个人信息处理者在信息主体提出请求前，已经发现了存在应予删除的情形，个人信息处理者应当主动地删除。此时并不涉及个人信息主体的删除权，而仅涉及个人信息处理者的主动删除义务。但是，当存在应予删除的情形，而个人信息处理者未主动删除时，个人信息主体有权请求删除，此时个人信息处理者也应当予以删除。所以，个人信息处理者的主动删除义务和个人信息主体的删除权既相互区分，又相互联系。

需要指出的是，《民法典》第 1037 条没有规定适用删除权的兜底条款，而《个人信息保护法》第 47 条第 1 款第 5 项规定符合“法律、行政法规规定的其他情形”也可以删除。这就保持了一定的开放性，可以适应未来发展的新情形。当然，从我国《个人信息保护法》第 47 条的规定来看，对删除权的限制与欧盟《一般数据保护条例》（以下简称 GDPR）相比较，还存在某些不足，尤其表现在，由于行使删除权的情形较为复杂，是否违反法律、行政法规的规定或者是否违反合同约定，需要依据具体的场景来判断，但该条没有确认法官在相关纠纷中进行利益衡量的参考因素。GDPR 第 17 条第 3 款列举了各种情形，其实质在于

赋予法官或者行政机关以一定程度的自由裁量权，考虑具体场景判断是否允许信息主体行使删除权①，此种经验值得借鉴。

（二）删除权的行使方式

人格权请求权既可直接向信息处理者本人主张，也可以诉讼的方式行使。如果信息主体行使删除权，而个人信息处理者拒不删除的，依据《个人信息保护法》第50条第2款的规定，“个人可以依法向人民法院提起诉讼”。这实际上就是通过公权力的救济来确保删除权的实现。在信息主体针对信息处理者通过提出请求行使删除权时，应当将删除请求告知信息处理者。之所以要求删除权人告知信息处理者，是因为在信息处理的过程中，由于信息处理者可能并不知悉已经发生了应当删除的事由，因此，删除权必须以请求的方式行使。在此需要明确删除权与《民法典》第1196条“通知—删除”规则的关系。依据《民法典》第1196条的规定，网络服务提供者在接到用户通知后，如果认为不存在侵权行为，网络服务提供者应当进行反通知。那么在删除权行使的过程中，如果信息处理者认为个人信息不应删除时，是否也应当作出反通知呢？事实上，《民法典》第1196条所规定的反通知是针对网络侵权中的网络服务提供者，而非直接侵权人。而在删除权中，删除权人请求删除时，信息处理者并非扮演网络服务提供者的角色，此时信息处理者应当进行删除，而不存在反通知规则适用的余地。有观点认为，由于对诸如侵害人格权益的信息的删除可能涉及第三人，因此有适用反通知规则的余地。笔者认为，此时应当考察网络服务提供者是否同时构成信息处理者，在第三人提供信息的场合，信息处理者是该第三人，网络平台并非信息处理者，此时，信息主体无权依据个人信息保护法请求网络平台删除其个人信息。当然，信息主体应当有权依据侵权责任编的“通知—删除”规则向网络平台提出请求，在此情形下，即便网络服务提供者可能同时进行信息处理，其适用反通知规则，也是依据《民法典》第1196条而非个人信息保护法删除权的规定所产生的效果。

---

① See Guidelines 5/2019 on the criteria of the Right to be Forgotten in the search engines cases under the GDPR, https://edpb. europa. eu/sites/default/files/files/file1/edpb _ guidelines _ 201905 _ rtbfsearch-engines_afterpublicconsultation_en. pdf.

在信息主体行使删除权之后，要达到何种效果？笔者认为，在信息控制者删除信息后，应当使被删除的信息处于不被检索、不被访问和浏览的状态；如果仍然可以被检索、访问，则并没有完成删除行为。此外，依据《个人信息保护法》第47条第2款，法律、行政法规规定的保存期限未届满，或者删除个人信息从技术上难以实现的，个人信息处理者应当停止除存储和采取必要的安全保护措施之外的处理。在出现上述两种不能删除的情形下，法律规定个人信息处理者只能采取存储及其他保护措施。

（三）关于删除权中不得删除的情形

GDPR第17条第1款在规定了应当删除的情形之外，还在该条第3款规定了5种不得删除的情形，而这些情形对删除权的行使作出了严格的限制。① 从比较法来看，另外一些国家和地区的法律也对不得行使删除权的情形作出了相关规定。如澳大利亚将“删除权”的对象限制为该数据主体自己上传的数据，对于非数据主体自己上传的信息不得行使删除权。② 但我国个人信息保护法中并没有对不得删除的情形作出明确规定，正如下文将讨论的，由于删除的情形非常复杂，是否可针对搜索引擎行使删除权，法律并没有非常明确地加以规定。然而，如果不对删除权进行限制，将不利于信息的自由流动和合理利用。有观点认为，可以从《个人信息保护法》第47条第2款的规定出发进行限制。详言之，一是保存期限未届满的。例如《征信业管理条例》规定的5年期限，这意味着期限未满5年时，信息主体就不得随意请求删除。二是技术上难以实现的。所谓技术上难以实现，是指现有的技术根本无法删除或者删除时需要付出不合理成本。③ 在大数据情形下，数据库可能非常复杂，要找到一条特定的数据，并且加以删除十分不易，付出的代价很高。因而，有人认为，可以扩张解释《个人信息保护法》第

① 就GDPR的立法目的而言，其对于个人数据的保护仍然主要是为了“私人信息”，而非公开信息，see Paul M. Schwartz, “The EU-U. S. Privacy Collision: A Turn to Institutions and Procedures”, 126 *Harv. L. Rev.* 1966, 1971-1972 (2013)。

② A New Privacy Principle for Deletion of Personal Information, https://www.alrc.gov.au/publication/serious-invasions-of-privacy-in-the-digital-era-dp-80/15-new-regulatory-mechanisms/a-new-privacy-principle-for-deletion-of-personal-information/，2021年11月8日访问。

③ 参见程啸：《个人信息保护法理解与适用》，中国法制出版社2021年版，第366页。

47 条第 2 款的规定，在特殊情形下限制删除权的行使。但笔者认为，此种扩张解释也存在一定的障碍。一般而言，所谓技术上难以实现，应当依客观标准进行理解，即结合当前的技术条件是否可删除进行判断，否则将导致信息处理者寻找各种理由和借口不予删除，实质上架空删除权的实效性。

对此，笔者认为，《民法典》人格权编中的“一般规定”具有适用空间。例如，《民法典》第 999 条规定为公共利益实施新闻报道、舆论监督等行为的，可以合理使用民事主体的个人信息。这一条款在人格权编“一般规定”的体系位置，表明该条款属于一般条款，蕴含着民法典对个人信息的合理使用的基本价值判断。根据该条款的规定，法官在具体个案中应当对信息主体和信息处理者以及一般公众的利益进行衡量，当新闻报道与舆论监督的公共利益优于信息主体的利益时，信息主体的删除权就应当受到限制。因此，鉴于《个人信息保护法》第 47 条没有对删除权作出限制，《民法典》第 999 条的规定作为一般条款可以发挥补充作用。

三、删除权与搜索引擎

毫无疑问，搜索引擎也大多是信息处理者，可适用个人信息保护法有关删除权的规则。所谓搜索引擎，是指一类自动搜索、组织网络信息资源，并提供检索服务的信息服务系统。[①] 在域外法中，普遍认为，搜索引擎致力于信息的检索，并根据搜索词提供有组织的超链接到网页。[②] 搜索引擎涉及公共领域与利益，在信息分享与流通中扮演着重要的角色，可以为人们的生活、生产与学习等活动提供极大便利，并有助于提高整个社会生产效率。需要指出的是，搜索引擎的主要功能不在于生产信息或对信息的内容进行加工、修改、更新，也并非信息的最初

① 参见吕维平、邓燕萍：《搜索引擎概念探析》，载《图书馆杂志》2001 年第 6 期，第 48 页。

② See Julia Kerr，Comment：“What is a Search Engine? The Simple Question the Court of Justice of the European Union Forgot to Ask and What It Means for the Future of the Right to be Forgotten”，17 *Chicago Journal of International Law*，p. 217.

发布者，其功能主要在于为用户提供跳转至具体信息源头或信息发布者的链接。① 同时，搜索引擎所收集或爬取的信息一般都是互联网上已合法公开或处于公共空间的信息。互联网自从其创立，就被认为具有公共空间的性质，搜索引擎突出表现了互联网的此种属性。② 因此，搜索引擎与其他信息处理者的性质不同，在适用删除权规则时也应当区分对待。如果对搜索引擎一概适用删除规则，可能影响其信息汇集功能的发挥，妨害信息的自由流通，并影响社会公众对信息的利用。

从比较法上来看，GDPR 也认为搜索引擎属于信息处理者，可以适用 GDPR 第 17 条第 2 款关于删除权（被遗忘权）的规定。2014 年，欧盟法院就在“冈萨雷斯诉谷歌案（Google-Gonzalez）”中，确立了被遗忘权的概念。在该案判决中，欧盟法院认为，作为数据控制者的谷歌公司对于其处理的第三方发布的带有个人数据的网页信息负有责任，有义务将其删除。③ 由此可见，欧盟法院裁决认为，谷歌等搜索引擎也属于删除权的请求对象。④ 由此形成了“谷歌西班牙规则”（Google Spain ruling）。虽然在谷歌西班牙案中，法官最后的裁决结果是：与申请人有关的文件不得出现在搜索引擎的搜索列表中，但是，该文件本身（西班牙报纸的文章）仍然是可以公开访问的。当然，没有办法通过搜索信息主体的姓名搜索到该公共文件，在一定程度上减少了这些文件公开产生的影响。在这个意义上，与该信息主体有关的信息，并非真正被忘记了，而是从互联网的“积极记忆”中删除了。⑤ 在这个意义上，谷歌西班牙案最终只是确定了尽管网站提供

① Jeffrey Toobin, The Solace of Oblivion, Newyorker, http://www.newyorker.com/magazine/2014/09/29/solace-oblivion.

② T. Berners-Lee et al., Network Working Grp., Request for Comments: 1945, Internet Engineering Task Force (2006), http://tools.ietf.org/html/rfc1945.

③ Case C-131/12, Google Spain SL v. Agencia Espanola de Proteccion de Datos and Mario Costeja Gonzalez.

④ Orla Lynskey, “Control over Personal Data in a Digital Age: Google Spain v. AEPD and Mario Costeja Gonzalez” (2015) 78: 3 *Modern L Rev* 522.

⑤ Chris Jay Hoofnagle et al., “The European Union General Data Protection Regulation: What It Is and What It Means”, 28 *Info. & Comm. Tech. L.* 65, 90 (2019).

信息本身是合法的，但是搜索引擎也负有删除义务。[①]

我国司法实践中也发生过相似的案件。例如在“任某玉案”中，原告认为，其与陶氏公司的合作已经结束，且因该公司在业界口碑不好，因而如果有学生或合作伙伴搜索原告的名字，从百度网页搜索结果，会误以为其仍然与该公司存在合作，将影响其声誉，也会影响其工作交流和日常生活。因此，原告认为该搜索信息应当被遗忘，请求百度公司删除该信息。但在该案审理时，我国法律中并无对“被遗忘权”的法律规定，也没有“被遗忘权”的权利类型，因此二审法院以任某玉没有证明其在该案中所主张的人格利益具有正当性和应予保护的必要性为由，驳回了任某玉的主张。[②] 但在《民法典》和《个人信息保护法》已经实施之后，个人信息的删除权已经作为一项重要的权利获得法律的明确确认，这就必然出现一个不可回避的问题，即删除权规则能否适用于搜索引擎？

如前所述，因为搜索引擎本身是信息处理者，依据《个人信息保护法》第 4 条第 2 款的规定，个人信息的处理本身就包括了收集、存储、使用、加工、传输、提供、公开、删除等，只要相关主体从事了上述任何一种行为，都应当属于信息处理者。据此，应当将搜索引擎归于信息处理者的范畴。然而，从《个人信息保护法》第 13 条第 1 款第 6 项的规定可以看出，信息处理者可以在合理的范围内处理个人自行公开或者其他已经合法公开的个人信息。在任某玉案中，与任某玉有关的搜索信息是其原来任职单位合法公开的信息，搜索引擎提供的关键词，也是基于这些合法公开的信息，并且根据过去其他用户的搜索习惯和当前搜索词之间的关联度计算产生的，因此搜索引擎对任某玉个人信息的处理，是建立在《个人信息保护法》第 13 条第 1 款第 6 项所规定的合法性基础上。如果在这个意义上解释，则信息主体无法根据《个人信息保护法》第 47 条第 1 款第 3 项和第 4 项的规定主张删除权。

---

① Christopher Kuner, Lee Bygrave, & Christopher Docksey eds., *The EU General Data Protection Regulation (GDPR): A Commentary*, Oxford University Press 2019, S. 479.

② 参见“任某玉与北京百度网讯科技有限公司名誉权纠纷”案，北京市第一中级人民法院（2015）一中民终字第 09558 号民事判决书。

笔者认为，由于搜索引擎具有信息流通、利用的特殊功能，应当将其与其他的信息处理者进行区分。从《个人信息保护法》第 13 条第 1 款第 6 项列举的情形来看，“依照本法规定在合理的范围内处理个人自行公开或者其他已经合法公开的个人信息”，属于合法处理个人信息的行为。这就是说，对已经合法公开的个人信息，行为人原则上无须取得其同意就可以处理。比较法研究也表明，这实际上为搜索引擎提供了一种保护机制，使其可以在不一一征得信息主体同意的情形下，即可依法处理其个人信息。[①] 然而，这并非意味着，搜索引擎就可以不适用删除权规则，应当看到，搜索引擎是一把“双刃剑”：一方面，搜索引擎具有强大的信息汇聚功能，借助于搜索引擎所收集的信息，与某个特定主体有关的所有信息汇集起来，很容易形成与该主体有关的人格画像。[②] 一旦信息处理有误，则会影响该主体的人格尊严与人格自由发展。[③] 另一方面，搜索引擎的信息汇聚功能使得一般公众可以高效、便捷地了解与特定主体有关的所有信息。一旦这些信息与公共利益有关，搜索引擎将更好地发挥新闻报道和舆论监督的功能。[④] 搜索引擎虽然具有可以依法处理公开信息的权利，但依据《个人信息保护法》第 13 条规定，也可能超出合理的范围而处理他人个人信息，或者在存储期限已过的情形下仍然存储相关个人信息，这就有必要对其适用删除权规则。[⑤]

值得注意的是，虽然根据《民法典》第 1036 条第 2 项后半句和《个人信息保护法》第 27 条第二句的规定，对于信息主体自行公开的或者其他已经合法公开的

---

① See Stefan Kulk and Frederik Zuiderveen Borgesius, “Privacy, Freedom of Expression, and the Right to Be Forgotten in Europe” in Evan Selinger, Jules Polonetsky and Omer Tene (eds), *The Cambridge Handbook of Consumer Privacy* (Cambridge University Press 2018) 317.

② 参见丁晓东：《用户画像、个性化推荐与个人信息保护》，载《环球法律评论》2019 年第 5 期，第 82 页。

③ See Lilian Edwards & Lachlan Urquhart, “Privacy in Public Spaces: What Expectations of Privacy Do We Have in Social Media Intelligence”, *International Journal of Law and Information Technology*, vol. 24, no. 3, Autumn 2016, pp. 307 - 308.

④ See McKay Cunningham, “Privacy Law That Does Not Protect Privacy, Forgetting the Right to be Forgotten”, 65 *Buffalo Law Review*. 495 (2017).

⑤ 公开信息与非公开信息二元区分，近年来也受到一些学者的批评，see Woodrow Hartzog, “The Public Information Fallacy”, 98 *Boston University Law Review* 459 (2019)。

个人信息，个人享有明确拒绝处理的权利，但个人明确拒绝的权利只能针对一般平台行使，由于搜索引擎有其特殊性，其并不产生新的信息，而只是为信息流通发挥中介作用。只有借助于搜索引擎，才能使信息的价值得到最大程度的发挥。① 因此，如果个人只要主张明确拒绝就删除相关搜索结果，则会妨害搜索引擎发挥它的应有功能，可能进一步限制信息技术的发展。因此，删除权规则对搜索引擎的适用应当受到必要的限制。笔者认为，信息主体在如下情形下可以针对搜索引擎行使删除权。

第一，在信息源已经被删除的情形下，搜索引擎继续处理相关个人信息。如果相关的信息源已经被删除，相关的个人信息就不再属于已经合法公开的个人信息，在此情形下，搜索引擎的信息处理行为就失去了《个人信息保护法》第 13 条第 1 款第 6 项的合法性基础，因此个人可以明确拒绝搜索引擎对其个人信息的处理。搜索引擎继续处理该个人信息时，信息主体即有权请求搜索引擎予以删除。

第二，基于公共利益的处理超出合理的范围。根据《个人信息保护法》第 13 条第 1 款第 5 项的规定，搜索引擎对个人信息的处理可能是为了公共利益实施新闻报道、舆论监督等行为，此时，为了实现该公共利益的保护，也不得赋予个人明确拒绝的权利，否则将不利于实现新闻报道与舆论监督的功能。但如果搜索引擎对这些公开信息的处理超过合理限度，对个人权益造成重大影响的，个人可以根据《民法典》第 1036 条第 2 项后半句和《个人信息保护法》第 27 条第二句的规定主张删除。当然，在此情形下，如果信息主体主张搜索引擎的行为已经超出了公共利益的范围，而搜索引擎主张其行为并未超出合理的范围，此时，其应当有权提出抗辩，从而对抗信息主体的删除请求。②

第三，超出合理的范围处理信息主体公开的个人信息。即便是对个人自行公开或者其他已经合法公开的个人信息③，依据《个人信息保护法》第 13 条的规

---

① See Helen Nissenbaum, *Privacy in Context*: *Technology*, *Policy*, *and the Integrity of Social Life*, Stanford: Stanford University Press, 2010, p. 197.

② See Christopher Kuner, Lee Bygrave, & Christopher Docksey eds., *The EU General Data Protection Regulation* (*GDPR*): *A Commentary*, Oxford University Press 2019, S. 481.

③ See Michal Lavi, "Taking Out of Context", *Harvard Journal of Law & Technology*, Vol. 31, No. 1, 2017.

定，也必须在合理的范围内处理。如果搜索引擎在搜索相关个人信息时，非法制作各种大数据，与他人共享，甚至打包销售，此情形已经超出了合理的范围。在比较法上，也有不少学者认为，对于公共领域的个人信息也应基于“合理预期”予以保护。[①] 笔者认为，在此情形下，信息主体有权请求将已经进入数据库中的个人信息予以删除。

第四，法律、行政法规规定的存储期限届满。如果法律、行政法规规定了相关个人信息的存储期限，在该期限届满后，信息主体也有权请求予以删除，在此情形下，搜索引擎继续处理该个人信息的，信息主体也应当有权请求搜索引擎予以删除。例如，2012 年国务院《征信业管理条例》第 16 条规定：“征信机构对个人不良信息的保存期限，自不良行为或者事件终止之日起为 5 年；超过 5 年的，应当予以删除。”因此，对超过 5 年的不良信息，个人也有权请求搜索引擎予以删除。

四、删除权和被遗忘权

所谓被遗忘权，是指如果权利人不希望其个人数据继续被数据控制者进行处理或存储，并且维持此种状态不存在任何正当理由，则该数据不应当允许公众随意查询。[②] 遗忘的含义并不是说不允许搜集和存储，而主要是指不允许社会公众在信息发布后的很长时间内可以随意查询。[③] 即权利人可以要求数据控制者删除过时或不准确的信息。[④] GDPR 第 17 条第 1 款规定了删除权，第 2 款进一步规定了被遗忘权：“如果控制者已将个人数据公开，并且根据第 1 款有义务删除这些

① See Shlomit Yanisky-Ravid, “To Read Or Not to Read: Privacy within Social Networks, the Entitlement of Employees to a Virtual Private Zone, and the Balloon Theory,” *American University Law Review*, Vol. 64, No. 1, 2014, pp. 53-108.

② 参见于向花：《被遗忘权研究》，中国社会科学出版社 2020 年版，第 23-30 页。

③ 参见李世刚等编：《GDPR：欧盟一般数据保护条例：文本和实用工具》，人民日报出版社 2018 年版，第 16-17 页。

④ See Michael L. Rustad & Sanna Kulevska, “Reconceptualizing the Right to Be Forgotten to Enable Transatlantic Data Flow”, 28 *Harvard Journal of Law & Technology* 349, 365 (2015).

个人数据，控制者在考虑现有技术及实施成本后，应当采取合理步骤，包括技术措施，通知正在处理个人数据的控制者以下内容，即数据主体已经要求这些控制者删除该个人数据的任何链接、副本或复制件。”在GDPR中，删除权也被称为被遗忘权，因为GDPR在规定删除权的同时，使用了括弧注明是被遗忘权，表明删除权和被遗忘权是同一个概念。但事实上，即便是在欧盟，被遗忘权的语义也始终在发生变化。雷丁认为被遗忘权是数据隐私权的一项重要内容。① 但是自从该权利产生以后，在两大法系都引发了激烈的争议。在欧洲，许多学者赞成在立法中规定被遗忘权，被遗忘权的思想根源甚至可以在法国法律中找到，法国有一项法律允许已经服刑并改过自新的罪犯反对公布其被定罪和监禁的事实。② 相比之下，在美国，公布某人的犯罪史受到宪法第一修正案的保护。③ 但是反对者认为，该项权利严重妨害言论自由，并将使互联网平台变成欧盟的审查官，而不是一个中立的平台，也会影响互联网的开放性和科技的发展。④ 更何况被遗忘权的适用范围也是存在争议的，诸如，是否只是自己披露的数据，是否包括其他类型的数据均存在一定的认识分歧等。⑤

从产生和发展来看，删除权的概念要早于被遗忘权。⑥ 我国现行法没有对被遗忘权进行具体规定，对删除权与被遗忘权的关系，学界存在两种不同的观点。一种观点认为，《个人信息保护法》第7条所规定的删除权范围相当广泛，足以将被遗忘权需要保护的情形涵盖进去，无须单独规定被遗忘权。⑦ 从这个意义上说，删除权实际上已经在很大程度上发挥了被遗忘权的功能。另一种观点认为，

---

①② See Viviane Reding, Vice President, Eur. Comm'n, *The EU Data Protection Reform* 2012: *Making Europe the Standard Setter for Modern Data Protection Rules in the Digital Age* 5 (Jan. 22, 2012).

③ See John Schwartz, "Two German Killers Demanding Anonymity Sue Wikipedia's Parent", *N.Y. Times*, Nov. 12, 2009, at A13.

④⑤ See Jeffrey Rosen, "The Right to be Forgotten", 64 *Stan. L. Rev. Online* 88 (2012).

⑥ 参见刘文杰：《被遗忘权：传统元素、新语境与利益衡量》，载《法学研究》2018年第2期，第29页。

⑦ 参见程啸：《个人信息保护法理解与适用》，中国法制出版社2021年版，第371页。

删除权是个人信息自主权的权能，被遗忘权属于个人信息自主权的范畴。[①] 因此，个人信息保护法所规定的删除权与被遗忘权仍然存在区别，不能将两者完全等同。笔者赞成这一观点，主要理由在于：

第一，适用条件和功能存在区别。被遗忘权以“遗忘”（删除）为原则，以不删除为例外。而从我国《个人信息保护法》第 47 条规定来看，只有在符合法定情形时，信息处理者才需要主动删除，或者按照信息主体的要求进行删除。同时，被遗忘权法律效果的发生需要同时满足客观要件和主观要件，也就是说，不仅要法律规定的情形出现，还需要信息主体有行使被遗忘权的意愿并向信息处理者提出擦除其个人信息的要求。在被遗忘权的情形下，信息处理者并无主动删除的义务，而从我国《个人信息保护法》第 47 条规定来看，只要法定情形出现使客观要件具备，即便个人未向信息处理者提出请求，信息处理者也负有主动删除个人信息的义务。

第二，行使对象不同。我国《个人信息保护法》第 47 条规定的“删除权”不同于 GDPR 中的“被遗忘权”。GDPR 第 17 条中被遗忘权与删除权虽然以在括号内和在括号外的形式出现，其实并非完全重合，“被遗忘”说明权利行使的目的，而“删除”则说明实现权利的手段。[②] 我国个人信息保护法中的“删除权”仅限于信息处理者自己删除，而不涉及信息处理者通知其他处理者进行删除的义务。删除权是指信息主体有权要求信息处理者删除相关的个人信息，本质上是一对一的关系，仅被提出请求的信息处理者负有删除的义务。而行使被遗忘权，信息主体不仅有权要求信息处理者删除相关的个人信息，还有权要求信息处理者采取必要措施要求其他处理者删除此类信息，其已经突破了一对一的关系。[③] 也就是说，对被遗忘权而言，数据控制者不仅要自己删除相关的个人信息，其还要在

---

① 参见李立丰，《本土化语境下的“被遗忘权”：个人信息权的程序性建构》，载《武汉大学学报（哲学社会科学版）》2019 年第 3 期，第 148 页。

② 参见刘文杰：《被遗忘权：传统元素、新语境与利益衡量》，载《法学研究》2018 年第 2 期，第 29 页。

③ See Alexander Tsesis, “Data Subjects’ Privacy Rights: Regulation of Personal Data Retention and Erasure”, 90 *U. Colo. L. Rev.* 593, 602 (2019).

一定程度上通知其他处理者一同删除。[①]

第三，是否规定例外情形不同。GDPR 第 17 条的立法模式决定了，信息主体在主张删除权时，信息处理者可以提出诸如信息自由等抗辩理由不予删除，主管机关或者法官在判定信息处理者是否存在删除义务时，应当对信息主体和信息处理者的利益以及公共利益进行衡量，方可作出判断。[②] 在这样的立法模式下，可以宽泛地解释删除权或被遗忘权适用的情形。[③] 但是，我国《个人信息保护法》第 47 条的规定没有从反面对删除权的行使进行限制。这意味着，在解释上，第 47 条第 1 款中产生删除权的各类情形，不应当如同 GDPR 第 17 条第 1 款的规定一样作宽泛解释，因为《个人信息保护法》第 47 条没有明确赋予法官或者主管机关进行利益衡量的权力。就此而言，该规定还存在进一步完善的空间。

第四，对搜索引擎的适用不同。从前述欧盟法院的立场来看，其对搜索引擎同样适用被遗忘权规则，而依据我国《个人信息保护法》的规定，搜索引擎也属于信息处理者，故对其也可以适用删除权规则，但考虑到搜索引擎在信息传播方面的特殊功能，对其适用删除权规则应当考虑其特殊性，即应当结合《个人信息保护法》第 13 条的规定，具体认定其删除义务。

总之，笔者认为，《个人信息保护法》第 47 条并没有包含被遗忘权，该条所规定的删除权与被遗忘权存在明显区别，两者并非完全相同的概念，不宜认定该条所规定的删除权包含了被遗忘权。

五、删除权的保护

毫无疑问，在信息处理者与信息主体之间存在合同关系的情形下，如果信息

---

① See Elena Corcione, "The Right to Be Forgotten, between Web Archives and Search Engines: Further Steps at the European Court of Human Rights", (2019) 5 *EDPL* 262, 265.

② See David Lindsay, "The 'Right to be Forgotten' by Search Engines under Data Privacy Law: A Legal Analysis of the Costeja Ruling" (2014) 6: 2 *J of Media L* 159 - 179.

③ See Edward Lee, "Recognizing Rights in Real Time: The Role of Google in the EU Right to Be Forgotten", 49 *U. C. Davis Law Review* 1017 (2016).

处理者违反合同约定而信息主体依据合同请求删除，当事人之间的关系应受合同法调整。如果信息主体依据约定请求信息处理者删除相关个人信息时，信息处理者拒不删除的，应当依法承担违约责任，自不待言。但从《民法典》与《个人信息保护法》关于此种民事责任的规定而言，主要是从人格权请求权与侵权请求权的关系而展开的，原则上并不包括违约责任。

如前所述，在一般情形下，删除权人请求删除后，信息处理者应当删除个人信息，《个人信息保护法》第47条还新增了信息处理者应当在符合删除权法定条件的情况下主动删除信息，即在符合法律所规定的情形时，信息处理者应当主动删除个人信息。换言之，该条款要求信息处理者承担主动删除的义务。笔者认为，违反此种义务可能产生行政责任，但是并不当然导致民事责任的产生。在信息处理者没有主动删除的情况下，其并不当然地承担民事法律责任。这是因为，在大数据时代，互联网上存在着海量信息，网络平台作为信息处理者，难以准确地判断哪一信息符合删除的法定情形。当然，如果网络服务提供者已经因处理用户的个人信息成为个人信息处理者，在此情形下，也应当适用个人信息保护法关于删除权的规定。尤其是，如果个人信息处理者知道存在应当删除的个人信息，此时基于主动删除的义务，即使个人信息主体未提出请求，其就应主动删除，否则就应承担侵害个人信息权益的损害赔偿责任。就此而言，删除义务并非不真正义务。

信息主体通过行使删除权可有效保护其个人信息权益，而删除权的保护也可以通过两种方式予以实现。第一种方式是保障权利人直接针对信息处理者提出删除请求或提起诉讼，有效实现删除权。如前所述，删除权本身就是人格权请求权的具体体现，因而信息主体行使删除权就是通过行使人格权请求权保护其权益。在直接提出请求或者通过诉讼请求删除时，信息主体是否需要证明符合侵权损害赔偿的构成要件？在欧洲，数据主体不需要证明损害就可以主张其数据隐私受到了侵害。[①] 依据《民法典》和《个人信息保护法》的相关规定，通过行使删除权保护个人信息不受侵害，这时无须证明自身遭受了损害。由此，也表明删除权是

---

① See Robert C. Post，“Data Privacy and Dignitary Privacy：Google Spain，The Right to Be Forgotten，and the Construction of The Public Sphere”，*Duke Law Journal* Vol. 67：981，pp. 981，982.

一种不同于侵权损害赔偿请求权的人格权请求权，此种请求权作为绝对权请求权的一种形态，不以损害和过错为要件。[①] 因此，在保护人格权益方面，人格权请求权更为简便，有助于预防和制止侵害行为的发生和扩大，具有不可替代的作用。在直接针对信息处理者提出删除请求时，信息主体仅需要证明符合法律规定的条件，而不需要证明自身是否因此遭受损害，信息处理者是否具有过错。如果信息处理者拒绝删除请求，则信息主体可以通过诉讼的方式行使删除权。值得探讨的是，在直接针对信息处理者提出删除请求的情形下，是否需要证明信息处理者已经构成侵权？笔者认为，在此情形下，并不需要证明行为人符合侵权责任的构成要件，尤其是不需要证明行为人符合侵权损害赔偿责任的构成要件，如此更有利于保障删除权的有效行使。《个人信息保护法》第 47 条所明确列举的几种情形，均属于信息处理者丧失了进一步处理个人信息的合法性基础，此时继续处理个人信息时，就侵犯了信息主体的个人信息权益。[②] 也就是说，在符合删除权行使的情形下，在信息主体请求信息处理者删除相关个人信息后，信息主体拒不删除的，将构成非法处理个人信息的行为，构成对信息主体个人信息的侵害，信息主体也有权依法主张人格权请求权。

应当指出，《民法典》第 997 条规定了侵害或妨碍人格权的禁令制度。该条虽然针对的是正在实施或即将实施的侵害“人格权”的违法行为，但可以通过扩张解释的方法，将该条的适用范围扩张适用于个人信息权益。因此，个人信息权利人也可以依据《民法典》第 997 条的规定，申请法院颁发禁令。禁令制度可以较为高效地避免侵害行为所可能产生的损害后果，但是由于其未经过双方当事人的质证、辩论等，因此其只能暂时性地避免损害的发生和扩大，而要最终解决纠纷，还是需要通过诉讼的方式进行。

第二种方式是信息主体在行使人格权请求权之后，信息处理者拒绝删除，如果因此造成信息主体的损害，此时信息处理者应依法承担拒绝删除的侵权损害赔

---

① See Danielle Keats Citron & Daniel J. Solove, “Privacy Harms”, 102 *B. U. L. REV.* (forthcoming Mar. 2022).

② See Julie E. Cohen, “Information Privacy Litigation as Bellwether for Institutional Change”, *DePaul Law Review*, Vol. 66, No. 2 (2016).

偿责任。由于侵权责任以损害赔偿为主要责任形式，此种损害赔偿又包括财产损害与精神损害赔偿两种形式，其应当满足相应的要件。如果信息处理者处理的个人信息的信息已经超出了法律规定的期限，导致信息主体的名誉受损，难以从事正常的交易，由此给信息主体造成财产损害和精神损害，信息主体当然有权主张侵权损害赔偿责任。

对于损害赔偿请求权的构成要件和法律效果，学界存在不同意见。笔者认为，个人信息处理者拒绝删除承担损害赔偿责任的情形，必须满足以下要件：一是符合《个人信息保护法》第 47 条的情形，且信息主体已经主动要求删除。二是信息处理者无正当理由拒绝了信息主体的删除请求造成信息主体的损害。值得探讨的是，损害赔偿请求权的成立是否以损害要件为前提？可以明确的是，信息主体应当对损害的存在承担证明责任。换言之，信息主体应当证明自从其主张删除权之时开始，信息处理者继续处理个人信息的行为给其造成了损害。这一损害既可以是财产损失，也可以是精神损害。至于具体的损害数额，根据《个人信息保护法》第 69 条第 2 款的规定，既可以按照信息主体遭受的损失，也可以按照信息处理者所获得的利益进行计算，在损失和获益都难以确定的情况下，法院还可以根据具体个案的实际情况酌定赔偿数额。三是信息处理者具有过错，依据《个人信息保护法》第 69 条的规定，应当采取举证责任倒置的方式，由信息处理者证明自己没有过错，否则应当承担损害赔偿的侵权责任。当然，在信息主体主张删除的情形下，如果信息处理者能够证明其存在合法处理个人信息的理由，则无须承担侵权损害赔偿责任。

上述两种方式既存在区别，又相互联系。人格权请求权和侵权损害赔偿请求权的目的、构成和法律效果方面都存在不同。此外，应当看到，我国《个人信息保护法》为保护个人信息，在第 70 条规定了公益诉讼以保护个人信息，但笔者认为，就侵害删除权而言，可能一般不宜适用公益诉讼。这是因为，根据《个人信息保护法》第 70 条的规定，检察院、法律规定的消费者组织和由国家网信部门确定的组织提起公益诉讼的条件是个人信息处理者违法处理个人信息侵害“众多个人的权益”。简言之，公益诉讼的提起仅限于大规模侵权的情形。在许多情形

下，信息处理者无正当理由拒绝众多信息主体的删除请求的情形比较罕见，因而适用公益诉讼可能有一定的困难。当然，如果存在《个人信息保护法》第 47 条第 1 款所规定的情形，而个人信息处理者未主动删除，或者众多的信息主体依法请求信息处理者删除，但个人信息处理者拒绝删除，此时也可能也会涉及"侵害众多个人的权益"的情形，可以适用公益诉讼。在特殊情形下，适用公益诉讼，有助于避免众多的个别请求所带来的诉讼成本问题，并有效保护众多信息主体的合法权益。

结束语

雷丁教授曾言："上帝可能会宽恕和忘记我们每个人的错误，然而互联网却从来不会。"① 维克托·迈尔-舍恩伯格也指出，互联网的永久记忆可能会给人们带来"数字圆形监狱"②。因此，法律应当赋予信息主体享有删除权。我国《民法典》和《个人信息保护法》确定的删除权不仅仅保护信息主体对个人信息的自主控制和决定，确保了个人信息被公开和利用的完整和自决，还赋予人们退出公众视野重新开始的机会，从而避免人们因一时疏忽或者细微错误被永远地钉在互联网的"耻辱柱"上③，最终实现人格自由发展。但由于删除权本身是一项新型的权益，关于该制度的设计难以十分圆满，且随着互联网和数字化技术的发展，该制度也将不断发展，因此，在《民法典》和《个人信息保护法》实施之后，应当积极总结经验，使该制度不断完善。

---

① Viviane Reding, Vice President, Eur. Comm'n, *The EU Data Protection Reform* 2012: *Making Europe the Standard Setter for Modern Data Protection Rules in the Digital Age* 5 (Jan. 22, 2012).

② ［英］维克托·迈尔-舍恩伯格：《删除：大数据取舍之道》，袁杰译，浙江人民出版社 2013 年版，第 18 页。

③ Larenz/Canaris, Lehrbuch des Schuldrechts, Bd. 2 Besonderer Teil, S. 512.

论声音权益的法律保护模式*

前　言

近日，成都互联网法庭审理了“全国首例影视剧台词声音权纠纷案”，在该案中，被告未经原告授权，在开发设计游戏时使用了原告在影视剧中的声音片段，原告主张该行为构成对其声音权益的侵害。法院认为，被告在未取得原告授权的情形下在游戏制作中使用期声音，构成对其声音权益的侵害，并最终判决被告向原告赔礼道歉并赔偿原告经济损失 3 万元。[①] 该案即属于声音权益纠纷。个人的声音是由人的声带震动发出的具有独特性的声响。由于每个人的声带和口腔结构存在差异，故每个人的声音都具有独特性。[②] 每个人都有声纹，其与指纹、掌纹等身体特征一样，均具有唯一性、稳定性的特征。[③] 从法律层面来看，声音

---

* 原载于《财经法学》2024 年第 1 期。

① 参见《全国首例影视剧台词声音权纠纷案宣判》，载《北京青年报》2023 年 10 月 14 日，第 7 版。

② Vgl. Schierholz, in: Götting/Schertz/Seitz, Handbuch Persönlichkeitsrecht, München 2019, § 16, S. 320.

③ 参见杨立新、袁雪石：《论声音权的独立及其民法保护》，载《法商研究》，2005 (4)。

是每个自然人人格的组成要素，彰显了个人的人格尊严，是每个人作为人格主体的重要特征，并可以通过声音识别每个自然人的身份。

随着互联网、高科技、大数据和人工智能的发展，对声音权益的保护也提出了新的要求。一方面，声音的记载、利用与传播方式大为增加，借由声音识别技术的发展，声音与人格的关联也变得前所未有的紧密；另一方面，随着高科技特别是数字化技术、语音合成技术和人工智能技术的广泛应用，声音具有可复制性、可传播性，其被收集、合成、制作、模仿、篡改的现象越来越普遍，声音的利用价值也日益凸显，但与此同时，未经许可擅自收集、模仿他人声音的现象也日益出现，尤其是随着人工智能技术的发展，作为大模型＋大数据的AI不仅可以广泛收集大量的声音进行训练，同时可以利用收集的声音数据模仿、自动生成或者将某人的声音与其形体、动作结合起来，AI可以模仿任何人、说任何话。① 近来，互联网视频平台上也有不少“博主”利用人工智能技术合成歌手“翻唱”其他歌曲，牟取了不少经济利益。② 此类技术的使用可能会导致更多的虚假和误导性信息在网络上传播。生成式AI伪造某人从属某种活动的视频，可以达到以假乱真、甚至连AI自己都难以识别的程度。③ 这些现象都对声音的保护提出了前所未有的挑战。为了回应现代社会发展对声音保护的需求，我国《民法典》第1023条第2款明确规定了对自然人声音的保护，但关于声音权益的法律性质及其保护模式，在比较法上存在人格权说、人格利益说、著作权说等不同做法。笔者认为，应依据我国《民法典》的相关规定，对声音权益采取法定人格利益的保护模式，本文拟对此种保护模式的合理性及其适用等问题作出初步探讨。

① 参见罗亦丹：《四句之内难分真伪 AI孙燕姿之后 AI歌手站到台前?》，载《新京报》2023年6月22日。

② 参见《AI又惹事！德国杂志AI生成“F1车王”舒马赫专访引愤怒 主编遭解雇》，载《科创板日报》2023年4月23日。

③ 参见张雨亭：《明星脸带货、虚假小作文，AI生成内容监管走到哪一步了?》，载《南方都市报》2023年6月5日。

一、对声音权益应当采用人格权的保护模式

（一）不宜采用公开权保护模式

美国法通过公开权对声音予以保护。公开权（publicity rights），又称为形象权，指公民对自己的姓名、肖像、角色、声音、姿态以及图像、卡通人物形象等因素所享有的进行商业利用和保护的权利。此种权利常常被界定为具有财产权性质的权利[①]，1954年尼默（Nimmer）发表了一篇《论公开权》的论文，最先使用了公开权的概念。他认为，“公开权是每个人对其创造和购买的公开的价值享有控制或获取利益的权利”[②]。在典型案例“米德乐诉福特公司案”（Midler v. Ford Motor Co.）中，原告米德乐是著名歌手，被告福特公司在电视广告中使用了其代表曲，被告虽然从著作权人处获得了使用授权，但并未征得原告的同意，遂雇佣了另一歌手模仿原告的声音。美国联邦第九巡回法院指出“声音和脸一样独特且个人化。人的声音是人格最为显著的表现方式之一”，“歌手通过歌曲展现自我，模仿她的声音就是盗用她的身份”，因而认定被告侵犯了原告的公开权。[③]在相似案例中，广告公司雇用一名歌手故意模仿另一歌手独特的嘶哑嗓音也被认定为侵犯公开权。[④] 因此，个人对其姓名、肖像、声音等就享有了一种类似于财产的利益（quasi-property interest）。[⑤] 美国判例普遍承认声音应受公开权保护，如果行为人未经许可而出于商业目的使用、模仿他人声音构成对他人公开权的侵害。此外，美国多个州也明确规定了对声音的保护，例如纽约州规定保护姓名、照片、肖像和声音；肯塔基州保护声音和肖像；加州规定保护姓名、声音、签名、照片和肖像；而印第安纳州则保护姓名、声音、签名、图画、形象、照片以

① See Michael Henry ed., *International Privacy, Publicity and Personality Laws*, Reed Elsevier (UK), 2001, p. 88.

② Nimmer, “The Right of Publicity”, 19 *Law & Contemp. Prob*, 203, 216 (1954).

③ See Midler v. Ford Motor Co. 549 F. 2d 460 (9th Cir. 1988).

④ See Wait v. Frito-Lay Inc., 978F. 2d. 1093 (C. A. 1992).

⑤ See Gert Brüggemeier, Aurelia Colombi Ciacchi, Patrick O'Callaghan, *Personality Rights in European Tort Law*, Cambridge University Press, 2010, p. 71.

及姿态动作等人身的财产利益。[①]

AI技术兴起后，公开权的理论与实践开始关注擅自利用AI技术合成他人声音形象的问题，许多歌星、演员被“虚拟选角”和“虚拟复活”，部分公开权主张获得了法院的支持。[②] 例如在一则案例中，游戏开发商未经“No Doubt”乐队授权即在游戏中描绘了其虚拟形象，玩家在游戏中不仅可以让他们演唱自己乐队的歌曲，还可以让他们演唱其他乐队的歌曲。法院认为游戏开发商侵犯了该乐队的公开权。[③] 通过此种方式，保护了个人特别是名人的声音权益。

美国采用公开权保护模式保护声音权益的做法不宜为我国所借鉴，原因在于：一方面，公开权是美国法独有的概念，其主要是为了解决隐私等人格权在调整人格标识商业化利用方面的不足，由于美国法中没有独立的人格权制度，因此对于声音等人格标识的财产价值只能采取公开权制度进行保护。但是此种保护模式也存在一定的缺陷，其主要保护的是名人的声音，即通常只有名人才能主张公开权，非名人只能主张隐私权。[④] 例如，在某个案例中，纽约州法院认为，原告对其公开权遭受侵害并不构成诉因，因为原告无法证明其具有公众形象，具有公开的人格利益（public personality），而只有公众人物才具有此种利益，原告要主张其照片、姓名、声音等遭受侵害，只能根据隐私权主张权利。[⑤] 而我国一直存在体系化的人格权制度，对声音的保护已正式被纳入《民法典》人格权编中，形成了对声音保护的独特方法，彰显了我们对声音权益保护的特色。实践证明，这是一种行之有效的保护方法，而没有必要在人格权制度体系之外确立独立的公开权制度对声音权益进行保护。另一方面，美国法上的公开权在性质上是财产权，其保护的是人格标识的财产利益，而非精神利益，因此，在公开权遭受侵害后，并不存在精神损害赔偿的问题。而我国《民法典》将声音权益作为人格利益加以

---

① See Thomas McCarthy, *The Right of Publicity and Privacy*, at §5.5 (B) (4), 1995.

② See Eric E. Johnson, “Disentangling the Right of Publicity”, *Northwestern University Law Review*. Vol. 111 (4), 891, 934-937 (2017).

③ See No Doubt v. Activision Publishing, Inc., 122 Cal. Rptr. 3d 397 (Cal. Ct. App, 2011).

④ 参见姜新东等：《形象权探讨》，载《山东科技大学学报》2003年第5期。

⑤ See Delan by Delan v. CBS. Inc., 458 N. Y. S. 2d 608 (N. Y. A. D. 1983).

保护，在声音权益遭受侵害后，权利人可以依法主张精神损害赔偿。当然，在声音权益遭受侵害后，权利人也可以依据《民法典》第1182条主张财产损害赔偿。此外，我国《民法典》将声音作为人格利益加以保护，也意味着声音权益具有人身专属性，也不像公开权那样可以转让和继承，这也有利于保护个人的人格尊严。

（二）不宜采用知识产权保护模式

诚然，声音的保护与知识产权具有难以分割的关系。一方面，声音可能受到表演者权利的保护。按照《罗马公约》的界定，表演者是指演员、演唱者、演奏家、舞蹈家和演出、演唱、朗诵、演讲或者以其他方式表演文学艺术作品的人。[①] 表演者所表演的作品大多是著作权法意义上的作品，具有独创性。[②] 我国《著作权法》第四章第二节专门规定了表演者权利，表演者权的客体是表演者的表演，其也受到著作权法的保护，任何人未经表演者同意不得擅自复制、传播或者公开这些表演。而声音则是大多数表演中必不可少的要素之一。例如，单田芳的评书或者郭德纲的相声，均需要通过声音的表达对外展示。因此，声音也成为表演的要素之一，可以作为作品的组成部分，但一般应当依法受到表演者权的保护。例如，他人未经同意不得直播、复制或者公开传播单田芳的评书，这一规则也同时保护了单田芳的声音。不过，此种方式保护的主要还是表演者权，而非著作权。另一方面，在实践中，以声音为表现形式的作品还可能导致声音权益与著作权的交织，或者声音作为作品的组成部分。例如，许多教材中都插入了讲课的声音，直接扫描二维码，就可以听到他人的讲课内容，此外还有大量的音像作品，如果具有独创性，也可以作为作品受到著作权法的保护。

还应当看到，声音可以作为商标权的客体。声音本身的商业价值已被商标法律制度所承认与保护。有研究表明，在商业实践中，对声音的利用已经成为塑造商业品牌价值的重要方式。声音可以被用于区分不同的产品，并可增强消费者的

---

① 根据1961年《罗马公约》第3条（a）款所下的定义，表演者或演奏者是指“演员、歌唱者、演奏者、舞蹈演员和其他表演、歌唱、背诵、朗诵、演奏或以别的方式表演文学或艺术作品的人”。［西］德利娅·利普希克：《著作权与邻接权》，中国对外翻译出版公司2000年版，第291页。

② 参见《罗马公约和录音制品公约指南》，刘波林译，中国人民大学出版社2002年版，第15页。

记忆，甚至建立消费者对特定产品或者服务的信任关系。例如，在美国的一项调查中，某铁路公司通过实施声音品牌计划，92%的受访者正确识别了其声音品牌，而88%的受访者仅听了两个音符就想起该品牌，71%的受访者认为该公司有吸引力。[①] 这一案例表明，具有品牌标识度的声音也可以成为企业的重要资产。声音受知识产权保护的典型形式是声音可以成为语音商标的客体。在美国，早在20世纪50年代即有成功登记的语音商标。语音商标必须具有识别商品或服务的功能、符合"显著性"（distinctiveness）要求。[②] 语音商标的出现表明声音可以广泛应用于商标领域。[③] 我国《商标法》第8条规定，"任何能够将自然人、法人或者其他组织的商品与他人的商品区别开的标志，包括文字、图形、字母、数字、三维标志、颜色组合和声音等，以及上述要素的组合，均可以作为商标申请注册"。自从该法明确承认声音作为商标权的客体之后，语音商标的注册屡见不鲜。据此，将声音作为知识产权的保护客体具有一定的法律依据。

虽然声音权益已经被纳入知识产权的保护范围，但我国《民法典》第123条在规定知识产权的客体时，并没有包含声音。这就表明声音不是一项独立的知识产权的客体。具体而言：

第一，虽然通过保护表演者权利和语音商标也可以保护声音权益，但声音在上述情形下通常需要与其他要素结合起来，才能受到法律保护。在实践中，虽然声音也可以作为作品的一部分受到著作权的保护。但是，此时声音受到法律保护，不是因为该声音可以识别出特定主体，而是因为该声音所涵盖的内容具有独创性，因此应当受到著作权法的保护。在此情形下，声音只是作为作品的组成部分，而并非作为独立的人格利益而存在。在法律上，声音权益与声音作品的归属并不必然相同，如一首声音作品的著作权可能并不属于其演唱者，这也意味着在行为人只是擅自利用作品中的声音时，演唱者将无权主张其著作权遭受侵害，这

① See Laurence Minsky, Colleen Fahey, "What Does Your Brand Sound Like, Harvard Business Review", https://hbr.org/2014/02/what-does-your-brand-sound-like (last visited 2021-08-02).

② See J. Thomas McCarthy, *McCarthy on Trademarks and Unfair Competition*, 5th ed., Thomson Reuters, § 7: 104.

③ See In re General Electric Broadcasting Co., 199 U.S.P.Q. 560 (T.T.A.B. 1978).

就难以对作品中的声音提供有效保护。虽然保护表演者权也可能同时保护声音权益，但其必须建立在对作品的表演的基础上，而实践中大量的声音并非对作品的表演，因此表演者权无法全面地保护声音权益。

第二，著作权保护的是作品的内容，而非声音本身，只不过是作品的内容中包含了声音，从而一并受到著作权法的保护。从比较法上来看，在德国判例和学说中，有观点认为，私法领域内对声音的保护涉及著作权保护和人格权保护两种方式。[①] 著作权保护作为被优先考虑的保护模式，能够对人格权保护形成阻断效果（Sperrwirkung）。只有无法满足著作权保护模式的情况下，相关案例才会进入到人格权保护模式中被考察。[②] 也有观点认为，声音的人格权保护应优先类推适用德国特别法中对于自然人肖像（《德国美术和摄影作品著作权法》第 22 条）和自然人姓名（《德国民法典》第 12 条）的规定以及司法先例中形成的规则。[③] 此外，德国著作权第 75 条还规定了对艺术家所表演的作品不得歪曲及以其他损害其名誉的方式进行改变。事实上，在著作权保护模式中，著作权保护的实际上并非普通的声音，而是达到了作品条件的声音，所以这种模式直接保护的是声音所形成的作品，只是间接起到了保护声音的效果。[④]

但我国《民法典》第 123 条在规定知识产权的客体时只是规定了作品等客体，并没有规定声音权益。《民法典》第 1023 条对将声音权益作为特殊的人格利益予以保护，开辟了对声音人格利益的新型保护渠道，较之于扩张著作权的方式对声音进行保护，此种保护模式更为合理。一方面，此种模式注重了声音权益中具有的人格属性，而非强调声音权益中的财产属性。著作权保护模式过多地强调了声音权益的财产属性。如前述，声音权益虽然与知识产权存在上述交叉，但声音主要不是知识产权的客体，而应该成为人格权益的组成部分。在德国判例中，

---

① Siehe Schierholz, in: Götting/Schertz/Seitz, Handbuch Persönlichkeitsrecht, München 2019, § 16, S. 322ff.

② Siehe Schierholz, in: Götting/Schertz/Seitz, Handbuch Persönlichkeitsrecht, München 2019, § 16, S. 326.

③ Vgl. Peukert, Persönlichkeitsrechtsbezogene Immaterialgüter?, ZUM 2000, 710, 719f.

④ Lausen, Der Schauspieler und sein Replikant, ZUM 1997, 87, 89.

虽然出现了以著作权保护声音权益的做法，但其主要是因为德国法没有系统性地规定声音权益，因此法官不得不依据著作权规则对声音权益予以保护。我国《民法典》第1023条已经明确规定了对声音的保护参照适用肖像权的规定，法官可以直接援引人格权编的规定对声音权益提供法律保护。另一方面，著作权只保护具有独创性的声音作品。[①] 而声音若要成为作品，也要符合独创性的要求，如果缺乏独创性，则无法受到著作权法的保护。此外，声音可能只是一个完整作品的片段或者组成部分，不能将其等同于作品本身，行为人未经同意擅自使用作品中的声音片段，并不等于构成作品上的著作权的侵害。此时，著作权无法对声音权益提供保护。因为这一原因，在德国司法实践中，有的法院认为，对声音作品的片段的使用，应当采取人格权保护模式。[②] 这一观点也不无道理。还应当看到，在实践中对声音的侵害大多表现为非法篡改、非法伪造他人的声音，这些声音可能与作品无关，因此著作权无法对此提供充分的保护。

第三，商标权规则在保护声音权益方面也存在一定的不足。一方面，就语音商标而言，其只是声音在商标领域的一种特殊利用，语音商标受到法律保护需要具备一定的条件，其应当具有固定的载体或形式，并且需要完成特定的审批或登记程序。而声音作为人格利益，其受到法律保护的前提是其具有独特性、与个人身份的关联性，而没有其他限制性条件。另一方面，语音商标制度主要关注相关声音与商品或服务的关联性，其也仅保护商品或服务提供者在市场竞争中的合法权益，而非声音来源或者发出者的人格利益。此外，声音作为商标，也不能脱离相关的商品或者服务本身。更确切地说，在声音作为商标的情形下，语音商标的经济价值并不来源于语音本身，更多的是依附于其指向的商品或服务。因此，将声音作为人格利益与商业活动中语音商标的使用可以是并行不悖的，二者处理不同主体以及不同层次的利益关系。[③]

---

① Vgl. Lausen，Der Schauspieler und sein Replikant，ZUM 1997，87，89.

② Vgl. Bortloff，Tonträgersampling als Vervielfältigung，ZUM 1993，S. 476.

③ See Dominic Watt，Peter S. Harrison and Lily Cabot-King，“Who owns your voice? Linguistic and legal perspectives on the relationship between vocal distinctiveness and the rights of the individual speaker”，*International Journal of Speech，Language and the Law*. p. 137.

第四，将声音规定为一种人格利益，更有利于对声音权益的保护。将声音规定为人格利益，在声音遭受侵害后，受害人可以依法主张精神损害赔偿责任，与知识产权保护方式相比，这也是对声音作为人格利益的一种特有保护方式。另外，基于对此种人格利益保护的特殊性，还可以适用人格权的一些特有保护方法，如侵害人格权的禁令制度、人格权请求权等。

总之，由于声音权益并未完全作为著作权的客体，因而也不宜完全通过知识产权法的规则对声音权益提供保护。

（三）声音权益应当采用人格利益保护模式

声音权益作为一种人格利益，包括声音的可识别性和声音的内容。声音的可识别性是指社会公众可以根据声音识别出特定主体的身份。《民法典》第 1018 条第 2 款规定肖像是在一定载体上所反映的特定自然人可以被识别的外部形象。同时第 1023 条第 2 款规定对自然人声音的保护，参照适用肖像权保护的有关规定。据此可知，声音的可识别性是声音权益具有人格属性、可作为一项人格利益受到保护的前提条件。倘若依据一段声音无法识别出特定主体的身份，那么其将难以受到法律保护。一方面，声音的可识别性源于声音的独特性，例如，单田芳的评书十分著名，就是因为单田芳的声线具有独特性，社会公众可以根据声线识别出一段评书的演说者是单田芳。在这个意义上，声音也具有标表性人格权的特征。[①] 另一方面，声音权益还包括声音的内容。声音的可识别性还应当与声音的内容结合起来。大多数人很难像单田芳一样具有独特的声线或声调，可能需要通过声音的内容识别个人的身份。在德国法中，经历了从狭义的声音权益和广义的声音权益二元区分向一元的声音权益的发展过程。狭义的声音权益将声音仅仅限定为人的声音，即个人可以区别于其他人的声音，并且需要将声音本身与声音所表达的内容之间进行区分。[②] 但在德国的司法实践中，狭义层面对声音权益保护

① 参见温世扬：《标表型人格权的制度价值与规范构造》，载《法律科学（西北政法大学学报）》2021 年第 6 期，第 141 页。

② Siehe Schierholz，in：Götting/Schertz/Seitz，Handbuch Persönlichkeitsrecht，München 2019，§16，S. 320.

的案例非常少[①]，其中较受关注的主要是 1990 年汉堡高等法院判决的“Heinz Erhardt”案。该案中，法院判定，对 Heinz Erhard（一位喜剧演员、音乐家、诗人和演员）的独具特色的声音之模仿，系对他的一般人格权的侵害。[②] 而广义的声音权益不仅包括声音本身，也包括声音所表达的内容[③]，后者可以单独构成一般人格权下的自我话语权（Recht am eigenen Wort）。不过，在 2010 年之后，特别是最新的民法典评注中，已经不再特别区分声音本身和声音所表达的内容，因为纯粹有关声音本身的案例很少，而声音所表达的内容即一般人格权下的话语权益，涉及的案例相对比较多。[④] 这一发展过程也表明，声音作为标识自然人的人格要素，既包括人的声音的可识别性，也包括人的声音的内容，两者难以截然分开。因此，讨论声音权益，应当从声音的可识别性和声音内容两方面考量。

从我国《民法典》的相关规定来看，声音权益应当是自然人所享有的重要的人格利益，声音权益的特点主要体现在如下几个方面。

第一，声音权益的主体是自然人。虽然随着技术发展，人工智能作为拟制人，能够合成、创作人的声音，但这并不意味着人工智能产品可以成为声音权益的主体。人工智能产品作为法律上的客体，其也无法享有声音权益。在实践中，借助语音合成软件制作的虚拟歌手“洛天依”这一网络形象已经成为风靡全球的虚拟偶像，但其仅有可能通过著作权法或反不正当竞争法等予以保护，该虚拟的网络形象无法成为声音权益的主体，虚拟歌手的创作者或持有公司也不因此享有基于此种声音而产生的人格利益。[⑤]

第二，声音具有身份识别性。如前述声音权益具有独特性，每个人的声音都不可能与他人的声音完全相同，通过声纹识别技术可以从声音中识别出具体的个

---

① Siehe Schierholz，in：Götting/Schertz/Seitz，Handbuch Persönlichkeitsrecht，München 2019，§16，S. 319.

② OLG Hamburg NJW 1990，1995ff.

③ Siehe Specht-Riemenschneider，in：Gsell/Krüger/Lorenz/Reymann，BGB Großkommentar，§823，Rn. 1207.

④ Siehe Förster，in：Hau/Poseck，BGB Kommentar，66. Edi.，2023，§12，Rn. 233－235.

⑤ 参见芦琦：《虚拟数字人 IP 化法律问题及其知识产权保护应对》，载《科技与法律》2023 年第 3 期。

人。声音也构成诸如演员、配音演员、播音员和歌手的重要识别特征（Erkennungsmerkmal），为公众所熟悉。[①] 即使随着时间的推移，个人的声带可能发生变化，语音、语调也可能有所改变，但声纹具有稳定性，仍然可据以识别特定个人的身份。[②] 虽然每个人声音的可识别性存在一定差异，但这仅是程度有别，并不影响其身份识别的性质。因此，声音权益与特定的自然人一一对应，与自然人人格直接关联，常言道“未见其人、先听其声”，人们听到一种声音之后可判断该声音归属于某一特定主体。某人的声音与其人格是直接联系在一起的，与个人在社会生活中的主体地位也具有直接关联度。这也使得声音可以成为身份识别的重要依据。在规范层面，声音权益之所以受到法律的专门保护，最主要原因也是其身份识别性。当然，法律将声音作为重要的人格利益予以保护，其所保护的并不是特定的声音载体，因此，行为人毁坏相关的声音载体通常并不构成对他人声音权益的侵害，但如果行为人擅自利用或者恶意模仿相关载体中的声音，并因此产生身份混淆的后果，则可能构成对他人声音权益的侵害。

第三，声音权益也彰显了个人的人格尊严。声音是一种人格利益，它是个人进行社会交往、形塑个人形象以及表达思想的媒介，与其个人尊严与社会评价密不可分。如前述，侵害声音权益，通常会侵害个人的人格尊严，保护声音权益，就是要保护个人的人格尊严。例如，在“全国首例影视剧台词声音权纠纷案”中，原告诉称，二被告未经其授权，以营利为目的开发并设计案涉游戏，客观上构成对其声音权益的侵害，并且此款游戏中使用原告的人格元素塑造坏人形象，有损其人格尊严，此种主张不无道理。还应当看到，由于声音是标识自然人的人格要素，因此，每个人对自己的声音权益享有自主决定的权利，任何人未经许可，不得擅自使用他人的声音，在这一点上，声音权益类似于个人信息中的“自主决定权”，每个人对于自己的声音享有自己独立决定的权利，禁止他人未经同

① Vgl. Schierholz，in：Götting/Schertz/Seitz，Handbuch Persönlichkeitsrecht，München 2019，§16，S. 320.

② 参见杨立新、袁雪石：《论声音权的独立及其民法保护》，载《法商研究》2005 年第 4 期。

意擅自使用权利人的声音，这也是法律保护声音权益的重要原因。①

第四，声音权益是具有财产价值的人格利益。声音不仅具有人格利益属性，其也具有利用价值，声音权益不仅承载精神利益，而且包含一定的经济价值，能够成为商业化利用的对象。例如，授权他人将自己的声音应用于网络游戏、电视广告或智能产品之中，以此获取许可使用的费用。再如，声音可以用作语音商标，或者利用名人的声音为产品代言，或者利用他人的声音作为短视频的配音，不仅可以获得网络流量，更可以因此获得经济利益。从法律属性上看，声音与姓名、肖像等人格标识相似，可以在一定程度上与主体相分离，这与物质性人格权的客体显著不同，其也可以成为许可使用的对象。②

总之，声音具有身份识别性、唯一性与稳定性的特征，声音与人的主体性以及人格尊严紧密相关。正是因为对于声音权益可以采取人格利益保护模式，因此，在自然人的声音权益遭受侵害以后，受害人可以主张人格权请求权等权利，并依法主张精神损害赔偿，从而充分维护其人格利益。

二、对声音权益应当采用法定人格利益保护模式

声音权益应当受到人格权法保护，但问题在于，声音究竟是一种具体人格权，还是一般人格权，抑或是一种特殊的法定的人格利益。学界对此存在不同的观点，从我国《民法典》第 1023 条的规定来看，声音是一种法定的特殊人格利益，应采取法定人格利益的保护方式保护声音权益。

（一）《民法典》未采取具体人格权保护模式

从比较法上看，一些大陆法系国家和地区的判例通过扩张隐私权或者肖像权等具体人格权的方式保护声音权益。例如，加拿大《魁北克民法典》第 36 条从

---

① Siehe Specht-Riemenschneider, in: Dreier/Schulze, Urheberrechtsgesetz, 7. Aufl., 2022, KUG § 22, Rn. 7.

② 参见温世扬：《标表型人格权的制度价值与规范构造》，载《法律科学（西北政法大学学报）》2021 年第 6 期，第 141 页。

隐私权的角度规定了声音权益的保护规则。[①] 此种模式直接将声音纳入与其相类似的具体人格权之中，通过扩张隐私权或肖像权范围的方式，实现对声音的保护。在德国，有学者认为，对于声音的人格权保护模式，目前法律并无特别规定，因此适用一般人格权，但是它也可以优先参考适用自然人肖像（德国《美术和摄影作品著作权法》第 22 条）和自然人姓名（《德国民法典》第 12 条）的相关规定及司法先例中形成的规则。[②] 可见，声音也可以受到特殊人格权的保护。如果声音权益的保护无法适用特殊人格权的相关规定，则一般人格权为其提供补充保护。[③]

在我国《民法典》颁布前，有不少学者认为，在规定具体人格权时，不仅要规定传统人格权，对较为成熟、确实能够作为具体人格权进行保护的人格利益，也应将其规定为新的人格权，而声音权就是其中之一。[④] 这种观点基于声音与姓名、肖像一样起到人格标识的作用，加之声音因窃听器、录音机的广泛使用而有强化保护的必要，遂认为声音应当构成一项具体人格权。[⑤] 有观点主张，《民法典》第 1023 条第 2 款已经确认了独立的声音权，承认了权利人有自主支配自身声音权益的权利，并有权决定对自己的声音进行使用，或者许可他人使用。[⑥] 还有观点认为，《民法典》第 1023 条第 2 款确认了声音权，可以对《民法典》施行前的声音权侵害行为溯及适用，以便更好地保护自然人人格权益。[⑦] 在司法实践

---

① 该条规定："特别是有下列行为之一的，为侵犯他人隐私：（1）进入或者占领他人的住宅；（2）故意截取或者使用他人的私人通讯工具；（3）盗用或者使用他人的肖像或者声音，尽管在私人寓所内；（4）尽一切可能持续将他人的私生活公开；（5）使用他人的姓名、肖像、形象或者声音，但向大众合理公开信息的除外；（6）使用他人的信件、手稿或者其他的私人文件。"该条实际上是通过隐私权对声音加以保护的。"

② Peukert，Persönlichkeitsrechtsbezogene Immaterialgüter?，ZUM 2000，710，719f.

③ Landfermann，Handy-Klingeltöne im Urheber-und Markenrecht，2006，S. 187.

④ 参见杨立新、袁雪石：《论声音权的独立及其民法保护》，载《法商研究》2005 年第 4 期，第 103 页。

⑤ 参见彭隋生：《人格派生财产权初探》，载《北京航空航天大学学报（社会科学版）》2013 年第 5 期，第 43 页。

⑥ 参见杨立新：《我国民法典人格权立法的创新发展》，载《法商研究》2020 年第 4 期，第 21 页。

⑦ 参见熊丙万：《论〈民法典〉的溯及力》，载《中国法学》2021 年第 2 期，第 32 页。

中，也有案例明确使用了声音权这一表述。[①] 上述观点具有一定的合理性，但从我国《民法典》第 990 条第 1 款关于具体人格权的规定来看，其在列举的十项人格权益中，并没有承认声音为独立的具体人格权类型。《民法典》之所以未承认声音为独立的具体人格权，主要是因为其边界并不清晰，而且其与肖像、隐私等会发生一定的交叉，很难对它们进行明确的界分，具体而言：

第一，声音是一种人格利益，而非具体人格权。从解释论看，我国《民法典》并未将声音权益规定为一种独立的具体人格权，因为按照权利法定原则，只有法律明确规定的权利才能成为具体人格权，否则只能作为利益存在。而无论是从《民法典》第 110 条还是第 990 条第 1 款来看，其在列举具体人格权的类型时，并没有规定声音权，这表明声音权在我国《民法典》中并非独立的具体人格权。《民法典》第 1023 条第 2 款明确规定了对声音的保护参照适用肖像权的规则，即“对自然人声音的保护，参照适用肖像保护的有关规定”。该条在规定声音权益的保护时，使用的表述也是“声音”而非“声音权”。因此，《民法典》并没有明确承认声音权是一种具体人格权，仅将其规定为一种人格利益。

第二，具体人格权是指法律明确规定的人格权，凡是在《民法典》表达为“××权”的人格权均是具体人格权，相反，若是《民法典》没有规定“××权”的人格权益则不属于具体人格权。在这个意义上，尽管《民法典》规定了个人信息受到法律保护，但是没有规定“个人信息权”，因此也不能将个人信息认定为具体人格权。同样，由于《民法典》第 1023 条第 2 款规定了对自然人的声音的保护，但是没有明确规定诸如“声音权”等法律概念，因此声音人格权益不是具体人格权。

---

① 例如，在“上海大承网络技术有限公司与北京天浩盛世娱乐文化有限公司合同纠纷案”中，法院认为：“×××授权天浩盛世公司代表其本人就其肖像和声音用于游戏《超××》的相关事宜对外授权，且在大承网络公司使用×××肖像权与声音权用于《超××》手机游戏营销传播期间，并没有证据证明×××本人提出异议。××公司与×××之间的合同争议抑或侵权争议，涉及独家经纪权的法律认定问题，不足以证明天浩盛世公司没有获得×××的相关授权，故对于大承网络公司主张的天浩盛世公司无权代表×××签署《合作协议》且《合作协议》效力待定的意见，该院不予采信。”参见北京市第一中级人民法院（2017）京 01 民终 5532 号民事判决书。

第三，声音权益经常与其他人格权发生交叉，若是将声音规定为人格权，那么其与其他人格权的边界存在区分困难。从比较法来看，擅自生成他人的声音和图像，可能侵害他人的名誉权[①]，或者侵害他人的隐私权[②]，甚至可能涉及个人信息的保护。[③] 尤其是我国《民法典》第1023条规定对声音参照适用肖像保护的规则，可能使人产生一定的误解，即认为声音属于肖像的内容，是肖像权的组成部分。应当承认，声音与肖像存在密切的关系，其与肖像一样，都具有身份识别的特点，而且从声音与肖像中都能够直接识别个人的身份，其都属于标表型人格权益的范畴。此外，虽然声音权益是参照适用肖像保护的规则，但并不是直接适用，且参照也只是参照与其最相类似的规则，而不是参照适用肖像保护的所有规则。从实践来看，声音与肖像虽然都可以成为许可使用的对象，但是二者之间也存在一定的区别：一方面，肖像权是独立的具体人格权类型，而声音在性质上只是一种人格利益。另一方面，肖像是通过一定的外在载体展现个人的形象，而声音与个人身份的关联则不需要有形的外在载体。

《民法典》虽然没有承认声音权益为一种具体人格权，但并不意味着无法通过人格权的保护规则保护声音权益。在此应当区分狭义的人格权概念和广义的人格权概念。《民法典》第990条第1款所使用的“人格权”是狭义的人格权概念，而人格权编所使用的人格权则是广义的人格权概念，凡是人格权编所规定的人格权益，都应当可以适用人格权编的保护规则，声音权益也概莫能外，在声音权益遭受侵害后，受害人也可以主张人格权请求权、精神损害赔偿等。从这一意义上说，虽然声音是一种人格利益而非具体人格权，但是不影响《民法典》以保护人格权的方式对声音权益进行保护。同时，通过人格权许可使用、合理使用等制度，便利声音权益的多元利用，也能更好地平衡不同利益主体间的关系。

（二）《民法典》未采用一般人格权保护模式

一般人格权（Allgemeines Persönlichkeitsrecht/AGB）产生于德国。在德国

---

① BGH NJW 2011，3516ff.

② BVerfGE 54，148 unter B. II. 2. a；Balthasar，Der Schutz der Privatsphäre im Zivilrecht，Tübingen 2006，S. 112.

③ Volkszählungsurteil，NJW 1984，419ff.

法中，一般人格权属于“框架性权利”，具有母权的性质。[①] 由于德国法规定的人格权类型较少，大量的人格利益均通过一般人格权受到保护，因此，如果对声音权益的保护无法适用特殊人格权的相关规定，则一般人格权为其提供补充保护。[②] 实践中，声音被认为是私人生活领域和私人生活秘密，受到一般人格权的保护，他人不得窃听和记录个人的声音。[③] 同时，个人声音中所包含的经济价值也受到一般人格权的保护。[④] 例如，在 1990 年汉堡高等法院判决的海因茨·埃尔哈特（Heinz Erhardt）案中，原告的父亲海因茨·埃尔哈特是德国著名影星，但已经去世，被告未经原告同意而在其声音模仿秀节目中模仿了其父的声音。法院认为，对埃尔哈特独具特色、广为辨识的声音的模仿，系对其一般人格权的侵害，承认声音中所包含的经济价值应受一般人格权的保护。[⑤] 不过，一般人格权模式所保护的具体法益欠缺明确的界定，常在理论与实践中引发争议、影响其规范功能的发挥；一般人格权具体化过程中产生的各项具体人格权之间的区分也并不清晰，易产生体系上的重叠与紊乱。

在我国，《民法典》在第 990 条第 1 款列举了各项具体人格权后，于第 2 款专门规定：“除前款规定的人格权外，自然人享有基于人身自由、人格尊严产生的其他人格权益。”这就意味着，凡是没有被类型化为权利的人格利益，则属于《民法典》第 990 条规定的“其他人格权益”的范畴。对《民法典》人格权编所保护的人格利益应当区分为两种：一是法律明确规定的人格利益，二是法律没有规定的人格利益。对于法律已经作出规定的人格利益，如个人信息、死者人格利益等，由于已经有法律的明确规定，应当适用具体规定，而非适用《民法典》第 990 条第 2 款的规定。诚然，声音是一种新型人格利益，与一般人格权一样，其主体都是自然人，且都是一种权益而非权利，因此，与一般人格权确实具有相似性，但其又不同于一般人格权，声音是法律明确规定所保护的人格利益类型。进

① 参见［德］迪特尔·梅迪库斯：《德国民法总论》，邵建东译，法律出版社 2000 年版，第 808 页。

② Vgl. Landfermann, Handy-Klingeltöne im Urheber-und Markenrecht, 2006, S. 187.

③ Vgl. Rixecker, in: Münchener Kommentar zum BGB, 9. Aufl., 2021, Anhang zu § 12, Rn. 82, 90.

④ Vgl. Hartl, Persönlichkeitsrechte als verkehrsfähige Vermögensgüter, Konstanz 005, S. 50.

⑤ Vgl. OLG Hamburg NJW 1990, 1995ff.

一步而言，《民法典》第 990 条第 2 款适用的前提是在法律未对特定人格权益作出明确规定，也没有作出参照适用的规定[①]，而声音权益则显然不在此列。《民法典》第 1023 条第 2 款规定：声音利用保护，应适用相关肖像的保护规则，而不再适用《民法典》第 990 条第 2 款规定。从这个意义上说，在我国《民法典》中，声音权益不属于一般人格权保护的范围。通过一般人格权规则保护声音权益，也可能赋予法官过大的自由裁量权，即法官需要判断行为人是否侵害了他人的人格自由和人格尊严，这也可能使声音权益的保护存在一定的不确定性。此外，由于一般人格权能否成为许可使用的对象，仍然存在一定的争议，因此，通过一般人格权的规则保护声音权益，也难以调整声音权益的积极利用现象。

总之，声音权益不属于一般人格权的范畴。我国《民法典》第 990 条第 2 款规范的一般人格权是法律没有规定但实践中产生的新型人格利益，而并不应当包括已经由法律作出明确规定的声音权益。在前述“全国首例影视剧台词声音权纠纷案”中，原告主张其一般人格权受到侵害，法院未采纳该观点，仍然认为被告侵害的是原告的声音权益，此种观点，值得赞同。

（三）《民法典》采取法定人格利益保护模式

从《民法典》规定来看，我国对声音权益的保护采纳的是一种法定的、独立的人格利益的保护模式。《民法典》第 1023 条第 2 款虽然是参照适用条款，但其也具有宣示作用，即声音权益也是受法律保护的人格利益，而且其在整个民事权益中具有重要的地位，是独立的人格利益类型。具体而言，此种保护模式对声音权益的保护具有如下特点。

第一，法定性。此种保护模式强调对声音权益的保护是由法律明确规定的，这就为声音权益的保护提供了明确的法律指引和依据，在当事人发生争议的情形下，也可以直接援引法律规定。法定性包含如下两个层次：一是法律对声音权益的保护作出了明确的规定，从而为声音权益的保护提供了制定法层面的依据。二是法律对声音权益发生纠纷应适用的裁判依据作出了具体的规定，与《民法典》第 990 条第 2 款一般人格权所保护的人格利益相比，声音权益的保护可以参照适

---

① 参见黄薇主编：《中华人民共和国民法典人格权编解读》，中国法制出版社 2020 年版，第 16 页。

用肖像保护的规定，该规则更为具体，能够为声音权益的保护提供更为精细化的规则。

第二，独立性。声音权益的独立性具体体现为：一是声音是《民法典》人格权编所规定的独立的人格利益类型，其无法被其他人格权益所涵盖。声音权益是法律明确规定的人格权益，属于法定的人格利益。这种人格利益不是一般人格权意义上的人格利益，一般人格权是指法律没有具体规定的人格利益，但是，声音是和个人信息、死者人格利益一样得到法律特别规定的人格利益。二是声音权益虽然与其他人格权益存在一定的交叉关系，但其本身具有明确的权利边界，可以与其他人格权益进行明确的区分。三是声音权益是我国《民法典》所规定的人格权益体系的组成部分。从立法规定来看，其既不是作为一般人格权的客体，也没有将其作为肖像权或者其他具体人格权，而是介于二者之间的权利过渡状态。立法者之所以没有将其权利化，主要是考虑到声音权益的保护属于新型问题，在司法实践中尚未积累充分的经验。采法定人格利益保护模式既为声音权益的保护提供明确的法律依据，也可以为其未来的权利化奠定基础。从比较法上来看，这种模式也是极为独特的，没有哪个国家的立法采取我国的这种模式。

第三，规则适用的特殊性。如前述，对法律没有规定的新型人格利益，依据《民法典》第 990 条第 2 款关于一般人格权的规定，法官要对此种人格利益是否属于一般人格权的保护范围进行具体考量，尤其是这些人格利益是否属于具体人格权之外的、体现了人身自由和人格尊严价值的人格利益作出判断，如果符合这些条件，则可以适用第 990 条第 2 款。而对声音权益而言，由于《民法典》第 1023 条已经将其规定为法定的人格利益，参照适用肖像保护的规则，因而法官不需要考量声音权益是否属于人格利益。且从法律适用层面，不能适用《民法典》第 990 条第 2 款，而应当依据第 1023 条确定与声音保护具有相似性的肖像保护规则，以确定其适用规则。当然，虽然《民法典》第 1023 条将声音规定为参照适用肖像权的规定，但是并不意味着声音就是肖像权的客体，参照适用的表达方式表明了声音和肖像不具有同一性，而只是具有相似性。

我国《民法典》第 1023 条第 2 款规定声音权益可以参照适用肖像保护的规

则，从而确立了声音权益的法定人格利益的保护模式，此种保护模式的优点在于：

一是宣示了声音权益是应当受到人格权编保护的独立人格利益，其不属于具体人格权的范畴，与具有极大相似性的肖像权也不相同，且与个人信息等法定的人格利益存在区别。这里的“独立”主要指向声音权益与其他人格权益之间的关系：声音作为独立的人格标识，其保护不必依附于其他人格权。不可否认的是，声音权益常常和其他人格权交织在一起，如歪曲声音内容、“嫁接”声音可能侵犯名誉权[①]；深度伪造常以视频的方式体现，从而一并侵犯声音与肖像权；声音的内容可能涉及名誉权或隐私权。[②] 在具体个案中若声音权益与上述人格权捆绑在一起，即使法律未作出特别规定，声音权益也能受到间接保护；但在声音独立存在时，就有必要对声音单独进行保护。例如，某广告只用了一段歌曲而未出现演唱者的肖像，或某 AI 音频只模仿了某人独特的嗓音，法律若不明确声音作为独立的人格利益，声音的保护就无所依从。既然声音本身能够单独识别个人身份，并不当然依赖肖像、姓名等人格标识，声音亦具有独立保护的必要，在法政策上不应区别于其他人格标识，所以，强调声音权益的独立性，此种人格利益的边界与其他人格利益的边界是可以明确界分的，不能纳入其他人格权益之中。

二是强化对声音权益的保护。在将声音规定为法定的人格利益后，其保护也可以适用人格权编关于人格权保护的一般规定，此时也不再需要按照一般人格权的规则，先判断声音是否属于应受法律保护的人格利益，这也更有利于对声音权益的保护。当然，在确立有关该权利的行使与保护规则时，既要与肖像权规则结合起来，又要考虑其特殊性。例如，声音可以作为语音商标使用，其虽然受知识产权的保护，但也反映出其不能完全套用商标权保护的规则。

三是在规则适用方面限制了法官的自由裁量权，要求法官直接依据参照适用条款寻找相关的裁判规则，也不需要过多地考量声音权益是否为人格利益。若是

---

① Vgl. BGH NJW 2011，3516ff.

② Vgl. BVerfGE 54，148 unter B. II. 2. a；Balthasar，Der Schutz der Privatsphäre im Zivilrecht，Tübingen 2006，S. 112.

采取一般人格利益的保护模式，那么法官在判断声音权益是否值得保护、在哪些场景下应当保护等具体问题时，可能产生不同的观点，形成同案异判的后果。相较之下，《民法典》第 1023 条第 2 款明确规定了声音权益应当受到我国法律体系的保护，并且应当参照适用肖像权的规定，从而为声音权益的相关纠纷的处理提供了相对确定的判准，有利于同案同判。

四是有利于保持声音权益保护规则的开放性。相较于具体人格权的保护模式而言，法定人格利益的保护模式更具开放性。声音权益属于比较新型的人格权益，它的权益内容和边界还有不清楚的地方，尤其是随着数字技术特别是人工智能等技术的发展，声音的利用方式将越来越多样化，同时，纠纷的类型和数量也将大大增加。从未来的发展来看，声音权益的权利化应当是一个必然的发展趋势。在司法实践的经验积累成熟之后，也可能对声音进行权利化。因此，《民法典》第 1023 条第 2 款没有规定独立的声音权这一具体人格权类型，而是规定其保护参照适用肖像权的相关规则。这意味着，对于与肖像权具有实质性相似的问题，可以参照适用肖像权的规定；而声音权益保护中的独特问题，以及随着数字技术的发展产生的新问题，则交由将来的立法或者司法解释再作进一步的细化规定。在这个意义上，法定人格利益的保护模式更具开放性。

三、应当界分声音权益与个人信息保护模式

诚然，声音权益与个人信息都不是法定的具体人格权，而是法定的人格利益，且这两种人格利益相互之间存在一定的交叉。一方面，随着科学技术尤其是数字化技术的发展，大量的声音可以转化为个人信息。例如，声音作为数据挖掘的对象，大数据工具通过对声音的分析可以获取大量个人信息，如通过声音辨别情绪与偏好。[①] 声音本身也可以成为特殊类型的个人信息，因为其能够识别特定的自然人，并且可以以信息的形式存在，甚至由于声音关涉个人的人格尊严，与

---

① See Joseph Turow, *The Voice Catchers: How Marketers Listen In to Exploit Your Feelings, Your Privacy, and Your Wallet*, Yale University Press, p. 2.

个人人身安全有直接关联度，声纹信息在性质上应当属于敏感个人信息。例如，实践中，网络诈骗可能通过非法收集他人声音后，模仿他人声音从事网络诈骗。由于声音信息作为一种重要的信息，也可能被处理者非法处理。例如，手机语音助手、智能音响、智能客服等工具通过用户声音直接收集了大量个人信息。有的信息处理者在大量收集个人的声音信息后，从事非法加工、合成，未经他人许可推出各种声音、语音视频、黄色影像等，从而侵害他人的声音信息。另一方面，个人信息保护规则也可以适用于声音权益的保护，即在声音体现为声音信息时，个人信息的保护规则可以为声音权益的保护提供更为系统、全面的保护。由于通过某个人特殊的声音，也能够识别特定的自然人，因此，个人信息中也包含了声音这一特殊类型的个人信息，而且随着技术的发展，声音的独特性已经成为识别自然人身份的非常有效的方法。从未来的发展趋势看，声音权益与个人信息重叠现象将日益普遍，声音权益也可以受到个人信息规则的保护。《民法典》第1034条第2款关于个人信息的类型中虽然没有明确列举声音，但该条采用了“等”字，表明符合个人信息特点的声音，也可以纳入个人信息的范畴。

正是因为声音与个人信息的交叉关系，从比较法上看，也存在一种以个人信息规则保护声音的做法。例如，在欧盟《一般数据保护条例》（GDPR）的基础上，欧盟于2021年7月针对“虚拟语音助手”（VVA）专门制定了《虚拟语音助手指引》，针对不同语音服务任务明确了对应的个人信息保护规则的适用。① 美国法在金融、健康保险、劳动等行业法上针对语音或语音记录也有专门保护。② 由此涉及声音能否通过个人信息进行保护的问题。在我国，《民法典》《个人信息保护法》有关个人信息保护的制度也可以适用于对声音的保护，这主要是在声音被他人非法处理之后，侵害了他人声音信息，受害人可以直接援引有关个人信息保护法的规定，请求对这种侵害声音信息的行为予以保护。例如，在行为

① See Guidelines 02/2021 on virtual voice assistants，Version 2.0，adopted on 7 July 2021，pp. 3-4，https://edpb.europa.eu/system/files/2021-07/edpb_guidelines_202102_on_vva_v2.0_adopted_en.pdf.

② See Emma Ritter，“Your voice gave you away：the privacy risks of voice-inferred information”，*Duke Law Journal*，Vol 71（2021），735，753-760.

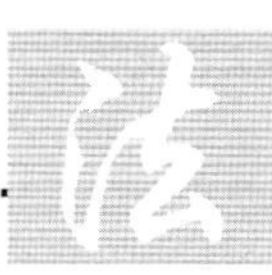

人非法收集他人声音信息时，受害人可以直接行使《个人信息保护法》所规定的删除权、更正权等权利；在他人将相关声音与他人共享时，权利人还可以请求停止侵害等；在个人信息遭受侵害时，也可以适用获利返还规则请求损害赔偿。毫无疑问，这种方式也是对声音权益进行保护的非常有效的方式。尤其是，声音权益可能成为个人信息甚至是敏感个人信息的组成部分。例如，个人信息处理者未经许可擅自处理他人的谈话，就可能构成对个人敏感信息的侵害，受害人可以依据《个人信息保护法》敏感个人信息的规定请求保护。

但是应当看到，声音既然是一种独立的人格利益，其并不能完全归入个人信息的范畴，两者的区别具体表现在：

第一，个人信息强调对自然人的识别性。《民法典》第 1034 条第 2 款规定："个人信息是以电子或者其他方式记录的能够单独或者与其他信息结合识别特定自然人的各种信息。"因此，只要是能够识别特定自然人的信息，都可以归入个人信息的范畴。但声音作为一种人格利益，其并不以识别性作为要件，法律保护声音权益旨在维护声音所彰显的人格尊严和人的主体性的密切关联度，并不一定强调身份识别的特点。

第二，声音权益并不一定以信息的形式表现出来。只有在声音已经成为个人信息的情况下，才能受到法律保护。个人以唱歌、讲课等方式表现其声音，如果没有通过一定的数字化记载记录下来，则不能说声音就是一种个人信息并应受《个人信息保护法》的保护。但即便如此，任何人也不得恶意模仿他人的声音，甚至用于侮辱、贬低他人的形象，或者模仿他人声音从事网络诈骗等活动。如果实施此类行为，行为人并不是对他人的声音信息进行收集、储存等处理行为，而只是一种侵害他人声音的行为，在此种情形下，行为人并不构成对他人声音信息的侵害，而只是构成对声音权益的侵害。因此，不能完全基于个人信息保护的规则保护声音权益，而主要应当基于人格利益保护声音权益。

第三，个人信息保护的是信息主体对个人信息的自决权，即未经个人同意，个人信息处理者原则上不得处理个人信息，并且在个人信息处理过程中，个人可以行使查阅复制权、可携带权、更正补充权和删除权等请求权。相比之下，声音

权益主要保护的是人格尊严，即防止他人通过非法使用、非法仿造的方式侵害声音主体的人格尊严。即便声音信息遭受侵害，可以适用个人信息的保护规则，此种情形下受害人也应当可以主张其人格利益遭受侵害，而不选择适用个人信息保护规则，即受害人可以选择依据《民法典》第 1023 条得到保护。

第四，从侵害方式上看，侵害个人信息主要体现为非法泄露、非法处理个人信息等方式。而侵害声音权益既可能体现为行为人未经许可擅自利用他人的声音，也可能体现为行为人恶意模仿他人的声音，造成身份的混淆等。同时，由于单个的个人信息利用价值有限，因此，个人信息侵权通常体现为大规模侵权。而侵害个人声音权益的行为通常体现为个别侵权。

第五，权益遭受侵害后的责任构成要件不同。在个人信息遭受侵害后，依据《个人信息保护法》第 69 条，其通常采用过错推定原则。关于声音权益遭受侵害后的归责原则，《民法典》并未作出专门规定，依据《民法典》第 1023 条第 2 款的规定，对声音权益的保护参照适用肖像保护的规则，因此，在声音遭受侵害后，受害人在主张损害赔偿时，通常适用过错责任原则。

正是基于以上原因，《民法典》第 1023 条对声音权益的保护模式，没有采取直接适用既有的具体人格权的方式，而是采取参照适用肖像权的方式。

四、对声音权益的保护可参照肖像权的有关规定

声音权益作为一项人格权益受到人格权法的保护，任何人未经他人许可、侵害他人声音权益的，受害人有权依法主张民事责任。依据《民法典》第 1023 条第 2 款的规定，可以通过参照适用肖像权的相关保护规则对声音进行保护。声音与肖像具有密切联系，其与肖像一样具有显著表征个人的功能。也正是基于这一原因，有的国家的民法典如《秘鲁共和国新民法典》将声音权益和肖像权并列作出规定。从实践来看，二者也存在一定的交叉。例如，行为人在商业广告中利用他人模糊的肖像或者漫画、素描形象，同时配上个人所特有的声音，将更会使人们据此联想到特定的个人。

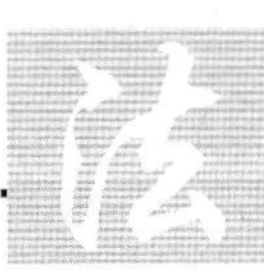

正是因为声音与肖像具有相似性，有学者认为，为了便于对声音提供法律保护，我国立法可将肖像权与声音权益进行合并，从而创设了肖像声音权益这一概念。[①] 也有观点认为，可将声音纳入肖像权的保护范围。[②] 但《民法典》并未采取上述做法，而是采取了参照适用肖像权的规则对声音权益提供保护的方式。笔者认为，虽然声音权益和肖像权存在密切关联，但二者仍存在明显区别，不宜直接混同为同一种权利。具体而言：

第一，两者的权益性质不同。肖像权在性质上属于具体人格权，而我国《民法典》并没有承认声音权的具体人格权地位，而将其规定为一种人格利益。虽然《民法典》第1023条规定声音的保护参照适用肖像权保护的规则，但并不意味着肖像权包含声音权益，也不意味着要将肖像权保护的规则均扩张适用于声音权益的保护。

第二，二者的客体不同。声音和肖像的载体形式不同，分别为听觉和视觉。虽然声音与肖像都具有唯一性和稳定性的特点，都能标明个人的身份，但二者标明个人身份的方式不同，肖像是可识别个人身份的外部形象，主要是指个人的面部形象，具有有形性；而声音虽然也能识别主体的身份，但属于无形的身体特征。例如，行为人在商业广告中可以仅利用他人特有的声音，而不需要出现个人的肖像，声音的利用方式具有独立性。

第三，二者的侵害方式不同。肖像需要存在于一定的载体之上，故对肖像权的侵害既可以表现为未经许可的制作、使用，也可以表现为污损、恶意毁坏他人肖像。而对声音的侵害则很难通过污损、毁坏的方式进行，如果对已经录制的光盘、影碟中的声音进行加工、改变，导致声音变形，这只是对著作权的侵害，而不应当构成对声音权益的侵害。当然，如果通过模仿他人声音恶意侮辱、诽谤他人，并因此导致声音权益的主体社会评价降低的，则既构成对他人声音权益的侵害，也应当构成对他人名誉权的侵害。

---

① 参见徐国栋主编：《绿色民法典草案》，社会科学文献出版社2004年版，第151页。

② 参见杨立新等：《〈中国民法典·人格权编〉草案建议稿的说明》，载王利明主编：《中国民法典草案建议稿及说明》，中国法制出版社2004年版，第337页。

第四，适用规则存在区别。《民法典》第1023条第2款规定："对自然人声音的保护，参照适用肖像权保护的有关规定。"依据该规定，声音的保护规则与肖像权的保护规则存在区别，一方面，声音权益参照适用肖像权的保护，即不是直接适用肖像权的保护。这就表明声音权益和肖像权存在区别，如果直接适用肖像权的规则，则可能忽略声音权益自身的独特性。另一方面，由于声音的保护只能参照适用肖像保护的有关规定，这也意味着，并非肖像权保护的所有规则均可参照适用于声音权益的保护，在具体确定参照适用的规范时，应当考虑声音权益与肖像的区别，以确定可以参照适用的规则范围。

从今后的发展趋势来看，声音权益受法律保护的必要性将日益增强，其与肖像权相分离从而成为独立的人格权类型的特点将越来越明显。一方面，声音的可利用性和商业价值在现代社会中越来越高。一些名人的声音具有非常高的商业价值，但是并不意味着其肖像也具有相同的商业价值。例如，一些比较著名的配音演员，尽管没有出现在电视屏幕上，但是只要人们一听到声音，就可以识别出这个配音演员。从受众的角度看，人们可能只是为特定主体的声音支付对价（如单田芳的评书），而不是为其肖像支付对价。另一方面，随着现代科学技术的发展，尤其是声控技术、声纹识别技术以及人工智能等的发展，声音的利用方式越来越多样化。例如，声音可以直接发出指令，打开房门，开启电子设备，开启电脑、手机等，启动汽车，声音的独特性具有替代指纹等其他个人特有标志的功能，但声音一旦被仿冒，就可能侵害个人的人格利益，也可能造成其他财产损害。语音识别与仿造技术将催生更多样的声音权益侵害形态。随着人工智能的发展，生成式AI通过输入、存储大量的个人语音，并可以自动生成各种音频、视频。据统计，2016年，机器在语音识别上的表现已经超过了人类的平均水平。[①] 由此可见，声音作为一种人格利益的价值将日益凸显。还要看到，在数字社会中，侵害声音权益的纠纷会逐渐增多，甚至会伴随一些新型的危及人身、财产安全的重大风险。例如，犯罪嫌疑人收集了声音信息之后，可以仿造他人的声音实施电信诈骗；或者给声音主体进行换声，从而危及其人格尊严。在这个意义上，声音存在

① 参见杨澜：《人工智能真的来了》，江苏凤凰文艺出版社2017年版，第17页。

不同于肖像的独特的人格利益。

依据《民法典》第 1023 条第 2 款的规定，所谓参照适用肖像权的保护规则实际上就是法定类推。所谓法定类推，是指在具体案件的裁判中，如果缺乏具体的法律规则，法官应当按照参照适用的法律规定，援引与该案件类似的法律规定，从而将法律的明文规定适用于法律没有规定的类似情形。① 法定类推适用中必须寻找在性质具有“评价重心”的相似性。② 具体而言，肖像权的如下规则可以参照适用于声音的保护：一是《民法典》第 1020 条所规定的肖像合理使用规则，可以参照适用于声音的合理使用。所谓声音权益的合理使用，是指在特定情形下，法律允许行为人使用他人的声音，该行为不必征得权利人的许可，也不构成侵权。声音权益的合理使用行为是一种合法行为。例如，在新闻报道中需要现场采访他人，录制和播放他人的声音；在录制广播电视节目时需要播放、储存他人的声音。由于这些行为是为了实现社会公共利益，构成声音权益的合理使用，因而不构成侵权。③ 二是《民法典》第 1021 条、第 1022 条关于肖像许可使用合同的规定，可以参照适用于声音的许可使用。三是《民法典》第 1019 条关于禁止他人擅自制作、使用、公开肖像权人的肖像的规定，也可参照适用于声音权益的保护。

结　语

从今后的发展趋势来看，声音权益的重要性将日益凸显，声音权益的保护将不断受到新技术发展所带来的挑战。如何在声音权益与其他权益交织的复杂情形下平衡声音权益的利用与保护，将是未来声音权益保护中常谈常新的问题。我国《民法典》第 1023 条对声音权益确立了法定人格利益的保护模式，从世界范围来看，此种保护模式体现了对声音权益保护的独特性和开放性，符合了声音权益保

---

① 参见黄茂荣：《法学方法与现代民法》（第 5 版），法律出版社 2007 年版，第 492 页。

② 参见［德］卡尔·拉伦茨：《法学方法论》，黄家镇译，商务印书馆 2020 年版，第 479 页。

③ 参见李丽峰、李岩：《人格权——从传统走向现代：理论与实务双重视角》，中国法制出版社 2007 年版，第 271 页。

护的现实需求，彰显了我国《民法典》人格权编的特色。但在具体适用中，不仅需要将其与知识产权、公开权相区别，还应当将其与肖像权、隐私权等法定人格权相区分。在具体适用声音的保护规则时，应当兼顾声音权益作为法定人格利益的特点，准确区分声音权益与具体人格权以及一般人格权，从而准确适用《民法典》第1023条，对声音权益提供全面、充分的保护。

加强网络暴力治理　构建良好网络秩序*

互联网深刻改变了我们的生产生活，与此同时，网络谣言、网络侵权、网络暴力等时有发生。2022 年，最高人民法院、最高人民检察院工作报告均强调依法加强了对网络暴力的治理工作。最高人民法院工作报告提出，对侵犯个人信息、煽动网络暴力侮辱诽谤的，依法追究刑事责任。最高人民检察院工作报告提出，从严惩治网络诽谤、侵犯公民个人信息、电信网络诈骗等犯罪。该报告显示，2021 年此类案件同比上升 51.3%，共起诉 3 400 余人。可见，网络暴力问题值得各界高度重视。

一、网络暴力是一种特殊的侵权行为

网络暴力主要是借助网络实施的损害个人名誉、隐私以及个人信息等人格权益的侵权行为。与一般的侵权行为相比，此种侵权行为主要具有如下特点：第一，网络暴力言论的受众往往数量众多，因此容易给受害人造成不可估量的严重

* 原载于《中国网信》2022 年第 7 期。

伤害，加上“信息茧房”现象的出现，相关损害后果很容易迅速发酵。第二，由于网络环境对信息的传播具有一种无限放大效应，因此，行为人在实施网络暴力之后，相关损害后果可能会不断蔓延、无限扩大。从造谣杭州取快递女子出轨致其患上抑郁症，到网络暴力逼迫寻亲男孩刘某州自杀等几起典型案例，均体现出网络暴力对受害人造成的严重损害。第三，此种侵权行为侵害了受害人的名誉权、隐私权、个人信息等人格权益，其本质上都侵害了个人的人格尊严。

对于此类侵权行为，《民法典》在人格权编和侵权责任编都作出了相应的规定。侵权行为人要承担相应的侵权责任，受害人可以依法主张停止侵害、赔偿损失、消除影响、恢复名誉、赔礼道歉等民事责任。同时，面对网络暴力行为，受害人通常会遭受严重的精神损害，可以依法主张精神损害赔偿责任。在互联网时代，网络暴力不仅侵害了公民的人格权益，而且容易对社会稳定造成系统性危害，可以说已经成为一种“公害”。国家法律应当多管齐下，积极系统应对。除民事责任外，行为人实施网络暴力行为还可能构成行政违法或者犯罪。无论直接受害人是否向行为人主张承担侵权责任，相关行政主管部门和司法机关都有必要研究和实施专门的治理机制，让施暴者依法承担相应法律责任，制裁和预防网络暴力行为，营造清朗的网络空间。

从刑事责任层面看，网络暴力可能构成多种犯罪。例如，《刑法》对侵犯公民个人信息罪、侮辱罪、诽谤罪作出规定，最高人民法院、最高人民检察院也相继发布《关于办理利用信息网络实施诽谤等刑事案件适用法律若干问题的解释》《关于办理侵犯公民个人信息刑事案件适用法律若干问题的解释》。不过，如何把握这些网络侵权行为的民事侵权与刑事犯罪的认定界限，如何判断触发刑事责任的“情节严重”要件，是司法实践中常见的疑难问题。网络暴力活动往往由多人参加，除个别主犯外，大多数网民可能对于事实真相并不知情，人云亦云的现象十分普遍，且网络暴力的严重后果往往是通过相当数量网民实施的跟帖评论等行为累加形成的，单个网民的行为也许并不严重，但累加起来就造成了严重后果。此外，此类违法行为的取证工作也存在客观困难，毕竟网络传播速度快，涉及环节多，大多数被害人基本上不具备自行取证能力，维护自身权利的难度较大。因

此，有必要在现有法律责任机制基础上，构建更有针对性的法律解决方案，惩治网络暴力等违法行为。

二、夯实平台监管义务，有效遏制网络暴力行为

为有效遏制网络暴力行为，平台企业应当积极承担社会责任，特别是履行与其技术能力和商业经验相匹配的网络暴力处置义务。在我国，《民法典》等相关法律已经对平台的相关义务作出规定。同时，一些平台作为掌握关键信息的基础设施，也具有一定的技术能力应对网络暴力。然而现阶段，网络暴力事件中的受害人采取主动回应、请求删除等自力救济渠道并不通畅，通过诉讼维权的成本依然较高。针对网络侵权行为，平台依法负有注意义务、审查义务、通知义务以及采取必要措施等义务。例如，在接到用户投诉时，平台应当遵循《民法典》关于网络侵权的规定，及时将该通知转送相关网络用户，并根据构成侵权的初步证据和服务类型采取必要措施；未及时采取必要措施的，对损害的扩大部分与该网络用户承担连带责任。当然，被投诉的网络用户也有权发出声明，平台接到声明后，应当将该声明转送发出通知的权利人，并告知其可以向有关部门投诉或者向人民法院提起诉讼。平台在转送声明到达权利人后的合理期限内，未收到权利人已经投诉或者提起诉讼通知的，应当及时终止所采取的措施。此外，平台知道或者应当知道网络用户利用其网络服务侵害他人民事权益，未采取必要措施的，与该网络用户承担连带责任。因此，网络暴力行为发生后，如果平台怠于处理被侵权人的投诉、未为通知，没有及时采取必要措施如删除侵权信息等，则有可能要对损害的扩大承担连带责任。

平台需依法把握用户自由言论的尺度。法律只保护合法的言论，对于侵害他人合法权益的言论，则应该按照《民法典》和《个人信息保护法》等法律的规定进行管理和处置。权利不可滥用，言论不可越界，否则任由一方享有言论自由，可能造成他人遭受网络暴力的侵害。平台应依法在两者之间保持平衡。夯实平台监管义务，可以从以下两点入手。

第一，平台要依法发挥网络暴力预防作用。在互联网时代，网络信息的发布和传播依赖于网络设施，这使平台在网络环境治理中具有重要作用。在遏制网络暴力方面，平台具有明显的技术优势，相较单个受害人而言能够更及时、有效地发现网络暴力行为，并切断网络暴力信息的传播。

第二，平台应当鼓励当事人及时回应，并为当事人回应提供便利。回应是诉讼外解决纠纷的重要机制，大量案件通过及时回应就有可能极大减轻对受害人的损害。出于降低维权成本、节约司法资源等多方面因素的考虑，在互联网时代，针对平等主体之间的侵权信息应采取多元化纠纷解决机制，不能只依赖通过诉讼化解纠纷。

三、加强执法司法工作，减少恶性网络暴力事件

近年来发生了多起网络暴力导致的恶性事件，除了强化平台的监管义务，还需要同步强化行政执法力度，发挥司法审判在治理网络暴力中的作用，形成多方协同的网络暴力治理格局。

主管部门应当严格执法。我国现行立法对有关部门依法治理网络环境的职责作出规定，有关部门应当在法定职权范围内及时制止相关网络暴力行为。主管部门不仅要向受害人和一般网民提供便捷化的违法线索反映渠道，还要及时判断和处置，避免网络暴力事件危害升级。

对于诉讼到人民法院的案件，司法机关要切实贯彻好、实施好、落实好《民法典》等法律规定。营造清朗网络空间，维护正常的网络秩序，需要把依法治网作为基础性手段，继续加快制定完善互联网领域法律法规。应当看到，虽然网络暴力亟须法律规制，但治理网络暴力并非无法可依。我国已经先后颁布了《网络安全法》《数据安全法》《个人信息保护法》等一系列法律法规，尤其是2020年颁布的《民法典》，作为一部基础性法律，全面规范了个人名誉、肖像、隐私、个人信息等个人权益，并对网络侵权作了系统全面的规定，为依法治网管网提供了民事基本法层面的依据。《民法典》有关人格权和侵权的规定，都可适用于网

络暴力案件判定。因此，当前的工作重点是如何切实贯彻好、实施好、落实好《民法典》等法律规定，从而切实保护个人的人格权，维护人格尊严。

相关部门在其职权范围内也可以依据《民法典》和相关法律，制定一些细则，规定网络平台在处理相关侵权信息时的处理标准、处理流程等事项，从而更好地遏制网络暴力的蔓延。例如，《民法典》新设禁令制度，主要目的就在于及时制止相关的网络侵权行为，防止损害后果持续发酵。在符合禁令制度的适用条件时，司法机关应当允许受害人申请禁令。从司法实践来看，禁令制度的适用情况较少，这就需要尽快出台相关司法解释，明确禁令适用条件，更好地发挥其制度功能。各级人民法院要充分发挥《民法典》侵权责任编关于通知规则和知道规则的作用，其目的在于有效制止网络侵权行为。此外，如果行为人实施网络暴力行为已经构成犯罪的，则需要依法追究其刑事责任，严厉从重打击此类犯罪行为。

依法治理网络暴力，还需要加强网络空间的正面宣传，加强普法宣传，形成积极健康的网络文化。具体而言：一是要加强网络环境的引导和塑造，让优秀、积极向上和正能量的网络文化占据主流，从而使网络空间日益成为亿万民众共同的精神家园；二是教育引导网民特别是青少年网民依法上网、文明上网，理性表达看法，不能将互联网视为法外之地；三是要加强普法宣传，树立维护他人名誉权、隐私权、个人信息等人格权益的意识，增强尊重他人人格尊严的观念。长此以往，网络空间才能生机勃勃，井然有序。

第四编

物权制度

论平等保护民营企业产权*

党的二十大报告指出，要“坚持和完善社会主义基本经济制度，毫不动摇巩固和发展公有制经济，毫不动摇鼓励、支持、引导非公有制经济发展”，要“优化民营企业发展环境，依法保护民营企业产权和企业家权益，促进民营经济发展壮大”。改革开放40多年来，我国民营经济不断发展壮大，已经成为国民经济体系中的支柱力量，在科技创新与进步、促进劳动就业、增加国家税收来源和提升整个国民经济体的质量方面都发挥着重大作用。[①] 历史实践经验表明，以民营经济为代表的非公有制经济是社会主义市场经济的重要组成部分。保护民营经济的健康发展，充分发挥民营经济在社会主义市场经济中的重要作用，是推动高质量发展、构建新发展格局、推进中国式现代化的重要举措。

不过，近几年来，社会上开始出现了一些对民营经济发展的不妥当言论。民营经济“工具论”“退场论”“阶段合理论”等论调开始出现，导致一些企业家心存忧虑。一些歧视民营企业和漠视民营企业家合法权益的情形时有发生，侵害民营企业财产权利的现象也屡禁不止。有的不法行为人甚至把民营企业当作“摇钱

* 原载于《上海政法学院学报（法治论丛）》2023年第3期。

① 参见张波：《鼓励支持民营经济发展壮大》，载《经济日报》2023年1月4日。

树”“唐僧肉”，导致实践中一些民营企业家出现了所谓的“躺平”现象，对经济发展也造成了不利影响。因此，如何坚持和贯彻党的二十大报告所强调的“两个毫不动摇”原则，在平等保护原则之下依法保护民营企业产权，是推进中国式现代化伟大进程中的重大课题。本文拟就平等保护民营企业产权谈一些粗浅的看法。

一、平等保护是“两个毫不动摇”的法律表现

《民法典》第 207 条规定：“国家、集体、私人的物权和其他权利人的物权受法律平等保护，任何组织和个人不得侵犯。”这就在法律上宣告了公私财产平等保护的原则，这也是我国《民法典》物权编的重要亮点。这一规定在法律上明确规定了平等保护国家、集体、私人的物权和其他权利人的物权的原则，把公、私财产置于平等保护的制度框架之下。另外，《民法典》第 113 条将物权平等保护原则进一步扩张为财产权利受法律平等保护原则，扩大了平等保护的适用范围。这两条规定与《物权法》第 4 条相比，不仅增加了“平等”二字，而且扩大了平等保护财产的范围，这就更加清晰、明确地确认了财产权的平等保护原则。

平等保护本身也是一项重要的法治原则，我们可以从广义和狭义两个层次来理解平等保护原则。从宏观意义上理解，平等保护强调的是包括整个市场主体法律地位、市场准入条件、市场监管规则、市场退出机制和合法财产权益的保护等诸多方面的平等要求，应当是贯穿于整个市场经济各个环节的基本的法治原则。① 从狭义上理解，平等保护的核心内容之一就是对各个市场主体的财产权的平等保护。我国《民法典》用两个条文专门强调和规定平等保护原则，主要侧重财产权的保护，但从体系化视角来看，财产权领域的平等保护原则实际上是《民法典》第 4 条所规定的“平等原则”的具体体现。《民法典》第 4 条规定，“民事主体在民事活动中的法律地位一律平等”。这实际上是对平等保护原则的宏观确

① 参见全国人大常委会法制工作委员会民法室编：《中华人民共和国物权法：条文说明、立法理由及相关规定》，北京大学出版社 2007 年版，第 6 页。

认和规定，即该原则要贯穿于整个“民事活动中”，其包括主体地位、市场准入、市场管理等财产权平等保护以外的诸多经济环节。

平等保护原则是我国物权法的基本原则，具有鲜明的中国特色。在西方国家，物权法以确认和保护私有财产作为基本功能，只规定了抽象的所有权，并未对所有权按照主体的不同进行类型化区分。我国实行的是以公有制为主体、多种所有制经济共同发展的基本经济制度。基于维护基本经济制度的要求和促进多种所有制共同发展的需要，在法律中尤其是物权法中确立平等保护原则非常必要。习近平总书记指出：“各类市场主体最期盼的是平等法律保护。”① 平等保护原则既是建立和完善社会主义市场经济体制的必然要求，也是实现“有恒产者有恒心”，促进社会财富增长的需要。

党的二十大报告强调，要健全以公平为核心原则的产权保护制度，毫不动摇巩固和发展公有制经济，毫不动摇地鼓励、支持、引导非公有制经济发展，公有制经济财产权不可侵犯，非公有制经济财产权同样不可侵犯。平等保护原则作为民法典的核心原则，实际上是“两个毫不动摇”原则的法律表现。只有坚持平等保护原则，才能让亿万人民群众专心创业、安心经营、大胆投资、放心置产，才能平等对待各市场主体，营造公平公正和公开的市场环境、政策环境、法治环境，确保规则平等、权利平等和机会平等。

为什么说平等保护原则是“两个毫不动摇”的法律表现？从立法上看，平等保护原则的产生就是以“两个毫不动摇”为基本指导思想作出的，也可以说是“两个毫不动摇”基本指导思想的生动实践。改革开放以来，我国在所有制改革方面取得了丰硕成果，彻底打破了单一公有制经济一统天下的格局，摒弃了“一大二公”的极左思潮的影响，初步形成了以公有制为主体、多种所有制经济形式共同发展的基本经济制度。1988 年通过的《宪法修正案》承认了私营经济的合法性，明确规定“国家保护私营经济的合法的权利和利益”，确认了“国家允许私营经济在法律规定的范围内存在和发展。私营经济是社会主义公有制经济的补

① 习近平：《为做好党和国家各项工作营造良好法治环境》，载习近平：《论坚持全面依法治国》，中央文献出版社 2020 年版，第 254 页。

充……对私营经济实行引导、监督和管理”。1999年的《宪法修正案》更是将个体经济和私营经济从“社会主义公有制经济的补充”的地位提升为“社会主义市场经济的重要组成部分”。2004年的《宪法修正案》则将《宪法》第11条第2款，由“国家保护个体经济、私营经济的合法的权利和利益。国家对个体经济、私营经济实行引导、监督和管理”修改为“国家保护个体经济、私营经济等非公有制经济的合法的权利和利益。国家鼓励、支持和引导非公有制经济的发展，并对非公有制经济依法实行监督和管理”。这进一步提升了私有财产权的法律地位。在宪法的指导下，我国法律法规在保护产权方面也得到了进一步完善，1988年国务院颁发了《私营企业暂行条例》、《私营企业所得税暂行条例》和《国务院关于征收私营企业投资者个人调节税的规定》三项法规，使私营经济的发展和管理逐步纳入了法制的轨道。1992年，党的第十四次全国代表大会确立了建立社会主义市场经济体制的改革目标。为适应发展市场经济的要求，自1993年开始，我国启动了物权法的制定，而在长达13年的学术辩论和立法审议中，争论最大的问题之一就是是否在物权法中确立平等保护原则。当时有学者提出，根据《宪法》第12条（社会主义的公共财产神圣不可侵犯）和第13条（公民的合法的私有财产不受侵犯）规定，不同的所有制形式在国民经济中的地位和作用是不同的，平等保护原则与《宪法》的相关规定是不符合的，甚至认为对公私财产予以平等保护是违宪的。但经过严肃的讨论，立法机关认为：“我国实行社会主义市场经济。公平竞争、平等保护、优胜劣汰是市场经济的基本法则。”“依据《宪法》规定，公有制经济是主体，非公有制经济是社会主义市场经济的重要组成部分”，因此，“各种市场主体都处于平等地位，享受相同权利、遵守相同规则、承担相同责任”①。

“两个毫不动摇”是我国的宏观国策，但仍然需要通过法律层面的平等保护原则予以具体落实。而平等保护作为我国宪法所确立的社会主义基本经济制度的固有内涵，自然是落实这一国策的重要制度基石。我国是社会主义国家，目前仍

① 参见全国人大常委会法制工作委员会民法室编：《中华人民共和国物权法：条文说明、立法理由及相关规定》，北京大学出版社2007年版，第6页。

处于社会主义初级阶段。因此，在所有制形态上实行以公有制为主体、多种所有制经济共同发展的基本经济制度[①]，物权法的平等保护原则正是对这种基本经济制度的具体反映，也符合基本经济制度的要求。

首先，“以公有制为主体，多种所有制并存”并不意味着不同所有制之间存在高低差别。所谓“以公有制为主体”，主要是强调公有制对国计民生、经济安全以及政府实现宏观调控等方面的基础性作用，也是为了保证生产关系的社会主义属性。笔者认为，“主体”强调的是公有制对经济生活的基础性作用。比如，对钢铁、交通、能源等关乎国民经济命脉的产业实行公有制，有利于保证基本的经济制度和属性，维护国家的经济安全和实现政府的调控能力。宪法规定虽然在措辞上对于公有制和非公有制存在着主体和非主体的差别，但应理解为各种所有制在国民经济中的作用是有差异的，而不能理解为各种所有制的法律地位是不平等的。正是在宪法上多种所有制在法律地位上是平等的，所以，物权法需要规定对各类所有权的平等保护原则。

其次，平等保护是宪法所强调的多种所有制共同发展的前提和基础。一方面，《宪法》既规定了国有经济是国民经济的主导力量，但同时也维护多种所有制的共同发展。《宪法》规定多种所有制经济共同发展，也是对社会主义初级阶段经济发展规律的总结。实践证明，只有努力促进多种所有制经济共同发展，才能巩固社会主义的基本经济制度。这也反映出我国实行的是所有制多元化，既不是单一的公有制，更不是私有化。既然要实行多种经济成分的共同发展，就要对公私财产给予同等保护。所以，物权法强调对不同所有制的平等保护。这也是对宪法同等保护各种所有制的唯一符合逻辑的解释。平等保护是共同发展的前提和基础，共同发展是平等保护的目标指向。另一方面，只有通过《民法典》物权编规定平等保护的原则，才能排除各种干扰，坚定社会主义改革开放的正确方向，巩固社会主义初级阶段的基本经济制度。从长远来看，《民法典》物权编之所以要确认平等保护原则，就是要使多种所有制共同发展成为我国的一项基本国策长

① 《宪法》第6条第2款规定：“国家在社会主义初级阶段，坚持公有制为主体、多种所有制经济共同发展的基本经济制度……”

期存在。通过平等保护促进多种所有制共同发展，才能真正发挥物权法在维护社会主义基本经济制度方面的作用。

最后，《宪法》不仅确立了多种所有制形式，而且规定了对所有权的平等保护。《宪法》对所有权的平等保护，反映在物权法上就是要依据平等保护原则为公有和私有财产提供平等保护。例如，现行《宪法》既规定了“社会主义公有财产神圣不可侵犯”，又规定了“公民的合法的私有财产不受侵犯”，“国家依照法律规定保护公民的私有财产权和继承权”①。《宪法》强调对国有财产的保护，但是，《宪法》对各类财产规定的实际保护规则并没有差别。尤其应当看到，对各类财产权的平等保护是国家的义务。例如，《宪法》第 21 条②就明确了国家负有保护非公有制经济的义务，国家机关在行使各自的职权过程中负有保护非公有制经济的合法的权利和利益不受侵害的义务。所以，按照我国宪法学者的一致看法，从《宪法》内涵本身也反映了平等保护的精神。③ 而《民法典》物权编的平等原则，则是宪法平等原则在《民法典》物权编中的具体表现。

“两个毫不动摇”最终要体现在我国社会主义市场经济的具体发展和不断壮大过程中。而能否落实平等保护原则是决定我国市场经济能否得到健康发展的试金石，这也是影响我国市场经济可持续发展的关键所在。应当看到，我国的基本经济制度还体现在我国实行的是社会主义市场经济体制。我国《宪法》第 15 条第 1 款明确规定：“国家实行社会主义市场经济。”这是对我国社会主义基本经济制度的完整表述。作为调整平等主体之间的财产归属和利用关系的物权法，应当把保障一切市场主体的平等法律地位和发展权利作为基本任务和重要目标。为此，《民法典》就必须要确立平等保护原则，保障所有市场主体的平等地位，确立起点的平等，使得每一主体能够进行平等的交易和公平的竞争，最终促进社会主义市场经济的繁荣与发展。

平等保护的法律原则不仅是“两个毫不动摇”的具体体现，而且是有效落实

---

① 参见《宪法》第 12 条、第 13 条。

② 《宪法》第 11 条规定：“国家保护个体经济、私营经济等非公有制经济的合法的权利和利益。国家鼓励、支持和引导非公有制经济的发展，并对非公有制经济依法实行监督和管理。”

③ 参见韩大元：《由〈物权法〉的争论想到的若干宪法问题》，载《法学》2006 年第 3 期。

"两个毫不动摇"的重大制度举措。我国改革开放以来的经济社会发展史也表明，民营经济的培育和发展程度对整个国民经济的发展至关重要。改革开放 40 余年来，中国发生了翻天覆地的变化，由一个贫穷落后的国家一跃成为世界第二大经济体，并且在短短几十年解决了中国几千年都没有解决好的饥饿、贫困问题，实现了全面建成小康社会的伟大壮举。取得这些成就的关键在于，在党的正确领导下通过改革开放，坚持对各种所有制平等保护、共同发展的方针，最大限度地挖掘了社会主义公有制的潜力，并调动了亿万人民创造财富的积极性。从而使中国经济能够保持高速发展，综合国力得到迅速提升。正是政策和法律上对不同所有制经济实行平等保护，为市场主体的平等发展创造了基本条件，才使我国的经济持续、健康、快速发展，社会财富迅速增长，综合国力大幅提升，广大人民群众的生活水平得到极大提高。

坚持平等保护，落实"两个毫不动摇"，是坚持和完善社会主义基本经济制度的内在要求，是构建高水平社会主义市场经济体制的必然要求。平等保护有利于发挥市场经济的竞争机制，构建市场经济的基础。市场在起点上就要求市场主体的平等，没有平等保护，就不可能存在公平竞争的环境，无法发挥市场经济通过竞争来配置资源的作用。一方面，市场经济天然要求平等。交易本身就是以平等保护为前提和基础，否认了平等保护，就等于否认了市场经济的性质和交易当事人的平等地位，将显著不利于提高经济效率，必然损害市场经济的健康发展。另一方面，市场经济天然要求市场竞争主体是平等的，只有平等保护才能实现竞争的平等。任何企业无论公私和大小，都必须在同一起跑线上平等竞争，适用同等的法律规则，并承担同样的责任，这样才能真正促进市场经济的发展。我们要加强推进中国式现代化，更需要在坚持"两个毫不动摇"的历史经验基础上，不断继续加大对民营经济的保护力度，使民营企业家大胆创新、放心置产，最大限度地释放民营企业在中国式现代化建设伟大进程中的正能量。

二、平等保护要求依法保护民营企业财产权

贯彻落实"两个毫不动摇"，必须要建立以公平为核心的产权保护制度，从

而为市场经济提供基本的产权保护框架。产权制度是社会主义市场经济的基石，保护产权也是坚持社会主义基本经济制度的必然要求。2014 年 10 月，党的十八届四中全会报告首次提出了“健全以公平为核心原则的产权保护制度”。2019 年 10 月，党的十九届四中全会公报再次强调，要“健全以公平为原则的产权保护制度”。2022 年 3 月《中共中央、国务院关于加快建设全国统一大市场的意见》明确提出了完善统一的产权保护制度的目标，并提出完善依法平等保护各种所有制经济产权的制度体系等具体要求。党的二十大报告强调指出：“完善产权保护、市场准入、公平竞争、社会信用等市场经济基础制度，优化营商环境。”所谓“以公平为核心原则的产权保护制度”，就是以平等保护为原则的产权保护制度，这就要按照二十大报告所提出的要求，依法保护民营企业产权和企业家权益。当前，平等保护的重点是如何落实二十大报告所提出的这一要求。

从历史经验来看，产权制度是市场经济的基石。从过去两百年的人类历史发展可以看出，凡是在经济发展上取得重大成就的国家，都在不同程度上建立了有效的财产权保护制度。[①] 因为如果个人的产权得不到有效保护，人们就没有足够的动力去积累和创造财富，也就没有动力去进行投资或者将已经取得的财产再进行投资和生产。[②] 秘鲁经济学者索托（Soto）在《资本的秘密》一书中指出，市场经济模式在西方国家（如美国、西欧甚至日本）都取得了极大的成功，但此种模式在许多发展中国家却并未发挥实效。他认为，之所以这些发展中国家与资本市场之间就像隔着一层透明玻璃一样，怎么都进不去，根本原因在于：这些发展中国家并没有建立起将资产转换为资本的制度机制，也就是说，最根本的原因在于它们欠缺产权确认和保障的法律机制。[③] 英国历史学家弗格森（Nial Ferguson）认为，西方之所以能够在过去的五百年里长期控制世界，主要借助于六大

---

① 关于这一点的专题研究，see Douglass C. North，R. Thomas，*The Rise of the Western World*：*A New Economic History*，Cambridge University Press，1973。

② See DaniRodrik，*One Economics*，*Many Recipes*：*Globalization*，*Institutions*，*and Economic Growth*，Princeton University Press，2007，p. 156.

③ See Hernando De Soto，*The Mystery of Capital*：*Why Capitalism Triumphs in the West and Fails Everywhere Else*，Basic Books，Reprint edition 2003，pp. 1 - 10.

“杀手级工具”（killer applications），其中之一就是产权保护。[①]

从国际层面上看，产权保护是经济发展的重要条件。不少经验研究表明，一个法域的财产权制度安排与投资者投资积极性有着明显的相关性。[②] 一个法域对财产权的尊重和保护程度越高，或者说政策越稳定，那里的人们就会有更大的积极性在有形财产和无形人力资源上进行投资，并借此获得更高的收入回报。[③] 诺斯指出，“17 世纪的荷兰和 18 世纪的英国的资本市场利率的显著下降表明，产权稳定性的提高是大量正规与非正规约束有效地相互作用的结果。例如，合约的实施是从包括惩罚违背协议的商人行为规范演进而来的，其结果是将习俗方式用于正规法”[④]。这方面的研究结论不仅在全球的大量法域都得到了验证，而且在很多微观的商业生态系统中都有相应的证据支持。[⑤] 从全球比较来看，凡是经济发达的国家，其法律制度对财产权的尊重和保护程度发挥了重要作用；即便是大量新兴的经济体，其经济的快速增长，也与这些国家在产权保护制度方面的改进和优化有密不可分的联系。秘鲁经济学家索托专门对此作过研究，他认为，产权保护制度的差异对于国家经济发展的作用极为重要，产权保护的强弱和经济的发展程度存在密切的正相关关系。他同时认为，不发达的国家并没有建立完善的产权登记制度，公司制度也不健全，“企业处于金融家和投资者视野之外；他们的财产权利，没有得到可靠的登记和确认，无法顺利地转化成资本。他们的交易，只能在彼此了解和信任、范围狭隘的熟人圈子中进行，而不能延伸到更开阔的市

---

① See Niall Ferguson, *Civilization*: *The West and the Rest*, Penguin Books, Reprint edition 2012, pp. 96 - 140.

② See Timothy Besley, “Property Rights and Investment Incentives: Theory and Evidence from Ghana”, *Journal of Political Economy*, October 1995, 103 (5), pp. 903 - 37.

③ See Douglass C. North, and Robert P. Thomas, *The Rise of the Western World*: *A New Economic History*. Cambridge: Cambridge University Press, 1973.

④ ［美］道格拉斯·格拉诺斯：《制度、制度变迁与经济绩效》，刘守英译，生活·读书·新知三联书店 1994 年版，第 59 页。

⑤ See Daron Acemoglu, Simon Johnson, and Jamesa. Robinson, “The Colonial Origins of Comparative Development: An Empirical Investigation”, *The American Economic Review*, *December* 2001, pp. 1369 - 1370.

场上。他们的资产，既不能作为抵押物而获得投资，也不能投资为股票”[①]。美国学者罗森曾经考察了巴西的法治环境，他认为，由于政府对经济生活干预过多，法律缺乏体系性，交易成本过高，制约了经济增长。例如，在 1981 年，为了在巴西获得一个出口许可证，必须同 13 个政府部委和 50 个机构打交道，共完成 1 470 项不相关的法律事项，潜规则盛行，腐败严重，企业是在低效率的体制缺陷下运行，导致经济发展速度低下。[②]

经济学和法学的研究一再证明，财产权安全可以产生促进投资的积极效应，有利于减少低效率或浪费性的资源竞争。[③] 专门研究近代史的学者指出，在新西兰、澳大利亚、美国等地，借鉴英国的财产权制度，取得了与欧洲类似的经济成功。[④] 而在一些法属、葡属地区，由于赋予了政府更大的干预私人财产权的空间，其经济则始终明显处于弱势状态。虽然单个法域的比较可能有一定的偏差，但对各地的综合比较表明，财产权的保护水平与投资激励和经济增长还是有直接关联性的。[⑤] 产权保护不足就会导致营商环境恶化，直接导致资本外逃的发生，在影响资本外逃的诸多因素中，相较宏观经济因素，制度因素的影响是更为突出的。其中，最为重要的制度因素即为产权保护制度。一些经济学术研究成果表明，产权保护程度和资金外逃呈现出负相关的关系，即产权保护水平越高，资金外逃的可能性就越低，反之，则资金外逃的可能越大。而在产权保护制度的构建中，应当强化公权力机关对产权的保护，不断提升产权保护水平。[⑥] 一国或一区域的产权保护制度，是影响资金流向的重要因素，政府对产权限制或干预过多，

① ［秘］赫尔南多·索托：《资本的秘密》，于海生译，华夏出版社 2017 年版，第 5 页。

② See Keith S. Rosenn, “Brazil's Legal Culture: The Jeito Revisited”, *Floria International Law Journal* (Fall 1984), pp. 2-42, at 2.

③ 参见［美］戴维·凯瑞斯：《法律中的政治——一个进步性批评》，中国政法大学出版社 2008 年版，第 174 页。

④ See Alfred Crosby, *Ecological imperialism: The biological expansion of Europe 900-1900*, New York: Cambridge University Press, 1986.

⑤ Landes, David S. *The Wealth and Poverty of Nations: Why Some are so Rich and Some so Poor*, New York: W. W. Norton & Co., 1998.

⑥ 参见才凌惠、朱延福：《产权制度对资本外逃的影响——基于跨国数据的实证分析》，载《北京工商大学学报（社会科学版）》2018 年第 5 期。

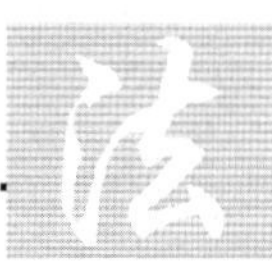

也将直接影响投资者的投资行为，影响资本的流动。[①] 世界银行的营商环境保护所列出的各项评价指标，大多涉及法律的立法规范和执法规范等法治问题。例如，开办企业中注册登记的办理程序费用和最低注册资本，产权登记中的程序、时间和费用，少数投资者保护中的信息披露、董事责任、股东诉讼便利和权利保护、公司透明度等，合同执行中的纠纷解决成本和司法程序质量等，这些大多涉及产权保护的问题。

前文从全球历史经验、跨法域比较和中国区域差异的角度分析了产权保护对市场经济发展的重要影响。从这些不同的维度，都可以看到产权保护是维系市场经济秩序、促进经济发展的基石。而从微观的视角进行分析，则有助于进一步理解产权保护对经济增长的具体促进作用。经济学者诺斯在《制度、制度变迁与经济绩效》一书中指出，有效的产权安排被认为是经济增长的关键。只有产权受到保护和足够的尊重，且制度能够较好地得到实施，才有可能存在公平、有序的竞争，经济增长才有可能出现产权激励。关于这一点，当代经济学研究已经有了非常丰富的研究成果。[②] 我国改革开放以来的社会经济发展表明，平等保护财产权为市场经济提供基本的产权制度框架，是经济发展的重要条件。

具体而言，从行为激励角度看，法律保护产权对经济发展的决定性作用主要表现在如下几个方面。

第一，提供稳定的制度预期。“有恒产者有恒心。”所谓恒产，其实就是受到法律稳定保护的财产。英国法学家布莱克斯通曾言：在人类历史上，还没有一种东西能够像财产权那样能够激发人们的注意力、想象力和创造力。[③] 法律对产权的保护有利于形成对财产的安全感。完善的产权保护制度可以为个人提供长期稳定的预期，这就有利于激励人们进行长期投资，而不必担心因政策变动而带来的

---

① See Thomas B. Pepinsky, “The Politics of Capital Flight in the Global Economic Crisis”, 26 (3) *Econ. & Politics* 431 (2014).

② 代表性的作品如［美］Y. 巴泽尔：《产权的经济分析》，费方域、段毅才译，上海三联书店、上海人民出版社 2006 年版。

③ See William Blackstone, *The Commentaries on the Laws of England: The Rights of Things* (Book the Second), Oxford: Clarendon Press, 1766, p. 2.

投资风险。由于存在稳定的“制度预期”，私人所有者会主动捍卫其财产权利，并排除一切对其财产权利的不法干涉，从而保障其在法律规定范围内的经营活动。而面对各种投资风险，完善的产权保护制度还可以为市场主体采取措施预防和化解风险提供保障。① 财产的安全性提升了投资的激励效果。② 这种安全性使得权利人有一种稳定的利益期待，进而鼓励其放心大胆地再投资。同时，财产的安全性也能够避免对财产进行短期的掠夺性利用，防止短期行为，避免出现“公地悲剧”。如果缺乏完善的产权保护制度，将无法形成稳定的产权合理期待，这也不利于人们创造财富，并打压人们的投资信心、置产愿望和创业动力。

第二，保障财产的安全。只有有效保护人民的安全，人们才会有投资的信心、置产的愿望和创业的动力。没有健全的法治，将导致人才、智力的外流与财富的流失。没有此种安全感，不仅会导致资产的无谓消耗与浪费，也会导致资产外流，抽空社会财富。在全球化的时代，资本就像一只最容易受到惊吓的小鸟，对法治具有很强的依赖性，一旦法治出现缺陷，资本必然受到惊吓，就像小鸟受到惊吓会四处逃散一样，纷纷外流。有了安全感，人们才敢大胆投资兴业，大胆创新，进行长期、持续的投资。

第三，维护投资兴业的自由。法律对产权的保护有利于调动权利人的积极性和能动性。著名的哲学家康德认为，自由和财产权是不可分割地联系在一起的。在他看来，个人的行动自由是在不妨碍他人的情形下，追求自己的利益，而享有财产则是这种自由的重要组成部分。财产是自我人格的延续，没有财产则个人就是不完全、不独立的。如果没有财产安全，个人不能完全地说，这是我的，那是你的，那么就没有安全的社会。③ 按照英国哲学家洛克的观点，产权是个人自由的保障。④ 保护财产权，就是要“保障个人自由发展的物质基础（gegenständliche

---

① See DaniRodrik, *One Economics*, *Many Recipes*: *Globalization*, *Institutions*, *and Economic Growth*, Princeton University Press, 2007, p. 156.

② Michael J. Trebilcock, & Mariana Mota Prado, *Advanced Introduction to Law and Development*, Edward Elgar Publishing Ltd., 2014, p. 66.

③ 参见李梅：《权利与正义：康德政治哲学研究》，中国社会科学出版社 2000 年版，第 218 页。

④ 参见张洪亮：《论洛克的财产权观》，载《朝阳法律评论》编委会主编：《朝阳法律评论》（第 9 辑），浙江人民出版社 2014 年版，第 214 页。

Basis für die freie Entfaltung）和他在财产法领域自我负责地进行生活”[①]。此种对物权行使自由的保护，可以有效激励人们置产创业的愿望，既可以激励人们勤奋工作、艰苦创业、积累财富，也激励人们大胆投资兴业，勇于创新，促进社会财富的增长。

第四，鼓励创新创业。创新是民族进步的灵魂，是一个国家兴旺发达的不竭动力。唯创新者强，唯创新者胜。激励创新，永远离不开完善的产权保护制度。一方面，只有保障产权，尤其是保护创新过程中所形成的各种新型财产权利，才能保障个人的行为自由，激发个人的创造力；另一方面，只有充分保护产权，才能激励人们勇于创新。科技创新中产生的知识产权、数据权利等属于无形财产权利，与物权等有体物上的财产权不同，无形财产的权利人无法在事实上排他地支配权利客体，因此，其权利的实现在很大程度只能依赖于法律制度的保障。如果没有法律上的保障，他人可以随意窃取或仿冒、假冒以及从事其他“搭便车”的行为。这样一来，在科技创新和新技术、新产品研发中，发明人或创造者不仅无法因此获利，而且其投入的大量资金、人力和物力也根本无法收回，这就会极大地挫伤人们创新的动力和积极性，打压个人创新的动力。世界各国的历史经验都表明，一个国家只有注重对包括知识产权在内的产权的保护，才能真正鼓励创新，社会才具有活力。[②] 在我国，据统计，绝大多数科技创新是由民营企业完成的，中国高科技公司如互联网 5G 公司，大多都是民企。这就更依赖于法律对民企的各项财产权的保护。只有不断完善产权保护制度，才能激发个人的创新动力与欲望，从而不断推进中国科技的进步、技术的发展。

总之，只有坚持平等保护的法律原则，才能让亿万人民群众专心创新、安心经营、大胆投资、放心置产；才能对各类市场主体一视同仁，营造公平竞争的市场环境、政策环境、法治环境，确保规则平等、权利平等、机会平等；才能落实党的二十大报告所提出的“依法保护民营企业产权和企业家权益”的任务。而确

---

① ［德］曼弗雷德·沃尔夫：《物权法》，吴越、李大雪译，法律出版社 2002 年版，第 23 页。

② See Heidi L. Williams, “Intellectual Property Rights and Innovation: Evidence from the Human Genome”, 1 *Journal of Political Economy*, 121, 1 - 2 (2013).

认和保护各类财产权利需要健全归属清晰、权责明确、保护严格、流转顺畅的现代产权制度，推动形成明晰、稳定、可预期的产权保护制度体系。

三、平等保护要求落实“负面清单”管理模式

《民法典》第 206 条第 3 款规定：“国家实行社会主义市场经济，保障一切市场主体的平等法律地位和发展权利。”从维护基本经济制度的角度看，平等保护是保障一切市场主体的平等法律地位和发展权利。据此，平等保护包括如下几个方面的内涵：一是保障市场主体的平等法律地位，所有的民事主体（包括各类市场主体）在民法上的地位都是平等的，这是其民事权利能够获得平等保护的前提和基础，也是我国宪法所确认的法律面前人人平等原则的具体体现。所谓“法律面前的平等”或“法律上的平等”这一类的宪法规范，对于国家一方而言，即可表述为“平等原则”，而对于个人一方而言，即可表述为平等权。[①] 我国宪法所确认的法律面前人人平等，其中也包括了财产权的平等。既然法律面前人人平等包括权利的平等，财产权作为公民基本权利的一种，依据平等原则，应该与公共财产一起受到平等保护。二是保障市场主体的平等发展权利。在市场经济条件下，财产保护的平等不仅仅市场主体从事市场交易和公平交易创造了前提，而且为各类所有制企业的共同发展提供了条件。平等保护是市场主体平等发展的条件。贯彻落实“两个毫不动摇”，要在市场准入、市场运营、财产权利等方面都要予以平等保护。在平等保护的内涵中，财产权的平等保护处于重要地位，但在强化财产权保护的同时，还需要落实“负面清单”管理模式。

负面清单（negative list），是指仅列举法律法规禁止的事项，对于法律没有明确禁止的事项，都属于法律允许的事项。最初，负面清单作为一种国际通行的外商投资管理办法，其特征在于以否定性列举的形式标明外资禁入的领域。自从上海自贸区率先在外商投资的准入领域实行负面清单制度以来，已经形成一种

① 参见林来梵：《从宪法规范到规范宪法》，法律出版社 2001 年版，第 111 页。

"非禁即入"的负面清单管理模式，并在全国逐步推行。[①] 实际上，负面清单所采取的"非禁即入"模式，源于"法无禁止即自由"（All is permissible unless prohibited）的法治理念。据学者考证，该理念最早出现在古希腊的政治准则中[②]，其在经济交往中的采用则始于"二战"后美国与相关国家订立的《友好通商航海条约》（FCNT）。[③] 目前公认的运用负面清单的代表性法律文件是1994年生效的《北美自由贸易协定》（NAFTA）。[④]

从私法层面来看，负面清单是私法自治的集中体现。私法自治又称意思自治，是指私法主体依法享有在法定范围内的广泛的行为自由，其可以根据自己的意志产生、变更、消灭民事法律关系。平等是自治的前提，如果没有平等，仅存在隶属和服从关系，就不可能自治。因此，平等保护要求自治，自治的核心是法无禁止即自由，这就要求采取"负面清单"模式。改革开放以来，中国经济的迅速发展与市场主体自由的扩大紧密相连，自由意味着机会，自由意味着创造，意味着潜能的发挥。负面清单管理模式落实了"法无禁止即自由"这一私法自治的基本原则，因此是一种激发主体活力、促进社会财富创造的法律机制。

为什么平等保护要求落实"负面清单"管理模式？如果说保护民营企业财产权是从静态层面落实平等保护原则，那么从动态层面看，即从民事活动的角度落实平等保护原则的关键就是要实行负面清单管理模式。负面清单对应正面清单，后者源于"法无允许即不可为"。正面清单更加强调事前审批，就特定民事活动而言，必须取得国家机关的批准，民事主体才能实施这些民事活动。这就造成了民营企业发展中的"玻璃门""旋转门"。负面清单管理模式从民商事活动层面上

---

① 参见上海市人民政府2013年《中国（上海）自由贸易试验区外商投资准入特别管理措施（负面清单）》；龚柏华：《中国（上海）自由贸易试验区外资准入"负面清单"模式法律分析》，载《世界贸易组织动态与研究》2013年第6期。

② 参见龚柏华：《"法无禁止即可为"的法理与上海自贸区"负面清单"模式》，载《东方法学》2013年第6期。

③ 例如，美国与日本于1953年签订的《友好通商航海条约》第7条规定："缔约方应当给予另一方的国民或企业国民待遇，以在其境内从事商贸、工业、金融和其他商业活动，但公用事业、造船、空运、水运、银行等行业除外。"（任清：《负面清单：国际投资规则新趋势》，载《中国中小企业》2013年第12期。）

④ 参见佚名：《负面清单简史》，载《中国总会计师》2014年第2期。

明确了什么是被允许的，什么是被禁止的。也就是说，负面清单管理模式的特殊之处在于：第一，以法律规范的形式规定了法律体系所禁止实施的若干行为，除此之外的其他行为均应当被准许。这就是所谓的法无禁止即自由原则的体现。第二，负面清单作为法律规范，意味着执法机关和司法机关在根据法律规范对民事主体从事的民事活动进行法律评价时，只能以法律规范所明确禁止的负面清单为依据，而不能轻易地规避负面清单，仅仅依据市场秩序或公序良俗等理由否定民事主体实施的民事活动。第三，法律具有开放性（Offenheit），负面清单管理模式可能并未穷尽列举所有不得实施的民事活动，随着市场与技术的发展，实践中可能出现新型的应当被禁止的民事活动。即便如此，公权力机关也不能简单地否定这些民事活动的效力，而应通过立法完善负面清单管理模式。平等保护原则的实现首先要保障私有企业能够自主地从事生产经营活动，能够享有和发挥企业的自主经营权，通过发挥企业家的想象力和创造力，来最大限度地追求技术创新、科技进步与经济发展。企业家是企业的灵魂，企业家群体蕴含着巨大的创新能力和潜力，有敢为人先的天然属性，如果充分尊重和保护他们的自主经营权，保障企业家的合法权益，就能够最大限度地激发企业家的活力和积极性，弘扬企业家精神，发挥他们作为经济发动机角色，从而更好地促进市场经济的持续健康发展。而要充分保障企业的自主经营权，激发他们的企业家精神，就要充分注重国家治理能力与治理体系的现代化，特别是要尽可能地消除对企业和企业家的不必要制度约束，让他们能够轻装上阵，敢为人先，大胆创新。

我国市场准入实行负面清单制度，是我国全面深化改革的一项重大举措。从我国近些年大力改善营商环境的经验来看，坚持采取“负面清单”模式是一种行之有效的改革举措。党的十八届三中全会明确要求“实行统一的市场准入制度，在制定负面清单基础上，各类市场主体可依法平等进入清单之外领域”。所以，“负面清单”模式可以说是平等保护原则的具体落地方案，也是推行平等保护原则的重要抓手。在党的十九大作出的全面深化改革战略部署中，全面实施市场准入负面清单制度也被重新强调。中共中央和国务院于2020年出台的《关于新时代加快完善社会主义市场经济体制的意见》中也再次将负面清单列为重点任务，

并在2022年4月10日发布的《关于加快建设全国统一大市场的意见》中也将其列入，从该制度的实施情况来看，市场准入负面清单经历了探索—试点—正式实施—迭代更新的关键几步。清单一再“瘦身”反映出高水平开放进程。[①] 负面清单管理的实施，对贯彻和落实平等保护原则、促进经济发展确实起到了至关重要的作用。

平等保护是保障市场主体的平等法律地位和发展权利，这必然要求贯彻民法的私法自治。然而，具体到法律实施过程中，平等保护原则如何贯彻到每一个民商事交往具体场景，还需要通过“负面清单”管理模式等更微观的制度来配套实施。从实践来看，制约民营企业发展的因素许多是负面清单管理模式没有得到贯彻落实。一是民营企业的准入门槛依然过高。实践中，在部分承诺开放或者已经开放的领域不允许民营企业进入，或者通过设置较高的准入门槛或烦琐的审批程序，变相限制民营企业进入。这不仅不利于构建正常的市场竞争秩序和价格形成机制，阻碍了相关领域产业结构转型升级，还可能在一定范围内导致腐败案件的发生。二是民营企业的准入门槛具有不确定性，特别是在新业态、新行业领域，民营企业进入市场的风险较大，民营企业在无法明确监管机关的明确态度之前，往往不愿意在新型领域的研发和创新上投入太大的成本。尤其应该看到，在人工智能、数字文化产品等新型领域，由于前期研发成本较高，民营企业在无法获知这些新型领域的合法性的情况下，往往不愿意投入成本。三是民营企业依法进入后，在生产要素获取方面存在不公平对待。一些金融机构对民企的借款设计了复杂烦琐的贷款审批流程，贷款利率较高，一些金融机构出于风险控制的考虑，不愿意给民营企业提供信用贷款，这些因素都导致了民营企业长期面临“融资难、融资贵”的问题。四是民营企业的合法权益缺乏足够的合法保障。五是政府审批手续复杂烦琐，一些行业仍然面临审批的多项程序。尽管“放管服”改革取得了显著成绩，但是在一些领域中，政府审批手续仍然相当复杂，而且审批程序与审批结果具有不透明性和不确定性，政府没有把事前审批转移到事后监管的模式。

针对上述问题，如何在民商事活动中有效实现平等保护，就需要继续坚持和

① 参见《负面清单实现“全国一张单”，会带来多大好处?》，载《新京报》2022年4月11日。

实施好负面清单管理模式。平等保护应当以负面清单为基础，根据负面清单对民事主体实施的行为进行法律评价。具体而言，包括如下几点。

第一，市场准入。与曾经的“正面清单”模式相比较，“负面清单”模式的重要特点就在于建立了“非禁即入”的制度模式，并使“非禁即入”成为市场开放与创新的制度保障。据此，行政机关不得设置额外的市场准入条件[①]，或变相规避行政许可法定的原则。[②] 负面清单最突出的优点，“是能够极大地增强市场开放的透明度，因为哪些行业或者行为被排除在外是‘立刻’就一目了然的。而要在正面清单中要求透明度，则需要另加相应条款”[③]。多年来，我国在市场主体的准入方面将实行负面清单作为改革的突破口，并成为深化改革的重要内容。此种模式的采用，对于激发市场主体的活力、扩大市场主体的准入自由、减少政府管制，具有重要的现实意义。然而，如前所述，当前对于民营企业的进入障碍仍然不可忽视。当前和今后一段时间的重要工作就是如何让负面清单模式能够得到更好的施行。党的二十大报告指出：要“深化简政放权、放管结合、优化服务改革”。因此，要进一步推进“放管服”改革，减少审批事项，缩短审批程序的环节和实践。需要清理各项投资审批事项，为民营企业松绑减负，对禁止进入的清单需要不断“瘦身”，压缩民营企业市场准入的限制范围，破除民间资本进入重点领域的隐形障碍，支持民营企业发展新业态、新模式，鼓励商业模式创新，解决民营企业的准入门槛依然过高、具有一定的不确定性的问题。

第二，经营保障。负面清单模式的特点在于“法无禁止即自由”。民营企业取得合法经营资格，其经营权也应当受到法律保障。负面清单的管理模式可以有效规范政府权力，有助于明确划定政府干预民事活动的边界，从而在整体上降低市场主体的市场准入风险，并提高市场主体对经营活动的后果和效力的可预期性。因此，对市场主体经营权的限制，必须要有法律依据。习近平总书记指出：“把民法典作为行政决策、行政管理、行政监督的重要标尺，不得违背法律法规

① 参见魏琼：《简政放权背景下的行政审批改革》，载《政治与法律》2013 年第 9 期。

② 参见龚柏华：《“法无禁止即可为”的法理与上海自贸区“负面清单”模式》，载《东方法学》2013 年第 6 期。

③ 陆振华：《“负面清单”简史》，载《21 世纪经济报道》2014 年 1 月 1 日。

随意作出减损公民、法人和其他组织合法权益或增加其义务的决定。”①不能随意限制市场主体的合法权益，不得打着合法的幌子随意插手民营企业的自主经营活动，不能对民营企业合法正当的经营活动进行不当干预。

第三，市场监管。负面清单的管理模式要求行政机关审批的领域仅限于法律明确列举的事项，并且行政机关要对市场准入的限制条件进行合理说明，从而有利于推动行政行为的公开、公正和公平，使政府的自由裁量权受到规范限制，从而能真正保障市场主体的行为自由。此种模式要求从过往注重进入审批转向对经营过程和经营行为的监管，要摒弃过往那种以事前“发证”为主要监管手段的落后治理模式。政府的主要角色是营造和维护市场化、法治化的公平竞争和营商环境，而不是轻易干预和介入甚至替代企业的自主经营活动。要进一步准确实施反垄断法，加强对行政垄断的规制，为民营企业创造良好的营商环境。反垄断的目的是发挥市场竞争作用，如此才有利于促进民营经济健康发展。

第四，权益保护。对民营企业而言，只要其依法成立、合法经营、照章纳税，就应该充分保护其合法权益。政府要严格执行合同，依法保护产权，增强民营企业的合理预期和信心，依法行政必须充分尊重、保护民营企业财产权。在负面清单管理模式下，出现法律未作规定的“空白地带”。尤其是对于新生态、新业态，实行自主创新，常常伴随着一系列不可预测的市场风险，但由于法律并没有禁止进入，在此情形下，应当对进入新业态的市场主体的合法权益予以保护。

应当看到，我国负面清单管理模式的改革已经取得了明显成绩，但从更好地落实对民营企业的平等保护的角度看，仍然存在一些需要完善的空间。如何让负面清单管理理念在行政管理部门中内化于心、外化于行，从而让民营企业家群体真正获得一个稳定的制度预期：一方面，需要通过进一步立法将负面清单模式更明确地固定下来，从而更好地总结过往改革的成果和经验，尤其是怎么平等对待各类所有制企业，让这一制度更有效地落地。我国《民法典》虽然规定了平等保护原则，也确立了私法自治的原则，但是私法自治原则总体上比较抽象，如何通

① 习近平：《论坚持全面依法治国》，中央文献出版社2020年版，第281页。

过负面清单管理模式对私法自治原则进行具体化规定，形成具有约束力的、明确性的法律规范体系，乃是平等保护原则和司法自治原则得到实现的关键。另一方面，要在行政执法过程中落实负面清单制度。目前，虽然负面清单制度已经日益深入人心，但由于尚未充分实现制度化，其在贯彻平等保护原则的效果上仍然需要着力强化。因此在行政执法中，对各类民事主体要平等对待，无论是国有企业还是民营企业、外资企业，均应当受到法律的平等保护，不能因为企业身份不同就在司法上区别对待。例如，在政府采购领域，应当严格按照招投标程序公平对待所有的投标人，不能针对项目设置不合理的条件，不能在项目审查等方面对民营企业区别对待。在就业促进层面，要减少民营企业职工的户籍限制。只有构建以平等保护为原则的财产权制度，并以“负面清单”制度相配套，才能营造市场化、法治化、国际化的营商环境。

四、平等保护要贯彻到全面依法治国各个环节

贯彻落实“两个毫不动摇”，必须将平等保护要贯彻到全面依法治国各个环节。保护产权是法治的重要内涵，早在18世纪，英国法学家边沁（Jeremy Bentham）就指出，“财产权与法律生死相依，没有法律，就没有财产权；法律消失了，财产权也就消失了”[①]。这就深刻揭示了法律保障的核心是产权保障问题，平等保护是财产权保障的重要原则，也是一种重要的司法保护理念。平等保护原则只有通过法律保障才能落到实处。因此，必须按照习近平总书记的要求，“要把平等保护贯彻到立法、执法、司法、守法等各个环节，依法平等保护各类市场主体产权和合法权益”。“各类市场主体最期盼的是平等法律保护。一次不公正的执法司法活动，对当事人而言，轻则权益受损，重则倾家荡产。”[②] 贯彻作为重

---

① Kenneth L. Karst and Keith S. Rosenn, *Law and Development in Latin America*, University of California Press, 1975, p. 695. 转引自［美］李·J. 阿尔斯顿等主编：《制度变迁的经验研究》，上海财经大学出版社2014年版，第84页。

② 习近平：《为做好党和国家各项工作营造良好法治环境》，载习近平：《论坚持全面依法治国》，中央文献出版社2020年版，第254页。

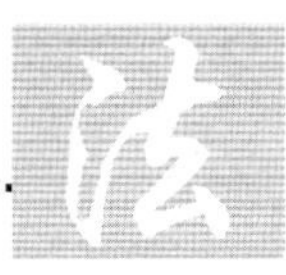

要的法治原则的平等保护原则，对于依法保护民营企业产权和企业家权益，营造市场化、法治化、国际化营商环境意义重大。因此，要推进以平等保护为原则的产权保护的法治化[①]，应将平等保护贯彻到全面依法治国各个环节。

（一）进一步完善立法，强化平等保护

党的二十大报告指出，要“完善产权保护、市场准入、公平竞争、社会信用等市场经济基础制度，优化营商环境”。从立法层面来看，重点应对民营经济主体在产权保护、市场准入、投融资、公平竞争等重点领域作出详细规定和保障。[②] 如前所述，《民法典》构建了以平等为原则的产权保护制度，确立了对各类财产权的平等保护。但《民法典》颁行后，还需要制定配套法律法规予以落实，尤其是在民营企业财产权方面，需要制定有关民营企业财产权保护的立法。在民营企业财产权保护方面，我国虽然已经有相关的政策，但还没有通过法律规则对其予以确认和巩固，这也在一定程度上影响了民营企业财产权保护的合理预期。因此，一方面，需要清理不当阻碍民营企业发展的政策和法规，及时将矛盾的、过时的、阻碍民营经济和民营企业发展的法律法规及相关司法解释进行清理和修改。另一方面，应当以《民法典》关于财产权平等保护的原则为基础，细化产权保护、市场准入规则，尽早制定一部系统完备、科学规范、运行统一的民营经济保护法，对平等保护原则作出全面、详细的规定。立法上要平等保护市场主体的市场准入权。不得通过较高的准入门槛和烦琐的审批程序，变相限制民营企业的市场准入。同时，要完善行政程序法等法律、规范公权力的行使，进一步放开民营企业市场准入。此外，立法上还要针对民营企业的融资难和融资贵问题，规定在融资上公平对待，尤其是在立法上强化对民营企业财产权保护，只要合法经营和纳税，民营企业就应受到平等保护。

（二）深化行政执法的平等保护

依法行政要坚持平等保护。行政权的行使与公民权益的维护具有密切的联

① 参见石佳友：《国家治理现代化进程中的产权保护》，载《比较法研究》2022 年第 6 期。

② 参见皮剑龙：《加快制定“民营经济保护法”给民企吃上“定心丸”》，载《北京青年报》2023 年 3 月 4 日。

系，解决好严格执法、公正执法的问题，才能保障好财产权。因此，深化财产权的行政保障，是充分保障财产权的关键。法治的要义在于“规范公权，保障私权”，行使公权不得以侵害私权为代价，而规范公权是保障私权的基础。从实践来看，民事主体相互之间的产权纠纷是容易解决的，而强大的公权对私权的侵害，在预防和解决上则显然难度更高。要真正让企业家专心、安心、放心，就必须从法治层面切实保护好民营企业的产权。一是，政府应该树立善意对待民营企业产权和企业家权益的执政理念，尊重包括民营企业和民营企业家在内的各个民事主体的合法产权，依法保护包括民营企业家在内的公民的人身权、财产权、人格权，把依法保护民营企业产权和企业家权益贯彻到行政执法的全过程，在办案过程中不能因为办案简单化而不讲方式、方法，导致企业遭受一些不必要的损失，避免“办一个案件搞垮一个企业”。二是，真正树立大力推进法治政府和政务诚信的观念，特别是不得以“新官不理旧账”等理由任意毁约。相反，政府部门更应当带头以政务诚信来带动整个社会的诚信。三是，对民营企业的产权限制必须要有合法的依据，不得违背法律法规随意作出减损公民、法人和其他非法人组织的财产权益，不得违背法律规定随意增加公民、法人等民事主体的义务。如果依法必须要作出限制的，要遵守相关的法定程序，而且限制也要符合比例的原则，防止限制过度。四是，要善用民事的方法来遏制违法行为。坚决防止利用刑事手段查处民事案件，防止将经济纠纷当做犯罪处理，防止将民事责任变成刑事责任。在罪与非罪界限还不清晰、不明确的时候，笔者一直呼吁“民法要扩张，刑法要谦抑”，在这种情况下，能够通过民事法律手段妥善处理的经济纠纷，尽量不要动用刑事手段。

（三）加强司法的平等保护

司法保护是产权公平保护的最后一道防线，也是实现社会公正的最有效手段；因此，完善产权司法保护具有重大意义，具体而言：

一是司法机关要严格公正司法。为了实施好《民法典》和相关法律法规，让人民群众在每一个司法案件中感受到公平正义，在办理有关企业家案件的过程中，应当严格依法办案，准确把握和运用宽严相济的刑事政策，紧紧围绕

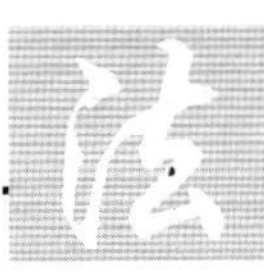

"公正与效率"这个永恒的主题办好案。要强化对包括企业家在内的广大人民群众的人身权、人格权、财产权的保护，让当事人更加便利地行使诉权、维护私权、救济损害。[①] 要深化司法体制综合配套改革，全面准确落实司法责任制，加快建设公正高效权威的社会主义司法制度。"一个案例胜过一摞文件"，努力在每一个司法案件中实现公平正义，才能全面实施好、贯彻好、落实好《民法典》。

二是要提高民事权利的保护水平和效率，畅通司法救济渠道，统一法律适用标准。本着平等保护的原则，在刑事案件办理中，应当牢固树立民事权利保护的观念，平等、充分保障每一位诉讼参与人的合法权益。[②] 对涉及重大财产处置的产权纠纷依法申诉案件和民营企业和投资人违法申诉案件依法甄别，对于确属事实不清、证据不足、适用法律错误的错案冤案，要依法予以纠正并进行赔偿。要落实"少捕慎诉"的刑事司法政策，严格按照法定程序采取查封、扣押、冻结等措施，减少滥用查封、扣押、冻结财产等强制措施。同时，要强化刑事诉讼监督，促进公正司法，依法保障涉案企业家的合法权益，从立案、侦查、采取强制措施、审判和执行等各个环节保障涉案企业家的合法权益。习近平总书记指出："对滥用查封、扣押、冻结财产等强制措施，把民事纠纷刑事化，搞选择性执法、偏向性司法的，要严肃追责问责。"[③] 在涉企业家案件的办理中要准确把握和运用宽严相济的刑事政策，坚决防止利用刑事手段插手民事案件，防止将经济纠纷当作犯罪处理，防止将民事责任变为刑事责任。

三是平等保护要求处理好罪与非罪的界限。我们要坚持罪刑法定、疑罪从无，特别是对新业态、新领域、新型交易的纠纷，要严格区分经济纠纷与犯罪的界限，防止和纠正利用刑事手段非法干预经济纠纷的情况。刑法是对违法行为最严厉的制裁手段，一旦入刑，不仅个人身陷囹圄，甚至子女也受到重大牵连，家

---

① 参见杨汉平：《"公正与效率"是实践高质量人民司法的核心要义》，载《人民法院报》2023年4月13日。

② 参见最高人民检察院：《司法机关必须落实平等保护理念，避免损害、干预私权》，https://www.thepaper.cn/newsDetail forward_10296646，2022年12月12日访问。

③ 习近平：《论坚持全面依法治国》，中央文献出版社2020年版，第255页。

庭受到重大影响。如果是企业，可能一夕之间导致企业毁灭。在罪与非罪界限不清晰时，能通过民事法律手段就能妥善处理的社会纠纷、经济案件，就尽量不使用刑事法律手段。例如，实践中，关于非法转让国土罪，有的民营企业家以土地使用权入股，或者以土地使用权作为公司资产的公司股份对外转让，只要土地使用权仍然登记在公司名下，其归属没有改变，就不能认为构成犯罪。再如，有的办案人员过度扩大非法经营罪范围，将一些新业态的活动作为非法经营犯罪，甚至将对赌协议认为是非法经营，或因为名称中有一个“赌”字就和赌博罪联系在一起。从法律上看，对赌协议就是典型的民事纠纷，这类纠纷就应该在民事领域解决，不能动不动就将其和刑事犯罪联系在一起。① 还有的办案人员没有妥善区分民间借贷和非法集资的界限，出现了一些问题。因此，笔者认为，在罪与非罪界限尚不清晰时，“民法要扩张，刑法要谦抑”，摒弃重刑轻民观念，多善用民事手段处理社会纠纷。

四是要区分企业家个人犯罪和公司犯罪。企业家个人犯罪只能查封个人在公司的股份，不能因查封个人财产而将公司财产全部冻结，甚至非法吊销公司的营业执照和其他营业许可。要依法严格区分个人财产和企业法人财产。对股东、企业经营管理者等自然人违法，在处置其个人财产时不应牵连企业法人财产；对企业违法，在处置企业法人财产时不任意牵连股东、企业经营管理者个人合法财产。严格区分违法所得和合法财产，区分涉案人员个人财产和家庭成员财产，在处置违法所得时不牵连合法财产。

五是对于改革开放初期民营企业经营不规范问题，要按照《中共中央国务院关于完善产权保护制度依法保护产权的意见》，“严格遵循法不溯及既往、罪刑法定、在新旧法之间从旧兼从轻等原则，以发展眼光客观看待和依法妥善处理改革开放以来各类企业特别是民营企业经营过程中存在的不规范问题”。对企业在改制过程中存在的不规范的历史问题，要按照上述文件办理，不能“翻烧饼”，推倒重来。

① 参见周光权：《对赌协议场景下合同诈骗罪的界限》，载《法学》2022 年第 10 期。

五、结束语

党的二十大描绘了以中国式现代化全面推进中华民族伟大复兴的蓝图。实现中国式现代化，必须要促进社会主义市场经济的高质量发展。发展是党执政兴国的第一要务，是全面建设社会主义现代化国家的首要任务。这就必须坚持“两个毫不动摇”，而坚持财产权的平等保护，就是“两个毫不动摇”在法律领域的具体表现。“两个毫不动摇”的核心是构建以平等保护为核心的产权保护制度体系。通过平等保护，必将进一步推动民营经济成为“量的合理增长的有生力量”和“质的有效提升的重要载体”，成为推进高质量发展、构建新发展格局的重要一极。[①] 而只有实现全面发展，才能鼓励科技创新，增加社会财富；只有实现全面发展，也才能实现国泰民安、人民富裕，并最终实现民族复兴。进入新时代，踏上新征程，我们要贯彻落实党的二十大报告精神，坚持“两个毫不动摇”，坚持平等保护，依法保护民营企业产权和企业家权益，推动经济实现质的有效提升和量的合理增长，为早日建成中国式现代化国家而努力奋斗。

① 参见李忠民：《坚持“两个毫不动摇”促进民营经济发展壮大》，载《人民政协报》2023 年 3 月 13 日。

物债二分视角下的物权请求权*

引　言

“权利的存在和得到保护的程度只有诉诸民法和刑法的一般规则才能得到保障。”① 请求权是民法中保护权利的一般制度，其目的就是保障权利行使和促使义务履行。作为请求权的一种，物权请求权是指权利人为恢复物权的圆满状态或者防止侵害的发生，请求相对人返还原物、排除妨害、消除危险和恢复原状的权利，《民法典》第235～237条对其作出了明确规定。在《民法典》物权编第三章“物权的保护”列举的物权保护方法中，除了物权请求权，也有债权请求权。这种立法安排有利于全面保护物权，但在适用中产生了一种误解，即似乎不存在保护物权的独特方法即物权请求权。笔者认为，之所以说是误解，是因其未在体系化视角中看到物权请求权的独特性，将物权请求权和债权请求权混为一谈。其

* 原载于《政法论坛》2023年第4期。

① ［英］彼得·斯坦、约翰·香德：《西方社会的法律价值》，王献平译，中国人民公安大学出版社1989年版，第41页。

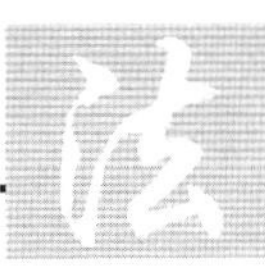

实，纵观民法制度发展史，可以看出，物权请求权是民法体系化的产物，此种请求权的产生乃是物债二分（物权和债权的区分）的结果，只有把物权请求权放在民事体系中加以全方位审视，把握物债二分理论，才能准确理解物权请求权制度的规范要旨，并准确适用该规则以充分保护物权。

一、物权请求权的独立性来自物债二分体系

（一）物权请求权与诉权的分离

就历史起源而言，物权请求权源于诉权。在罗马人看来，诉（Actio）是更为基础的概念，请求权不过是通过包含在诉中的程序而提供保护的现象。① 在罗马法中，只有诉讼类型，没有请求权的概念，因为在罗马人看来，诉才是更为基础的概念，请求权不过是通过包含在诉（Actio）中的程序而提供保护的现象。②在其后的发展中，请求权逐渐从诉权中分离出来，具有独立性。德国学说汇纂学派代表学者温德沙伊德（Windscheid）从诉权的概念中抽象出实体法上请求权概念，他于1856年出版的《从现代法的立场看罗马私法上的诉权》一书就提出，请求权就是要求他人作为或不作为的权利，即某人向他人要求一些东西的权利③，这就为物权请求权的产生提供了理论基础。温德沙伊德的观点为《德国民法典》第194条所采纳。《德国民法典》第985条、第1004条规定了三种基于所有权而产生的原物返还请求权（Herausgabeanspruch）、妨害排除请求权（Beseitigungsanspruch）及妨害防止请求权（Unterlassungsanspruch，又称为不作为请求权）；同时，根据《德国民法典》第1017条、1027条，对他物权可根据各自内容和效力准用前述的请求权规定。④ 德国民法的经验为其他许多大陆法国家民法所借鉴。

可以说，时至今日，请求权与诉权的分离成为普遍的法律经验，请求权既可

①② 参见［德］卡泽尔、克努特尔：《罗马私法》，田士永译，法律出版社2018年版，第77页。

③ 参见金可可：《论温德莎伊德的请求权概念》，载《比较法研究》2005年第3期，第119页。

④ 参见［日］奥田昌道：《论请求权的概念》，载《东京大学法学论丛》第82卷，第236页。

以在诉讼中行使，也可以在诉讼外行使，物权请求权亦不例外。不过，请求权与诉权的分离虽然解决了物权请求权不必依附诉权而独立存在的问题，却无法解释物权请求权与债权请求权的分离，以及其在请求权体系中的位置问题，对该问题要在物债二分体系中解决。

（二）物权请求权独立性以物债二分为前提

物债二分最早起源于罗马法的对物之诉（Actio in Rem）和对人之诉（Actio in Personam）的区分。依据盖尤斯《法学阶梯》第四编的记载，对物之诉是指针对某个物主张权利，对人之诉则是因契约或者私犯行为而对某个特定人主张权利。[①] 中世纪注释法学家在解释罗马法时，从这两个诉中引申出对物权（Jus in Rem）和对人权（Jus in Personam）概念，并开始形成物债二分理论。[②] 1804 年的《法国民法典》虽然不像《德国民法典》那样采取严格的物债二分体系，但是由于受到罗马法的影响，法国民法学上历来承认物债权二分。[③] 按照《法国民法典》第 1240 条，受害人还可以提起侵权之诉。因此，法国法上对物权的保护既可以采取物权保护的诉讼，也可以采取侵权诉讼的方式进行。显然，法国法虽然没有明确地承认独立的物权请求权，但因为区分了物权保护诉讼与侵权诉讼，客观上的效果与德国法那样认可物权请求权独立性的效果类似。

潘德克顿学派发展了物债二分理论。萨维尼在解释罗马法时，从对物之诉和对人之诉的区分出发，发展出对物权和对人权的区分，进而对物权和债权作出了区分，并把它们进行对立、比较的考察。[④] 他认为，对人之诉是指旨在保护债权而引入的诉讼，对物之诉是指旨在保护某人对债的关系之外的其他人而引入的诉讼。换言之，对人之诉或对物之诉的区别体现在，如果有债，就是对人之诉；如

---

① 参见［古罗马］盖尤斯：《法学阶梯》，黄风译，中国政法大学出版社 1996 年版，第 288 页。

② Robert Feenstra, "Dominium and ius in re aliena: The Origins of a Civil Law Distinction", in: Peter Birks ed., *New Perspectives in the Roman Law of Property*, Oxford Clarendon Press, 1989, p. 112.

③ 参见张民安：《法国债法总论》，中山大学出版社 2022 年版，第 7 页。

④ 参见程啸：《论未来我国民法典中物权请求权制度的定位》，载《清华大学学报（哲学社会科学版）》2004 年第 5 期，第 196、198 页。

果没有债，就是对物之诉。[①] 这就为物权请求权概念的产生奠定了基础。在萨维尼之后，德国学者温德沙伊德等人进一步发展了物债二分体系，并形成了独立的物权请求权理论。温德沙伊德提出了物权请求权（dingliche Anspruch）的概念，包括消极和积极两种不同的形式，其中：消极的物权请求权，是指要求一切人不作为的请求权；积极的物权请求权，是指物权受到妨害之后，物权人可以要求妨害人返还原物、排除妨害和消除危险的请求权，这一请求权以妨害人作出积极的行为为其内容。[②]

《德国民法典》的起草者深受物债二分理论影响。1887 年 12 月"第一草案"的"立法理由说明"就把物权独立成编的理由归为物债二分："物权在草案体系中独立成编。它一方面与债之关系法和家事法不同，另一方面也与继承法不同。它的独立性来源于对物权与对人权的本质对立。"[③] 在这种观念的指引下，形成了《德国民法典》五编制，该体系的最大特点就是物债二分，将债务关系规定为第二编，将物权规定为第三编。在该体系中，以损害赔偿为中心的侵权请求权规定在债务关系编（参见《德国民法典》第 823 条、第 826 条），而在物权编中规定了三种基于所有权的请求权。显然，在请求权的体系中，物权请求权有其独立地位和独特价值，是一种独特的物权保护方式，不能被包括侵权请求权在内的其他请求权所包含。[④] 这样一来，在物权遭受侵害时，权利人既可以主张物权编中的物权请求权，也可以主张债务关系编中的侵权损害赔偿请求权。[⑤]《德国民法典》的这种经验也为许多大陆法系国家民法典所采纳，

通过分析自罗马法以来大陆法系国家民法中的物权请求权制度可以发现，从历史起源的角度而言，物权请求权的确来自诉权与请求权的分离，但更是以物债

---

① 参见［德］萨维尼：《萨维尼论对人之诉和对物之诉》，田士永译，载《中德私法研究》2006 年第 1 卷，第 196、198 页。

② 参见金可可：《德国民法上的请求权》，载《求索》2007 年第 3 期。

③ Mugdan, Die Gesammten Materialien zum Bürgerlichen Gesetzbuch für das Deutsche Reich, 3. Band, Sachenrecht, S. 1.

④ Vgl. MünchKomm/Baldus, Vor §985, Rn. 28.

⑤ Vgl. Wieling, Sachenrecht, 5. Aufl. 2007, S. 194.

二分作为理论基础和前提。可以说，大陆法国家民法在物权和债权的区分基础上形成了物权法和债权法相互独立的体例。[①]

我国自近代以来，受到了物债二分理论影响。宣统三年（1911 年）8 月完成的《大清民律草案》分为五编，即总则、债权、物权、亲属、继承，形成物债二分体系。1925 年，民国政府完成了第二次民律草案即《民国民律草案》，仍然采纳该体系。南京国民政府成立后，于 1929 年 11 月 22 日颁布《债编》，于 1929 年 11 月 30 日颁布《物权编》，从立法上正式采纳物债二分体系，并在物权编中规定了物权请求权。新中国成立以后，虽然废除国民党“六法”，但自改革开放以来，我国民事立法仍然采纳物权和债权的概念。我国《民法典》总体上采纳了物债二分的体系，这具体体现在：第一，我国《民法典》总则编第五章“民事权利”分别规定了物权和债权的定义（《民法典》第 114 条和第 118 条），这就表明我国民事权利体系中的物权与债权相互分离、彼此独立。第二，我国《民法典》第二编和第三编分别规定物权和合同，就是在区分物权和债权的基础上，构建了物债二分的体系。第三，物权和债权虽然都属于财产权的范畴，但对这两种权利作出界分，有助于分别针对物权和债权建立不同的规则，从而形成以物权为核心的物权请求权制度和以债权为核心的债权请求权制度。可以说，我国《民法典》物权编的许多制度，都以物权特有的对世性、直接支配性、排他性、优先性和追及效力为基础。正是因为物债二分，才形成了物权和债权的分离，针对物权保护的物权请求权就由此而生。

（三）物权请求权因物债二分而具有对物权保护的特殊性

以物债二分为基础，可把握物权保护方法的特殊性，并充分发挥物权请求权在保护物权中的作用，具体而言：

第一，从体系解释来看，请求权本身构成一个完整的体系，包括物权请求权、债权请求权（包括损害赔偿请求权）、人格权请求权等，在这一请求权体系中，可以从大的方面分为保护财产权的体系、保护人格权与身份权的体系。在财

① 参见常鹏翱：《体系化视角中的物权法定》，载《法学研究》2006 年第 5 期；张鹏：《物债二分体系下的物权法定》，载《中国法学》2013 年第 6 期。

产权体系中，物权请求权之所以独立存在，这是建立在物权与债权相分离的基础上。物权作为绝对权，与作为相对权的债权不同，在权利人对其物的支配权受到不当影响时，权利人即可以依法主张物权请求权，请求行为人排除妨害或者消除危险，这些请求权在保护物权方面也具有独特的作用。在债权遭受“侵害”时，无法通过这些请求权对债权人予以救济，而是应根据《民法典》第577条主张继续履行、采取补救措施和赔偿损失等违约责任。从体系解释的角度来看，物债二分为物权请求权之独立奠定了体系基础。物权请求权是基于物权产生的，依赖物权，是物权效力的直接体现。

第二，从保护目的来看，法律规定物权的宗旨乃是赋予物权人依法对特定的物享有直接支配和排他的权利。在直接支配的权利受到来自他人的侵害后，法律一定要赋予权利人一种救济性请求权，使权利人可以恢复到圆满的状态。物权请求权是物权在遭受侵害下以恢复圆满状态为目的的，是最有效地保护物权的方式。从这一目的可以看出，当法律确立了物权的概念之后，就要为物权的实现和保护设置一个相应的救济机制。这一救济机制就是物权请求权，其核心功能就是实现权利人对其物的圆满支配状态。

第三，从保护路径来看，物权请求权是与有体物之上的物权保护联系在一起的。物权请求权是在有体物保护基础上所产生的物权保护制度，其行使能够保障物权人对特定物的支配。依据《民法典》第114条第2款，物权是指权利人对特定的物享有的直接支配和排他的权利，而物权请求权旨在实现物权，那么物权请求权就与特定的物具有紧密的联系。法国学者鲁比埃（Roubier）指出，针对有体物即动产或不动产所建立的所有权概念，可被认为是主观权利中最完整的权利形态。[①] 在两大法系，对财产或物权客体的认识产生差异的根源在于：一方面，英美法上的财产权制度较为宽泛，其财产的概念包括了知识产权等无体财产权，而大陆法上的物权概念并不包含知识产权等无体财产。[②] 另一方面，在英美法中，由于普通法财产的概念包罗万象，很难作出科学的分类，因此财产和所有权

---

① 转引自尹田：《法国物权法》，法律出版社1998年版，第128页。

② Stresemann，in MünchKomm zu BGB，§90，Rn.4，6.

的概念常常并没有严格区分；而在大陆法系中，财产和所有权的概念区分是清晰的，财产是上位概念，而所有权是下位概念。大陆法系民法将物权的客体主要限于有体物，强调物权是对有体物的一种支配，而物权请求权的功能旨在使物权人恢复对有体物的圆满支配状态。如果不考虑物权客体有体性，则没有必要确立物权请求权。

第四，物权作为一种绝对权，其具有对抗第三人的效力，而且物权本身通过占有或者登记进行公示，具有典型的社会公开性，因此，通过物权请求权对其进行强化保护，具有一定的正当性，并不会因此不当妨碍他人的行为自由。

二、物权请求权是产生于支配权的请求权

从物债二分的视角观察物权请求权，物权请求权是基于对物的支配权所产生的请求权，因此不同于债权，也不同于基于债权产生的债权请求权。

（一）物权请求权以物权的支配效力为基础

德国学者温德沙伊德在提出物债二分的理论时，也区分了对物权与对人权，并认为对物权体现了权利人对物的一种意思支配（Willensherrschaft），在性质属于支配权；而对人权是针对特定相对人的一种权利，在性质上为请求权。[①] 在此基础上，其认为前者针对的是消极的不作为（Unterlassung），后者针对的是积极的作为（Tun），消极的物权请求权是指权利人可以要求不特定第三人不得干涉其物；而积极的物权请求权是指当某一特定妨害人擅自干涉其物时，物权人可以请求该妨害人返还原物、排除妨害、消除危险。其中，消极的物权请求权与上文所述的支配权，均属于初始性权利；但在物权被侵害后，物权这种支配权就可以转化为要求消除侵害的请求权[②]，在此基础上，形成了物权请求权的概念。由此可见，物权请求权赖以产生的基础乃是物权的支配效力。

所谓支配权（Herrschaftsrecht），是指直接支配客体并享受一定的利益的权

① 参见金可可：《德国民法上的请求权》，载《求索》2007年第3期。

② 参见金可可：《债权物权区分说的构成要素》，载《法学研究》2005年第1期，第23页。

利。与请求权相比较，支配权“系对于特定之权利客体得以直接支配之权利，故支配权之行使系依其对客体之支配予以现实化而为”①。支配权的权利主体是特定的，而义务主体是不特定的。物权由于是绝对权，因而具有支配效力。我国《民法典》第114条第2款规定：“物权是权利人依法对特定的物享有直接支配和排他的权利”，其中的“直接支配”就体现了物权的支配效力，它意味着无须任何媒介，物权人就能将其意志作用于作为客体的物。② 这表明，物权人对物可以依自己的意志独立进行占有、使用或采取其他支配方式，无须得到他人的同意，不需要借助他人的意志，不以他人的意志为媒介。其实，萨维尼早就指出，意思不仅对本人发生作用，对外部世界也能发生作用，当意思对物发生作用时就构成支配。③

物权请求权以物权的支配效力为基础，主要表现在：

第一，物权的支配性决定了权利人可以按照自己的意志随意支配其物，而不需要得到他人的协助。物权的支配效力强调权利人对权利的客体的“直接”支配，不需要义务人的积极配合，即不需要义务人的介入，便可使权利人的权利实现。也就是说，支配权的行使和实现都具有直接性。④ 在这个意义上，物权请求权乃是物权实现的手段。受支配效力的影响，他人非经物权人的同意，不得侵害物权或对物权人支配物的状态加以干涉，否则，就违背了自己的义务。也就是说，物权之义务人的义务是不作为，义务人只要不妨害物权人对其物权的支配，就是履行了义务。一旦义务人未履行该义务，就会对物权造成妨害或有可能造成妨害，影响物权支配效力的实现。为了回复物权的支配效力，物权请求权就应运而生。

第二，在物权请求权中，所有物返还请求权被置于物权请求权的核心，其他物权请求权是模仿所有物返还请求权而设立，可以说是所有物返还请求权的派

① 杨与龄主编：《民法总则争议问题研究》，五南图书出版公司1998年版，第64页。

② 参见刘家安：《民法物权》，中国政法大学出版社2023年版，第40-41页。

③ 参见［德］萨维尼：《当代罗马法体系》（第一卷），朱虎译，中国法制出版社2010年版，第260、262页。

④ 参见龙卫球：《民法总论》，中国法制出版社2002年版，第140页。

生，因此所有物返还请求权具有典型与原型的作用。而在罗马法中，所有物返还之诉被置于有关所有权诉讼的核心，以它为模式，设计出了其他的对物之诉，这些诉讼也因其明显的同质性被归为一类。[①] 而所有物返还请求权就鲜明地体现了所有权人在其物受到他人非法占有时，要求恢复对其物的支配的目的，它仍然是支配效力在物权保护方面的具体体现。

第三，从最终目的来看，物权作为一种对物的直接支配权，权利人对其物享有积极和消极的权能。积极的权能包括对物进行占有、使用、处分、获取收益等权能。而消极权能就是在物权受到侵害的情况下赋予物权人以请求返还原物、排除妨害等物权请求权。物权请求权的行使以物的存在为前提，否则权利人只能主张损害赔偿，而无法行使物权请求权。[②] 可见，物权请求权是在有体物保护基础上所产生的物权保护制度，旨在维护物权人对其物的圆满支配。

故而，物权请求权以物权的支配效力为基础。这意味着，如果说物权效力是第一层次的法律关系，那么，只有在该层法律关系受到破坏时，才有作为第二层次法律关系的物权请求权的行使和实现。

（二）物权请求权产生于支配权而非支配权

尽管物权请求权基于物权的支配效力而产生，且与物权不可分离，但它是请求权而非支配权，因此不同于作为支配权的物权，其差异主要表现为：

第一，权利功能不同。支配权是与请求权、抗辩权、形成权相对应的。支配权“系对于特定之权利客体得以直接支配之权利作用，故支配权之行使系依其对客体之支配予以现实化而为”[③]。物权是典型的支配权，并且以支配作为其主要的功能。物权请求权产生于支配权，但又不同于支配权，其在性质上是请求权，因为物权请求权主要是为了在物权受到侵害或者妨害时，为了恢复对物的圆满支配状态，法律赋予物权人所享有的针对侵害人或者妨害人提出请求的权利。它并非直接支配特定的物，而产生的是对侵害人或者妨害人提出请求的效力，只有当

① 参见朱虎：《物权请求权的独立与合并——以返还原物请求权为中心》，载《环球法律评论》2013年第6期，第20页。

② 参见孙宪忠：《中国物权法总论》，法律出版社2003年版，第317页。

③ 杨与龄主编：《民法总则争议问题研究》，五南图书出版公司1998年版，第64页。

物权的支配效力受到他人侵害时，为了恢复权利人对客体的圆满支配状态，物权人才能够行使物权请求权。

第二，权利的相对人不同。支配权的相对人是支配权人之外的所有其他人，正如梅迪库斯指出的，“权利人可以长久地或暂时地使用其支配的财产。同时其他人被排除在使用权之外，以确保第三人无法对权利人的支配可能性造成损害”[①]。支配权的义务人是任何第三人，权利主体以外的任何人都负有不得干涉支配权的义务。而物权请求权只能发生在特定的当事人之间，义务人是特定的主体，因此其是相对权。故而，物权请求权虽然产生于物权的支配效力，但只能向特定的义务主体行使，只有在物权遭受侵害的情况下，权利人才能针对特定人行使物权请求权，而不能针对任何其他人行使物权请求权。例如，只能向无权占有人行使请求返还原物请求权。

第三，权利的行使方式不同。正如前文所言，作为支配权的物权可以由物权人基于自己的意志行使，不需要以他人的意志为中介，也无须借助他人的协助行为即可实现。支配权的行使和实现都具有直接性，可以通过权利人的直接行使而实现，不需要外力介入。[②] 而请求权则必须以相对人的意志作为中介，请求权的实现需要他人的积极协助行为。物权请求权也不例外，它并不以直接支配物为其内容，而是以请求另一方当事人为一定行为或者不为一定行为为内容，如返还原物、排除妨害。[③] 在相对人不依请求作为或不作为时，物权请求权就不能获得实现。

三、物权请求权是与债权请求权相区分的权利

（一）物权请求权与债权请求权的异同

从物债二分的视角观察物权请求权，需要区分物权请求权和债权请求权。对

① ［德］迪特尔·梅迪库斯：《德国民法总论》，邵建东译，法律出版社 2000 年版，第 61 页。

② 参见龙卫球：《民法总论》，中国法制出版社 2002 年版，第 140 页。

③ Vgl. Andreas von Tuhr，Der Allgemeiner Teil des Deutschen Bürgerlichen Rechts，Band I Allgemeine Lehren und Personenrecht，1910，S. 242.

债权请求权可以从广义和狭义两个方面加以理解：从广义上讲，债权请求权包括合同履行请求权、缔约过失请求权、违约损害赔偿请求权、无因管理请求权、不当得利所返还请求权、侵权损害赔偿请求权等。从狭义上讲，债权请求权主要是指民法典合同编中的各类债权请求权，而不包括侵权责任编中的损害赔偿请求权。本文采取狭义的债权请求权概念。此外，赔礼道歉、恢复名誉等责任承担方式，因本质上不是一种给付关系，不应当包括在债权请求权中。从体系化视角来看，物权请求权与债权请求权都是请求权，因而具有共性，但受制于不同的功能，它们的差异远远大于共性。物权请求权和债权请求权的共同点主要体现在以下两个方面。

一方面，物权请求权和债权请求权都是请求权。这意味着它们都只能向特定人主张，因而均属于相对权。有观点认为，物权请求权是一种绝对权，因为物权的义务人是不特定的，其可能受到不特定人的侵害，因此物权请求权总是可以向不特定人行使。[①] 笔者认为，在物权没有遭受妨害或者危险时，物权的义务人的确是不特定的；但是，一旦发生物权妨害或者危险，那么返还原物、排除妨害、消除危险等救济就只能向特定的造成妨害或侵害的人主张，因此物权请求权仍然没有脱离相对权的范畴，与典型的绝对权具有根本的不同。也就是说，尽管物权是绝对权、对世权，但是物权请求权是相对权、对人权。当他人侵害物权之后，物权请求权的相对人是特定主体，即侵害人，而非不特定主体。在这个意义上，物权请求权具有债权请求权的部分属性，这是因为，其也是针对特定的行为人提出请求，在物权行使中，如果行为人并未造成权利人权利行使的侵害或者妨害，则权利人无法针对特定人行使物权请求权。[②] 所以，物权请求权只有在发生侵害或者妨害的情形下才能产生。[③]

---

① 例如，林诚二先生区分了绝对请求权和相对请求权，物权请求权就属于绝对请求权。参见林诚二：《民法总则》，中国政法大学出版社 2008 年版，第 82 页。

② 参见朱虎：《物权请求权的独立与合并——以返还原物请求权为中心》，载《环球法律评论》2013 年第 6 期，第 27 页。

③ 参见［德］拉伦茨：《德国民法通论》（上册），王晓晔等译，法律出版社 2004 年版，第 325 页；［德］施瓦布：《民法导论》，郑冲译，法律出版社 2006 年版，第 140 页以下。

另一方面，物权请求权和债权请求权都是实现本权的手段。物权蕴含了物权人与不特定义务人的法律关系，物权请求权基于物权而产生；债权蕴含了债权人与特定债务人之间的法律关系，其权能主要是请求权；物权请求权以物权为本权，债权请求权以债权为本权。就债权和债权请求权的关系而言，理论上存在不同见解：一种观点认为，债权和债权请求权具有同一性[①]；另一种观点认为，债权是权利本体，而债权请求权则是实现债权的手段，而且债权的内容不仅限于请求权，还包括形成权（如解除权）、抗辩权（如同时履行抗辩权）。[②] 笔者认为，第二种观点在解释力上更为融洽，更为可取。

虽然物权请求权和债权请求权都属于请求权，因而具有相对性，也都是实现本权的手段，但是由于它们的本权（也即物权和债权）之间存在差异，物权请求权和债权请求权也就相应地存在根本差异。[③] 这些差异是巨大的，决定了物权请求权是不同于债权请求权的独立请求权，主要表现为：

第一，物权请求权并非来自债权。虽然其具有相对性，但是从根本上不同于债权和债权请求权。诚然，物权请求权是发生在特定当事人间的一种请求关系，但其在性质上又具有不同于债权的本质属性。德国学者 Picker 提出，不管是绝对权，还是相对权，都受到三种救济性权利的保护，具体而言：一是实现请求权，包括物权实现请求权（如《德国民法典》第 1004 条）、债权实现请求权（包括基于合同的不作为请求权等继续履行请求权）；二是损害赔偿请求权；三是不当得利请求权。因此，排除妨害和继续履行具有相同的功能，均旨在执行和实现与债权相关的债务，或者保障与物权相关的不得干涉的义务的履行。[④] 笔者认为，这一观点值得商榷。因为继续履行直接派生于合同债权，来源于合同的约定，它是根据国家强制实现合同约定的义务；而排除妨害请求权来自物权，它并非合同约定的义务，而是来自为了实现物权人对其物的圆满支配状态而产生的请求权，因

① ［德］拉伦茨：《德国民法通论》（上册），王晓晔等译，法律出版社 2004 年版，第 322 页。

② 参见郑玉波：《民法总则》，中国政法大学出版社 2003 年版，第 67 页。

③ Vgl. Andreas von Tuhr，Der Allgemeiner Teil des Deutschen Bürgerlichen Rechts，Band I Allgemeine Lehren und Personenrecht，1910，S. 245.

④ Picker，Privatrechtssystem und negatorischer Rechtsschutz，Mohr Siebeck，2019，S. 50.

此二者存在根本性的区别。物权请求权是根据物权所具有的支配效力而产生，旨在实现物权人对物的圆满支配状态，就此而言，物权请求权乃是物权效力的直接体现。而债权人在债务人尚未履行义务之前，并不能直接支配其标的物，在第三人的原因导致债务人不履行债务时，也不能直接支配债务人尚未交付的标的物，要求第三人承担违约责任，而只能请求债务人履行其债务或承担债务不履行的责任。如果第三人故意侵害债权，造成债权人的损害，债权人只能请求第三人承担侵权责任。正是因为债权不具有支配性，在债权遭受侵害后不能适用物权请求权。

第二，物权请求权与物权是不可分离的。一方面，物权请求权依附于物权。当物权消灭时，物权请求权亦不复存在；物权移转时，物权请求权也随之移转，甚至有时移转所有物返还请求权也可导致所有权本身的移转，即移转所有物返还请求权可以成为一种交付财产的方式。[①] 当然，在极为特殊的情形下，物权请求权与物权可以发生分离。例如，在观念交付的情形中，交付人只需要将原物返还请求权转让给受让人，受让人即可要求第三人向自己进行交付。产生这种分离的原因在于，促进标的物交付的快速实现、促进物的利用效率。从这个意义上说，也不违背物权请求权的规范目的。[②] 另一方面，物权请求权是以物权为基础而产生的权利，并保障物权人对其物进行支配并排斥他人干涉。这种现象与债权请求权是不同的。

第三，物权请求权的功能旨在保护物权。早在18世纪，英国法学家边沁（Jeremy Bentham）曾经指出，“财产权与法律关系密切，没有法律，就没有财产权；法律消失了，财产权也就消失了”[③]。物权法的宗旨在于保护物权，而物权请求权制度均是按照这一目的而构造的。在物权作为支配权的定位下，返还原物请求权等就以实现、保障对物的支配状态为其根本目的，其行使的最终效果是恢复权利人对物的圆满支配。而债权请求权则是以债务人实施其给付行为为其目的的。

---

① Vgl. Wieling，Sachenrecht，5. Aufl. 2007，S. 165.

② 参见林诚二：《民法总则》（上册），法律出版社2008年版，第89页。

③ Kenneth L. Karst and Keith S. Rosenn，*Law and Development in Latin America*，University of California Press，1975，p. 695.

第四，物权请求权的行使不受时效的限制。从《民法典》第196条的规定来看，物权请求权被排除在诉讼时效适用的范围之外。最高人民法院《关于审理民事案件适用诉讼时效制度若干问题的规定》第1条规定："当事人可以对债权请求权提出诉讼时效抗辩。"该条实际上明确了诉讼时效的适用范围原则上限于债权请求权。从原则上说，债权的请求权如合同之债、侵权之债、无因管理之债、不当得利之债等请求权，均可以适用诉讼时效。[①] 但物权请求权与此不同。因为物权请求权通常适用于各种继续性的侵害行为，即侵害或妨害通常是持续不断地进行的行为，因此难以适用诉讼时效。例如，某人长期无权占有他人的财产，或在他人的房屋边挖洞长期威胁到他人的安全等。对此类侵害行为，很难确定时效的起算点，权利人只要发现其权利受到了侵害或遭到妨害，就有权行使物权请求权，而不应适用诉讼时效。此外，物权请求权旨在保护物权、恢复物权完满支配的状态，而物权本身不受时效的限制、可以永续存在，因此，如果物权请求权受到时效的限制，那么物权就将丧失保护自己的手段和工具。当然，依据我国《民法典》第196条的规定，基于未登记的动产物权的返还请求权也受到诉讼时效的限制，但这只是特别例外的情形。

（二）物权请求权与债权请求权区分的现实意义

物权请求权与债权请求权的区分贯穿于整个民法典体系。正是借助于这种区分，合同编中针对合同、不当得利和无因管理产生的请求权不同于物权请求权，形成了两种不同的规范体系。各类请求权的构成要件和法律效果具有重大区别。唯有把握物权请求权和债权请求权的区别，才能在实践中准确适用物权请求权。特别是在涉及合同与物权交叉的情形中，以物债二分为基础，区分物权请求权和债权请求权，才能准确适用这两项请求权。如前述，物权请求权产生于物权的支配性，虽然其不同于物权本身，但在某些方面具有绝对性，可以部分地对抗第三人。有学者概括，这种效力包括对第三人侵害物权时提起诉讼，以及抵御破产和强制执行的能力。[②] 在这一点上它不同于债权请求权。可以说，物权请求权在请

---

① 参见王泽鉴：《民法总则》，北京大学出版社2009年版，第522页。

② 参见金可可：《基于债务关系之支配权》，载《法学研究》2009年第2期，第23页。

求方面具有相对性，在请求义务人确定后，权利人也只能向该特定人请求；但其也具有明显的绝对性，如可以不断向新的妨害人提出排除妨害请求权、抵御破产和强制执行等，这就有别于债权请求权等普通请求权。具体而言：

一是在合同在无效、被撤销和确定不发生效力后，当事人一方依然享有物权请求权。我国《民法典》第157条规定："民事法律行为无效、被撤销或者确定不发生效力后，行为人因该行为取得的财产，应当予以返还；不能返还或者没有必要返还的，应当折价补偿。"在采纳物权行为理论的德国模式下，认为返还财产属于不当得利请求权的范畴。而按照债权形式主义，在此情形下，出卖人仍享有标的物的所有权，其可以据此产生优先于普通债权或对抗第三人的效力，如此方可有力地保护出卖人的利益。我国《民法典》物权编并没有采纳物权行为理论，在合同在无效、被撤销和确定不发生效力后，由于基于合同发生的物权变动丧失了基础，应当发生物权自动回转的效果，因此，受领给付一方当事人无法取得标的物的所有权，提出给付一方可以基于物权请求权向对方当事人提出请求。这种制度设计有利于对物权的充分保护。在我国民法典所采纳的债权形式主义模式下，在买卖合同无效、被撤销或确定不发生效力后，受让财产的一方不论是否具有过错，都负有返还财产占有的义务。出卖人请求返还财产的所有物返还请求权，可以向任何当前占有标的物的第三人主张，除非所有权因善意取得而丧失。若买受人将标的物交给第三人，自己丧失了对物的占有，则出卖人对买受人的所有物返还请求权即因给付不能而消灭；在此情形下，由于新的占有人的占有构成无权占有，因此出卖人可以针对新的占有人的无权占有行使所有物返还请求权。① 因此在结果上，就好像所有物返还请求权可以随着物的占有转移而转移一样，总是能对现实的占有人产生追及效力，这一点与债权请求权确实存在很大差异。②

二是在无权处分的情形下，真正权利人仍然享有物权请求权。我国司法实践

① Vgl. Wolf/Wellenhofer, Sachenrecht, 36. Aufl. 2021, S. 322.

② Vgl. Andreas von Tuhr, Der Allgemeiner Teil des Deutschen Bürgerlichen Rechts, Band I Allgemeine Lehren und Personenrecht, 1910, S. 245.

一般认为，在无权处分的情形下，如果“让与人根据合同约定将动产交付给受让人或者将不动产移转登记至受让人，真正权利人请求认定财产权利未发生变动或者请求返还财产的，人民法院应予支持”[①]。据此，在无权处分的情形下，即使在双方当事人之间买卖合同有效，但是并不因此当然地发生物权变动，此时真正的权利人仍然享有物权请求权，可以请求受让人返还财产。即便动产已经交付、不动产已经登记，也并不因此否定物权请求权的效力。买受人是否可以取得所有权，取决于是否符合《民法典》第 311 条所规定的善意取得的构成要件。如果符合善意取得的构成要件，所有权将发生转移，原权利人将丧失所有权，从而无法追及；如果不构成善意取得，则原权利人仍享有所有权，可以据此行使物权请求权。但即便在所有权发生转移的情形下，如果真正权利人与出卖人之间存在合同关系，则其可以依法请求出卖人承担违约责任。同时，真正权利人在法律上也可能享有要求无权处分人承担侵权责任或不当得利返还的请求权。

三是物权请求权具有一定的抵御破产的效力。在买卖合同无效、被撤销或确定不发生效力之后，当买受人破产时，出卖人因享有物权返还请求权，有权行使取回权，从而使得该财产从买受人的破产财产中分离，买受人的其他破产债权人不能就该财产受偿。[②] 因为该标的物本应当返还给出卖人，而不属于买受人的破产财团，也不应允许其他债权人就其价值受偿。其实，破产法中取回权产生的基础正是所有物返还请求权。[③] 这就有效保护了真正权利人的物权。由此看出，物权请求权可以延伸到破产程序中，借助于取回权产生对抗第三人效力。即便原物转变成金钱，物权人所享有的物权返还请求权也可能转变成价值返还请求权，只要该金钱能够与债务人的其他财产予以合理区分，物权人也可就该金钱享有取回权。例如，在破产程序开始后，如果债务人或者破产管理人造成本应当属于真正权利人的财产毁损灭失，真正权利人也应当享有代偿物的取回权，即将该财产的

---

① 最高人民法院《关于适用〈中华人民共和国民法典〉合同编通则部分的解释（征求意见稿）》第 20 条。

② Vgl. Foerste，Insolvenzrecht，6. Aufl. 2014，S. 184ff.

③ 参见许德风：《破产法论：解释与功能比较的视角》，北京大学出版社 2015 年版，第 231 页。

价值与其他破产财产相剥离，真正权利人享有取回权。[①]

四是物权请求权具有一定的抵御被强制执行的效力。如果买受人的债权人申请执行标的财产，则出卖人可以基于其所享有的物权返还请求权，提出第三人执行异议。[②]《九民会议纪要》第124条第2款即规定："在金钱债权执行中，如果案外人提出执行异议之诉依据的生效裁判认定以转移所有权为目的的合同（如买卖合同）无效或应当解除，进而判令向案外人返还执行标的物的，此时案外人享有的是物权性质的返还请求权。"该规定产生的原因就在于返还原物请求权虽然是请求权，但具有恢复物权圆满状态的目的，这就能够针对任何第三人产生对抗效力。

四、物权请求权是与侵权损害赔偿请求权相分离的权利

从物债二分的视角观察物权请求权，也应当把握物权请求权和侵权损害赔偿请求权的联系与区别。如前述，从狭义上理解，债权请求权主要是规定于《民法典》合同编中的请求权，并不包括侵权损害赔偿请求权。[③] 侵权损害赔偿请求权是规定于《民法典》侵权责任编中的一种独立形式。虽然《民法典》第118条第2款将侵权行为规定为债的发生原因之一，但是侵权损害赔偿请求权主要集中规定在侵权责任编中，而非合同编中。显然，这一立法模式不同于德国民法典等传统大陆法系民法典。因为我国将侵权责任独立成编，将侵权损害赔偿责任作为侵权责任的主要方式，其独立价值更为凸显，但由于广义债权请求权也包括侵权损害赔偿请求权，因此，有必要讨论物权请求权和侵权损害赔偿请求权之间的区别。

物权请求权与侵权损害赔偿请求权一样，都具有保护物权的作用，但两者存在根本差异。当然，为强化对物权的保护，我国《民法典》规定，在物权受到侵害的情况下，权利人既可以依据物权请求权提出请求，也可以依据侵权请求权提

---

① 参见许德风：《破产法论：解释与功能比较的视角》，北京大学出版社2015年版，第238页。

② Vgl. Brox/Walker, Zwangsvollstreckungsrecht, 11. Aufl. 2018, S. 686.

③ 参见朱虎：《物权请求权的独立与合并——以返还原物请求权为中心》，载《环球法律评论》2013年第6期。

出请求，还可以同时行使这两项请求权。

（一）物权请求权独立于以损害赔偿为中心的侵权责任

我国侵权法采取了“大侵权”模式，《侵权责任法》第15条规定了各种保护方式，由于这些请求权产生的基础均是侵权行为，因此，难以区分物权请求权和侵权损害赔偿请求权，它们都可以纳入侵权责任或者侵权请求权的范畴。但《民法典》侵权责任编对此作出了修改。该编虽然规定了多种责任方式，但仍然以损害赔偿作为主要的责任承担方式。该编将原来《侵权责任法》第二章的章名“责任承担”修改为目前的“损害赔偿”。这表明，经由《民法典》所确立的侵权责任制度是以损害赔偿为中心构建起来的。

以损害赔偿为核心构建侵权责任制度更加符合侵权责任的发展趋势。因为侵权责任法主要是救济法，虽然现代侵权法的功能是多元的，但最主要的功能还在于填补不幸的受害人的损害。在受害人的人身或财产遭受侵害的情况下，损害赔偿是最便利、最有效的责任方式。即使是人身伤害，损害赔偿也可以为受害人提供充分的救济。在侵害人格权的情况下，也可以通过精神损害赔偿，给受害人提供抚慰和救济。我国《民法典》侵权责任编以损害赔偿为主要责任形式还表现在：一是《民法典》第1165条第1款将过错责任一般条款的适用范围限定为损害赔偿。二是以损害赔偿为中心展开侵权责任的内在体系构建。例如，侵权责任的一般规则如免责事由以及责任承担规则等，都主要是以损害赔偿为基础而展开的。再如，关于侵害人身权益的损害赔偿规则，也是以损害赔偿为中心而构建的。三是构建多元的补偿机制，强化对受害人损害的救济。例如，强调侵害损害赔偿与商业保险、强制保险以及社会救助等制度的结合。四是构建了连带责任、不真正连带责任、补充责任等特殊的责任形态，并规定了多种补偿责任。

《民法典》侵权责任编以损害赔偿为主要责任形式，而物权编在“物权的保护”中主要规定物权请求权，由此形成了两种请求权的分离，因此，可以说，物权请求权是与侵权损害赔偿请求权分离的结果，这也与传统大陆法系国家的做法相似。当然，在侵权责任编构建了以损害赔偿为中心的责任方式的基础上，有必要衔接侵权损害赔偿请求权与物权请求权的关系，保持其相互间的配合与协调，

从而实现对受害人多方面、多层次的救济。

《民法典》第238条规定："侵害物权，造成权利人损害的，权利人可以依法请求损害赔偿，也可以依法请求承担其他民事责任。"据此，在行为人侵害物权的情形下，"权利人可以依法请求损害赔偿"。此处所说的"依法"不是指依据物权法律制度上的物权请求权，而是指依据侵权损害赔偿请求权，换言之，此处所说的"依法"是指依据《民法典》侵权责任编以及其他相关法律规范的规定。[①] "依法"不仅包括依据《民法典》侵权责任编，也包括依据其他相关法律规定[②]，这表明本条属于引致规范。该条容易造成一种误解，即认为既然《民法典》在物权编中规定了侵权损害赔偿请求权，那么，侵权损害赔偿请求权也是物权请求权的一种类型。实际上，这两者具有明显的区别。从比较法来看，各国民法典大多区分了物权请求权和债权请求权（特别是侵权损害赔偿请求权），二者的体系位置并不相同。例如，在德国法中，涉及绝对权请求权的法律规定是《德国民法典》第1004条，被规定在物权编，而侵权损害赔偿请求权被规定于债编之中。

（二）物权请求权与侵权请求权存在根本差异

如前述，我国《民法典》物权编在物权的保护一章中规定了侵权损害赔偿请求权，以全面保护物权，虽然物权的权利人在遭受侵害以后，可以通过侵权责任编予以保护，但是侵权责任的构成要件与物权请求权并不相同，只有在满足侵权责任的构成要件时，权利人才可以主张行为人承担侵权责任。例如，依据《民法典》第1183条第2款，"因故意或者重大过失侵害自然人具有人身意义的特定物造成严重精神损害的，被侵权人有权请求精神损害赔偿"，就需要满足故意或重大过失、人格物、严重精神损害等特殊要件。可以说，物权请求权与侵权请求权存有根本差异，具体表现在：

第一，功能和目的不同。物权请求权行使的方式主要是请求义务人返还占有物、请求义务人侵害排除妨害和停止侵害等，旨在恢复或者保障物权的圆满状

---

① 参见黄薇主编：《中华人民共和国民法典释义》（上），法律出版社2020年版，第446页。

② 参见黄薇主编：《中华人民共和国民法典释义》（上），法律出版社2020年版，第68页。

态[①]；而侵权损害赔偿请求权则是通过请求侵权人承担损害赔偿责任，以弥补受害人因物权受侵害而遭受的财产损失。这一点也为比较法所普遍承认。例如，根据《德国民法典》第249条，损害赔偿以恢复原状（Naturalrestitution）为原则，目的在于将权利人的财产状态重新恢复到如果损害没有发生时权利人应处的状态[②]，即以金钱支付方式恢复被损害物的价值，弥补受害人所遭受的损失。简言之，物权请求权具有防止和制止对权利的侵害的功能，因而属于权利的事先的、主动的防御。相对而言，侵权损害赔偿请求权则属于事后的、被动的救济。[③] 所以，如果将物权请求权包括于侵权损害之中，必然导致物权请求权的预防功能无法发挥。[④]

由于物权请求权和侵权请求权的目的和功能不同，决定了两种请求权对物权保护的侧重点并不相同。侵权损害赔偿请求权通过责令侵权人赔偿损失，以弥补物权人因物权受侵害所遭受的损失。它是以金钱赔偿方式使受害人恢复到损害发生前的状态。物权请求权旨在恢复权利人对物的圆满支配，所以，其不以权利人遭受实际损害为前提。一般而言，当物权受到侵害或者有遭受侵害之虞时，权利人就可以依据物权请求权向行为人提出请求，以恢复物权人对其物的完满支配状态，也可以依据侵权请求权提出请求，以排除妨害。如果物权人在其物权遭受侵害以后已蒙受实际损失，而该损失没有必要或难以通过排除妨害等物权请求权获得救济，则物权人就必须通过侵权损害赔偿请求权来获得救济。[⑤]

第二，是否考虑行为人的过错不同。比较法上普遍认为，损害赔偿请求权以过错为要件，而妨害排除则无须行为人具有过错。[⑥] 而损害赔偿则针对的是已经

---

① 参见王泽鉴：《民法物权·通则·所有权》，中国政法大学出版社2001年版，第65页。

② Pfeiffer，Beseitigung und Schadensersatz，in：Egon Lorenz（Hrsg.），Karlsruher Forum 2012：Beseitigung und Schadensersatz，2013，S. 7.

③ 参见曹险峰：《侵权责任本质论——兼论“绝对权请求权”之确立》，载《当代法学》2007年第4期。

④ 参见辜明安：《物权请求权制度研究》，法律出版社2009年版，第169页。

⑤ 参见崔建远：《物权救济模式的选择及其依据》，载《吉林大学社会科学学报》2005年第1期。

⑥ Pfeiffer，Beseitigung und Schadensersatz，in：Egon Lorenz（Hrsg.），Karlsruher Forum 2012：Beseitigung und Schadensersatz，2013，S. 7.

发生的损害，其主要具有填补功能（Ausgleichsfunktion），以义务人具有过错为前提。[①] 但物权请求权的行使并不需要考虑过错。依据我国《民法典》第 1165 条第 1 款，侵权损害赔偿责任以过错责任原则为一般归责原则，即行为人原则上有过错才需要承担侵权损害赔偿责任，无过错则无须承担侵权损害赔偿责任。而对物权请求权而言，权利人主张侵害人返还原物、停止侵害、排除妨害和恢复原状，均无须证明行为人具有过错，而只需要证明其物被他人不法占有或遭受了不法侵害或妨害即可。如果以侵权损害赔偿请求权替代物权请求权，则权利人需要证明行为人主观上存在过错，这实际上是加重了物权人的举证负担，将影响物权的有效保护。[②]

第三，对损害后果的要求不同。在物遭受侵害的情形下，受害人主张侵权损害赔偿请求权的前提是其遭受了一定的损害，没有损害就没有赔偿。[③] 而物权人行使物权请求权的前提仅是物权遭受侵害或者妨害（包括有妨害之虞），不以实际遭受损害为前提条件。换言之，只要行为人侵害或者妨害了物权人行使其物权，不论是否造成实际的损害，物权人都有权依法行使物权请求权。[④] 另一方面，不法行为人已实际侵害或者妨害了物权人的物权，但这些侵害和妨害可能难以以货币的方式评估损害的价值。即使物权人难以针对侵害或者妨害行为主张侵权损害赔偿，但这并不影响其行使物权请求权而对这些妨害或危险予以排除。[⑤]

第四，是否适用诉讼时效不同。诉讼时效针对的对象是债权请求权，依据我国《民法典》第 188 条，侵权损害赔偿请求权的诉讼时效为 3 年。但是物权请求权则不能适用上述诉讼时效的规定。对于诸如返还原物的请求权而言，适用 3 年诉讼时效将不利于保护所有人的利益[⑥]，例如，某人非法占有物权人的财产，只要其没有返还，物权人的物权就处于一种遭受侵害的状态。

---

① Vgl. MüKoBGB/Wagner，7. Aufl. 2017，Vor. BGB § 823 Rn. 43.

② 参见［德］鲍尔、施蒂尔纳：《德国物权法》（上册），张双根译，法律出版社 2004 年版，第 227 页。

③ 参见史尚宽：《物权法论》，中国政法大学出版社 2000 年版，第 11 页。

④ 参见崔建远主编：《中国民法典释评・物权编》（上卷），中国人民大学出版社 2020 年版，第 219 页。

⑤ 参见［德］鲍尔、施蒂尔纳：《德国物权法》（上册），张双根译，法律出版社 2004 年版，第 230 页。

⑥ 参见崔建远：《物权：规范与学说》（上册），清华大学出版社 2011 年版，第 317 页。

第五，对物权保护的效力不同。物权请求权因物权而生，是物权效力的具体体现，而侵权请求权在性质上属于债权的内容。由此决定了在某些情形下，物权请求权的效力优先于债权请求权。如前述，在破产的情形下，所有人基于物权对其物享有取回权，其具有优先于一般债权的效力。[①] 而债权请求权不具有此种效力。物权人如果仅仅只能采用侵权请求权的方法保护其物权，就只能按照一般债权人的身份参与破产程序，并按比例受偿。显然这不如采用物权请求权，通过行使取回权的方式，更有利于保护物权人的物权。由此可见，如果混淆物权请求权与侵权损害赔偿请求权，那么在债务人破产或者被执行财产不足以清偿全部债务时，所有人就只能以一般破产债权人的身份按比例受偿[②]，这显然是不妥的，其不仅与物权性质不相符合，在实践中也难以对物权提供全面保护。

（三）物权请求权与侵权损害赔偿请求权需配合适用

物权请求权和侵权请求权各有特点，二者有各自独立的适用范围，任何一种保护方式都无法单独为物权提供最圆满的保护。因此，强调物权请求权相较于侵权损害赔偿请求权在物权保护上的优势，并不意味着单独适用物权请求权就可以为物权提供足够的保护。恰恰相反，这两种保护手段经常相互配合，以实现物权保护目的，具体而言：

第一，单纯的物权请求权旨在恢复权利人对物的圆满支配，但其并没有考虑到对财产价值的完全弥补。在物权遭受侵害时，权利人遭受的不仅是物的外形的损害，其还可能遭受一定的经济价值的损失。而物权请求权难以有效填补权利人遭受的经济价值的损失。例如，所有物返还请求权只能解决物之占有的返还问题，但物本身是否还有其他损失，返还原物请求权难以解决此种损失的补救问题。

第二，如果通过修理、重作、更换等方式恢复原状，受损的物仍然存在技术

---

① 参见［日］我妻荣：《新订物权法》，罗丽译，中国法制出版社 2008 年版，第 24 页。

② 对于被侵权人的损害赔偿债权优先于其他债权的特别规定，如《最高人民法院关于刑事裁判涉财产部分执行的若干规定》第 13 条规定：“被执行人在执行中同时承担刑事责任、民事责任，其财产不足以支付的，按照下列顺序执行：（一）人身损害赔偿中的医疗费用；（二）退赔被害人的损失；（三）其他民事债务；（四）罚金；（五）没收财产。债权人对执行标的依法享有优先受偿权，其主张优先受偿的，人民法院应当在前款第（一）项规定的医疗费用受偿后，予以支持。”

性贬值（technischer Mindewert）或交易性贬值（如将撞坏的汽车修理完好后，价值仍然贬值），此时受害人在加害人修理、重作、更换后仍可以就贬值的部分请求金钱赔偿。[①]

第三，在物权遭受侵害期间，受害人可能难以有效利用该物，导致出现物之使用可能性的损害，而物权请求权也无法填补此种损失。[②] 特别是在遭受损害的物具有一定的精神价值的情形下，如宠物、亲人遗照等，通过物权请求权仅能解决物的返还或者恢复原状等问题，而无法填补权利人的其他损失[③]，因此，需要通过侵权损害赔偿弥补受害人所遭受的损失。

此外，如果否定物权请求权与侵权损害赔偿请求权的聚合，则可能导致行为人责任的不当减轻。[④] 例如，在行为人未经许可占有他人之物的情形下，如果行为人仅需要承担返还原物的责任，无须承担其他责任，则对受害人的救济显然是不充分的，也会不当减轻行为人的责任，甚至可能在一定程度上鼓励此种行为。

六、结语

从物债二分的体系化视角考察，物权请求权具有独特的功能与价值，其具有请求权的一般属性，因而与物权虽密不可分，但又独立于物权；同时，其根本目的是恢复物权人对其物的圆满支配状态。这一特征，既与狭义债权请求权在整体上存在重大差异，又与侵权损害赔偿请求权存在根本差异，因此不能因物权请求权具有请求权的属性而将其归为债权请求权或侵权损害赔偿请求权，而应区别对待。如此，才能准确理解物权请求权的制度内涵，更好地发挥其在保护物权中的独特作用。

---

① 参见王泽鉴：《损害赔偿》，元照出版社 2017 年版，第 199 页；Larenz，Lehrbuch des Schuldrechts，Band I Allgemeiner Teil，1987，S. 491。

② MüKoBGB/Oetker，8. Aufl. 2019，BGB §249 Rn. 331；Larenz，Lehrbuch des Schuldrechts，Band I Allgemeiner Teil，1987，S. 495ff.

③ MüKoBGB/Oetker，8. Aufl. 2019，BGB §251 Rn. 70.

④ MüKoBGB/Oetker，8. Aufl. 2019，BGB §249 Rn. 348.

论赃物的善意取得*

——以刑民交叉为视角

问题的提出

善意取得，又称即时取得，是指无处分权人将动产或不动产以转让等方式加以处分时，如果受让人取得该动产或不动产时是善意的，则受让人将如同处分人有处分权一样取得该财产的所有权或其上的他物权。① 作为适应现代商品经济发展需要而产生的一项法律规则，善意取得旨在保护交易安全、维护市场交易的正常秩序。② 然而，一直以来，在刑事追赃程序中是否可以适用善意取得制度，在民商法学界存在很大的争议，也是刑事司法实践面临的重大疑难问题，备受理论界与实务界的关注。我国《民法典》等民事立法在规定善意取得制度的同时，并未正面回应刑事追赃中可否适用善意取得这一问题，司法解释虽然有一些规定，但仍较为原则和概括，故此，有必要从理论上进行深入分析研究，这有助于解决刑事追赃中的善意取得这一重大争议问题。

---

* 原载于《清华法学》2024 年第 1 期。

① 我国台湾地区学者大多认为，善意取得适用对象仅限于动产。参见谢在全：《民法物权论》（上册），三民书局 2003 年修订二版，第 445 页。

② MünchKomm/Oechsler，5. Auflage 2009，§932，Rn. 7.

一、赃物善意取得的发展沿革

（一）赃物善意取得的比较法规定

《刑法》第64条规定，“犯罪分子违法所得的一切财物”就是赃物。可见，我国刑法理论上采取的是广义的赃物概念[①]，在刑法中，赃物既包括了动产与不动产等有体物，也包括了货币、有价证券以及各种新型财产（例如比特币等网络虚拟财产）。因此，刑法上的赃物并不完全等同于民法上的占有脱离物或者遗失物，因为后者仅限于作为有体物的动产。同时，刑法上的赃物也比国外法上所谓盗赃物的范围要大，盗赃物只是赃物的一种类型而已。

就刑事追赃中是否应当适用善意取得制度，比较法上存在不同的规定。在罗马法中，为了强化对所有权的保护，奉行“任何人不得将大于自己的权利转让他人”（Nemo plus juris ad alium transferre potest，quam ipse habet）的原则。故此，罗马法上没有承认善意取得制度，而是赋予了物的所有权人无限制的追及权利。正因如此，罗马法上才有一句著名的法谚为：“物在呼叫主人”。也就是说，依据罗马法的规定，就所有人丧失占有而成为盗赃物的物来说，无论该物在何处，所有人都是可以追及的。然而，到了日耳曼法时代，法律上就对所有人的追及权进行了限制。根据日耳曼法上“以手护手”（Hand muss Hand wahren）原则，在占有的情况下，“汝授予汝之信赖，汝仅得对受信赖者为要求也”[②]，即信赖他人而归于他人占有者，只能从该被给予信赖者处请求该物的返还。[③] 据此，如果甲盗窃乙的财产后将之转让给了丙，那么，甲如果要向丙请求返还就要受到限制。

近现代大陆法系国家民法吸收借鉴了日耳曼法的经验，普遍确立了善意取得制度，至于赃物是否能够适用善意取得的问题，大陆法系国家仍然存在如下几项

① 参见李长坤：《刑事涉案财物处理制度研究》，上海交通大学出版社2012年版，第58页。

② 一般认为，日耳曼法上的Gewere是现代善意取得制度的来源。参见李宜琛：《日耳曼法概述》，商务印书馆1994年版，第92页。

③ 参见［日］我妻荣：《新订物权法》，罗丽译，中国法制出版社2008年版，第221页。

共同的规则：其一，普遍认可盗赃物和遗失物不适用善意取得。[①] 这是因为，盗赃物和遗失物并非基于所有人的意思而脱离其占有，在盗赃物和遗失物交易的情形下，应当优先保护所有权人的利益，故此，所有权人可以追及任何盗赃物和遗失物。[②] 其二，许多国家（如法国、德国、日本等）以物之占有转移的原因是否基于权利人自己的主观意思为标准，将客观上脱离了所有人占有的物划分为占有委托物和占有脱离物，并在这一区分的基础上规定了适用善意取得制度的不同情形。所谓占有脱离物是指非经所有权人的主观意思而脱离其占有的物，如遗失物、盗窃物、赃物等，而占有委托物则是基于权利人的意思而发生的占有的移转，如诈骗赃物和侵占赃物。对于占有脱离物一般不适用善意取得，但占有委托物则可以适用。[③] 其三，对于金钱或有价证券等具有高度流通性的物适用善意取得。虽然金钱和有价证券一般适用占有即所有的规则，但行为人通过盗窃等手段获得货币或者有价证券之后，常常与自己既有货币或者有价证券就发生了混同，其也因此丧失了特定性，很难追及，故适用善意取得。[④] 例如，《德国民法典》第 935 条第 2 款规定货币、无记名证券及以公开拍卖的方法取得的物可以善意取得。其四，就从公开市场购买盗赃物的情形作出规定。善意取得制度旨在平衡所有权的保护与交易安全之间的关系。如果交易相对人是在公开市场购买的盗赃物，那么，就应当对交易相对人的信赖予以合理的保护。因此，如果交易相对人在公开市场购买盗赃物且已经支付了交易对价，所有权人应当向交易相对人返还该对价，否则不能请求交易相对人返还该物。

就普通法国家而言，传统普通法认为，原所有权人可以无限制地追及盗赃物。[⑤] 当然，该规则也存在例外情形，最典型的例外就是所谓“公开市场原则”(market overt doctrine)，即在指定公开市场售卖的物不可被原权利人追及。但

① 参见《德国民法典》第 935 条，《法国民法典》第 2279 条第 2 款，《日本民法典》第 193 条，《瑞士民法典》第 934 条。

② 参见［日］我妻荣：《新订物权法》，罗丽译，中国法制出版社 2008 年版，第 221 页。

③ 参见［德］曼弗雷德・沃尔夫：《物权法》，法律出版社 2002 年版，第 253 页。

④ 参见［日］我妻荣：《新订物权法》，罗丽译，中国法制出版社 2008 年版，第 221 页。

⑤ Whistler v. Forster (1863) 14 C. B. (N. S.) 248, 257; Sales Goods Act §21 (1), 1979.

是，该规则在 1994 年被英国制定法所废除，仅在部分的普通法地区保留。[①] 在现代英国法上，原权利人和买受人的权利冲突取决于原权利人的"过错"，在盗赃物的场合，即使原权利人的注意义务低于适当注意义务，原权利人往往也不被认为是有"过错"的，因此可以对盗赃物主张权利。[②] 在美国，《美国统一商法典》第 2403 条规定："具有可撤销的所有权的人有权向按价购货的善意第三人转让所有权。当货物是以买卖交易的形式交付的，购买人取得其所有权。"《美国统一商法典》的这一规定是否适用于赃物，一直存在争议，主流观点认为，对盗赃物不适用善意取得是美国法的基本立场[③]，《美国统一商法典》的上述规定一般也不适用于盗赃物。[④] 但是，也有不少学者从法律经济学的角度指出上述规则的不足之处，并指出在盗赃物交易的场合，应当考虑原权利人和买受人的注意义务。[⑤]

（二）我国法上赃物善意取得的发展演进

在我国，关于对刑事追赃是否适用善意取得制度一直存在争议，相关的司法解释也经历了如下几个发展阶段。

第一，赃物完全不适用善意取得阶段。在相当长的时间内，我国刑事司法实践对赃物实行的是"一追到底"的做法，也就是说，不承认赃物的善意取得。这种做法最早出现在 1965 年的一个司法解释中。[⑥] 1992 年《最高人民法院研究室关于对诈骗后抵债的赃款能否判决追缴问题的电话答复》明确认为："赃款赃物

① Sale of Goods (Amendment) Act 1994.

② § 64 (1) of the Criminal Justice Act 1972; Jerome v. Bentley & Co., [1952] 2 All. E. R. 114, 118.

③ Allstate Insurance Co. v. Estes, 345 So. 2d 265 (Miss. 1977); Schrier v. Home Indemnity Co., 273 A. 2d 248 (D. C. App. 1971).

④ See Menachem Mautner, "The Eternal Triangle of the Law: Toward a Theory of Priorities in Conflicts Involving Remote Parties", 90 *Michigan Law Review* 95 (1991).

⑤ See Caspar Rose, "The Transfer of Property Rights by Theft-An Economic Analysis", 30 *European Journal of Law and Economics* 247 (2010); Alan Schwartz & Robert E. Scott, "Rethinking the Laws of Good Faith Purchase", 111 *Columbia Law Review* 1332 (2011).

⑥ 1965 年 12 月 1 日，最高人民法院、最高人民检察院、公安部、财政部《关于没收和处理赃款赃物若干问题的暂行规定》第 2 条第 6 项规定："在办案中已经查明被犯罪分子卖掉的赃物，应当酌情追缴。对买主确实知道是赃物而购买的，应将赃物无偿追出予以没收或退还原主；对买主确实不知道是赃物，而又找到失主的，应该由罪犯按买价将原物赎回，退还原主，或者按价赔偿损失；如果罪犯确实无力回赎或赔偿损失，可以根据买主与失主双方具体情况进行调解，妥善处理。"

的追缴并不限于犯罪分子本人，对犯罪分子转移、隐匿、抵债的，均应顺着赃款赃物的流向，一追到底，即使是享有债权的人善意取得的赃款，也应追缴。”司法实践之所以采取此种做法，主要是因为当时我国还处于市场经济发展初期，市场交易并不十分活跃，故此实践中对善意相对人的保护需求并不强烈。此外，从法律层面来说，在《物权法》颁布之前，我国法上也并没有确立善意取得制度，司法实践自然更注重对盗赃物所有权人的保护。

第二，例外适用善意取得的阶段。随着我国市场经济的发展，尤其是 1998 年《物权法》的起草工作启动以来，善意取得的概念已经在法学界被提出来并受到理论界和实务界的广泛关注。因此，司法实践中逐渐开始对盗赃物完全不适用善意取得的做法进行了一定程度的修正，承认了在某些例外情况中赃物也能适用善意取得。例如，1996 年 12 月最高人民法院《关于审理诈骗案件具体应用法律的若干问题的解释》就规定：“行为人将诈骗财物已用于归还个人欠款、货款或其他经济活动的，如果对方明知是诈骗财物而收取，属恶意取得，应当一律予以追缴；如确属善意取得，则不再追缴。”此外，在 1998 年由最高人民法院、最高人民检察院以及公安部等部门联合发布的一份司法文件中就规定，如果盗窃的机动车经历了合法的程序，也可以由买主取得所有权。[①] 在我国《物权法》的起草过程中，围绕着赃物是否可以适用善意取得制度，存在较大的争议，最终《物权法》回避了该问题。[②] 但是，《物权法》第 106 条至第 108 条所规定的善意取得制度对于促进司法实践中赃物适用善意取得起到了很大的推动作用。这一点主要表现在：2011 年最高人民法院和最高人民检察院联合发布的《关于办理诈骗刑事案件具体应用法律若干问题的解释》第 10 条第 2 款，以及最高人民法院、最高人民检察院、公安部三部门于 2016 年联合发布的《关于办理电信网络诈骗等刑

---

① 1998 年 5 月 8 日，最高人民法院、最高人民检察院、公安部、国家工商行政管理局等四部门《关于依法查处盗窃、抢劫机动车案件的规定》第 12 条规定：“对明知是赃车而购买的，应将车辆无偿追缴；对违反国家规定购买车辆，经查证是赃车的，公安机关可以根据《刑事诉讼法》第一百一十条和第一百一十四条规定进行追缴和扣押。对不明知是赃车而购买的，结案后予以退还买主。”

② 参见全国人大常委会法制工作委员会民法室：《中华人民共和国物权法条文说明、立法理由及相关规定》，北京大学出版社 2007 年版，第 195 页。

事案件适用法律若干问题的意见》第七部分第 3 条第 2 款，都明确了诈骗类犯罪所得的财物“能够被第三人善意取得”或“不被刑事追缴”的立场。

第三，原则上赃物可以适用善意取得阶段。自 2007 年《物权法》颁行以来，善意取得制度逐渐深入人心。随着我国社会主义市场经济与法治建设事业的发展，强化对善意相对人与交易安全的保护也被放到更重要的地位。在此背景下，司法实践的立场也逐步作出了相应的调整。2012 年最高人民法院等四部门在联合发布的《关于办理黑社会性质组织犯罪案件若干问题的规定》第 21 条第 1 款中就明确，如果应当被追缴的财产被他人善意取得，则可以追缴、没收犯罪嫌疑人其他等值财产，从而变相承认了赃物也能适用善意取得制度。从该规定来看，其并没有限定赃物所涉及的特定案件类型，而原则上规定赃物可以适用善意取得制度。2014 年《最高人民法院关于刑事裁判涉财产部分执行的若干规定》（以下简称《刑事裁判财产执行规定》）第 11 条第 1 款列举了不适用善意取得的情形，该解释第 11 条第 2 款规定，“第三人善意取得涉案财物的，执行程序中不予追缴。作为原所有人的被害人对该涉案财物主张权利的，人民法院应当告知其通过诉讼程序处理”。这就确认了赃物原则上可以适用善意取得。第三人如果善意取得涉案财物的，执行程序当中应当不予追缴。① 从该规定来看，其对赃物采取了原则上可以适用善意取得制度的立场，而排除了不适用善意取得制度的四类情形。由于该规定，所有刑事案件的赃物可适用善意取得，而非仅仅针对某些特定犯罪类型中的赃物或者某种特定的赃物可适用善意取得制度，这就表明我国司法实践已经承认赃物原则上可以适用善意取得制度。② 司法实践中，法院在有关案例的判决中也明确指出：“我国法律、法规对于刑事案件中的赃物适用善意取得制度并无禁止性规定，王某某以涉案房产属于赃物为由主张不予适用善意取得制度，缺乏法律依据。”③ “至于犯罪所得赃物是否不适用善意取得，虽《中华人民共和国物权法》第一百零六条规定了‘法律另有规定’的除外情形，但相关法律

① 参见关敬杨：《善意取得的抵押权与刑事追赃的协调》，载《人民司法》2020 年第 17 期，第 73 页。

② 参见程啸：《不动产登记簿的权利事项错误与不动产善意取得》，载《法学家》2017 年第 2 期，第 49 页。

③ 北京市第一中级人民法院（2021）京 01 民终 9860 号民事判决书。

未将赃物明文列入除外情形。”[①] 2020 年《民法典》第 311 条规定善意取得制度，进一步促进了该制度的广泛适用。

综上可知，我国司法实践对赃物能否适用善意取得经历了一个从全面否定到例外适用、再到原则上适用的发展过程。这一历程与我国市场经济的发展与《物权法》建立了善意取得制度存在密切的联系。随着我国市场经济的发展，尤其是善意取得制度本身的建立，追赃中应当考虑善意相对人利益的保护问题越来越凸显。如果严重损害交易安全的，则不应当允许真正权利人继续追及，即便要追及，也应当对善意第三人给予充分的补偿，这就是对真正权利人的回复请求权的限制。[②] 对善意第三人的保护有利于对交易迅捷和安全的保护。[③] 因为，毕竟所有人的利益是单个的所有者的利益，而善意买受人的利益是一种信赖利益，体现的是交易安全。交易安全作为一种整体利益，应当高于真正权利人的个别利益优先予以保护。[④] 可以说，善意取得制度不仅涉及对第三人个人信赖利益的保护，也涉及对整个交易秩序的维护，相对于整个交易秩序，原所有权人的个人利益无法对抗对交易秩序的保护。[⑤]

二、对赃物原则上可以善意取得

（一）对赃物适用善意取得的理由

我国《民法典》延续《物权法》的规定，没有明确善意取得能否适用于赃物。然而，《民法典》也并没有将赃物排除在善意取得制度的适用范围之外。应当看到，《民法典》没有规定对刑事追赃能否适用善意取得，是立法者的有意沉

---

① 浙江省嘉善县人民法院（2014）嘉善民初字第 1824 号民事判决书。其他类似判决可见：河南省商丘市中级人民法院（2013）商刑终字第 116 号刑事判决书、江苏省南京市六合区人民法院（2016）苏 0116 刑初 289 号刑事判决书、浙江省苍南县人民法院（2015）温苍刑初字第 587 号刑事判决书。

② 参见刘镓：《赃物回复请求权的规范模式》，载《人民检察》2015 年第 20 期，第 59 页。

③ MünchKomm/Oechsler，§932，Rn. 3.

④ 参见尹田：《物权法理论评析与思考》，中国人民大学出版社 2004 年版，第 311 页。

⑤ Vgl. Westermann，Sachenrecht Band 1：Grundlagen und Recht der beweglichen Sachen，1990，S. 330.

默，而非法律漏洞。《民法典》回避这一问题，影响了司法实践中对赃物适用善意取得与否的判断。就排除适用善意取得的情形，《民法典》第311条限制在“法律另有规定”的情形。该条所谓的“法律另有规定”，主要是指针对盗赃物要由司法机关依据《刑法》《刑事诉讼法》《治安管理处罚法》等有关法律的规定追缴后退回给受害人[①]，但是，上述相关法律并没有明确排除对赃物适用善意取得，而如前文所述，我国相关的司法解释已经承认赃物原则上可以适用善意取得制度。笔者认为，基于以下理由，应当承认对赃物可以适用善意取得。

首先，对赃物适用善意取得有利于保护善意第三人，维护交易安全。对物是否可以适用善意取得制度的前提是，该物本身并未丧失可交易的属性。刑法上的赃物采取广义上的赃物概念，只要是犯罪分子违法犯罪活动所得的一切东西都被作为赃物，其并没有区分赃物中的可流通物、限制流通物和禁止流通物。正是由于赃物的范围较为宽泛，大量的赃物都可以进入交易领域，故此，将赃物纳入善意取得适用范围是有利于维护交易安全的。同时，由于赃物的范围较为宽泛，在其进入交易领域后，交易相对人识别其是否为赃物也较为困难，因为赃物与其他物相比，只是其涉及刑事纠纷，至于物的外在形态等并没有任何特殊性。如果将赃物全部排除在善意取得的适用范围之外，则可能会严重损害交易相对人的合理信赖，危害交易安全。赃物是否适用善意取得也应放在特定时空背景的市场中加以考虑。现代网络信息社会的市场交易，无论是交易的规模、频次还是数量，都远非一百多年前的市场所能相比的，因此，现代市场经济中交易当事人对市场本身信任的要求和维护都非常高，以实现快速、便捷的交易。故此，交易安全的保护成为现代法律的重要价值追求。构建高水平社会主义市场经济体制就必须增强交易安全、保护善意相对人的合理信赖，为当事人提供合理预期，提升交易主体的信心，增强交易的可预期性，进而促进交易、促进市场的繁荣与发展。故此，对赃物适用善意取得符合市场经济的内在要求。

其次，对赃物适用善意取得有利于规范和制约公权力，避免无限追赃产生的各种弊端。刑事追赃的过程就是公权力的行使过程，包括追缴、发还等环节。然

---

① 参见黄薇：《中华人民共和国民法典物权编解读》，中国法制出版社2021年版，第336页。

而，该程序应当通过善意取得制度加以限制：一方面，这是为了保护善意第三人的合法权益的需要，避免公权力的过度介入损害交易当事人的合理预期。[①] 另一方面也有利于规范和限制国家公权力，防止国家公权力过度追赃，以至于侵害第三人的财产权益。[②] 例如，某人采取非法手段将他人房产登记在自己名下，然后将该房产转让给他人，该房屋多次转让且已经办理了登记过户手续，符合善意取得构成要件，即便最初的转让人已经涉及刑事犯罪，也不能对该财产实行“无限追及”；否则，将损害一系列已经完成的交易，同时破坏登记的公信力。[③] 正因如此，《最高人民法院关于审理房屋登记案件若干问题的规定》第 11 条第 3 款明确规定：“被诉房屋登记行为违法，但判决撤销将给公共利益造成重大损失或者房屋已为第三人善意取得的，判决确认被诉行为违法，不撤销登记行为。”

最后，对赃物适用善意取得有利于维护正常的社会生活和生产经营秩序。尤其是在互联网时代，许多商品交易不论是一手交易还是二手交易，都是通过网络平台来完成的，当事人作出交易决策和合同的履行通常也都是在线完成的。在赃物被交易的情形下，相对人在交易过程中可能并无接触无权处分人的机会，也难以通过察言观色等传统的方式去识别可能遭遇的购赃风险。在交易相对人善意且已经支付了合理对价的情形下，如果不考虑对交易相对人的保护而一概予以追赃，甚至将交易相对人支付的对价作为赃款予以追缴，将可能极大地影响交易安全和企业的正常经营活动。因此，在赃物交易的情形下，如果符合善意取得的构成要件，则应当通过善意取得制度对交易相对人予以保护，以维护正常的生产和交易秩序。[④]

长期以来，在司法实践中，曾经采取过“无限追赃”方式，即对赃物实行一追到底，无论其为何种形态、落于何人之手，都要追缴，这会影响正常的交易秩序。特别是在赃物为货币的情形下，这些货币可能在正常的交易中投入生产经营

---

① 参见张爱珍、潘琳：《民刑交叉案件的程序及实体处理规则》，载《人民司法》2020 年第 19 期。

② 参见何荣功：《社会治理“过度刑法化”的法哲学批判》，载《中外法学》2015 年第 2 期，第 534 页。

③ 参见程啸：《不动产登记法研究》(第二版)，法律出版社 2018 年版，第 322 页。

④ 参见费安玲、汪源：《论盗赃物善意取得之正当性——以法经济学为分析视角》，载《法学杂志》2018 年第 7 期，第 64 页。

活动，如果刑事追赃不受到善意取得的限制，一追到底，就会产生很多问题。因为无限追赃虽然保护了刑事受害人，但会严重妨碍交易安全，破坏营商环境。而且，无限追赃活动也会严重妨碍正常的生产经营活动。由于赃物的概念非常宽泛，大量的赃物都与生产经营活动联系在一起。无限追赃可能将出卖人获得的价款一并追缴。例如，因为将已经流向第三人的款项认定为赃款而查封扣押第三人的账户或者财产，这就严重影响第三人的正常生产经营秩序。因此，最高人民法院在 2023 年 10 月 10 日专门发布了《关于优化法治环境 促进民营经济发展壮大的指导意见》，针对社会关注的、依法保护民营企业产权和企业家合法权益、维护统一公平诚信的市场竞争环境、运用法治方式促进民营企业发展和治理等方面，均提出了非常细化的方案。该意见提出，要严格区分经济纠纷与违法犯罪，严格规范采取刑事强制措施的法律程序，加强对当事人、案外人合法权益的保护，尽可能减轻追赃追缴财产等司法活动给民营企业和其他相关案外人的生产经营带来不利影响，畅通案外人在刑事追赃追缴程序中表达诉求的渠道。① 还要看到，无限追赃活动常常伴随着一系列的查封扣押行为和漫长的司法程序，无限追赃也可能造成滥用查封扣押追缴措施等滥用公权力的问题。例如，某个犯罪行为人将赃款投入企业之中，有的公权力机关不仅将个人股权扣押，而且整个公司因为涉及赃款赃物被予以查封、停止营业，给刑事受害人的权利救济造成困难。②

对赃物原则上可以适用善意取得，这里所说的赃物包括赃款，就涉及货币能否善意取得的问题。从广义上理解，赃款属于赃物之一种。特别是在现阶段电信诈骗、集资诈骗等违法犯罪行为频发高发的时期，货币成为赃物的概率就更高。此时，能否对赃款适用善意取得，需要研究。我国《民法典》第 311 条规定的是动产或者不动产，而货币也是动产的一种，所以《民法典》并没有排除善意取得制度对货币的适用。有的刑法学者认为，赃款与其他的赃物不同，民法上的善意取得主要涉及赃物，对于赃款应当区别对待。笔者认为，虽然从广义上理解，赃

① 参见李玉林：《民刑交叉案件实体裁判规则研究——以合同效力、责任认定为中心》，载《中国应用法学》2022 年第 5 期，第 171 页。

② 参见王约然：《民刑交叉视域下涉案财物处置程序研究》，载《甘肃政法大学学报》2022 年第 5 期，第 20 页。

款属于赃物之一种，但是，对于赃款的善意取得应当根据货币的特殊性质进行单独讨论。从比较法上看，货币若是进入市场进行流通，即使该货币是通过犯罪行为获得的，也应当适用善意取得。例如，《德国民法典》规定货币和无记名证券可以适用善意取得。德国法院认为，货币的流通价值对于保持金融和经济体系的平稳运行是必需的，不能排除于善意取得之外。[①] 货币经由善意取得被获得，但收藏币不适用善意取得，因为它不属于通常意义下维持支付交易功能的支付手段，也不适合在公共支付交易中流通。[②] 笔者认为，金钱原则上应当可以适用善意取得，《民法典》第 311 条原则上适用于动产与不动产，金钱是一种特殊的动产。善意取得制度的根本目的在于保护交易安全，因此，即便是利用赃款进行交易的场合，交易相对人构成善意的可能性较大，则其合理信赖也应当受到法律的保护，也有适用善意取得制度的必要。同时，在行为人利用赃款进行交易的情形下，与其他类型的赃物相比，交易相对人识别相关金钱为赃款的困难更高，在此情形下，如果将其排除在善意取得制度的适用范围之外，更不利于保护交易相对人的合理信赖。[③] 我国司法实践也承认赃款的善意取得。例如，有的法院认为："本案中，王某民在 2014 年 8 月 23 日、10 月 20 日接受张某的还款，而张某是 2017 年 9 月 11 日被鹤山区法院依法判处犯诈骗罪，王某民接受张某还款时并不明知是张某诈骗案的涉案财物，属于善意取得，执行程序中不予追缴。如靳某风对涉案财物主张权利的，可以通过诉讼程序处理。"[④] 当然，赃款确实有特殊性，因为金钱在民法上适用"占有即所有"。也就是说，任何人占有货币，就认定其为货币的所有权人。当犯罪行为人获得赃款之后，将该赃款转让给第三人，该第三人通过交易获得货币的，该犯罪行为人因占有货币而成为货币所有权人，其处分为有权处分，第三人可以信赖其是有权处分的，因此会对善意取得制度的适用造成一定的障碍。虽然赃款的善意取得复杂，但也可以进行类型化处理。货币因

① Kindl，in：Hau/Poseck，BeckOK BGB，67. Edi.，2023，§935，Rn. 1，13.

② BGH NJW 2013，2888ff.

③ 参见叶磊东：《赃物有限适用善意取得的可行性探析》，载《东南大学学报（哲学社会科学版）》2016 年第 6 期，第 123 页。

④ 河南省鹤壁市中级人民法院（2021）豫 06 执复 22 号执行裁定书。

其大都在公开市场上交易，流通性较强，原则上可以适用善意取得，但在以下情形中可以排除善意取得的适用：一是行为人取得的货币转给特定的账户，该货币具有特定性，那么仍然应作为特定物，不适用“占有即所有”的规则，此时应当允许国家公权力机关进行追缴，不适用善意取得。二是行为人将取得的货币投入市场用于赠与，对方当事人没有提供对待给付的，即使排除善意取得的适用，对于对方当事人来讲也没有遭受实际损失。三是行为人将其赃款用于清偿自己的债务，就该债务本身而言，债权人并未提供对待给付，即使将该赃款予以追缴，此时视为该债务人没有履行债务，该债权仍然存在，债权人也不会遭受损失，此种情形可以排除善意取得。

总之，在今天市场经济社会中，市场高度发达，经济联系更加密切，市场交易更加频繁，供应链要求保持稳定，维护市场秩序更需要稳定交易当事人对交易的信心和预期。只要从公开市场中购买商品，由此可能产生的合理预期应当受到法律的保护。因此《民法典》善意取得制度比以往任何时候都有应广泛适用的意义。

（二）对赃物适用善意取得应当严格其要件

《民法典》第311条所规定的善意取得制度是市场秩序的基本规则，有观点认为，因为赃物本身涉及刑民交叉，追赃中的善意取得和民法中的善意取得不是一个概念，应当分别考虑。但笔者认为，这种观点是值得商榷的。诚然，刑法中没有善意取得概念，善意取得是一种基本的民事法律制度，由《民法典》所规定。法治社会中的法秩序必须具有统一性，善意取得不应分为所谓的刑事善意取得与民事善意取得。在刑事追赃适用善意取得的法律依据只能是《民法典》第311条关于善意取得制度的规定。但是，为了更好地保护刑事犯罪被害人的财产权，赃物适用善意取得，应当对相关要件进行更加严格、准确的认定。如果无法认定，则应当排除善意取得的适用，而非宽泛地认定其成立善意取得。所以，在善意取得的适用中，并非要放宽善意取得适用条件。具体阐述如下。

第一，严格把握善意的判断要件。善意取得要件原则上包括受让人善意、支付合理价款和完成公示方法。在刑事追赃中，判断受让人的善意时，要求受让时

是善意，如果在签订合同时是善意，则在整个交易的过程中，均为善意；在刑事追赃中，“无重大过失”的判断要比一般的交易更为严格。如果受让人是在公开市场上购买的商品，且出具了发票或办理了相应的手续，可以认为第三人是善意的；但如果是在非公开市场，尤其是在“黑市”购买二手货，则表明第三人可能是非善意的。

第二，严格把握合理价款要件。所谓合理，应当以市场价格为标准，应大体上符合市场价格的。在具体判断时，应当结合转让标的物的性质、数量以及付款方式等具体情况，参考交易习惯等因素综合认定。在盗赃物交易的情形下，受让人仅在公开交易场所通过交易取得盗赃物，还无法成立善意取得，必须要求受让人实际支付合理的价款。因为在盗赃物进入公开交易市场的情形下，受让人通常可以有多种途径了解相关标的物的权属状况，同时，交易价款是否合理，还可能影响对受让人善意的判断。换言之，即便受让人是在公开交易市场购买盗赃物，但如果受让人支付的价款明显偏低，则其主观上可能并非善意。在盗赃物善意取得的情形，对对价的要求应当更加严格，在公开交易市场进行交易的情形下，相关标的物通常都有合理的价款，受让人在购买盗赃物时，应当支付合理的价款，否则无法成立善意取得。例如，在一个案件中，法院认为，“案外人唐某系从被告人吴某所经营的古董店内购得本案第一起盗窃的赃物，购买价格接近物品的鉴定价值，且没有证据证明唐某在买受上述物品时知悉其来源，故应认定唐某系善意取得上述物品。公安机关自被告人吴某处扣得的唐某买受上述物品钱款应发还唐某”①。如果存在倒签合同，也须严格查明；并且应当考察当事人是否实际支付价款，而不能仅依据签订的合同来判断。

第三，严格把握公示要件。在交付这一要件中，应严格限制为直接交付，而在占有改定和指示交付中，则不能认为是完成了交付。这是因为基于赃物的特殊性，如果采用指示交付和占有改定的方式，在刑事机关追缴过程中，可能难以区分刑事赃物财产与犯罪人的其他财产，而直接交付的方式对受让人的保护才更具有正当性。

---

① 福建省长乐市人民法院（2015）长刑初字第520号之一刑事判决书。

三、对赃物适用善意取得的类型化适用与要件

（一）赃物的善意取得应当进行类型化处理

赃物的概念非常宽泛，为了更好地协调财产权的保护与交易安全的保护这二者的关系，需要对赃物的善意取得进行类型化的处理。传统大陆法系国家民法大多区分了占有委托物和占有脱离物。所谓占有委托物，就是指基于权利人的真实意思而发生占有移转的物，例如，基于租赁、保管等合同取得对权利人物的占有。[①] 所谓占有脱离物，是指非基于真正权利人的意思而丧失占有的物，诸如抢夺、盗窃或其他非因占有人的意思而脱离占有，并由第三人占有的物。[②] 占有脱离物具有两个要件：一是基于事实行为或者侵权行为使物脱离占有，发生占有丧失（Besitzverlust）后果；二是财产脱离占有人的占有在一定程度上体现了权利人的意志，但并没有完全体现权利人的意志，可以说仍然是非自愿（Unfreiwilligkeit）的。[③] 区分占有委托物和占有脱离物，对于善意取得的适用具有直接的影响。

在许多国家的法律中，善意取得的适用要区分占有委托与占有脱离。具体来说：一方面，占有委托物通常适用善意取得制度。因为占有委托物是基于权利人的意志而脱离其占有的，该物一旦进入市场交易，就可能为他人通过交易而获得。因此第三人信赖该物是基于所有权人的意愿而被交易的，基于这一信赖而购买该物，因而是善意的。如果对这一信赖不予保护，将会损害交易安全。[④] 对于权利人来说，其能够预测到第三人可能产生信赖，并且完全可以基于自己的意志控制物的移转[⑤]，其与善意的交易第三人相比，更具有化解风险的能力。所以，法律应该优先保护交易安全和善意第三人的利益，对占有委托物适用善意取得制

---

① 参见梁慧星：《中国物权法草案建议稿》，社会科学文献出版社2000年版，第368页。

② 参见史尚宽：《物权法论》，中国政法大学出版社2000年版，第569页。

③ Oechsler, in: Münchener Kommentar zum BGB, 9. Aufl., 2023, § 935, Rn. 3-7.

④ 参见王轶：《物权变动论》，中国人民大学出版社2001年版，第283页。

⑤ 参见谢在全：《民法物权论》（下册），中国政法大学出版社1999年版，第968页。

度。另一方面，占有脱离物适用善意取得的条件则更为严格，不少国家甚至规定占有脱离物不适用善意取得。这是因为对占有脱离物而言，标的物脱离权利人占有是违背其意愿的，很多时候是权利人难以控制和避免的，如被犯罪分子抢劫、抢夺、盗窃而丧失占有的财物。故此，在利益平衡上，与占有委托物相比，法律上应当更多地保护所有权人等财产权利人的利益，而非交易安全。

我国《民法典》的善意取得制度并没有区分占有委托物与占有脱离物。尽管《民法典》特别规定了遗失物的善意取得规则，但其只是占有脱离物的一种典型情形而已，《民法典》并没有就占有脱离物的善意取得规则作出一般规定。因此，就赃物能否适用类推适用遗失物的善意取得，存在不同观点。有学者认为，赃物与其他普通动产并没有区别，只要符合善意取得之要件，占有脱离物与占有委托物均可适用善意取得。[①] 也有学者主张，应当区分基于被害人的意思丧失占有的物和非基于被害人的意思丧失占有的物。对于前一类型，应当适用善意取得制度，因为被害人能够一定程度上控制其是否向犯罪人转移物的占有，也能够预测到犯罪人将形成权利外观并向外出让赃物；对于后一类型，不应当适用善意取得制度，因为被害人对物的丧失无法控制，也没有避免风险的可能性。[②]

笔者认为，不能笼统认为，赃物都应当类推适用遗失物的规定。由于赃物的类型纷繁复杂，在是否类推适用遗失物的规定这一问题上，应当进一步作类型化处理。一方面，盗赃物应当类推适用《民法典》第312条关于遗失物善意取得的规定。另一方面，其他赃物不应当类推适用《民法典》第312条的规定，而应当适用《民法典》第311条的善意取得制度。

（二）盗赃物应类推适用《民法典》第312条

赃物虽然不能类推适用遗失物的规定，但盗赃物应类推适用遗失物。所谓盗

① 参见吴光荣：《论善意取得制度的适用范围——兼评〈中华人民共和国物权法草案〉相关规定》，载《法律科学》2006年第4期；曹晖：《论赃物的善意取得》，载《法律适用》2008年第10期，第72页；参见费安玲、汪源：《论盗赃物善意取得之正当性——以法经济学为分析视角》，载《法学杂志》2018年第7期，第66页。

② 参见熊丙万：《论赃物的善意取得及其回复请求权》，载《法律科学》2008年第2期，第137-138页。

赃物，是指“非基于被害人意思”而通过抢夺、盗窃等方式取得占有的赃物，法律为强化保护所有权人，而允许其于一定期间内回复其物。[①] 从比较法来看，很多国家将赃物和遗失物并列，并规定不适用善意取得。[②] 在德国民法中，“盗赃物”（die gestohlene Sache）在表述上不等同于遗失物（die verlorene Sache）。“盗赃物”是指一切被偷盗的动产[③]，但是，盗赃物和遗失物具有两个方面的共同特征：一是丧失占有，二是非基于权利人的意愿而丧失占有。据此，《德国民法典》第 935 条将盗赃物和遗失物并列规定，不适用善意取得。

我国《民法典》第 312 条就遗失物能否善意取得作出了如下规定：“所有权人或者其他权利人有权追回遗失物。该遗失物通过转让被他人占有的，权利人有权向无处分权人请求损害赔偿，或者自知道或者应当知道受让人之日起二年内向受让人请求返还原物。”该条来自《物权法》第 106 条，自《物权法》颁布后，由于没有对盗赃物能否适用善意取得的问题作出规定，无论在理论界还是实务界，对此一直存在争议。考虑到盗赃物和遗失物的确具有相似性，即都是非基于所有人的意愿脱离所有人占有的情形，因此，有观点认为，盗赃物和遗失物都属于占有脱离物，两者在外观上和物理属性上无法区别，在《民法典》未对赃物无权处分问题作专门规定的情况下，对盗赃物可类推适用《民法典》第 312 条的规定，以解决被害人与第三人的权利冲突。[④]

笔者认为，盗赃物与遗失物具有类似性，盗赃物的善意取得应当类推适用遗

---

① 参见史尚宽：《物权法论》，中国政法大学出版社 2000 年版，第 569 - 570 页。

② 参见《德国民法典》第 935 条第 1 款，《法国民法典》第 2279 条第 2 款，《瑞士民法典》第 934 条，《日本民法典》第 193 条。

③ 《德国民法典》没有对此进一步解释。但是它和《德国刑法典》的“盗窃罪”（Diebstahl）采用的词是一样的（gestohlen 是 stehlen 的动词完成时，Stahl 是它的名词形式）。《德国刑法典》第 242 条将盗窃解释为“意图为自己或第三人不法之所有，而盗取他人之动产”。这和《德国刑法典》第 249 条强盗有所区分，强盗的德语是 Raub，强调获取方式为强暴或胁迫导致对生命、身体有现时危害。《德国刑法典》对窝赃采用了另一个词，为 Hehlerei。《德国刑法典》第 259 条规定的赃物罪中的赃物不仅是盗窃之物，而是指“盗窃或其他违法损害他人财产行为而取得之他人的物”，范围比盗窃更广。

④ 参见刘家安：《民法物权》，中国政法大学出版社 2023 年版，第 197 页；杨代雄主编：《袖珍民法典评注》，中国民主法制出版社 2022 年版，第 255 页；刘贵祥：《当前民商事审判中几个方面的法律适用问题》，载《判解研究》2022 年第 2 辑（总第 100 辑）。

失物的有关规则。一方面，赃物可以分为“基于被害人的意思丧失占有的物”与“非基于被害人意思丧失占有的物”。对于通过诈骗罪、职务侵占罪、贪污罪、敲诈勒索罪、金融诈骗罪、合同诈骗罪等获得的赃物，犯罪行为人（即无权处分人）取得占有并没有完全违反被害人意愿；而对于抢劫罪、盗窃罪、抢夺罪等犯罪获得的赃物，犯罪人占有被害人的财物完全违背了被害人的意愿。就此而言，“非基于被害人意思丧失占有的物”即盗赃物，与《民法典》第 312 条规定的遗失物具有相似之处。就盗赃物而言，是在违背所有权人的主观意思的情形下移转占有，不应当牺牲所有人的利益。由于盗赃物是行为人实施犯罪手段所侵占，相关标的物脱离被害人占有完全违背了其意愿；同时，行为人侵占相关财产本身是一种严重侵害他人财产的侵权行为，行为人的主观恶意较重，对受害人的侵害程度和后果较之一般的侵权也更为严重。

另一方面，从立法目的来看，《民法典》第 311 条规定善意取得旨在维护交易安全和秩序，而《民法典》第 312 条关于遗失物排除善意取得的规则则兼顾了交易安全与所有人的利益，并且总体上更侧重于保护所有人的利益。该条通过允许所有人享有返还原物请求权可以有效地保护所有权人的利益。在对赃物这一占有脱离物适用善意取得制度时，为了更好地兼顾所有权人利益的保护，应当严格限制其适用条件，根据举轻以明重原则，既然遗失物不适用善意取得，那盗赃物占有丧失乃是所有权人基于他人的违法犯罪行为而丧失占有，遗失物虽然并非基于其意思而占有，但是实质上系所有权人自己的遗失行为导致占有丧失，在价值评价方面，赃物是违法犯罪行为所得，而遗失物毕竟是所有人不慎丢失的动产，则更不应适用善意取得制度。举重以明轻，赃物的善意取得不得较遗失物的善意取得更为宽松。因此，盗赃物与遗失物的善意取得具有相似性。[①] 此外还应当看到，由于近几年来，盗窃抢劫的犯罪行为逐渐减少，盗赃物的数量也在逐渐减少，因此，将盗赃物排除在善意取得的适用范围之外，也并不会对交易安全造成重大影响。

所谓类推适用，是指在对特定的案件缺乏法律规定时，裁判者比照援引与该

① 参见崔建远：《中国民法典释评·物权编》（上卷），中国人民大学出版社 2020 年版，第 522 页。

案件类似的法律规定，将法律的明文规定适用于法律没有规定的情形、但与明文规定类似的情形。[①] 简单地说，类推适用是指“对于法律无直接规定之事项，而择其关于类似事项之规定，以为适用”[②]。此处所说的类推适用，是指要在要件和效果层面，都要类推适用《民法典》第 312 条的规定，包括回复请求权的行使、行使期间、拍卖市场和正常经营购买等规定。具体而言就是：其一，盗赃物不适用《民法典》第 311 条关于善意取得的规定，即权利人有权追回盗赃物。其二，对于盗赃物适用返还原物请求权的两年期限，该期限从知道受让人之日时起两年内。“知道或应当知道”是指，在刑事追赃中，被害人知道或应知赃物下落，此时才开始起算；根据《民法典》第 312 条的规则，所有人行使回复请求权需要在知道或者应当知道的两年内行使该权利。应当看到，实践中由于刑事诉讼的程序复杂，从侦查、批捕、起诉到最终判决，很可能超过《民法典》第 312 条所规定的两年的除斥期间。针对这一问题，必须要把握该期限的起算点，即自知道或者应当知道受让人之日起起算，这里的知道或者应当知道不是指国家公权力机关知道，而是指被害人知道。国家公权力机关知道之后，可能并没有及时通知被害人，被害人无法立即主张权利，因此应当自被害人知道或者应当知道之日起计算。其三，盗赃物适用公开市场购买规则。这就是说，如果受让人在公开交易市场购买相关的盗赃物，那么权利人请求返还原物的时候，应当向受让人支付所付的费用。权利人向受让人请求支付费用后，有权向犯罪行为人进行追偿。对盗赃物而言，如果受让人是通过公开交易市场购买相关的标的物，则受让人有合理的理由相信相关的标的物具有合法的权利来源，其合理信赖应当受到法律的保护。在此情形下，受让人的利益应当受到法律的优先保护。

（三）对其他赃物应当适用《民法典》第 311 条

对盗赃物应当类推适用《民法典》第 312 条的规定，即不能适用善意取得；至于其他赃物包括货币、无记名证券等，原则上应当适用《民法典》第 311 条关于善意取得的规定。比较法上不少国家也是采取此种做法。例如，《德国民法典》

---

① 参见黄茂荣：《法学方法与现代民法》（第五版），法律出版社 2007 年版，第 492 页。

② 郑玉波：《民法总则》，三民书局 1984 年版，第 21 页。

第 935 条规定盗赃物、遗失物不适用善意取得，但是对于其他物，尤其是金钱、有价证券或以公共拍卖方式出让的物，其流通利益在利益权衡中相比所有人的利益应当被充分考量，因而都要适用善意取得。[①] 笔者认为这一经验值得借鉴。如前所述，其他赃物原则上可以适用善意取得，而不必要赋予受害人回复请求权，这是因为无论是从当今社会商品的生产特点，还是从市场交易的特征来看，其他赃物都有必要适用善意取得。因为一方面，今天的消费用品在很大程度上是规模化生产的标准化商品，具有种类物属性，市场供给充分、可替代性高，一般不存在某种商品对原所有人有特殊价值的情形。如此一来，如果赋予原所有人通过支付价款的方式代替回复请求权，也可以起到对原所有权人保护的作用，原所有权人获得价款，也可以从市场中再购入同种类的商品。另一方面，允许受害人对所有赃物行使回复请求权，则会扰乱已经形成的生产和生活秩序。特别是行使回复请求权对善意第三人的保护以及由此所形成的整个市场秩序的影响更大。从这些因素考虑，有必要根据今天的商品生产特点和市场经济特征，调整公开市场上流转的赃物的善意取得规则。

从历史解释来看，《民法典》并无类推适用遗失物的规则解决所有赃物善意取得问题的本意。从 2007 年《物权法》开始，立法机关就没有将遗失物与赃物并列处理的本意。该法没有规定赃物的善意取得问题，主要的考虑是“对被盗、被抢的财物，所有权人主要通过司法机关依照《刑法》《刑事诉讼法》《治安管理处罚法》等有关法律的规定追缴后退回。在追赃过程中，如何保护善意受让人的权利，维护交易安全和社会经济秩序，可以通过进一步完善有关法律法规规定解决，物权法对此可以不作规定”[②]。由此可见，即便是对盗赃物的善意取得问题，也不应通过类推适用遗失物，而应交由立法者对刑事程序进行特别立法来解决。《民法典》起草人也持同样的观点。[③] 考虑到现在我国刑事特别立法并未作出特别规定，因此通过司法解释的方式，将盗赃物类推适用遗失物的规定，也是一种

---

① Kindl，in：Hau/Poseck，BeckOK BGB，67. Edi.，2023，§935，Rn. 1，13.

② 全国人大常委会法制工作委员会民法室：《中华人民共和国物权法条文说明、立法理由及相关规定》，北京大学出版社 2007 年版，第 195 页。

③ 参见黄薇主编：《中华人民共和国民法典物权编解读》，中国法制出版社 2020 年版，第 336 页。

可行的路径。但是，这并不意味着，对于所有的赃物都要适用遗失物的相关规则。

还应当看到，由于赃物概念较为宽泛，大多数赃物经过受让人的再投资以及再生产而产生附加价值，或者再次投入公开市场，和生产经营活动有密切关系，如果不加区分地类推遗失物相关规定，不利于维护正常的生产秩序。在遗失物中，不存在国家公权力介入的问题，仅关涉原所有权人和善意受让人之间的利益平衡问题。但在追赃程序中，涉及国家公权力的运用，因此相关追赃程序的司法解释明确规定了善意取得制度，可实现对国家公权力的限制。在赃物的追缴过程中，涉及国家利益、所有权人利益和善意受让人利益等多方利益的权衡，不能一概都类推遗失物的规则，否则，会导致公权力膨胀，也不符合刑法的谦抑性。

四、对赃物不能适用善意取得的情形

对一般物的交易适用善意取得以相关的交易是否符合善意取得构成要件为判断标准，而对赃物适用善意取得的要件具有一定的特殊性，或者在判断标准的认定上更为严格。依据《民法典》第 311 条、《刑事裁判财产执行规定》第 11 条第 1 款的规定，对赃物不能适用善意取得的典型情形有如下几种。

（一）受让人明知或应知是涉案财物而接受的

《刑事裁判财产执行规定》第 11 条第 1 款规定："第三人明知是涉案财物而接受的"不适用善意取得。对于一般的善意取得，包括受让人明知和应知两种情形。这就是说，如果不能证明第三人明知，但却能够根据一般的社会生活经验认识到受让人很有可能是知情的，或者说是应知的，可否排除善意取得的适用？在排除赃物的善意取得时，相关司法解释作了严格界定，将受让人界定在"明知"的情形，例如，受让人知道转让人是采用诈骗的手段将登记财产记载在自己的名下。对此，受让人即明知涉案财物是赃物，此时，显然不符合善意取得的主观要件，不应当适用善意取得，应当予以追回。

应当看到，判断善意时仅仅以受让人明知为标准，确实过于狭窄，以此为标

准极大地增加了权利人的举证负担，仅以明知作为排除善意的情形，可能不能兼顾对权利人的保护。《关于适用〈中华人民共和国民法典〉物权编的解释（一）》（以下简称《物权编司法解释一》）第15条第2款规定："真实权利人有证据证明不动产受让人应当知道转让人无处分权的，应当认定受让人具有重大过失。"可见，在善意的判断上，该司法解释实际上将"应知"也纳入的善意的范围，该规定也可以适用于赃物的善意取得。例如，在"刘某某诉卢某某财产权属纠纷案"中，法院认为："被上诉人没有按照《二手车流通管理办法》规定的方式进行二手车交易，且在车辆转让时已明知车辆行驶登记证所登记的车主并非让与人。在此情况下，被上诉人没有进一步查明涉案车辆的来源，甚至连让与人的身份情况也一概不知，即在明知让与人不具有涉案车辆处分权的情况下进行了交易，显然不属于善意取得。"①

在实践中，判断是否应当知道要严格把握，通常要综合考量如下因素：一是交易的对象，即考量受让人签订转让合同的转让人或者出卖人是否是专门从事该标的物经营活动的主体。例如，甲在路边遇见兜售名表的乙，应当怀疑到乙并非所有人，而仍然与其交易，则属于非善意。二是交易的场所和环境，如果受让人是在公开市场上购买的商品，且出具了发票或办理了相应的手续，可以认为第三人是善意的；但如果是在非公开市场，例如，第三人在大马路上遇到有人兜售手机，即便是支付了相对足额的交易对价，一般也应当根据生活常识认识到通过此种方式销售的手机很有可能是来路不明的。对此情形，即便不是明知的，也应根据一般生活经验怀疑其来源的合法性。双方通过黑市等非公开市场或显著异常渠道进行交易的，交易相对方有更高的可能性知晓赃款或赃物的来源。三是交易的时机，某些动产的交易可能需要在特定的时机进行，交易的时机可能影响标的物的价格，从而对判断受让人是否善意具有重要意义。例如，当事人在深夜进行二手车的交易，此时，也很难认定当事人具有善意。四是要考虑转让人在交易时是否形迹可疑。如果其是形迹可疑的，则往往表明其是非善意的。

依据《物权编司法解释一》第14条第1款，受让人不仅主观上是明知或应

① 《最高人民法院公报》2008年第2期。

知的，而且应对此无重大过失。这一标准同样可以适用于对赃物的判断。如果受让人是因自身重大过失而不知情，也应当排除善意。例如，在“刘某某诉卢某某财产权属纠纷案”中，买受人并没有提出要求查验，的确存在重大过失，因此，其不构成善意，也不能对抗原所有人的回复请求。

（二）没有支付对价或者以明显不合理的低价取得赃物的情形

一般而言，如果受让人在交易时没有支付对价，则可以排除适用善意取得。比较法上一般也认为，无偿取得不能适用善意取得。这种立场在普通法上也有相同的体现，即不知情的、基于有偿的交易获得物的买受人是善意买受人[①]，如果第三人基于赠与或仅付出了微不足道的价格而获得了物，或者其知道转让人不是所有人，那么，第三人就不受到保护。[②] 在普通法上，“善意买受人”的认定要满足一个条件，即买受人是不知情的，但其是基于有偿的交易获得物的。[③] 大陆法系许多国家或地区也采纳此种观点，如美国《路易斯安那州民法典》第520条规定，受让人应当支付了“合理的对价”[④]。善意取得通常适用于交易过程，且在交易中支付了一定的对价才能构成，一般情形下，构成善意取得的对价应当是金钱，但不应当仅将其限定为金钱，在违法行为人利用赃款购买特定标的物的情形下，交易相对人为取得该笔金钱而交付的标的物也应当被认为是一种对价，即对价不限于金钱。在盗赃物交易的情形下，如果受让人无偿取得相关的标的物，排除其构成善意取得，也不会因此造成受让人损失。对盗赃物而言，如果受让人以明显不合理的低价购买标的物，则应当排除善意取得的成立。在盗赃物交易的情形下，交易价格是否合理，通常很容易判断，如果交易价格不合理，也会影响受让人善意的认定，并排除善意取得的成立。[⑤]

行为人将诈骗取得的赃款用于还债，如果其只是单方面支付了价款，而相对

---

① See J. Pomeroy, *A Treatise on Equity Jurisprudence*, 5th ed., 1941, § 745.

② See S. Litvinoff, “Obligations”, *La. Civ. L. Treatise* Vol. 7, 1975, § 81.

③ J. Pomeroy, A Treatise on Equity Jurisprudence § 745 (5th ed. 1941).

④ Lindsay Ellis, “Symposium: Louisiana Property Law Revision: Transfer of Movables by a Non-Owner”, 55 *Tul. L. Rev.* 145.

⑤ 在某个案例中，法院认为，“冯某青以明显低于市场价格取得的涉案财物应予追缴，返还被害人牟某印适当”。吉林省松原市中级人民法院（2022）吉07执复49号执行裁定书。

人没有支付对价，此时也难以构成善意取得。例如，甲通过诈骗获取一定的赃款，由于甲欠乙 100 万元的债务，甲直接以该笔赃款支付了对乙的债务，该资金的流向十分清楚。此时，如果不允许被害人主张追赃，就极不合理。在这个案例中，乙虽然是债权人，但其取得该笔赃款并没有支付相应的对价，且因为甲支付价款而使债权获得清偿，而且乙并不是通过市场交易取得。即便允许权利人追回价款，也只能视为债务并未清偿，但债权仍然存在。此外，如果此种情形下不允许追赃，则当事人可能会虚构债务，从而引发道德风险。

（三）第三人通过非法债务受偿、从事违法犯罪活动获得赃物的

《刑事裁判财产执行规定》第 11 条第 1 款第 3 项和第 4 项规定，被执行人将刑事裁判认定为赃款赃物的涉案财物用于清偿债务、转让或者设置其他权利负担。严格来说，第三人通过非法债务受偿或者违法犯罪活动取得涉案财物本质上是关于第三人善意的解释问题，但是，该《刑事裁判财产执行规定》将其作为一个特殊的考虑因素予以单独规定，凸显了这一因素的特殊性。具体而言：

一是第三人通过非法债务清偿获得赃物。这种情形在民法上称为不法原因给付，不法原因给付的制度目的在于，拒绝将法律变为不法原因给付者的保护工具，强调“任何人不得因其不当行为而获益”，因此，不法原因给付的法律效果是排除给付人的不当得利返还请求权。[①] 我国不当得利法对此虽然并无明文规定，但比较法上普遍认可了不法原因给付排除不当得利返还请求权的规则。[②] 当然，即便构成民法上的不法原因给付，也不能阻止原所有权人要求返还赃物。一方面，不法原因给付旨在阻止转让人通过不法给付获取利益，但并非阻止原所有权人对涉案财物的处分，因此，即使构成不法原因给付，原所有权人仍具有行使回复请求权的正当性，因此，应当排除善意取得的适用。另一方面，真正权利人并未从事不法行为，不能因不法给付为由，阻止真正权利人对该涉案财物行使回复请求权。此外，虽然存在不法原因给付，但如果一概否定给付人的返还请求权，也不符合该制度目的，尤其在不法原因给付的受领人本身具有违法犯罪性，

① 参见刘言浩：《不当得利法的形成与展开》，法律出版社 2013 年版，第 373－374 页。

② 例如《德国民法典》第 817 条。

其应当是制裁和预防的对象[①]，因此，虽然不法原因给付人不能在民法上请求返还不法原因给付物，但如果该不法原因违反行政、刑事法律规范，也不排除在刑法上对涉案财物进行追缴，两者属于不同问题，此时，应当排除善意取得的适用。[②]

二是第三人通过违法犯罪活动取得涉案财物，例如，行为人获得赃物，第三人通过盗窃或者合同诈骗从行为人处取得财物，此时，第三人通过非法手段取得财物，本身属于非法取得的财产，人民法院应当予以追缴。

对上述两种情形下的赃物之所以排除适用善意取得，主要原因在于：一方面，在第三人通过非法债务受偿或者违法犯罪活动或者其他恶意方式而取得涉案财物的情形下，由于受让人实施的是非法行为，则其“交易”本身也不能成为保有给付的合法原因。双方之间的合同违反了法律行政法规的强制性规定，合同本身应当被宣告无效且产生原物返还的效果。另一方面，善意取得取得旨在保护交易安全，在此种情形下，并不存在交易安全的保护问题。从民法角度来看，上述两种情形本身也不存在受让人的信赖保护问题，由于善意取得制度的根基就在于保护受让人的信赖利益，此时如果不排除善意取得，就不符合善意取得制度的目的。[③]

（四）转让合同无效或被撤销的情形

在善意取得的情形下，转让人和受让人之间的合同应当是有效的。如果该合同因为违反法律或者行政法规的强制性规定，或者违反公序良俗而被宣告无效，则根本无法发生善意取得的法律效果。因为善意取得本身就是为了保护交易安全而产生，这种交易只能是指合法的交易，而不包括违法的交易，如果合同无效，则表明该交易本身可能具有一定的违法性，不应受到法律的保护，当事人之间应产生恢复原状的效果，从而排除善意取得的发生。例如，犯罪嫌疑人采取欺诈或胁迫的手段，迫使对方购买其赃物，此时该合同具有可撤销性，在合同被撤销

---

① 参见王昭武：《不法原因给付对于认定财产犯罪的意义》，载《法学》2022年第12期，第79－81页。

② 参见王钢：《不法原因给付与侵占罪》，载《中外法学》2016年第4期，第949页。

③ 参见纪海龙：《解构动产公示、公信原则》，载《中外法学》2014年第3期，第706页。

后，第三人根据《民法典》第157条具有返还的义务。在此情形下，原所有权人自然就有请求回复的权利。第三人通过违法手段从无权处分人手里取得了相应的赃物，此时，第三人不能主张取得物的所有权，自然也不能主张对抗原所有权人的回复主张。

结　语

善意取得作为维护市场正常运行的基本的法律规则，原则上应当适用于所有的财产，赃物也不例外。但赃物确具有特殊性，不可一概适用善意取得。因此，从刑民交叉的角度，要考虑到赃物的不同形态，分别来考量其是否适用善意取得，以及能否类推适用遗失物相关规则，即便要适用善意取得，也要严格把握适用条件；不符合善意取得的，要排除适用。通过构建合理的赃物善意取得制度，以兼顾保护市场交易和刑事受害人的利益，让社会井然有序、市场生机勃勃。针对善意取得的适用，《民法典》第311条规定“法律另有规定”的除外，但其他法律并没有对赃物的善意取得作出明确规定，因此，相关法律应当对此作出规定。

论抵押权的追及效力*

——以《民法典》第406条为中心

前　言

《民法典》第406条第1款规定："抵押期间，抵押人可以转让抵押财产。当事人另有约定的，按照其约定。抵押财产转让的，抵押权不受影响。"自从该条修改了《物权法》第191条第2款的规定以后，从2023年开始，"带押过户"作为一种二手房交易的新模式在多个城市推出，被视为活跃楼市的重要举措。[①] 此类交易行为涉及抵押权的追及效力。所谓抵押权的追及效力，是指在抵押权成立后，无论抵押财产辗转至何人之手，抵押权人均可追及至该财产之所在，而主张对该财产的变价款优先受偿。《民法典》第406条第1款认可抵押人可以转让抵押财产，抵押权不受影响，这实际上承认了抵押权的追及效力[②]，正是因为抵押

---

* 原载于《政法论丛》2023年第1期。

① 以南京为例，该市不动产登记机构已通过与建设银行、南京银行等50多家银行合作，完成了158套房屋"带押过户"的登记工作，交易价值超过5亿元。增加交易便利性、降低成本和风险，归根到底是为了促进刚需群体购房需求，激发房地产市场活力。参见亓宁：《南京、苏州等多个城市放开"带抵押过户"，意味着什么？对银行有何利弊?》，载《第一财经》2022年9月19日。

② 参见黄薇主编：《中华人民共和国民法典物权编解读》，中国法制出版社2020年版，第632页。

财产可以自由转让，这才激活了抵押权的追及效力。同时，该条允许当事人订立禁止转让特约以限制抵押财产的转让。2020 年《最高人民法院关于适用〈中华人民共和国民法典〉有关担保制度的解释》（以下简称《担保制度解释》）为配合《民法典》的全面贯彻实施，于第 43 条第 2 款规定，如果当事人将禁止转让特约办理了登记，违反该约定并不导致合同无效，只能导致抵押财产的转让无法发生物权变动的效果。这就有效地平衡了因承认抵押权的追及效力产生的各方利益冲突问题。由于抵押权追及效力涉及的问题较多，在实践中经常发生争议，因此，有必要对此进行探讨。

一、《民法典》第 406 条确认了抵押权的追及效力

《民法典》第 406 条第 1 款明确承认了抵押人无须抵押权人同意即可自由转让抵押财产，并规定了抵押财产转让时抵押权不受影响，这是物权追及效力在抵押权中的体现。以“带押过户”为例，虽然房屋上设立了抵押权，受让人凭借登记知道房屋上存在抵押权，此时，受让人取得的是负担抵押权的所有权，抵押权并不因抵押财产转让而受影响，在债务人不能清偿债务时，抵押人仍然可以就抵押房屋行使抵押权。

抵押权的追及效力来源于罗马法中的“对物之诉”，其中最为典型的是所有物返还之诉（res vindicatio），即所有人有权提起诉讼，请求非法占有其物的人返还原物，此种诉讼是市民法保护所有权的诉讼。[①] 该请求也被形象地称为“我发现我物时，我即回收”（Ubi mean rem invenio，ibi vindico）的原则。法谚中所谓“物在呼叫主人”（res clamat ad dominum），即所有权人有权随时取回其所有物。[②] 法国法上，对物权的保护是通过赋予权利人以特定诉权的方式实现的。如在出卖他人之物的情形下，物的所有人有权提起所有物返还之诉（action en revendication）。这一诉讼可以由所有人针对其财产的占有人提起，而通过诉讼，

① 参见周枏：《罗马法原理》，商务印书馆 1996 年版，第 350 页。

② MünchKomm/Baldus，Vor § 985，Rn. 28.

所有人可以要求法院对其权利加以确认。另外，返还原物诉讼既适用于不动产，也适用于动产（动产返还诉讼旧称“entiercement”）。[①]《德国民法典》没有一般性承认物权的追及效力，也没有明确规定抵押权的追及权，但《德国民法典》第 1005 条规定了所有人的追寻权，适用于物处于所有人之外的其他人占有的不动产内的情形。该条的适用以他人未取得物之占有为前提，否则所有人可以主张第 985 条的原物返还请求权。[②]

在我国，关于立法是否应承认抵押权的追及效力经历了一个发展过程。《物权法》第 191 条在立法选择上，延续《担保法》第 49 条的规定，采取了禁止抵押人自由转让抵押财产、限制抵押权追及效力的路径，旨在保护抵押权人的利益。依据该条规定，抵押期间，抵押人未经抵押权人同意，不得转让抵押财产。因为立法者认为预先防范不仅对抵押权人更为有利，而且可以避免破坏抵押财产转让后形成的新的财产秩序。[③] 如果抵押财产转让事先征得抵押权人的同意，就可以避免后续一系列麻烦，节省经济运行成本，减少纠纷。[④] 禁止抵押人自由转让是一种“防患于未然”的措施。自《担保法》规定以来，实践中严格限制甚至取消了抵押权的追及效力，使追及效力在原有的制度模式下无法发挥作用。

在民法典编纂时，许多学者认为，一律禁止抵押权转让抵押财产并不妥当。立法机关采纳这一建议，于《民法典》第 406 条第 1 款明确规定“抵押财产转让的，抵押权不受影响”。这实际上是对《担保法》《物权法》相关条款的重大修改与完善。允许抵押人可以在抵押权设立后转让抵押财产，实际上在民事基本法的层面承认了抵押权的追及效力，或者说，该条是抵押权追及效力的集中体现，具体而言：

第一，抵押人有权转让抵押财产。依据《民法典》第 406 条第 2 款，抵押人转让抵押财产的，应当及时通知抵押权人。“应当通知”并非要取得抵押权人同

---

① Yves Strickler，Les biens，PUF，collection “Thémis”，2006，p. 429.

② MüKoBGB/Raff，8. Aufl. 2020，BGB § 1005 Rn. 1.

③ 参见王胜明：《物权法制定过程中的几个重要问题》，载《法学杂志》第 2006 年第 1 期。

④ 参见全国人大常委会法制工作委员会民法室编：《〈中华人民共和国物权法〉条文说明、立法理由及相关规定》，北京大学出版社 2007 年版，第 349 页。

意，而是将抵押财产转让的事实告知抵押权人，由于抵押权人并没有实际占有和控制抵押财产，对于抵押财产的实际权属和占有状态可能并不知晓，因此，抵押人在转让抵押财产时就要及时通知抵押权人。[①] 通知的目的是便利抵押权人及时行使债权和提存的权利。当然，通知是抵押权人行使追及权的前提，如果未通知，抵押权人不知道抵押财产是否转让以及转让给谁，无从行使抵押权。与《担保法》第49条第1款所规定的“不通知或告知则转让无效制度”相比较[②]，转让通知义务是否履行并不影响抵押财产转让的效力。未尽通知义务，抵押人仍然有权转让，受让人仍可取得对抵押物的所有权。

第二，抵押权不因转让而受到影响。虽然抵押财产已经由抵押人转让给受让人，这只是抵押财产的所有权发生了变化，抵押权并未发生变化，受让人取得的所有权是负有抵押负担的所有权。在此需要区分动产抵押权和不动产抵押权。对于不动产抵押权，由于登记是抵押权的成立要件，因此未经登记的不动产抵押自然没有追及效力的适用余地。动产抵押权如未登记，依据《担保制度解释》第54条第1项规定，未登记的动产抵押权不能对抗善意受让人，因此，如果受让人为善意，抵押权的追及效力就被切断；但只要动产抵押权办理登记，则受让人始终取得的是负有抵押负担的所有权，抵押权人在债务人不履行债务时能够行使抵押权。因此，追及效力的发生以公示为必要。而对动产而言，对于未登记的动产抵押权，抵押权人原则上不得对抗受让人，抵押权人不能追及至受让人处行使抵押权。[③] 例如，在“黄某设、中国长城资产管理股份有限公司广西壮族自治区分公司等案外人执行异议之诉”[④] 中，法院认为，依据《民法典》第406条，“黄某设与海通公司对案涉房屋的买卖关系不足以影响抵押权的执行。且，黄某设是在明知有抵押权存在的情况下受让案涉房屋，说明其同意承受案涉房屋上设定的权利负担，应自行承担相应法律后果。综上，黄某设诉请依据的房屋买卖协议无论是否有效、是否履行完毕，均不足以排除长城公司为实现抵押权对案涉房屋申

① 参见黄薇主编：《中华人民共和国民法典物权编解读》，中国法制出版社2020年版，第635页。

② 参见崔建远：《抵押权探微》，载《法学》2004年第4期。

③ 参见高圣平、叶冬影：《民法典动产抵押物转让规则的解释论》，载《比较法研究》2020年第4期。

④ 广西壮族自治区高级人民法院（2021）桂民终877号民事判决书。

请的强制执行”。

第三，抵押财产多次转让时，抵押权人始终能够向抵押财产的现所有权人主张行使抵押权。也就是说，在债务人不清偿债务时，抵押权人可以基于已经登记的抵押权，直接追及抵押财产，要求对该财产拍卖、变卖，并从变价的价值中优先受偿。在抵押权设定以后，即使抵押财产多次转让，借助于登记制度予以公示，买受人能够了解抵押物之上存在抵押权负担，因此不会从根本上损害其利益。《民法典》第 406 条中的转让，既包括买卖等有偿转让，也包括赠与等无偿转让。[①] 当然，追及效力的适用前提在于物权客体能够通过再处分进行流通，且抵押权已经办理了登记手续，因此在一些非基于法律行为发生物权变动的例外场合，因为物权变动没有办理登记，则并不当然适用追及效力的相关规则。[②]

《民法典》之所以允许抵押人在设定抵押权之后可以转让抵押财产，主要原因在于：一方面，这符合所有权的一般原理。抵押权的设立并不意味着抵押人丧失抵押财产的所有权，抵押权只是在抵押财产上形成一种权利负担，抵押人仍然保留所有权，自然有权通过转让行为来处分自己的财产。因为在抵押权设定以后，抵押人仍然享有对抵押财产的所有权，也仍然享有对抵押财产的最终处分权，应允许抵押人在抵押权设定后转让抵押财产。[③] 另一方面，此种做法有利于充分发挥抵押财产的交换价值，发挥其经济效用，促进物尽其用、货畅其流。[④] 在抵押物的转让问题上，如果采取物权的追及效力的方案，允许抵押人处分财产，可以确保抵押权的设立不影响抵押物的高效利用，从而实现物尽其用。[⑤] 此外，允许抵押人处分抵押财产，并不当然损害抵押权人的利益。在当事人办理抵押权登记之后，无论抵押财产辗转至何人手中，根据抵押权的追及效力，如果某

---

① 参见刘保玉：《民法典担保物权制度新规释评》，载《法商研究》2020 年第 5 期。

② 参见高圣平、罗帅：《〈民法典〉不动产抵押权追及效力规则的解释论》，载《社会科学研究》2020 年第 5 期。

③ 参见［日］道垣内弘人：《担保物权法》（第 4 版），有斐阁 2017 年版，第 165－166 页。

④ 参见黄薇主编：《中华人民共和国民法典物权编释义》，法律出版社 2020 年版，第 526 页。

⑤ 参见高圣平、罗帅：《〈民法典〉不动产抵押权追及效力规则的解释论》，载《社会科学研究》2020 年第 5 期。

抵押权人登记在先，则其就可以对作为后手的抵押财产权利人行使抵押权。[①] 后手在受让抵押财产时，应当查阅登记系统的相关信息，如果其明知或者应知其存在权利负担，仍然同意受让该财产，则应当承受此种风险，抵押权人当然可以就该财产实现自己的担保物权。承认抵押权的追及效力，有利于增强抵押财产的流通性，促进抵押权的再流转，从而鼓励交易、便利融资。[②] 实际上，我国司法实践也承认抵押权人的追及效力。例如，最高人民法院在《物权法》颁布后，也仍然认可追及权，认为“抵押权本质上是‘对物’的权利，而非‘对人’的权利。一旦抵押权依法设定，债权人即对抵押财产享有了排他的优先受偿的权利，只要抵押权人未表示同意放弃抵押权的，抵押财产不论是基于抵押人的自由转让行为，还是基于司法执行行为等导致变动，抵押权人均可基于有效的抵押权追及抵押财产行使权利”[③]。学界也有不少学者认为，物权的追及效力是指物权设立后，其标的物不论辗转流入何人之手，物权人都有追及物之所在而直接支配该物的效力。[④] 只不过这些观点并没有获得立法的认可，主要还是一种学理的表达。而《民法典》第406条第一次在法律上承认在抵押权设定后，抵押财产可以自由转让，实际上正是承认了抵押权的追及效力。

在《民法典》颁布以后，人民法院相关案例已经援引《民法典》第406条“抵押权追及效力”规则，保护抵押权人的利益。通常而言，法院适用该条的情境是执行异议之诉，买受人会援引《异议复议规定》第28条主张其享有排除抵押权人执行的权利，法院基于《民法典》第406条否定所有权人的主张。例如，在“鲍某平、宿松县鑫鑫房地产开发有限公司等合同纠纷民事二审民事判决书”[⑤] 中，法院认为，“根据《最高人民法院关于适用〈中华人民共和国民法典〉

---

① 参见谢在全：《民法物权论》（中册），中国政法大学出版社2011年版，第700页。

② 参见高圣平、罗帅：《〈民法典〉不动产抵押权追及效力规则的解释论》，载《社会科学研究》2020年第5期。

③ “新疆三山娱乐有限公司等与中国农业银行新疆维吾尔自治区分行营业部等金融借款合同纠纷上诉案”，最高人民法院（2012）民二终字第113号民事判决书。

④ 参见崔建远：《物权法》，中国人民大学出版社2014年版，第40页。

⑤ 安徽省安庆市中级人民法院（2022）皖安民终984号。另外参见“郭某苹、李某等房屋买卖合同纠纷案”，辽宁省葫芦岛市中级人民法院（2022）辽葫市民终1905号民事判决书。

时间效力的若干规定》第一条第三款的规定，鲍某平诉请要求变更房屋产权登记可以适用《中华人民共和国民法典》对该情形的规定。《中华人民共和国民法典》第四百零六条规定‘抵押期间，抵押人可以转让抵押财产’，故鲍某平要求鑫鑫公司将抵押给吴某高的七套房屋以及 2015 年 12 月 21 日会议纪要分配给鲍某平的其他房屋产权变更登记到鲍某平名下，并由鑫鑫公司承担变更登记费用的主张，符合双方的约定，予以支持”。承认抵押权的追及效力，对交易实践也产生重大影响，“带押过户”交易的产生就是例证。

二、抵押权追及效力不同于返还原物请求权

（一）返还原物请求权不能代替抵押权的追及权

如果抵押财产被他人占有，而抵押人又怠于行使抵押权，此时，抵押权人是否享有返还原物请求权存在争议。一是否定说，德国学者认为，所有权返还请求权行使以物的占有为前提，而抵押财产并不移转占有，因此不得由抵押权人主张。[①] 二是肯定说，日本有学者认为，在抵押财产被第三人不法占有，且其继续状态明显时，应认为具有妨害抵押权的客观盖然性，抵押权人应可基于抵押权的抵押财产的返还请求权，请求不法占有抵押财产的第三人向抵押人交付抵押财产。[②] 我国有学者赞同此观点。[③] 当然，抵押权人在行使该权利时，应当将抵押财产返还给抵押人，还是抵押权人，仍然存在一定争议。

在比较法上，许多学者认为，物权具有追及效力是毋庸置疑的，但由于这种效力最终包含于优先效力或者物上请求权二者之中，因此没有必要再对之加以特别规定。[④] 郑玉波先生亦持类似见解。[⑤] 追及效力是物权请求权中返还原物请求权产生的基础，但不能说它就必须包括在返还原物请求权之中。物权的追及效力

① 参见［德］鲍尔、施蒂尔纳：《德国物权法》（上册），张双根译，法律出版社 2004 年版，第 185 页。
② 参见［日］近江幸治：《担保物权法》，祝娅等译，法律出版社 2000 年版，第 146 - 147 页。
③ 参见丁宇翔：《返还原物请求权研究》，法律出版社 2019 年版，第 152 页。
④ 参见［日］我妻荣：《新订物权法》，有泉亨补订，罗丽译，中国法制出版社 2008 年版，第 20 页。
⑤ 参见郑玉波：《民法物权》，黄宗乐修订，三民书局 2012 年版，第 36 页。

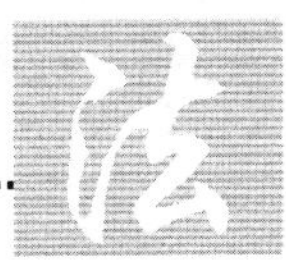

包括物被他人占有时，或者处于他人占有的土地之内时[①]，物权人可以要求返还原物或返还占有。这个意义上的追及效力等同于基于物权的返还原物请求权（《民法典》第235条），或者基于占有的返还占有请求权（《民法典》第460条）。在《民法典》编纂中，也有观点认为，追及效力已为物权实现上的排他效力、对债权的优先效力及物的返还请求权所解决，因此不宜将追及效力概括为物权的一种独立的效力。[②] 甚至在《民法典》颁行后，也有学者认为，《民法典》第406条确定的是抵押权人的返还原物请求权，而非抵押权的追及效力。为此，需要厘清抵押权追及效力与返还原物请求权的相互关系。

笔者认为，不宜用返还原物请求权解释《民法典》第406条。应当看到，物权的追及效力实际上在一定程度上也包括了返还原物请求权。追及的效力是指物权人针对标的物的追及效力，它是物权请求权所不能完全概括的：一方面，物权具有追及的效力是相对于债权而言的，它是在与债权的比较中确定的独有效力，债权原则上不具有追及效力，债权的标的物在没有转移所有权之前，由债务人非法转让或第三人非法占有时，债权人不得请求物的占有人返还财产，只能请求债务人履行债务或承担违约责任。另一方面，物权在遭受侵害情况下，其追及效力需要通过行使物权请求权得以实现。但物权在没有遭受侵害情况下，并非绝对不产生追及效力。物权请求权是以物权遭受侵害或妨害为前提；而追及效力并不一定以物权遭受侵害或妨害为前提。例如，大风将某人晾晒的衣服吹到邻居家，该邻居对此并不知晓，因此没有实施侵害行为，且没有非法占有意图，因此该邻居并不构成无权占有。此时，衣物的所有权人只能根据追及效力要求邻居予以返还。对此，《德国民法典》第867条和第1005条对追及权作了明文规定。《德国民法典》第867条第一句规定："某物脱离占有人的支配力，移往为他人所占有的土地的，土地占有人必须许可该物的占有人寻找或取走该物，但该物在此时已被占有的除外。"《德国民法典》第1005条规定："某物位于物的所有人以外的人所占有的土地之上的，物的所有人对土地占有人享有第867条所规定的请求权。"

① Vgl. MüKoBGB/Raff，8. Aufl.，2020，BGB § 1005 Rn. 1.

② 参见刘保玉：《物权的效力之我见》，载《山东大学学报（哲学社会科学版）》2020年第2期。

可见，物权请求权并不能代替抵押权的追及效力，也不能以物权请求权的功能涵盖抵押权追及效力的功能。物权请求权是物权追及效力在制度层面的具体化。追及效力是物权请求权之中的返还原物请求权产生的基础，但并非它应当包括在返还原物请求权之中，不应将追及的效力概括在物权请求权之中。

《民法典》第406条所确立的是抵押权的追及效力，而非抵押权人的返还原物请求权，主要理由在于：

第一，抵押权支配的是抵押财产的交换价值，是一种价值支配权，其效力主要体现为就抵押财产的变价进行优先受偿，而非返还财产。抵押权人在行使抵押权时，实际上是就已经转让的抵押财产进行保全，然后就抵押财产按照程序进行变价，并从变价的价款中优先受偿，抵押权人本身无权取回抵押财产。因此，从权利属性上看，抵押权既不具有返还原物的权能，客观上也不需要具有返还原物的内容。

第二，抵押权人并非抵押财产的所有权人，不能行使所有物返还请求权。所谓所有物返还原物请求权，是指所以权人对无权占有或侵夺其物的人，有权请求其返还占有物。因此，返还原物请求权的行使以权利人享有所有权为前提，而抵押权人只是基于支配抵押财产的交换价值而取得了优先受偿的权利，该权利并不包含返还原物的权利。

第三，抵押权人也并非抵押财产的占有人，也无法行使基于占有而产生占有物返还请求权。所谓占有物返还请求权，是指占有人在其占有物被他人侵夺以后，可依法请求侵夺人返还占有物的权利。从比较法上来看，《德国民法典》物权编规定了占有人和所有人的追寻权（追及权，Verfolgungsrecht）。依据《德国民法典》第867条，占有物脱离占有人管领，处于他人占有之不动产内的，不动产占有人应允许占有人进入不动产寻找取回占有物。此种模式在一定程度上确实可以发挥物权追及效力的功能[①]，但是从我国《民法典》规定来看，第460条规定的占有物返还请求权是以占有人的占有物被第三人占有为前提的，但是在抵押权人行使追及权的场景下，抵押权人并没有实际占有抵押物，所以其无法行使抵

① MüKoBGB/Oechsler，8. Aufl. 2020，BGB §962 Rn. 1.

押物的占有返还请求权。既然抵押权人并没有实际占有财产，则他无法行使基于占有产生的返还请求权。

第四，返还原物请求权行使的前提是物受到侵害，而在抵押权追及权行使的前提下，抵押物本身并未受到侵害。依据《民法典》第406条的规定，抵押人可以处分抵押财产，受让人自抵押人处合法取得抵押财产，是该财产的合法占有人、有权占有人。可见，在抵押财产转让的情形下，抵押人和受让人都没有非法侵夺对抵押财产的占有，并不构成对抵押财产的非法侵夺，因此，抵押权人无权行使原物返还请求权。

（二）抵押财产转让后受让人付清价款时的处理

如果抵押人转让抵押财产后受让人已经向抵押人付清价款，抵押权人如何行使追及权？对此有观点认为，抵押权人行使追及权将明显不利于已经支付全部价款的受让人权利的保护。因为受让人一方面已经支付了全部价款，另一方面又将面临抵押权人的追及导致抵押财产被拍卖、变卖，从而形成"鸡飞蛋打"的局面。[①] 追及权方案虽为抵押权人提供了全面保护，却忽视了受让人的保护，造成了不公平的局面。不过，与此相反的观点则认为，由于受让人可以通过查询登记知晓转让财产上存在抵押权，因此其在知悉抵押权存在而仍受让的场合，应当由其自身承担抵押权实现的风险。毕竟在抵押财产上存在负担（抵押）的情形下，受让人支付的费用也将相应减少。而如果该抵押权未经登记，受让人也就根本不会被追及。[②] 因此由受让人承担风险并无不妥。[③]

应当看到，上述风险是受让人自愿承受的，即受让人在受让抵押财产时明知抵押财产之上有抵押权负担而仍然愿意受让抵押财产，其也应当承担抵押财产被抵押权人追及的不利后果。但毕竟受让人已经支付了购买抵押财产的价款，如果其再被抵押权人追及，将会使其遭受重大损害，从保障实质公平考虑，法律应当对抵押财产的受让人提供适当的保护。据此，依据《民法典》第524条规定，抵

① 参见崔建远：《物权法》（第五版），中国人民大学出版社2021年版，第455页。

② 参见徐银波：《我国抵押物转让制度的"体"冲突与完善》，载《武汉理工大学学报（社会科学版）》2014年第4期。

③ 参见黄薇主编：《中华人民共和国民法典物权编释义》，法律出版社2020年版，第510页。

押财产受让人有权主张代为履行，即行使涤除权，以消除抵押财产之上的抵押权，从而使其不再受抵押权人的追及。我国《物权法》第 191 条规定了受让人的涤除权，不过，《民法典》第 406 条删除了涤除权的规定，但这并不意味着否定了受让人的涤除权，删除该规则的主要原因是第《民法典》第 524 条第 1 款已经统一规定了第三人代为履行制度，该条规定的第三人代为履行的前提是“第三人对履行该债务具有合法利益”，抵押物的受让人属于《民法典》第 524 条第 1 款中的对履行债务具有合法利益的第三人，故受让人可以依据该款代为履行债务以涤除抵押权。① 据此，债权人不得以存在禁止转让特约为抗辩而拒绝受领。正是因为这一原因，《担保制度解释》第 43 条第 2 款规定：“当事人约定禁止或者限制转让抵押财产且已经将约定登记，抵押人违反约定转让抵押财产，抵押权人请求确认转让合同无效的，人民法院不予支持；抵押财产已经交付或者登记，抵押权人主张转让不发生物权效力的，人民法院应予支持，但是因受让人代替债务人清偿债务导致抵押权消灭的除外。”该条但书规定实际上在《民法典》基础上再次确认了涤除权规则。因此，在抵押设定之后，如果抵押人希望在不通过抵押权人同意的情形下转让抵押物，则可以与受让人进行协商，由受让人代债务人履行债务以消除抵押权，在此情形之下，抵押权人不得拒绝。由此也可以保护抵押权人和买受人的利益。同时，依据该条的规定，受让人在行使涤除权之后，将享有债权人的债权，从而可以依法向债务人提出请求，这可以在一定程度上保护抵押财产受让人的利益。

三、禁止转让特约及其登记对追及权行使的影响

承认抵押权追及效力的前提是允许抵押人在财产设定抵押后自由转让抵押财产，但如果完全放开抵押财产的自由转让，可能造成对抵押权的损害。同时，因抵押权人行使追及权也会给第三人造成不利影响，所以法律在允许抵押人自由转让的同时，有必要依据私法自治原则，允许抵押人和抵押权人事先设定禁止转让

① 参见黄薇主编：《中华人民共和国民法典物权编解读》，中国法制出版社 2020 年版，第 683 页。

特约。所谓禁止转让特约，是指抵押权人和抵押人约定，抵押人在抵押期间内不得转让财产。此种约定在一定程度上也可以防范因承认追及效力造成的对抵押权人或第三人的损害。

（一）《民法典》允许当事人订立禁止转让特约

《民法典》第 406 条在承认抵押期限内，抵押人可以转让抵押财产之后，又特别在第 406 条第 1 款增加了“当事人另有约定的，按照其约定”这一规则，但对于该规定存在不同观点。[①] 一种观点认为，当事人禁止转让的约定优先于《民法典》自由转让的规定，在当事人有禁止转让约定的情形下，构成对处分权的限制，即便没有办理登记，抵押人也不得转让。[②] 另一种观点认为，在禁止转让特约没有办理登记的情形下，当事人的约定不能对抗受让人，而只是在当事人之间产生效力，抵押财产禁止转让的约定不构成对处分权的限制。[③] 因此，准确理解禁止转让特约的规定，对于全面把握抵押权的追及效力也十分重要。

笔者倾向于后一种观点，主要理由在于：首先，从文义解释来看，本款中的“当事人”指的是抵押人和抵押权人，而并不包括受让人。因此，该约定应当是抵押人和抵押权人之间的合同关系，不能直接对受让人产生影响。其次，即便约定有效，也不应影响抵押人财产转让合同的效力。即便是无权处分，依据《民法典》的规定，也并不影响合同的效力。即便当事人有禁止转让的特约，实际上也不构成对处分权的剥夺，更不应当影响转让合同的效力。抵押人违反约定转让虽然已构成违约，应当承担违约责任[④]，但是不影响抵押财产转让合同的效力。由此可见，立法者试图通过承认禁止转让特约效力的方式，来弥补立法允许抵押财产转让而可能产生的缺漏。也就是说，当事人之间可以另行特约禁止抵押财产的转让，从而减少因抵押财产转让可能带来的风险。

由于《民法典》第 406 条第 1 款允许当事人设定禁止转让特约，并没有明确

① 参见崔建远：《担保制度司法解释的制度创新与难点释疑》，载《财经法学》2021 年第 4 期。

② 参见程啸：《我国民法典中的抵押财产转让》，载《检察日报》2020 年 11 月 16 日。

③ 参见黄薇主编：《中华人民共和国民法典物权编解读》，中国法制出版社 2020 年版，第 682 页。

④ 参见刘家安：《〈民法典〉抵押物转让规则的体系解读——以第 406 条为中心》，载《山东大学学报》（哲学社会科学版）2020 年第 6 期。

规定该约定不能办理登记，因此在当事人设定禁止转让特约后，无论是否办理登记，都符合该规定。依据《民法典》第215条等的相关规定，如果有关物权变动的合同办理了登记，将具有物权效力或对抗第三人的效力。当然，即使未办理物权登记，也不影响合同的效力。正是当事人之间订立的禁止转让特约并不能有效对抗第三人，在一定程度上限制了禁止转让特约的作用，同时使抵押权人的利益不能得到充分保障，因此，《担保制度解释》第43条第1款规定，若未将禁止转让的约定进行登记，抵押财产已经交付或者登记的，请求确认不发生物权效力的，人民法院不予支持。这就通过公示的方式，赋予禁止转让特约对抗第三人的效力，同时也在一定程度上起到对抵押权的追及效力的限制作用。依据《担保制度解释》第43条第1款规定，如果当事人一旦将禁止转让特约办理了登记，违反该约定并不导致合同无效，只能导致抵押财产的转让无法发生物权变动的效果。但如果当事人未将禁止转让特约办理登记，则不仅买卖合同的效力不受影响，抵押财产所有权的变动也不应当受影响，在此情形下，如果受让人不知道该禁止转让特约，抵押权人只能以抵押人违约为由向抵押人主张违约责任。笔者认为，该规则符合《民法典》第406条第1款的规定，事实上，通过登记公示获得物权效力或者对抗第三人的效力，是现代民法发展的趋势，也符合民法的基本法理。①

正是《担保制度解释》第43条第1款允许禁止转让特约办理登记，因此，《民法典》第406条第1款规定允许当事人设定禁止转让特约，包含两种情形：一是，仅仅只是在当事人之间订立禁止转让特约而并不办理登记。在此情形下，如果受让人不知道该禁止转让特约，按照合同的相对性原理，该约定只能在当事人之间发生效力，并不能对受让人发生效力。在实践中，抵押的情形比较多，有的抵押人将其房屋设定抵押后，如果抵押权人有证据证明第三人知道禁止转让特约存在的，即便抵押人违反了禁止转让特约，但抵押权人仍然可以向该第三人追及。在此情形下，即使禁止转让特约没有登记，也不会严重地影响到抵押权人的

① 参见程啸、高圣平、谢鸿飞：《最高人民法院新担保司法解释理解与适用》，法律出版社2021年版，第267页。

利益。我国有学者认为，此项限制处分约定的登记大大增加了当事人的检索成本，不符合物尽其用的原则。[①] 而实际上，由于不动产的价值较高，在进行转让时受让人应当查阅其上可能存在禁止转让等登记。如果受让人明知存在该禁止转让特约而受让，则抵押权人仍可以行使追及权。二是，当事人在订立禁止转让特约后，在登记机关办理了登记。由于禁止转让特约只是抵押人与抵押权人之间的约定，对受让人不发生效力，若抵押人违反禁止让与特约，抵押权人也只能追究抵押人的违约责任，而无法使抵押权人对抗受让人，因此如果抵押人擅自转让抵押财产，将有可能使抵押权人面临极大的风险。因此，抵押权人可要求抵押人予以配合，将该禁止转让特约办理登记。在办理登记后，则受让人就应当知道该抵押财产的转让已经为当事人之间达成的特约所禁止。对于受让人而言，其也可以通过查询登记获知当事人之间存在禁止转让的特约。受让人如果没有查询而不知道特约的存在，就表明其是非善意的，已经公示的禁止转让特约可以对抗该恶意的受让人，自不待言。如果受让人通过查询登记获知该特约的存在，那么就应当知道转让财产上存在抵押权，且存在禁止转让抵押财产的特约，其受让抵押财产本来就存在风险，既然知道或应当知道风险还签订抵押财产转让合同，就表明其愿意接受该风险。因此，抵押财产禁止转让的特约经登记后应当对受让人产生对抗效力，受让人不能因转让合同而取得抵押财产的所有权。这就表明，《担保制度解释》第 43 条第 1 款在一定程度上弥补了《民法典》第 406 条之规定的不足。

（二）禁止转让特约的登记是一项防范抵押财产擅自转让风险的重要举措

应当看到，《民法典》第 406 条第 1 款允许抵押人在设定抵押权后转让抵押财产，虽然有利于实现物尽其用等功能，但由此也产生了新的法律适用问题，即对抵押权人而言，抵押财产的转让可能对其带来极大的风险，主要表现在：

第一，抵押权人很难针对第三人行使追及权。赞成抵押人可自由转让抵押财产的理由之一，即认为在抵押财产已转让后，因为抵押权已经办理登记，抵押权

---

① 参见刘家安：《〈民法典〉抵押物转让规则的体系解读——以第 406 条为中心》，载《山东大学学报（哲学社会科学版）》2020 年第 6 期。

人可依登记而向受让抵押财产的第三人行使追及权。但事实上，这种追及权常常很难实现。因为实践中，有的开发商在未经抵押权人（银行）同意的情形下就转让作为抵押财产的房屋，在抵押财产转让后，开发商并未将转让所得价款用于清偿其对银行的债务。同时，由于大量的小业主已经支付了价款或者办理了入住手续，如果强制要求小业主腾退房屋，则可能对小业主的生存权构成威胁。在此情形下，根本无法强制执行，抵押权人将无法行使追及权。① 另外，抵押人擅自转让抵押财产后，常常出现买受人无处可寻、买受人将抵押财产再次转手或房屋被查封扣押等情况，这些情形均可能使抵押权人面临无法实现抵押权的较大风险，甚至导致抵押权完全落空。

第二，抵押权人难以实现抵押权。许多开发商主要依赖银行融资来维持其资金运转，而对于银行而言，其风险防控的重要手段就是通过对不动产设置抵押权来使其贷款债权得到清偿的保障，因此，抵押被称为“担保之王”。但如果抵押设定后，抵押人可以随意转让抵押财产且并不将转让后的价款用于清偿债务，抵押权人的抵押权就很难得到保障。如果通过诉讼行使追及权，将会遇到很多权利实现的障碍且成本高昂。如果被称为“担保之王”的抵押权难以实现，银行的风险防控机制将受到极大的冲击，甚至有可能引发大量的呆账、坏账，危及金融安全和秩序。

第三，新型抵押品的大量增加更需要加强风险防控。我国《民法典》为改善营商环境，鼓励担保，保持了担保类型的开放性，由此也使得担保标的的类型越来越多，担保交易的新形态也将大量产生。在此背景下，更应当要求加强风险防控，充分保障抵押权的安全。如果允许抵押人随意转让抵押财产，且在法律规则上没有足够的风险防控机制，就会使抵押人将大量的风险成本最终转嫁给抵押权人，金融安全也会受到影响。从实践来看，即便“带押过户”为交易双方带来了“活水”，但转让资金能否顺利流入卖方贷款银行的账户，特别是跨行交易，除了职能部门的审批、登记，资金的交付也都要做到全程封闭运行②，否则都可能影

① 参见林文学：《不动产抵押制度法律适用的新发展——以民法典〈担保制度司法解释〉为中心》，载《法律适用》2021年第5期。

② 参见亓宁：《南京、苏州等多个城市放开“带抵押过户”，意味着什么？对银行有何利弊?》，载《第一财经》2022年9月19日。

响抵押权的实现。

虽然《民法典》第406条规定允许当事人设定禁止转让特约，实际上就是希望通过此种方法来限制抵押人擅自转让抵押财产所带来的巨大风险。但该规定毕竟没有明确当事人之间的特约是否可以办理登记，而《担保制度解释》的规则把设立并公示禁止转让特约的权利交给当事人，由当事人根据具体情况考量是否订立禁止转让特约、是否将该特约办理登记，这就有效地平衡了各方当事人之间的利益，兼顾了物尽其用与保护金融安全的价值。且此种登记可以防范因为抵押财产擅自转让造成的风险。①

（三）《担保制度解释》第43条第1款并未否定抵押权的追及效力

抵押财产自由转让加上抵押权的追及效力，一般而言能够平衡抵押权人、抵押人和受让人利益。但是，此种平衡的前提是，抵押权人能够对抵押财产受让人较低成本地行使追及权。有观点认为，赋予禁止或限制转让抵押财产的特约在登记后的对抗第三人的效力，则抵押权人必然会在抵押合同中作出此约定并办理登记，从而导致《民法典》第406条的适用后果倒退到《物权法》第191条的规定，抵押权的追及效力也将不复存在。应当看到，《担保制度解释》第43条并未剥夺抵押权的追及效力，其恰恰是抵押权追及效力的体现。该条第2款规定在禁止转让特约登记的情况下，如果抵押人违反约定转让抵押财产，已经登记的禁止转让特约不影响抵押人和受让人之间的转让合同效力；如果抵押财产已经登记在受让人名下或者交付给受让人，抵押权人有权主张转让不发生物权效力。这同样体现了抵押权的追及效力。抵押权的追及效力在禁止转让特约登记和未登记的情形中有不同的表现，在特约未登记情形中，如果受让人为恶意，转让发生物权效力，追及效力表现为抵押权人可以向受让人主张抵押权；在特约已经登记情形中，追及效力表现为抵押权人有权主张转让不发生物权效力，受让人不能取得所有权，从而能够继续行使抵押权。《担保制度解释》的规定使得抵押权人能够有更多的选择可能，其可以选择登记特约或者不登记特约。

① 2021年4月6日，自然资源部下发的《关于做好不动产抵押权登记工作的通知》第3条规定："民法典施行前已经办理抵押登记的不动产，抵押期间转让的，未经抵押权人同意，不予办理转移登记。"

此外，通过特约登记，也可以使受让人能够获知禁止转让特约的存在，从而作出相应的交易安排。《民法典》承认禁止转让特约的效力，而且并未明确禁止此种特约的登记安排，充分体现了私法自治。[①] 所以，此种特约安排也是符合《民法典》第406条规定的。同时，《民法典》第221条的预告登记等也允许合同在办理登记之后产生对抗效力，这也符合现代民法通过公示产生物权效力的趋势。[②] 法律允许当事人约定禁止抵押财产转让，体现了对当事人私法自治的尊重，同时也有利于当事人对抵押财产的处分作出妥当安排。

四、抵押权追及效力的限制

我国《民法典》406条本身构建的是受限制的抵押权追及力模式，依据该条规定，当事人可以订立禁止让与特约。《担保制度解释》第43条进一步细化了禁止转让特约的效力规则。抵押权追及效力本身是受到限制的，其追及效力不能过大，主要原因在于，在现代社会，从整体上看，物权的追及效力都处于不断衰落的状态，即基于善意取得制度、维护交易安全等考虑，对物权的追及效力进行了限制。抵押权也不例外，我国《民法典》第406条和《担保制度解释》第43条构建的正是受限制的抵押权追及效力模式。该限制从法典本身来说是通过禁止转让的约定，由司法机关通过担保司法解释予以具体化，这意味着抵押权的追及效力是受到限制的，因为在现代社会，整个物权的追及效力在衰落，其受到善意取得制度、交易安全保护等的限制，抵押权也不例外。《民法典》第406条所规定的有限的抵押权追及模式，也是物权上述发展趋势的一种具体体现。除抵押权制度自身的限制外，抵押权追及效力还受到如下制度、规则的限制：

---

① 参见程啸、高圣平、谢鸿飞：《最高人民法院新担保司法解释理解与适用》，法律出版社2021年版，第266页。

② 参见苏永钦：《物权法定主义松动下的民事财产权体系》，载苏永钦：《寻找新民法》，元照出版公司2008年版，第156页以下。

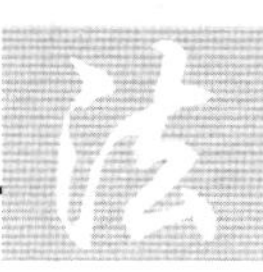

（一）添附

所谓添附（accessio），指不同所有人的物结合在一起而形成不可分离的物或具有新物性质的物。[①] 例如，依据《民法典》第 322 条，在发生添附时，在当事人没有约定，且法律没有明确规定的情形下，添附物的归属应按照“充分发挥物的效用以及保护无过错当事人的原则”而加以判断，此时加工人或者其他物权人可以取得添附物。就是说，在确定添附物的归属时，应当考虑物尽其用，充分发挥物的价值[②]，并考虑效率原则。在实践中，如果未经他人同意而利用他人财产进行加工、装修等，通常要考虑两个物之间的价值。一般来说，应当由价值大的物的所有人取得物权。在发生添附之后，可能因为加工、混合等形成一个整体的物，无法分离，因此新的添附物要重新确定归属，很难说是原有的财产形态，抵押财产并非保持原有的形态，而是形成新的物，因而需要重新确权。即使抵押财产已经登记，但这往往适用于法律行为，而无法适用于作为事实行为的添附。依据《担保制度解释》第 41 条，抵押权依法设立后，抵押财产被添附，可以有三种情形：一是添附物归第三人所有，抵押权人可以主张抵押权效力及于补偿金。二是抵押人对添附物享有所有权，抵押权人有权主张抵押权的效力及于添附物，但是添附导致抵押财产价值增加的，抵押权的效力不及于增加的价值部分。三是抵押人与第三人因添附成为添附物的共有人，抵押权人有权主张抵押权的效力及于抵押人对共有物享有的份额。所以，在针对添附重新确权之后，如果添附财产属于抵押人或者抵押人享有一定的份额，则抵押权可继续存在于添附物上。如果不属于抵押人或抵押人不享有任何份额，则抵押权不再存在于添附物上，而及于添附物的转化形态（如赔偿金、补偿金等），因为原物已经不存在，所以不再涉及抵押权的追及效力。

（二）买受人购买商品房系用于居住且买受人名下无其他用于居住的房屋

如果抵押人将其房屋抵押后，又将其已经抵押的房屋转让给作为受让人的消费者，消费者购买商品房系用于居住且买受人名下无其他用于居住的房屋，在此

① 参见谢在全：《民法物权论》（上册），2003 年自版，第 505 页。

② 参见黄薇主编：《中华人民共和国民法典释义》（上），法律出版社 2020 年版，第 618 页。

情形下，依据《最高人民法院关于人民法院办理执行异议和复议案件若干问题的规定》第29条，如果在人民法院查封之前已签订合法有效的书面买卖合同，所购商品房系用于居住且买受人名下无其他用于居住的房屋，已支付的价款超过合同约定总价款的50%，在此情形下，买受人对登记在被执行的房地产开发企业名下的商品房提出异议，人民法院应予支持。这就意味着，抵押权人行使追及权将受到阻碍或限制。作为消费者的购房人购买的房屋用于自住，而且没有其他居住的房屋，抵押权不能追及的原因主要在于生存利益高于财产利益，维护被执行人及其扶养家属的生存权。[①] 在法律位阶上，法律要优先保障生存利益。生存利益，是指关于自然人存活于世的基本需求，例如居住权就是个人的基本生存利益。王泽鉴先生曾经认为："居住为人生之基本需要，屋价高昂，购买不易，承租人多属于经济上弱者，实有特殊保护之必要。"[②] 因为居住利益属于生存利益的范畴，此处的生存利益既包括住宅承租人的居住利益，也包括不动产商业承租人的商业维持利益。在民法价值序列中，生存利益位阶较高，属于应当予以优先保护的利益类型。

（三）采取登记对抗主义变动模式的不动产物权未办理抵押登记

在我国，不动产物权的变动原则上采取登记要件主义，在已经办理抵押登记的情形下，受让人应当查阅登记，因此不可能对抵押财产基于善意取得所有权。但我国《民法典》也规定了例外。例如，《民法典》第341条规定："流转期限为五年以上的土地经营权，自流转合同生效时设立。当事人可以向登记机构申请土地经营权登记；未经登记，不得对抗善意第三人。"该条确立了土地经营权的登记对抗模式。登记对抗模式意味着动产担保是否办理登记，完全由当事人自由选择，法律上并没有设置强制性的要求必须办理登记，如果未办理登记，抵押权也仍可设立，只是不能对抗善意的第三人。如果抵押权未登记，在抵押财产转让后，抵押权人不能向善意受让人追及，因为在未登记的情况下，抵押财产的受让人无从得知抵押财产上存在抵押负担，因此不能认为受让人自愿承受了抵押负

① 参见肖建国：《中国民事强制执行法专题研究》，中国法制出版社2020年版，第28页。

② 王泽鉴：《用益物权·占有》，中国政法大学出版社2010年版，第177页。

担。否则，抵押权人仍能够行使抵押权，则损害交易安全，使得受让人遭受飞来横祸而承受无法预料的损失。尤其是，还存在严重的道德风险，即转让人可以找其他人签署抵押合同，即使未登记也可以向受让人行使追及权。在解释上，未经登记的抵押权，不得对抗善意的受让人、土地经营权人，不得对抗其他担保权人、查封或扣押债权人、参与分配债权人、破产债权人或破产管理人。[①] 当然，依据《担保制度解释》第 54 条第 1 项，未登记的动产和权利抵押仍然可以针对恶意受让人行使追及权，该规则也应当能够类推适用于采取登记对抗主义的不动产抵押权。

（四）土地上新增建筑物

抵押权针对土地上新增建筑物不能追及，原因在于：一方面，其并非抵押财产，并未纳入抵押范围内。另一方面，新增建筑物属于独立的物，且并非从物，不能自动纳入抵押财产之中。虽然我国奉行房地一体的原则，但这并不影响新增建筑物的独立物权客体属性。建设用地上新增的建筑物可以独立于建设用地使用权而存在，只不过在处分上必须一并处分。因此，在抵押权设定时尚不存在的建筑物并不会因为建造于建设用地之上而当然被纳入抵押财产的范围。不过，依据《民法典》第 417 条的规定，在抵押权实现时，需要将房地一并处分，抵押权人的优先受偿仅局限于建设用地使用权的价值部分。据此，在行使对作为抵押财产的土地使用权追及的时候，考虑到房地不可分离，对新增建筑物一并拍卖，只能从土地使用权的拍卖价款中部分优先受偿。

此外，还要看到，抵押人在抵押设定以后，转让抵押财产，可直接导致对抵押权人的损害。在此情形下，抵押权人能否行使抵押权？例如，抵押人从事关联交易或者低价转让其财产，抵押人通过转让财产损害抵押权人的利益，抵押权人并非行使追及权，而是行使保全中的撤销权来保障自己的利益。

总之，对抵押权的追及效力应进行全面、整体的把握，仅理解抵押权的追及效力本身是不够的，还必须将其与追及效力的限制规则结合在一起。例如，在分析实践中出现的带押转让现象时，就应当将抵押权追及效力与其限制规则结合起

① 参见高圣平：《民法典视野下农地融资担保规则的解释论》，载《广东社会科学》2020 年第 3 期。

来，如已经设定抵押权的房屋被业主购买，由于涉及个人基本居住权的保护问题，抵押权的追及效力应当受到一定的限制。可见，抵押权追及效力规则与相关的限制规则是不可分割的整体。

五、以权利和无形财产抵押的追及权行使

传统的物权理论以有体物为典型，无论是支配效力还是追及效力，均涉及有体物。但是随着现代社会的发展，我们已经迈入了一个信息爆炸、万物互联和人际互通的数字时代。[①] 数字技术和平台应用的智能化发展，正在日益深刻地改变着社会关系，各种以数据、网络虚拟财产为代表的无形财产不断扩张，并已经进入担保领域。这就引发了追及效力能否适用于无形财产的问题，抵押权也不例外。

应当看到，《民法典》第 127 条规定："法律对数据、网络虚拟财产的保护有规定的，依照其规定。"该规定有效地适应了数字时代数据和网络虚拟财产的发展，并宣告了这些权益亦可作为民事权益予以保护。在数字经济时代，数据是财富，数据信息被喻为大数据时代的"新石油"，是经济增长和价值创造的重要源泉。数据的开发和利用不仅已成为社会管理、科技创新的重要内容[②]，而且成为民事主体的重要财产。网络虚拟财产是伴随着互联网的快速发展而产生的新的财产，如比特币、网游中的装备、账号、网店。它们与一般的财产在本质上有很大的共性，都具有一定的经济价值，甚至可以在一定范围内流通。例如，网店、游戏装备等，可以作为财产出售。在司法实践中，已经出现了电子游戏装备、QQ 号码归属等纠纷。[③] 例如，杭州互联网法院在国内首个 NFT 数字作品侵权纠纷

① Katharina Pistor，"Rule by Data：The End of Markets"，83（2）*Law & Contemporary Problems* 101，105（2020）.

② 参见涂子沛：《数据之巅》，中信出版社 2014 年版，第 255－260 页。

③ 例如，在"李某晨诉北极冰公司案"中，游戏玩家李某晨因为游戏道具被盗，遂以游戏运营商侵害其私人财产为由诉至法院。法院认为，"关于丢失装备的价值，虽然虚拟装备是无形的，且存在于特殊的网络游戏环境中，但并不影响虚拟物品作为无形财产的一种，获得法律上的适当评价和救济。玩家参与游戏需支付费用，可获得游戏时间和装备的游戏卡均需以货币购买，这些事实均反映出作为游戏主要产品之一的虚拟装备具有价值含量"。参见北京市第二中级人民法院（2004）二中民终字第 2877 号民事判决书。

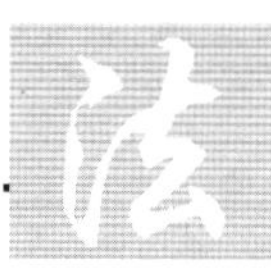

案的裁判理由中指出："NFT 交易实质上是'数字商品'所有权移转，并呈现一定的投资和收藏价值属性。……NFT 数字作品持有人对其所享有的权利包括排他性占有、使用、处分、收益等。"[①] 该裁判的观点似乎表明，持有人对 NFT 数字作品享有完整的所有权，当然可以转让。

然而，对于在数据、网络虚拟财产等非有体物上设定的担保权利，在性质上应当属于抵押还是质押仍然存有争议。笔者认为，在数据、网络虚拟财产上设定的担保权利在性质上应当属于抵押，因为在数据和网络虚拟财产上设定的担保权利通常并不会移转占有；而且对于权利质权，《民法典》采取了正面清单模式。在这一立法背景下，只能将数据和网络虚拟财产上的担保权利作为抵押权。依据《民法典》第 395 条第 1 款第 7 项的规定，只要法律、行政法规未禁止抵押的其他财产都可以抵押，而法律、行政法规并未禁止数据、网络虚拟财产的抵押。同时，《民法典》第 440 条关于权利质押标的物的规定仅限于"法律、行政法规规定可以出质的其他财产权利"，并不包括数据、虚拟财产。由此可见，数据、网络虚拟财产的担保只能采取抵押的形式。

如果以数据、网络虚拟财产进行抵押，是否需要公示以具备公示效力？需要指出，数据本身是不断产生、流动的、无边界的、不确定的，但数据开发者制造数据产品以后，数据产品具有一定的确定性。例如，制作成数据库、移动端应用程序中的数据，如特定服务器中的全部数据，具有一定的确定性，因此，其可以采用登记方式进行抵押。但此类财产的抵押是应当采取公示要件主义还是公示对抗主义，法律规定并不清楚。《民法典》第 402 和第 403 条分别规定了不动产抵押的登记要件主义与地产抵押的登记对抗主义，毫无疑问，数据、网络虚拟等作为无形财产权利，无法被归入不动产之中，也不能适用不动产的物权设立公示规则，而作为无形财产权利，在物权设立方面的规则具有一定的相似性。因此，笔者认为，以数据、网络虚拟财产进行抵押，可以类推适用《民法典》第 403 条的规定，采取公示对抗主义。

问题的关键在于，在以数据、网络虚拟财产设定抵押权的情形下，抵押权人

① 浙江省杭州互联网法院（2022）浙 0192 民初 1008 号民事判决书。

如何行使追及权。笔者认为，此时可以区分不同的抵押财产处分形态而分别进行讨论。由于数据与虚拟财产的特殊性，对于其处分与传统的物有显著的区别。在传统的抵押财产的处分中，受让人可以完整地取得抵押财产的所有权。但是在数据与虚拟财产交易中，抵押人的处分可能表现为不同的形态。一是将数据产品或虚拟财产直接进行出售，自身也不再享有数据产品和虚拟财产之上的权利，典型的是数据产品的转让。在这种情形下，可以适用《民法典》第406条所规定的追及效力：即如果该数据产品与虚拟财产的抵押已经进行登记，则抵押权人可以追及至受让人处行使抵押权。二是抵押人允许他人以复制等方式与自己共享数据产品与虚拟财产的权利。在这种情形下，原抵押权的客体并未发生移转，而是新创设了权利，因此追及效力不能及于此项新创设的权利，而只能及于原数据和虚拟财产上的权利。但是由于这一允许复制或许可使用的行为可能造成原数据产品或虚拟财产权利价值上的贬损，此时可以适用《民法典》第408条的规定："抵押人的行为足以使抵押财产价值减少的，抵押权人有权请求抵押人停止其行为；抵押财产价值减少的，抵押权人有权请求恢复抵押财产的价值，或者提供与减少的价值相应的担保"。亦即抵押权人可以请求恢复价值或提供新的担保，而不必通过抵押权的追及效力获得保护。因此，如果是复制或者许可他人使用，可以考虑适用《民法典》第408条的规则。

除以数据、网络虚拟财产等数字财产担保以外，以建设用地使用权、土地经营权、海域使用权等权利抵押中的追及权行使问题，也值得探讨。在我国，除了有形财产，权利也可以用来设定抵押。以权利设定抵押后，对权利本身也可以依据《民法典》第406条的规定予以转让，权利转让之后，抵押权人能否行使追及权？对此，仍然应当区分登记生效主义和登记对抗主义。采取前者，未登记就不能设立抵押权，自然就谈不上追及力。如果采取后者，例如土地经营权，未登记不能对抗善意第三人，此时抵押人将土地经营权转让的，如何处理？笔者认为，可考虑类推适用《担保制度解释》第54条第1项规定，"抵押人转让抵押财产，受让人占有抵押财产后，抵押权人向受让人请求行使抵押权的，人民法院不予支持，但是抵押权人能够举证证明受让人知道或应当知道已经订立抵押合同的除

外”。由此可见，受让人为善意时，抵押权人不能行使追及权。严格而言，此种情形下，并不是因为受让人善意取得抵押财产而消除了抵押权，而是因为受让人善意消除了抵押财产之上的抵押负担。

应当指出的是，无形财产种类很多，有些可以办理抵押，有些只能办理出质。如果采取出质方式，在追及权方面是不一样的。在权利质权，《民法典》仍然采取了禁止转让模式，例如，《民法典》第443条第2款规定：“基金份额、股权出质后，不得转让，但是出质人与质权人协商同意的除外。”第444条第2款规定：“知识产权中的财产权出质后，出质人不得转让或者许可他人使用，但是出质人与质权人协商同意的除外。”第445条第2款规定：“应收账款出质后，不得转让，但是出质人与质权人协商同意的除外。”《民法典》之所以采取此种模式，是因为出质客体比较特殊，其追及成本较高，实现质权的风险较大。从体系上看，无形财产抵押和无形财产出质在追及方面就采取了不同的规定。因此，当事人应在此基础上仔细考量和斟酌，毕竟出质对担保财产转让的限制比较严格。

结　语

抵押权作为“担保之王”，其相关制度的完善也是改善营商环境、促进市场经济法治建设的重要内容。《民法典》第406条对抵押权的追及效力作出规定，是对《物权法》《担保法》中抵押权制度的重大完善。由于《民法典》第406条认可了抵押权的追及效力，也使得实践中出现了“带押过户”等新的交易形式，这有利于增进物尽其用，充分发挥抵押财产的经济效用，但也由此给交易安全带来了一定的风险。《担保制度解释》进一步完善了抵押权追及效力规则，规定了禁止转让特约登记制度，构建了具有中国特色的、受限制的抵押权追及效力模式。此种制度设计有效兼顾了各方利益，实现了抵押制度中各方当事人利益的平衡。因此，“带押过户”等新的交易形式也应当遵循《民法典》第406条与司法解释的相关规定，以防止因抵押人自由转让抵押财产与抵押权人行使追及权所产生的争议。

第五编

合同制度

合同编通则司法解释的亮点与创新*

合同是市场交易的法律表现，正如马克思所指出的，“这种通过交换和在交换中才产生的实际关系，后来获得了契约这样的法的形式”①。在我国，从改革开放以后逐渐形成的合同法律制度的“三足鼎立”，到1999年的《合同法》的制定，直至《民法典》合同编出台，我国合同法的发展进程映照着我国市场经济的发展进程。在合同法律制度中，居于最核心地位的无疑是《民法典》合同编通则部分。合同编通则是合同法的基础性规则和主体部分，是调整市场交易的一般性规则，有助于便利交易、维护交易安全秩序和服务经济社会高质量发展；并且，其还发挥着债法总则的功能，从而具有更大的适用可能和更强的规范辐射力。

自《民法典》合同编施行以来，之前关于合同法的司法解释很多已被废止，对在实践中产生的大量问题就欠缺明确的处理依据，因合同编的实施也产生了许多新情况与新问题。为了更好地配合合同编的实施，统一裁判尺度，《最高人民法院关于适用〈中华人民共和国民法典〉合同编通则若干问题的解释》（以下简称《合同编通则解释》）在总结本土经验、借鉴域外制度和凝聚理论共识的基础

* 本文与朱虎合著，原载于《法学家》2023年第1期。

① 《马克思恩格斯全集》（第19卷），人民出版社1963年版，第423页。

上，运用法律解释与漏洞填补的科学方法，对《民法典》合同编通则部分以及与之存在体系关联的规则进行细化和发展，呈现出许多亮点，彰显了本土性、实践性和时代性。下文拟对该司法解释的亮点与创新作出初步探讨。

一、规则解释：司法解释对民法典规则的细化

（一）尊重立法原意，彰显私法价值

“法无解释不得适用”，但司法解释必须符合《民法典》的目的、原则和原意。因此，《合同编通则解释》最为重要的理念就是尊重立法原意，围绕《民法典》的贯彻实施而具体展开。在立法目的上，基于合同编通则发挥实质上的债法总则作用，《合同编通则解释》所规定的立法目的是“正确审理合同纠纷案件以及非因合同产生的债权债务关系纠纷案件”。在法律解释方法上，要求首先采取文义解释的方法，尽量避免超越《民法典》规范文义的射程。在对《民法典》规范中不确定概念的具体化和规范漏洞的填补上，《合同编通则解释》妥善运用各种法律解释方法和漏洞填补方法，始终遵循《民法典》的立法理念、立法目的和基本原则。例如，《民法典》第 153 条第 2 款中的“公序良俗”属于“不确定法律概念”，其具体内容需要司法机关在审判实践中予以具体化。《合同编通则解释》第 17 条在对公序良俗进行具体化时，始终坚持《民法典》的立法理念和基本原则，于第 2 款要求人民法院在认定合同是否违背公序良俗时，应当以社会主义核心价值观为导向，综合考虑当事人的主观动机和交易目的、政府部门的监管强度、一定期限内当事人从事类似交易的频次、行为的社会后果等诸多因素加以判断，并在第 1 款中予以类型化。

基于此种基本理念，《合同编通则解释》在规范的具体表达上，注重指引法官适用《民法典》的相关具体规定。该解释在诸多条文中都援引了《民法典》的具体规定，使用了诸如“人民法院应当依据民法典第××条处理/认定”等多种形式的表述，明确指示人民法院应当依据《民法典》的具体规定予以处理和认定。这些均旨在向法官指引特定情境中如何适用法律规则，而非针对该特定情境

制定规则。例如，《合同编通则解释》第 3 条第 2 款规定，特定情形中合同已经成立但欠缺内容的，“人民法院应当依据民法典第五百一十条、第五百一十一条等规定予以确定”。第 52 条第 3 款规定，在协商解除时，当事人未对合同解除后的违约责任、结算和清理问题协商一致的，“人民法院应当依据民法典第五百六十六条、第五百六十七条和有关违约责任的规定处理”。

尊重立法原意，不仅仅是对立法原意的遵从，还进一步表现为对立法原意的深化。[①] 在这个意义上，《合同编通则解释》深化和践行了《民法典》的基本价值，具体而言：

第一，保障自治。在合同解释层面，私法自治要求合同解释服务于当事人真实意思的实现。这与法律解释不同。《合同编通则解释》第 1 条第 2 款规定了“共同真意优先”，即在合同词句的通常含义与当事人共同的实际理解不同时，应当以后者确定合同条款的含义。私法自治还要求依据当事人的真实意思确定当事人的权利义务关系。《合同编通则解释》第 14 条第 1 款明确规定，“黑白合同”中的“白合同”的效力应当依据《民法典》第 153 条第 1 款或者第 502 条第 2 款予以判断，而不能仅以规避法律、行政法规为由一概认定无效；第 2 款则规定，即使“黑合同”的效力出现瑕疵，也应当以被隐藏的合同作为事实基础依据《民法典》第 157 条确定当事人的责任。

第二，维护诚信。《合同编通则解释》第 60～63 条规定了损害赔偿计算的具体规则，增加了违约成本，以鼓励当事人信守合同。《合同编通则解释》第 65 条第 3 款进一步规定，恶意违约方一般不得请求减少违约金。第 68 条第 1 款规定，双方均具有致使不能实现合同目的的严重违约行为的，均不得请求适用定金罚则；一方轻微违约而另一方严重违约，则前者有权主张适用定金罚则，后者不得以前者也有违约行为抗辩。第 68 条第 2 款规定，违约方部分履行合同，对方接受的，守约方有权主张按照未履行部分所占比例适用定金罚则，但是，如果部分未履行致使不能实现合同目的，则守约方有权主张按照合同整体适用定金罚则。这些规则表明，对恶意和严重的违约行为，违约方主观恶性较大，更应当增加违

① 参见陈春龙：《中国司法解释的地位与功能》，载《中国法学》2003 年第 1 期，第 30 页。

约方的违约成本。

第三，鼓励交易。《合同编通则解释》尽可能促进合同的成立、生效：第 3 条第 1 款规定了只要当事人就合同主体、标的及其数量达成合意的，一般应当认定合同成立；第 4 条对以竞价方式订立合同的合同成立时点作出具体规定，扩展了当事人合同订立的方式，有助于鼓励交易。《合同编通则解释》第 16 条第 1 款规定，在判断合同效力是否因违反强制性规定而无效时，如果由行为人承担行政责任或者刑事责任能够实现强制性规定的立法目的的，结合具体情形，可以不认定合同无效。这就在合同效力问题上确定了鼓励交易的最基本价值取向。同样基于鼓励交易的价值，该解释第 17 条第 2 款中也规定，当事人确因生活需要而非经营需要进行交易而签订合同，该合同未给国家安全和社会公共秩序造成重大影响，也不违背善良风俗的，法院就不应当认定合同无效。

第四，促进公平。情势变更和违约金调整都是合同公平的具体体现，本身就是对意思自治的合理限制。为进一步贯彻此种价值，《合同编通则解释》第 32 条第 4 款规定当事人排除情势变更规则适用的事前约定无效；可以考虑的是，当事人不能抽象地排除所有情势变更事由，但可以针对某个特定的、具体的事由予以排除。《合同编通则解释》第 11 条也规定，在当事人是自然人而签订合同的情况下，如果根据该当事人的年龄、智力、知识、经验并结合交易的复杂程度，能够认定其对合同的性质、合同订立的法律后果或者交易中存在的特定风险缺乏应有的认知能力的，可以认定构成《民法典》第 151 条中的“缺乏判断能力”。这同样有助于维护合同的公平。

（二）聚焦诉讼场景，凸显问题导向

司法解释的主要功能是对审判工作中具体应用法律的问题，结合鲜活的案例作出解释。长期以来，司法解释注重条文的抽象性，具有与法律相同的特点，可能忽略了与案例情境的有机结合，因此往往需要再解释，这容易引发司法解释越权的诟病。而《合同编通则解释》更注重的是将条文和案例有机结合，以问题为导向，以案例为支撑，结合法律规范的各种具体化技术，以审判实践中的核心和重要问题作为导向，不追求规则抽象、体系完整甚至面面俱到。这便利法院理解

司法解释规则，并在此基础上准确适用。就此，《合同编通则解释》采取了多种法律解释的技术。

第一，例示化。司法解释在对《民法典》重要概念和规则的解释上，通过例示的方式指导司法实践，有利于同案同判，但例示容易导致不周延，因此要通过兜底条款保持开放性。此时，在解释时，宜采取同类解释方法，只有与明确列举的例子具有类似性的情形才可被包含入兜底条款中。例如，《合同编通则解释》第 30 条第 1 款关于第三人代为履行中的“合法利益的第三人”的界定，并不限于《德国民法典》第 268 条中的对债务人的财产享有合法权益且该权益将因财产被强制执行而丧失的第三人，还列举了作为债务担保人的第三人和担保财产的受让人、用益物权人、合法占有人、后顺位担保权人，以及债务人的近亲属、出资人或者设立人，并且在第 7 项规定了兜底条款。该解释第 32 条第 1 款对不能适用情势变更的商业风险也采取此种例示方式，包括“合同涉及市场属性活跃、长期以来价格波动较大的大宗商品以及股票、期货等风险投资型金融产品”。

第二，类型化，即区分为不同的类型。《民法典》中的许多不确定概念，具有难以定义性。这是其内涵和外延的不确定造成的。此时最恰当的方式就是类型化[①]，使法官在类型中把握，达到同案同判的效果。具体而言：一是交易习惯的类型化。《合同编通则解释》第 2 条将交易习惯分为当事人之间的惯常做法、地区和行业习惯。二是公序良俗的类型化。针对《民法典》第 153 条第 2 款所规定的公序良俗，《合同编通则解释》第 17 条第 1 款将其类型化为国家安全、社会公共秩序和善良风俗。三是工作人员超越职权范围的形态的类型化。《合同编通则解释》第 21 条第 2 款将其区分为四种形态。四是就日常生活中的以物抵债。该解释第 27、28 条在《九民会议纪要》第 44、45 条的基础之上，将其类型化为以清偿为目的的和以担保为目的的以物抵债。对于前者，该解释第 27 条第 1、2 款规定以物抵债协议为诺成合同，并原则上参照《民法典》第 515、516 条关于选择之债的规则予以处理；对于后者，则规定参照担保规则予以处理，且不采取归属清算而是处分清算。五是《合同编通则解释》第 34 条针对《民法典》第 535

① 参见王泽鉴：《民法学说与判例研究》(第一册)，中国政法大学出版社 1998 年版，第 277 页。

条第 1 款规定的专属于债务人自身的权利列举了五种形态。

第三，动态化。《合同编通则解释》引入了动态系统论（bewegliches System），规定寻求合理解决方案时的相关考量因素，在个案适用时需要对各个考量因素进行综合考量，具体结果取决于各个考量因素相比较后的综合权衡。[①] 这种方式规范了法官的自由裁量权，为法官行使裁量权提供了指导，并限制了裁量权的行使。具体而言，《合同编通则解释》第 7 条第 2 款关于当事人一方在订立预约之后的磋商中是否违背诚信，第 8 条第 2 款关于违反预约的损害赔偿，第 16 条关于合同所违反的规定是否为效力性强制性规定，第 17 条第 2 款关于合同是否违背公序良俗，第 24 条第 2 款关于合同出现效力瑕疵时的损害赔偿，第 62 条关于无法确定可得利益时的赔偿酌定，第 63 条关于可预见性规则，第 65 条第 1 款关于违约金的司法酌减，都运用了此种动态化方式。

第四，示范化。对于需要在具体案件中判断的问题，《合同编通则解释》规定一般参考示范标准，但并不意味着排除特殊情形。这有利于裁判尺度的统一，但又兼顾了灵活性。例如，在撤销权中不合理交易行为的认定上，《合同编通则解释》第 42 条基本延续了《合同法解释二》第 19 条第 1 款，采取了客观化方式，但为了统一裁判的尺度和便利裁判，该解释第 42 条第 2 款规定了一般参考示范标准，即交易价格处于交易时交易地的市场交易价或者指导价的 70%～130%这个区间之外的，一般可以认定为不合理价格。在本款中，“一般”意味着排除特殊情形，如季节性产品和易腐烂变质的时令果蔬在临近换季或者保质期前回笼资金的甩卖；“可以”意味着应视具体情形而定，不作刚性约束。[②] 据此，“一般可以”意味着这个比例仅是一般性的参考示范标准，并非唯一的刚性标准，债务人和相对人可以提出相反事实和证据予以推翻。基于同样目的，该解释第 65 条第 2 款同样延续了《合同法解释二》第 29 条第 2 款，违约金超过造成的损

① 参见［奥］维尔伯格：《私法领域内动态体系的发展》，李昊译，载《苏州大学学报（法学版）》2015 年第 4 期；［奥］库齐奥：《动态系统论导论》，张玉东译，载《甘肃政法学院学报》2013 年第 4 期。

② 参见最高人民法院（2012）最高法民四终字第 1 号民事判决书。同时，较《合同法解释二》第 19 条第 2 款，本款并未采纳“视为”这个用语而是将之修改为“认定为”，立法用语上更加精准，因为本款并非法律上的拟制性规范。

失的30%的，一般可以认定为过分高于造成的损失。

（三）综合解释方法，把握核心要义

萨维尼曾言："解释法律，系法律学之开端，并为其基础，系一项科学性之工作，但又为一种艺术。"① 而法律解释方法就是科学方法的总结。《合同编通则解释》系统综合地运用了各种解释方法，全面、准确理解《民法典》的核心要义，避免断章取义。如前述，尊重立法原意、把握立法意旨是该解释制定时所秉持的基本原则，从文本出发，以文本为对象、以文本为基准。例如，《民法典》第522条第2款规定了真正的利益第三人合同，其中的法律效果为"债务人未向第三人履行债务或者履行债务不符合约定的，第三人可以请求债务人承担违约责任"。这本身已经隐含了第三人有权单独请求债务人向自己履行债务，但其不享有撤销权、解除权等合同关联性权利。② 根据该规定的文义，《合同编通则解释》第29条第1款对此予以明确规定。再如，《民法典》第545条第1款将债权转让通知的效力规定为"未通知债务人的，该转让对债务人不发生效力"。这里特别强调"对债务人"不发生效力，意味着转让通知是保护债务人的规则。据此，《合同编通则解释》第48条第1款根据文义，明确规定债务人在接到转让通知前已经向让与人履行的，发生债务消灭的效力，故受让人无权请求债务人再次履行。除了文义解释之外，该解释还涉及以下解释方法的综合运用。

第一，注重探求规范目的。规范目的之探求，既表现为通过历史解释对立法者主观目的之探求，也表现为对法律制度或法律体系客观目的之探求。一方面，《合同编通则解释》注重通过立法历史的梳理探寻立法目的。例如，关于预约合同的认定，《买卖合同解释》（2012年）第2条列举了"认购书、订购书、预订书、意向书、备忘录等"，在《民法典》编纂过程中曾经也规定了"意向书、备忘录"，但最终将这两种类型删除，在第495条第1款仅列举了"认购书、订购书、预订书"。通过此种历史解释，可以认为，意向书和备忘录原则上不能被认

---

① 王泽鉴：《法律思维与民法实例》，中国政法大学出版社2001年版，第212页。

② 德国法也认为，涉及合同本身的权利必须留给合同当事人，因为只有他们的给付才是以对价关系的方式相互联系起来的，参见［德］迪尔克·罗歇尔德斯：《德国债法总论》（第7版），沈小军、张金海译，中国人民大学出版社2014年版，第381页。

为是预约合同。这也符合通常的商业实践，只有在其符合预约合同的构成要件时，才能被认定为预约合同，《合同编通则解释》第6条第2款据此作出明确规定。另一方面，《合同编通则解释》注重通过对法律制度或法律体系之客观目的的探求，对《民法典》相关规则加以具体化。例如，关于代位权诉讼中债务人“怠于行使”权利的认定，《民法典》第535条规定代位权的构成要件之一是债务人“怠于行使”，从文义上看，只要债务人向相对人以任何形式主张权利，即不构成“怠于行使”。但是，这可能导致债务人或者相对人可能以债务人已经向相对人发出催告而不构成“怠于行使”等事由进行抗辩，从而使代位权的规范目的落空，并增加了债务人和相对人倒签主张权利文书等道德风险。鉴于代位权的规范目的在于债权的保全，只有当债务人以最具实效性的方式积极主张权利时，才能认定该债务人没有“怠于行使”权利，并减少债务人和相对人的道德风险。因此，在《合同法解释一》第13条、《全国法院贯彻实施民法典工作会议纪要》第8条的基础上，《合同编通则解释》第33条即采取了此种目的性限缩的填补方式，规定“怠于行使”是“债务人不履行其对债权人的到期债务，又不以诉讼或者仲裁方式向相对人主张其享有的债权或者与该债权有关的从权利”，只要债务人不以诉讼或者仲裁方式向相对人主张权利，无论债务人是否向相对人发出过催告通知等，债务人就构成“怠于行使”权利。

第二，善于运用体系解释的方法。法典化所带来的体系化的重要功能之一就是规范存储功能，而这一功能的实现，必须以法律解释为媒介。在解释法律的过程中，法官应当以法律的外在体系为依据进行解释。[①] 在《民法典》颁布后，法官解释法律时必须要看到体系解释的功能，《民法典》为体系解释奠定了良好的基础。体系解释方法在法律解释中的运用，即从整体的视角在准确把握各种具体的规则及其背后立法者的价值判断的基础上，对具体规则展开解释。这就要求我们必须具有全局观的视野。体系解释中的“整体”，既涵盖个别规则，也包括由具体规则有机组合形成的法律体系和法律。而所谓“部分”则是指可能适用于案件的具体条文或规范。只有从“整体”上对整个规范体系加以把握，才能避免在

① Vgl. F. Bydlinski，Juristische Methodenlehre und Rechtsbegriff，Wien/New York 1982，S. 443.

特定的法条适用中可能出现的误读。[①] 例如，行使抵销权的一方负担数项种类相同的债务，而其主动债权不足以抵销数项债务时，究竟应当先抵销哪一债务？《民法典》没有对此问题作出规定。《民法典》第560条和第561条对债务清偿的抵充作出了规定，不管是抵销还是债务清偿，它们均属于使债务消灭的原因，债务消灭原因的不同不会影响债务消灭的先后顺序所涉及的利害关系，此时可以参照清偿抵充解决。[②] 因此，《合同编通则解释》第56条在《九民会议纪要》第43条的基础上，将清偿抵充规则参照适用于抵销情形。

第三，注重解释方法的综合运用。法律解释的方法不能孤立运用，也不能简单地按照绝对固定的次序机械运用，而是应当在解释过程中进行综合运用。[③]《合同编通则解释》注重综合运用多种解释方法，对《民法典》合同编之规则进行妥当的具体化。例如，代理人和相对人恶意串通订立合同，损害被代理人利益，依据《民法典》第164条第2款的规定，应由代理人和相对人承担连带责任，但是没有规定合同的效力问题。《合同编通则解释》第23条第1款规定，应当将代理人与相对人恶意串通认定为代理权滥用，因此法人或者非法人组织不承担责任。之所以作此解释，是因为从体系上看，《民法典》第164条第2款处于“代理”一章中，因此应当适用代理法中的效果归属规则，而非法律行为的效力评价规则。从规范目的来看，《民法典》第164条第2款旨在保障被代理人的利益，那么将代理人与相对人恶意串通的行为认定为效力待定，交由被代理人进行选择，更能实现规范目的，毕竟该情形仅涉及被代理人的私利益，若使代理行为无效而无追认可能，并不符合比例原则且过于僵硬。

---

① 参见谢鸿飞：《民法典外部体系效益及其扩张》，载《环球法律评论》2018年第2期。

② 参见黄薇主编：《中华人民共和国民法典解读》（合同编）（精装珍藏版），中国法制出版社2020年版，第354页；崔建远：《合同法》（第四版），北京大学出版社2021年版，第331页。案例参见最高人民法院（2019）最高法民再12号民事裁定书。立法例参见《德国民法典》第396条、《日本民法典》第512条和第512条之二、DCFR第3—6：106条第2款。

③ 参见王利明：《法学方法论：以民法适用为视角》（第二版），中国人民大学出版社2021年版，第348页；［奥］恩斯特·A.克莱默：《法律方法论》，周万里译，法律出版社2019年版，第146-148页。

二、填补漏洞：司法解释对《民法典》规则的发展

“法典不可能没有缝隙。”[①]《民法典》颁布后，基本的法律规则已经形成，在许多领域无法可依的局面已经基本结束，但这并不意味着，民法的发展就此终止，民事法律也不存在任何漏洞。《民法典》的规则需要在实践中不断发展，当出现规范漏洞时，应当予以填补。基于法官权威性受限制，法官难以以个案的方式对规范漏洞进行填补，即便有，也难以被其他法官采纳接受，且许多法官并不擅长规范漏洞的填补操作，法官也有越权的担心。因此，通过司法解释填补规范漏洞这种方式，颇具中国特色，司法解释已经成为中国本土意义上的规范漏洞填补的表征，承担了传统法律意义上的“法官造法”[②]。虽然司法解释要尊重立法原意，但司法解释长期以来承担了填补漏洞的任务，也取得了良好的效果。《合同编通则解释》在既有司法规范和实践的基础上，对合同编进行了必要的漏洞填补，在这个过程中，也创设了一些新的规则。

（一）合同订立中的第三人责任

关于合同订立中的第三人责任，例如，第三人实施欺诈、胁迫行为，使当事人在违背真实意思的情况下订立合同的，该第三人是否对当事人承担民事责任？对此问题，《民法典》并未作出明确规定。依据《民法典》第 157 条规定，在民事法律行为无效、被撤销或者确定不发生效力后，“各方都有过错的，应当各自承担相应的责任”，此处的“各方”是否包括第三人？对此存在不同观点：一种观点认为，此处的“各方”限于合同当事人，而不包括第三人。按照此种理解，我国《民法典》并未规定合同订立中的第三人责任，该问题属于法律漏洞。另一种观点认为，此处的“各方”既包括合同当事人，也包括第三人。按照此种观点，合同订立中的第三人责任并不存在法律漏洞。本书认为，《民法典》第 157

① Hans Hattenhauer，Allgemeines Landrecht für die Preuβischen Staaten von 1794，Textausgabe，Herausgeber，2. Auflage 1994. at 1，21.

② 姚辉：《民法学方法论研究》，中国人民大学出版社 2020 年版，第 410 页。

条中的“各方”不应当包括第三人，合同订立中的第三人的责任在性质上应当属于合同漏洞。依据《合同编通则解释》第 5 条规定，第三人实施欺诈、胁迫行为，使当事人在违背真实意思的情况下订立合同的，第三人也应当依法承担赔偿责任，这实际上是分别认定合同当事人与第三人的责任。《最高人民法院关于审理涉及会计师事务所在审计业务活动中民事侵权赔偿案件的若干规定》第 4 条第 1 款规定，会计师事务所因在审计业务活动中对外出具不实报告给利害关系人造成损失的，应当承担侵权赔偿责任，但其能够证明自己没有过错的除外。但是，该司法解释只是规定了会计师事务所出具不实报告一种情形，并且将其承担的民事责任界定为侵权责任，因此该司法解释的规定适用范围较为狭窄。《合同编通则解释》第 5 条一般性地规定了实施欺诈、胁迫的第三人的民事责任，并且规定人民法院应当根据各自的过错确定相应的责任，填补了《民法典》第 157 条的不足之处。

（二）债务加入人的追偿权

《合同编通则解释》规定了债务加入人的追偿权。《民法典》第 552 条规定债务加入的法律后果是“债权人可以请求第三人在其愿意承担的债务范围内和债务人承担连带债务”。仅从文义上看，似乎未规定加入人和债务人之间的关系。也有观点认为，《民法典》上述规定已经隐含了他们之间的关系同样应当适用《民法典》第 519、520 条关于连带债务的规则。[①] 关于债务加入人是否享有追偿权，实务中存在较大的争议，为统一裁判规则，《合同编通则解释》第 51 条第 1 款肯定了在未约定情形下，债务加入人有权依照《民法典》关于不当得利等的规定向债务人追偿，以鼓励债务加入以保障债权。但是，但书中规定“第三人知道或者应当知道加入债务会损害债务人利益的除外”。这就明确了债务加入在通常情形下不会损害债务人利益，但是，在特殊情形下，例如在长期供应链关系中，债务加入旨在打乱供应链关系，并将会造成对债务人的损害，这会排除加入人的追偿权。同时，该解释第 51 条第 2 款规定“债务人就其对债权人享有的抗辩向加入

① 参见黄薇主编：《中华人民共和国民法典解读》（合同编）（精装珍藏版），中国法制出版社 2020 年版，第 288 页。德国法采取同样观点，参见［德］迪尔克·罗歇尔德斯：《德国债法总论》（第 7 版），沈小军、张金海译，中国人民大学出版社 2014 年版，第 413 页。

债务的第三人主张的，人民法院依法予以支持”。这就承认了债务加入人也享有债务人的抗辩权。

（三）相对人的合理审查义务

《公司法》第 16 条规定法定代表人以公司名义为他人提供担保的，应当取得适格的公司决议。但是，关于该条性质始终存在争论，在理论上和实践中存在代表权限制说、规范性质识别说和内部限制说之争。① 根据《民法典》第 61 条第 3 款和第 504 条的规定，相对人若是不知道且不应当知道法定代表人越权代表的，公司不得对抗善意相对人。现在主流观点认为，《民法典》的规定明确了《公司法》第 16 条的性质，即该条是对法定代表人代表权的限制，法定代表人唯有取得适格的公司决议才能以公司名义为他人提供担保。② 这就产生了相对人对公司决议的审查义务问题。《九民会议纪要》第 18 条第 2 款确立了“形式审查”的标准，而《担保制度解释》第 7 条第 2 款规定的则是“合理审查”，即相对人有证据证明已对公司决议进行了合理审查的，人民法院应当认定其构成善意。《合同编通则解释》第 20 条延续这一司法政策，并将合理审查标准扩展到所有的交易，从而确立了相对人对交易的合理审查义务。《合同编通则解释》创设相对人合理审查义务的规则具有重大意义。所谓“合理审查”既非宽松的“形式审查”，也非严苛的“实质审查”③。注意义务过于宽松将会导致相对人疏忽懈怠，不利于维护交易安全与防范金融风险；过于严苛则会推高交易成本，不利于经济发展。审查义务合理有利于降低交易成本，提高交易效率，对于完善公司治理具有重要意义。通过法律、章程、决议等方式可以对公司法定代表人的权力进行必要的限制，同时课以相对人合理的审查义务，可以使章程对法定代表人权限的限制落到实处。

（四）债权人可以撤销的债务人行为类型

《民法典》第 538 条在《合同法》第 74 条第 1 款和《合同法解释二》第 19

---

① 参见周伦军：《公司对外提供担保的合同效力判断规则》，载《法律适用》2014 年第 8 期，第 2 - 3 页。

② 参见贺小荣主编：《最高人民法院民事审判第二庭法官会议纪要——追寻裁判背后的法理》，人民法院出版社 2018 年版，第 192 页。

③ 高圣平：《再论公司法定代表人越权担保的法律效力》，载《现代法学》2021 年第 6 期，第 29 页。

条第 3 款的基础上，将作为撤销权对象的不合理价格行为规定为“以明显不合理的低价转让财产、以明显不合理的高价受让他人财产”。但是，交易的类型多种多样，包括但不限于财产转让，以不合理价格进行的其他交易同样能够减少债务人的责任财产。较之《企业破产法》第 31 条第 2 项“以明显不合理的价格进行交易的”，《民法典》第 539 条所规定的可撤销的行为类型仍然较少；并且较之《民法典》第 538 条，第 539 条也欠缺兜底规则，这导致存在规范漏洞。除《民法典》第 410 条第 1 款所规定的以抵押财产折价抵债而抵押财产价值明显高于主债务，从而损害其他债权人利益的情形外，实践中同样能够被撤销的还包括对价严重失衡的股权置换、低价出租、高价承租等诸多情形，甚至还有不合理的协议抵销、以物抵债以及不合理对价的自益信托等。① 《合同编通则解释》第 43 条对《民法典》第 539 条予以目的性扩张，据此，根据实践中的案例增加了类型，包括互易财产、以物抵债、出租或者承租财产、知识产权许可使用这些行为类型，只要存在明显不合理的价格，这些行为如同财产转让行为一样，都可以成为债权人撤销权的对象；同时存在“等行为”的兜底，从而涵盖了所有的“以不明显不合理的价格进行交易”类型。②

（五）撤销权行使的法律效果

关于撤销权行使的法律效果在理论界一直存在入库和撤销权人直接受偿的争论。《民法典》并未如对代位权那样对撤销权规定直接受偿，但是，如果采取入库规则，则债权人行使撤销权的激励不足。《合同编通则解释》第 46 条采取了折中路线，创设了债权人行使撤销权后直接请求执行的规则。为体现撤销权的私益

① 《最高人民法院关于当前商事审判工作中的若干具体问题》（2015 年）第九部分中即规定了可以撤销利用以物抵债恶意逃债的行为。案例见最高人民法院（2008）最高法民二终字第 23 号民事判决书，江苏省连云港市中级人民法院（2020）苏 07 民终 27 号民事判决书。学理观点，参见朱广新、谢鸿飞主编：《民法典评注 合同编 通则 2》，中国法制出版社 2020 年版，第 50 - 51 页（本部分由丁宇翔撰写）。

② 事实上，除了不合理价格的交易之外，还有其他不合理条件的交易，这同样为相对人输送了利益，实质上减少了债务人的责任财产。例如，财产转让约定了合理价格，但约定支付期在 10 年后。学理上也认为，在合理对价的交易情形中也可能存在可撤销的诈害行为，而被认为是不合理条件的交易，例如与明显缺乏履行能力者进行交易并先行履行义务等，参见朱广新：《合同法总则研究》（下册），中国人民大学出版社 2018 年版，第 456 页。因此，在债权人撤销权中，有将“以明显不合理的价格进行交易”进一步扩张至“以明显不合理的条件进行交易”的必要。

性，该条并未采取撤销权和代位权同时行使的理论观点[①]，而是在指导性案例第118号的基础上，采取了执行路径。该条第1款规定撤销权人有权请求相对人“向债务人”承担责任，第2款规定债权人可以请求在撤销权诉讼中一并审理其与债务人的债权债务关系，在此基础上，第3款进一步规定法院可以就债务人对相对人享有的权利采取强制执行措施以实现债权人的债权。同时，为了协调债权人撤销权与破产撤销权、执行制度的关系，如果债务人还有其他申请执行人或者债务人破产的，应当依照法律、司法解释关于参与分配、破产等的相关规定处理。

（六）抵销不具有溯及力

抵销的溯及力是指债之关系溯及最初得为抵销（抵销适状）时消灭，其主要涉及以下实践问题：一是自抵销适状之时起，就消灭的债务不再发生支付利息义务，也不发生债务人的迟延利息、违约金等迟延责任。这在主动债权和被动债权的迟延损害赔偿金比率不同的情形中较为重要。二是抵销适状之后主动债权发生的变化不影响抵销权人抵销，比如抵销适状之后主动债权的诉讼时效届满。如果认为抵销无溯及力，对上述实践问题的回答恰恰相反。从历史上看，抵销溯及力规则源自罗马法中抵销须经法定（ipso jure compensatur）、无须意思表示即可发生效力的规则，因此，抵销自然应当于抵销条件满足时生效。[②] 关于抵销是否具有溯及力，我国的理论和实践以及比较立法例存在不同观点。[③]《民法典》第568条未规定抵销的溯及力。实践中存在承认抵销溯及力的观点，其最大弊病是带来

---

① 该观点参见龙俊：《民法典中的债之保全体系》，载《比较法研究》2020年第4期，第129页。反对观点参见王利明：《债权人代位权与撤销权同时行使之质疑》，《法学评论》2019年第2期，第1页以下。

② 受此观点影响，修改前的《法国民法典》第1290条、《德国民法典》第389条、《日本民法典》第508条等承认了抵销的溯及力。

③ 肯定溯及力的，参见王洪亮：《债法总论》，北京大学出版社2016年版，第181页；韩世远：《合同法总论》，法律出版社2018年版，第710页；崔建远：《合同法》（第四版），北京大学出版社2021年版，第330页。《九民会议纪要》第43条中规定，抵销的意思表示自到达对方时生效，抵销一经生效，其效力溯及自抵销条件成就之时，双方互负的债务在同等数额内消灭。案例参见最高人民法院（2018）最高法民再51号民事判决书。否认溯及力的，参见王利明：《罹于时效的主动债权可否抵销?》，载《现代法学》2023年第1期。《破产法司法解释（二）》第42条第1款针对破产抵销权规定“抵销自管理人收到通知之日起生效”。案例参见最高人民法院（2017）最高法民申854号民事裁定书、（2017）最高法执监3号执行裁定书。

债权债务的不确定性，损害当事人之间的合理信赖，并且与抵销须经通知才能发生效力的规则相矛盾，也不符合当事人推定的意思。事实上，当事人双方可能不知道自己的债权债务关系是否发生抵销，也可能不清楚债权债务关系何时发生抵销，与当事人从事交易的第三人更加无从知晓当事人的债权债务状况。这些极大的不确定性，不仅容易导致纠纷的发生，也可能影响交易的有序进行。且如何判断抵销适状，从何时确定抵销适状，完全由法官自由裁量，显然给了法官过大的自由裁量权。① 据此，《合同编通则解释》否定了抵销的溯及力：第 55 条规定抵销通知到达时发生抵销效力，第 58 条规定诉讼时效期间届满的债权仍可作为主动债权主张抵销，但对方有权提出时效抗辩。这实际上就是否定了抵销的溯及力。此种规定能够督促当事人尽快发出抵销通知，促使尽快确定债权债务关系，减少法官的自由裁量。② 此外，该规则也符合最新的比较法趋势。③

三、体系衔接：司法解释对民法典体系的完善

（一）民法典体系内部的衔接

1. 与总则编的衔接

合同乃是最为典型的法律行为。《民法典》合同编通则的规定与总则编中关于法律行为的规定存在体系上的关联。《合同编通则解释》对合同解释、合同订立中的交易习惯、合同效力等规则进行具体化时，注重与总则编的体系衔接。详言之：

第一，合同解释是法律行为解释的一种，在遵循法律行为解释的一般规则之外，还有更具体的规则和特殊规则。例如，《合同编通则解释》第 1 条第 1 款规定合同解释要参考缔约背景、磋商过程、履行行为等因素确定争议条款的含义。还需要指出的是，该条第 3 款还规定，对合同条款有两种以上解释，可能影响该

---

① 参见王利明：《罹于时效的主动债权可否抵销?》，载《现代法学》2023 年第 1 期。

② Reinhard Zimmermann，Die Aufrechnung- Eine rechtsvergleichende Skizze zum Europäischen Vertragsrecht，in：Festschrift für Dieter Medicus zum 70. Geburstag，Köln：Carl Heymanns Verlag，S. 723.

③ 立法例参见 PICC 第 8.5 条第 3 款，PECL 第 13：106 条和第 14：503 条，DCFR 第 3—6：107 条和第 3—7：503 条。

条款效力的，应当选择有利于该条款有效的解释。这实际上也体现了法律行为解释中鼓励交易的基本原则。

第二，区分了作为合同渊源的交易习惯和作为法律渊源的习惯。交易习惯（usage of trade）是交易当事人在交易活动中经常使用的，或者在交易行为当地、某一行业经常采用的惯常做法。《民法典》的 1 260 个条文中，一共有 14 个条款规定了交易习惯。交易习惯与习惯不同。在内涵上，根据《总则编解释》第 2 条第 1 款，习惯是“在一定地域、行业范围内长期为一般人从事民事活动时普遍遵守的民间习俗、惯常做法等”，而根据《合同编通则解释》第 2 条第 1 款，交易习惯包括主观性的“当事人之间在交易活动中的惯常做法”和客观性的“在交易行为当地或者某一领域、某一行业通常采用并为交易对方订立合同时所知道或者应当知道的做法”。在举证责任上，根据《总则编解释》第 2 条第 2 款，主张适用习惯的当事人应当提供证据，但法院在必要时可以依职权查明，而根据《合同编通则解释》第 2 条第 2 款，主张交易习惯的当事人一方承担最终的举证责任。在功能上，习惯只有在法律没有规定时方可适用，更主要体现在补法作用上，而交易习惯具有补法、细法等作用，甚至可以改变法律中的任意性规范。

一般认为，交易习惯包括了地域习惯、行业习惯和当事人之间的系列交易习惯三种类型，但这些习惯是否存在顺位？《民法典》并没有作出规定。表面上看，《合同编通则解释》第 2 条第 1 款只是平行地列举了各种交易习惯类型，似乎并没有规定适用顺序；但实际上，其将当事人之间在交易活动中的惯常做法，规定在地区习惯和行业习惯之前，更加突出当事人之间的交易习惯的地位，表明交易习惯的内部适用具有明确的顺位。只有确定各种交易习惯内部的适用顺位，才能据以进行裁判。在这三种习惯中确定适用顺位，需要依据各种习惯与当事人真实意思的符合程度进行判断。在存在当事人双方经常使用的系列交易习惯时，这一习惯相较于地域习惯和行业习惯而言，作用的范围更窄也更具有针对性，因而也更接近当事人之间的合意。因此，在存在多种交易习惯时，系列交易习惯的运用应当优先于其他两种习惯。也就是说，如果对某一条款发生争议之后，一方是按照一般的地域习惯或行业习惯来理解的，而另一方是按照当事人过去从事系列交

易时所形成的习惯来理解的，则应当按照系列交易的习惯进行解释。

第三，法律行为的效力瑕疵规则在合同中的适用。首先，《合同编通则解释》对法律行为的效力瑕疵规则在合同中的适用进行了细化。《合同编通则解释》第11条是对《民法典》第151条所规定的“缺乏判断能力”的具体认定；第14条是关于同一交易订立多份合同的效力认定，适用了总则编关于双方虚假行为和违反强制性规定等的效力瑕疵规则；第16、17、18条关于违反强制性规定和违背公序良俗的合同效力规定也是法律行为相应效力瑕疵规则的细化，第24、25条关于合同效力瑕疵的法律后果是法律行为效力瑕疵后果规则的细化。其次，《合同编通则解释》对法律行为效力瑕疵的适用范围进行了适当扩充。《民法典》第157条的适用前提是法律行为“无效、被撤销或者确定不发生效力”，但合同还有不成立、未生效等瑕疵状态。基于不成立与无效的利益状态的相似性[①]，《合同编通则解释》第24、25条将《民法典》第157条扩张适用至合同不成立的情形；同时，该解释第12条第3款将迟延履行义务等可归责于报批义务人的原因导致合同未获批准这种状态理解为“确定不发生效力”的类型之一，明确规定此时应当依据《民法典》第157条处理。不仅如此，《民法典》第542条规定债权人撤销权行使的法律效果是“自始没有法律约束力”，依据《民法典》第155条，无效或者被撤销的法律行为同样“自始没有法律约束力”。据此，《合同编通则解释》第46条同样将《民法典》第157条适用于债权人享有撤销权的情形，明确规定债权人有权“请求债务人的相对人向债务人承担返还财产、折价补偿、履行到期债务等法律后果”。

第四，代理、代表等归属规则在合同中的适用。《合同编通则解释》第20～23条关于越权代表、职务代理、恶意串通的规则，是总则编中职务代理和代表规则在合同中的适用细化，并在判断相对人善意时引入合理审查义务，且对此种审查义务作了清晰的规定，从而解决了司法实践中长期有争议的有关相对人善意的判断标准问题。该解释第22条同时将合同成立和效果归属的一般性规则应用于印章情境中，用于审查签约人是否有代表权或者代理权，且在仅有盖章或仅有

① 参见刘贵祥：《关于合同成立的几个问题》，载《法律适用》2022年第4期。

签约人签名、按指印时，由相对人证明签约人订立合同时未超越权限。这明确了印章的法律意义以及在缺乏印章情况下如何认定合同效力。

2. 与物权编的衔接

合同上的典型给付是将物权或者其他财产权益永久性地转移给合同相对人。[①] 物权制度旨在定分止争，确定民事主体静态的财产秩序；而合同制度强调私法自治，民事主体通过合同动态地调整财产秩序。在这个意义上，合同制度与物权制度必然存在体系上的关联，具体而言：

第一，无权处分问题上，《合同编通则解释》第 18 条关于无权处分的规定，与《民法典》关于物权变动的规则相协调，区分合同效力和物权效力，无处分权不影响合同效力，但会影响物权变动。《民法典》删除了《合同法》第 51 条的规定，但于第 597 条（位于“买卖合同”章）规定“因出卖人未取得处分权致使标的物所有权不能转移的，买受人可以解除合同并请求出卖人承担违约责任”，其中的“解除”和“违约责任”都隐含着买卖合同效力不因无处分权而受到影响。《合同编通则解释》第 19 条对此予以进一步阐明，规定合同效力不因无处分权而受到影响，但无处分权会影响到物权变动的效力，除非受让人依据善意取得等取得了财产权利。但是，除了物的所有权变动外，无权处分也涉及在物上设定用益物权和担保物权等形式，同样涉及其他财产权益的转让和担保物权设定。因此，《合同编通则解释》第 19 条第 1 款将《民法典》第 597 条予以扩张适用，一并处理“以转让或者设定财产权利为目的订立的合同”；同时，第 27 条 4 款规定债务履行期届满后以不享有处分权的财产权利订立以物抵债协议，也适用该解释上述无权处分规则。

第二，与物权变动的其他规则相协调。债务履行期限届满后达成清偿型以物抵债协议的，法院可根据该协议作出确认书或者调解书。这并不属于《民法典》第 229 条所规定的能够导致物权变动的具有形成效力的法律文书。与《物权编解释一》第 7 条相一致，《合同编通则解释》第 27 条第 3 款规定，债权人不能主张

---

① 参见［德］迪特尔·梅迪库斯：《德国债法分论》，杜景林、卢谌译，法律出版社 2007 年版，第 5 页。

物权自确认书、调解书生效时移转至债权人[①]；并且，由于此时未进行变动的公示，债权人也不能主张确认书、调解书具有对抗善意第三人的效力。

第三，与担保规则的协调。债务履行期届满前达成的担保型以物抵债协议，其主要目的是担保债务，故《合同编通则解释》第 28 条规定，法院应当在审理债权债务关系的基础上认定该协议的效力。当事人就债务人到期没有清偿债务则抵债财产归债权人所有的约定无效，但债权人仍有权请求将抵债财产拍卖、变卖、折价。这与《民法典》第 401、428 条关于流押、流质的规则一致。订立以物抵债协议后未将财产权利移转至债权人名下的，由于未进行公示，债权人不能主张优先受偿；已经移转至债权人名下的，则适用《担保制度解释》第 68 条的规定。另外，担保人作为第三人代为履行债务取得债权后，向其他担保人主张担保权利的，为与《担保制度解释》原则上禁止追偿的规则相协调，《合同编通则解释》第 30 条第 3 款规定此时适用《担保制度解释》第 13、14 条和第 18 条第 2 款等的规定。

3. 与侵权责任编的衔接

在与《民法典》侵权责任编的衔接层面，《合同编通则解释》第 5 条规定了合同订立中的第三人赔偿责任，但并未明确规定第三人责任的性质究竟是缔约过失责任还是侵权赔偿责任。德国法中的第三人缔约过失责任是弥补德国法中侵权法保护对象不足、避免雇主责任的免责机制，且引发了相当的争论。[②] 但是，《民法典》并不存在德国法中的上述问题，似乎并无必要引入第三人缔约过失责任，并且之前的司法解释对于会计师事务所责任和证券服务机构责任一直按照侵权责任处理。《合同编通则解释》第 5 条对此规定法院“依法”予以支持，并且“法律、司法解释对当事人与第三人的民事责任另有规定的，依照其规定”，保留了充分的解释空间，有助于与《民法典》侵权责任编的协调衔接。

---

① 《最高人民法院研究室关于以物抵债调解书是否具有发生物权变动效力的研究意见》同样认为：“但以物抵债调解书只是对当事人之间以物抵债协议的确认，其实质内容是债务人用以物抵债的方式来履行债务，并非对物权权属的变动。因此，不宜认定以物抵债调解书能够直接引起物权变动。”

② 参见［德］迪特尔·梅迪库斯：《德国债法总论》，杜景林、卢谌译，法律出版社 2004 年版，第 106 页；孙维飞：《〈合同法〉第 42 条（缔约过失责任）评注》，载《法学家》2018 年第 1 期。

（二）实体法与程序法的体系衔接

在《民法典》的配套司法解释中，最应当注意的问题之一是聚焦诉讼场景，实现实体法和程序法的体系衔接。《合同编通则解释》在很大程度上注意到这一点。

第一，明确了履行抗辩权在执行过程中的实现方式。《民法典》第525条规定了同时履行抗辩，但是在程序上并未相应地配套设计同时履行判决（Verurteilung zur Leistung Zug-um-Zug)，这导致在原告起诉请求对方履行债务而被告行使同时履行抗辩权时，如果抗辩权成立，则法院可能会判决驳回原告的诉讼请求。相当于原告败诉，并由原告承担诉讼费用。这不利于一次性解决纠纷，且无法激励当事人一方打破合同履行的僵局。《合同编通则解释》第31条第2款规定，此时，如被告未提起反诉，则应当判决被告在原告履行债务的同时履行自己的债务，并在判项中明确原告申请强制执行的，法院应当在原告履行自己的债务后对被告采取执行行为；如被告提起反诉，人民法院应当判决双方同时履行自己的债务，并在判项中明确任何一方申请强制执行的，人民法院应当在该当事人履行自己的债务后对对方采取执行行为。第3款则规定，在先履行抗辩中，如果当事人一方起诉请求对方履行债务，被告主张原告应先履行的抗辩且抗辩成立，则法院应当驳回原告的诉讼请求，但是不影响原告在履行债务后另行提起诉讼。

第二，对代位权的诉讼实现作出了具体规定。《合同编通则解释》第35、37条规定了代位权诉讼的管辖、当事人地位和合并审理等程序问题，第38条规定了债权人起诉债务人后又提起代位权诉讼的程序处理问题，第39条规定了代位权诉讼中债务人起诉相对人的程序处理问题，第40条第1款规定了代位权不成立的程序处理问题。另外，《民法典》第535条第1款仅规定了以诉讼方式行使代位权，有意未规定以仲裁方式行使；在代位权诉讼中，需要审查的债权债务关系包含债权人与债务人的债权债务关系以及债务人与相对人的债权债务关系，债务人与相对人达成仲裁协议，但债权人与债务人并未达成仲裁协议的，如按照仲裁程序审查债权人与债务人的关系，则可能会涉及超越债务人与相对人仲裁合意范围的问题；如果允许相对人以其与债务人之间存在仲裁合意而提出抗辩，则可能会架空代位权制度，也会引发债务人和相对人事后达成仲裁合意以对抗代位权

的道德风险。[①] 但是，如果允许债权人提起代位权诉讼，则与债务人、相对人以仲裁解决争议的意愿相背离。为协调债权人的利益和相对人的仲裁利益，《合同编通则解释》第 36 条采取了折中方案，不承认债权人可以通过仲裁方式行使代位权，但债权人提起代位权诉讼后，债务人或者相对人在首次开庭前申请仲裁的，代位权诉讼中止审理。

第三，对撤销权的诉讼实现作出了具体规定。《合同编通则解释》第 44 条规定了撤销权诉讼的当事人、管辖和合并审理。需要注意的是，根据《合同法解释一》第 24 条的规定，撤销权诉讼中，债务人为被告，相对人为第三人。但是，在实践中，将债务人和相对人列为共同被告也很常见，理论上也一直存在不同观点。[②] 在撤销权诉讼中，即使债务人的行为是单方行为，但相对人仍为受益人，仍然是债务人和相对人之间的行为，裁判效力应当直接及于相对人，而不只是案件的处理结果与相对人有利害关系；将相对人作为无独立请求权第三人，依据《民事诉讼法》第 59 条第 2 款和《民事诉讼法解释》第 82 条，如果未判决相对人承担责任，其无权上诉，但判决效力及于相对人，并不妥当；如果承认撤销权诉讼产生相对人返还的法律效果，则相对人是直接的义务主体。[③] 《合同编通则解释》第 44 条第 1 款则规定应当以债务人和相对人为共同被告，并根据《民事诉讼法》第 22 条第 3 款，原则上由债务人或者其相对人的住所地人民法院管辖，无疑更为妥当。

《合同编通则解释》还规定了重要情形中的举证责任，例如，该解释第 2 条第 2 款规定了交易习惯的举证责任，第 9 条第 3 款规定了格式条款的提示说明义务的举证责任，第 23 条第 3 款规定了代表人或者代理人与相对人恶意串通的举证责任和证明标准，第 64 条第 2 款规定了违约金调整的举证责任，等等。除此

---

① 认为代位权诉讼中不受债务人和相对人仲裁条款约束的案例，参见最高人民法院（2019）最高法民辖终 73 号民事裁定书。

② 案例参见北京市第一中级人民法院（2020）京 01 民辖终 274 号民事判决书、陕西省西安市雁塔区人民法院（2021）陕 0113 民初 22396 号民事判决书。学说观点参见王利明：《合同法研究》（第二卷）（第三版），中国人民大学出版社 2015 年版，第 148～149 页；朱广新、谢鸿飞主编：《民法典评注 合同编 通则 2》，中国法制出版社 2020 年版，第 46 页（本部分由丁宇翔撰写）。

③ 参见张永泉：《必要共同诉讼类型化及其理论基础》，载《中国法学》2014 年第 1 期，第 225－226 页。

之外，《合同编通则解释》第3条第2款规定了当事人主张合同无效或者请求撤销、解除合同而法院认为不成立的程序处理，第47条规定了债的转让纠纷引发的诉讼中的第三人，第64条第1款规定了请求调整违约金的方式，第66条规定了违约金调整的释明和改判。

四、自主创新：司法解释对本土经验的提炼、升华

（一）对本土经验的提炼

霍姆斯指出，法律的生命不是逻辑，而是经验。[1] 富勒也认为，法律制度是一项“实践的艺术”[2]。对本土经验的提炼，是指来自实践而又运用于实践，提炼过程是经验总结，经过提炼抽象得出的法律规则更富有生命力。对于司法解释而言，更需要来自实践，并有效地运用于实践。自《合同法》颁布以来，最高人民法院就《合同法》总则的适用先后颁布了一系列重要的司法解释以及指导意见、会议纪要。[3] 这些规范性文件是最高人民法院对审判实践和审判经验的归纳、提炼。在《民法典》编纂的过程中，这些文件中的规范有些已经被吸收进《民法典》合同编中，有些虽然没有被吸收，但仍在司法实践中发挥重要作用。在此基础上，《合同编通则解释》认真总结我国长期实践经验，注重对本土经验的提炼，尽量保持司法政策的延续性，原则上保留了原司法解释或者司法政策性文件的基本精神；同时，在审判实践和审判经验的基础上，根据社会的发展对相关规则作出调整和完善。因此，《合同编通则解释》在制定过程中，对这些原有规范进行了系统性的梳理，分情况处理：一是对于已经被吸收入《民法典》的规

---

① See Holmes, *Common Law*, Dover Publications, 1991, p. 1.

② Lon L. Full, *The Morality of Law*, New Haven and Yale University Press, 1969, p. 91.

③ 例如，《最高人民法院关于适用〈中华人民共和国合同法〉若干问题的解释（一）》（法释〔1999〕19号）、《最高人民法院关于适用〈中华人民共和国合同法〉若干问题的解释（二）》（法释〔2009〕5号）等司法解释，并就《合同法》分则的有关规定先后颁布了《最高人民法院关于审理买卖合同纠纷案件适用法律问题的解释》（法释〔2012〕8号）等司法解释；此外，最高人民法院还印发了《关于当前形势下审理民商事合同纠纷案件若干问题的指导意见》法发〔2009〕40号、《全国法院民商事审判工作会议纪要》（法〔2019〕254号）等指导意见或者会议纪要。

定，无须在司法解释中规定；二是对于未被吸收入《民法典》，但符合《民法典》精神的规定，在司法解释中保留，确保司法的稳定性；三是对于不符合《民法典》的规定，在司法解释中修改或者删除；四是对《民法典》实施中出现的新型的案例，司法解释予以归纳、总结并提炼出一般规则。

实际上，整个《合同编通则解释》的内容，从合同的订立、效力、履行、保全、变更和转让到合同权利义务终止、违约责任，都体现了对本土经验的提炼，具有浓厚的中国元素。然而，虽要保持司法政策的一致性，但《合同编通则解释》并非简单照搬原有的司法解释的规定，而是结合社会实践的发展，在如下方面作出了重要的完善。

第一，进一步完善了预约合同及其违约责任。预约合同在比较法上虽然有所规定，但自我国《合同法》实施以来一直没有得到明确规定，《民法典》第 495 条对预约合同作出了原则性规定。《合同编通则解释》吸收了我国司法实践的经验，对预约合同作了较为详细的具体规定：一是对预约合同进行类型化规定。《合同编通则解释》第 6 条区分了不构成预约合同、构成预约合同和构成本约合同三种类型，并且分别规定违约责任。尤其是，如果当事人已就合同主要内容达成合意且符合合同成立条件，只要当事人未明确约定将来一定期限内另行订立合同，或者虽有约定但当事人一方已实施履行行为且对方接受，则此时本约合同成立。由此可见，预约合同和本约合同这两种类型就存在一定的流动性。二是对预约合同的效力和违反预约合同的行为认定予以规定。在理论上，关于预约合同的效力存在“应当缔约”和“诚信磋商”等观点，《合同编通则解释》第 7 条则采取了“诚信磋商”，据此，并非只要没订立本约合同就一定构成对预约合同的违反；并在该条第 2 款中规定了判断是否诚信磋商的具体考量因素。三是对违反预约合同的违约责任作出具体规定。违反预约合同的违约责任是否可以包括继续履行，即强制违约方与守约方订立本约合同？在理论上存在争论，在司法实践中也有不同的做法。本书认为，订立本约合同乃是法律行为，在预约合同之内容没有包含本约合同之主要条款时，订立本约合同的义务难以强制执行。因此《合同编通则解释》第 8 条第 1 款对《民法典》第 495 条第 2 款规定的违约责任予以限

缩，仅限于赔偿损失。《合同编通则解释》第 8 条第 2 款根据我国司法实践的有益经验，对违反预约合同导致的损害赔偿责任作出了细化规定。该款规定在当事人没有约定情况下，“应当综合考虑预约合同在内容上的完备程度以及订立本约合同的条件的成就程度等因素进行酌定”。此时，赔偿范围原则上是本约合同的缔约过失责任（信赖利益）与本约的违约赔偿责任（履行利益）之间。

第二，进一步完善了印章与合同效力之间关系的规则。我国司法实践长期以来将合同上是否加盖法人印章作为该合同是否对法人生效的主要依据，甚至唯一依据。但是，实践中存在伪造、私刻印章或者擅自加盖印章，以及法人使用多枚印章等现象，引起了大量纠纷。《民法典》第 490 条和第 493 条只是规定了采用合同书形式的，合同成立的时间和地点应当以加盖印章为准，但是没有规定签名和加盖印章对合同效力和合同效果的归属的规范意义。《九民会议纪要》第 41 条对此作出了原则性规定。《合同编通则解释》第 22 条在总结我国司法经验的基础上，对印章和合同效力作出了较为具体的规定，其基本理念是：只要法定代表人、负责人或者工作人员是在职权范围内以法人、非法人组织的名义订立合同，且未超出权限范围，不能仅以是否盖公章或者公章真假作为判断合同是否对法人、非法人组织发生效力的依据。实践中存在“看人不看章、看章不看人”的做法，都有失妥当。如果加盖了公章，对公章的真实性没有争议的，订立合同就应当被视为法人、非法人组织的行为。但是，即使没有加盖公章，或者公章真伪存疑的，只要行为人享有代表权或者代理权，并且在订立合同时是以法人、非法人组织的名义实施的，那么该行为人订立的合同也应当对法人、非法人组织发生效力。这就解决了司法实践中只重视公章，而不重视行为人是否以法人、非法人组织名义实施行为，以及是否超越代表权、代理权等案件事实的问题。

第三，进一步完善了违约造成可得利益损失的计算标准。《合同编通则解释》第 60～62 条结合我国市场经济的实际情况，将可得利益区分为非违约方实施替代交易时的替代交易价格和合同价格的差额，以及未实施替代交易时市场价格和合同价格的差额；并且，规定了持续性定期合同中可得利益的计算规则，即，根据非违约方寻找替代交易的合理期限而非全部剩余履行期限来确定可得利益；在

无法根据上面两种方式确定可得利益时，可以综合考虑违约方的获益、过错程度和其他违约情节等因素酌定可得利益。同时，其规定了可预见性是适用中的考量因素。《合同编通则解释》第 65 条也规定了违约金酌减的考量因素。这些规则的目的都在于避免守约方因对方违约而受损，同时，也避免守约方过分获利。例如，商品房买卖合同的出卖人违约的情形下，不将违约方将商品房出卖所获差价利益或守约方另行购买相同商品房多支出的价款作为判断损失的基本依据，而以评估价值计算损失；事实上，在违约方另卖房屋获益或者守约方另买房屋多支出这种事实存在的情况下，应作为认定损失的基本依据，不宜再评估房屋价值。[①]

（二）对本土经验的升华

我们所说的升华，是指在总结原有司法政策经验的基础上，改变原有的规则，提炼新的规则。德沃金指出，“法律是一种不断完善的实践”[②]。《合同编通则解释》中的许多规则在以前的司法解释中也曾得到规定，但是以前的司法解释在构成要件和法律效果的具体表达上存在不妥之处，在法律适用的过程中引起了一定的误解和错误。但是，法律包括司法解释的制定不是一蹴而就的，不可能简单通过法律概念和法律规则的制定而得到终局解决。庞德曾经指出，机械式的法学最糟糕之处，便是将概念当作终极的解答，而非推理的前提。[③] 法律规则只有经过实践的检验并完善才具有生命力，此乃法律生长和发展的规律。这一规律同样适用于司法解释。《合同编通则解释》中的许多规则来自司法审判的经验总结和升华：一方面，《合同编通则解释》从具体个案中总结抽绎出一般规则；另一方面，先通过相关司法审判的规范性文件作出规定，经过一段时间的审判实践后，再加以完善和升华。《合同编通则解释》对这些审判经验进行总结，对于已经过时的，或者在实践中发现不妥的规则予以修改完善。试举几例加以说明。

第一，正面列举不影响合同效力的强制性规定。自《合同法》颁布以来，我国司法实践中区分了效力性强制性规定和管理性强制性规定，以明确合同效力的

---

① 参见刘贵祥：《当前民商事审判中几个方面的法律适用问题》，载《判解研究》2022 年第 2 辑，人民法院出版社 2023 年版，第 34 页。

② Ronald Dworkin, *Law's Empire*, Harvard University Press, 1986, p. 44.

③ See Roscoe Pound, "Mechanical Jurisprudence", 8 *Columbia Law Review*, 605 (1908), p. 609.

判断依据。但是，无论是何种强制性规定，都具有一定的管理目的，具有管理目的的强制性规定也可能会影响合同效力，且区分标准不清晰。《合同编通则解释》在总结实践经验的基础上，一方面，在第 16 条第 1 款中明确了“由行为人承担行政责任或者刑事责任能够实现强制性规定的立法目的”而不认定合同无效；另一方面，在该款中列举了几类可以认定合同有效的情形：强制性规定虽然旨在维护社会公共秩序，但是合同的实际履行对社会公共秩序造成的影响显著轻微，认定合同无效将导致案件处理结果有失公平公正；强制性规定旨在维护政府的税收、土地出让金等国家利益或者其他民事主体的合法利益而非合同当事人的民事权益，认定合同有效不会影响该规范目的的实现；强制性规定旨在要求当事人一方加强风险控制、内部管理等，对方无能力或者无义务审查合同是否违反强制性规定，认定合同无效将使其承担不利后果；当事人一方在订立合同时违反强制性规定，虽然在合同订立后其已经具备补正违反强制性规定的条件却违背诚信原则不予补正。这些严格限制了合同无效的情形，回应了市场经济的内在需求，有利于鼓励交易，为法官提供了明确的判断标准。这成为《合同编通则解释》最大的亮点之一。此外，该解释第 18 条明确了一些涉及“应当”、“必须”或者“不得”的权限规范不属于效力性强制性规定，即这些规定旨在限制或者赋予民事权利，行为人违反该规定将构成无权处分、无权代理、越权代表等，但是不会致使该法律行为无效。[①] 这也符合了合同法的目标和宗旨。

第二，构建未生效合同规则体系。《合同编通则解释》第 12 条关于批准生效合同的规则适用，就尽可能吸收了既有的审判经验，总结了《合同法解释一》《合同法解释二》《外商投资企业解释》《矿业权解释》《九民会议纪要》等司法解释、会议纪要中涉及该问题的规则，结合最新的实践和理论发展，对《民法典》第 502 条第 2 款中的“应当办理申请批准等手续的当事人未履行义务的，对方可以请求其承担违反该义务的责任”予以细化，具体而言：首先，如果一方违反了

① 同样有观点据此认为，《民法典》第 153 条中的“强制性规定”是针对公法上的强制性规定，私法中的强制性规定通常是赋权性的规定和强行性的规定，违反后者不能被简单评价为有效和无效。参见刘贵祥、吴光荣：《关于合同效力的几个问题》，载《中国应用法学》2021 年第 6 期。

报批义务，则对方除有权请求继续履行报批义务外，还有权选择主张解除合同并请求赔偿违反报批义务造成的损失，包括依据当事人针对报批义务所设定的违约金等相关条款请求赔偿。之所以能够主张解除，是因为此时合同虽然未生效，但其已成立，故具有了一定的拘束力，任何一方不得擅自撤回、变更等，然而合同中的报批义务条款和相关条款已经生效，此时有必要解除以实现摆脱合同拘束的目的。但是，由于该合同并未生效，故当事人不得请求履行合同约定的主要义务。其次，如果当事人选择请求履行报批义务，经人民法院判决，违反义务方仍不履行报批义务，则当事人可以另行起诉，主张解除合同并请求承担赔偿责任。此时，违反义务方仍不履行报批义务的原因往往是意图不让合同生效以获得更大利益，因此，为避免违反义务方获利，赔偿数额应当参照合同如生效违反义务方所应承担的全部违约赔偿责任确定。最后，报批义务方已经履行报批义务，但批准机关不予批准时，合同应被认定确定不发生效力。对此，《合同编通则解释》第 12 条第 4 款并未如《九民会议纪要》第 40 条那样规定可解除合同，因为对于确定不发生效力的合同就没有必要解除。并且，由于合同确定不发生效力，故当事人也无权请求赔偿，但是，如果是迟延履行报批义务等可归责于报批义务方的原因导致合同未获批准，则对方有权依据《民法典》第 157 条请求赔偿。

第三，明确合同不成立、无效、被撤销或者确定不发生效力的法律后果。对此，《民法典》第 157 条一般性地规定了财产返还、折价补偿以及赔偿损失的民事责任。但在实践中，关于财产是否能够返还、是否有必要返还，折价补偿时如何计算金额，赔偿损失时应当如何划分各方相应的责任，均存在较大的争议。《九民会议纪要》第 33～35 条规定，财产返还时，要充分考虑财产增值或者贬值的因素；折价补偿时，应当以交易价款为基础，同时考虑当事人在标的物上的获益情况综合确定补偿标准；赔偿损失时，须根据当事人的过错程度，以及在确定财产返还范围时已经考虑过的财产增值或者贬值因素，避免双重获利或者双重受损的现象发生。在总结审判实践的基础上，《合同编通则解释》第 24、25 条对财产返还、折价补偿以及赔偿损失作了进一步的具体化规定：（1）财产返还可以单独或者合并适用返还占有、更正登记簿记载等方式；（2）折价补偿应当以合同被

认定不成立、无效，或被撤销、确定不发生效力之日的市场价值计算，或者以其他合理方式计算的价值为基准；（3）赔偿损失应当结合财产返还或者折价补偿的情况，综合考虑财产增值收益和贬值损失、交易成本的支出等事实，按照双方当事人的过错程度及原因力大小进行合理判断。

（三）《合同编通则解释》的启示：如何提炼和升华本土经验

对本土经验进行提炼和升华，不是闭门造车，也不是凭空设计。关于如何提炼、升华，《合同编通则解释》形成了如下经验：一是注重借鉴比较法经验。对本土经验的提炼并非自拉自唱、自说自话，而应当借鉴人类文明的法治经验和成果，细致分析可能方案背后的理由，在吸收消化后选择、借鉴而为我所用。例如，关于应当提示的格式条款，比较法上普遍采纳了异常条款的概念[①]，《合同编通则解释》第 10 条第 1 款借鉴这一经验，明确提供格式条款的一方应当对异常条款进行提示，从而明确了提示义务的范围。二是注重实证分析。司法解释应当将典型案例、类案、判决书的实证分析和实际调研等素材作为支撑，从而验证司法解释规则的必要性、合理性与正当性。有学者指出："法律欲不变成一潭死水，而欲活生生地在司法判决的过程上，正确地，合理地解决人类现实生活中永无止境的纷争，最重要的前提是必须能配合和适应人类各种不同的需要。"[②] 在该解释制定过程中，制定者始终注重发现实践中的问题，而不是在理论上设计问题。即便今后出现新的问题，也可以先通过指导性案例、批复解决。这就使《合同编通则解释》的各项规则都是司法实践经验的总结和提炼，规则背后都有鲜活的案例基础。《合同编通则解释》凝聚了我国民法学说的理论共识，使之成为司法解释的规则。三是符合法理与民情。早在清末变法时，修订法律大臣俞廉三将制定《大清民律草案》的宗旨概括为四项，即"注重世界最普遍之法则"、"原本后出最精确之法理"、"求最适于中国民情之法则"和"期于改进上最有利益之法则"[③]。符合法理与民情也是该司法解释遵循的理念。例如，《合同法解释二》第

---

① 参见《欧洲示范民法典草案》第 2—1：110 条，《国际商事合同通则》第 2.1.20 条第 1 款。

② O'Meara，J. *Natural Law and Everyday Law*，in Macquigan M，R，Jurisprudence，University of Toronto Press，2nd，1966，p. 621.

③ 侯宜杰：《二十世纪初中国政治改革风潮》，人民出版社 1993 年版，第 409 - 410 页。

24条规定了异议期间，该规则引起了误解，一方提出解除后，另一方没有在该异议期间内提出异议的，解除权的行使当然发生效力。但是，这一规则显然既不符合法理，也不符合民情。一方面，一方发出解除通知并不意味着其实际上真的享有解除权，在没有解除权的情形下，因异议期间经过而使合同被解除，这显然不符合法理。另一方面，一方发出解除通知，而另一方不提出异议可能存在多种原因，仅凭异议期间内没有提出异议而使合同被解除，忽视了实践中当事人的意愿，也不符合民情。因此，《合同编通则解释》第53条规定法院审查的重点是发出解除通知的一方是否享有解除权。这意味着，在上述异议期间届满后相对人未提出异议，法院仍然需要审查解除权是否存在。不享有解除权的一方向另一方发出解除通知，另一方即便未在异议期间内提出异议，也不发生合同解除的效果。

五、结语

卡尔·拉伦茨指出："解释乃是一种媒介行为，借此，解释者将他认为有疑义文本的意义，变得可以理解。"①《合同编通则解释》，基于法律解释的科学方法，总结本土经验、借鉴域外制度和凝聚理论共识，对合同编通则部分以及与之存在体系关联的其他规则作出了细化与发展，对司法实践具有重要的指导意义：有利于统一裁判尺度，解决合同编通则实施过程中新出现的重大疑难问题，指导法官在审判中的法律适用，为促进经济社会持续、健康、高质量发展提供法律保障和助力。需要指出的是，为了全面贯彻实施《民法典》，司法解释也要根据《民法典》体系进行系统化整合，未来如果有可能，建议根据《民法典》的体系将《合同编通则解释》中有关法律行为、代理等的规则，以及目前分散规定在《最高人民法院关于审理民事案件适用诉讼时效制度若干问题的规定》和《总则编解释》中有关诉讼时效的规则，统一地统合到《总则编解释》之中，而《合同编通则解释》主要集中于对《民法典》合同编规则的解释，以保障《民法典》的体系性，有利于法官在裁判过程中的找法用法。

① ［德］卡尔·拉伦茨：《法学方法论》，陈爱娥译，商务印书馆2003年版，第193页。

体系化视角下的恶意串通规则*

前　言

恶意串通，损害第三人的行为，简称恶意串通行为，是指双方当事人非法串通，实施某种民事法律行为，造成他人损害。此类行为表现形态多样，诸如代理权滥用、诈害债权行为、无权处分、一物数卖、骗取担保、规避法律、串通拍卖、串通投标等。[①] 恶意串通行为违反了诚信原则，不仅会损害特定第三人的利益，而且会损害正常的交易秩序，因此，其已成为诚信社会的痼疾。[②] 对此，《民法典》第154条规定："行为人与相对人恶意串通，损害他人合法权益的民事法律行为无效。"该条将恶意串通规定为民事法律行为的法定无效事由，体现了对此类行为的否定性评价，旨在保护第三人利益，维护诚实守信的市场秩序。然

---

* 原载于《法律科学》2024年第1期。

① 参见崔吉子：《恶意串通规则存废研究——兼评〈民法总则〉第154条与第146条》，载《中国社会科学院研究生院学报》2019年第6期，第100页。

② 参见张平华：《恶意串通法律规范的合理性》，载《中国法学》2017年第4期，第212页。

而，在《民法典》编纂中，对该条独立存在的必要性一直存在争议[①]，尤其是该条涉及的类型多样，且并没有对恶意串通的认定标准、法律效果等作出细化规定，这也导致该条在实践中经常与双方虚假民事法律行为等行为发生混淆，且该条在实践中的适用缺乏统一性，因此，在审判实践中，如何准确适用《民法典》第154条规定的恶意串通规则，是一个值得探讨的问题。有鉴于此，笔者拟对此作出初步探讨。

一、界分恶意串通行为与违背公序良俗行为

恶意串通作为民事法律行为无效的事由，首先面临的问题在于，其究竟损害的是特定第三人的利益，还是公共利益。由此也决定了在认定该民事法律行为的效力时，究竟应将其作为当然无效还是相对无效处理，值得探讨。两者的区别在于：在前一种情形下，所有人均可主张该民事法律行为无效，而在后一种情形下，只能由特定受害人主张该民事法律行为无效。

从比较法来看，《德国民法典》没有设置调整恶意串通行为的一般性规则，但该法第138条第1款规定了违背善良风俗的民事法律行为无效。一般认为，该规则也可以用于保护第三人的权利，防止当事人通过法律行为损害第三人的利益。[②] 也就是说，如果当事人所实施的法律行为损害了第三人已经取得的权利或者妨害第三人将来取得权利，则该法律行为就构成违背善良风俗。[③] 由此可见，在德国法上，恶意串通与违背公序良俗之间并没有进行明确的界分。

在我国，从1986年《民法通则》开始，恶意串通就被作为当然无效的民事行为，并为《合同法》所接受。这一立场也为司法实践普遍认可，但关于恶意串通行为与违背公序良俗行为之间的关系，一直存在争议。[④] 针对恶意串通行为，《民法通则》第58条第1款第4项和《合同法》第52条第2项均采取了“恶意

① 参见黄薇主编：《中华人民共和国民法典总则编解读》，中国法制出版社2020年版，第503页。

②③ MüKoBGB/Armbrüster，9. Aufl. 2021，BGB §138 Rn. 165.

④ 参见朱广新：《恶意串通行为无效的体系地位与规范构造》，载《法学》2018年第7期，第139页。

串通，损害国家、集体或者第三人利益的”民事行为无效的表述，如何理解上述规定中的“国家利益”“集体利益”？从文义解释来看，国家利益通常被认为是公序良俗的重要组成部分，应当将其解释为“社会公共利益”[①]，司法实践也认为其包含了公共利益。据此有不少学者认为，恶意串通规则在性质上是公序良俗原则的特别条款。恶意串通规则在适用情形中发挥着公序良俗条款所要发挥的功能。[②] 在恶意串通行为中，行为人与相对人恶意串通损害他人合法权益，当事人主观上存在恶意，实施法律行为的目的是损害他人合法权益，明显符合公序良俗原则所针对的情形，恶意串通规则本质亦属公序良俗条款。[③] 因此，按照《民法通则》《合同法》的规定，其不仅保护第三人的利益，也保护公共利益，如果继续沿袭这一立法经验，那么，恶意串通、损害第三人利益的规则便不具有独立存在的价值，其可以涵盖在违背公序良俗规则之中。

毫无疑问，针对恶意通谋损害他人的行为，《民法典》延续了前述立法和司法实践的立场，禁止当事人实施恶意串通行为。但其在总结上述立法经验的基础上，又对《合同法》第 58 条作了重大修改。《民法典》第 154 条删除了“国家利益”“集体利益”，而直接改为“行为人与相对人恶意串通，损害他人合法权益的民事法律行为无效”。因为上述变化，恶意串通行为的效力也从绝对无效向相对无效转化，即在行为人构成恶意串通的情形下，并非所有人均可主张该民事法律行为无效，而只有遭受损害的特定第三人可以主张该民事法律行为无效。之所以认为《民法典》的修改产生了上述变化，主要理由在于：

第一，从文义解释看，《民法典》的修改产生了侵害对象的变化，即将侵害国家利益、集体利益改为侵害特定当事人的利益。虽然恶意串通损害他人合法权益的行为类型比较多，但其共同特点是针对特定的第三人，而不是针对国家利益和集体利益。因此，从法条文义来看，《民法典》第 154 条仅保护特定第三人的利益，而对当事人恶意串通损害社会公共利益的行为，应当由《民法典》第 153

---

① 王轶：《论合同行为的一般生效条件》，载《法律适用》2012 年第 7 期，第 25－26 页。

②③ 参见崔吉子：《恶意串通规则存废研究——兼评〈民法总则〉第 154 条与第 146 条》，载《中国社会科学院研究生院学报》2019 年第 6 期，第 97 页。

条进行调整。从文义上看，《民法典》相较于《合同法》所作出的改变，旨在将该条中的"他人"局限于特定民事主体，这也反映出《民法典》第154条着重强调的是特定第三人利益的保护问题，因而也区别于公序良俗条款而具有独立存在的价值。一旦将该条中的"他人"解释为特定民事主体，那么该法律行为是否损害了该民事主体的利益，以及是否需要被确认为无效，应当由可能遭受损害的民事主体自行决定。其不涉及公共利益的保护问题，因而法院没有主动审查并宣告其无效的必要。

第二，从历史解释看，如前所述，《合同法》第52条来自《民法通则》第58条，其本意旨在强调对国家、集体利益的保护，其中也包含了对公共利益的保护。因此，《合同法》第52条将恶意串通行为与其他绝对无效行为一并规定，并强化对"国家利益""集体利益"的保护，可以认为该条是将恶意串通行为界定为绝对无效的民事法律行为。但《民法典》第154条不仅从文义上删除了"国家利益""集体利益"等表述，而且将其与公序良俗规则并列，凸显了其自身价值的独特性，尤其是在该条中凸显出其损害第三人利益的规范特征，这就说明，其效力也由绝对无效转化为了相对无效。

第三，从目的解释看，《民法典》从强化对国家、集体利益的保护转向了对特定第三人合法权益的保护。① 换言之，恶意串通规则不再具有保护国家利益、社会公共利益的功能，其旨在保护特定第三人的利益，此种利益在性质上是私益。与《民法典》第154条相邻的《民法典》第153条的规范目的在于调整损害公共利益法律行为的效力问题，此类行为在效力上应当属于绝对无效行为。但立法者在体系上明显区分了《民法典》第154条与第153条，这表明《民法典》第154条调整的并非损害公共利益的情形，而应当是损害特定第三人利益的情形。至于损害公共利益的行为，其具有明显的违法性，应当属于违反公序良俗的行为，应当由《民法典》第153条调整，且将此类行为作为当然无效的民事法律行为，也有利于对公共利益的保护。如果继续认为《民法典》第154条是在调整损害公共利益的行为，则不符合立法者的立法本意。

---

① 参见黄薇：《中华人民共和国民法典总则编解读》，中国法制出版社2020年版，第503页。

第四，从体系解释来看，《民法典》将第153条公序良俗规则与第154条恶意串通规则并列，表明两者在立法目的、调整对象等方面存在一定的区别。如果对恶意串通行为均适用《民法典》第153条规定，则《民法典》第154条规定的恶意串通规则将失去意义，沦为具文。因此，遵循体系解释的方法，依据“法无具文”的解释原则，《民法典》154条调整的应当是保护国家、集体等公共利益之外的特定第三人的利益。尤其应当看到，从体系解释考虑，恶意串通损害第三人利益的行为，其本身是可以进行类型化的概念，包含了各种恶意串通的行为，但无论何种形态，损害的都是特定第三人的利益，因此只能由特定的受害人主张相关的民事法律行为无效。

从上述分析可见，我国《民法典》关于恶意串通的行为并不仅仅是简单的文字修改，其关于恶意串通行为效力的认识也发生了一定的变化，即由之前认为其为绝对无效的民事法律行为，转变为将其界定为相对无效的民事法律行为，这一立法上的变化其实也是我国司法实践经验的总结。实际上，自《民法通则》以来，我国司法实践中发生的案例都表明，在恶意串通的情形下，与行为无关的第三人并未因恶意串通行为而遭受损害，其通常也不会主张该行为无效。[①] 因此，《民法典》将恶意串通行为规定为相对无效的民事法律行为，也是吸纳这一司法实践经验的结果。

《民法典》将恶意串通行为规定为相对无效的民事法律行为，也是借鉴了比较法经验的结果。从比较法上看，民事法律行为的无效可以分为绝对无效和相对无效两类，此种区分是以无效效果的范围为标准所作出的区分，这种区分起源于罗马法，所谓绝对无效，是指此类行为因具有违法性而应当当然地被宣告无效。对于此类行为，在任何人之间都不发生效力，且任何人都可主张其无效。一般所说的无效民事法律行为主要指绝对无效行为。所谓相对无效，是指只有受到侵害的当事人才能主张无效，而并非所有人都可以主张无效[②]，这意味着只有法律行

① 参见“广东龙正投资发展有限公司与广东景茂拍卖行有限公司委托拍卖执行复议案”，最高人民法院（2012）执复字第6号，载《最高人民法院公报》2015年第7期（总第225期）。

② 参见陈忠武：《法律行为绝对无效与相对无效之区别》，载《台大法学论丛》第27卷第4期，第159页。

为的相对人或者对法律行为的无效具有利害关系的人才能主张无效，其主要保护的是私益。[①] 这一立法经验也为后世民法所采纳。法国民法理论也区分了绝对无效和相对无效，合同的绝对无效是因为违反关于公共利益的保护性规范，而相对无效违反的是关于私人利益的保护性规范，其主要是指可撤销合同。[②]《德国民法典》第135、136条规定了所谓相对无效的制度，相对无效是指该行为可能仅仅相对于某个特定的人才不生效力，相对于其他一切人则是发生效力的。[③] 对此类行为，人们称之为相对的不生效力（relativeunwirksamkeit，与绝对的不生效力相对）。[④] 虽然比较法没有严格区分恶意串通与违背公序良俗的行为，但其关于民事法律行为相对无效的概念是值得借鉴的。

由此可见，恶意串通与违背公序良俗的区别在于其损害的对象不同，前者损害的是特定第三人的利益，而后者损害的是公共利益和公共道德，由此也使得违背公序良俗的行为是绝对无效的行为，而恶意串通损害第三人的行为是相对无效的行为。作出此种区分的意义在于：一方面，其更符合恶意串通民事法律行为的性质和特点。恶意串通行为不同于违背公序良俗的民事法律行为，其只是损害特定第三人的利益，因此，虽然此类民事法律行为的效力存在一定的瑕疵，但并非所有人均可主张其无效，而只能由遭受损害的特定第三人主张该民事法律行为无效。法律对此种行为确认为无效，能够最大限度实现对第三人的保护。[⑤] 另一方面，其更有利于鼓励交易。如果将恶意串通损害第三人利益的民事法律行为认定为绝对无效的民事法律行为，则任何第三人均可主张恶意串通的民事法律行为无效，这将导致恶意串通的民事法律行为在效力上没有获得补救的空间，并因此会消灭大量的交易关系。而将其规定为相对无效的民事法律行为，并由遭受损害的

---

① 参见朱庆育：《民法总论》（第二版），北京大学出版社2016年版，第310、312页。

② François Terré, Philippe Simler, Yves Lequette, *Droit civil*, *Les Obligations*, 8e éd., Dalloz, 2002, p. 390.

③ 《德国民法典》第135条规定："如果处分标的物违反了法律为保护特定人所作的禁止出让的规定时，其处分仅对该特定人无效。"第136条规定："法院或其他行政机关在其职权范围内所作的禁止出让的规定，与第135条规定的法律上禁止出让的效力相同。"

④ 参见［德］迪特尔·梅迪库斯：《德国民法总论》，邵建东译，法律出版社2000年版，第375页。

⑤ 参见黄薇：《中华人民共和国民法典总则编解读》，中国法制出版社2020年版，第467页。

第三人选择是否主张该民事法律行为无效，则可以使部分恶意串通的民事法律行为最终发生效力，从而鼓励交易；此外，这有利于尊重当事人的私法自治。从司法实践来看，某一恶意串通的行为的效力只是影响某特定第三人的利益，如果该第三人愿意接受该行为的不利后果，则应由第三人去判断是否主张该民事法律行为无效，法律也并无干涉的必要。[①] 尤其应当看到，在恶意串通的情形下，受害人是自身利益的最佳判断者和维护者，由其主张侵害其利益的合同无效最为合适。[②] 例如，为了逃避债务，债务人与第三人恶意串通，以低于市场价格出售自己的房屋，这原本损害了债权人的利益。但是，如果其后房价正处于下行趋势，在该行为作出后，市场价格可能会逐渐跌落以至于低于债务人出售的价格，则此时，低价转让的行为不仅没有对债权人造成损害，反而更有利于债权人。在这种情况下，应当允许债权人不主张无效。正是因为上述原因，我国《民法典》在第153条与第154条对这两种无效民事法律行为作出了规定。

二、界分恶意串通与虚假民事法律行为

从形式上看，恶意串通行为经常与双方虚假行为发生混淆。所谓双方虚假行为，是指行为人与相对人共同实施了虚伪的意思表示，并据此而实施的民事法律行为。[③] 例如，以买卖行为掩盖非法借贷行为、虚构建筑物施工合同中的债权以达到行使法定优先权的目的，等等。在比较法上，《德国民法典》第117条[④]、《日本民法典》第94条、《韩国民法典》第108条都有类似规定。我国《民法典》第146条第1款规定："行为人与相对人以虚假的意思表示实施的民事法律行为无效。"依据该规定，双方虚假的民事法律行为属于无效民事法律行为。

① 参见"王某声与九江联达建设有限公司等企业借贷纠纷申请再审案"，最高人民法院（2014）民提字第138号民事判决书。

② 参见王利明主编：《民法》（第八版）（上册），中国人民大学出版社2020年版，第149页。

③ 参见郑玉波：《民法总则》，中国政法大学出版社2003年版，第339页。

④ 《德国民法典》第117条："（1）须以他人为相对人而做出的意思表示，系与相对人通谋而只是虚伪地作出的，无效。（2）另一法律行为被虚伪行为所隐藏的，适用关于被隐藏的法律行为的规定。"

虚假民事法律行为与恶意串通行为具有一定的相似性。首先，无论是恶意串通行为，还是虚假民事法律行为，本质上都是违反诚信原则的行为，并可能损害交易安全和秩序，因此，《民法典》将其均规定为无效民事法律行为，具有维护交易安全和交易秩序的目的。但自《民法通则》以来，我国民事立法关于虚假民事法律行为的规定一直缺失，其一直被以合法形式掩盖非法目的的民事行为所替代，但如此规定，显然无法涵盖虚假民事法律行为的特征，因此，《民法典》第146条专门对虚假民事法律行为作出了规定。在该条规定了虚假民事法律行为之后，理论界和实务界一般将其表述为虚假通谋的行为，因为增加了“通谋”二字，二者具有类似的法律构造①，甚至引发了虚假民事法律行为能否涵盖恶意串通行为的争议。对此存在两种不同观点。一种观点认为，恶意串通可以被双方虚假行为所涵盖，恶意串通并无独立存在的必要。“恶意串通规则所要处理的问题，绝大部分在通谋虚伪规则的射程内”，恶意串通规则可予删除。②“在制定民法典的背景之下，我们应当完全废除‘恶意串通行为’规范，在意思表示瑕疵的规范体系之下，以‘通谋虚伪表示’取而代之。”③另一种观点认为，恶意串通行为无法被虚假民事法律行为所涵盖，其应当属于独立的一类行为。例如，有观点认为，对虚假民事法律行为而言，双方当事人“通谋”的是虚假意思；而对恶意串通行为而言，当事人“串通”的是真实意思。④这两种观点的争议从立法论看，虽然涉及虚假民事法律行为独立存在的意义，但更涉及在贯彻实施《民法典》中如何区分对待这两类民事法律行为，并如何认定各自效力的重大问题。

严格地说，理论和实务界大多将《民法典》第146条概括为“虚假通谋行为”⑤，其实“通谋”二字的概括并不准确，因为《民法典》规定的此类行为只

① 参见崔吉子：《恶意串通规则存废研究——兼评〈民法总则〉第154条与第146条》，载《中国社会科学院研究生院学报》2019年第6期，第96页。

② 参见朱庆育：《民法总论》（第二版），北京大学出版社2016年版，第262、263页。

③ 冉克平：《“恶意串通”与“合法形式掩盖非法目的”在民法典总则中的构造——兼评〈民法总则〉之规定》，载《现代法学》2017年第4期，第78页。

④ 参见崔吉子：《恶意串通规则存废研究——兼评〈民法总则〉第154条与第146条》，载《中国社会科学院研究生院学报》2019年第6期，第96页。

⑤ 杨代雄主编：《袖珍民法典评注》，中国民主法制出版社2022年版，第97页。

是强调民事法律行为的虚假性，而没有强调其通谋性，即双方当事人只是实施了虚假行为，但是否构成通谋，并不要求当事人对此举证。依据“通谋虚伪表示”这一称谓，当事人是否具有通谋的意思，作为受害人的第三人应当举证证明。但实际上，在《民法典》第146条所规定的情形中，当事人之间并不一定达到通谋的程度。依据《民法典》第146条的表述，只要行为人与相对人意思表示虚假，即可适用本条的规定，而无须当事人之间具有通谋。增加“通谋”二字不仅增加了当事人的举证负担，而且确实可能与恶意串通行为发生混淆。从我国《民法典》的立法本意来看，虚假民事法律行为与恶意串通行为属于两种不同的民事法律行为，在实践中应当对二者进行区分，主要理由在于：

第一，意思表示真实与否不同。在虚假民事法律行为，双方当事人均无真实意思表示而实施法律行为。例如，在房屋买卖中，当事人约定进行备案的价格与实际价格不一致，关于房屋的备案价格，双方当事人并无真实的意思表示，其本质上就是一种虚假民事法律行为。而对恶意串通行为而言，当事人在实施此类民事法律行为时，其所作出的意思表示在多数情况下是真实的。[①] 恶意串通概念侧重于描述当事人之间主观上恶意串通的特点，而不强调其在实施此类民事法律行为时意思表示的真伪性。[②] 例如，债务人为逃避债务，将名下不动产虚假转让于另一人，实际上仍占有、使用该财产，此为双方虚假行为；债务人为逃避债务，将其不动产真实转让于自己的关联企业，此为恶意串通。当然，在例外情形下，当事人实施恶意串通民事法律行为的意思表示也可能是虚假的。

第二，当事人是否具有通谋的意思不同。如前所述，对虚假民事法律行为而言，《民法典》第146条只是要求当事人作出了虚伪的意思表示，而不要求当事人必须具有通谋的意思。换言之，虚假民事法律行为强调的是当事人实施此类民事法律行为时意思表示的不真实性，即当事人通过实施虚假民事法律行为掩盖其真实意图，而不强调当事人之间是否串通，因此，在主张适用虚假民事法律行为的规则时，仅仅需要证明双方意思表示虚假，不必证明当事人之间有通谋存在。

---

① 参见黄薇主编：《中华人民共和国民法典总则编解读》，中国法制出版社2020年版，第469页。
② 参见朱建农：《论民法上恶意串通行为之效力》，载《当代法学》2007年第6期，第89页。

而对恶意串通行为而言，其强调的是当事人之间存在恶意串通行为，且当事人恶意串通损害了第三人的利益。[①] 因此，第三人在主张适用恶意串通民事法律行为的规则时，其必须证明当事人之间有故意串通行为。[②]

第三，是否必须损害第三人不同。一方面，是否涉及第三人不同。对虚假民事法律行为而言，其通常发生在当事人之间，并对当事人的利益产生影响。其侧重于强调双方的意思表示不真实，并不以是否损害第三人为成立条件，而对恶意串通行为而言，当事人实施该行为的目的在于损害第三人的利益，因此，该行为也涉及第三人利益的保护。另一方面，是否损害第三人利益不同。从比较法来看，双方虚伪表示为中性概念，其行为可出于各种动机，尽管实施虚假行为大多是想欺骗某个第三人，也可能对第三人利益产生影响，但其不以损害第三人利益作为构成要件。[③] 法律上也不要求当事人主观上具有损害第三人的恶意。同时，认定虚假民事法律行为的效力并不包含对其道德上的否定性评价。例如，当事人为了规避房屋限购政策而虚假离婚，其虽然可能损害商品房限购的经济秩序，但当事人可能并没有损害第三人的目的，客观上也并不当然会损害特定第三人的利益。而对恶意串通行为而言，当事人实施此类民事法律行为具有损害第三人利益的目的，而且在当事人实施恶意串通民事法律行为时，也必须发生损害第三人利益的后果。对此，第三人必须举证证明。

第四，是否可能存在隐藏行为不同。从实践来看，虚假民事法律行为在绝大多数情况下存在隐藏行为，即当事人实施虚假行为的目的是掩盖另一种特定的行为，如当事人以买卖行为掩盖非法借贷行为等，前者被称为伪装行为，后者被称为隐藏行为。[④] 也正因如此，《民法典》第 146 条在于第 1 款规定了行为人与相对人以虚假的意思表示实施的民事法律行为无效以后，于第 2 款规定："以虚假的

---

① 参见李宇：《新桃换旧符：民法总则上的恶意串通行为无效规范》，载《学术月刊》2017 年第 12 期，第 26 页。

② 参见石宏主编：《中华人民共和国民法总则条文说明、立法理由及相关规定》，北京大学出版社 2017 年版，第 367 页。

③ 参见［德］卡尔·拉伦茨：《德国民法通论》（下册），王晓晔等译，法律出版社 2003 年版，第 497 页。

④ 参见［德］迪特尔·梅迪库斯：《德国民法总论》，邵建东译，法律出版社 2000 年版，第 446 页。

意思表示隐藏的民事法律行为的效力，依照有关法律规定处理。”因此，虚假的意思表示常常要隐藏某个真实的民事法律行为，而且在存在隐藏行为的情形下，在认定虚假民事法律行为的效力时，还涉及隐藏行为的效力判断问题。当然，从《民法典》第 146 条第 1 款规定来看，虚假民事法律行为的成立也不要求当事人必须以从事某种隐藏行为为要件，如果一方实施某种虚假民事法律行为后，另一方对此知情，也可以构成虚假民事法律行为。① 因此，即使不存在隐藏行为，但只要双方实施了虚假民事法律行为，也应当认定该民事法律行为无效。而对恶意串通行为而言，其通常是当事人真实的意思表示，当事人在恶意串通时通常也不存在隐藏行为，在认定恶意串通民事法律行为的效力时，也不存在认定隐藏行为效力的问题。

第五，二者的无效基础不同。对虚假民事法律行为而言，其无效的基础在于当事人的意思表示不真实，即当事人欠缺意思表示的效果意思，当事人实施的民事法律行为并没有真实反映其内心真意。② 换言之，虚假民事法律行为之所以无效，主要是因为不存在真实意思表示，即不具备《民法典》第 143 条第 2 项规定的法律行为有效要件。而恶意串通行为的规范重心并不在于意思表示瑕疵，而在于该行为的违法性与损害结果。③ 也就是说，恶意串通行为之所以无效，是因为其损害了特定第三人的利益，具有违法性。

第六，法律效果不同。对虚假民事法律行为而言，当事人实施该民事法律行为时的意思表示是虚假的，因此，该行为属于绝对无效、当然无效的民事法律行为。如前所述，对恶意串通行为而言，其在性质上属于相对无效行为，即对恶意串通行为而言，并非任何第三人均可主张该民事法律行为无效，只有因该行为遭受损害的特定第三人才能主张该行为无效。

---

① 我国台湾地区“民法”第 86 条规定，“表意人无欲为其意思表示所拘束之意，而为意思表示者，其意思表示，不因之无效。但其情形为相对人所明知者，不在此限”。也就是说，单方虚伪意思表示原则上是有效的，但如果相对人明知，则无效。但如果相对人并不知情，则并不导致该民事法律行为无效。

② 参见黄薇主编：《中华人民共和国民法典释义》（上），法律出版社 2020 年版，第 288 页。

③ 参见冉克平：《“恶意串通”与“合法形式掩盖非法目的”在民法典总则中的构造——兼评〈民法总则〉之规定》，载《现代法学》2017 年第 4 期。

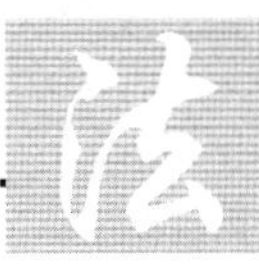

正是这两类无效民事法律行为存在着上述区别，因此，不可避免地产生虚假意思表示与恶意串通的竞合问题。[①] 在《民法典》适用过程中应当对这两类行为进行严格区分，从而准确适用相关的规则。当然，应当看到，在特殊情形下，恶意串通行为也可能同时构成虚假民事法律行为。例如，债务人与第三人约定虚假的资产转移，避免债权人执行其资产，对债权人而言，该行为构成恶意串通，而对债务人与该第三人而言，由于当事人约定进行资产转移的意思表示是虚假的，因此，其也构成虚假的民事法律行为。在两者并存的情形下，虽然当事人有权选择主张其构成虚假民事法律行为或者恶意串通行为，但当事人在提出不同的请求时的举证责任存在一定的区别，如果当事人主张其构成恶意串通，则其既需要证明自身遭受了一定损害，也需要证明行为人之间存在恶意串通；如果主张适用虚假民事法律行为的规则，则仅需要证明当事人实施了虚假的民事法律行为，而不必证明是否存在通谋、是否造成对第三人的损害。相比较而言，当事人主张虚假民事法律行为的举证负担相对较轻。

三、界分恶意串通与债权人撤销权

（一）恶意串通与债权人撤销权的区别

恶意串通与债权保全中的债权人撤销权也会发生一定的交叉[②]，主要是因为二者之间具有如下相似之处：一是无论是恶意串通还是债权人撤销权，当事人实施相关民事法律行为通常都是基于真实的意思表示，即相关民事法律行为通常都是当事人真实合意的结果。二是二者在法律后果上都以损害第三人的利益为条件。恶意串通行为的成立以损害第三人利益为条件，而在债务人恶意诈害债权的情形下，将损害债权人的利益。因此，不论是恶意串通，还是债权人撤销权，当事人在提出请求时均需要证明自身遭受了一定的损害。三是在法律效果上，不论

① 参见张平华：《恶意串通法律规范的合理性》，载《中国法学》2017年第4期，第212页。

② 参见冉克平：《“恶意串通”与“合法形式掩盖非法目的”在民法典总则中的构造——兼评〈民法总则〉之规定》，载《现代法学》2017年第4期，第78页。

是恶意串通，还是债权人撤销权，当事人行使权利的后果都是民事法律行为无效。尤其需要指出的是，由于《民法典》将“国家、集体或者第三人利益”限缩成特定第三人的利益，如果再将特定第三人的利益限定为债权，且规范目的是恢复该第三人获得实际履行救济的可能[①]，则将会进一步加剧恶意串通与债权人撤销权之间的竞合。

司法实践案例表明两种保护债权的方式容易发生竞合，但两者各有利弊，可由债权人自己选择。例如，在“嘉吉国际公司与福建金石制油有限公司等买卖合同纠纷案”[②] 中，最高人民法院认为，“在债务人的行为危害债权人行使债权的情况下，债权人保护债权的方法包括，一是根据《中华人民共和国合同法》第七十四条第一款的规定，行使债权人的撤销权，请求人民法院撤销债务人订立的相关合同；二是根据《中华人民共和国合同法》第五十二条第（二）项的规定，请求人民法院确认债务人签订的相关合同无效”。尤其是在恶意串通诈害债权的情形下，其既构成恶意串通损害第三人利益，也构成恶意诈害债权。

应当看到，恶意串通与撤销权制度是合同法上两种不同的制度，分别属于合同效力与债的保全制度。恶意串通制度主要是通过受损害的第三人确认合同无效的方式，维护交易安全，而撤销权制度是法律为了保全债权人的利益，防止债务人的财产不当减少所设立的一种措施。[③] 两者的规范目的不同，决定了二者在构成要件、效力等方面存在区别：一是主观要件不同。如前述，在恶意串通的情形下，当事人之间主观上必须存在恶意串通，并且有损害特定第三人利益的目的。而在债权人撤销权的情形下，需要区分债务人实施的行为究竟是有偿行为还是无偿行为，在债务人实施无偿行为的情形下，债权人行使撤销权并不需要相对人具有恶意；而在债务人实施有偿行为的情形下，债权人行使撤销权还要求相对人具有恶意，当然，此种恶意与恶意串通情形下当事人的恶意存在一定的区别，此种恶意是指相对人知道其实施的行为会不当影响债权人债权的实现，而不要求其必

---

① 参见茅少伟：《论恶意串通》，载《中外法学》2017 年第 1 期，第 164 页。

② 最高人民法院民事判决书（2012）民四终字第 1 号。

③ 参见朱广新、谢鸿飞主编：《民法典评注·合同编·通则 2》，中国法制出版社 2020 年版，第 37 页。

须有损害债权人的恶意。二是客观要件不同。恶意串通制度保护的第三人的范围并没有严格的限制，只要是因为当事人恶意串通行为遭受损害的第三人，均可依法主张该民事法律行为无效，该第三人并不要求是债权人，其主张民事法律行为无效也不要求必须是为了保障其债权的实现。而对债权人撤销权而言，其针对的是债务人实施的恶意诈害债权的行为，仅债权人有权行使该权利，其目的也是保障特定债权的实现。三是对当事人主观状态的证明标准不同。依据《民事诉讼法解释》第 109 条规定，当事人在主张行为人恶意串通时，其证明标准要求较高，即需要达到排除合理怀疑的程度。当然，如果当事人能够举证证明行为人存在恶意串通具有高度的可能性，而另一方当事人对此提出异议的，则其应当就此提供相应的证据，如果其无正当理由拒绝提供相关证据，或者不能提供相应证据的，则可以认定恶意串通成立。而对债权人撤销权而言，我国的民事证据规则没有对此作出特别规定，因此，其证明标准应当采用民事诉讼证明的一般证明标准，即优势证据标准。四是法律效果不同。由于债权人撤销权的目的在于保护债权，其在性质上是债权保全制度的组成部分，其功能在于保全债务人的一般责任财产。同时，债权人在行使撤销权时，其可以起诉债务人，并可以代债务人要求相对人承担责任，进而取得对相对人的执行根据。在撤销之后，可以直接请求相对人承担责任，并直接执行相对人的财产。但在恶意串通的情形下，一旦民事法律行为被宣告无效，当事人应当负担恢复原状的义务，不存在取得执行依据的问题。五是是否可以申请对第三人财产采取保全措施不同。依据《合同编通则解释》第 46 条第 3 款，债权人在行使撤销权诉讼中，可申请对相对人的财产采取保全措施。但在主张恶意串通行为无效时，不存在此类情况。六是是否受到时间上的限制不同。对债权人撤销权而言，其行使有严格的时间限制。依据《民法典》第 541 条，“撤销权自债权人知道或者应当知道撤销事由之日起一年内行使。自债务人的行为发生之日起五年内没有行使撤销权的，该撤销权消灭”。而对恶意串通而言，我国立法并未对第三人主张该民事法律行为无效的权利行使期间作出明确限制。七是保护范围不同。撤销权的保护对象仅限于债权人的债权，而不包括其他第三人的权利，而恶意串通制度的保护范围更为宽泛，其不限于债权，还包

括第三人的其他利益，如在恶意围标情况下，并不要求第三人享有债权。

（二）恶意串通行为与债权人撤销权的竞合

实践中，恶意串通与债权人撤销权发生竞合的典型形态是因债务人实施恶意诈害债权而产生的债权人撤销权，经常表现为债务人与他人约定通过以物抵债、恶意逃避债务，损害第三人合法权益。[①] 例如，甲向多人负担债务，但仅有一处房产，价值 1 000 万元，后甲以不合理的低价 100 万元出售给乙，并办理了登记。丙作为甲的债权人，有权依法主张撤销该房屋买卖合同；在丙主张撤销该买卖合同后，另一个债权人丁也发现甲实施了该行为，但其主张甲与第三人构成恶意串通，从而主张该行为无效。这就使得恶意串通与债权人撤销权可能发生一定的交叉。

但从举证负担层面而言，显然采用债权人撤销权对受害人更为有利，主要理由在于：一方面，就主观要件而言，恶意串通行为的成立要求受害人不仅要证明当事人之间有恶意，而且要证明当事人之间存在串通行为，这对受害人而言，举证负担较重。而对债权人撤销权而言，需要区分债务人实施有偿还是无偿行为，在有偿情形下，其只需要证明相对人知道其行为将不当影响其债权实现即可；而在无偿情形下，债权人无须证明相对人主观上存在恶意。显然，构成恶意串通的证明难度高于债权人撤销权：构成恶意串通应有双方当事人通谋，而债权人撤销权中，如为无偿转让，则不以受让人恶意为要件。[②] 另一方面，就客观要件而言，恶意串通必须要证明造成了第三人损害，而且此种损害应当是现实的损害，或者有极大可能发生的损害。而就债权人撤销权而言，其以诈害行为为对象，债权人仅仅需要证明"影响债权人债权的实现"。该要件是指债务人有偿处分财产的行为，可能影响债权人债权的实现。其不仅包括债权受到的现实的损害，也包括将来可能受到的损害。[③] 只要对债权人债权的实现产生一定的不利影响即可，都属于"影响债权人债权的实现"。例如，在"福建金石制油有限公司等与瑞士

---

① 参见朱广新、谢鸿飞主编：《民法典评注合同编》，中国法制出版社 2020 年版，第 50－51 页。

② 参见李宇：《新桃换旧符：民法总则上的恶意串通行为无效规范》，载《学术月刊》2017 年第 12 期，第 29 页。

③ 参见崔建远、陈进：《债法总论》，法律出版社 2021 年版，第 173 页。

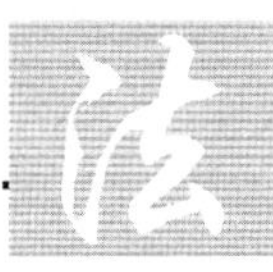

嘉吉国际公司合同纠纷上诉案”中，最高人民法院认为，在行使撤销权的情况下，债权人只需要举证证明“债务人无偿转让财产”或者“债务人以明显不合理的低价转让财产对债权人造成损害，且受让人知道该情形”，其中只要债权人能够举证证明“受让人知道债务人的转让行为是以明显不合理的低价”进行，就足以认定受让人知道会因此对债权人造成损害。①

在发生恶意串通行为与债权人撤销权的竞合情况下，相比较而言，债权人撤销权相对于恶意串通而言，其规则更为具体，也更容易成立②，且对特定债权人的保护更为有利。原因在于：

首先，债权人行使撤销权时，其举证责任相比恶意串通更轻。一方面，债权人不需要证明债务人和第三人之间是否存在恶意串通行为，只需要依据《民法典》第 539 条的规定，证明相对人知道或者应当知道债务人不当处分财产权益的行为影响债权人债权的实现，而无须证明相对人知道或者应当知道交易价格不合理。该条规定要求相对人必须主观上存在恶意，目的在于保护交易安全与相对人的合理信赖。尤其是在债权人撤销权中，如为无偿转让，则不以受让人恶意为要件。③ 而构成恶意串通，应当由第三人举证证明双方当事人之间存在恶意通谋。另一方面，债权人也不需要证明其是否遭受了实际损害，只需要证明债务人和第三人之间的行为影响债权人债权的实现，就可以行使撤销权。

其次，就法律效果而言，撤销权的法律效果对特定债权人而言更为有利。《合同编通则解释》第 46 条第 3 款规定：“债权人依据其与债务人的诉讼、撤销权诉讼产生的生效法律文书申请强制执行的，人民法院可以就债务人对相对人享有的权利采取强制执行措施以实现债权人的债权。”因此，撤销权的行使，可以产生强制执行的效果。从保护债权人角度考虑，撤销权与恶意串通发生冲突时，应当优先保护行使撤销权的债权人利益。

当然，撤销权的行为具有除斥期间的限制，依据《民法典》第 541 条，“撤

① 参见最高人民法院（2012）民四终字第 1 号民事判决书。

② 参见茅少伟：《论恶意串通》，载《中外法学》2017 年第 1 期，第 165 页。

③ 参见李宇：《新桃换旧符：民法总则上的恶意串通行为无效规范》，载《学术月刊》2017 年第 12 期，第 29 页。

销权自债权人知道或者应当知道撤销事由之日起一年内行使。自债务人的行为发生之日起五年内没有行使撤销权的，该撤销权消灭”。但是，恶意串通行为的无效并不存在除斥期间的限制。就此而言，如果涉及两者竞合，在撤销权的除斥期间届满而无法行为撤销权的情况下，可以另行考虑通过恶意串通行为对第三人予以保护。

四、界分恶意串通与代理权滥用

由于代理人与相对人恶意串通，损害被代理人利益与恶意串通、损害第三人的行为，二者都以恶意串通为要件，因此具有一定的相似性。在《民法典》编纂过程中，曾有观点认为代理权滥用是恶意串通的一种典型形态[①]，恶意串通规则旨在解决国有企业工作人员与他人恶意串通损害国有企业利益等问题，因此其适用的情景完全可以由代理权滥用规则所调整，没有必要单独规定恶意串通规则。[②] 在《民法典》颁布后，也有学者认为，恶意串通规则并无独立存在的必要，可以适用于代理权滥用等行为。[③] 从比较法来看，在德国判例中，代理人和相对人恶意串通（Kollusion）损害本人利益的，属于代理权滥用，也是典型的恶意串通行为，依据《德国民法典》第 138 条第 1 款，因违背善良风俗而无效。[④] 也就是说，代理人和相对人恶意串通满足《德国民法典》第 138 条第 1 款要件的，恶意串通实施的代理行为无效。[⑤]

从表面上看，代理权滥用和恶意串通都以恶意串通为要件，这很容易产生一种误解，即认为代理权滥用是恶意串通的一种类型。但是笔者认为，这两种制度并不能互相替代。依据《民法典》第 164 条第 2 款的规定，“代理人和相对人恶

① 参见韩世远：《合同法总论》，法律出版社 2018 年版，第 223 页；李适时主编：《中华人民共和国民法总则释义》，法律出版社 2017 年版，第 483 页。

② 参见黄薇主编：《中华人民共和国民法典总则编解读》，中国法制出版社 2020 年版，第 503 页。

③ 参见杨代雄主编：《袖珍民法典评注》，中国民主法制出版社 2022 年版，第 126 页。

④ MüKoBGB/Schubert，9. Aufl. 2021，BGB § 164 Rn. 227.

⑤ Staudinger/Schilken（2019）BGB § 167 Rn. 100.

意串通，损害被代理人合法权益的，代理人和相对人应当承担连带责任”。应由代理人和相对人承担连带责任，但是没有规定合同的效力问题。从体系解释而言，《民法典》将恶意串通置于法律行为效力部分，而将滥用代理权置于代理制度中，表明二者并非一般与特殊的关系，而是两项相互独立的法律制度，如果滥用代理权属于恶意串通的特殊情形，则没有单独规定的必要。[①] 二者区别如下。

第一，主体不同。一方面，在恶意串通、损害第三人利益中，恶意串通的主体是双方当事人；而在代理权滥用中，恶意串通的当事人是代理人与相对人，而代理人并非合同当事人。另一方面，从受害人层面看，恶意串通的受害人是法律行为当事人之外的第三人，而代理权滥用的受害人则是被代理人。[②] 从这个意义上，《民法典》第 164 条第 2 款所规定的代理权滥用规则在根本上不同于《民法典》第 154 条所规定的恶意串通规则，代理权滥用并非恶意串通的特殊情形。

第二，是否需要追认不同。恶意串通、损害第三人利益的行为性质上是无效民事法律行为，而不是效力待定行为，因此不存在第三人是否享有追偿权的问题。代理权滥用的情形不同。从规范目的来看，《民法典》第 164 条第 2 款旨在保障被代理人的利益，即使存在代理人与相对人恶意串通的行为，但该情形仅涉及被代理人的私益，且也有可能有利于被代理人。因此，法律对代理人与相对人恶意串通行为在性质上应当评价为效力待定的法律行为。[③] 根据《民法典》第 171 条的规定，如果被代理人追认，那么该法律行为有效，相反，被代理人不予追认的，则该法律行为不对被代理人发生效力。如果直接适用《民法典》第 154 条的规定认定该代理行为无效，实际上剥夺了被代理人的追认权，不符合比例原则且过于僵硬。

第三，损害后果不同。恶意串通损害的是法律行为当事人之外第三人的利益，其对第三人造成损害不仅包括对债权等权利的损害，也包括利益的损害。而代理权滥用损害的则是被代理人的利益，主要是被代理人的债权。但该行为也可

---

① 参见黄薇主编：《中华人民共和国民法典总则编解读》，中国法制出版社 2020 年版，第 538 页。

② 参见吴香香：《请求权基础：方法、体系与实例》，北京大学出版社 2021 年版，第 245 页。

③ 参见朱庆育：《民法总则》（第二版），北京大学出版社 2016 年版，第 352 页。

能为被代理人所接受，因此，即便造成被代理人的损害，是否否定该行为的效力，仍交由被代理人判断，法律也不必禁止被代理人接受该法律行为。但在恶意串通损害第三人利益的情形下，《民法典》将其规定为无效民事法律行为的范畴，在法律上对其持禁止的立场。[①]

第四，法律后果不同。恶意串通、损害第三人利益主要是直接导致法律行为无效，通过第三人主张法律行为无效并通过无效后的恢复原状等规则保护第三人的利益。而在代理权滥用的情形下，其并不一定导致法律行为无效，而应适用无权代理的规则，其属于效力待定的民事法律行为，具体可以区分如下情形认定其效力：一是在被代理人追认的情形下，该法律行为有效，被代理人将承受该法律行为的法律后果。二是在被代理人拒绝追认的情形下，该代理行为属于无效法律行为[②]，依据《民法典》第 171 条第 3 款规定，善意相对人有权请求代理人履行债务或者就其受到的损害请求代理人赔偿。但是，赔偿的范围不得超过被代理人追认时相对人所能获得的利益。三是代理人与相对人需要依法对被代理人承担赔偿责任。依据《民法典》第 164 条第 2 款规定，在代理人与相对人恶意串通、损害被代理人合法权益的情形下，代理人和相对人应当对被代理人承担连带责任。这些法律后果在恶意串通、损害第三人利益情形中是不存在的。

此外，在《民法典》第 154 条规定的恶意串通、损害第三人利益的情形中，第三人享有损害赔偿请求权，并且该第三人对于该恶意串通的发生通常没有过错，因此无须分担最终的损害。在此种行为被宣告无效之后，恶意串通的双方当事人都应当承担连带责任。相比之下，根据《民法典》第 164 条第 2 款的规定，被代理人有权请求代理人和相对人承担连带责任，但由于被代理人在选任、指示代理人时可能存在过错，因此被代理人也应当承担适当的损失。也就是说，根据《民法典》第 157 条的规定，“各方都有过错的，应当各自承担相应的责任”，若是被代理人对代理人和相对人实施恶意串通行为存在选任过失，那么其也应当承担一定的损失份额。

---

① 参见朱庆育：《民法总则》（第二版），北京大学出版社 2016 年版，第 352 页。

② 参见吴香香：《请求权基础：方法、体系与实例》，北京大学出版社 2021 年版，第 246 页。

总之，《民法典》第 154 条调整的是民事法律行为的双方主体共同实施恶意串通损害第三人的法律关系，但是《民法典》第 164 条第 2 款调整的则是被代理人与代理人和相对人之间的法律关系。前者在性质上属于无效，后者在性质上属于效力待定的法律行为。因此，《民法典》第 164 条第 2 款不能为第 154 条所替代。

五、界分恶意串通与损害第三人的侵权行为

恶意串通、损害第三人的行为不同于其他无效民事法律行为，在于后者被宣告无效后，即使造成损失，通常损害的是合同一方当事人的利益，而前者因恶意串通行为侵害第三人利益，导致第三人的损害，该行为具有特定的侵害第三人利益的明确指向，可能构成侵权，将导致侵权责任法的适用。“侵权行为法旨在权衡行为自由与权益保护，规定何种行为，侵害何种权益时，应就所生的何种损害，如何予以赔偿。侵权行为法的内容与其所要达成的机能或目的具有密切联系。”[①] 问题在于，在行为人恶意串通的情形下，该行为对特定的侵害第三人的损害是否可以适用侵权责任？对此一直存有争议。笔者认为，在恶意串通造成第三人损害的前提下，确实可能产生侵权损害赔偿请求权。如果当事人基于恶意串通而实施民事法律行为、造成他人现实的损害的，应当认定其构成共同侵权，因此，恶意串通不仅涉及法律行为效力问题，还可能涉及侵权问题。

对于恶意串通损害第三人的行为，原则上应当由第三人请求确认法律行为无效，以保护第三人利益。但是在特殊情形下，如果恶意串通制度难以对第三人提供救济，则可以通过侵权责任规则对受害人提供救济。如前述，恶意串通涉及第三人的损害救济问题，这也是其与其他民事法律行为无效事由的重要区别。有学者认为，恶意串通中的所谓“损害”，不是指现实的或结果意义上的损害，而是指可能发生的损害，这完全不同于侵权责任法所采取的以现实损害或损害后果为

---

① 王泽鉴：《侵权行为》（第三版），北京大学出版社 2016 年版，第 7 页。

基点的规范方法。[①] 但第三人的损害既可能是其债权遭受损害（如“一物数卖”的情形下造成在先买受人的损失），也可能是其他财产利益损失，还可能是现实的财产损失。例如，在招标人与投标人恶意串通的情形下，导致其他投标人在投标过程中支出的费用损失无法得到赔偿。

然而，法律行为无效制度仅能救济法律行为当事人的损失，而难以救济第三人的损失。《民法典》第 157 条对民事法律行为无效的法律后果作出了规定，从该条规定来看，不论是返还财产、折价补偿，还是赔偿损失，其都只是对民事法律行为当事人所产生的效力，在行为当事人之间产生相关责任，而不适用于对第三人的保护。例如，该条规定，在民事法律行为无效后，“有过错的一方应当赔偿对方由此所受到的损失；各方都有过错的，应当各自承担相应的责任”。可见，这完全是以一般无效民事法律行为为原型所作出的规定，即因为无效后的损失通常涉及合同一方当事人，因此，损害赔偿也仅发生在当事人之间，不涉及第三人。由于该条所规定的赔偿损失在性质上属于缔约过失责任，因此其仅救济当事人的信赖利益损失，无法对第三人的损失提供有效救济。例如，在“一物数卖”的情形下，第三人可能遭受一定的损失，而买卖合同的标的物可能已经毁损、灭失，或者买卖的房屋已经被他人入住，或者客观上无法返还，这都将导致第三人的损害难以得到有效救济，在此情形下，第三人所遭受的损失只能通过侵权责任法规则予以救济。

我国司法实践也已经注意到这一问题，正是考虑到恶意串通制度对第三人救济的困境，因此允许适用侵权规则。例如，在“重庆能信建材有限公司诉重庆元尚元房地产开发有限公司、重庆兴兆海实业有限责任公司债权人撤销权纠纷”一案中，法院认为，行为人与原债务人恶意串通，通过合同方式转移原债务人财产并使原债务人完全丧失偿债能力，且财产已无返还可能和无折价补偿的现实基础，合同被确认无效后，判令行为人直接对债权人承担赔偿责任符合侵权责任制度的立法本义，唯有如此，也才能保护因恶意串通遭受损害的第三人的利益。

① 参见朱广新：《恶意串通行为无效规定的体系地位与规范构造》，载《法学》2018 年第 7 期，第 140 页。

“元尚元公司取得了原属于兴兆海公司的在建建筑物并同时获得了其他利益；案涉在建建筑物返还不能和估价不能；兴兆海公司无财产可供执行，能信公司债权从兴兆海公司处无实现的可能。因此，只有判令元尚元公司对能信公司承担直接赔偿责任，才能有效保护能信公司的合法权益和惩治兴兆海公司与元尚元公司的恶意行为。”① 问题在于，在恶意串通损害第三人利益的情形下，第三人在依据侵权法规则主张损害赔偿时，如何确定行为人损害赔偿的范围？笔者认为，此种情形下，按照侵权责任范围上的因果关系予以确定即可，即受害人只能主张与行为人的行为之间具有因果关系的损失，而无权主张其他损失赔偿。

有观点认为，恶意串通行为不是直接导致对物权、知识产权等绝对权的损害，而主要是一种纯粹经济上的损失。严格地说，该行为造成的确实是一种纯粹经济损失。② 所谓纯粹经济损失，指的是行为人的行为虽未直接侵害受害人的权利，但给受害人造成了人身伤害和有形财产损害之外的经济上的损失。③ “纯经济损失，就是指除了因对人身的损害和对财产的有形损害而造成的损失以外的其他经济上的损失。”④ 可见，纯经济损失是对人身和有形财产造成的实质损害以外而产生的费用损失。我国《民法典》第1165条第1款规定：“行为人因过错侵害他人民事权益造成损害的，应当承担侵权责任。”依据该规定，侵权责任的救济对象既包括权利，也包括利益，至少没有绝对排除对纯粹经济损失的救济。当然，纯粹经济损失并不像绝对权那样具有社会典型公开性，所以，对纯粹经济损失的保护具有更为严格的构成要件，以避免行为人责任过于泛滥。在侵害民事权利的情形下，只需要行为人主观上具有一般过错即可依法成立侵权责任，而在侵害民事利益的情形下，由于其不具有社会典型公开性，为了保护个人的行为自由，原则上需要行为人主观上具有故意，才能依法成立侵权责任。恰好，在恶意串通的情形下，虽然第三人遭受的主要是纯粹经济损失，但由于行为人主观上存在恶意串通，且具有加害第三人的目的，即其主观上具有故意，因此，即便课以

① 重庆市高级人民法院（2019）渝05民终3880号民事判决书。

② 参见茅少伟：《论恶意串通》，载《中外法学》2017年第1期，第155页。

③ See Robbey Bernstein，*Economic Loss*，Sweet & Maxwell Limited，2nd ed.，1998，p. 2.

④ Robbey Bernstein，*Economic Loss*，Sweet & Maxwell Limited，2nd ed.，1998，p. 2.

其承担侵权责任，也不会不当妨碍其行为自由。当然，在恶意串通情况下，损害并非一概是纯粹经济损失，也可能构成侵犯绝对权。例如，“一物二卖”情况下，第一买受人经由转移登记已经取得了所有权，而出卖人与第二买受人恶意串通并移转占有给第二买受人，由此就侵害了第一买受人的所有权。此种损害应当是一种现实的损害，即恶意串通行为造成他人实际损失。[①] 当然，该第三人需要就其遭受的实际损失负举证责任。

由此也可以看出，合同法与侵权法之间存在交叉互补关系，民事法律行为效力制度与侵权法规则虽然都可以保护第三人，但二者的侧重点不同：民事法律行为效力制度通过确认民事法律行为无效的方式保护第三人的利益，而侵权法则通过对受害人实际损失予以救济的方式保护第三人，二者之间存在一定的互补关系。恶意串通损害第三人利益的行为已经符合侵权责任的构成要件，应当可以适用侵权法规则。在侵权法的框架下，对纯粹经济损失提供救济的前提通常是行为人存在主观恶意，而在恶意串通的情形下，行为人主观上显然存在恶意，也符合侵权法对纯粹经济损失予以救济的条件。

恶意串通侵害第三人利益的行为构成侵权，同时，恶意串通的行为人也可能符合共同侵权的构成要件。如果构成共同侵权，作为受害人的第三人有权依法请求行为人承担连带责任。主要理由在于：一是行为人主观上存在侵害他人的意思联络且造成他人损害。依据《民法典》第 1168 条的规定，构成共同侵权行为，要求行为人必须是“共同实施侵权行为”，在恶意串通的情形下，行为人恶意串通的目的在于加损害于他人，各个行为人主观上存在意思联络且造成他人损害，符合共同侵权的行为特征。[②] 二是行为人的意思联络行为共同造成了第三人的损害，行为与损害之间具有因果关系。三是将恶意串通行为作为共同侵权行为，有利于对受害人的保护。一方面，单纯的法律行为无效不足以保护第三人的利益。如果仅仅只是允许第三人主张法律行为无效，那么就需要通过返还财产等方式，

---

① 参见冉克平：《“恶意串通”与“合法形式掩盖非法目的”在民法典总则中的构造——兼评〈民法总则〉之规定》，载《现代法学》2017 年第 4 期，第 71 页。

② 参见黄淳等：《恶意串通损害第三人债权的责任承担》，载《人民司法·案例》2020 年第 14 期，第 72 页。

使得该第三人的利益状态重新获得恢复。但是在实践中，相关的财产可能已经因毁损灭失或由他人善意取得而无法返还，此时，即便第三人可以主张民事法律行为无效，其利益也难以获得保护。而承认第三人的损害赔偿请求权，可以直接弥补第三人所遭受的损失，对于第三人而言更为有利。另一方面，肯定构成共同侵权并不会给予受害人重复保护。由于侵权责任的构成要件和主张恶意串通无效的要件可以分别判断，该第三人可以自行选择救济方式。在第三人主张民事法律行为无效后，其可能根本就不会再遭受损失，因而并不满足侵权责任的构成要件，此时单纯主张民事法律行为无效即足以保护第三人。而如果主张无效后，该第三人仍然遭受损失，其有权依法主张侵权损害赔偿请求权。

恶意串通虽然可能构成侵权行为，但是并非都要适用侵权规则。毕竟恶意串通规则是民事法律行为效力制度的组成部分，原则上需要通过确认法律行为无效来对第三人提供保护，只有在例外情形下才能适用侵权规则。一方面，从《民法典》第157条的规定来看，民事法律行为无效规则主要对合同当事人的损害提供救济，而无法对第三人的损害提供救济，能否将损害赔偿的范围扩张到法律行为主体之外的第三人，还有待于将来立法、司法解释予以完善。同时，恶意串通与侵权责任本身也存在一定的区别，如果当事人主张行为人承担侵权损害赔偿责任，则其应当举证证明自身遭受了一定的损害，如果其无法证明自身损害的存在，则其无权主张侵权损害赔偿责任，而只能通过民事法律行为无效制度予以解决。另一方面，如果当事人并不主张损害赔偿，而只是主张否定民事法律行为的效果，并进而主张恢复原状等法律效果，则其无须主张侵权损害赔偿责任，而只需要通过恶意串通规则否定相关民事法律行为的效力即可。因为在大多数情况下，当事人可能并没有主张损害赔偿的意愿，而主要是为了否定相关民事法律行为的效果。例如，在双方恶意投标损害第三人利益的情形下，其他投标人可能并不需要主张赔偿损害，而是为了否定恶意串通投标行为的效力，并进而重新参与投标，这就可以借助恶意串通规则提出请求，而完全没有必要适用侵权请求权。

结　语

拉伦茨指出："法律科学最为重要的任务之一就是发现单个的法规范之间和规则体相互之间，以及它们与法秩序的主导原则之间的意义脉络，并将该意义脉络以可被概观的方式，即以体系的形式表现出来。"[①] 法典化就是体系化，进入《民法典》时代之后，需要从体系化的视角分析观察民法上的各项概念、规则和制度。就恶意串通而言，其是否具有独立存在的价值以及具有何种规范功能、如何确定其构成要件，需要与其他制度之间结合起来考察，揭示它们之间的体系关联和内在的制度脉络。尤其是在适用中，不能孤立地仅将恶意串通视为法律行为效力制度的一项规则，而要注意到恶意串通规则可能与其他制度存在一定的交叉与重合，甚至要突破合同法的视角，而将其与侵权法联系起来观察，如此才能理解该制度的全貌，并在实践中得以准确实施。

《民法典》将恶意串通作为无效民事法律行为的一种类型，并将其与违背公序良俗的民事法律行为无效事由相并列，是我国民事法律行为制度的一大亮点。虽然恶意串通的一些典型形态，如恶意串通投标等，已经为一些法律所规定，但恶意串通行为的类型较多，需要有一般性的规则调整此类行为。但应当看到，将恶意串通作为一般性的规则加以规定，其规范内容确实存在过于抽象的问题，在适用中需要对其构成要件等进行具体化，从而保障该规则的准确适用，以更好地发挥其制度功能。在司法实践中，应当从保护特定第三人利益这一立法目的出发，展开对《民法典》第154条的解释和适用：在与其他制度发生竞合时，应充分尊重第三人的选择，并在证明责任与证明标准的问题上，充分考虑第三人的保护。

① ［德］卡尔·拉伦茨：《法学方法论》，黄家镇译，商务印书馆2020年版，第548－549页。

论越权代表中相对人的合理审查义务*

——以《合同编通则解释》第20条为中心

引　言

我国《民法典》采取实在说的立场，承认法人具有民事行为能力，规定法定代表人实施的行为即为法人的行为，法定代表人以法人名义从事的民事活动，其法律后果由法人承受。[①] 这一规定在实践中引发两个主要问题：一方面，法定代表人几乎垄断了法人的意思决定与意思表达，形成了中国特有的“独任代表制”[②]，这一做法虽不无优点，但也导致法定代表人滥用代表权实施法律行为的现象频发，给法人带来重大的损失。另一方面，出现滥用代表权现象后，许多法人以代表权存在限制为由，否认法定代表人与相对人订立合同的效力，从而损害相对人利益，并危害交易安全。有鉴于此，《最高人民法院关于适用〈中华人民共和国民法典〉合同编通则若干问题的解释》（以下简称“《合同编通则解释》”）第20条第1款规定：“法律、行政法规为限制法人的法定代表人或者非法人组织的

---

* 原载于《中外法学》2024年第1期。

① 参见杨代雄：《越权代表中的法人责任》，载《比较法研究》2020年第4期，第42页。

② 蔡立东：《论法定代表人的法律地位》，载《法学论坛》2017年第4期，第14页。

负责人的代表权，规定合同所涉事项应当由法人、非法人组织的权力机构或者决策机构决议，或者应当由法人、非法人组织的执行机构决定，法定代表人、负责人未取得授权而以法人、非法人组织的名义订立合同，未尽到合理审查义务的相对人主张该合同对法人、非法人组织发生效力并由其承担违约责任的，人民法院不予支持。”该规定引入了相对人的合理审查义务，是对《民法典》越权代表制度的重大完善，将会对公司治理产生重大影响。由于该条属于新规则，如何在实践中准确适用，仍然有待于进一步探讨。

一、合理审查义务的历史发展

对于法定代表人超越权限范围订立的合同，若相对人为善意，则该代表行为有效，被代表的法人应当承担合同有效的法律效果；而在相对人为恶意的情形下，如果法人拒绝追认该合同，则该合同无效，法人也不应当承担责任。不过，应如何判断相对人的主观状态?《民法典》第 61 条第 3 款仅规定，对代表权的限制，“不得对抗善意相对人”。一般认为，《民法典》所规定的“善意相对人”，是指对代表权的限制不知情或不应知情的交易相对人。[①] 从我国司法实践来看，在适用表见代理、表见代表规则时，如何认定知道或应当知道，始终是一大难题。司法实践的重点大多聚焦在考察交易的客观环境、行为人的行为方式等方面，而忽略了对相对人审查义务的认定。《合同编通则解释》第 20 条关于合理审查义务的规定，首次对于该问题作出了明确的回应。按照该规定，相对人如果尽到了合理审查义务，就可以被认定为“善意相对人”。从我国立法和司法实践来看，该规定的确立，经历了一个发展过程。

（一）效力审查阶段

有关公司担保的理论争议和裁判分歧，自 21 世纪初即引起学术界的广泛关注。2000 年，在“中国福建国际经济技术合作公司与福建省中福实业股份有限公司借款担保案”中，最高人民法院提出了担保合同相对人应当履行审查义务的

① 参见黄薇主编：《中华人民共和国民法典总则编解读》，中国法制出版社 2020 年版，第 183 页。

观点[①]，但这一认识并未完全被司法实践所采纳。有学者对早期的裁判案例进行了研究，发现大部分公司对外担保合同时，虽然法定代表人可能越权，但被法院认定为有效，并且认为相对人在与公司的交易中不需要承担审查义务。[②] 不过，任由法定代表人为谋求一己私利而滥用职权损害公司利益的行为泛滥，会使公司治理结构丧失制衡功能，并严重损害投资者利益。这种情形在上市公司中非常严重。[③] 另外，不受限制的公司担保在福建、广东、新疆等地区也会形成危及区域金融安全乃至国家整个金融体系安全的"担保圈"[④]。

2005 年，我国修订了《公司法》，并在第 16 条对公司为他人债务提供担保作出了明确限制，对法定代表人的权限作出了必要的规范。此后，围绕着该法第 16 条的规范属性及违反第 16 条规定的法律效果的争论持续不断。[⑤] 司法裁判和学界对于"如何适用《公司法》第 16 条"产生了基于如下两种进路的解释：一是将该条规定作为强制性规定，但关于该规定究竟是效力性强制性规定还是管理性强制性规定，存在一定的争议。[⑥] 二是"法定权限限制进路"，即将《公司法》第 16 条理解为对法定代表人代表权限的法定限制。[⑦] 就法定代表人越权担保的解释进路，有"内部关系说""规范性质识别说""代表权限制说"之争。[⑧] 严格地

① 参见最高人民法院（2000）经终字第 186 号民事判决书。

② 参见李游：《公司担保中交易相对人合理的审查义务》，载《政治与法律》2018 年第 5 期，第 149 - 150 页。

③ 参见甘培忠：《公司法第十六条的法义情境解析》，载《法制日报》2008 年 2 月 17 日，第 6 版。

④ 夏志琼：《担保链：危及区域金融安全》，载《经营与管理》2014 年第 2 期，第 24 页。

⑤ 参见罗培新：《公司担保法律规则的价值冲突与司法考量》，载《中外法学》2012 年第 6 期，第 1232 - 1246 页；周伦军：《公司对外提供担保的合同效力判断规则》，载《法律适用》2014 年第 8 期，第 2 - 9 页。

⑥ 参见李金泽：《〈公司法〉有关公司对外担保新规定的质疑》，载《现代法学》2007 年 1 期；梁上上：《公司担保合同的相对人审查义务》，载《法学》2013 年第 3 期。

⑦ 参见钱玉林：《公司法第 16 条的规范意义》，载《法学研究》2011 年第 6 期；杨代雄：《公司为他人担保的效力》，载《吉林大学社会科学学报》2018 年第 1 期，第 37 页以下；高圣平：《公司法定代表人越权担保效力判断的解释基础——基于最高人民法院裁判分歧的分析和展开》，载《比较法研究》2019 年第 1 期，第71 - 72 页。

⑧ 就三种学说的介绍，参见周伦军：《公司对外提供担保的合同效力判断规则》，载《法律适用》2014 年第 8 期，第 2 - 3 页；高圣平、范佳慧：《公司法定代表人越权担保效力判断的解释基础——基于最高人民法院裁判分歧的分析和展开》，载《比较法研究》2019 年第 1 期，第 71 - 73 页。

说，将第16条解释为效力性强制性规定并不合适。《公司法》第16条固然在一定程度上涉及对公司利益、股东利益的保护，并间接地涉及公共利益，但简单将有关公司内部治理的规则认定为效力性规范，并据此认定合同无效，不利于保护相对人的利益和交易安全。因为相对人可能是善意、无过错的，其根本不知道公司对法定代表人代表权所作出的限制，且该条在性质上只是有关公司内部的管理性规定，而非效力性规范。[①] 因此，以违反《公司法》第16条为由认定该合同无效，不利于维护交易安全，且实践中效力性规范与管理性规范的区分标准也较为模糊，难以作为认定合同效力的标准。

（二）赋权性规则解释阶段

由于将《公司法》第16条作为效力性规范的解释明显不妥，学说上开始出现将其界定为赋权性规定的观点。所谓赋权性规范，是指违反该规范仅构成逾越权限，并在未得到公司追认的情况下不发生效力，而非必然无效。在"中建材集团进出口公司诉江苏银大科技有限公司等担保合同案"中，北京市高级人民法院便采取了此种立场。[②] 赋权性规范解释理论主要着眼于解决对权利的设定与限制问题，未能提供作为判断合同效力的依据。依据该理论，在公司法定代表人等越权对外提供担保的情形下，要通过无权代理、无权代表等制度判断第三人是否存在善意，并在此基础上认定相关担保行为对法人的效力。[③] 应当看到，赋权性规范理论相比效力性规范理论有了一定的进步：效力性规范解释采取的是结果导向的判断方式，而赋权性规范解释并不简单地宣告民事法律行为无效，而是在综合考察法定代表人越权代表行为具体情形的基础上，判断其法律效果及其归属。不过，由于赋权性规范仍然没有解决第三人是否为善意的判断标准问题，因此，该理论在实践中没有得到广泛采用。

（三）相对人审查阶段

因为效力审查和赋权性规则解释理论的不足，学界逐渐引入相对人的审查义

① 参见梁上上：《公司担保合同的相对人审查义务》，载《法学》2013年第3期，第24页。

② 参见北京市高级人民法院2009高民终字第1730号民事判决书。

③ 参见朱庆育：《〈合同法〉第52条第5项评注》，载《法学家》2016年第3期，第162-163页。

务以判断第三人的善意。依此，司法实践和学说可以分为三个发展阶段。

第一阶段：形式审查，所谓形式审查，是指相对人仅对材料的形式要件进行审查，即审查材料是否齐全、是否符合法定形式，但对于材料的真实性、有效性不作审查。该观点认为，依据《公司法》第16条规定，相对人对审查公司法定代表人是否有担保权限作出形式审查。[①] 例如，在“中国光大银行深圳分行与创智信息科技股份有限公司等借款保证合同纠纷上诉案”中，最高人民法院认为：“银行工作人员不是笔迹鉴定专家，银行也缺少进行实质审查的技术能力，银行对决议仅负有形式审查的义务，即银行的审查义务仅限于从表面上审查董事会决议的形式要件是否符合规定，而对决议实质真伪则无审查义务。”[②] 此后，最高人民法院于2018年制定了《关于审理公司为他人提供担保纠纷案件适用法律问题的解释（征求意见稿）》[③]，并于2019年在《九民会议纪要》第18条中引入了相对人的形式审查义务，将考察重点从注重行为人的行为转移到相对人的审查义务。形式审查较之赋权性规范理论，因为开始关注相对人的审查义务，因此具有明显进步。不过，由于形式审查对相对人课以的审查义务过轻，以至于在实践操作中“形式审查义务有时与无需审查无异”[④]。

第二阶段：在担保关系中对相对人课以合理审查义务。为解决形式审查标准过轻的弊端，在《民法典》颁布以后，2021年《最高人民法院关于适用〈中华人民共和国民法典〉有关担保制度的解释》（以下简称《担保制度解释》）提出了合理审查标准。具体而言，《担保制度解释》第2款规定：“第一款所称善意，是指相对人在订立担保合同时不知道且不应当知道法定代表人超越权限。相对人有证据证明已对公司决议进行了合理审查，人民法院应当认定其构成善意，但是公司有证据证明相对人知道或者应当知道决议系伪造、变造的除外。”据此，当《公司法》第16条被认定为是对法定代表人权限的法定限制时，为了满足表见代表的构成要件，相应地产生了“相对人的审查义务”。学术界和实务界就《公司

① 参见梁上上：《公司担保合同的相对人审查义务》，载《法学》2013年第3期，第27页。

② 最高人民法院（2007）民二终字第184号民事判决书。

③ 最高人民法院办公厅秘书一处曾于2018年8月9日印发该解释并公开征求意见，但最终未获通过。

④ 钱玉林：《寻找公司担保的裁判规范》，载《法学》2013年第3期，第37页。

法》第 16 条是对法定代表人代表权限或代理人代理权限的法定限制，且要求相对人在担保关系中作出合理审查，已经达成共识。[①] 尤其是就判断“相对人善意”应当以相对人是否履行合理审查义务为标准具有普遍共识。[②]

第三阶段：在法律法规规定的交易中应对相对人课以合理审查义务。由于在担保关系中对相对人课以合理审查义务，范围过于狭窄，为此，《合同编通则解释》第 20 条第 1 款规定：法律、行政法规为限制法人的法定代表人或者非法人组织的负责人的代表权，明确规定合同所涉事项应当由法人、非法人组织的权力机构或者决策机构决议，或者应当由法人、非法人组织的执行机构决定，相对人不能证明其已尽到合理审查义务，法人、非法人组织主张合同对自己不发生效力的，人民法院应予支持。该条规定与《担保制度解释》的规定相比，有如下重大变化：一是扩张了相对人合理审查义务的范围。依据《担保制度解释》的规定，相对人仅在公司法定代表人对外提供担保时负有合理审查义务，而《合同编通则解释》将合理审查的对象扩张为法律、行政法规所规定的事项，而不仅仅限于《公司法》第 16 条所规定的事项。二是扩大了适用主体的范围，即其不再限于公司，还包括其他类型的法人和非法人组织，即在法人、非法人组织的法定代表人、负责人对外行为时，相对人对其代表权限均负有合理审查义务。三是保持了开放性。未来法律法规对法人的法定代表人的代表权作出限制时，同样可适用本条关于合理审查义务的规定。

总之，从上述演变过程可以看出，在认定法定代表人越权代表行为的效力时，我国的立法和司法实践最初从越权代表行为的效力层面着手，后来转移到对相对人善意的认定，并最终发展出了相对人合理审查义务规则。这一演变过程体现了我国民事立法在该问题上的发展与进步。该规则明确了《民法典》第 61 条第 3 款所规定的“善意相对人”的判断标准，是对《民法典》之效果规定的重大完善。从该规则的引入可以看出，法律针对越权代表行为的调整方式越来越精

---

① 参见高圣平：《论相对人审查义务视角下的公司担保决议——基于〈民法典〉实施之后的裁判分歧的展开和分析》，载《法制与社会发展》2022 年第 6 期，第 58 页。

② 参见石冠彬：《论公司越权担保的认定标准及法律效果》，载《法商研究》2020 年第 2 期，第 142 页。

细、统一。从相对人合理审查义务的角度调整越权代表行为的效力，不再局限于调整具体的交易关系，可以兼顾公司外部治理的需要，对于完善公司治理模式也具有重要意义。

二、相对人合理审查义务的功能

“任何完整的法律规范都以实现特定的价值观为目的，并评价特定的法益和行为方式，在规范事实构成与法律效果的联系中总是存在着立法者的价值判断”①。对裁判文书的实证研究表明，关于如何判断第三人的善意，裁判历来极不统一。②《合同编通则解释》第 20 条的首要功能就是确定地明确了判断相对人是否为善意的标准，并为司法实践中确认表见代表、表见代理提供了明确的裁判指引。合理审查义务不仅在纠纷发生时有助于法官准确裁判，还具有“事先地”（ex ante）影响当事人行为的效果，其功能具体体现在以下几个方面。

（一）行为指引：有效促进相互合作

市场交易的秩序和效率很大程度上依赖于交易当事人的诚实守信和相互合作。如果交易当事人不诚实守信，利用法律、合同内容不完善及信息不对称的状态实施一些机会主义行为，便会损害交易安全、破坏市场秩序、增加交易成本。在公司重大交易中，这一方面会导致交易结果不公正，另一方面也可能诱发投机和背信。③ 例如，A 公司为与 B 公司签订合同，派出了 A 公司法定代表人甲，如果甲实施了越权行为，在缺乏合理审查义务的情形下，就可能产生如下两种情形：一是法定代表人甲与 B 公司合谋损害 A 公司利益，并将该利益的一部分分给 B 公司。在不存在合理审查义务时，若 A 公司拒绝追认合同效力，B 公司就会主张其为善意，法定代表人甲也予以认可，如果该主张得到法院认可，由 A 公司承受合同的效力，将导致 A 公司蒙受重大损失。二是 A 公司与法定代表人甲

① ［德］伯恩·魏德士：《法理学》，丁小春、吴越译，法律出版社 2003 年版，第 55 页。

② 参见李游：《公司担保中交易相对人合理的审查义务》，《政治与法律》2018 年第 5 期，第 155 页。

③ See Corporate Governance and Evolving Corporate Disclosures：*Global Challenges and Opportunities for Research and Policy*，Corporate Governance，Volume31，Issue3，May 2023，p. 538.

合谋损害B公司利益，由甲在与B公司签订合同时实施越权代表行为，但在有关交易对A公司而言能够获得巨大收益时，由A公司追认相关的越权代表行为；而在有关交易对A公司而言不利时，由A公司主张甲实施的是越权代表行为，并拒绝追认该行为。

可见，在缺乏相对人合理审查义务制度的情形下，不论被代表的法人是真越权、假越权，抑或交易相对人是知道还是不知道越权，都可能存在上述机会主义行为，即当事人利用交易中的不确定性，追求自身的利益最大化。按照博弈论中的“纳什均衡”理论，如果有多人参与博弈，在各人都有选择战略的条件下，每个人都将选择自己的最优战略。[①] 而在当事人追求自身利益的最大化的过程中，产生了负外部性，破坏了市场秩序和人们相互之间的信任关系。[②] 比较而言，良好的法律会通过影响交易双方的策略来正面地影响交易结果，并促成合作。[③] 规定相对人的合理审查义务，有助于给当事人正确的行为指引，即在交易之初，交易中的相对方便负有合理审查义务，审查代表人的代表权限是否存在瑕疵，若存在瑕疵，其应要求法定代表人予以补正、纠正有关的程序瑕疵或者拒绝订约。这一机制可有效破解前述各方均存在机会主义的问题。具体而言，合理审查义务要求对于是否越权的行为，相对人B应当进行合理审查，法人A也应当负担一定的越权代表风险，即A、B双方都应当负担避免风险发生的义务，从而可以降低相关交易的整体风险，避免善意一方的利益受到恶意方及代表人的损害。

（二）治理完善：推动公司治理结构的完善

公司治理的一个重要目标就是如何限制法定代表人的权力滥用行为。“在公司法模型中，代理的利益必须通过监管等成本的支出来获得平衡，以避免出现道德风险。”[④] 虽然法定代表人是公司的灵魂，但是在法人实在说下，法定代表人

---

① 参见张维迎：《博弈论与信息经济学》，上海三联书店2004年版，第8页。

② See Lucas Kruitwagen et al., “Game Theory and Corporate Governance: Conditions for Effective Stewardship of Companies Exposed to Climate Change Risks”, *Journal of Sustainable Finance & Investment*, 2017, Vol. 1, p. 17.

③ 参见［美］乔尔·沃森：《策略：博弈论导论》，费方域译，格致出版社2016年版，第1页。

④ Grundmann et al. (eds.), *The Organizational Contract: From Exchange to Long-term Network Cooperation in European Contract Law*, Ashgate Publishing, 2013, p. 29.

的人格具有双重性：其一方面是法人的代表人，另一方面作为自然人，也有自己的意志，其利益与企业的利益并不完全一致[①]，其还具有自己的利益和意志，追求自身利益最大化依然可能是其行为的首要动机。如前所述，法定代表人享有的权限过于集中和强大，这是我国法人制度的固有缺陷，而独任代表制容易诱发法定代表人为牟取个人私利而滥用权力。[②] 一旦法定代表人滥用代表权或决策不慎，就会使法人遭受难以估计的损失。而合理审查义务旨在限制法定代表人所实施的此类行为。

公司治理的核心之一就是降低代理成本。[③] 相对人的合理审查义务有利于督促公司的法定代表人尽职及忠实，降低代理成本。合理审查义务有助于公司的治理，体现在对代表权的内部限制和外部制约两个方面。就内部限制而言，股东会与董事会决议、聘任法定代表人的合同，均可以对代表权施加意定限制。此种意定限制也称为内部限制。该限制虽然也针对事关公司重大利益的交易事项，但具有内部性，一般不为外人所知。[④] 意定限制，是指法律、法规规定之外的、由公司内部的权力机构和执行机构对法定代表人权限的限制。对于意定限制，相对人原则上无须进行审查。代表人超越意定限制实施的法律行为，仍然对法人发生效力。如此一来，至少就外部效果而言，代表权实际上没有受到限制，因此还需要进行外部限制。所谓外部限制，是指在法律、行政法规对于涉及法人重大利益的交易事项，向社会公众公示对法定代表人的权限的必要限制，同时要求第三人对该代表人是否取得相关决议的同意进行合理审查。因此，此种限制通常称为法定限制。[⑤] 对相对人课以合理审查义务，要求其在订约时，审查法定代表人是否具有代表权，如果代表权欠缺或者有瑕疵，则应当要求其予以补正或拒绝订约，这就形成了一种外部监督机制。使相对人负有合理审查义务，实际上构建

---

① 参见冯珏：《自然人与法人的权利能力——对于法人本质特征的追问》，载《中外法学》2021年第2期，第367页。

② 参见蔡立东：《论法定代表人的法律地位》，载《法学论坛》2017年第4期，第16页。

③ See Kraakmann et al., *The Anatomy of Corporate Law*, 3rd edition, Oxford University Press, 2017, p.36.

④⑤ 参见王刚、要亚玲：《证明责任视角下越权代表的规范适用问题研究——以〈民法典〉第504条为中心展开》，载《河北法学》2022年第12期，第191页。

了内外结合的公司治理方式，即：一方面通过内部限制，促进公司内部的治理决策优化并降低代表权滥用风险；另一方面，通过外部限制，将交易相对人也纳入其中，使其成为法定代表人的监督者。鉴于长期以来在公司治理中，强调内部治理结构与经理人市场，忽略了交易相对人的作用，而使相对人从一开始就负有合理审查义务，有助于督促相对人纠正公司法定代表人相关行为的瑕疵，也为完善公司治理提供了新的思路。这一安排有助于推进公司法治理结构的完善。

（三）鼓励交易：降低交易成本和费用

合同和公司是人们从事经济活动最为基础的两个工具。[①] 合理审查义务标准跨越了合同与公司法两个领域，有助于降低交易中的不确定性，防范未来的风险，避免纠纷的发生，从而鼓励交易。

第一，减少交易中的不确定性、降低交易成本。交易中的不确定性常常因为一方的机会主义行为、越权行为等发生，在确定了相对人的合理审查义务之后，对相对人而言，其对法定代表人的代表权限需要尽到何种审查义务是明确的，这可以降低相对人审查法定代表人代表权限的成本。对法人而言，在法律对相对人的合理审查义务作出规定后，其对法人代表权限的限制可以依法产生相应的法律效力，其也无须就限制其法定代表人代表权限支出额外的成本，如公示成本等。从效率的层面看，在相对完善的登记安排下，交易相对人履行合理审查义务的成本并不高：在投资、担保交易中，相对人可以通过章程判断行为人是否有相关权限，如果章程要求行为人实施相关代表行为时需要有董事会决议，则相对人还应当审查决议程序是否符合章程规定。例如，章程明确规定相关决议需要有 2/3 以上的董事签字，而相关决议只有 1/2 董事签字，则该决议就不符合规定。过去的实践中经常发生公司法定代表人不审慎考虑就轻率作出对外提供担保的决定，而课以相对人合理审查义务，可减少此类现象，从而避免给公司造成重大损失。

---

① See R. Coase，"The nature of the Firm"，4 *Economica* 386，390 - 391（1937）；Oliver E. Williamson，*The Economic Institutions of Capitallism*，The Free Press，pp. 386 - 405.

第二，以最低成本避免损害。从法律的经济分析角度来看，合理审查义务以较低的成本实现了风险防范，避免更大的损失。具体而言，法定代表人越权代表的责任分配实际上是公司与相对人之间的风险分配，原则上应由避险成本最低的一方承担，有助于实现社会福利的最大化。[①] 1970 年，卡拉布雷西在其开创性著作《事故成本》(The Cost of Accidents) 一书中指出："如果让行为人承担其行为所导致的所有成本，那么就会在事实上减少事故或者降低事故的严重性。"[②] 每个人都知道对自己最有利的事情，都会在风险与收益之间进行比对和权衡，他永远会选择带有一定风险但可带来收益的行为。卡拉布雷西的"最便宜的成本规避者"(cheapest cost avoider theory)[③] 认为，产品制造商确实有义务发出警告，理由是"产品制造商通常比零件制造商更有资格警告集成产品的危险"[④]。在该理论提出后，对该判决持异议的美国最高法院法官尼尔·戈萨奇 (Neil Gorsuch) 法官同样围绕卡拉布雷西的最廉价成本规避理论构建了他的分析，他推断，后续零件制造商"最有能力理解并警告用户相关风险"[⑤]。

尽管卡拉布雷西是从侵权责任层面讨论"最小成本规避者"理论，但是这一理论同样适用于合同领域。相对人履行合理审查义务的成本若是低于法人对法定代表人进行监督的成本，那么由相对人承担合理审查义务，社会成本最低。举例而言，只要相对人付出很小的代价，对法人的章程进行查阅，了解该法人是否对法定代表人施加限制，那么成本是相对较低的。但是通过合理审查所避免的损失是重大的。而法人对法定代表人进行监督的成本则是相对较高的。这是因为，法人并非自然人，法人本身无法对法定代表人进行实际监督，真正采取监督措施的，只能是股东会、董事会乃至董事个人、监事会和监事个人。若是采取召开股东会或者董事会的方式，对法定代表人签订的合同进行实际监督，将会引发更大

① 参见黄辉：《现代公司法比较研究——国际经验及对中国的启示》(第二版)，清华大学出版社 2020 年版，第 145 页。

② Guido Calabresi, *The Cost of Accidents: A Legal and Economic Analysis*, Yale University Press, 1970, p. 74.

③ Guido Calabresi, "Concerning Cause and the Law of Torts: An Essay for Harry Kalven", Jr., 43 *U. Chi. L. Rev.* 69, 84 (1975).

④⑤ Air & Liquid Systems Corp. Et al. v. Devries, 139 S. Ct 986 (2019).

的监督成本，包括会议本身的成本和集体决策的成本。[①] 在这个意义上，要求相对人承担合理审查义务，具有合理性。

三、合理审查义务的确定标准

（一）义务来源的法定性

合理审查义务内容的确定，必须有法律法规的依据，不应将这种审查义务泛化到公司的意定限制上。法定限制相对于意定限制而言。义务来源的法定性的原因在于：

首先，是因为交易的重大性，关系到股东和公司的重大利益，因此，法律有必要区分重大交易和日常交易。法定代表人在进行重大交易时，相对人应当负担更审慎的审查义务。从比较法上来看，大都采纳了重大交易应审慎审查的规则，例如，在英国，金融行为监管部门（Financial Conduct Authority）便制定有“重大交易”规范，并适用于在伦敦主板市场上拥有重要地位的上市公司：原则上，若相对于提出交易的上市公司而言，某一特定规模的交易（包括由公司自身进行或其附属公司进行）较为重要，该交易便需要股东会的事前批准，除非有关交易系属于公司日常经营范围内的交易。[②] 再如，在德国 1982 年的 Holzmüller 案中[③]，法院认为，当某交易“……严重影响股东成员资格以及所包含的经济利益时”，即使章程授权董事会进行决策，董事会也应当提交股东大会审议。[④] 美国《代理法重述（第三版）》（2006 年）第 2.03 条规定了表见代理，依据官方对该条的注释，超出日常经营的“重大交易”（fundamental）为“不同寻常的”（unusual）或“新颖”（novel）的交易，从事这些交易不能当然构成表见代理，

---

① 参见［美］亨利·汉斯曼：《企业所有权论》，中国政法大学出版社 2001 年版，第 48 页以下。

② UK Financial Conduct Authority（FCA）：Listing Rules 10. 1ff.

③ BGHZ 83，122.

④ See Kraakmann et al.，*The Anatomy of Corporate Law*，3rd Edition，Oxford University Press，2017，p. 200.

隐含了需要审查内部决议或章程的义务。[①] 之所以重大交易需要相对人对代表权的限制予以合理审查，原因在于：一方面，在一般社会期待来看，重大交易涉及被代表公司的重大利益，因此对代表权限限制的可能性就会很大，基于此种社会期待，相对人对代表权负有一定的合理审查义务，符合一般的商事主体期待。另一方面，相对人对重大交易负有一定的审查义务，有助于降低公司的治理成本，又不会过分增加相对人的交易成本。还应当看到，重大交易理论本身，给法官为提供了裁判上的指引。由于公司交易纷繁复杂，法律法规很难进行穷尽的列举。而一旦引入了重大交易理论，就可以根据交易个案的情况进行具体的判断，而不是根据简单的类型进行判断。在实施重大交易时，如果法律法规没有明确规定，也可能有必要依据重大交易理论对个案的合理审查义务做具体的判断。

其次，源于分权治理结构理论。如前所述，法定代表人代表公司对外行为，常常是公司的化身，但是权限集中容易导致权力滥用，因此，公司治理需要对其权限进行限制，因而公司分权治理理论要求，应当通过法律、行政法规的规定将法定代表人的代表权限制，纳入公司权力机构、执行机构和监督机构的分立之中。也就是说要置于法人分权治理结构的法律框架之下。[②] 这种限制不仅仅流于纸面，更多的是在交易中，通过相对人的合理审查义务来予以实现。

最后，法定义务推定当事人应当知晓，任何人不得以不知法来拒绝履行其合理审查义务。依据《民法典》第 504 条，相对人是否知道或者应当知道法定代表人超越代表权限，是确定行为效果是否归属于法人的关键。在审查义务局限于法定的交易情形，不仅较为清晰地确定了相对人的审查义务，而且减轻了相对人对于判断何种情形下应当负有审查义务的麻烦，尤其是在负有法定审查义务的情形下，如果相对人未尽到合理审查义务，可以直接推定其已经知道或者应当知道法定代表人的越权行为，从而也减轻了公司举证证明相对人未尽到合理审查义务的负担。因为如果代表权限制来源于公司章程、决议等的意定限制时，相对人通常

---

① See *Restatement* (*Third*) *of Agency* (2006), § 2.03 comment d.

② 参见高圣平：《再论公司法定代表人越权担保的法律效力》，载《现代法学》2021 年第 6 期，第 22 页。

无法知晓该限制，基于维护交易安全、降低交易成本的考虑，不应要求其承担调查法定代表人代表权限制的负担。

应当看到，将对代表权的限制的审查义务局限于法定的交易情形，显然也过于狭窄。从我国现行法律规定来看，归纳起来，这些限制主要包括如下类型：一是《公司法》第 16 条（2018 年，下同）规定的公司对外担保。二是《公司法》第 121 条及《上市公司章程指引（2022 年）》第 78 条规定的公司在一年内购买、出售重大资产或者担保金额超过公司最近一期经审计总资产 30％的，应当由股东大会以特别决议即由出席股东大会的股东（包括股东代理人）所持表决权的 2/3 以上通过。三是《公司法》第 121 条规定的上市公司处分重大资产或者担保金额超过公司资产总额 30％的，应当由股东大会作出决议，并经出席会议的股东所持表决权的 2/3 以上通过。四是《证券法》第 62 条规定收购上市公司必须符合法定的程序、《证券法》第 81 条规定的公司重大资产的处分，也应当符合法定的程序。相对人在履行合理审查义务时，应审查代表权限是否符合法律、法规规定。五是涉及公司资本结构的行为，如增加减少注册资本、发行债券等。[①] 六是涉及法人存续或存在形式的行为，如法人合并、分立、解散或者变更公司形式的。[②] 如果法律、法规规定了审查范围，那么审查的范围要与法律、法规保持一致。虽然这些法定限制涉及不少重大交易情形，但仍然不能完全概括各类重大交易情形。毕竟，交易实践纷繁复杂，交易类型不断发展，各类重大交易不可能都由法律法规列举。虽然《合同编通则解释》对相对人合理审查义务是以重大交易为基础，但由于法律法规对此的规定仍然是有限的，且和比较法的规定、判例和学说确定的“重大交易”理论相比较，其范围仍然是相对狭窄的，因此，应当对重大交易保持开放性，即使法律法规未明确规定的重大交易，可以通过交由公司自治，提供章程、董事会决议等方式对法定代表人的权限作出限制。如果合同所涉事项未超越法律、行政法规规定的法定代表人的代表权限，但是超越了章程或者权力机关等对法定代表人的代表权的限制，相对人对此已经知道或者应当知道的，其也仍然

① 参见《公司法》第 46 条。

② 参见《公司法》第 16 条、第 121 条，《证券法》第 62 条、第 80 条、第 81 条。

负有合理审查义务。

（二）审查对象的公开性

“合理审查”源于相对人“知道或者应当知道”该类事项。如果代表权限制来源于法律、行政法规的规定时，基于法律的公开性，推定相对人知悉法律所规定的内容，自然不能豁免其审查法定代表人代表权限的义务。[①] 但是，在交易中，诸多信息与事项并未公开，从而导致相对人无法审查，在此情形下，如何确定相对人的审查义务？依据《合同编通则解释》第20条规定，合理审查的范围限定在法律、行政法规所规定的范围内。原则上，交易相对方不负有对非法定的意定限制进行审查的义务，除非是相对人知道或者应当知道的相关信息。之所以如此，对于非属于法定必须审查的，且相对人不知道或不应当知道的信息，如果要求相对人负有审查义务，这不仅过分课以相对人义务，增加了其审查成本，极大增加了交易费用，且违背了“法律不强人所难”的一般准则。这就是说，如果相对人已经知道或者应当知道意定限制也应当负有合理审查义务，依据上述规定，对于一方已明确告知或者披露给另一方的信息，则属于已经公开的信息，推定相对人知道或应当知道。例如，董事会决议对法定代表人对外提供担保的数额作出了明确的限制，法定代表人在交易时将该决议告知了交易相对人，并且交易相对方表示接受这一限制的，此时可以认为相对人知道或应当知道该限制，进而认为其属于非善意的相对人。对于并未告知或者披露给另一方的信息，相对人一般不负有查询义务，否则将会增加相对人的查询负担。例如，公司通过内部决议对法定代表人代表权限的限制，以及内部决议的真伪等，相对人缺乏查询能力。而且，由于内部决议尚未公开，若要求相对人核实相关决议由哪些人作出，以及决议是否存在代签等问题，很可能导致相对人巨大的成本支出。

在此需要区分章程的限制与内部的限制。公司章程是指公司成员订立的规范法人活动范围、组织结构、议事规则、盈余分配、内部成员之间的权利义务及其他重要事项的法律文件。由于法律、法规规定了相对人负有审查公司章程的义

① 参见高圣平：《再论公司法定代表人越权担保的法律效力》，载《现代法学》2021年第6期，第23页。

务，因此，公司章程所作出的限制，不论是法律、法规规定的内容，还是法律、法规没有规定的事项，均应当属于相对人合理审查的范围。而对意定的即内部的限制，如公司权力机构和执行机构内部的限制，除非相对人知道或者应当知道该限制，否则，相对人对此并不负有审查义务。但若按照法律、法规以及章程的指引，相对人应当进一步审查董事会、股东会等的决议，则相对人应当履行相应的查询义务。这就需要发挥公司章程的指引作用。例如，《公司法》第 16 条已经规定了章程对相关内容的限制，则相对人就应当按照章程指引，尽到相应的审核义务。由于章程应当予以备案，具有公示性，可认为相对人应当知道依据法律法规和章程指引所施加的意定限制的存在。比较而言，股东会、董事会的决议过程及决议的真伪是相对人无法查询的，除非法律明文规定，否则不应苛求相对人予以审查。

（三）审查程度的合理性

所谓程度的合理性，是指在程度上有别于形式审查和实质审查；对于形式审查和实质审查的内容，学界已经大体上达成了共识[①]，而合理审查标准是一项新制度，它是介于形式审查与实质审查之间的审查义务：如果相对人的审查义务过重，则可能动辄得咎，且需花费巨大的成本，从而影响交易效率，影响法定代表人制度功能的发挥；如果相对人的审查义务过轻，则可能不利于督促相对人监督法人及其法定代表人，进而使法人等组织面临巨大的交易风险。因此，在重大交易中对当事人课以介于形式审查与实质审查之间的合理审查义务，有利于平衡交易安全和公司利益保护两方面的利益。[②] 例如，法人在对外提供担保时，按照《公司法》第 16 条的规定，相对人就当事人是否存在股东会或者董事会决议负有审查义务，按照形式审查标准，相对人只要见到当事人提交的决议，就尽到了审查义务。按照实质审查标准，相对人需要审查该决议是否存在，决议程序是否合法，尤其需要审查股东名册是否真实，签章是否真实，甚至还要审查公司控股股

① 关于公司对外担保当中形式审查和实质审查的各类讨论，参见高圣平：《再论公司法定代表人越权担保的法律效力》，载《现代法学》2021 年第 6 期，第 28－29 页。

② 参见李游：《公司担保中交易相对人合理的审查义务》，载《政治与法律》2018 年第 5 期，第 151 页。

东是否作出了内部决议以及该决议的真实性等内容。而按照合理审查标准，要求提供有权机关的决议，根据公司工商登记及股东名册审查公司的签名或者盖章，但是无须审查签名、盖章的真实性。

合理审查义务与形式审查、实质审查义务在审查对象、审查程度等方面，有明显差别。概而言之，形式审查意味着相对人仅需审查代表人相关书面文件的形式完整性。[①] 合理审查要求相对人在此基础上，结合有关交易的具体内容，确定审查的对象，而实质审查则还需实质性考察有关交易内容和交易程序。具体而言，合理审查义务与与形式审查、实质审查义务的差别，主要体现在以下几个方面。

第一，是否要审查公司决议不同。依据《民法典》第 61 条第 1 款的规定，法人章程或者法人权力机构对法定代表人代表权的限制，不得对抗善意第三人，按照形式审查标准，相对人在接受公司担保等时，只需要审查是否存在公司决议，只要有决议文件，就表明公司对外提供担保等具有授权。按照实质审查标准，不仅需要审查是否存在公司决议，还需要审查决议上签名的真实性、决议内容是否有意思表示的瑕疵等。而按照合理审查标准，首先应当确定法律法规是否要求法定代表人在从事该行为时需要决议授权，相对人在接受公司担保时不仅要审查是否有公司决议，还要看该公司决议是否符合法律法规或者公司章程的规定。但是，合理审查标准并不要求相对人对决议内容的真实性和合法性作出审查。[②]

第二，是否需要审查决议程序不同。形式审查只需要判断公司是否真的作出了相关决议，而不需要相对人审查公司决议的程序是否合法。实质审查不仅要审查决议程序的合法性，还要审查决议程序中意思表达的真实性和合法性。而按照合理审查标准，相对人不需要审查意思表示的真实性和合法性，但是需要结合法律法规和公司章程的规定，审查决议程序的合法性。例如，某公司章程规定，公司对外提供担保需要股东会 2/3 以上表决权的股东同意，如果公司作出该决议时

---

① 参见高圣平：《公司担保中相对人的审查义务——基于最高人民法院裁判分歧的分析和展开》，载《政法论坛》2017 年第 5 期，第 143 页。

② 参见李游：《公司担保中交易相对人合理的审查义务》，载《政治与法律》2018 年第 5 期，第 159 页。

只有 1/3 表决权的股东同意，而相对人并没有审查该决议是否符合公司章程规定，则不能认定相对人尽到了合理审查义务。

第三，是否需要审查股东名册不同。按照形式审查标准，相对人只需要审查是否存在股东签字即可，而不需要审查签字的股东是否为登记备案的股东名册中的股东。按照实质审查标准，相对人在确定股东是股东名册中的股东之外，还需要审查是否存在伪造、代签等现象，以确定签名的真实性。而按照合理审查标准，相对人不仅要审查是否有股东签字，还需要查阅签字的股东是否记载于股东名册中，如果签字的股东与登记备案的股东名册中的股东不一致，而相对人并未查阅股东名册的，则不能认为其已经尽到了合理审查义务。当然，股东签名是否为伪造，相对人并没有相关的审查能力，因此不负有审查义务。

（四）审查方式的效率性

“合理”二字其实在一定程度上给予法官一定的自由裁量权，使其在确定审查义务的程度时，针对特定场景确定审查义务，尤其是需要考虑相对人的审查成本，即是否以较低成本来完成审查，反之，如果付出极大的成本才有可能完成相关审查，此种审查就不具有效率性，或者也不具有合理性。

在法定限制中，效率性认定需要考虑合理审查的成本。法定代表人越权而产生的成本，实际上就是一种代理成本。① 进一步说，如果相对人对代表权限进行审查的成本高于法人的监督成本，那么该审查义务就超越了“合理”范围，相对人不必对此进行审查。例如，法律虽然规定了在某种重大交易中，应当审查公司章程，但按照章程指引，需要进一步审查公司网站披露的内容等，此种情形下，在确定相对人的查询义务程度时，应当考虑相对人查询的效率、查询的成本等因素，从而认定相对人合理审查的具体内容，这就体现了审查方式的效率性。当然，与依法公开的信息（如工商登记信息）相比，相对人对公司自行公开的信息的查询义务相对较低，因为相对人原则上并不负有查询公司网站等义务。对相对人审查义务界定得过于严苛，则可能推高融资成本，降低授信效率，不利于金融

① 参见［美］J. B. 希顿：《公司治理与代理崇拜》，林少伟、许瀛彪译，载《交大法学》2018 年第 4 期，第 100 页。

服务于实体经济发展。[①]

在意定限制中，效率性的认定还要考虑相对人是否能以支付较低的成本就能确定对代表权的意定限制，并可以防止法定代表人滥用代表权，对公司造成重大损害，此时，虽然法律法规没有明确规定审查义务，但在判断相对人是否应当知道意定限制时，也应当依具体情形要求相对人负有一定的审查义务。例如，如果公司已经在其网站首页显示该公司法定代表人仅能订立 100 万元以下合同，相对人与公司从事过系列交易，较容易得知该限制，且对该限制审查的成本较低，此时，相对人就应当负有合理的审查义务。当我们谈到损害预防时，一是不需要支付额外的预防成本，由相对人审查重大交易中的代表权限制，可以避免造成损失。二是当外部相对人审查时，其成本较低。三是相对人与公司从事系列交易，应当了解公司对重大事项的代表权限制，对于被代表的公司而言，其实际上应通过完善内部治理结构，避免越权风险，这种风险是治理风险之一，避免越权行为的边际成本较低。[②] 例如，相对人在与公司进行系列交易时，就应当知晓公司对代表人关于重大交易事项的限制，如果从公司网站就可以得知此限制，其不需要过高的成本，就可以避免此损害，要求赋予审查义务，也并非强人所难。

总之，在合理审查的标准下，相对人对于部分内容进行的审查，已经超出了形式审查的范畴。合理审查并非宽松的形式审查，也非严苛的实质审查，而是介于形式审查与实质审查之间的一种审慎审查方式。[③]

四、代表权限制的审查内容

依据《合同编通则解释》第 20 条的规定，“法定代表人、负责人未取得授权

---

① 参见刘俊海：《公司法定代表人越权签署的担保合同效力规则的反思与重构》，载《中国法学》2020 年第 5 期，第 230 页。

② See Michael Jensen & William Meckling, “Theory of the Firm: Managerial Behavior, Agency Cost and Ownership Structure”, 3 *The Journal of Financial Economics* 305 (1976).

③ 参见高圣平：《再论公司法定代表人越权担保的法律效力》，载《现代法学》2021 年第 6 期，第 29 页。

而以法人、非法人组织的名义订立合同"，相对人应尽到合理审查义务。这就要求在进行合理审查之前，相对人应当对法定代表人的身份进行审查，即审查有关行为人是否为法定代表人，是否在以法人或非法人组织的名义订立合同。在确定相对人的查验义务时，该解释解决了长期以来司法实践中有关"认章不认人"和"认人不认章"的争议①，该解释第22条规定将"认章"和"认人"结合起来考虑。所谓"认章"，即如果当事人对印章的真伪没有异议，且相对人能够证明合同系法定代表人在其权限范围内订立的，该合同应对当事人有拘束力；所谓"认人"即是强调要确定法定代表人是否以法人的名义订立合同且未超越权限，这就是要完成对法定代表人的身份的合理审查。无论是法定限制还是意定限制，都需要以审查法定代表人的身份为前提，如果相对人已经审查了法定代表人的身份，并对其代表权限进行了合理审查，确定行为人是公司的法定代表人并在代表权限内代表公司行为，如果公司在交易过程中也并未对此提出异议，则按照诚实信用原则，公司事后不得再以公章系伪造为由拒绝承认法定代表人行为的效力。

相对人在完成身份审查后，还应当审查法定代表人是否在代表权限内行为，这就是合理审查的内容。基于《民法典》第61条的规定，在实践中，法定代表人的行为一般被认为是法人的行为，因此其在实施代表行为时，通常无须出具授权文件，而仅以法定代表人的身份行为即可。这一行为方式也给相对人的审查带来了难度，并由此产生了大量纠纷。针对这一局面，《合同编通则解释》第20条分别针对法律、行政法规对代表权进行限制、章程或权力机构等对代表权进行的意定限制这两种情形分别进行了规定。

（一）代表权法定限制下的审查内容

1.审查交易事项是否属于法定限制事项

问题在于，相对人要审查哪些内容才能完成"合理审查义务"的要求？相对人要完成"合理审查义务"，首先需要对合同所涉事项是否属于法律、行政法规所限制的代表权范围进行审查。这就是说，相对人在与公司进行交易时，不能仅查阅公司的交易文件，还应当放眼于交易文件之外，关注法律、法规对合同所涉

① 参见《九民会议纪要》第41条。

事项中代表权的限制。需要审查与其订立合同的对方的法定代表人不仅要具有合法的资格代表公司行为，而且其代表权限应当在法定的权限范围内。对于代表权的法定限制而言，由于法律或行政法规已经进行了明确的规定，因此相对人应当知道法定代表人无权代表，即便其主观不知，其也对此具有过错。因此，在代表权的法定限制中，并无保护相对人信赖的必要。[①] 这就意味着，对于法定代表权限制而言，应当推定相对人知悉，且相对人也无法通过反证推翻这一推定，而只能就该行为的作出是否符合法定的程序进行审查。为此，相对人在与对方进行交易时，首先需要审核相关的交易是否为法律、法规所规定的特定类型的交易。

2.审查决议机构是否适格

在审查确认合同事项属于法定代表权限制范围后，交易相对人应当对代表权是否符合法律要求进行审查。而要审查代表权又必须要依据《民法典》第 61 条第 3 款规定，根据法人章程或者法人权力机构对法定代表人代表权的限制，以确定代表权是否合法。

首先，要依据法律或行政法规的规定，对代表权的限制是应当由股东会还是董事会作出，以及决议作出机构是否符合该规定进行审查。相对人需要审查的决议机构仅限于法律规定的被代表的法人的决议机构。例如，依据《公司法》第 16 条只需要审查被代表的公司的决议，并没有要求被代表的公司的控股股东也必须作出决议。事实上，对于控股股东作出的决定，相对人是很难审查的，其不应当负有此种审查义务，因为在此种情形下，相对人不仅要审查直接的交易对方当事人，还需要审查对方当事人的控股股东，甚至是对方当事人控股股东的控股股东，这会极大地增加相对人的审查成本。例如，在“海南弘润天源基因生物技术有限公司诉广州银行股份有限公司珠江支行存单质押合同纠纷案”中，担保权人广州银行珠江支行在与担保人海南弘润签订担保合同时，依法审查了后者提供的股东决议等资料，并主张尽到了合理审查义务。法院认为，海南弘润天源基因生物技术有限公司的控制人是八菱公司，广州银行珠江支行未审查案涉质押担保

---

① 参见蔡立东：《论法定代表人的法律地位》，载《法学论坛》2017 年第 4 期。

是否经八菱公司决议程序，并非善意相对人。[①] 笔者认为，按照《公司法》第16条的规定，公司为他人提供担保，依照公司章程的规定，属于董事会或者股东会、股东大会的决议事项，相对人只需要审查公司的股东会、董事会等相关决议即可，而无须审查公司控股股东等的决议。因为公司具有独立的法人资格，不能将虽有投资关系但却具有独立法人地位的子公司、孙子公司等一系列公司，视为同一公司，不能超越上述法律的规定，要求相对人审查公司控股股东的决议情况。

其次，要审查章程对代表权限制的决议机构是如何规定的，因为在某些情形下，法律只是笼统地规定由章程对代表权进行限制，此时，相对人就应当进一步审查章程对代表权进行限制的机构是如何规定的。在此情形下，相对人则需要依据公司章程判断适格的决议机构，例如，章程规定了由股东（大）会或董事会对法定代表人的权限进行限制。虽然二者在决议机构上存在不同，但是因为决议的作出可以由两个机构作出，因此，相对人的审查标准上并不存在显著的区别。但章程如果只是规定了某一特定的机构作出限制，则相对人应当审查该特定机构对法定代表人代表权限所作出的限制。

3.审查决议表决程序是否有效

依据《民法典》第134条第2款，“法人、非法人组织依照法律或者章程规定的议事方式和表决程序作出决议的，该决议行为成立”。决议行为与一般法律行为的区别在于，其要求以规定的议事方式和表决程序作出，否则该行为不能成立。就相对人的审查义务而言，表决程序的审查有法律规定的，应当依据法律规定。法律法规在某些情形下也规定了明确的表决程序，在此情形下，相对人对表决程序是否符合法律规定也应当负有审查义务。例如，《九民会议纪要》第18条依据《公司法》第16条，区分了关联交易与非关联交易，分别设定了不同的表决程序，因此，相对人也应当就这些程序是否合法进行审查。法律即使没有规定明确的表决程序，此时相对人就应当根据章程的指引具体审查如下程序事项：一

① 参见广东省广州市中级人民法院（2021）粤01民初1278号民事判决书。

是出席会议的股东是否适格。这就是说，参与股东大会作出表决的人士必须是股东，参与董事会作出表决的人士必须是董事，且董事名单应当与工商登记资料记载的董事名册相一致。二是股东所持的表决权是否达到法律和公司章程所规定的比例要求。如章程要求出席会议的其他股东所持表决权的过半数通过，签字人员也符合公司章程的规定。因为股东名册已经在工商登记机构备案并公开，相对人对其进行查询也较为便利，其应当负有此种审查义务。三是股东（大）会决议的签字人员是否适格。① 此处签字人员适格主要是指签字人员与股东名册等是否相一致，但对于签字的真伪，相对人并无审查的能力，其对此不应当负有审查的义务。四是其他法定要求。例如，对于担保人为上市公司的，上市公司公开披露的担保信息构成判断相对人是否尽到合理审查义务的外观事实。相对人还应当审查上市公司公开披露的担保信息。② 当然，关于决议程序的审查，不应对当事人课以过重的责任。例如，如果公司章程规定了对于重大事项的决定必须经股东会2/3以上表决权通过，但相对人不具有股东身份，无法知悉参与股东会的股东身份是否真实，此时，不应要求相对人必须审查股东签名的真伪，以及股东表决达到法定比例是否存在伪造等情况。除非公司能够证明，相对人确实知悉有关决议为伪造，如果没有明显理由怀疑公司决议为伪造或变造的，就不应要求相对人对此负责。③

（二）代表权意定限制下的审查内容

代表权除受法定限制外，也要受到意定限制。毕竟法律对于重大交易的代表权限制列举有限，许多上位法规定的重大交易，仍有必要对代表权进行限制，这种限制只能委诸一定限制来完成，且许多公司出于对内部治理的特别考量，也会对某些重大交易进行特殊限制，此时，对代表权的意定限制实际上是通过意思自治对于法定代表人制度所带来的权力过度集中问题的矫正，从而避免法定代表人

---

① 参见高圣平：《再论公司法定代表人越权担保的法律效力》，载《现代法学》2021年第6期，第27页。

② 参见李玲玲、董惠江：《论法定代表人越权担保中相对人善意的认定》，载《安徽大学学报（哲学社会科学版）》2023年第2期，第91页。

③ 参见迟颖：《法定代表人越权行为的效力与责任承担》，载《清华法学》2021年第4期，第131页。

滥用代表权，危害法人利益。[①] 因此，在法律法规没有规定对法定代表人代表权限进行限制的情形下，也应当尊重法人通过章程等文件对法定代表人的代表权范围进行的限制。《合同编通则解释》第 20 条第 2 款规定："合同所涉事项未超越法律、行政法规规定的法定代表人或者负责人的代表权限，但是超越法人、非法人组织的章程或者权力机构等对代表权的限制，相对人主张该合同对法人、非法人组织发生效力并由其承担违约责任的，人民法院依法予以支持。"据此，如果法定代表人超越意定限制，表明公司未能通过意定限制约束自己的代表人，公司的治理结构存在缺陷，则应由被代表公司承担后果，即应当受合同的拘束，如果构成违约，公司也应承担违约责任。这就意味着相对人对于意定限制，原则上并不负有审查义务，理由在于意定限制属于内部限制，当事人无法得知。当然，根据该款的但书，如果公司能证明相对人知道或应当知道该内部限制，此时相对人应当负有合理审查义务。虽然该款是从举证责任的角度，来确定相对人在知道或应当知道情形下的审查义务，但仍然明确了意定限制的审查范围。

应当看到，对法定代表人代表权限的意定限制与法定限制存在许多相似之处，无论是何种审查，首先应当对法定代表人的代表资格进行审查，在资格审查完成后，需要对合同所涉的事项是否属于法律规定的范围进行审查，即使在法律规定的情形下，也要注重审查章程的相关规定。但是，意定限制与法定限制毕竟存在明显的区别，主要表现在：

第一，限制的来源不同。法定限制来源于法人或者非法人组织外部，是基于法律规定所作出的限制。而意定限制则来源于法人或者非法人组织的内部，是法人或者非法人组织基于自身需要对法定代表人代表权限所作出的限制。在存在法定限制的情形下，相对人负有主动审查的义务。意定限制实际上相对于法定限制而言，是一种例外的特殊限制，并非法律产生的义务，而是在交易中产生的审查义务。例如，公司章程特别规定了对于达到一定数额的重大交易，代表权的行使将受到限制，相对人对此限制事先明知，如果相对人在明知的情形下却不予审

① 参见迟颖：《法定代表人越权行为的效力与责任承担》，载《清华法学》2021 年第 4 期，第 132 页。

查，有违交易中的诚信原则。这一限制虽然不属于法律规定的限制，但也可能成为相对人的审查对象。

第二，是否要求已知或者应当知道不同。法定限制推定相对人已经知道，对于意定限制而言，原则上应当推定相对人对意定限制不知情，但是，如果法人或非法人组织能够证明相对人知悉或者应当知悉该限制的存在，则相对人也负有审查义务。问题在于，对意定限制，如何判断相对人已经知道或者应当知道？一般而言，在如下情形下，可以认定相对人已经知道或者应当知道：一是相对人主动要求被代表的公司提交章程或者董事会决议，公司已经按照要求提交。二是公司在合同订立中明确告知相对人相关的意定限制内容。如果公司已经在代表行为前告知相对人该公司对于代表权的意定限制，则应当认定相对人已经知道该限制的内容。三是系列交易中可以认定相对人已知或者应当知道。如果相对人与公司具有系列交易关系，则相对人可以通过对比之前的系列交易信息，确定法定代表人的代表权限。[①] 例如，在当事人之前的系列交易中，对超出一定限额的交易，均由董事会进行特别授权，此时应当认为相对人对于代表权的限制应当知悉，因而需要进行必要的审查。如果相对人知道或者应当知道该意定限制，那么相对人也应当负有审查义务。

第三，举证责任不同。依据《合同编通则解释》第 20 条第 2 款的规定，对于违反法定义务的情形，应当由相对人举证证明其已经尽到了合理审查义务，但涉及意定限制的审查的情形，则应当由法人或者非法人组织举证证明相对人知道或者应当知道该限制。对于法定代表权限制而言，相对人依法负有审查义务，其应当知悉法律对法定代表人代表权限的限制，法人或者非法人组织对此并不负有举证证明的义务。而对于意定代表权限制而言，由于绝大多数意定限制并不公开，特别是对于公司权力机构或执行机构通过决议所作出的限制，相对人难以查询，因而相对人原则上不负有审查义务。

① See F. M. B. Reynolds, *Bowstead and Reynolds on Agency*, 18th ed., Sweet & Maxwell, 2006, p. 120.

五、未尽到合理审查义务的法律后果

（一）相对人为恶意

在法定代表人越权的情形下，相对人未尽合理审查义务，相对人构成恶意。在此情形下，不构成表见代表，公司不需要依据表见代表的规则承受合同的效力。但如果已经尽到合理审查义务，则可以认为相对人是善意的，在此情形下，一方面，依据《民法典》第 61 条第 3 款，有关法人章程或者法人权力机构对法人法定代表人权限的限制不得对抗善意相对人。也就是说，法人不得以其对法定代表人代表权限作出了限制为由而否定合同的效力。另一方面，相对人构成善意，符合了表见代表的构成要件，该合同将对法人产生效力。笔者认为，该规则实际上不仅可以适用于表见代表，也可以扩张适用于表见代理，因为在代理人越权代理的情形下，如果相对人尽到合理审查义务，也可能构成善意，从而可能符合表见代理的构成要件。

（二）合同转化为效力待定

如前所述，在越权代表的情形下，如果相对人为善意，则依据《民法典》第 504 条规定，当事人之间的合同关系应当有效，而且应当由法人、非法人组织承担相应的法律效果。而在相对人未尽到合理审查义务的情形下，此时越权代表行为的效力如何?《民法典》并没有对此作出明确规定，学理上对此存在不同观点：一种观点认为，在相对人恶意的情形下，越权代表行为应当属于无效行为。[①] 另一种观点认为，在相对人为恶意的情形下，法定代表人的越权代表行为应当属于效力待定的行为。[②]《合同编通则解释》第 20 条第 1 款规定："未尽到合理审查义务的相对人主张该合同对法人、非法人组织发生效力并由其承担违约责任的，人民法院不予支持。"这就是说，未尽到合理审查义务的情形下，相对人构成恶意，

① 参见崔建远：《合同法总论》（上卷），中国人民大学出版社 2008 年版，第 356 页。

② 参见曹嘉力：《越权代表行为的法律效力初探——兼评〈合同法〉第 50 条》，载《当代法学》2002 年第 9 期，第 41 页。

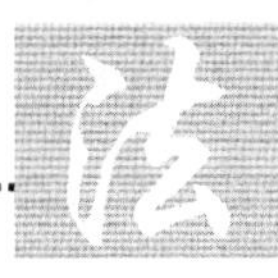

该合同对被代表的法人不产生效力，相对人也无权对被代表的法人主张承担违约责任。该规定虽然不无道理，但没有考虑到，即便在越权代表的情形下，相对人具有恶意，但如果被代表的法人愿意接受合同的拘束，按照私法自治原则，法律也不必干预，因此，越权代表订立合同的，即便相对人构成恶意，该合同在性质上属于效力待定合同，而非无效合同。[①] 其效力取决于被代表的法人是否追认该合同。如果法人追认该合同，则该合同对法人发生效力，法人应当承担法定代表人行为的法律效果。如果拒绝追认，则合同对其不发生效力。根据我国司法实践，甚至合同无效之后的赔偿责任也不应当由被代表的公司承担，相对人只能请求法定代表人承担。例如，在某个股权转让纠纷案中，法院认为，原告未尽到合理审查义务，案涉《回购协议》无效，被告无须承担赔偿责任。[②]

此外，还应当考虑一种特殊情形，即如果相对人不仅知道法定代表人没有相应的代表权限，而且还有与该法定代表人恶意串通损害法人利益的故意，依据《民法典》第154条的规定，该越权代表行为应当属于无效行为；如果相对人没有与代表人恶意串通，而只是知道代表人没有相应的代表权限，此时，从鼓励交易出发，不宜一概否定该越权代表行为的效力，而应当交由法人最终确定其效力。

（三）不宜简单类推适用《民法典》第171条有关无权代理的规则

在越权代表和无权代理的情形下，如果相对人未尽到合理审查义务，则其构成恶意，此时应当认定该行为对被代表人和被代理人不发生效力。但是，对于不发生效力应该如何理解，存在不同的观点。按照“效果归属论”，在相对人未尽到合理审查义务的情况下，越权代表将导致法人或非法人组织均不是相应法律责任的归属主体，其自然无须承担赔偿责任。[③] 换言之，相对人不能以行为人的法定代表人身份而主张由法人或者非法人组织承受相应的法律后果。有观点认为，

① 参见刘贵祥：《公司担保与合同效力》，载《法律适用》2012年第7期第21页。

② 参见“光大……投资管理（上海）有限公司诉……集团股份有限公司等股权转让纠纷案”，北京市高级人民法院（2019）京民初42号民事判决书。

③ 参见高圣平：《再论公司法定代表人越权担保的法律效力》，载《现代法学》2021年第6期第30页；蒋大兴：《超越商事交易裁判中的“普通民法逻辑”》，载《国家检察官学院学报》2021年第2期，第12页；甘培忠、马丽艳：《公司对外担保制度的规范逻辑解析——从〈公司法〉第16条属性认识展开》，载《法律适用》2021年第3期，第59页。

此种情形下，应当类推适用《民法典》第171条有关无权代理的规则，由法定代表人和相对人承担责任，即越权代表行为的法律效果不直接归属于法人或者非法人组织，而由法定代表人和相对人承担该法律行为的法律效果。[①] 笔者认为，这一观点值得商榷，主要理由在于：

第一，该观点未解决何种效果归属给法人和非法人组织。合同有效的法律效果和合同无效的法律效果存在一定区别，按照前述观点，在越权代表的情形下，如果相对人恶意，则该法律行为将在法定代表人和相对人之间发生效力。但问题在于，即便在越权代表的情形下，合同当事人仍然是法人、非法人组织和相对人，如果认定合同在这两个主体之间有效，则相对人就有权请求法人、非法人组织作为合同当事人继续履行合同，这与越权代表规则对法人、非法人组织的保护目的是相悖的。尽管代理人或者代表人实施了越权代理或者越权代表行为，但代理人或者代表人并非合同当事人，在确定合同效力之前，直接由代理人或者代表人承担合同的法律效果，并不合理。笔者认为，在越权代表的情形下，在确定相关的法律行为效果归属之前，首先应当确定越权代表行为本身是否有效，即首先应当解决合同效力的认定问题，并进而认定其法律效果归属，换言之，不能撇开合同效力而仅谈论合同效果归属，效果归属一定要以合同效力为基础和前提。法律行为的效力是效果归属的基础和前提，因为在法律行为有效时，才有归属的问题；如果无效，则依据法律规定确定归属，可能产生缔约过失责任，是侵权和缔约过失责任的问题，是责任的认定问题，所以，要区分效果归属和责任分配，效果归属是有效的法律效果的归属问题，责任分配是法律行为无效情形下或者被撤销时的责任分配问题。例如，按照《担保制度解释》第17条的规定，在担保合同对公司不发生效力时，公司有过错的，也要承担责任。这就再次证明，法律行为有效的效果归属与法律行为无效的责任分配是不同的。在越权代表的情形下，即便相对人为恶意，该越权代表行为也并非当然无效，其应当属于效力待定行为，法人和非法人组织应当享有追认权。

① 参见高圣平：《再论公司法定代表人越权担保的法律效力》，载《现代法学》2021年第6期，第31页。

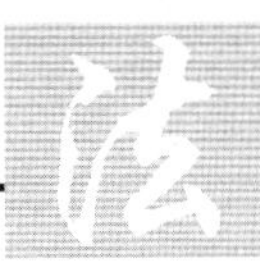

第二，即便相对人没有尽到合理审查义务，被代表的法人对于法定代表人的越权行为仍享有追认权。如果被代表的法人对法定代表人的行为作出了追认，这一行为的效果仍然归属于法人。如果没有追认，则产生法定代表人与相对人之间的个人责任。但是，不能认为一旦未尽审查义务，即可以类推适用《民法典》第171条，将法定代表人的行为就直接转化为个人责任。

第三，越权代表行为与无权代理行为存在重要区别，不宜类推适用无权代理规则认定越权代表行为的效力。按照前述观点，在越权代表的情形下，要基于越权代表和无权代理的相似性类推适用《民法典》第171条，即相对人有权请求法定代表人履行债务或者赔偿损失。但问题在于，代表行为和代理行为是有重大区别的，按照我国《民法典》所采纳的法人实体说，法定代表人的行为被认为是法人的行为；而代理人实施代理行为是基于被代理人的委托代理产生的，其与代表行为并不存在相似性。[①] 在无权代理中，如相对人为善意，则仍然不构成表见代理，此时，从保护信赖利益出发，《民法典》第171条第3款规定由无权代理人承担责任就是有道理的。但是，在越权代表中，代表人的行为就是法人的行为，只要相对人为善意，就应由法人承担责任，这足以保护善意相对人利益，因此，没有必要再适用第171条第3款，同时也没必要依据第171条第2款赋予善意相对人撤销权。因此，简单地类推适用无权代理的规则认定越权代表行为的效力并不妥当。

第四，在相对人为善意的情形下，没有必要类推适用《民法典》第171条的规定，因为依据《民法典》第504条的规定，如果相对人为善意，则越权代表行为有效，而且法人或者非法人组织应当承担合同效果。据此已经足以保护善意相对人的利益，此时就不宜在类推适用《民法典》第171条第3款认定由法定代表人承受合同效果，否则就会造成既由法人、非法人组织承担责任又由法定代表人承担责任的双重效果。

总之，在越权的情况下，仍然要区分越权代表与无权代理，在越权代表的情形下，如果相对人未尽到合理审查义务，则首先要依据《民法典》第504条认定

① 参见最高人民法院民事审判第二庭：《最高人民法院民法典担保制度司法解释理解与适用》，人民法院出版社2021年版，第137页。

合同的效力，进而确定其效果归属。而类推适用《民法典》第 171 条规定反而会产生法律评价上的冲突。

（四）法人和非法人组织分担责任

在越权代表的情形下，即便相对人未尽到合理审查义务，也不应当完全由相对人承担相关的损失。《合同编通则解释》第 20 条第 1 款规定："未尽到合理审查义务的相对人主张该合同对法人、非法人组织发生效力并由其承担违约责任的，人民法院不予支持，但是法人、非法人组织有过错的，可以参照民法典第一百五十七条的规定判决其承担相应的赔偿责任。相对人已尽到合理审查义务，构成表见代表的，人民法院应当依据民法典第五百零四条的规定处理。"由于法人拒绝追认，导致合同无效，在合同无效后，依据过错责任原则，在法人、非法人组织存在过错时，其也应当分担部分损失。此时仍应当区分越权代表与无权代理行为，在无权代理的情形下，被代理人可能是没有过错的，如与被代理人毫无关系的第三人伪造公章、空白合同书等，此时，被代理人不存在过错，其不应当承担责任。但在越权代表的情况下，法人、非法人组织对法定代表人的越权行为至少未尽到组织上的管理义务，其存在一定的过错，此时，法人、非法人组织要对合同无效之后的损失分担责任。

（五）法人、非法人组织对法定代表人的追偿权

在相对人为善意，或者相对人为恶意但法人、非法人组织追认的情形下，越权代表行为有效且效果归属于法人或者非法人组织。此时，法人、非法人组织应当有权向有过错的法定代表人追偿因越权代表而造成的损失。《民法典》第 62 条第 2 款规定："法人承担民事责任后，依照法律或者法人章程的规定，可以向有过错的法定代表人追偿。"在此需要讨论《民法典》第 62 条第 1 款和第 2 款的内在关系，以及《民法典》第 62 条第 1 款是否可以适用于法定代表人签订合同给他人造成损失的场景。笔者认为，《民法典》第 62 条第 1 款只能适用于法定代表人实施侵权行为的场景[①]，就体系解释层面而言，该款规定与第 1191 条第 1 款的替代责任一致。在越权代表的情形下，如果相对人未尽合理审查义务，假如适用

① 参见黄薇主编：《中华人民共和国民法典总则编解读》，中国法制出版社 2020 年版，第 185 页。

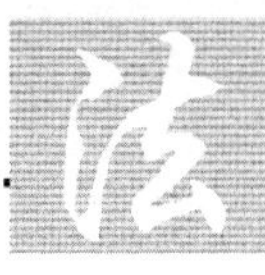

《民法典》第 62 条第 1 款，则法人、非法人组织仍然需要承担民事责任，这将导致相对人合理审查义务的规范效果无法实现。因此，《民法典》第 62 条第 1 款只能适用于侵权责任，且该条也没有规定法人承担责任后的追偿问题，因此，存在缺漏。为了弥补该规定的不足，《合同编通则解释》第 20 条第 3 款规定："法人、非法人组织承担民事责任后，向有过错的法定代表人、负责人追偿因越权代表行为造成的损失的，人民法院依法予以支持。法律、司法解释对法定代表人、负责人的民事责任另有规定的，依照其规定。"在越权代表的情形下，承认法人、非法人组织的追偿权，有助于督促法定代表人尽职尽责，也有助于法人治理结构的完善。

结　语

《合同编通则解释》第 20 条确立了越权代表的合同效力及相对人的合理审查义务。作为贯穿民法总则、合同法和公司法的重要规则，合理审查义务的确立不仅弥补了《民法典》合同编相关规定的缺失，而且将会对公司内部治理产生重大影响。由于关涉自身利益，公司交易相对人相比公司股东会更"强硬"地要求公司法定代表人提供有关公司授权文件①，因此，确立妥当的交易相对人的合理审查义务，可以有效地降低代理成本和完善公司治理。合理审查义务是我国长期司法实践的系统总结，也是对商事交易中分权治理框架下的进一步完善。合理审查义务的提出，从考虑规范本身，转向了从如何透过法律法规的规定，对相对人课以在特定交易类型中的审查义务，该义务既明确了善意的判断标准，又有助于法官准确判断相对人善意，而且有利于防止交易当事人实施信息不对称情形下的机会主义行为，有利于维护交易的安全和秩序，降低交易成本。合理审查义务弥补了形式审查和实质审查的固有缺陷，形成了可操作、可判断的审查标准和审查步骤。该规则作为《合同编通则解释》的重大亮点，必将在交易实践和司法实践中产生预期效果。

---

① "一个拥有全部控制权的单一股东对于管理者并非足够强硬。其原因在于，干预是有成本的……相反，短期债权人具有完全不同的目标函数，所以他进行干预的激励更强"。"简言之，股东是软弱的，因为他们是剩余收入的索取者，而债权人是强硬的，因为他们不是剩余收入的索取者。"［英］哈特：《不完全合同、产权和企业理论》，费方域等译，格致出版社 2016 年版，第 331－335 页。

论债务加入人的追偿权*

——以《合同编通则解释》第 51 条为中心

一、问题的提出

债务加入又被称为并存的债务承担，是指在原债务人不退出债务关系的情形下，第三人加入该债务中，在其愿意承担的债务范围内与原债务人共同向债权人承担债务。《民法典》第 552 条则首次在民事基本法的层面对债务加入制度作出了明确规定，终结了立法论层面是否应规定该制度以及如何规定该制度的争论，也为司法实践中债务加入制度的适用提供了明确的规范依据。不过，债务加入人在实际履行债务后，其对原债务人是否享有追偿权，《民法典》第 552 条对此并未明文规定。为了统一裁判规则，最高人民法院发布了《关于适用〈中华人民共和国民法典〉合同编通则若干问题的解释》（以下简称《合同编通则解释》），该解释第 51 条对债务加入人的追偿权问题作出了明确规定。该规定区分了第三人与债务人约定加入债务的情形和第三人向债权人表示愿意加入债务的情形，分别对第三人的追偿权行使条件和法律效果进行规定。这一规则填补了《民法典》规定的空白，有利于保护债务加入人的权利，从而充分鼓励债务加入行为，保障债

* 原载于《法商研究》2024 年第 1 期。

权人的利益。但该规则同样留下了一些值得探讨的问题。在这一背景下，本文拟从债务加入人追偿权的正当性及相关问题作出初步的探讨。

二、确认追偿权完善了《民法典》的债务加入制度

“法典不可能没有缝隙”[①]。《民法典》虽然规定了债务加入规则，但债务加入人在实际履行债务后对原债务人是否享有追偿权，《民法典》并未作出明确规定，其是否属于法律漏洞？抑或只是法律的有意沉默？笔者认为，《民法典》未对债务加入人的追偿权作出规定，应当属于法律漏洞，因为《民法典》第一次在法律上确立了债务加入规则，虽然弥补了《合同法》留下的缺陷，但由于《民法典》并未就债务加入人的追偿权问题作出规定，因此，理论上对此仍然存在争议。[②]

按照立法者的观点，在债务加入的情形下，债务加入人与原债务人共同对债权人负担连带债务，在债务加入人对债权人履行债务后，其有权依据连带债务的规则向原债务人追偿。[③] 显然，立法机关认为连带债务的规则可以有效解释债务加入人的追偿权。但笔者认为，连带债务人的内部追偿规则无法有效解释债务加入人的追偿权，因为对连带债务而言，在各个债务人内部存在一定的内部责任划分，其无法有效解释债务加入人与原债务人之间的关系。因为依据《民法典》第519条的规定，债务人只能向其他债务人就超过份额的部分进行追偿，但是不能全部追偿，在认定债务加入人与原债务人负担连带债务的情形下，债务加入人在履行债务后，将无法向原债务人全额追偿；同时，在原债务人履行债务后，其将

---

① Hans Hattenhauer，Einführung in Allgemeines Landrecht für die Preußischen Staaten von 1794，at 1，21.

② 参见刘保玉、梁远高：《民法典中债务加入与保证的区分及其规则适用》，载《山东大学学报（哲学社会科学版）》2021年第4期，第127页；黄薇主编：《中华人民共和国民法典合同编释义》，中国法制出版社2020年版，第203页；韩世远：《合同法学》（第二版），高等教育出版社2022年版，第219-220页。

③ 参见黄薇主编：《中华人民共和国民法典合同编解读》，中国法制出版社2020年版，第288页。

有权依法向债务加入人追偿，这显然违背了公平观念。[①] 因此，在债务加入的情形下，《民法典》第 552 条虽然规定债务加入人与原债务人之间承担连带债务，但并不能当然据此认定债务加入人与原债务人之间存在内部责任划分，并可以依据连带债务的规则确定追偿权。从体系解释来看，《民法典》在某些情形下所规定的连带债务或者连带责任主要是强调各个债务人与债权人之间的关系，而非各个债务人之间的内部求偿关系[②]，对此需要特别规定。例如，依据《民法典》第 688 条规定，在成立连带责任保证的情形下，保证人和债务人对债务也承担连带责任，但在连带责任保证中，保证人在承担保证责任后，仍有权向债务人全额追偿。因此，此种连带责任主要是指保证人、债务人对债权人承担连带责任，而非保证人与债务人内部的连带责任。[③] 但是在债务加入的情形下，《民法典》第 552 条并没有规定债务加入人对原债务人的追偿权。因此，不能从该条规定的连带债务中解释出债务加入人是否对原债务人享有追偿权，以及有权在何种份额内追偿的问题。还要看到，从近几年交易实践和司法实践的情况来看，大量的债务加入其实具有担保的功能，其与担保具有极大的相似性，在担保人承担担保责任后可以向债务人全额追偿的情形下，依据连带债务的规则认定债务加入人的追偿权并不合理。[④]

由此可见，《民法典》第 552 条虽然规定了债务加入人与原债务人负担连带债务，但关于债务加入人能否向原债务人追偿，构成法律漏洞。这就迫切需要通过司法解释规定债务加入人对原债务人的追偿权。为填补法律漏洞，《合同编通则解释》第 51 条就债务加入人对原债务人的追偿权作出了具体规定，该条第 1 款首先确认了债务加入人与债务人约定追偿权的效力，同时规定："没有约定追偿权，第三人依照民法典关于不当得利等的规定，在其已经向债权人履行债务的

---

① 参见张定军：《论不真正连带债务》，载《中外法学》2010 年第 4 期，第 522 页。

② 参见［德］彼得·温德尔：《多数债务人与债权人》，李佳盈译，载《交大法学》2020 年第 3 期，第 117－118 页。

③ 参见黄薇主编：《中华人民共和国民法典合同编释义》，法律出版社 2020 年版，第 494－495 页。

④ 参见山东省济宁市中级人民法院（2020）鲁 08 民终 2472 号民事判决书；浙江省绍兴市中级人民法院（2019）浙 06 民再 55 号民事判决书。

范围内请求债务人向其履行的，人民法院应予支持，但是第三人知道或者应当知道加入债务会损害债务人利益的除外。”这就明确确认了在缺乏约定追偿权时，债务加入人也享有追偿权，从而就为填补法律漏洞、解决债务加入人对原债务人的追偿问题提供了明确的法律依据，解决了曾长期困扰理论与司法实务的难题，统一了裁判规则①，笔者认为，《合同编通则解释》第 51 条确认追偿权的正当性主要体现在以下几个方面。

首先，确认债务加入人的追偿权有利于鼓励债务加入行为，提升当事人加入债务的积极性。一方面，由于市场上存在大量具有担保功能的债务加入，债务加入的目的是帮助债务人获得融资，加入的债务人越多，那么债权也就越安全。②而追偿权的缺失也会使得债务加入人与原债务人之间的交易安排条件更为严苛。如果加入债务的第三人不享有追偿权，那么第三人有可能承担债务人的全部债务，而不能获得任何收益，这就无法激励潜在的市场主体加入债务、实现债务加入的制度目标。另一方面，在非金钱债务中，承认第三人在加入债务之后的追偿权，可促进债权的最终实现。例如，在建设工程开发项目中，在债务人因资力一时不足，或者因为其他因素无法履行债务的，若是允许第三方加入债务，则有利于债务人履行该项债务，因此，通过追偿权的行使有利于鼓励债务加入行为，从而实现债权。③

其次，确认债务加入人的追偿权有利于鼓励交易和降低融资成本。一方面，从交易实践看，债务加入与担保具有相似性，大多数债务加入行为具有为原债务人增信的功能，是一种便利和可靠的增信手段。债务人为了改善融资条件、降低融资成本，通过债务加入等增信手段和措施来降低自身的违约概率或减少违约损失率，以提高债务信用等级。④ 另一方面，在许多情形下，第三人对债务加入有

① 参见韩世远：《合同法总论》（第四版），法律出版社 2018 年版，第 636 页；最高人民法院（2019）最高法民终 1451 号民事判决书；向玗：《债务加入法律实务问题研究——最高人民法院裁判规则总结》，载《人民司法·案例》2015 年第 18 期，第 47 页。

② 参见最高人民法院（2020）最高法民终 295 号民事判决书；最高人民法院（2019）最高法民终 1438 号民事判决书。

③ Brox/Walker，Allgemeines Schuldrecht，45. Aufl.，München，2021，§ 35，Rn. 3.

④ 参见马荣伟：《信托产品非法定类增信措施性质研究》，载《财经法学》2017 年第 2 期，第 107 页。

利害关系，原债务本身可能附加担保或者抗辩等，此时可以通过赋予债务加入人的追偿权，以维持原债权债务关系来保留其上的担保，从而有利于债务加入人，减少其不能受偿的风险。① 此外，公司向其他企业投资或者对外提供担保、进行债务加入等增信承诺，往往是创造商业机会进而促成交易的过程；并且，在第三人与债务人的债务加入中，债权人的法律地位因债务加入而更优化。因此，肯定债务加入人的追偿权以鼓励债务加入行为，可以为债务人提供更为便利的增信手段，降低债务人获取融资的成本，促成交易的开展。②

最后，确认债务加入人的追偿权有利于化解交易风险、维护金融安全。在实践中，债务加入作为一种增信手段被广泛应用于供应链金融领域。③ 在这一交易模式中，供应链中的关键企业往往作为债务加入人为其上下游企业提供信用支持。第三方作为外部增信措施的提供者，可能与融资方之间存在着控股、实际控制、战略投资或合作经营等关联关系。④ 此时，如果不承认债务加入人的追偿权，关键企业由于缺乏追偿权，将导致其没有加入债务的动力，如果债务加入行为不断减少，将导致供应链金融链条难以维系，不仅使得供应链金融链条断裂，而且不利于维护金融安全。⑤

在债务加入的情形下，虽然债务加入人在加入债务关系后，成为债务人，与原债务人共同负担债务，债务加入人向债权人履行债务也是在履行自身的债务，但并不能由此简单否定债务加入人对原债务人的追偿权，毕竟债务加入人确实是代替原债务人作出了履行，而且可能自始并未获得相应的对价，一概否定其追偿权未必妥当。

---

① See Nils Jansen & Reinhard Zimmermann eds., *Commentaries on European Contract Laws*, Oxford University Press, 2018, pp. 2894 - 2895.

② 参见朱晓喆：《增信措施担保化的反思与重构——基于我国司法裁判的实证研究》，载《现代法学》2022 年第 2 期，第 136 页。

③ 参见山东省济南市中级人民法院（2018）鲁 01 民终 3961 号民事判决书。

④ 参见刘保玉：《“增信措施”的担保定性及公司对外担保规则的适用》，载《法学论坛》2021 年第 2 期，第 101 页。

⑤ 参见最高人民法院民事审判第二庭：《〈全国法院民商事审判工作会议纪要〉理解与适用》，人民法院出版社 2019 年版，第 386 - 387 页。

三、基于当事人约定的追偿权的制度构造

由于追偿权本质上是私权，按照私法自治原则，当事人有权对追偿权作出约定，即在债务加入发生时，如果当事人确实就追偿权以及追偿的时间、数额等作出了规定，则应当尊重当事人的约定，由第三人按照约定享有追偿权。[①]《合同编通则解释》第 51 条第 1 款规定："第三人加入债务并与债务人约定了追偿权，其履行债务后主张向债务人追偿的，人民法院应予支持。"这就明确承认了基于当事人意思的追偿权。但债务加入的基础关系不同，对当事人就约定产生的追偿权也会产生不同的影响。

（一）三方共同订立债务加入合同

在债权人、原债务人与债务加入人共同订立债务加入合同的情形下，不仅可以明确识别出债务加入人存在债务加入的意思，而且表明债务加入人与债务人之间存在共同承担债务的意愿。[②] 同时，债务加入人与原债务人处于相同的债务人地位，此时认定其形成了意定连带债务关系当属应有之义，三方共同订立债务加入合同时的追偿权是最清晰、最明确产生追偿权的情形。[③] 但如果当事人仅约定了追偿权，没有约定追偿权的范围，此时是否允许债务加入人全额追偿？笔者认为，此种情形下应当允许债务加入人向原债务人全额追偿，因为在当事人对债务债务人的追偿权作出约定的情形下，应当推定当事人有约定允许债务加入人向原债务人全额追偿的意思，因为债务加入人本不属于债务人，其加入债务主要是为了增强债务人履行债务的能力，而不是真正要成为债务人、实际负担债务，因此，即便当事人没有就追偿的范围作出约定，那么在解释当事人的意思表示时，也应当将其解释为允许债务加入人向原债务人全额追偿。

在当事人就债务加入人的追偿权作出约定的情形下，如果债权人减轻或者免

---

① 参见黄薇主编：《中华人民共和国民法典合同编解读》，中国法制出版社 2020 年版，第 203 页。

② 参见肖俊：《债务加入的类型与结构——以民法典第 552 条为出发点》，载《东方法学》2020 年第 6 期，第 128 页。

③ 参见山东省青岛市中级人民法院（2023）鲁 02 民终 1370 号民事判决书。

除原债务人的债务，由于债务加入人与原债务人之间成立连带债务关系，此时，债务加入人的债务也应当相应地减轻或者免除。[①] 在债权人减轻原债务人债务的情形下，债务加入人的债务虽然会相应地减轻，但其仍应当对减轻后的债务承担责任，在此情形下，债务加入人在承担了债务后，其也有权在其承担债务的范围内向原债务人全额追偿。可见，债权人减轻原债务人的债务，只是对债务加入人的债务产生影响，其并不会对债务加入人追偿权的行使条件等产生影响。

（二）债务加入人与原债务人约定加入债务

债务加入人加入债的关系通常是基于债务加入人与原债务人之间的约定，对此，《民法典》第552条明确规定，“第三人与债务人约定加入债务并通知债权人”的方式可以形成债务加入关系。严格地说，一旦当事人达成了债务加入协议，只要通知债权人，债务加入就可发生效力。[②] 所以，在债务加入人与原债务人之间就追偿权作出约定的情形下，并不需要通知债权人，因为其主要调整债务人与债务加入人之间的关系，而不涉及债权人的利益，而且债务加入人行使追偿权也不会损害债权人的利益，债权人对此是否知情并不重要。[③] 因此，在债务加入人与原债务人就追偿权的行使达成协议后，无须通知债权人即可发生效力。在当事人未就债务加入人的追偿权作出约定时，虽然债务加入人可以向原债务人全额追偿，但按照私法自治原则，债务人也可以与债务加入人约定，债务加入人仅能在一定份额内向原债务人追偿，该约定也具有法律效力。此外，当事人还可以约定债务加入人追偿权行使的期限、方式等内容。[④]

债务加入人与原债务人约定加入债的关系，可能存在如下两种情形：一是基于委托合同。在债务加入人与原债务人之间存在委托合同的情形下，债务加入人是受原债务人的委托而加入债的关系，如果当事人在委托合同中约定了债务加入

---

① 参见史尚宽：《债法总论》，中国政法大学出版社2000年版，第653－654页。

② 参见［德］迪特尔·梅迪库斯：《德国债法总论》，杜景林、卢谌译，法律出版社2004年版，第621页。

③ 参见史尚宽：《债法总论》，中国政法大学出版社2000年版，第751－752页；韩世远：《合同法总论》（第四版），法律出版社2018年版，第635页。

④ 参见黄薇主编：《中华人民共和国民法典合同编解读》，中国法制出版社2020年版，第203页。

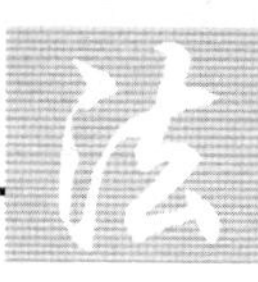

人对原债务人的追偿权，则债务加入人可以基于该约定向原债务人追偿；同时，按照私法自治原则，当事人也可以在委托合同中约定债务加入人向原债务人追偿的数额、追偿的方式等。如果当事人没有在委托合同中约定追偿权，债务加入人也应当有权向原债务人追偿，因为债务加入人加入债的关系通常没有获得对价，是无偿加入债的关系，在其未放弃对原债务人追偿权的情形下，应当承认其追偿权。二是基于赠与合同。在债务加入人基于赠与合同加入债务的情形下，债务加入人与原债务人之间订立了赠与合同，明确约定债务加入人无偿加入债务关系，其加入债务关系并不以获得对价为目的，这也意味着债务加入人放弃了对原债务人的追偿权，债务加入人加入债务关系、实际履行债务等，都是其履行赠与合同的方式。这是因为，《合同编通则解释》第 51 条第 1 款规定当事人可以通过约定确立追偿权，但如果债务加入人与原债务人订立赠与合同时，表明债务加入人已经通过事先约定抛弃了追偿权，如果承认其对原债务人仍然享有追偿权，就违背了当事人的意思。[①]

（三）债务加入人与债权人约定加入债务

《民法典》第 552 条规定，“第三人向债权人表示愿意加入债务，债权人未在合理期限内明确拒绝的，债权人可以请求第三人在其愿意承担的债务范围内和债务人承担连带债务”。该条对债务加入人与债权人约定加入债务这一债务加入方式作出了规定。此种债务加入方式与前述债务加入人与原债务人约定加入债务关系的情形不同，其理论基础为真正利益第三人合同，即在此种情形下，原债务人处于类似利益第三人的地位。[②]《民法典》第 522 条第 2 款对真正利益第三人合同规则作出了规定，依据该款规定，虽然利益第三人合同对第三人有利，但也要考虑第三人是否在合理期限内明确拒绝，以进一步确定当事人之间的权利义务关系。[③] 笔者认为，在债务加入人与债权人约定加入债务的情形，在类推适用利益

① 实践中有法院对此有所误解，参见河南省焦作市中级人民法院（2022）豫 08 民终 711 号民事判决书。

② 参见史尚宽：《债法总论》，中国政法大学出版社 2000 年版，第 751－752 页；王洪亮：《债法总论》，北京大学出版社 2016 年版，第 470－471 页。

③ 参见黄薇主编：《中华人民共和国民法典合同编解读》，中国法制出版社 2020 年版，第 138 页。

第三人合同的规则时，需要区分如下两种情形。

1.原债务人接受债务加入人加入债务

在债务加入人与债权人约定加入债务的情形下，如果原债务人在接到通知后，作出接受的意思表示或者在合理期限经过后未明确拒绝的，即可认定原债务人存在与债务加入人共同承担债务的意愿，此时，原债务人与债务加入人应当对债权人负担连带债务。[①] 问题在于，原债务人接受债务加入人加入债务，是否意味着其同时接受了债务加入人的追偿权？笔者认为，此时需要区分不同情形，分别认定债务加入人对原债务人的追偿权：一是在债务加入人向债权人表示加入债务的情形下，如果其中同时包含了债务加入人向债务人追偿的条款，在债务人对此表示接受的情形下，应当认定债务人同时接受了第三人加入债务的行为以及相关的追偿条款。二是原债务人明确拒绝债务加入人的追偿权。在债务加入人与债权人约定加入债务的情形下，原债务人虽然接受债务加入人加入债务，但如果其明确拒绝债务加入人的追偿权，在此情形下，虽然第三人加入债务的行为仍然有效，此时将依法在债务人与第三人之间成立连带债务关系，但债务加入人应当无权向原债务人追偿，因为在原债务人拒绝债务加入人追偿权的情形下，拒绝追偿已经成为债务加入的条件之一，在原债务人拒绝追偿权的情形下，如果债务加入人仍然愿意加入债务，则其应当受到该条件的约束，在其实际履行债务后也无权向原债务人追偿。即便要参照适用《民法典》第522条第2款中的利益第三人合同规则，债权人与加入人之间的追偿约定对债务人也不能发生效力。因此，一旦债务人事先明确拒绝，该利益第三人合同对债务人不发生效力，进而可排除追偿权的行使。三是原债务人并未明确拒绝追偿权。在债务加入人与债权人约定加入债务关系时，如果原债务人并未明确拒绝债务加入人的追偿权，则应当认定债务加入人有权依法向原债务人追偿。在此情形下，虽然原债务人与债务加入人并未就追偿权的行使达成合意，但如前所述，债务加入人加入债务关系并没有获得相关的对价，应当承认其依法对原债务人享有追偿权，即此种情形下，债务加入人向原债务人追偿并不是基于当事人的约定，而是基于法律规定行使追偿权。

---

① 参见江苏省南通市中级人民法院（2017）苏06民终1251号民事判决书。

2.债务人拒绝债务加入人加入债务

依据《民法典》第522条规定，在真正利益第三人合同中，第三人有权明确拒绝，在类推适用真正利益第三人合同的规则调整债务加入时，也应当承认原债务人有权拒绝债务加入人加入债务。在债务人拒绝第三人债务加入的情形下，不论第三人与债权人之间债务加入合同的效力如何，不应当认定在第三人与债务人之间成立连带债务关系，也当然不会产生第三人向债务人的追偿权问题。[①] 当然，在债务人拒绝债务加入人加入债务的情形下，债务人行使拒绝权仅使得债务加入人与债权人之间的债务加入合同不对自身发生效力，但是并不导致该债务加入合同溯及既往无效，该债务加入合同仍在债务加入人与债权人之间发生效力；进一步而言，在债务加入人对债权人履行债务的情形下，债权人有权保有该给付，而不构成不当得利，债务加入人也无权请求债权人返还。还应当看到，在债务人拒绝第三人加入债务的情形下，如果债务人主张保有相关的利益，则第三人可以通过适用《民法典》第980条规定的不适当无因管理制度，向原债务人在获得利益的范围内主张必要费用的返还，因为既然原债务人已经行使拒绝权，则表明第三人代为履行债务的行为不符合“受益人的真实意思”，则应通过不适当无因管理制度来解决二者的求偿问题。[②]

四、非基于当事人约定的追偿权的制度构造

在肯定债务加入人追偿权的基础上，学者对于追偿权的具体制度构造并未达成一致意见。依据追偿权的请求权基础不同，可以大体分为类推适用方案、无因管理方案、连带债务或不真正连带债务方案等。不同方案的选择切实地影响着追偿权的行使条件和效果。因此，在肯定追偿权的基础上，采取何种方案构建追偿权是问题的重点，对于这些存在差异的方案，有进一步分析的必要。

① 参见［德］冯·巴尔、［英］埃里克·克莱夫主编：《欧洲私法的原则、定义与示范规则：欧洲示范民法典草案》（第三卷），高圣平等译，法律出版社2014年版，第957页。

② 参见王利明主编：《中国民法典释评·合同编·通则》，中国人民大学出版社2020年版，第424页。

（一）追偿权构建的路径选择

1. 不当得利路径选择

《合同编通则解释》第 51 条第 1 款规定："没有约定追偿权，第三人依照民法典关于不当得利等的规定，在其已经向债权人履行债务的范围内请求债务人向其履行的，人民法院应予支持，但是第三人知道或者应当知道加入债务会损害债务人利益的除外。"由此可见，最高人民法院主要采取了不当得利说作为追偿权的请求权基础。应当看到，不当得利说有利于解释债务加入人的全额追偿问题，其不仅可以为债务加入人行使追偿权提供理论依据，而且可以确定债务加入人行使追偿权的范围和份额等问题。但该理论在解释债务加入人的追偿问题时也存在一定的问题。笔者认为，不应当依据不当得利的规则确定债务加入人对原债务人的追偿权，主要理由在于：

第一，债务人获利具有法律上的依据。不当得利以得利人获利欠缺法律上的原因为前提，而是否具有该原因，在给付不当得利中，取决于给付所追求的给付目的是否实现。[①] 在债务加入人与债务人达成约定以加入债务的场合，这一约定的实现本身就构成了债务人获得法律上利益的原因。换言之，在债务加入的情形下，债务加入人与原债务人之间负担连带债务，在因债务加入人履行债务的行为而使原债务人责任减轻或者免除的情形下，原债务人获得利益具有法律上的原因，其责任的减轻或者免除并不构成不当得利。[②] 即便在债务加入人向债权人表示加入债务的场合，虽然欠缺债务加入人与债务人的约定，但是债务加入人在清偿后，其给付目的也已经获得实现。因为，此时债务加入人的给付目的在于向债务人授予信用，其可以获得支出费用的补偿。[③] 所以不存在欠缺法律上的原因这一问题。

第二，不当得利的返还范围难以解决债务加入的追偿问题。从返还范围来

---

① 参见［德］汉斯·约瑟夫·威灵：《德国不当得利法》，薛启明译，中国法制出版社 2021 年版，第 25 页。

② 参见史尚宽：《债权总论》，中国政法大学出版社 2000 年版，第 664 页。

③ 参见［德］汉斯·约瑟夫·威灵：《德国不当得利法》，薛启明译，中国法制出版社 2021 年版，第 17 页。

看，依据不当得利规则，债务人虽然原则上应当将债务加入人清偿的全部债务作为获益进行返还，但在不当得利关系中，遭受损害一方可以请求返还的范围还取决于因果关系、得利人的主观善意恶意等多种因素，其并不当然能够向得利人全额追偿。而在债务加入的情形下，债务加入人不论是受债务人委托加入债务，还是自愿加入债务，其目的都在于为债务人增信，其在实际承担债务后，都应当有权向债务人全额追偿。因此，基于不当得利规则认定债务加入人的追偿权，在确定追偿范围方面存在一定的不足。

第三，不当得利制度难以解释债务加入人对原债务人行使追偿权的所有情形。不当得利旨在解决当事人之间没有法律上原因的财产变动的返还问题，而在债务加入的情形下，当事人之间可能存在一定的约定。尤其是在债务加入人与原债务人或者与债权人之间就追偿权已经作出约定的情形下，原债务人获得利益具有法律依据，不应当构成不当得利。换言之，在债务加入人与债务人通过约定加入债务时，该约定可以作为债务人获得法律上利益的原因，因此并不满足不当得利的构成要件。即便在债务加入人向债权人表示加入债务的场合，如果满足无因管理的构成要件，无因管理也将排除不当得利的适用。因此，将不当得利作为追偿权的解释路径，似乎并不具有普遍的解释力。

2.无因管理路径选择

在债务加入人为避免他人利益受损而选择加入债务并履行债务时，该行为可能被评价为无因管理。《合同编通则解释》第51条第1款采用“等的规定”的表述，不排除无因管理说。因此，有观点认为，债务加入人的追偿权可以适用《民法典》第979条第1款规定的无因管理中的费用偿还或损失补偿请求权。换言之，《民法典》中的无因管理制度可以直接为债务加入人的追偿权提供依据。然而笔者认为，这种方案仍然缺乏足够的解释力，主要理由在于：

第一，债务加入人履行债务的行为并不当然成立无因管理。一方面，债务加入行为大多是当事人约定的，对基于当事人约定而成立的债务加入行为而言，并不存在“无因”的问题，债务加入人履行债务具有法律上的原因。尤其应当看到，在债务加入的情形下，债务加入人本身也是债务人，其履行债务的行为并不

是为原债务人履行债务，而是履行自身的债务，原债务人因此减轻或者免除债务也具有法律上的原因，因此难以成立无因管理。[①] 换言之，在债务加入的情形下，债务加入人履行债务旨在清偿自身债务，并不当然产生消灭原债务人债务的法律效果。另一方面，即便当事人没有约定，但是因为《民法典》已经确认了债务加入行为，债务加入人加入债务的行为并非没有法律原因，而是依据法律规定加入债务，因此，其难以成立无因管理。

第二，债务加入行为与无因管理的构成要件存在一定的冲突。第三人的债务加入行为只有在符合无因管理构成要件的情况下，才可能享有基于无因管理产生的债权。无因管理请求权以“为避免他人利益受损失”为构成要件（《民法典》第979条），这就要求第三人不仅对债务加入“具有合法利益”，而且要求第三人是为了避免债务人利益受损失，第三人才对债务人享有无因管理请求权。因此，对于没有为他人管理实务意思的债务加入人而言，不能基于《民法典》第979条第1款无因管理而享有费用偿还请求权或损失补偿请求权。但是对债务加入行为而言，债务加入人加入债务并不一定具有为他人管理事务、避免他人利益受损失的意图，在此情形下，债务加入行为也难以成立无因管理。

第三，根据《民法典》第979条第2款，无因管理须“符合受益人意思”，形成合法无因管理后，管理人才可以根据第979条第1款，向本人主张“偿还必要费用”，从而寻找到追偿权的请求权基础。如果债务加入行为并不符合受益人的意思（例如，为了重组供应链加入债务，损害债务人的利益），则在此情形下，债务加入就不符合债务人的意思。因此，不论是债务加入人加入债务的行为，还是债务加入人在履行债务之后向原债务人追偿的行为，都可能并不符合原债务人的意愿。在此情形下，依据《民法典》第979条、第980条的规定，在原债务人不主张享有管理利益时，债务加入人也无权依据无因管理的规则向原债务人追偿。

第四，基于无因管理规则难以解释债务加入人对原债务人的全额追偿问题。依据《民法典》第979条规定，在成立无因管理的情形下，管理人仅能请求受益人偿还因管理事务而支出的必要费用，这里所说的“必要费用”应该解释为为了

① 参见史尚宽：《债权总论》，中国政法大学出版社2000年版，第664页。

履行债务人的债务所必要支出的费用，而不应当包括利息等其他费用。因此，如果依据无因管理的规则认定债务加入人对原债务人的追偿权，将使债务加入人追偿权的行使范围受到限制。因此，无因管理方案在解释债务加入人追偿权的问题上也并非妥当。[①]

3.法定连带债务或不真正连带债务路径

第三种方案尝试从《民法典》第552条的条文表述入手探寻债务加入人的追偿权解释路径。其又可以分为如下两种观点。

一是基于法定连带债务路径认定债务加入人的追偿权。由于《民法典》第552条明确规定债务人与债务加入人承担的是“连带债务”，债务加入产生连带债务的法律效果。[②] 因此《民法典》第518条至第520条有关连带债务的规定原则上可适用于债务加入[③]，进而在债务加入人向债权人履行后，可以向债务人追偿，并法定取得债权人对债务人的债权。[④]《民法典》第519条第2款则可以为债务加入人的追偿权提供基础。该观点因与《民法典》第552条的条文表述相吻合，具有较强的论证效力。

然而，《民法典》第519条第1款规定，“连带债务人之间的份额难以确定的，视为份额相同”，而该条第2款规定，连带债务人的追偿范围以超出应承担的范围为限，由此，在债务加入人与原债务人关于追偿问题未作约定时，通过适用该条的法律效果是，债务加入人与原债务人应当按照相同份额分担债务份额和予以追偿。同时，如果基于连带债务的关系调整债务加入人与原债务人之间的关系，则原债务人在承担债务后，将有权基于连带债务的规则依法向债务加入人追偿，这将不当加重债务加入人的责任负担，并进一步降低债务加入人加入债务的

① 参见刘保玉、梁远高：《民法典中债务加入与保证的区分及其规则适用》，载《山东大学学报（哲学社会科学版）》2021年第4期，第127－128页。

② 参见朱广新：《合同法总则研究》（下册），中国人民大学出版社2018年版，第504页；王洪亮：《债法总论》，北京大学出版社2016年版，第471页。

③ 参见夏昊晗：《债务加入法律适用的体系化思考》，载《法律科学（西北政法大学学报）》2021年第3期，第168页；韩世远：《合同法学》，高等教育出版社2022年版，第219－220页。

④ 参见杨代雄主编：《袖珍民法典评注》，中国民主法制出版社2022年版，第494页；韩世远：《合同法学》，高等教育出版社2022年版，第220页。

积极性，从而影响债务加入制度功能的发挥。

笔者认为，在债务加入的情形下，将债务加入人与原债务人之间的关系界定为法定连带债务，与法定连带债务的内涵存在一定的冲突。一方面，依据《民法典》第518条第2款的规定，连带债务分为法定连带债务和意定连带债务，前者是基于法律规定而成立，而后者则是基于当事人的约定而成立。[①] 民法典中所包含的法定连带债务主要是基于共同侵权、民事合伙、共有关系等对外承担连带债务，可以说这些法定的连带债务的共同特征在于基于某些特定法政策因素，要求具有特定共同关联关系的主体对外连带承担债务。而在债务加入的情形下，其涉及的是特定的三方主体之间的债权债务关系的实现，与特殊的法政策考量无涉，纯属该民事主体私人交易领域的事务。另一方面，依据《民法典》第552条所列举的债务加入方式，并不属于当事人通过意思自治的方式形成的债务加入关系，这与《民法典》中已经明确规定的其他的法定连带债务不同。将债务加入贸然定性为法定连带债务，可能会破坏民法典内部法定连带债务的体系性，也与通行的法定连带债务的基本法理不符，并可能损害债务加入情形下民事主体之间的私法自治以及原债务人的利益。

还要看到，在债务加入的情形下，债务加入人在履行债务后，应当有权主张向原债务人全额追偿，但依据《民法典》第519条第2款规定，连带债务人在承担债务后，只能就超出自己份额的部分向其他连带债务人追偿，这与债务加入人的追偿权存在明显区别。《民法典》第552条中“连带债务”的表述，其表达的意思是一旦构成债务加入，债权人既可以向原债务人要求履行，亦有权向债务加入人在其愿意承担的范围内要求债务履行，即在外部关系上，债务加入人与原债务人共同负有对债权人共同履行的义务，任何连带债务人只能就超出自己份额的部分向其他连带债务人追偿。[②] 但依据《合同编通则解释》第51条，债务加入人有权请求追偿债务人就其已经向债权人履行债务的范围内部分的全部，因此，如果简单地认定债务加入将在债务加入人与原债务人之间成立法定连带债务关系，

---

① 参见王利明主编：《中国民法典释评·合同编·通则》，中国人民大学出版社2020年版，第272页。

② 参见张平华：《意定连带责任的构造与类型》，载《法学》2022年第4期，第104页。

甚至据此认定原债务人在履行债务后可以向债务加入人追偿，显然并不合理，也不利于保护债务加入人的利益。

二是基于不真正连带债务的路径。不真正连带之债（unechte Solidarität），是指数个债务人基于不同的发生原因而产生同一内容的给付，各个债务人分别对债权人负全部履行的义务，并因其中一个债务人的履行而使得全体债务人的债务都归于消灭。[①] 有观点认为，债务加入人与原债务人所负担的连带债务应认定为不真正连带债务。[②] 关于债务加入人与原债务人的关系，日本法即经历了从连带债务向"不真正连带债务"的转变。如果将债务加入全部一律作为连带债务，可能产生违反当事人预期的不当情形，因此日本学说认为产生的是不真正连带债务，即如果当事人并未明确约定成立连带债务，应视为不真正连带债务。[③] 基于不真正连带债务的基本法理，债务加入人在履行债务后有权向最终责任人即原债务人全额追偿。就此而言，不真正连带债务说具有一定的合理性：一方面，在债务加入的情形下，原债务人仍然是终局的责任人，即债务加入人可以向原债务人追偿，而原债务人在履行债务后无权向债务加入人追偿。另一方面，在债务加入的情形下，在原债务人履行债务后，其不应当对债务加入人享有追偿权，因为在债务加入的情形，原债务人作为终局意义上的债务承担者，除法律另有规定外，其对债务加入人不应当享有追偿权。[④] 在这一点上，原债务人与债务加入人之间的关系类似于不真正连带债务关系，原债务人应当是终局的责任人。

但笔者认为，不应当认定债务加入人与原债务人之间成立不真正连带债务关系，因为一方面，在不真正连带债务中，各个债务人虽然对债权人承担连带债务，但其负担的应当是不同的债务，而且各项债务的发生原因不同，而在债务加入的情形下，债务加入人与原债务人对债权人负担的是同一债务，难以成立不真正连带债务。另一方面，不真正连带主要基于法定原因产生，而债务加入行为是

① ［日］我妻荣：《新订债权总论》，王燚译，中国法制出版社 2008 年版，第 394 页。

② 参见崔建远：《合同法》（第三版），北京大学出版社 2016 年版，第 272 页；韩世远：《合同法总论》（第四版），法律出版社 2018 年版，第 635 页。

③ 参见［日］我妻荣：《新订债法总论》，王燚译，中国法制出版社 2008 年版，第 509 页。

④ 参见杨代雄主编：《袖珍民法典评注》，中国民主法制出版社 2022 年版，第 494 页。

基于当事人的意思而成立的，与不真正连带债务的成立原因存在一定的出入。因此，不真正连带债务在产生原因上就无法概括债务加入行为。

（二）可行的路径：类推适用保证人追偿权规则

从《合同编通则解释》第 51 条的规定来看，该条采取了“关于不当得利等的规定”，表明追偿权行使的依据可以从其他路径进行解释，这就保持了开放性，为解释追偿权的路径预留了解释空间。

《民法典》第 700 条规定了保证人承担保证责任后有权向债务人追偿，而《民法典》第 552 条没有承认债务加入人对原债务人的追偿权。从《民法典》的规定来看，债务加入人的责任要重于保证人。因此，《担保制度解释》第 12 条规定了公司法定代表人以公司名义加入债务，准用担保的规则，以适当减轻债务加入人的负担。这就是“存疑准用担保”的规则。

由于我国《民法典》并没有对债务加入人的追偿权作出规定，有观点认为不宜通过“存疑准用担保”的规则，确立债务加入人的追偿权。也有观点认为，债务加入人的追偿权可以类推适用《民法典》第 700 条的规定。[①] 实践中较多法院也认为债务加入人可以类推适用保证人的追偿规则对原债务人进行追偿。[②] 笔者认为，采用类推适用保证人追偿的规则解决债务加入人的追偿问题具有合理性。《民法典》虽然规定了债务加入规则，但并没有规定债务加入人履行债务后对原债务人的追偿规则，因此构成法律漏洞，由于立法并没有规定债务加入人的追偿可以参照适用保证的规则，因此，只能采用类推适用的方法认定债务加入人的追偿权。对债务加入关系而言，在当事人没有就追偿权作出约定的情形下，类推适用保证人追偿权的规则的主要理由在于：

1. 功能的相似性

虽然《民法典》第 552 条未明确规定债务加入人的追偿权，但是债务加入人

---

① 参见向玗：《债务加入法律实务问题研究——最高人民法院裁判规则总结》，载《人民司法（案例）》2018 年第 18 期。

② 参见四川省夹江县（2020）川 1126 民初 261 号民事判决书、江西省南昌市中级人民法院（2019）赣 01 民终 1092 号民事判决书、山东省东营市东营区人民法院（2018）鲁 0502 民初 1345 号民事判决书、江苏省无锡市梁溪区人民法院（2017）苏 0213 民初 944 号民事判决书。

与保证一样，均可为债务的履行起到担保功能，而且二者在功能上具有相似性。虽然在学理上可以将债务加入人基于终局地替原债务人履行债务之目的的加入债务，称为承担型债务加入（Ubernahmeschuldbeitritt），将以担保为目的的债务加入称为担保型债务加入（Sicherungsschuldbeitritt）[①]，但一般认为，债务加入行为大多具有担保的功能。比较法上也存在类推适用的观点。例如，在德国，有学者认为："在追偿个案中，个别债务人如果能请求其他债务人完全补偿，该个别债务人的法律地位便与保证人相当。"因此，保证法上的追偿规则便可类推适用。[②] 也有人认为，由于连带债务本身具有担保构造，从而担保法的规则亦可类推适用。[③] 德国司法实践认为，债务加入具有担保功能（Sicherungszweck）。[④] 尽管在德国民法学说中，债务加入和保证存在一定的区别，例如有的观点认为，债务加入乃是第三人基于自己的利益而实施的法律行为，而保证则是为了债务人的利益而实施的法律行为。[⑤] 但是，这一区别不是绝对的。也有学者认为，第三人也有可能在没有自己的利益的情况下加入债务。[⑥] 因此，在债务加入和保证之间确实存在高度的相似性。

在我国的法律实践中，债务加入主要是作为增信措施而被采用，即以担保型债务加入为常态。[⑦] 因此，债务加入具有显著的担保功能。[⑧] 在交易实践中以担保型债务加入为常态的背景下，如果只允许债务加入人就所履行部分的一半份额享有追偿权，可能与其预期不符，毕竟债务加入人并没有直接获得来自债务人的

---

① Vgl. MüKoBGB/Heinemeyer，§421，Rn. 35.

② Vgl. Schulz，Rückgriff und Weitergriff，1907，S. 10.

③ Vgl. Selb，Mehrheiten von Gläubigern und Schuldnern，J. C. B Mohr，1984，S. 93.

④ MüKoBGB/Heinemeyer，9. Aufl. 2022，BGB §421 Rn. 36.

⑤ Staudinger/Stürner（2020），Vorbem. zu §§765，Rn. 406.

⑥ Müko/Heinemeyer，Vorbemerkung（Vor §414），2019，Rn. 21.

⑦ 参见夏昊晗：《债务加入法律适用的体系化思考》，载《法律科学（西北政法大学学报）》2021年第3期，第167页。

⑧ 参见史尚宽：《债法总论》，中国政法大学出版社2000年版，第751页；夏昊晗：《债务加入法律适用的体系化思考》，载《法律科学（西北政法大学学报）》2021年第3期，第166页。

对待给付，与债权人对待给付距离更远[①]，或者没有体现对价补偿。例如，在“付某华与远腾集团等股权纠纷案”中，法院认为，《投资入股协议书》“包干费用的支付”约定：“本协议签订后五日内，甲方（指远腾集团）支付乙方（指付某华）收购资产启动费用500万元……其余包干费用根据新公司取得的拍卖确认书要求的时间全部支付给乙方”。远腾集团既未在协议中明确表达作为保证人对案涉债务承担一般保证责任的意思，又与远成公司共同实际履行，其主张对案涉债务为一般保证人的理由不能成立。[②] 在该案中，债务加入人加入债务的目的即在于提供担保。

需要指出的是，由于债务加入人在加入债务时是以债务人而非保证人的身份出现，所以，反对债务加入类推适用保证的重要理由在于，债务加入人对自己承担债务应当有合理的期待。笔者认为，此种观点值得商榷，因为从实践来看，债务加入人加入债务的主要目的在于增强债务人履行债务的能力，其本质上是一种增信方式或者措施，只不过与其他的担保方式不同，债务加入行为需要债务加入人以加入债务、成为债务人的形式实现，但并不能据此认定债务加入人有终局地负担债务的意图。

2.有效实现债务加入的规范目的

类推适用保证人追偿权的规则，使得债务加入人可以向原债务人全额追偿，更有利于保护债务加入人的利益，有利于鼓励第三人积极加入债务，有利于实现债务加入的制度目标。依据《民法典》第700条的规定，保证人在承担保证责任后，有权在其承担保证责任的范围内向债务人追偿，而且享有债权人对债务人的权利。换言之，债务人是终局的责任人，保证人在承担保证责任后，有权向债务人全额追偿，债务人在承担责任后，应当无权向保证人追偿。[③] 在债务加入的情形下，如果适用连带债务的规则调整债务加入人与原债务人的关系，则当事人在

---

① 参见刘刚、季二超：《债务加入类推适用的对象、范围和限度》，载《人民司法》2020年第13期，第93页。

② 参见最高人民法院（2020）最高法民申1021号民事裁定书。

③ 参见高圣平：《论保证人追偿权的发生与行使》，载《东方法学》2023年第1期，第161页。

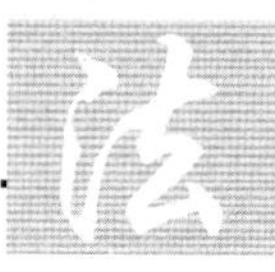

承担责任后，有权依法相互追偿，而且当事人的追偿份额也将受到一定的限制，这将不利于保护债务加入人的利益。与保证相比，由于债务加入人的责任承担较重，如果当然地判定其不享有追偿权，则可能导致价值失衡的结果；而且如果不承认其在承担责任后享有追偿权，则在债权人选择请求债务加入人承担债务后，债务加入人因代债务人进行履行而遭受的损失将难以获得有效救济。[①] 而类推适用保证人追偿权的规则，将赋予债务加入人单方向原债务人追偿的权利，而且此种追偿在范围上是全额追偿，这将更有利于保护债务加入人的利益。因此，类推适用保证人追偿权的规则，将原债务人界定为终局的责任人，债务加入人在履行债务后可以向原债务人全额追偿，与连带债务相比，这显然更有利于保护债务加入人的利益。

3.抗辩权的相似性

在债务加入人行使追偿权时，原债务人所享有的抗辩权与保证人也具有相似性。《合同编通则解释》第 51 条第 2 款规定："债务人就其对债权人享有的抗辩向加入债务的第三人主张的，人民法院应予支持。"依据该规定，在债务加入人向原债务人行使追偿权时，原债务人可以就其对债权人享有的抗辩向债务加入人主张。依据《民法典》第 700 规定，保证人在承担保证责任后，向债务人追偿时，享有债权人对债务人的权利，这也意味着，保证人在承担保证责任后，将产生法定的债权移转的效力，即保证人将在承担保证责任的范围内取得债权人对债务人的债权，据此，我国《民法典》第 701 条规定："保证人可以主张债务人对债权人的抗辩。债务人放弃抗辩的，保证人仍有权向债权人主张抗辩。"因此，保证人在向债务人追偿时，债务人也应当有权对其主张其对债权人所享有的抗辩。[②] 这一规则同样可适用于债务加入。《合同编通则解释》第 51 条第 2 款就是参照适用《民法典》第 701 条规定的结果。可见，在债务加入的情形下，债务加入人的追偿权与保证人的追偿权在规范构造上具有相似性，这也为债务加入人追

① 参见陈兆顺：《论债务加入与连带责任保证的区分——以〈民法典〉第 552 条为分析对象》，载《中国应用法学》2021 年第 6 期，第 60 页。

② 参见李伟平：《债务加入对保证合同规则的参照适用》，载《中国政法大学学报》2022 年第 4 期，第 119－120 页。

偿权类推适用保证人追偿权规则提供了一定的依据。

问题的关键在于从属性问题。有学者认为，由于债务加入行为欠缺从属性，因此不能类推适用保证的规则。[①] 因为保证债务从属于主债务，具有从属性。而债务加入中债务人直接成为债权债务关系中的当事人，由其自身负担债务，债务加入人的债务并无从属性。[②] 应当承认，从属性的缺失使得债务加入与保证存在一定的差异。但笔者认为，这种差异不是实质性的，不足以否定债务加入类推适用保证的可能性。这是因为：一方面，类推适用的前提条件是两个法律制度之间具有法律评价重心上的相似性[③]，在判断债务加入是否可以类推适用保证这一问题时，法律评价的重心应当在于担保功能，以及为提供担保的一方当事人提供的救济机制，而不是所谓担保的从属性。另一方面，从属性并非所有担保方式的必备要件。[④] 尽管债务加入欠缺从属性，但是也不影响债务加入类推适用保证制度。《担保制度解释》第 36 条第 2 款规定："第三人向债权人提供的承诺文件，具有加入债务或者与债务人共同承担债务等意思表示的，人民法院应当认定为民法典第五百五十二条规定的债务加入。"此处实际上是将债务加入行为界定为一种担保方式，强调的是债务加入的担保功能，因此与保证具有法律评价重心上的相似性。

当然，类推适用保证的规则虽然是可行的路径，但只是类推适用追偿的规则，而非类推适用保证的所有规则。保证制度特有的一些规则如保证期间制度、保证人的抗辩规则、共同保证的追偿权规则、保证从属性规则等，无法适用于债务加入制度。[⑤]

---

① 参见李伟平：《债务加入对保证合同规则的参照适用》，载《中国政法大学学报》2022 年第 4 期，第 122 页；夏昊晗：《债务加入法律适用的体系化思考》，载《法律科学（西北政法大学学报）》2021 年第 3 期，第 174 页。

② 参见［德］迪特尔·梅迪库斯：《德国债法总论》，杜景林、卢谌译，法律出版社 2004 年版，第 621 页。

③ 参见［德］拉伦茨：《法学方法论》，黄家镇译，商务印书馆 2019 年版，第 332 - 333 页。

④ 参见最高人民法院民事审判第二庭：《最高人民法院民法典担保制度司法解释理解与适用》，人民法院出版社 2021 年版，第 337 页。

⑤ 参见夏昊晗：《债务加入法律适用的体系化思考》，载《法律科学（西北政法大学学报）》2021 年第 3 期，第 170 页以下。

五、追偿权的具体行使

（一）追偿数额的确定

债务加入人追偿的数额取决于其追偿的基础。如前所述，关于债务加入人对原债务人的追偿权，学理上存在不当得利路径、无因管理路径、连带债务路径等不同主张。债务加入人追偿的基础不同，其追偿的范围也存在一定的差别。例如，如果认定债务加入人基于不当得利的规则向原债务人追偿，则其追偿的范围应当受到不当得利规则的调整，具体追偿范围还可能受到当事人主观上是善意还是恶意的影响。而如果认定债务加入人基于连带债务的规则向原债务人追偿，则债务加入人与原债务人在内部关系上将有一定的责任比例分担问题，在此情形下，债务加入人也仅能在一定范围内向原债务人追偿，而无法向原债务人全额追偿。笔者认为，应当类推适用保证人追偿权的规则认定债务加入人的追偿权，而依据《民法典》合同编的规定，保证人在承担保证责任后，有权在承担保证责任的范围内向债务人全额追偿。[①] 据此，债务加入人在实际履行债务后，也应当有权在其履行债务的范围内向原债务人全额追偿。

同时，债务加入人对原债务人的追偿数额还受到当事人约定的影响。虽然《合同编通则解释》第 51 条允许债务加入人向原债务人全额追偿，但按照私法自治原则，也允许当事人对此作出约定，即当事人可以约定债务加入人追偿的范围、条件、数额、支付的时间等。如果债务加入人与债务人已经就内部份额作了约定，那么，加入人只要履行超过自己应当承担的份额，就可以向债务人追偿。[②] 如果当事人对此作出了规定，则必须尊重当事人的意愿。此种约定主要是在债务人与债务加入人之间，以及债务加入人、债务人以及债权人之间达成。如果该约定是在债权人与债务加入人之间达成的，则原则上对原债务人不发生效

---

① 参见高圣平：《论保证人追偿权的发生与行使》，载《东方法学》2023 年第 1 期，第 163 页。

② Staudinger/Stürner（2020）Vorbemerkung zu §§765ff. Rn. 417.

力，如果该约定有损原债务人的利益，则不能对其产生效力。[①]

追偿的数额原则上不得超出债务加入人承担债务的范围。这就是说，债务加入人的追偿范围并不是以原债务的范围予以确定，而是以债务加入人实际承担的数额为准。[②] 因为毕竟在追偿的情形下，债务加入人只能就其实际承担的债务部分向原债务人追偿，而不能在此范围之外行使追偿权。债务加入人追偿的具体数额又包括主债务、利息、违约金、损害赔偿金等费用，只要债务加入人实际承担了相关的债务，都应当有权向债务人追偿。

（二）追偿权行使的限制和排除

在债务加入的情形下，债务加入人虽然原则上对原债务人享有追偿权，但在当事人明确约定排除追偿权、原债务人拒绝追偿等情形下，则应当对债务加入人的追偿权进行必要的限制，甚至予以排除，具体而言，债务加入人追偿权的限制和排除主要包括如下情形。

1. 当事人约定排除债务加入人的追偿权

在意定的债务加入中，由于意定债务加入具有担保功能、具有为他人清偿债务的性质（Interzessionscharakter），意定的债务加入人可能是基于委托合同而进行债务加入[③]，甚至债务加入人可能具有赠与的意思。因此，尽管具有共同承担债务意愿的债务加入会形成不真正连带债务，但是在意定的债务加入中，加入人和债务人并不存在共同关系[④]，即并非所有连带债务的债务人之间都具有共同关系。[⑤] 因此，此时仍然是加入人和债务人的约定优先于连带债务中的追偿权规则。[⑥] 据此，加入人完全可以与债务人约定，在内部关系上，加入人对债务全部负责[⑦]，从而可以排除追偿权的适用，或者通过约定份额的方式，实现对追偿权的限制。

① 参见王利明：《合同法研究》（第二卷），中国人民大学出版社 2003 年版，第 258 页。

② 参见史尚宽：《债法各论》，中国政法大学出版社 2000 年版，第 886 页。

③ MüKoBGB/Heinemeyer，9. Aufl. 2022，BGB § 426 Rn. 17；BeckOGK/Kreße，1. 3. 2023，BGB § 426 Rn. 75. 4.

④ BeckOGK/Kreße，1. 12. 2022，BGB § 421 Rn. 36.

⑤ MüKoBGB/Heinemeyer，9. Aufl. 2022，BGB § 426 Rn. 4.

⑥ Staudinger/Stürner（2020）Vorbemerkung zu § § 765ff. Rn. 417.

⑦ BGH，Urteil vom 14. 06. 1976 - III ZR 105/74，BeckRS 1976，3111 - 4667.

当事人约定排除追偿权主要有两种表现形式：一是债务加入人与原债务人明确约定排除追偿权。不论是债务加入人与原债务人约定加入债务，还是债务加入人与债权人约定加入债务，按照私法自治原则，债务加入人都可以与原债务人约定排除追偿权，此时，债务加入人履行债务后即无权向原债务人追偿。[①] 二是原债务人明确拒绝债务加入人的追偿。如前所述，在债务加入人与债权人约定加入债务的情形下，如果原债务人明确拒绝债务加入人的追偿，则其将成为债务加入人加入债务的限制性条件之一，在此情形下，债务加入人实际履行债务后，即无权向原债务人追偿。

2.第三人知道或者应当知道加入债务会损害债务人利益

第三人加入债务对债务人通常是有利的，因为其会在一定程度上减轻债务人的债务，但在特殊情形下，第三人加入债务也可能损害债务人利益，针对这一情况，《合同编通则解释》第 51 条第 1 款在确认债务加入人追偿权的同时，也规定了排除追偿权的规则，即债务加入人“知道或者应当知道加入债务会损害债务人利益的”，则其无权向债务人追偿，这就从主客观两方面规定了排除债务加入人追偿权的情形。

从客观方面看，该规定要求债务加入行为会损害债务人利益，所谓“会损害”，是指此种损害并不一定已经现实发生，而可能在将来会发生。所谓“天下熙熙，皆为利来；天下攘攘，皆为利往。”债务人加入债务可能是出于使自己获利而不问债务人利益的考量，如果不加限制地承认第三人享有追偿权，可能导致第三人为了不正当的竞争目的擅自介入债权人和债务人之间的法律关系。尤其在非金钱之债的情况之下，新增一名承担连带责任的新债务人，对于原债务人来说并不一定纯获利益。[②] 例如，债务人因一时陷入供货紧张状态，第三人不通知债务人，直接通过加入债务、向债权人提供货物，从而抢夺了该债务人的供货机会，这甚至构成不正当竞争。在该例中，在债务加入行为可能打破债务人的供应

① 参见高圣平：《论保证人追偿权的发生与行使》，载《东方法学》2023 年第 1 期，第 157 页。

② 参见［德］冯·巴尔、［英］埃里克·克莱夫主编：《欧洲私法的原则、定义与示范规则：欧洲示范民法典草案》（第三卷），高圣平等译，法律出版社 2014 年版，第 957 页。

关系时，其对债务人的损害可能在将来发生。再如，在涉及服务合同的情形，履行义务可能会给债务人带来可观的合法利益，债务人可能希望通过履行来持续雇佣熟练的劳动力，债务人有合理的理由愿意继续履行。[①] 如果其他服务提供者取代了债务人的位置，对后者会有不利影响。在法律上，判断债务加入行为是否会损害债务人的利益，应当以一个理性的市场主体为判断标准，而不能完全以债务人为判断标准。

从主观方面上看，该规定要求第三人在加入债务时“知道或者应当知道”加入债务会损害债务人利益。所谓知道，是指第三人主观上明知，即第三人知道其加入债务的行为会损害债务人的利益。所谓应当知道，是指以理性的市场主体为标准，判断第三人知道其债务加入行为会损害债务人利益。司法解释之所以采取主客观两方面判断，主要是为了防止排除债务加入人追偿权的标准过低，导致债务加入人的追偿权很容易被排除，否则可能导致债务加入人的损失无法得到救济。在前例中，如果能够证明第三人知道或者应当知道加入债务的目的旨在打乱原有的供应链，由债务加入人与债权人之间建立供应链关系，此种情形将会损害原债务人的利益，在此情形下，即便债务人没有明确表示拒绝，只要债务人能够证明该行为将损害其利益，债务加入人就无权向原债务人追偿。

3.追偿权的行使会损害债权人的利益

在债务加入的情形下，债务加入人履行债务后向原债务人行使追偿权通常不会损害债权人的利益，即通常情形下，债务加入人已经向债权人完全履行债务，债权人的债权已经得到完全实现，此时，债务加入人向原债务人行使追偿权，并不会对债权人的利益产生不当影响。但在某些情形下，债务加入人行使追偿权也可能影响债权人的利益。例如，债务加入人只是向债权人履行了部分债务，在此情形下，如果原债务人履行债务的责任财产有限，则债务加入人向原债务人追偿即可能影响债权人债权的实现。[②] 笔者认为，此种情形下，应当对债务加入人的

---

① 参见［德］冯·巴尔、［英］埃里克·克莱夫主编：《欧洲私法的原则、定义与示范规则：欧洲示范民法典草案》（第三卷），高圣平等译，法律出版社 2014 年版，第 950－951 页。

② 参见谢鸿飞：《连带债务人追偿权与法定代位权的适用关系》，载《东方法学》2020 年第 4 期，第 142 页。

追偿权进行必要的限制，即应当优先保障债权人债权的实现，因为债务加入人与原债务人对债权人负担连带债务，如果不对债务加入人的追偿权进行限制，则其在行使追偿权后，债权人仍有权请求债务加入人继续履行债务，这可能增加债务履行的成本。① 同时，在类推适用保证人的追偿权规则时，依据《民法典》第700条规定，在债权人的债权尚未获得完全清偿时，如果允许保证人对债务人进行追偿，可能增加债务人的负担，也不利于债权人的债权实现，在这种情况下，保证人的追偿权应当受到限制，其顺位劣后于债权人的债权请求权。② 这一条款同样应当适用于债务加入中的加入人的追偿权，即在债务人还没清偿的情况下，加入人对债务人的追偿权应当劣后于债权人对债务人的债权请求权。

结 语

《合同编通则解释》第51条第一次在法律上规定了债务加入人对原债务人的追偿权规则，填补了《民法典》第552条规定的空白，也是对我国长期以来司法实践经验的总结，并将为解决相关纠纷提供明确的法律依据。当然，该规则并没有终结对债务加入人追偿权解释路径的争论。由于不当得利说仍然缺乏必要的解释力，《合同编通则解释》第51条采取了开放性表述，表明解释路径仍然有待于依据具体情形而确定。尤其是需要依据债务加入的方式不同，区别对待不同情形下债务加入人的追偿权性质与行使问题。在司法解释对债务加入人的追偿权作出规定后，也需要展开对该条文的解释工作，以保障债务加入人追偿权的准确行使，并妥当处理债务加入关系中各方当事人的权利义务关系。

---

① 参见李中原：《连带债务人之间追偿权的法教义学构建》，载《法学家》2022年第2期，第64页。

② 参见王蒙：《论保证人对债务人追偿的双重结构》，载《华东政法大学学报》2023年第1期，第146－147页。

对待给付判决：同时履行抗辩的程序保障*

——以《合同编通则解释》第31条第2款为中心

一、引言

同时履行抗辩权，是指双务合同的当事人一方在他方未履行之前，有权拒绝自己的履行。《民法典》第525条规定："当事人互负债务，没有先后履行顺序的，应当同时履行。一方在对方履行之前有权拒绝其履行请求。一方在对方履行债务不符合约定时，有权拒绝其相应的履行请求。"该条是对同时履行抗辩权概念和行使条件的规定。在当事人互负债务的情形下，同时履行抗辩权的行使要求两个债务之间具有相应性，《最高人民法院关于适用〈中华人民共和国民法典〉合同编通则若干问题的解释》（以下简称《合同编通则解释》）旨在保障当事人的互为对待给付，以实现交易公平和交换正义，但在司法实践中，由于缺乏程序保障，该抗辩权在诉讼中常常陷入困境。例如，在买卖合同中，一方起诉另一方要求其履行付款义务，另一方提出抗辩，要求对方作出履行，有的法院判决驳回原告的起诉。有的法院判决原告应当在判决生效后15天内，将50吨钢材交付给

---

* 原载于《比较法研究》2024年第1期。

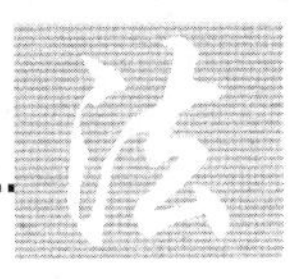

被告，被告应当在判决生效后15天内将货款支付给原告。长期以来，由于没有引入对待给付判决，法院的判决方式多样，且未能有效保护合同当事人的合法权益。为统一裁判规则，《合同编通则解释》第31条第2款引入对待给付判决，将原告作出的对待给付作为被告履行债务的条件，判决双方同时履行，该款规定："当事人一方起诉请求对方履行债务，被告依据民法典第五百二十五条的规定主张双方同时履行的抗辩且抗辩成立，被告未提起反诉的，人民法院应当判决被告在原告履行债务的同时履行自己的债务，并在判项中明确原告申请强制执行的，人民法院应当在原告履行自己的债务后对被告采取执行行为；被告提起反诉的，人民法院应当判决双方同时履行自己的债务，并在判项中明确任何一方申请强制执行的，人民法院应当在该当事人履行自己的债务后对对方采取执行行为。"这就为同时履行抗辩确立了程序法规则。据此，在被告没有提出反诉时，法院在确认双方同时履行的前提下，可以直接判决将原告履行义务作为被告履行义务的条件。在被告提出反诉时，法院应当判决双方在履行自己的义务后同时履行。该规定引入对待给付判决，为法院判决被告在原告履行义务的同时履行自己的义务提供了法律依据，为落实同时履行抗辩权制度提供了程序法保障。

二、对待给付判决是打破履行僵局的有效方式

对待给付判决（Urteil auf Erfüllung zug um zug），是指法院要求原告向被告提出对待给付后才可对被告进行强制执行的判决。此类判决一般表述为，"被告应在原告履行其义务时，向原告履行义务"①，其又被称为交换给付判决、同时履行判决、附对待给付判决。② 在具体履行步骤上，对待给付判决要求提起诉讼的原告（即债权人）首先作出给付，在其作出给付后，该判决就立刻产生了执行力，即被告必须在收到对方给付后，立即作出对等给付，如被告不作出给付，

① 刘海伟：《对待给付判决制度的理论证成与具体适用——兼论〈民法典合同编通则解释（征求意见稿）〉第32条第2款》，载《法律适用》2023年第11期，第72页。

② 参见肖建国、张苏平：《附对待给付义务的诉讼表达与执行法构造》，载《北方法学》2023年第1期，第17页。

则原告即可申请强制执行。[①]

对待给付判决旨在打破合同履行的僵局，因为在双务合同中，双方的履行应当具有相应性，为保障能获得对待给付，法律规定当事人一方应同时履行自己的义务，然而，这由此就产生了一种“同时履行的幻象”[②]。之所以产生一种“幻象”，是因为在交易实践中，双方的履行不可能完全是同时的，总是会有顺序上的先后差异，但正是因为时间上具有差异性，双方都不敢迈出主动履行的第一步，因为先作出履行的一方，可能面临对方不履行债务的风险，由此就陷入了一种合同履行上的僵局，而对待给付判决就要求当事人在法院提起诉讼，在公权力的监督下，先迈出一步以后，可获得对方的对待给付，就此而言，该制度的重要目的就在于打破合同履行的僵局。

从比较法来看，许多国家也规定了此类判决方法，或者要求在执行开始时债权人必须证明自己已经完成对待给付或者至少提出对待给付，对被告的强制执行才可以开始。[③] 依据《德国民法典》第 322 条，在一个未被履行的双务合同中，债权人提起诉讼，请求债务人给付，如果债务人针对其所应当负担的义务提出抗辩，主张在债权人履行给付之前，自己拒绝给付，那么法院将作出同时履行判决。[④] 对待给付判决的适用在近年来有所扩展，从在诉讼程序中适用，扩展到了诉前程序。[⑤] 从形式上看，债务人可以多种方式提出抗辩。[⑥] 一个成功的抗辩提出，需要满足《德国民法典》第 320 条第 1 款或第 321 条第 1 款规定的抗辩构成

---

① Vgl. Volker Emmerich, in: Münchener Kommentar zum BGB, 9. Aufl., 2022, § 322, Rn. 7; Klaus R. Wagner, Aktuelle Fragen und Probleme bei Publikumspersonengesellschaften, NJW 2013, S. 198 (201f.).

② 韩世远：《构造与出路：中国法上的同时履行抗辩权》，载《中国社会科学》2005 年第 3 期，第 107 页。

③ 参见刘文勇：《论同时履行抗辩权成立时对待给付判决之采用》，载《国家检察官学院学报》，2020 年第 4 期，第 164 页。

④ Vgl. Christoph Brömmelmeyer, Schuldrecht Allgemeiner Teil, 2. Aufl., 2020, S. 76.

⑤ Vgl. BGH ZVertriebsR 2018, 44 Rn. 42; OLG Hamm MDR 1978, 402 (403) (Nr. 44).

⑥ Vgl. BGH NJW 1999, 53 (54); BGH NJW 2010, 146 Rn. 20; NJW-RR 2018, 48 Rn. 47; OLG Düsseldorf ZWE 2010, 267 (268).

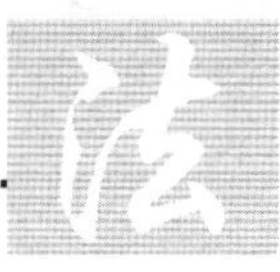

要件，相关证据由被告人举证证明。[①]

我国《民法典》第525条规定了同时履行抗辩，但是在程序上并未配套设计对待给付判决，《民事诉讼法》也没有对此作出明确规定，这就导致在实践中，一方提起诉讼，请求对方履行之后，另一方在诉讼中提出同时履行抗辩，一旦法院认定抗辩成立，不同法院作出了三种不同的判决方式：一是判决驳回原告起诉。实证案例研究表明，被告在诉讼中针对原告的请求而主张同时履行抗辩，如果抗辩成立，法院大多以驳回的方式否定了对方诉讼请求。[②] 二是判决原、被告双方在规定时间内同时履行债务。三是判决被告在原告作出对待给付的同时，向原告履行。司法实践中法院的不同做法造成了同案不同判的现象。[③] 在对三种不同裁判方式作出比较分析之后，《合同编通则解释》第31条选择了最为可行的路径，即在一方提起诉讼之后，另一方提起同时履行抗辩权，如果抗辩成立，法院既不得驳回，也不得规定在某个特定时间作出履行，而是判决在原告履行债务后，被告也应履行自己的债务。该规定不仅统一了此类案件的裁判，同时也符合同时履行抗辩权的制度目的。

（一）对待给付判决规则否定了驳回原告诉讼请求的裁判方式

如前述，由于法律没有规定对待给付判决，且原告是在自己没有作出履行的情况下要求被告履行，因此，有的法院以法无明文规定为由，简单地驳回原告的所有诉讼请求。驳回的理由在于，如果被告仅提出抗辩而没有提起反诉，只要被告行使同时履行抗辩权，且抗辩成立，法院就应当驳回原告的起诉。如果法院作出同时履行的判决，违反了民事诉讼法上“不告不理”的诉讼法理。[④] 应当看到，驳回原告诉讼请求的裁判方式虽然不无道理，但是同时带来了程序空转、加剧履行僵局等问题。因为一旦法院依照抗辩权成立驳回原告的诉讼请求，那么，

① Vgl. Thomas Rüfner，in：Gsell/Krüger/Lorenz/Reymann，Beck-online Grosskommentar，2023，§322 Rn. 16.

② 参见刘文勇：《论同时履行抗辩权成立时对待给付判决之采用》，载《国家检察官学院学报》2020年第4期，第164页。

③④ 参见最高人民法院民事审判第二庭、研究室编著：《最高人民法院民法典合同编通则司法解释理解与适用》，人民法院出版社2023年版，第361页。

原告不得不在履行义务之后重新起诉，这显然不利于纠纷解决。简单驳回之后，双方实际上又回到起诉前的状态，纠纷仍然存在，法院的判决并没有推动双方的纠纷解决，相反可能给纠纷的解决带来更大的麻烦。因为原告在诉讼请求被驳回之后，还需要再次提起诉讼，而在原告另行起诉后，因为此前已经存在了驳回诉讼请求的判决，法院在审查是否应当受理其起诉时会遇到障碍，可能会以违反“一事不再理”的原则而拒绝受理原告的起诉。[①]《合同编通则解释》第 31 条就针对这一问题，引入对待给付判决，规定在此情形下，即使被告提出的抗辩成立，法院应当判决被告在原告履行债务的同时履行自己的债务，而不是简单地驳回原告的诉讼请求。

为什么在被告提出抗辩且抗辩成立时，法院不能驳回原告请求，而应判决被告在原告履行债务的同时履行自己的债务？这是因为抗辩权又称为异议权，它是指对抗对方的请求对方的权利主张的权利。[②] 同时履行抗辩只是针对对方的请求而行使，该抗辩权成功，导致提出请求的一方在自己没有提出请求时，不能要求对方履行，但是，在诉讼中提出同时履行抗辩，一旦成立，意味着法院不能在原告没有作出自己的履行时，判决要求被告作出履行。而对待给付判决要求被告在原告履行债务的同时履行自己的债务，这实际上意味着被告的抗辩已经产生效果。因此，该规定对于保障《民法典》规定的同时履行抗辩权的有效落实，促进合同履行、鼓励交易等，都具有重要的意义。

第一，促进了实体法和程序法的有效衔接。《合同编通则解释》第 31 条为同时履行抗辩权的行使提供了有效的程序法保障。在被告行使同时履行抗辩权时，如果简单地驳回原告的诉讼请求，与同时履行抗辩权的初衷是不符的。因为同时履行抗辩作为双务合同履行中的抗辩权，只是使原告的请求权发生障碍，而不是据此否定原告的请求。如果认为被告的抗辩成立，就要驳回原告的诉讼请求，不仅不符合同时履行抗辩的意旨，且对原告的给付请求权没有提供

① 参见肖建国、张苏平：《附对待给付义务的诉讼表达与执行法构造》，载《北方法学》2023 年第 1 期，第 22 页

② 参见郑玉波：《民法总则》，中国政法大学出版社 2003 年版，第 69 页。

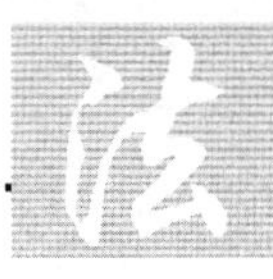

必要的程序保障。因为驳回原告的诉讼请求引发一系列问题，因此不少学者对于同时履行抗辩权的设计是否合理提出了质疑。[①] 其实，问题的关键在于，此种做法误解了同时履行抗辩成立的法律效果，实际上抗辩成立意味着，法院应当在对待给付判决中，要求原告在主张对方履行时，先履行自己的债务，这本身就是抗辩成立的效果，而并不意味着要通过驳回起诉的方式体现这一效果。且该抗辩权的行使缺乏程序法上相应的配合，这并不是同时履行抗辩权的设计本身存在问题。《合同编通则解释》第 31 条第 2 款便为同时履行抗辩提供了程序保障。

第二，有利于纠纷的一次性解决。在驳回诉讼请求之后，原告再次起诉不仅更为困难，而且因抗辩权成立，法院判决驳回原告诉讼请求，这相当于判决原告败诉，并由原告承担诉讼费用，因此，一旦被告抗辩成立，诉讼就会陷入僵局，法院无法继续推动诉讼程序，也无法最终解决当事人之间的纠纷。而引入对待给付判决制度可以有效解决这一僵局。[②] 以货物买卖合同为例，法院作出了对待给付判决之后，作为出卖人的原告为了获得被告的价款，完全可以将货物通过执行法院转交被告或者将货物放置于法院指定的地点交付被告，在作出履行之后，就可以要求法院直接执行对被告的债权。反过来，在被告提出抗辩后又提出了反诉，如果反诉成立，那么作为买受人的被告将货款打入法院指定的账户后，从而可要求法院强制执行原告的货物。可见，在法院的监督下，双方都可以依据对待给付判决履行各自的义务，从而推动纠纷的顺利解决。

第三，鼓励当事人主动提出请求、打破履行僵局。在简单驳回诉讼请求的情形下，交易实际上是被停止了，双方的履行处于一种僵局状态。任何一方都因为担心无法获得对待给付，而不敢履行自己的债务或向对方作出给付。如此一来，合同的履行就无法继续，除非有一方愿意承担无法获得对待给付的风险，而率先向对方作出履行。实践中，这种决定是不符合商业逻辑的，一个理性的商人并不

① 参见王洪亮：《〈合同法〉第 66 条（同时履行抗辩权）评注》，载《法学家》2017 年第 2 期，第 164 页。

② 参见刘海伟：《对待给付判决制度的理论证成与具体适用——兼论〈民法典合同编通则解释（征求意见稿）〉第 32 条第 2 款》，载《法律适用》2023 年第 11 期，第 73 页。

会作出这样的选择。此外，如果简单地以被告享有同时履行抗辩权，驳回原告的诉讼请求，原告因为败诉要承担诉讼费用，反而对其带来了不公平结果。事实上，原告作为主动打破履行僵局的一方，率先诉请对方履行，应为法律所鼓励，却反而因法院驳回诉讼请求，而遭受不利后果，这就使合同履行进一步陷入僵局。所以《合同编通则解释》第 31 条的规定有利于促使对方履行合同并鼓励交易，结束悬而未决的状态，如果简单地驳回原告，就导致同时履行请求权实际上无法行使。

在此需要讨论的是，被告仅仅提出抗辩而没有提出反诉，法院作出了对待给付判决，那么法院的裁判是否有违“不告不理”的原则？笔者认为，在被告提出同时履行抗辩权的情况下，法院实际上也只是针对原告的给付请求权作出了限制，而这种限制是保障债权正当实现的必要限制，因此法院有权针对原告的请求作出对待给付判决。但是，如果被告没有提起反诉，法院就不能针对被告的反诉，要求在被告履行的情况下，原告必须对被告作出履行。所以，《合同编通则解释》第 31 条只是从原告的角度作出规定，在原告提出对待给付后，要求被告应当向其履行债务，这并不违反“不告不理”的原则。

（二）对待给付判决规则否定了法院判决双方在特定时间内同时向对方履行的判决方式

由于长期以来同时履行抗辩权缺乏程序保障，在司法实践中，有的法院判决，双方应当在指定的时间段内同时作出履行。例如，在买卖合同中，有的法院判决双方应该在判决生效后的 15 天内，作为卖方的原告应当向被告交付货物，作为买方的被告应当在该期限内向原告给付价款。这种判决虽然看起来有一定的道理，但是仍然存在几个方面的问题：一是不符合当事人的意愿。当事人的履行时间属于当事人的意思自治范围，应当在合同中约定或者双方协商确定，而不应当是由法院通过裁判来决定的事项。如果由法院确定当事人的履行期间，有可能对当事人的商业安排带来不利影响。二是不当剥夺了原告的选择权。在被告没有提起反诉的情况下，原告实际上有选择履行时间的权利。虽然履行期限已经到来，但是原告仍然可以决定何时作出履行，以获得对待给付。有可能原告一时尚

未准备交货，也可以暂时不对被告作出履行。只要被告没有主动请求原告交付，那么原告的这一决定也是合理的。如果法院判决在某一期间内必须履行，那就剥夺了原告的选择权。三是不符合不告不理的原则。因为被告只是行使了同时履行抗辩权，并没有要求原告对自己进行对待给付。从原告的角度看，其也只是请求被告履行其义务，并没有主张在特定的期间内履行。因此，法院作出此种裁判既超出了原告主张的范围，也超出了被告主张的范围。四是容易引发新的争议。法院作出这种判决之后。如果原告和被告都没有为合同履行做好准备，法院要求其在半个月内履行，无疑会引发新的纠纷。[①] 例如，原告可能因为备货不足，无法在 15 天内交货，被告可能认为原告已经违反合同义务。此时，双方可能产生新的争议，反而不利于纠纷的最终解决。

此外，法院在对待给付判决中也无须指定履行债务的具体期限。因为原告如果在判决后不及时履行债务，可能会导致生效判决超过申请执行的时效，从而使其陷入更为被动的境地，因此，原告为了实现诉讼目的，在许多情形下，原告往往会尽快履行债务。[②]

（三）法院应当针对原告的请求作出对待给付判决

《合同编通则解释》第 31 条采取了第三种裁判方式，即原告提起诉讼请求，被告履行，被告未行使同时履行抗辩权，且未提起诉讼，法院应该作出对待给付判决。该判决既不能简单驳回，也不能规定在一定时间内履行债务，而是在判决中明确被告在原告履行债务的同时，履行自己的债务，在判项中明确原告申请强制执行，原告在履行自己的债务后，可主张对被告采取执行行为。对待给付判决避免简单驳回原告诉讼请求而造成的程序空转，节省诉累，有助于通过一次审判实质性解决纠纷。[③] 这一规则的设计，有利于产生如下效果：一方面，有助于促

① 参见最高人民法院民事审判第二庭、研究室编著：《最高人民法院民法典合同编通则司法解释理解与适用》，人民法院出版社 2023 年版，第 362 页。

② 参见刘海伟：《对待给付判决制度的理论证成与具体适用——兼论〈民法典合同编通则解释（征求意见稿）〉第 32 条第 2 款》，载《法律适用》2023 年第 11 期，第 75－76 页。

③ 参见刘海伟：《对待给付判决制度的理论证成与具体适用——兼论〈民法典合同编通则解释（征求意见稿）〉第 32 条第 2 款》，载《法律适用》2023 年第 11 期，第 73 页。

进履行、鼓励交易。享有同时履行抗辩权的双方，在双方都不主动作出给付时，一方提起诉讼，其实有助于结束这一履行僵局，从而促使交易完成。依据《合同编通则解释》第31条规定，法院作出对待给付判决为结束履行僵局，提供了程序保障。据此，法院作出判决之后，原告就可以主动在作出自己的履行之后对被告进行强制执行，反之，被告也可以通过提起反诉的方式，同样在自己履行之后，对原告进行强制执行。双方的履行都是在法院公权力的保障之下进行的，不必要承担无法收到对待给付的风险，有助于交易的顺利进行。另一方面，有助于实现当事人的合同目的。当事人一方通过自己的给付，旨在获得对待给付，这也是当事人的缔约目的，但在双务合同中，一方请求对方履行债务之后，处于牵连性中的债权因为受到一定的限制，即当事人一方不能直接请求对方给付，而只能在其自己作出给付的同时请求对待给付。通过双务合同中义务之间的牵连性，实现给付利益均衡，通过对待给付判决，保障当事人双方获得对待给付，从而为当事人实现缔约目的提供了程序保障。此外，这还有助于维护合同交易中的诚实守信。“诚实信用原则，在私法体系上作用之结果，债务人与债权人对于债务之履行与权利行使，互有协力之义务（Mitwirkungspflicht）。”① 通过对待给付判决，督促当事人在履行合同义务时，应充分考虑对方的利益，进一步强化了当事人在债务履行中的协作义务，而这就是诚实信用原则的应有之义，若自己尚未履行，不得要求对方先为履行。

总之，《合同编通则解释》第31条第2款引入对待给付判决，是打破履行僵局、促进合同履行的有效方式，并将使《民法典》第525条规定的同时履行抗辩制度得以有效实施。

三、对待给付判决是实现互为给付的程序保障

对待给付判决旨在为作出给付的一方提供程序保障，当事人一方一旦率先作出给付，就面临对方可能不履行债务的风险，由于实体法上仅从抗辩的角度予以

---

① 苏俊雄：《契约原则及其实用》，台北中华书局1978年版，第111页。

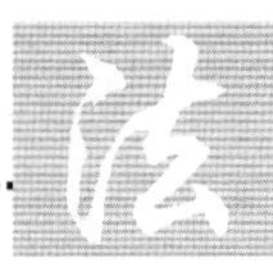

规定，但没有在程序法上解决履行之后如何获得对待给付的问题，这就不利于保障给付的对待实现。同时履行抗辩的核心仍然是实现对待给付，通过对待给付保障交易的等价性，落实民法平等和公平的基本原则。而对待给付判决从终局上是为了实现当事人互为给付，从而维护交换正义。按照学者的研究，合同反映交易关系的观点，最早由亚里士多德提出，后者提出了交换正义（commutative justice）的概念，并认为合同就是实现交换正义的工具。[①] 契约正义就属于典型的交换正义，注重当事人之间的利益平衡。这就是说，在双务合同中，当事人仅享有以自己的履行请求他方履行的权利，因此，原告必须证明其本身也已履行其义务或不负有先行履行的义务，才能请求对方作出履行。其实，罗马法上就有“你给则我给”原则，体现的就是交换正义，即一方当事人所负的给付义务，与对方的对待给付义务互为前提，如果一方不履行其义务，另一方也有权不履行。给付与对待给付的联系属于给付义务的内容，任何处于交换关系的债权自始就受到限制，当事人一方只能请求给付与对待给付同时履行。[②] 对待给付判决通过确认原告只要作出履行，就能获得对待给付，以及被告在提起反诉后，如果反诉成立，法院也可以针对被告的反诉作出对待给付判决：一方面，这保护了当事人双方自主选择履行债务的时间，另一方面，通过法院判决确定的既判力，保障了债务履行尽快实现，这种既判力避免了当事人在诉讼外再次发生争议。

对待给付判决作为实现当事人互为给付的程序保障，在具体适用中应当处理好与如下相关判决的关系。

（一）对待给付判决与同时履行判决的区分与衔接

从程序法层面来看，对待给付判决与同时履行判决常常难以区分。所谓同时履行判决，是指在被告提出反诉的情况下，法院判决双方应当同时履行。[③] 从广义上说，同时履行判决是对待给付判决的一种类型，对待给付判决是上位概念，同时履行判决是下位概念。从某种意义上说，同时履行判决可以说是双重的对待

① 参见［加］本森：《合同法理论》，易继明译，北京大学出版社 2004 年版，第 294 页。

② 参见［德］迪尔克·罗歇尔德斯：《德国债法总论》，中国人民大学出版社 2014 年版，第 124 页。

③ 参见最高人民法院民事审判第二庭、研究室编著：《最高人民法院民法典合同编通则司法解释理解与适用》，人民法院出版社 2023 年版，第 361 页。

给付判决，即法院既要针对原告的起诉作出判决，也要对被告的反诉请求作出判决。

具体来说，两者的区别主要表现在：一是前提条件不同。同时履行判决的作出要求被告主张同时履行抗辩并且提起反诉（《合同编通则解释》第 31 条第 2 款后半段），对待给付判决的作出只要被告提出同时履行抗辩即可（《合同编通则解释》第 31 条第 2 款前半段）。二是对待给付判决将原告履行其义务作为被告履行义务的条件，而同时履行判决则将任何一方履行其义务作为对方履行义务的条件，即属于“双重的附对待给付义务的判决”。三是同时履行判决的既判力和执行力及于双方当事人，判决生效后任何一方均可申请强制执行，但不得就此纠纷再行提起诉讼；而依据通说，对待给付判决的既判力和执行力并不及于原告的对待给付义务，而只是将该履行义务作为执行被告履行的前提，如果被告仅提出抗辩而没有提起反诉，那么，被告就无权申请强制执行，而应另行起诉。[①] 四是对待给付判决也可以适用于先履行抗辩权，但是同时履行判决只能适用于被告通过反诉方式行使同时履行抗辩权的场合。

但应注意，对待给付判决和同时履行判决并非截然分开的。《合同编通则解释》第 31 条第 2 款衔接了对待给付判决和同时履行判决，这就意味着双方为履行都迈出了一步，法院则应同时考量双方的履行请求，在此意义下，法院对此作出的判决其实就是同时履行判决。一方面，互为对待给付是针对当事人双方而言的，对待给付判决要求双方当事人同时作出给付，以结束合同履行的僵局，实现了当事人之间的交换正义。就同时履行抗辩权的制度目的而言，其旨在基于公平原则，保障双务合同的双方能够获得对待给付，通过双方当事人在债务履行顺序上的制衡关系，促使欲获对待给付的当事人须先迈出一步，以打破履行的僵局。[②] 另一方面，在原告提起诉讼后，如果被告提起反诉，法院可以作出同时履行判决，在这种情况下，同时履行判决的内涵已经发生了扩张，即扩张至被告提

---

① 参见刘海伟：《对待给付判决制度的理论证成与具体适用——兼论〈民法典合同编通则解释（征求意见稿）〉第 32 条第 2 款》，载《法律适用》2023 年第 11 期，第 73 页。

② 参见韩世远：《构造与出路：中国法上的同时履行抗辩权》，载《中国社会科学》2005 年第 3 期，第 108 页。

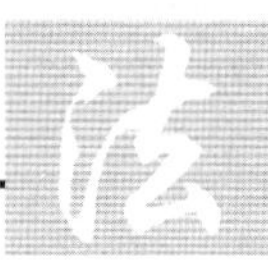

出反诉后法院对此作出判决的情形。如果将对待给付判决理解为一方作出履行之后，能够收到对待给付，那么，其就不仅适用于原告的诉讼请求，也可以适用于被告的诉讼请求。而依据《合同编通则解释》第 31 条第 2 款的规定，在一方提出履行请求时，对方提出反诉时，人民法院也应当作出同时履行判决，这实际上是扩张了对待给付判决的内涵，将对待给付判决也包括了针对被告的反诉所作出的判决。[①] 可见，对待给付判决旨在在同一诉讼中解决同时履行纠纷，这有利于一揽子解决双方争议，也有利于节约司法资源，因为如果双方分别起诉，不仅是司法资源的浪费，也为当事人带来极大的诉累。

（二）对待给付判决与先履行判决

在双务合同中，如果双方当事人的债务有先后履行顺序，则在应当先履行债务一方未履行债务的情形下，负有后履行债务义务的一方有权拒绝其履行请求；同时，如果负有先履行义务的一方履行债务不符合约定的，则后履行一方也有权拒绝其相应的履行请求。《合同编通则解释》第 31 条第 3 款规定：“当事人一方起诉请求对方履行债务，被告依据民法典第五百二十六条的规定主张原告应先履行的抗辩且抗辩成立的，人民法院应当驳回原告的诉讼请求，但是不影响原告履行债务后另行提起诉讼。”这就对先履行抗辩权的实现程序作出了规定。先履行判决实际上是对先履行抗辩权的一种确认，即在一方提出抗辩时，法院应当驳回对方当事人的诉讼请求。实践中，就同时履行抗辩权而言，双方当事人作出实际履行的时间存在一定的先后顺序，因此，有观点认为，对待给付判决中双方当事人的债务也具有一定的履行顺序，人民法院也应当在判决中明确双方当事人的履行顺序，如果是原告负有先履行义务，其主张被告履行债务，则原告应当先履行债务。因此，有人认为，对待给付判决与先履行判决具有相似之处。笔者认为，这实际上是对对待给付判决的一种误解。依据《合同编通则解释》第 31 条第 2 款规定，对待给付判决是判决双方当事人负有同时履行的义务，虽然一方当事人在请求对对方采取执行措施时，其应当先履行自己的债务，但人民法院在判决书

---

① 参见刘海伟：《对待给付判决制度的理论证成与具体适用——兼论〈民法典合同编通则解释（征求意见稿）〉第 32 条第 2 款》，载《法律适用》2023 年第 11 期，第 73 页。

中应当明确双方负有同时履行的义务。换言之，对待给付判决中，双方当事人只能是同时履行，虽然依据司法解释的规定，一方在请求对对方采取执行措施时应当先履行自己的债务，但其在性质上只是一种执行措施，其也是同时履行抗辩的一种程序保障措施，人民法院在判决中不能确定双方当事人债务的履行顺序，而应当判决双方同时履行。先履行判决与此不同。

对待给付判决与先履行判决主要具有如下区别。

一方面，二者的适用对象不同。对待给付判决适用于当事人享有同时履行抗辩权的情形，其在性质上是同时履行抗辩的程序保障规则。当然，就对待给付判决而言，虽然在实际履行过程中，双方当事人的履行存在先后顺序，但在诉讼中，法院只能作出一方为对待给付时另一方应为给付的判决，而不应在判决中确定双方当事人履行的先后顺序，否则就违背了同时履行抗辩权设立的宗旨。[①] 与对待给付判决适用于双方同时履行的情形不同，先履行判决针对的是异时履行的情形。也正是因为这一原因，同时履行抗辩权是为双方当事人提供的，即只要有一方不履行或不适当履行债务，则另一方就有可能享有同时履行抗辩权；而先履行抗辩权乃是为后履行的一方所设定的抗辩权，也就是说，只有后履行一方才享有此种抗辩权。

另一方面，二者的法律效果不同。就对待给付判决而言，如果被告仅提出抗辩，法院应当判决只有原告履行时才能对被告采取执行行为；如果被告提出了反诉，则任何一方只有在作出履行时才能申请对对方采取执行行为。并且，法院也应当在判决书中明确双方应同时履行债务，而不得确定双方的债务履行顺序，这也符合同时履行抗辩权的基本原理。而对先履行判决来说，负有先履行义务的一方请求对方履行债务时，如果被告主张先履行抗辩权且该抗辩权成立的，则法院应当驳回原告的请求，这也是先履行抗辩权的应有之义，因为负有先履行义务的一方未履行债务时，对方当事人有权对其主张顺序履行抗辩。当然，在负有先履行义务的一方的请求被法院驳回后，如果其后来履行了债务，则有权另行起诉。

① 参见刘文勇：《论同时履行抗辩权成立时对待给付判决之采用》，载《国家检察官学院学报》2020年第4期，第173页。

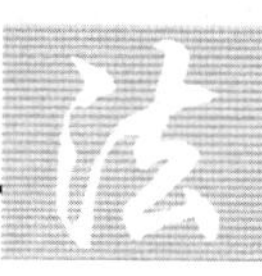

（三）对待给付判决与附条件判决的区分

所谓附条件判决，是指针对附条件的法律行为所作出的判决。此类判决通常要求，只有在符合一定条件的情形下，才能够对被告采取执行行为。对待给付判决常常在判项中表明，“被告在原告履行债务的同时应当履行自己的债务”，对此，有学者认为它实际上就是附条件判决，理由在于，对待给付判决并非给付时间相同的两项判决，而是附原告同时履行条件的一项被告给付判决。[①] 有观点认为，对待给付判决是一个原告胜诉的判决，也是一个附条件的判决，因为原告起诉的目的，就是要让被告履行合同约定的给付义务，但是达成这一目的的前提，是原告先为给付。[②] 虽然对待给付判决要表明被告在原告履行债务的同时应当履行自己的债务，且与附条件的判决在广义上都是执行力受到限制的判决，但两者还是存在明显区别。

第一，适用对象不同。附条件的判决主要是针对附条件的法律行为作出的判决，对待给付判决主要是针对同时履行抗辩权作出的。附条件的判决中，在条件成就前，合同虽然已经成立，但并没有生效，当事人并不享有合同权利，因此，当事人一方主张合同权利时，其请求无法获得法院的支持。即便已经立案，法院在作出判决时，也只能判决在某项条件成就时，原告才能享有合法有效的债权，在条件成就前，法院应当驳回其请求，在此情形下，法院不能对被告采取执行措施，也不能采取扣押、查封等措施。但是对于对待给付判决而言，原告享有合法有效的合同债权，因此，在其请求被告履行债务时，法院应当予以立案，在符合法律规定的条件时，原告也可以申请强制执行。[③]

第二，是否属于条件不同。在附条件判决中，当事人所附的条件往往源于当事人约定，该条件实际上是当事人缔约动机的反映，旨在通过条件的成就与否，

① 参见申海恩：《抗辩权效力的体系构成》，载《环球法律评论》2020 年第 4 期，第 96 页。也有观点认为，应当明确区分附条件的执行依据和（附）对待给付的执行依据，参见肖建国、张苏平：《附对待给付义务的诉讼表达与执行法构造》，载《北方法学》2023 年第 1 期，第 25－28 页。

② 参见［德］迪特尔·梅迪库斯：《德国债法总论》，杜景林、卢谌译，法律出版社 2004 年版，第 352 页。

③ 参见刘海伟：《对待给付判决制度的理论证成与具体适用——兼论〈民法典合同编通则解释（征求意见稿）〉第 32 条第 2 款》，载《法律适用》2023 年第 11 期，第 73 页。

来决定法律行为或请求权是否发生效力，以防范未来的交易风险。而在对待给付判决中，“原告履行自己的债务”并非源于当事人约定所附的“条件”，而是属于法院赋予的对执行依据发生效力的法定限制。如果原告未作出履行，因条件未成就，此时不得申请强制执行。在被告提出同时履行抗辩后，如果原告申请强制执行，必须先满足法院所要求的条件，即原告应先履行自己的债务。如果被告没有提出同时履行抗辩，法院应当支持原告的诉讼请求，判决被告履行债务；但是，如果被告提出同时履行抗辩且抗辩成立，法院应当判决只有在原告履行对待给付义务之后，被告即应履行其债务。

第三，举证责任不同。对附条件的判决而言，在诉讼过程中，债权人须证明相应的事实已经成就，否则其并不享有合法有效的债权，其也无权对债务人提出请求。债权人在申请强制执行时，应当证明当事人约定的条件已经成就。而在对待给付判决的情形下，债权人在申请对债务人强制执行时，应当证明其已作出对待给付，或者债务人受领迟延。

第四，执行依据不同。附条件判决中，条件是否成就必须被明确记载在执行依据中，也是能否申请执行的关键。但是在对待给付判决中，法院审查的内容并非条件是否成就，而应审查原告请求被告履行后，自己是否作出了履行，否则，其无权对被告申请强制执行。[①]

总之，对待给付判决作为一种独特的制度设计，它保障在自己作出履行之后可以获得对方的对待履行，从而保障当事人互为给付的实现。

四、对待给付判决区分并兼顾了抗辩权行使与反诉的提起

（一）《合同编通则解释》第31条区分了抗辩权行使与反诉

如前所述，对待给付判决主要针对原告的诉讼请求，在被告提起同时履行抗辩权之后，要求被告在原告履行债务后应履行自身债务。《合同编通则解释》第

① 参见肖建国、张苏平：《附对待给付义务的诉讼表达与执行法构造》，载《北方法学》2020年第1期，第28页。

31条第2款首先规定了针对原告提出请求的对待给付判决，然后再规定被告提起反诉后的同时履行判决，这就从实体和程序两个方面区分了抗辩权行使与反诉的提起。从法律上看，抗辩与反诉存在重大区别，抗辩作为实体法上的权利，是阻止请求权行使的权利，抗辩成功导致请求权的行使遇到障碍，其本身作为防御性规范，不同于提出请求。而反诉则是针对对方当事人在同一诉讼过程中提出的诉讼请求。如果说抗辩是盾，则反诉是矛，抗辩是防御，反诉是进攻，虽然反诉有时候确实会对对方当事人的请求起到一定的防御作用，但其本质上仍然是一种向对方提出请求的诉讼请求。这些原因导致对待给付判决与同时履行判决存在明显区别，具体表现在：

第一，既判力不同。在被告仅主张同时履行抗辩权时，只存在一个诉讼，不存在本诉与反诉的区别。而被告以反诉方式行使抗辩权并要求原告向其履行时，就产生了另一个独立的诉讼。同时履行判决属于“双重的对待给付判决”，该判决的既判力及于双方当事人，判决生效后任何一方都可以申请强制执行，但不得就该纠纷再行提起诉讼。[①] 如果被告提起反诉，法院将本诉和反诉一并审理、判决作出之后，原被告双方都会受到“一事不再理”原则的限制，不得就这一债权债务关系再次起诉讼。[②] 在此情形下，法院此时是将本诉和反诉合并审理，作出了两份判决，而非仅仅针对原告的诉讼请求作出一份判决。所以，双方都会受到既判力的约束。

第二，执行力不同。在被告没有提起反诉的情况下，法院仅仅针对原告的给付请求权作出了判决，所以也只有原告可以依据这一判决申请强制执行，被告不能依据该判决强制执行原告的对待给付。但是，在被告提起反诉的情况下，法院对于被告主张的对待给付请求权也应当作出判决。这就形成了同时履行判决，原被告双方都应当向对方作出履行。任何一方都有权申请强制执行，只不过申请强制执行时应当首先履行自己的债务。

---

① 参见刘海伟：《对待给付判决制度的理论证成与具体适用——兼论〈民法典合同编通则解释（征求意见稿）〉第32条第2款》，载《法律适用》2023年第11期，第73页。

② 参见最高人民法院民事审判第二庭、研究室编著：《最高人民法院民法典合同编通则司法解释理解与适用》，人民法院出版社2023年版，第364页。

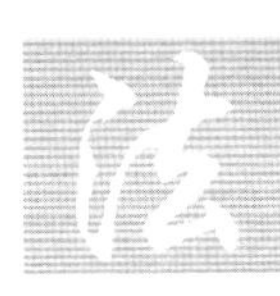

第三，能否申请保全不同。被告在提出反诉之后，就享有独立的保全请求权，可以在诉前和诉中请求人民法院对原告的财产进行保全，以确保对待给付的实现。在被告没有提起反诉时，由于其只是提起了抗辩而没有积极地要求原告向自己履行，所以就无权向法院申请保全原告的财产。

第四，能否可以抵销不同。在被告提出反诉之后，如果本诉和反诉都是金钱之债，那么法院就可以依法对双方的请求进行抵销。但如果被告只是主张了同时履行抗辩权而没有提起反诉，那么就不得进行抵销。这尤其体现在金钱债务中，双方互负债务，在同等数额之内，法院可以判决双方债务予以相互抵销。

第五，判项中反映的情形不同。在被告只是主张同时履行抗辩权时，判项中只需要展现原告的给付请求权的具体内容，而不需要反映原告对待给付的具体内容。而在被告提起反诉时，判项中应当同时反映双方给付的内容，即任何一方只有在自己作出履行时，才能申请强制执行对方的债务。

第六，诉讼时效的适用不同。如果被告只是主张同时履行抗辩权而不提起反诉，那么，被告针对原告的对待给付请求权的时效仍然在继续计算，一旦超出了诉讼时效，被告的对待给付请求权就可能受到阻却，因为同时履行抗辩权本质上是一时性抗辩，阻碍原告请求权的效果，但时效仍然不发生中断。毕竟被告只是提出抗辩，而没有积极向原告主张权利，其并不符合《民法典》第 195 条所规定的诉讼时效中断的情形。与此不同的是，如果被告提起了反诉，则意味着其也对原告提出了请求，其对待给付请求权的诉讼时效也应当因此发生中断，不存在超出诉讼时效的担忧。

第七，被告的举证责任不同。被告主张抗辩权时，只需要对债权人的主张提出抗辩即可，而不需要负担额外的举证责任。在举证责任上，应当由原告证明其已经履行或者证明被告负有先给付义务。被告无须证明其不具备先给付义务，因为双务合同中，同时履行是双方应负的义务。[①] 而被告提起反诉时，应当证明债之关系存在且有效、原告未履行等要件，其负担更重的举证责任。

① 参见王洪亮：《〈合同法〉第 66 条（同时履行抗辩权）评注》，载《法学家》2017 年第 2 期，第 173 页。

第八，能否针对双方请求作出判决并产生执行力。对待给付判决其实是针对双方的诉讼请求作出，并对双方产生执行力。如果提起反诉，法院针对反诉作出判决，因为其形成独立的诉讼，并可以申请强制执行；如果没有提起反诉，法院不能直接针对被告主张作出判决，因为其主张仅仅是抗辩，无法判决双方同时履行，相当于给被告的履行附加了一个条件。被告不能直接申请法院强制执行原告，只是可以在执行中提出抗辩。

（二）《合同编通则解释》第31条兼顾了抗辩权行使与反诉的提起

如果法院针对原告的诉讼请求作出判决，即使被告主张同时履行抗辩且抗辩成立，法院应当就原告的诉讼请求作出判决，判决被告履行债务，只不过应当是原告先履行自己的债务之后，才能请求被告履行债务。但问题在于，如何保障被告的利益，以及被告就原告履行债务如何申请强制执行。比较法上，有的国家允许法院作出同时履行判决，以解决这一问题。例如，在德国法中，法院作出同时履行的判决，既不需要以原告的特别请求为前提，也不需要以被告的特别请求为前提。[①] 它既不属于驳回原告诉讼请求的情形，也不属于直接判决被告实际履行的情形。[②] 为了平衡双方利益，同时考虑到诉讼经济的目的，法院应作出同时履行判决。这一做法有利于节省诉讼资源，我国《合同编通则解释》第31条实际上也是采取了此种做法，依据该规定，如果被告不仅主张同时履行抗辩权，而且提起反诉，一旦反诉成立，法院可以判决双方当事人同时履行自己的债务，并且只有在当事人一方履行自己的债务之后，才可以对对方当事人申请强制执行。此种规则并不意味着将模糊抗辩权行使与反诉的界限，相反，该条将当事人双方的对待给付联系起来，从而使互为对待给付义务落到实处。

比较而言，被告在提起反诉时，更有利于促进法院判决双方互为对待给付。而如果原告起诉后，被告仅主张抗辩，法院很难就原告是否履行债务作出审查，而反诉的提起有利于当事人充分交换证据，同时也为针对被告的反诉判决提供了一个程序启动机制，因此，提起反诉有利于法院对合同债务履行情况作出全面的

---

① Vgl. Volker Emmerich，in：Münchener Kommentar zum BGB，9. Aufl.，2022，§ 322 Rn. 3.

② 参见［德］迪尔克·罗歇尔德斯：《德国债法总论》，中国人民大学出版社2014年版，第125页。

审查并作出判决。需要指出的是，由于我国现行法没有强制反诉制度[①]，在同时履行抗辩权的行使中，如果原告向法院请求被告履行债务，则被告可以提出抗辩，也可以提起反诉，或者以反诉方式提出抗辩，被告可以选择采取何种方式，因此，其有选择不同程序的权利。

问题在于，被告没有提出反诉的，法院是否应当向其释明？在原告提起诉讼后，如果被告只是提起抗辩权，而非提起反诉，可能是由于被告并不了解抗辩权和反诉的差异，也可能是因为担心反诉给自己带来过重的举证责任，因此，一种观点认为，在此情形下，法律上是否有必要提起反诉，应由法官向当事人释明，避免判“一案而生多案”的情形发生。[②] 另一种观点认为，法院对当事人的同时履行抗辩权进行释明违背了法官的中立性原则，不符合程序公正。[③] 还有观点则认为，法院主动释明并未使原被告双方利益失衡，而且能够让原被告双方在一个诉讼中一次性解决矛盾纠纷，2019 年《全国法院民商事审判工作会议纪要》第 36 条即体现了这一思想。[④] 笔者认为，从上述提起反诉的法律效果差异来说，虽然对被告而言，提起反诉可能会面临一定的举证负担，但是提起反诉实质上有利于被告获得对待给付。2019 年《全国法院民商事审判工作会议纪要》第 36 条指出“要防止机械适用‘不告不理’原则，仅就当事人的诉讼请求进行审理，而应向原告释明变更或者增加诉讼请求，或者向被告释明提出同时履行抗辩，尽可能一次性解决纠纷”。因此，法官应主动向当事人予以释明。具体而言，法院应当向被告释明，释明的内容主要包括：一是反诉与抗辩在法律效果上的差异；二是反诉与抗辩在举证负担上的差异；三是反诉与抗辩在时间、诉讼费用等方面的区

---

① 参见最高人民法院民事审判第二庭、研究室编著：《最高人民法院民法典合同编通则司法解释理解与适用》，人民法院出版社 2023 年版，第 360 页。

② 参见刘海伟：《对待给付判决制度的理论证成与具体适用——兼论〈民法典合同编通则解释（征求意见稿）〉第 32 条第 2 款》，载《法律适用》2023 年第 11 期，第 74 页。

③ 参见张海燕：《论法官对民事实体抗辩的释明》，载《法律科学（西北政法大学学报）》2017 年第 3 期。

④ 参见刘海伟：《对待给付判决制度的理论证成与具体适用——兼论〈民法典合同编通则解释（征求意见稿）〉第 32 条第 2 款》，载《法律适用》2023 年第 11 期，第 74 页。

别；四是提起反诉后，如获得胜诉判决并申请强制执行所能获得的权益。[①]

（三）关于诉讼费用的承担问题

抗辩权行使与反诉的提起对当事人的诉讼费用产生一定影响，但在讨论这个问题之前，先需要明确对待给付判决是否属于胜诉判决。对此，学界和比较法上有不同的观点。一种观点认为，对待给付判决是部分胜诉判决。在被告同时履行抗辩成立的情况下，法院作出附对待给付条件的判决，应视为原告一部分胜诉的判决。[②] 另一种观点认为，对待给付判决是全部胜诉判决。因为被告主张的同时履行抗辩权为其攻击防御方法，并非原告之诉的要素范围，法院认可被告的防御方法，并未驳回原告的诉的要素，原告的诉讼请求已在判决中得到认可，仍应认为该判决是原告全部胜诉的判决。[③] 从实践来看，认定对待给付判决究竟属于一部分胜诉判决还是全部胜诉判决，在法律上的意义在于诉讼费用的负担。如果认为对待给付判决是一部分胜诉判决，则诉讼费用就应当由原告和被告来分担；如果认为其是全部胜诉判决，则诉讼费应当由被告全部负担，在此情形下，对被告而言，要面临"无论抗辩是否成立都是败诉并承担全部诉讼费用"的不公平局面。[④] 因此，在德国法上，原告如果从一开始就考虑《德国民法典》第 322 条第 1 款的规定，申请同时履行判决，那么在诉讼费用承担上他就具有优势。[⑤] 但被告如果也想达到上述的同时履行判决效果，需要提出反诉。[⑥] 笔者认为，应当将对待给付判决认定为一部分胜诉判决，在诉讼费用的负担问题上，考虑到原告起诉时实际上也没有履行自己的债务，其地位和被告是类似的，将主张权利的费用全部由被告承担并不合理。在过去的司法实践中，如果法院驳回了原告的诉讼请求，那么诉讼费应当由原告负担。在引入对待给付判决之后，如果完全变为被告负担诉讼

① 参见许士宦：《新民事诉讼法》，北京大学出版社 2013 年版，第 157－158 页。

② 部分胜诉说，参见王泽鉴：《民法学说与判例研究》（第六册），北京大学出版社 2013 年版，第 131 页。

③ 参见［日］斋藤秀夫编著：《批注民事诉讼法（2）》，第一法规出版株式会社 1982 年版，第 30 页。

④ 参见刘海伟：《对待给付判决制度的理论证成与具体适用——兼论〈民法典合同编通则解释（征求意见稿）〉第 32 条第 2 款》，载《法律适用》2023 年第 11 期，第 75 页。

⑤ Vgl. Volker Emmerich, in: Münchener Kommentar zum BGB, 9. Aufl., 2022, § 322 Rn. 3.

⑥ Vgl. Volker Emmerich, in: Münchener Kommentar zum BGB, 9. Aufl., 2022, § 322 Rn. 7.

费，可能与公众过往的一般社会认知有明显违背，影响法院纠纷解决的社会效果。

五、对待给付判决为强制执行提供了法律依据

对待给付判决生效后，即具有强制执行力。在此应区分诉讼外的权利行使与通过诉讼方式的权利行使。在一方向另一方提出请求后，另一方提出同时履行抗辩，虽然这种请求具有一定的法律效力（例如导致诉讼时效中断等），但其本身不得产生执行力，只有通过诉讼的方式，才可能通过判决获得执行力，进而当事人才能申请强制执行。但如前述，如果被告没有提起反诉而仅提起抗辩，法院只是针对原告的请求作出了判决，那么也只有原告才可以申请强制执行；如果被告提起了反诉，法院应当同时针对原告和被告的诉讼请求进行判决，那么原告和被告都可以申请强制执行，这就是同时履行判决。

判决在判项中没有反映的内容，不能由执行机构予以强制执行。在司法实践中，由于我国法律没有规定对待给付判决，有的法院即便在判决中明确要求被告在原告履行后也要作出对待给付，但是仅在“本院认为”部分作为说理，而并非在判项中明确，显然不利于强制执行，因为判项才是强制执行力的直接根据，因此，对于判项中没有明确当事人的履行义务，申请人很难据此申请执行。判决书中“本院认为”部分，是人民法院就认定的案件事实和判决理由所作的叙述，其本身并不构成判项的内容。法院强制执行只能依据生效判决的主文，生效判决关于履行债务的判决，必须要在判项中明确，从而为法院的强制执行程序提供依据。如果判决主文中没有相应的判项，则“本院认为”部分所作的论述不能作为执行依据。[①] 为了解决这一问题，《合同编通则解释》第 31 条第 2 款明确要求，法院应当在判项中明确说明，一方要申请强制执行的，应当首先履行自己的债务，才能对另一方采取强制执行措施。该条规定了同时履行抗辩的情形下强制执行开始的

---

① 最高人民法院原执行办（现执行局）在一则复函中明确指出：判决主文是人民法院就当事人的诉讼请求作出的结论。参见《最高人民法院执行工作办公室关于营口市鲅鱼圈区海星建筑工程公司与营口东方外国语专修学校建筑工程欠款纠纷执行一案疑请报告的复函》（〔2004〕执他字第 19 号）。

条件，为执行法院作出了明确的指引，也为合同当事人的权益提供了程序保障。

对待给付判决的强制执行还有如下问题需要探讨。

（一）原告未履行对待给付义务时，法院能否受理其执行申请？

关于对待给付判决的效力，学理上存在不同的观点。一是执行依据生效要件说。此种观点认为，判决在原告为对待给付后才生效，对待给付是执行立案的条件，原告未为对待给付的，法院不予执行立案。二是开始执行要件说。此种观点认为，对待给付判决一经作出即生效，当事人作出对待给付并非执行立案的条件，而只是采取执行措施的条件。[①] 二者的差异在于：如果认为原告作出对待给付是执行立案的特别要件，原告未作出对待给付的，法院应不予立案，那么，在原告进行对待给付之前，如果将对待给付作为强制执行开始的要件，法院在执行立案时无须审查原告是否进行了对待给付。笔者认为，从《合同编通则解释》第31条第2款规定来看，其实际上采取的是开始执行要件说，即认为，原告作出履行只是法院对被告采取执行措施的条件，而非执行立案的条件。[②] 因为从法条的文义来看，在对待给付判决作出后，原告作出履行只是法院“对被告采取执行行为”的条件，而没有将其作为执行立案的条件对待，因此，只要法院作出了对待给付判决，就可以进入执行阶段，执行机构就应当予以立案。如果在执行开始后，一方没有作出自己的履行，而要求对方履行，被执行人有权提出执行异议，执行机构应当停止执行；事实上，在人民法院所作出的对待给付判决生效后，执行机构即应当依法受理当事人的执行申请，而不应当将一方作出履行作为受理执行申请的条件。因此，开始执行要件说更为合理。原告先为履行（如向法院提存）或者已经开始履行，即可申请强制执行。被执行人认为申请执行人未履行或者未完全履行，可以提起执行异议，请求停止全部或部分执行。[③]

（二）被告仅提出抗辩时原告的对待给付不具有执行力

在原告提起诉讼请求后，如果被告未提起反诉，而只是行使同时履行抗辩

① 参见杨与龄：《强制执行法论》，中国政法大学出版社2002年版，第100页。

② 参见最高人民法院民事审判第二庭、研究室编著：《最高人民法院民法典合同编通则司法解释理解与适用》，人民法院出版社2023年版，第363页。

③ 参见陈杭平：《中国民事强制执行法重点讲义》，法律出版社2023年版，第27－28页。

权，此时被告能否申请强制执行？笔者认为，当被告并未提起反诉时，被告不能依据对待给付判决申请对原告的对待给付债务进行强制执行。[①] 因为被告只是消极地提出了抗辩，而没有积极主张原告向自己履行债务。同时履行抗辩权作为一时性抗辩权，仅在延缓自己的履行，但并非独立的请求，法院不能径直作出裁判，要求原告做出履行，在此情形下，被告没有获得针对原告的执行依据，因此，被告无法申请强制执行；反之，如果被告提出反诉，则因其已提出独立的诉讼请求，在法院针对反诉作出判决后，就具有既判力和执行力。当然，如果双方当事人形成了和解或者调解，那么可以认为双方当事人就给付和对待给付在调解或和解中达成了新的合意，进而双方应当互为债权人，都可以依据调解或和解申请法院强制执行。

（三）被告提起反诉后的同时履行判决具有执行力

在被告提起反诉的情形下，法院所作出的对待给付判决要求双方同时履行债务，但这也可能在执行中形成一种困境，即任何一方如果不履行自己的义务，可能就导致两份判决均无法执行。[②] 为解决这一问题，《合同编通则解释》第 31 条第 2 款明确要求，在作出对待给付判决时，应当在判项中明确，任何一方申请强制执行的，人民法院要在该当事人履行自己的债务后，才能对对方采取执行措施。如果被告申请强制执行，则必须以提起反诉为前提；如果被告并未提起反诉，而要求强制执行原告的财产，只能另行起诉。[③] 至于在实际执行中是否会出现先后执行的争议，这完全可以通过法院监督当事人履行等方式予以解决。与当事人自己行使同时履行抗辩不同，由于缺乏法院公权力的监督和保障，任何一方都担心在自己做出履行之后无法取得相应的对待给付。而在法院作出判决、双方当事人申请执行之后，与一般行使抗辩权的情形就不同，双方的合同履行实际上受到法院的监督和保护，法院可以采取各种措施来督促当事人先做出履行，并保

① 参见申海恩：《抗辩权效力的体系构成》，载《环球法律评论》2020 年第 4 期，第 95 页。

② 参见肖建国、张苏平：《附对待给付义务的诉讼表达与执行法构造》，载《北方法学》2020 年第 1 期，第 31 页。

③ 参见最高人民法院民事审判第二庭、研究室编著：《最高人民法院民法典合同编通则司法解释理解与适用》，人民法院出版社 2023 年版，第 363 页。

障其对待给付不至于落空。例如，法院可以要求当事人将支付的价款汇入指定的账户等技术手段以监督其履行状况，但这并不意味着法院确定了履行顺序，因为当事人哪一方先进行给付，实际上是由当事人自己决定的，法院只是为决定先行给付的一方提供相应的公权力保障。

六、结语：对待给付判决是衔接实体法与程序法的范例

任何社会只要实行市场经济，必然要以合同法作为其经济制度的基石。成熟的市场经济在很大程度上是以合同能否得到及时圆满的履行、因合同而产生争议是否会被及时公正地解决为标志的。虽然人们在缔约过程中不一定完全按照合同法来缔约，但“合同法是备用的安全阀”①。合同法虽然提供了基本的交易规则，却无法一劳永逸地解决当事人之间的纠纷，这就需要借助于程序法来为其提供纠纷解决机制，《合同编通则解释》第 31 条较为巧妙了衔接了实体法和程序法之间的关系，为同时履行抗辩权提供给了一套程序保障机制，有效衔接了实体法与程序法。该解释不仅是长期司法实践经验的总结，也是《民法典》合同编的一大亮点，必将对于鼓励交易、维护交易安全和秩序发挥重要作用。

① ［美］罗伯特·A. 希尔曼：《合同法的丰富性》，郑云瑞译，北京大学出版社 2005 年版，第 270 页。

论仲裁协议对代位权行使的影响*

——兼评《合同编通则解释》第36条

前　言

债权人的代位权，是指因债务人怠于行使其到期债权及与该债权有关的从权利，对债权人造成损害的，债权人可以向人民法院请求以自己的名义代位行使债务人的债权及其从权利的权利。《民法典》第535条第1款规定："因债务人怠于行使其债权或者与该债权有关的从权利，影响债权人的到期债权实现的，债权人可以向人民法院请求以自己的名义代位行使债务人对相对人的权利，但是该权利专属于债务人自身的除外。"这就对代位权作出了明确规定。由于代位权的行使涉及债权人、债务人和债务人的相对人三方主体，因此在两方主体间存在仲裁协议时，该协议是否应当约束第三方，在实践中经常发生争议，为统一裁判规则，《最高人民法院关于适用〈中华人民共和国民法典〉合同编通则若干问题的解释》（以下简称《合同编通则解释》）第36条规定："债权人提起代位权诉讼后，债务人或者相对人以双方之间的债权债务关系订有仲裁协议为由对法院主管提出异议的，人民法院不予支持。但是，债务人或者相对人在首次开庭前就债务人与相

* 原载于《广东社会科学》2024年第1期。

对人之间的债权债务关系申请仲裁的，人民法院可以依法中止代位权诉讼。”从表面上看，该规则只是解决了在有仲裁协议的情形下，一方提起仲裁后，代位权诉讼应当中止审理的问题，但其包含了较为丰富的内涵，有鉴于此，笔者拟对仲裁协议对代位权行使的影响作出初步探讨。

一、代位仲裁协议不能当然对债权人产生拘束力

仲裁协议是当事人之间达成的有关将其争议提交给仲裁机构裁决的书面协议。[①] 仲裁本质上是尊重当事人的意思自治解决纠纷的程序，当事人的意思自治是仲裁的基石，是仲裁中最基本也是最重要的原则。[②] 在债务人与其相对人之间约定了仲裁协议时，该条款当然应当是有效的，但该条款原则上仅对签订该协议的当事人产生拘束力，而不能对其他主体产生效力。

问题在于，在法律上是否应当承认代位仲裁协议？所谓代位仲裁协议，是指债务人与其相对人之间所达成的仲裁协议，并约定债权人应当以仲裁的方式行使代位权。根据该仲裁协议，债权人与其相对人可以通过提起仲裁的方式解决纠纷，但该协议不应当然对债权人产生拘束力。在合同编通则司法解释的制定过程中，有观点认为，此种代位仲裁协议也应当对债权人产生拘束力，换言之，债务人与其相对人达成仲裁协议后，只要当事人提起仲裁，债权人也要参与仲裁，并受到仲裁协议的拘束；同时，债权人在行使代位权时，也应当以仲裁的方式行使该权利。此种观点的理由在于，一方面，从文义解释来看，《民法典》第 535 条对于通过诉讼程序解决代位权纠纷使用的是“可以”而非“必须”的表述，即该条并没有禁止债权人以仲裁的方式行使代位权。因此“可以向人民法院请求”并不当然排斥仲裁程序，适用仲裁程序并不违反《民法典》第 535 条。另一方面，要求债权人受到代位仲裁协议的约束，也有利于预防债务人规避仲裁。因为在债

① 参见［日］新堂幸司：《新民事诉讼法》，法律出版社 2008 年版，第 11 页。

② 参见冯子涵：《文化差异视角下中国商事仲裁的本土化与国际化研究——以〈仲裁法〉为例》，载《社会科学动态》2020 年第 9 期。

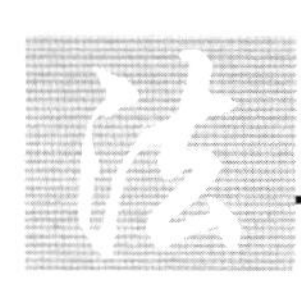

务人与其相对人达成仲裁协议的情形下，债务人应当以仲裁的方式解决其与相对人之间的纠纷，如果否定债权人应当受到代位仲裁协议的约束，则债权人在行使代位权时就不必采用仲裁的方式，而可以采用诉讼的方式，在债务人不愿通过仲裁的方式解决其与相对人之间的纠纷时，其可能与债权人“通谋”，由债权人通过诉讼的方式行使代位权，向债务人的相对人提出请求，从而实现规避仲裁的目的。此外，从仲裁的发展来看，仲裁条款的效力确实具有向第三人扩张的现象，因此，为了保护债权人的利益，既然法律承认了债权人可以享有代位权，因此债权人就可以通过行使代位仲裁的方式维护其权利，这就使得仲裁条款可以对第三人产生效力，可以视为仲裁协议效力相对性的例外。

但是，《合同编通则解释》并没有承认代位仲裁协议，即根据《民法典》的规定，债权人必须通过诉讼的方式行使代位权，在债务人与其相对人达成仲裁协议的情形下，只要债权人提出抗辩，该仲裁协议就不能对债权人产生效力。从我国现行立法和仲裁实践来看，不宜承认债务人与相对人所约定的仲裁条款可以约束债权人，也不宜承认债权人可以以提起仲裁的方式行使代位权，主要理由在于：

第一，在现行立法下，代位权只能以诉讼方式行使。我国的代位权源自法律的直接规定，属于债权人的法定权利，法律规定债权人行使代位权只能通过提起诉讼的方式进行。[①] 对此可以通过体系解释得出结论，因为从《民法典》的相关规定来看，凡是允许当事人主张权利时既可以提起诉讼又可以提起仲裁的，通常会加上“仲裁机构”的表述，但是《民法典》第 535 条在规定债权人代位权时使用的是“可以向人民法院”请求的表述，而并没有加上“仲裁机构”，这表明，立法者的立法本意是，在债权人行使代位权的情形下，只能通过诉讼的方式行使。例如，《民法典》第 147 条规定：“基于重大误解实施的民事法律行为，行为人有权请求人民法院或者仲裁机构予以撤销。”《民法典》中有 13 处明确规定有仲裁机构。同时，从文义上看，虽然《民法典》第 535 条采用“可以”这一表述，但仍然无法找寻到通过仲裁程序行使代位权的立法依据。有观点认为，代位

① 参见杨立新：《民法判解研究与适用》（第四辑），人民法院出版社 1999 年版，第 35 页。

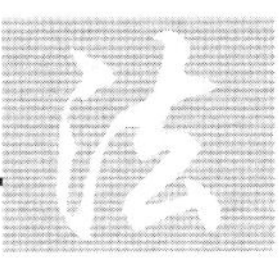

权诉讼是债权人代债务人向债务人的相对人提起诉讼，债权人的权利来源于债务人。因此，债权人的权利不能大于债务人与相对人达成的仲裁协议。① 所以，在债务人与相对人约定了仲裁协议的情况下，债权人就不能提起代位权诉讼。笔者认为，此种观点值得商榷，因为一方面，此种观点实际上是将债务人与相对人之间的仲裁协议的效力直接扩张至债权人，并绝对地剥夺了债权人通过诉讼程序实现代位权的可能；另一方面，此种观点可能会剥夺债权人依法享有的保全其债权的权利，代位权作为一项法定权利，源于法律规定，当事人不能通过约定予以排除，债务人与其相对人之间的仲裁协议也当然不能排除债权人的代位权，否则也在一定程度上剥夺了债权人基于法律规定享有的代位权。② 如果债权人行使代位权以是否存在仲裁条款为前提，那么债权人将无法行使代位权，由此代位权制度会被实质架空。为避免这一现象，债务人与相对人不能通过达成仲裁协议限制债权人提起代位权诉讼。此外，在债务人与其相对人约定仲裁条款的情形下，对债务人的相对人的保护并非一定要通过剥夺代位权诉讼的方式才能实现，尊重债务人与相对人的约定和实现债权人的代位权并不必然矛盾。更重要的是，此种观点可能滋生债务人与其相对人以倒签仲裁协议的方式规避法律责任的风险。因此，笔者不赞同债务人与相对人约定仲裁协议将剥夺债权人通过诉讼程序行使代位权的观点。在债务人与相对人约定仲裁条款的情形下，债权人仍应当有权通过诉讼程序行使代位权，只不过对该案的具体审理与一般的债权人代位权审理存在一定的区别。

第二，代位仲裁已突破合同的相对性，缺乏法律依据。一方面，如果在法律上承认代位仲裁，就如同承认代位诉讼一样，将突破合同相对性原则。合同的相对性在大陆法中称为“债的相对性”，它是指合同主要在特定的合同当事人之间发生，合同当事人一方只能向与其有合同关系的另一方提出请求，而不能向与其无合同关系的第三人提出合同上的请求，也不能擅自为第三人设定合同上的义

① 参见孔金萍：《论被代位债权的仲裁协议对代位权人的效力》，载《北京仲裁》2018 年第 3 期，第 103 页。

② 参见张芳芳：《代位请求权惺惺下仲裁协议的效力问题探讨》，载《河北法学》2007 年第 7 期，第 140－143 页。

务。基于私法自治原则，合同的效力是基于当事人之间的合意产生的，因此该合意仅应约束双方当事人。因为第三人没有参与合同的订立，也没有在合同订立中表达自己的意愿，所以第三人原则上不应受合同的拘束。在代位权行使中，存在两个法律关系：一是债权人与债务人之间的关系，二是债务人与相对人之间的关系。在这两个关系中，如果当事人约定了代位仲裁条款，就意味着要允许债权人直接向债务人的相对人提起仲裁。但仲裁协议原则上仅约束协议签署的当事人，而不能约束第三人，这是因为，基于意思自治而形成的仲裁协议原则上应当仅在作出该意思表示的当事人之间发生效力，因而，仲裁协议自然也应当坚持合同相对性，从原则上说，仲裁协议只对合同条款的当事人发生效力，对于第三人并不具有约束力。[①] 如果仲裁条款只是在债权人与债务人之间达成的，则其只能约束债权人与债务人，而不能约束债务人的相对人，债务人的相对人并没有在仲裁协议中签字，因此，代位权仲裁条款不能对第三人产生效力[②]，否则就任意扩张了仲裁条款的效力，也将严重背离仲裁的契约本质[③]，且在仲裁中混淆了两个法律关系。在代位仲裁的情形下，允许债权人直接向债务人的相对人提出请求，这将突破合同的相对性。从法律上看，突破合同相对性必须要有明确的法律依据。从这一意义上说，代位仲裁确实存在制度障碍。另一方面，代位权诉讼虽然突破了合同的相对性，但其本质上是《民法典》专门针对债权人保护所设计的一种保全措施，而在仲裁中，现行立法并未承认代位仲裁制度，这主要是考虑到，仲裁更强调当事人的意思自治，强调合同的相对性，如果没有法律的明确规定，不能随便突破合同的相对性。此外，如果引入代位仲裁制度，可能会引起更多的纠纷。

第三，即便债务人与相对人明确约定债权人将受到仲裁协议的约束，该约定也并非仲裁协议可以约定的事项。《仲裁法》第 17 条规定：“有下列情形之一的，仲裁协议无效：（一）约定的仲裁事项超出法律规定的仲裁范围的……”。因为仲裁条款中约定的是债权人与债务人之间的事务，而债权人代位权行使的事务应当

---

①② 参见马宁：《论我国股东派生诉讼制度的完善——评〈公司法〉第一百五十一条》，载《仲裁研究》2015 年第 3 期，第 67 页。

③ 参见沈志韬：《论债权人代位权情形下仲裁协议的效力》，载《仲裁研究》第 22 辑，第 28 页。

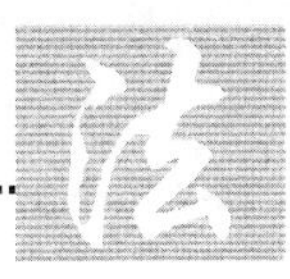

是债权人与债务人的相对人之间的事务，这实际上已经超出了法律规定的仲裁范围，因此，当事人作出此种约定的，该约定应当无效。仲裁庭对此作出裁定，性质上属于超裁的行为。

因此，从《合同编通则解释》第36条规定来看，其并没有承认债务人与其相对人达成的仲裁协议可以对债权人产生拘束力，但该司法解释也没有从正面否定代位仲裁协议的效力，没有终局地解决这一问题，这也是一个遗憾。

二、债权人行使代位权时要受仲裁协议的约束

如果债权人提起代位诉讼以后，债务人的相对人以其曾与债务人之间签订仲裁协议为由提出抗辩，代位诉讼是否受到该仲裁协议影响？对此，司法实践一直存在争议。

一是肯定说。此种观点认为，债权人的代位权针对的仍然是“债务人的债权”，债务人的相对人也应当可以向债权人主张程序抗辩，所以债权人行使代位权应当受到仲裁条款的约束[①]，在债务人与其相对人达成仲裁协议的情形下，在债权人以诉讼方式行使代位权时，人民法院无权受理该代位权诉讼。在我国司法实践中，有的法院也采取了此种立场。例如，在“上海天益×水产品有限公司（债权人）诉成都家乐×超市有限公司（次债务人）、第三人浙江富振食×品有限公司（债务人）债权人代位权案”中，成都高新技术产业开发区人民法院裁定认为：因被告与第三人已在商品合同中订立有仲裁条款，该条款约定排除了法院的管辖，根据民事诉讼法司法解释第124第2款的规定，原告的起诉不属于法院的受案范围。[②]

二是否定说。此种观点认为，即使次债务人以债务人与次债务人曾经签订仲裁协议为由提出抗辩，代位诉讼也不受到影响。换言之，债权人的代位权是法定权利，债权人也并不是仲裁协议的当事人，因此，债权人行使代位权不应当受到

① 参见北京市高级人民法院（2002）京民终94号民事判决书。

② 参见四川省成都高新技术产业开发区人民法院（2017）川0191民初10444号民事裁定书。

仲裁条款的约束。[①] 如果允许相对人以其与债务人之间存在仲裁合意而有权提出抗辩，也会存在债务人和相对人事后达成仲裁合意以对抗代位权的道德风险，并可能导致代位权制度被架空的危险。[②] 在我国司法实践中，有的法院也采取了此种立场。例如，在“付×（债权人）诉湖北荣兴×贸易有限公司（次债务人）、第三人武汉鑫华×资产管理有限公司（债务人）代位权诉讼案”中，湖北省高级人民法院认为，仲裁协议具有契约性与自愿性，其仅对签订协议的双方当事人产生效力，对于非协议当事人不具有法律约束力。[③]

相比较而言，肯定说更侧重于保护债务人的相对人的程序抗辩权利，而否定说更侧重于保护债权人的权利实现。[④] 两种观点均有一定的合理性。一方面，从法律上来看，应当保护次债务人依法享有的程序上的抗辩权利，充分尊重债务人与其相对人之间签订的仲裁协议的效力，也就是说，债权人行使代位权，不能完全无视仲裁协议的效力。另一方面，应当保护债权人的债权的实现。仲裁协议抗辩可以影响代位诉讼程序的进程，而不能完全排除代位权的行使。否则，债务人长期不提起仲裁，债权人就不能提起代位权诉讼，这将会使代位权形同虚设。笔者认为，上述两种观点所要保护的利益之间并不存在不可协调的根本冲突，最佳的办法是兼顾这两种权益的保护，在仲裁协议有效且已经提起仲裁的情形下，法院即使已经受理了代位权诉讼，也应当暂时中止诉讼，等待仲裁裁决的结果。[⑤]《合同编通则解释》第36条规定，在债务人与其相对人之间约定了仲裁协议且债务人的相对人在首次开庭前就债务人与相对人的债权债务关系申请仲裁的，人民法院可以依法中止代位权诉讼，这就在一定程度上保护了债务人的相对人的程序性权利；同时，该条只是规定中止代位权诉讼，而没有因此否定债权人以诉讼的方式行使代位权，这就保护了债权人的权利。如此规定很好地协调了债务人的相对人的程序性权利与债权人权利保护之间的关系。

---

①② 参见最高人民法院（2019）最高法民辖终73号民事裁定书。

③ 参见湖北省高级人民法院（2017）鄂民终1576号民事裁定书。

④ 参见马慧莲、古黛：《债权人代位权与仲裁协议之间的博弈》，载《仲裁研究》第50辑，第11页。

⑤ 参见曲昇霞、朱愈明：《仲裁协议抗辩能否对抗债权人代位权之诉？——以矛盾裁判为视角的分析》，载《扬州大学学报（人文社会科学版）》2018年第6期，第54页。

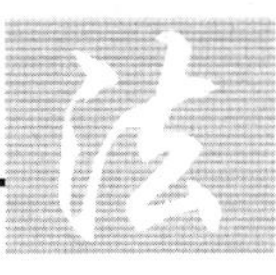

依据《合同编通则解释》第36条规定，债权人提起代位权诉讼后，如果债务人或者相对人在首次开庭前就债务人与相对人之间的债权债务关系申请仲裁的，人民法院可以依法中止代位权诉讼。但是对债权人和债务人之间的关系，并没有规定是否可以中止审理的问题。从该条规定来看，其实包含了一项规则，即债权人提起诉讼时，应当受到债务人与相对人之间仲裁条款的约束，如果二者之间已经明确约定了仲裁条款，且债务人的相对人在首次开庭前就债务人与相对人的债权债务关系申请仲裁的，则人民法院可以依法中止代位权诉讼。

（一）即使存在仲裁协议，债权人也可以通过诉讼程序行使代位权

按照上述司法解释规定，即便债务人与其相对人约定了仲裁条款，如果债权人行使代位权，在此情形下，人民法院也有权受理。诚然，代位权诉讼应当受债务人与其相对人所约定的仲裁协议的约束，但是，在债权人行使代位权的情形下，法院仍应当受理，因为一方面，代位权诉讼是因为债务人怠于行使其债权从而影响债权人债权的实现，这就意味着，虽然债权人和债务人之间有仲裁协议，但债务人并不提起仲裁，表明其是怠于行使债权，债权人从保护自身利益出发，应当有权行使代位权。事实上，债务人与相对人之间有仲裁协议而不通过仲裁协议主张权利，则表明其是具有过错的，如果其一直不申请仲裁，此时如果不允许债权人行使代位权，则债权人的权利将难以实现，这将损害债权人提起代位权诉讼的权利，显然是极不合理的。[①] 另一方面，肯定说认为债权人行使代位权并不意味着其成为债务人和其相对人之间的合同当事人，所以，其完全不应受债务人与其相对人之间达成的仲裁条款约束[②]；事实上，债权人和债务人的相对人之间并不存在合同关系，也没有约定仲裁条款，如果不允许债权人提起代位权诉讼，其利益就难以获得保障。因此，即便债务人与其相对人之间存在仲裁条款，也不能阻止债权人向债务人的相对人行使代位权。[③] 同理，在债务人与相对人之间存

① 参见王静：《代位权诉讼若干问题研究》，载《法律适用》2001年第4期，第17页。

② 参见韩朝炜：《债权人代位权诉讼管辖探析》，载《法律适用》2005年第7期。

③ 参见张芳芳：《代位请求权情形下仲裁协议的效力问题探讨》，载《河北法学》2007年第7期，第140－143页。

在仲裁条款的情形下，如果债务人不提起仲裁，就表明其构成怠于行使权利，此时，债权人即有权依法行使代位权。

在此需要探讨的是，在债务人与其相对人约定了仲裁协议的情形下，债务人的相对人能否以该仲裁协议对债权人提出抗辩？有观点认为，债务人的相对人所提起的此种抗辩并不当然包括对代位诉讼的管辖抗辩，而只是针对其与债务人合同关系的抗辩，并希望执行仲裁条款，以仲裁方式先行解决其与债务人之间的争议。① 换言之，债务人的相对人对债权人行使代位权提出抗辩旨在维护其与债务人之间的权利义务关系，同时也在于维护与其债务人所达成的仲裁协议的效力。按照此种观点，在债务人与其相对人之间存在仲裁协议的情形下，首先应当按照民事诉讼法的规定中止代位权诉讼，并在债务人与其相对人的仲裁裁决结果作出后，人民法院再继续审理代位权纠纷，“该处理方式不仅不会从实质层面妨害到主权利人之法益，亦能做到尊重主、次债务人之间有效仲裁协议的效力，故不失为两全之策”②。在司法实践中，也有法院认为，在债务人与其相对人约定仲裁协议的情形下，债务人的相对人对债权人提出抗辩同时包含了实体抗辩和程序抗辩两方面的内容③，从这一意义上说，为了保护债务人的相对人管辖利益的需要，债权人应当受到债务人与其相对人约定的仲裁协议的拘束。

但是，债务人仅仅提出存在仲裁协议的抗辩，就可以表明其并“没有怠于行使”债权，从而否定代位权诉讼的成立吗？笔者赞成以下观点，即即便债务人与其相对人之间存在仲裁协议，并不等于提请了仲裁，也不意味着债务人“没有怠于行使”债权。④ 主债务人与被告一方订立有仲裁条款的，不能在实质上影响债权人的权利，因此考虑到维护被告一方管辖利益的需要，不能仅仅以仲裁条款有效为抗辩理由。应当说此种观点具有一定的合理性。

---

① 参见江伟、肖建国：《仲裁法》（第三版），中国人民大学出版社 2016 年版，第 55 页。

② 郁琳：《代位权诉讼司法管辖与仲裁管辖冲突的解决》，载《商事审判指导》第 36 辑，人民法院出版社 2014 年版。

③ 参见上海市高级人民法院（2017）沪民辖终 29 号民事裁定书。

④ 参见曲昇霞、朱愈明：《仲裁协议抗辩能否对抗债权人代位权之诉？——以矛盾裁判为视角的分析》，载《扬州大学学报（人文社会科学版）》2018 年第 6 期，第 55 页。

(二) 债权人行使代位权时要受到仲裁协议的影响

依据《合同编通则解释》第 36 条的规定，在债务人与其相对人约定了仲裁协议的情形下，债权人仍然可以以诉讼的方式行使代位权，这就很好地保护了债权人的权利。当然，债务人与其相对人所达成的仲裁协议是当事人真实意思表示合意的结果，其效力也应当受到法律的承认与保护，因此，《合同编通则解释》第 36 条规定，在代位权诉讼进行过程中，如果债务人的相对人在首次开庭前就债务人与相对人的债权债务关系申请仲裁的，则人民法院可以依法中止代位权诉讼，这就在一定程度上尊重了债务人的相对人的程序性权利。从这一意义上说，债权人行使代位权也要受到债务人与其相对人所达成的仲裁协议的影响。《合同编通则解释》第 36 条很好地达成了债权人权利与债务人的相对人的程序性权利之间关系的平衡。

当然，该规则仅规定了人民法院可以依法中止代位权诉讼，但就债权人对债务人提起的诉讼是否应当中止，该条并没有作出规定。笔者认为，在此情形下，人民法院不应中止债权人对债务人的诉讼，因为债权人对债务人的诉讼本身并不是代位权的行使问题，而只是普通的民事诉讼，债务人与其相对人所约定的仲裁条款只是解决二者之间权利义务关系，不应当对债权人通过诉讼方式向债务人主张权利的行为产生影响。

问题在于，在债权人和债务人也有仲裁协议，且债务人就其与债权人的关系提起仲裁时，债权人此时能否提起代位权诉讼。笔者认为，在此情形下，债权人应当无权提起代位权诉讼，因为在此情形下，债权人与债务人之间的债权并不确定，即债权是否存在并不确定，即便债权存在，其效力、范围、数额等也存在争议，在此情形下，首先应当通过仲裁程序确定债权的基本情况，之后债权人才能提起代位权诉讼。在债权人与债务人之间的债权债务关系尚未最终确定的情形下，如果允许债权人提起代位权诉讼，则可能导致当事人之间的法律关系复杂化，并可能因此引发新的纠纷。例如，在债权人提起代位权诉讼后，如果法院继续审理该代位权诉讼，并最终支持了债权人的请求，责令债务人的相对人对债权人履行应负的债务，但如果债务人与债权人之间的债权事后被认定为无效，则可

能在债权人、债务人以及债务人的相对人之间引发新的纠纷。

三、债务人的相对人在首次开庭前已申请仲裁的，应中止代位权诉讼

按照《合同编通则解释》的上述规定，在债务人与其相对人约定了仲裁协议时，不能排除债权人代位权的行使，相反，应当允许债权人提起代位权诉讼。但是，如果债务人的相对人在一审法定辩论终结前申请仲裁，将导致代位权诉讼中止，主要理由在于：一方面，这体现了对当事人私法自治的尊重。在债务人与其相对人约定仲裁协议的情形下，如果债务人的相对人已经提起仲裁，则表明当事人旨在通过仲裁的方式解决纠纷，此时，应当尊重与保护当事人对纠纷解决方式的选择，即在此情形下，人民法院应当中止审理债权人的代位权诉讼。另一方面，如果债务人的相对人已经提起仲裁，则表明债务人与其相对人之间的关系仍然处于不确定状态，此时，如果人民法院继续审理代位权诉讼，则可能使当事人之间的权利义务关系复杂化。例如，在债权人对债务人的相对人提起代位权诉讼时，债务人的相对人应当可以对债权人主张其对债务人享有的抗辩权。再如，如果债务人与其相对人的权利义务关系最终被仲裁裁决认定为无效，或者权利义务的范围与债权人行使代位权所主张的范围不一致，也可能导致当事人之间的权利义务关系复杂化。还需要指出的是，《合同编通则解释》第 36 条只是规定，债务人的相对人在首次开庭前就债务人与相对人的债权债务关系申请仲裁的，人民法院可以依法中止代位权诉讼，而没有规定债务人申请仲裁的法律后果，笔者认为，在债务人对其相对人申请仲裁的情形下，表明债务人在积极主张权利，而不再是怠于主张权利，也就不再符合债权人代位权行使的条件。同时，在债务人对其相对人提起仲裁的情形下，同样表明二者的权利义务关系也是不确定的，或者债权的数额、范围等是不确定的，在此情形下，如果不中止代位权诉讼也不利于纠纷的解决，此时，法院应当等待当事人确定其债权债务关系之后，再行使代位权。

由于仲裁协议的存在，代位权诉讼的审理应当建立在对于仲裁协议的尊重的基础之上，具体而言，应当区分如下两种不同的情形。

一是在代位权诉讼首次开庭前，次债务关系尚未进入仲裁程序。如果债务人与其相对人并未及时申请仲裁，此时，对债务人而言，其应当构成怠于行使权利，对债务人的相对人而言，应当认定其已经放弃了程序上的抗辩。因此，债权人此时可以直接行使代位权，而不受到仲裁协议的约束。因此，《合同编通则解释》第36条规定，债务人的相对人只有在首次开庭前就债务人与相对人的债权债务关系申请仲裁的，人民法院才需要依法中止代位权诉讼，在代位权诉讼首次开庭前，债务人的相对人仍未提起仲裁的，则人民法院无须中止代位权诉讼。

二是在代位权诉讼首次开庭前，次债务关系已经被提起仲裁。在此种情况下，代位权诉讼虽然已经受理，但也要中止审理，即仲裁程序在代位权诉讼首次开庭前就已经启动的，代位权诉讼需要受到次债务关系中仲裁结果的影响。如前所述，此时次债务关系已经被提起仲裁，债务人已经行使了权利，而不构成怠于行使权利，因而尚未满足代位权的产生条件；且只有次债务关系得到确定，代位权诉讼才能继续，而还在仲裁阶段的次债务关系尚未确定，在等待仲裁结果确定后再进行审判有利于提升效率；还应当看到，此种中止代位权诉讼的审理符合《民事诉讼法》第153条有关诉讼中止的规定。

从实践来看，中止审理也有利于解决代位权纠纷，因为在债务人的相对人提起仲裁的情形下，如果人民法院继续审理代位权诉讼，则可能导致当事人之间权利义务关系的复杂化，并影响代位权诉讼以及仲裁结果的确定性。[①] 在债务人的相对人提起仲裁时，表明债务人与其相对人之间的权利义务关系具有不确定性，债权人能否行使代位权，以及能够在何种范围内行使代位权，均具有不确定性，人民法院继续审理代位权诉讼可能导致诉讼和仲裁结果的冲突，这不仅不利于纠纷的解决，还可能极大地增加纠纷解决的成本。在该司法解释制定过程中，有观点认为，债务人怠于行使债权主观过错明显，如果规定债务人申请仲裁就终止代位权审理，则可能鼓励债务人通过申请仲裁恶意阻止代位权行使。笔者认为，此

① 参见韩健：《派生仲裁请求权和代位仲裁请求权之刍议》，载《仲裁与法律》2001年第2期。

种观点值得商榷，因为债务人提起仲裁是其依据仲裁条款依法享有的权利，而且其提起仲裁也是积极主张权利的体现，如果阻止代位权诉讼程序的继续进行，这也是完全合理合法的。

代位权诉讼中止后，仲裁程序继续进行，基于仲裁结果可能出现如下几种情况：一是仲裁裁决支持债务人的请求，此时，代位权诉讼可以继续进行，债权人可以要求债务人的相对人向其履行义务。二是仲裁裁决否定了债务人的请求，此时，债权人应无权向债务人的相对人提出请求，债权人所提起的代位权诉讼也应当终止。三是仲裁裁决确定债务人的权利小于债权人代位权诉讼所主张的权利，此时，债权人仅能在仲裁裁决所确定的权利范围内向债务人的相对人主张权利。在此情形下，依据《民法典》第537条规定，债务人的相对人在向债权人作出履行后，只是导致债权人与债务人的权利相应地消灭，对于尚未实现的债权，债权人仍可向债务人提出请求。①

需要指出的是，代位权并不单纯以债务人怠于行使债权为条件，法院还需要继续审理是不是满足代位权发生的其他条件。特别是债务人怠于行使债权的行为是否影响了债权的实现。例如，在债权人提起代位权诉讼后，如果债务人的责任财产足以保障债权人债权的实现，则债权人行使代位权的条件已不具备，其无权提起代位权诉讼。仲裁裁决确定后法院还要进一步审理才能确定债务人怠于行使债权是否会影响债权实现，甚至可能因为债务人还有其他自己的财产而否定代位权的行使。

结　语

在债权人代位权行使过程中，在债务人与其相对人约定了仲裁协议的情形下，如何妥当协调债权人权利与债务人相对人的程序性权利之间的关系，是司法实践中长期存在的一大难题。《合同编通则解释》第36条妥当协调了二者之间的

① 参见曲昇霞、朱愈明：《仲裁协议抗辩能否对抗债权人代位权之诉？——以矛盾裁判为视角的分析》，载《扬州大学学报（人文社会科学版）》2018年第6期，第56页。

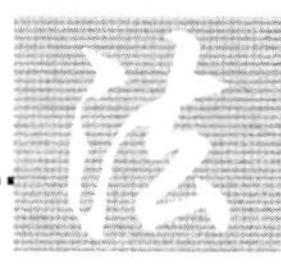

关系，其一方面规定债权人行使代位权要受到债务人与其相对人所约定的仲裁协议的影响；另一方面，在债务人与其相对人约定仲裁协议的情形下，该司法解释又没有否定债权人可以以诉讼的方式行使代位权，此种折中的方案妥当协调了债权人权利与债务人相对人程序性权利之间的关系，为司法实践中解决相关的纠纷提供了明确的法律依据。

仲裁协议效力的若干问题*

仲裁协议是指双方当事人自愿将他们之间已经发生或者可能发生的可仲裁事项提交仲裁裁决的书面协议。[①] 仲裁是基于当事人的选择，尊重当事人的意思自治解决纠纷的程序。当事人意思自治是仲裁的基石，是仲裁中最基本也是最重要的原则。[②] 仲裁协议一方面赋予了当事人提起仲裁的程序权利，另一方面也提供了仲裁机构管辖权的基础[③]，仲裁结果对当事人的约束力同样来自当事人事先对于接受仲裁的合意。[④] 因此可以说，没有仲裁协议，就没有仲裁。这也是仲裁区别于诉讼的根源所在。

作为仲裁程序启动的前提性条件，仲裁协议的效力问题关系成为仲裁实践中备受关注的焦点。尤其是在仲裁协议与债权让与、代位权诉讼等实体问题交织，或仲裁协议本身约定不甚明确时，实践中关于仲裁协议效力的争议较大。为回应

---

* 原载于《法律适用》2023 年第 11 期。

① 参见［日］新堂幸司：《新民事诉讼法》，法律出版社 2008 年版，第 11 页。

② 参见冯子涵：《文化差异视角下中国商事仲裁的本土化与国际化研究——以〈仲裁法〉为例》，载《社会科学动态》2020 年第 9 期。

③ 参见沈四宝等：《国际商法》，对外经济贸易大学出版社 2022 年版，第 286 页。

④ 参见［日］伊藤真：《民事诉讼法》，北京大学出版社 2019 年版，第 4－5 页。

这些争议，以及统一法律适用效果，本文拟针对上述情形，围绕仲裁协议的效力问题展开探讨。

一、关于仲裁协议效力的扩张

仲裁协议原则上仅约束协议签署的当事人，而不能约束第三人，这是因为，基于意思自治而形成的仲裁协议原则上应当仅在作出该意思表示的当事人之间发生效力，因而，仲裁协议自然也应当坚持合同相对性。从原则上说，仲裁协议只对订立合同条款的当事人发生效力，对于第三人并不具有约束力。① 这一点在比较法上也得到了普遍承认。例如，美国许多联邦法院认定仲裁条款对当事人的纠纷解决方式具有一定的限制，因此，仲裁条款不能当然地对受让人或者其他第三人产生约束力。②

有原则必有例外，正如随着合同法的发展，合同相对性也出现了一些例外一样，仲裁协议的效力在例外情形下也发生了扩张，并在一定程度上突破了相对性。一方面，交易实践常常使得合同不仅拘束当事人，也可能对第三人发生效力，这就难免使仲裁协议的效力发生扩张。在法经济学的观点看来，仲裁的正当性已经不止来自法律授权，而是高效解决纠纷的商业需求。③ 例如，在德国法中，因为利益第三人合同的发展，德国法逐渐承认了仲裁协议的效力范围可以扩张至利益第三人合同中的第三人，因为第三人既然基于合同享有权利，因此也应当受到当事人达成的仲裁协议的约束。另一方面，在某些情形下，严格遵循合同

① 参见马宁：《论我国股东派生诉讼制度的完善——评〈公司法〉第一百五十一条》，载《仲裁研究》2015年第3期，第67页。

② AT & T Technologies，Inc. v. Communications Workers of America et al. 475 U. S，643.，649.，106 S. Ct.，1415，1419；Lachmar v. Trunkline LNG Company，753 Fred. Rep. 2nd Seires，p. 8，10；Laborers Intern Union v. Foster Wheeler Corp.，868 F 2d 573，p. 576. 转引自王克玉：《合同债权与仲裁条款转让的再审视——基于实体法、程序法和冲突法的视角》，载《法律科学（西北政法大学学报）》2013年第4期，第144页，脚注3。

③ 参见南迪：《论〈民法典〉背景下真正利益第三人在仲裁中的法律地位——兼谈〈仲裁法〉的修改》，载《南大法学》2023年第4期。

相对性原理认定仲裁协议的效力范围，也会导致仲裁制度的适用受到不当的限制，因为可能基于法律规定的原因发生第三人承受权利义务问题，其自然也应当承受相关的仲裁协议条款的约束。此外，第三人可能从原合同中获得了利益，既然其获得了该利益，其也应当接受该仲裁条款的约束。

仲裁协议效力扩张的典型的情形主要包括：一是在主体发生分立、合并的情形下，将发生权利义务的概括移转，受让人受到原合同中仲裁条款的约束。二是法定继承中，继承人应当概括承受被继承人的权利义务关系，也应当受到被继承人与其债权人或者债务人所达成的仲裁协议的约束。[①] 三是利益第三人合同中，第三人通过合同在当事人之间享有权利或承担责任的场合，因此利益第三人合同中的第三人和债权让与中的受让人，都需要受到仲裁协议的约束。[②] 四是代理人签订的仲裁协议可约束委托人或者被代理人、原合同的仲裁条款可以约束补充协议的当事人、提单中的仲裁条款可以约束提单持有人等。[③] 五是在债权转让中，原债的当事人签订的仲裁协议条款，在债权让与给受让人的情形下，如果受让人对该仲裁协议是知情的，其就应当受到该仲裁协议的约束。从这些扩张的情形中可以看出，它们都是因为法律法规的规定，使得合同权利义务发生移转或变动，受让人变动也会相应地受到原合同中仲裁条款的约束。

我国立法目前并未对仲裁协议的效力扩张有明确规定，但是相关司法解释也规定了例外情形，2006 年，最高人民法院《最高人民法院关于适用〈中华人民共和国仲裁法〉若干问题的解释》（以下简称《仲裁法解释》）第 8 条对权利义务主体变更时的效力扩张进行了规定，第 9 条则对合同转让情形下的效力扩张进行了规定。从这些规定可以看出，《仲裁法解释》在承认仲裁协议效力相对性的基础上，在主体合并、分立的情形下，承认了新主体自动承受仲裁协议效力的规则；同时，在债权转让中，该司法解释也承认了仲裁协议效力扩张至受让人的规

---

① 参见粟俊海、徐梓程：《仲裁协议的效力扩张》，载《人民司法》2021 年第 23 期，第 103 页；袁京：《用户协议里的“仲裁”意味着什么？法官解读》，载《北京日报》，2020 年 10 月 11 日。

② 参见［德］罗森贝克等：《德国民事诉讼法》（下），李大雪译，中国法制出版社 2007 年版，第 1372 页。

③ 参见粟俊海、徐梓程：《仲裁协议的效力扩张》，载《人民司法》2021 年第 23 期，第 105 页。

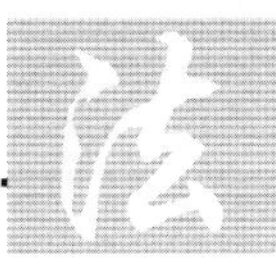

则。除当事人另有约定，或受让人拒绝外，仲裁协议均可适用。[①]

需要指出的是，上述例外情形毕竟突破了仲裁协议效力相对性的原则，法律应当对此作出明确规定，仲裁协议的相对性涉及第三人程序性权利的保障问题，关系重大，不能随意扩张解释，否则会使第三人不当卷入仲裁，课以其参与仲裁的义务，因此，对于仲裁协议效力相对性的例外情形，通过法律对此作出明确规定，可以使当事人对争议解决的方式具有合理预期性，并能防止纠纷的进一步发生。

二、债权全部或者部分转让时仲裁协议的效力

所谓债权转让，是指合同债权人通过协议将其债权全部或部分地转让给第三人的行为。合同债权在性质上是财产权，具有可转让性。但在债权转让的情形下，仲裁协议的效力在实践中经常发生纠纷，从债法的一般规则来看，债权让与中，原债权债务协议中约定的仲裁协议条款是否自动约束受让人，存在不同观点。在比较法上确有一种观点认为，债权转让存在自动转让理论，认为在债权转让的情形下，受让人应当知道仲裁条款的存在，因此，只要其接受转让的债权，其自然也应当接受仲裁条款，即便因为原债权人向其隐瞒了仲裁条款的存在，其事后可以向原债权人主张违约责任。[②] 但也有观点认为，在债权转让的情形下，不应当承认仲裁协议当然对受让人产生效力，也应当赋予受让人拒绝权，以防止因为仲裁协议当然生效，导致对受让人的损害。如果受让人在合理期限内未作出拒绝仲裁协议的意思表示，才可以推定其愿意受到原仲裁合意拘束。[③] 债务人、受让人均可以通过放弃或行使拒绝权才能体现仲裁协议的相对性，尊重各自的真

① 但是，在一些情形中，受让人也并非原则上受到仲裁协议的约束，例如最高人民法院《第二次全国涉外商事海事审判工作会议纪要》（2005 年）第 127 条明确规定：保险人向被保险人实际赔付保险赔偿取得代位请求赔偿权利后，被保险人与第三者之间就解决纠纷达成的管辖协议以及仲裁协议对保险人不具有约束力。

② 参见姚宇：《仲裁协议随债权转让的价值平衡方法》，载《中国政法大学学报》2022 年第 3 期，第 282 页。

③ 参见陈杭平：《仲裁协议主观范围理论重构》，载《法学研究》2023 年第 2 期。

实意愿，防止因债权全部或者部分转让时可能受到的损害。[①]

相关司法解释对该问题的规定存在矛盾，《仲裁法解释》第 9 条规定："债权债务全部或者部分转让的，仲裁协议对受让人有效，但当事人另有约定、在受让债权债务时受让人明确反对或者不知有单独仲裁协议的除外。"从该规定来看，其赋予了受让人明确反对的权利，实际上承认了其享有拒绝权。但 2015 年的《最高人民法院关于适用〈中华人民共和国民事诉讼法〉的解释》（以下简称《民事诉讼法解释》）第 33 条规定："合同转让的，合同的管辖协议对合同受让人有效，但转让时受让人不知道有管辖协议，或者转让协议另有约定且原合同相对人同意的除外。"从该规定来看，其并没有承认受让人的拒绝权。笔者认为，相比较而言，《民事诉讼法解释》的规定更为合理，依该规定，只要受让人知道仲裁协议，而仍然受让债权，其就应当受到仲裁协议条款的约束，只有在受让人不知道仲裁协议条款的情形下，仲裁协议才对其不具有拘束力，其主要理由在于：一方面，债权转让是债权人与受让人之间达成的，在债权转让中，债务人并未参与转让合同的订立，只要通知该债务人就生效，债务人对于债权的转让事实上没有办法进行控制。在受让人对仲裁协议条款知情的情形下，如果允许受让人拒绝受到仲裁协议约束，则可能不利于保护债务人的利益。例如，在债权让与中，当事人约定仲裁条款可能旨在避免以国外诉讼的方式解决纠纷，此类做法可能过分加重债务人的负担。另一方面，受让人在不知情的情形下，嗣后拒绝仲裁条款可能会对债务人的利益产生重大影响，而对于受让人而言，其可以通过对于转让协议提起违约之诉的方式获得救济。毕竟，受让人可以通过其对让与人所享有的撤销权、违约赔偿请求权等方式获得保护，但债务人的利益却可能因此受到损害。[②]此外，在债权让与中，在受让人知道仲裁协议的情形下，如果其仍然接受债权让与，则其就当然应当受到该仲裁协议的约束，这也符合债的同一性理论。按照债的同一性理论，原债权债务关系中所产生的抗辩应当可以继续主张。而基于仲裁

① 参见姚宇：《仲裁协议随债权转让的价值平衡方法——对债务人保护的再审视》，载《中国政法大学学报》2022 年第 3 期，第 292 页。

② 参见朱虎：《债权转让中对债权人的延续性保护》，载《中国法学》2020 年第 5 期，第 153－154 页。

协议而享有的抗辩则属于可以行使的程序上的抗辩。[①] 因此，债权转让的情形下，如果受让人对仲裁协议条款知情，则仲裁协议可以自动对受让人产生效力。

受让人受仲裁协议的拘束，以其对仲裁协议的知情为前提，但如何理解知情的问题，两个司法解释的规定并不一致，按照《仲裁法解释》第 9 条，所谓不知情，是指“不知有单独仲裁协议”，而按照《民事诉讼法解释》第 33 条，所谓不知情，是指“受让人不知道有管辖协议”。相比较而言，《民事诉讼法解释》的规定较为宽泛，而《仲裁法解释》的规定更为合理。因为在债权转让的情形下，如果原合同中约定了仲裁条款，受让人应当知道仲裁条款，即便让与人没有告知受让人，受让人也应当知道仲裁协议的存在，但是在一些情形下，由于仲裁协议可能与债权债务关系的文本相互独立，因此受让人可能根本无从知悉仲裁协议的存在。例如，仲裁协议没有在合同文本中记载，而存在于另外一份文件当中。此时，债权人在转让债权时，如果没有向受让人提示仲裁协议，在此情形下，受让人可能确实不知道仲裁协议，在受让人不知情的情形下，要求受让人必须接受仲裁条款，就意味着仲裁协议会随着债权的转让而自动对受让人生效，从而导致仲裁协议与债权的捆绑效果。[②] 这一捆绑效果很可能将带来受让人的恐慌，从而降低受让人的受让意愿，并最终不利于债权的转让。所以，为了兼顾受让人的利益，《仲裁法解释》将不知情限定为不知道单独的仲裁协议是合理的。

在受让人已经知情的情形下，受让人能否和转让人之间另行通过协议改变之前的仲裁条款？两个司法解释的规定也不完全一致，按照《仲裁法解释》第 9 条规定，“债权债务全部或者部分转让的，仲裁协议对受让人有效，但当事人另有约定”，因此，只要转让人和受让人之间另行约定，就可以改变原来的仲裁协议。但《民事诉讼法解释》第 33 条规定，“转让协议另有约定且原合同相对人同意的除外”。这就是说，不仅转让人与受让人之间要另有约定，而且该约定应当取得原债务人同意，这就意味着，必须要转让人、受让人、债务人三方形成合意的情

---

① 参见［德］罗森贝克等：《德国民事诉讼法》（下），李大雪译，中国法制出版社 2007 年版，第 1372 页。

② 参见朱虎：《债权转让中对债权人的延续性保护》，《中国法学》2020 年第 5 期，第 153－154 页。

形下，才能改变仲裁条款的约定，且该条款才能够生效。相比较而言，笔者认为，《民事诉讼法解释》的规定更为合理，因为在原债权债务合同已经订立仲裁协议，且受让人已经知道的情形下，就应当对受让人产生效力，其不能另行通过订立仲裁协议的情形下改变原仲裁协议的效力，否则将剥夺债务人的程序性权利，并可能给债务人造成重大损害。

由此可见，在债权转让的情形下，关于仲裁条款的效力事实上关系到三方当事人利益的平衡问题，法律上不能仅仅考虑到受让人的利益，而忽视了债务人利益，但也不能为过度保护债务人利益而忽略受让人的利益。①

三、未生效合同中仲裁条款的效力

所谓未生效合同，是指法律规定了合同生效应当满足特别的批准要件，在这些要件未被满足时合同的状态。② 未生效合同的典型形态是依据法律、行政法规的规定应当办理批准才能生效，而当事人并未办理批准手续的合同。可见，未生效的合同是与法律法规明确规定的审批义务联系在一起的。在实践中，有一些合同如采矿权、探矿权的转让，从事证券经纪、期货经纪业务，国有企业转让国有资产等合同，依照法律法规必须经过有关部门的批准方能生效。在当事人尚未办理批准手续时，合同并未生效。然而合同在未生效的情形下，仲裁协议的效力如何确定，也是一个值得探讨的问题。《民法典》第 502 条第 2 款规定："依照法律、行政法规的规定，合同应当办理批准等手续的，依照其规定。未办理批准等手续影响合同生效的，不影响合同中履行报批等义务条款以及相关条款的效力。应当办理申请批准等手续的当事人未履行义务的，对方可以请求其承担违反该义务的责任。"从该规定来看，似乎仅规定了报批义务条款具有独立性，但没有明确规定仲裁条款是否具有独立性。

① 参见姚宇：《仲裁协议随债权转让的价值平衡方法》，载《中国政法大学学报》2022 年第 3 期，第 292 页。

② 参见谢鸿飞：《合同法学的新发展》，中国社会科学出版社 2014 年版，第 179 页。

笔者认为，从对《民法典》该条款的解释来看，在未生效合同中，仲裁条款的效力也应具有独立性：首先，从文义解释来看，该条规定“不影响合同中履行报批等义务条款以及相关条款的效力”，“相关条款的效力”指的就是仲裁条款和争议解决条款，如果合同中包括的仲裁条款不能发生效力，则当事人之间对未生效合同的权利义务无法确定，一旦合同处于未生效状态，合同是否要继续履行，还是要予以解除，负有报批义务的一方是否有权拒绝报批，以及在未履行报批义务时应当承担何种责任等，都需要解决，一旦有仲裁条款，就不应当进行诉讼，因此，在当事人约定了仲裁条款的情形下，就应当通过仲裁条款解决争议。

其次，从体系解释来看，所谓解决争议方法的条款，是指将来一旦发生合同纠纷，应当通过何种方式来解决纠纷，该条款就包括仲裁条款。按照合同自由原则，选择解决争议的方法也是当事人所应当享有的合同自由的内容。《民法典》第 507 条规定：“合同不生效、无效、被撤销或者终止的，不影响合同中有关解决争议方法的条款的效力。”该条中专门强调了合同不生效，其实就是针对未生效合同而作出的规定，这就确立了合同中有关解决争议方法的条款的独立性规则。具体来说，当事人可以在合同中约定一旦发生争议以后，是采取诉讼还是仲裁的方式，如何选择适用的法律，如何选择管辖的法院等，从而对合同未来发生的风险进行必要的控制。由于仲裁条款具有独立性，因此在未生效合同中，仲裁条款也应具有独立性。

最后，从目的解释来看，在合同未生效的情形下，承认仲裁条款具有独立性，有利于充分发挥解决争议方法的条款作为救济手段和解决纠纷的程序的作用。解决争议方法的条款的独立性原则可以防止当事人拖延纠纷解决程序，使纠纷得到及时、高效的解决。由于解决争议方法的条款被看作是与主合同或基础合同完全不同的协议，具有独立的性质，因此，即便合同未生效，当事人仍然可以依据解决争议方法的条款及时解决其纠纷。反之，如果该解决争议方法的条款失效，则纠纷将难以得到及时解决。

总之，在合同未生效的情形下，虽然合同未生效，当事人约定的仲裁条款仍然有效，当事人仍应当根据约定的仲裁条款解决纠纷。

四、仲裁协议对代位权行使的影响

债权人的代位权，是指因债务人怠于行使其到期债权及与该债权有关的从权利，对债权人造成损害的，债权人可以向人民法院请求以自己的名义代位行使债务人的债权及其从权利的权利。《民法典》第 535 条第 1 款对代位权的概念作出了明确规定。由于代位权的行使涉及债权人、债务人和次债务人三方主体，因此在两方主体间存在仲裁协议时，该协议是否应当约束第三方，在实践中经常引发争议。为统一裁判规则，《最高人民法院关于适用〈中华人民共和国民法典〉合同编通则若干问题的解释》（以下简称《合同编通则解释》）第 36 条规定："债权人提起代位权诉讼后，债务人或者相对人以双方之间的债权债务关系订有仲裁协议为由对法院主管提出异议的，人民法院不予支持。但是，债务人或者相对人在首次开庭前就债务人与相对人之间的债权债务关系申请仲裁的，人民法院可以依法中止代位权诉讼。"从表面上看，该规则只是解决了在有仲裁协议的情形下，一方提请仲裁后，代位权诉讼应当中止审理的问题，但其包含了较为丰富的内涵，笔者认为，其可以从如下几个方面来理解。

（一）代位仲裁协议不能对债务人的相对人产生效力

在债务人与次债务人之间约定了仲裁协议时，如果当事人之间约定有仲裁条款，并约定代位仲裁条款规定对债务人的相对人产生效力的，此时，该仲裁条款本身是有效的，但只能对签字的当事人产生效力，不能对债权人产生效力。在合同编司法解释的制定过程中，有观点认为债权人需要受到该仲裁协议的约束，并且应当通过代位仲裁的方式行使代位权。但是，《合同编通则解释》并没有承认代位仲裁，笔者认为，从我国现行立法和仲裁实践来看，不宜承认代位仲裁协议的效力，主要理由在于：一方面，代位权只能以诉讼方式行使。我国的代位权源自法律的直接规定，属于债权人的法定权利，法律规定债权人行使代位权只能通过法院的诉讼方式进行。[1] 从体系解释来看，《民法典》凡是允许既可以提起诉

① 参见杨立新：《民法判解研究与适用》（第四辑），人民法院出版社 1999 年版，第 35 页。

讼又可以提起仲裁的，通常会加上仲裁机构的表述，例如，《民法典》第 147 条规定："基于重大误解实施的民事法律行为，行为人有权请求人民法院或者仲裁机构予以撤销。"《民法典》中有 13 处明确规定了仲裁机构，但是《民法典》第 535 条使用的是"可以向人民法院"请求的表述，而并没有加上仲裁机构。这表明，立法者的立法本意是，在债权人行使代位权的情形下，只能通过诉讼的方式行使。虽然《民法典》第 535 条采用"可以"这一表述，但仍然无法找寻到通过仲裁程序行使代位权的立法依据。另一方面，代位仲裁存在法律上的障碍。在代位权行使中，存在两个法律关系，一是债权人与债务人之间的关系，二是债务人与次债务人之间的关系，如果当事人要约定代位仲裁条款，就意味着要允许债权人直接向债务人的相对人提起仲裁，但是仲裁条款只是在债权人与债务人之间达成的，只能约束债权人与债务人，而不能约束债权人与债务人的相对人，债务人的相对人并没有在仲裁协议中签字，因此，代位权仲裁条款不能对第三人产生效力，否则就任意扩张了仲裁条款的效力，也将严重背离仲裁的契约本质①，且在仲裁中混淆了两个法律关系。因此，从这一意义上说，代位仲裁确实存在制度障碍。

（二）债权人可以通过诉讼程序行使代位权

按照《合同编通则解释》第 36 条的规定，即便当事人约定了仲裁条款，如果债权人行使代位权，在此情形下，人民法院也有权受理。诚然，代位权诉讼应当受仲裁协议的约束，但是，债权人行使代位权的情形下，法院应当受理，因为是因为债务人怠于行使其债权从而影响债权人债权的实现，这就意味着，虽然债权人和债务人之间有仲裁协议，但债务人并不提起仲裁，表明其是怠于行使债权，债权人从保护自身利益出发，债权人应当有权行使代位权。事实上，债务人与相对人之间有仲裁协议而不通过仲裁协议主张权利，则表明其是具有过错的，如果其一直不申请仲裁，则债权人的权利将难以实现，这将损害债权人提起代位权诉讼的权利，这是极不合理的。② 更何况，债权人和债务人的相对人之间没有

① 参见沈志韬：《论债权人代位权情形下仲裁协议的效力》，载《仲裁研究》第 22 辑，第 28 页。

② 参见王静：《代位权诉讼若干问题研究》，载《法律适用》2001 年第 4 期，第 17 页。

仲裁条款，如果不允许其提起代位权诉讼，其利益就难以获得保障。另一方面，债务人和相对人之间也可能存在仲裁条款，即使存在这种仲裁条款，也不能阻止债权人向债务人的相对人行使代位权，否则，会架空代位权；同理，有仲裁条款，但不提起仲裁，就构成怠于行使债权。

按照《合同编通则解释》，在债务人与相对人有仲裁协议，且相对人已经提起仲裁时，代位权诉讼应当中止审理。有观点认为，代位权诉讼是债权人代债务人向债务人的相对人提起诉讼。债权人的权利来源于债务人。因此，债权人的权利不能大于债务人与相对人达成的仲裁协议。① 所以，在债务人与次债务人有仲裁协议的情况下，债权人就不能提起代位权诉讼。笔者认为，此种观点值得商榷：一方面，此种观点实际上是将债务人与次债务人之间的仲裁协议的效力直接扩张至债权人，并绝对地剥夺了债权人通过诉讼程序实现代位权的可能，另一方面，代位权作为一项法定权利，源于法律规定，当事人不能通过约定予以排除，债务人与其相对人之间的仲裁协议也当然不能排除债权人的代位权，否则也在一定程度上剥夺了债权人基于法律规定享有的代位权。② 同时，在债务人与其相对人约定仲裁条款的情形下，对债务人的相对人的保护并非一定要通过剥夺代位权诉讼的方式才能实现。尊重债务人与次债务人的约定和实现债权人的代位权并不必然矛盾。更重要的是，此种观点可能滋生债务人与次债务人以倒签仲裁协议的方式规避法律责任的风险。因此，笔者不赞同有仲裁协议便应当剥夺债权人通过诉讼程序行使代位权的观点。在此种情形下，应当允许债权人通过诉讼程序行使代位权，只不过该案的具体审理与一般的债权人代位权审理存在一定的区别。

（三）首次开庭前已申请仲裁应中止代位权诉讼

按照《合同编通则解释》的上述规定，在债务人与次债务人存有仲裁协议时，同样应当允许债权人提起代位权诉讼。但是，如果债务人或者其相对人在一审法定辩论终结前提起仲裁，将导致代位权诉讼中止。理由在于：一是尊重私法

---

① 参见孔金萍：《论被代位债权的仲裁协议对代位权人的效力》，载《北京仲裁》2018 年第 3 期，第 103 页。

② 参见张芳芳：《代位请求权情形下仲裁协议的效力问题探讨》，载《河北法学》2007 年第 7 期，第 140－143 页。

自治。当事人已经提请仲裁，表明当事人通过该行为排除诉讼，是要通过仲裁解决当事人之间的争议。在此情形下，债权人的代位权诉讼就应当中止审理。二是在债务人申请仲裁的情形下，就不再是怠于主张权利，也就不再符合代位权行使的条件。还要看到，如果债务人的相对人申请仲裁，表明二者的债权债务关系也是不确定的，或者是债权的数额、范围等是不确定的，在此情形下，也不利于纠纷的解决，此时，法院应当等待当事人确定其债权债务关系之后，再行使代位权。

由于仲裁协议的存在，代位权诉讼的审理应当建立在对于仲裁协议的尊重的基础之上。如果在代位权诉讼首次开庭前，次债务关系已经被提起仲裁，则在此种情况下，代位权诉讼虽然已经受理，但也要中止审理。即仲裁程序在代位权诉讼首次开庭前就已经启动的，代位权诉讼需要受到次债务关系中仲裁结果的拘束。如前所述，此时次债务关系中，债务人已经申请仲裁，表明其已经行使了权利，而不构成怠于行使权利，因而尚未满足代位权的产生条件；从实践来看，中止审理也有利于未来代位权诉讼的顺利进行，因为在次债务人对债务人提起仲裁的情形下，如果不中止代位权诉讼的审理，则可能增加纠纷解决成本，甚至损害代位权的制度功效和仲裁结果的确定性。在债务人的相对人对债务人申请仲裁的情形下，表明二者之间的债权债务关系并不确定，此时继续代位权诉讼的审理，并最终课以债务人的相对人对债权人履行义务，而如果债务人的相对人与债务人之间的仲裁结果否定了二者之间的债务关系，或者与代位权诉讼中认定的结果不一致，则可能导致诉讼和仲裁结果的冲突。这不仅不利于纠纷的解决，也可能极大地增加纠纷解决的成本。在该司法解释制定过程中，有观点认为，债务人怠于行使债权主观过错明显，债务人如果申请仲裁就终止代位权审理，则可能鼓励债务人通过申请仲裁恶意阻止代位权行使。笔者认为，此种观点值得商榷，因为债务人提起仲裁是其依据仲裁条款依法享有的权利，而且其提起仲裁也是积极主张权利的体现，因之阻止代位权诉讼程序的继续进行，也是完全合理合法的。

问题在于，代位权诉讼中止后，代位权诉讼只能等待仲裁结果产生之后才能恢复审理。仲裁裁决可能出现如下结果：一是仲裁裁决支持债务人的请求，债务

人依法对相对人享有权利，此时，代位权诉讼可以继续进行，债权人可以要求债务人的相对人向其履行义务。二是仲裁裁决没有支持债务人的请求，甚至确认债权不存在。在此情形下，债权人将无权向债务人的相对人主张权利，代位权诉讼应当终止。三是仲裁裁决确定债务人的权利小于债权人代位权诉讼所主张的权利，此时，债权人有权在仲裁裁决确定的权利范围内向次债务人主张权利。但在此情形下，债权人的债权可能尚未完全实现，按照《民法典》第537条规定，债权人接受次债务人履行之后，只是导致债权人与债务人的权利相应地消灭，对于尚未实现的债权，债权人仍然可以向债务人提出请求。

五、多层次争议解决条款的效力与适用

所谓多层次争议解决条款（multi-tiered dispute resolution clause）是指当事人约定将和解、调解等替代性争议解决机制作为仲裁的前置程序，而将仲裁作为最终救济的条款。其较为典型的约定如："在申请仲裁前，双方应当先行协商"或"以书面形式通知协商，30日内协商未果，一方可提起仲裁。"[①] 这种在实践中常见的约定是否为有效的仲裁协议约定？能否对仲裁机构受理纠纷产生影响？

多层次争议解决条款无疑是多元化纠纷解决机制的产物，当事人在合同中约定了此类条款之后，如果当事人在提起仲裁前就通过协商或调解的方式解决了争议，那么就不仅节省了仲裁资源，也节省了当事人的争议解决成本，这对于化解纠纷无疑是有益的。这种约定不仅是多元化纠纷解决机制的一种体现，也与我国目前纠纷解决趋势相吻合。此外，多种替代性争议解决方式的有效结合有利于实现"法律效果与社会效果"的有机统一。因此，应鼓励当事人通过协商调解等自治性方式化解矛盾纠纷。因此，如果当事人在仲裁协议中约定了调解等方式，并以调解等方式为仲裁前置程序的，应当尊重当事人的约定。[②] 另外，按照私法自

---

① 朱青沙：《多层次争议解决条款在我国商事仲裁中的理解与适用》，载《上海法学研究》2022年第2卷，第197页。

② 参见［日］新堂幸司：《新民事诉讼法》，法律出版社2008年版，第11页。

治原则，当事人可以约定纠纷解决方式，如果当事人在合同中约定了多层次争议解决条款，则该条款本身并不构成《仲裁法》第 17 条的无效事由，所以当事人约定的条款是合法有效的。

如果多层次争议解决条款是合法有效的，则未经前置程序不得径行仲裁。但需要注意的是，对于这种约定的尊重，需要以多层次争议解决条款约定明确、具体，且有可实施性为前提。在司法实践中，一些法院否定模糊约定的排除仲裁程序的效力。例如，最高人民法院 2008 年《关于润和发展有限公司申请不予执行仲裁裁决案件的审查报告的复函》[①] 认为，诸如“友好协商”这样的模糊约定，因为“难以界定履行标准”，所以不应当作为启动仲裁程序的前提条件。[②] 也就是说，对于模糊的、原则性的、缺乏可操作性的前置程序安排，仲裁庭很难认定当事人是否已经履行了这一前置程序，如果允许当事人以此提出抗辩、要求仲裁庭驳回申请，很可能会影响当事人在纠纷解决中的正当权利。多层次争议解决条款欠缺上述要件时是难以执行的，例如，没有约定具体机构、调解时限等时，多层次争议解决条款实际上不能实施。一些仲裁委员会仲裁规则规定，受理仲裁案件可不考虑前置争议解决程序。例如，中国国际经济贸易仲裁委员会新版仲裁规则第 12 条第 2 款规定：“仲裁协议约定仲裁前应进行协商、调解程序的，可协商、调解后提交仲裁申请，但未协商、未调解，不影响申请人提起仲裁申请及仲裁委员会仲裁院受理仲裁案件，除非所适用的法律或仲裁协议对此明确作出了相反规定。”该规则认为，虽然当事人约定了多层次争议解决条款，但不影响申请人申请仲裁，以及仲裁委员会受理该类案件，除非当事人有相反的约定。问题的关键在于，在何种情形下，可以认定当事人的约定可以构成“明确作出了相反规定”。笔者认为，可以从以下角度进行判断。

首先，当事人的约定应当清晰、明确。此处的“清晰、明确”旨在排除当事人之间的原则性表达。例如仅仅说明“在仲裁前应当友好协商”，此种约定很大程度上仅仅表达了当事人之间的一种态度和诚意，而并不是关于前置条款

---

① 参见最高人民法院〔2008〕民四他字第 1 号复函。

② 类似观点可见北京市第四中级人民法院（2021）京 04 民特 186 号申请撤销仲裁裁决案。

的具体约定。[①]

其次，当事人的约定应当是具有可操作性的。此处的“可操作性”尤其要求约定中规定以具体的时段，以及在时段内需要完成的具体结果为典型。换言之，当事人实际上约定了前置程序的目标、时间节点和方法措施。只要具备这些要件，就可以认为前置程序有可操作性。例如，双方约定“三个月内如不能达成书面和解协议，双方才可以提起仲裁”，这一约定既确定了时间（三个月），也确定了前置程序应当达成的结果（书面和解协议），是具有可操作性的。与此相反，虽然相比于“友好协商”，“协商不成”已经是一个更清晰的表达方式，但是这一表达并没有可操作性，如果一方当事人提出协商，但另一方当事人不予响应，事后主张双方仍然处于协商过程当中，这显然也会使得前置程序是否履行处于悬而未决的状态。所以，出于可操作性的考虑，单纯规定“协商不成”也不构成“明确作出了相反规定”。

最后，即便当事人约定并不清晰、明确，但如果当事人明确约定必须在合理期限内进行协商和调解，任何一方不得在此期间内提起仲裁，此种约定也具有排除仲裁的效力，因为合理期限是可以解释出来的。我国法律、法规也大量采用了合理期限的表述，按照通常一般人的理解可以确定合理期限的大体含义，当事人作出约定，实际上为提起仲裁设置了非常明确的前提条件。在此情形下，当然可以认为当事人进行了相反的约定。

在约定了清晰明确且有可操作性的前置程序之后，当事人未履行前置程序，仲裁庭仍然受理仲裁申请并作出仲裁裁决的，意味着该仲裁存在程序瑕疵。对于这一问题，有必要区分当事人是否在仲裁中就这一程序瑕疵提出异议。在当事人在仲裁中就此提出异议的情形下，如果该异议没有被仲裁庭采纳，应当认为仲裁程序并不满足当事人约定的仲裁协议的生效条件，因而应当具有可撤销性。但是，如果在仲裁程序中，当事人并未就该程序瑕疵提出异议，则可以认为其放弃了多层次争议解决条款所约定的拒绝仲裁的权利。目前，我国法院大部分认为未

---

① 参见朱青沙：《多层次争议解决条款在我国商事仲裁中的理解与适用》，载《上海法学研究》2022年第2卷，第200页。

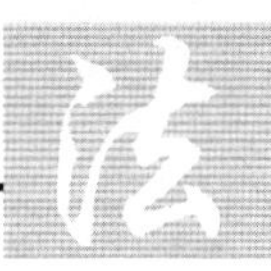

履行前置程序的仲裁裁决不具备可撤销性，因为当事人未提出异议；同时，如果当事人已经放弃了这一权利，那么仲裁庭受理这一仲裁申请，也不能认为是“仲裁程序违反法定程序”①。这一观点值得赞同，因为毕竟当事人虽然作出了上述约定，但如果当事人自愿加入仲裁，则表明了放弃了上述权利，因而其事后不得再据此主张撤销仲裁裁决。

六、关于“仲裁不成，可向法院起诉”约定的效力

仲裁程序和诉讼程序是两个不同的程序，但是基于两种程序都可有效解决纠纷，在实践当中，当事人往往约定“在本合同发生纠纷以后，应当向某某仲裁机构提起仲裁，仲裁不成的，可向法院起诉”。关于此种约定的效力，实践中存在不同的认识。有观点认为，这种约定构成“或裁或诉”导致仲裁协议无效②，相反的观点则认为，这一仲裁协议是有效的。

笔者认为，判断“仲裁不成，可向法院起诉”条款是否有效的前提是这一约定是否包含仲裁条款，如果当事人在合同中没有约定“在本合同发生纠纷以后，应当向某某仲裁机构提起仲裁”，而仅仅只是约定“仲裁不成，可向法院起诉”，这一约定根本不构成仲裁条款，那么自然也就无须探讨仲裁条款的效力问题。依据《仲裁法》第 16 条的规定，仲裁协议应当具有请求仲裁的意思表示、仲裁事项和选定的仲裁委员会。因此，仅表达一种仲裁意愿，而欠缺仲裁条款的具体内容的约定，并不构成完整的仲裁协议，即可以认为仲裁条款并不成立，“仲裁不成，可向法院起诉”的约定便没有意义。所以，对于“仲裁不成，可向法院起诉”的约定，首先必须考量该约定是否满足成立仲裁协议的各项要素。

如果当事人在该条款中明确约定发生争议后，应当向某某仲裁委员会提起仲裁，则可以认为该条款已经成立。在此种情况下，“仲裁不成，可向法院起诉”

---

① 朱青沙：《多层次争议解决条款在我国商事仲裁中的理解与适用》，载《上海法学研究》2022 年第 2 卷，第 201 页。

② 参见朱华芳、郭佑宁：《确认仲裁协议效力案件的实践观察与规则完善》，载《北京仲裁》2021 年第 1 期，第 97 页。

并不构成或裁或诉，并因此影响该仲裁条款的效力。诚然，依据《仲裁法解释》第7条的规定，“或裁或诉”的仲裁协议无效，但是，在当事人已经明确约定仲裁条款的情形下，即便当事人表述了“仲裁不成，可向法院起诉”，只是表明当事人提起仲裁以后因为各种原因仲裁机构不能受理，或者仲裁协议因无效、可撤销等原因而无法提起仲裁，此时，当事人仍然可继续向法院提起诉讼，并没有赋予一方选择或者提起仲裁，或者提起诉讼的权利。有观点认为，肯定“或裁或诉”条款的效力，将会出现一方当事人提起仲裁，而另一方当事人提起诉讼的局面，这也将导致纠纷解决资源的浪费，甚至可能导致机会主义现象、引发道德风险。[①] 但笔者认为，当事人约定的条款中还是明确表达了程序进行有先后顺序的意思，因为从仲裁不成的表述中可以看出，当事人首先选择的是仲裁，只有不能进行仲裁时，才能进行诉讼。因此，既然当事人不能依据该条款作出选择，则当事人就不能依据该条款实施机会主义行为。尤其是该条款并未违反法律的强制性规定，不能仅以其形式上构成或裁或诉而认定该条款无效。

需要指出的是，当事人在合同中约定上述条款是否毫无价值？笔者认为，该条款的约定仍然有意义。一方面，如果该约定中包含仲裁条款，则“仲裁不成，可向法院起诉”的约定便确定了纠纷解决方式的顺序；另一方面，在该约定中包含仲裁条款的情形下，通过该条款，当事人表达了即便在仲裁不受管辖的情形下，其仍然可以通过诉讼程序解决纠纷，这实际上也明确了当事人的诉权不能被剥夺的内涵。此外，当事人在合同中约定了管辖法院的，仲裁协议无效后，该管辖条款仍然约束当事人，当事人的争议仍然应该提交给约定的管辖法院解决。如果当事人没有约定时，则应当按照诉讼管辖的一般规则，确定管辖法院。

七、结语

按照私法自治原则，仲裁协议的效力是仲裁程序的核心问题，也是仲裁能否

---

① 参见朱华芳、郭佑宁：《确认仲裁协议效力案件的实践观察与规则完善》，载《北京仲裁》2021年第1期，第98页。

启动的前提，因此，准确认定仲裁协议的效力，不仅事关当事人程序性权利的保护问题，也关系到当事人实体权利义务保护的问题。但是，对于仲裁协议的效力扩张问题，既需要充分尊重当事人的意思自治，也应当考虑相关主体的信赖保护以及纠纷的解决效率等。对于实践中当事人约定的不同形式的仲裁协议，需要根据当事人约定的不同情形，充分运用法律解释方法，确定当事人的真意，充分尊重当事人自主自愿，维护其合法权益。

第六编

婚姻家庭制度

体系化视野下《民法典》婚姻家庭编的适用*

——兼论婚姻家庭编与其他各编的适用关系

引　言

自罗马法以来，婚姻家庭法就是私法的重要组成部分，它与物权法、债权法等一起构成了民法的基本内容，其在后来的历史发展中也没有脱离私法的框架。从比较法的角度来看，大陆法系国家的民法典无一例外都包括了婚姻家庭法。1804年《法国民法典》制定之时，起草人波塔利斯就曾在《法国民法典》的草案预备性说明中指出，家庭法是"指导和确定社会联系"的法条整体的"两大主要基石"之一。[①] 我国《民法典》婚姻家庭编作为调整婚姻关系和家庭关系的法律规范的总和，是《民法典》的重要组成部分，该编是在《婚姻法》《收养法》的基础上经过修改、补充而形成的。其共分为五章，具体包括一般规定、结婚、家庭关系、离婚、收养，共计79条。"在成文法的法律传统之下，民法典常常包含着一个民族的精神密码，表达了一个民族对一系列关键问题的基本立场。"[②]

---

* 原载于《当代法学》2023年第1期。

① 参见［法］让·保罗·让、让·皮埃尔·鲁瓦耶：《民法典：从政治意志到社会需要》，石佳友译，载《法学家》2004年第2期，第8页。

② 王轶、关淑芳：《论民法总则的基本立场》，载《国家行政学院学报》2018年第1期，第103页。

《民法典》婚姻家庭编以调整婚姻关系为核心，注重树立优良家风，弘扬家庭美德，重视家庭文明建设，保证了中华民族传统的敬老爱幼、家庭和谐等优良传统美德。该编既注重保护家庭成员的权利，也注重引导家庭成员履行其法定义务，充分彰显了中国特色、实践特色和时代特色。

婚姻家庭法入典后，已经与《民法典》其他编构成一个完整的逻辑体系，需要高度重视婚姻家庭编与《民法典》其他各编之间的密切联系，维护《民法典》体系的完整性与价值的融贯性，避免出现体系矛盾，最大化地实现《民法典》的体系效应。因此，在适用婚姻家庭编过程中，如何以体系化视角，准确理解、把握婚姻家庭编与《民法典》其他各编的相互关系，保持法典内部体系融贯，是一个需要讨论的重要问题。

一、内在价值体系的统一——民法典价值在婚姻家庭编中的贯彻

“法典化就是体系化”。婚姻家庭法入典后，要与《民法典》其他部分形成一个完整的体系，首先需要实现内在价值体系的统一，即价值的融贯性。内在体系(innere Systematik)，也称为价值体系，是贯穿于《民法典》各项制度与规则的价值理念。[①] 正如拉伦茨教授所指出的，“只要我们仍然应该研究‘真正的法秩序’及其在思想上的渗透影响，就不能放弃体系思想。”[②]《民法典》所具有的人文关怀等价值是贯彻始终的，毫无疑问也应当体现在婚姻家庭领域。可以说，婚姻家庭编与《民法典》内在体系的契合，为准确适用婚姻家庭编提供了价值上的指引。

人文关怀是民法的重要价值基础。所谓人文关怀，是指对人自由和尊严的充分保障以及对社会弱势群体的特殊关爱。孟德斯鸠说过，“在民法的慈母般的眼里，每个个人就是整个国家”[③]。这句话深刻地表达了民法所应当秉持的人本主

① Vgl. Franz Bydlinski, System und Prinzipien des Privatrechts, Springer Verlag, Wien/New York, 1996, S. 48ff.

② ［德］卡尔·拉伦茨：《法学方法论》，陈爱娥译，商务印书馆2005年版，第43页。

③ ［法］孟德斯鸠：《论法的精神》（下册），张雁深译，商务印书馆1997年版，第190页。

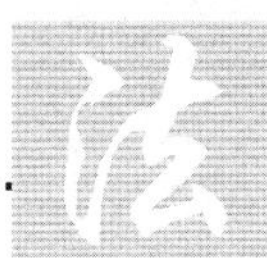

义精神。民法以“关心人、培养人、发展人、使人之为人”作为立法的基本使命，必然要反映人的全面发展的理念。近代民法以财产法为中心，或者说出现了“泛财产化”倾向①，存在着“重财轻人”的缺陷。② 而进入21世纪，对人格尊严的保护逐渐增强，人文关怀也逐渐成为民法的基本价值理念。我国《民法典》在坚持私法自治的基础上，适应时代发展需要，确立了人文关怀的价值，充分保护弱势群体的权益，维护个人的人格尊严，这也彰显了我国《民法典》的重要特色。人文关怀也是社会主义核心价值观的重要内容，《民法典》第1条开宗明义地指明，我国《民法典》的立法目的之一，就是要弘扬社会主义核心价值观，将社会主义核心价值观融入全过程，弘扬中华民族传统美德，强化规则意识，增强道德约束，倡导诚信观念，弘扬公序良俗。婚姻家庭编作为民法典的一部分，也要将社会主义核心价值观作为其立法目的，并体现人文关怀理念。家庭作为社会的基本细胞，在国家治理体系和治理能力现代化的过程中发挥着重要作用，未成年人道德观、价值观的形成始于家长和家庭教育。家庭教育在养成健全人格、培育思想品德、实现文化传承等方面都起着重要的作用。在社会层面弘扬社会主义核心价值观离不开每一个家庭的努力。《民法典》所弘扬的社会主义核心价值观在婚姻家庭编中也得到了充分体现。

（一）彰显自由价值

新中国的第一部法律就是婚姻法，该法确认了婚姻自由、一夫一妻和男女平等等原则，注重发挥家庭作为社会基本单元所具有的独特价值，并借助民法的平等、意思自治等原则实现家庭法律制度的现代化。民法作为私法，以意思自治为价值追求，其背后所蕴含的是对于自由的尊重。婚姻家庭编作为《民法典》的组成部分，也充分展现了对民事主体行为自由的尊重。体现在如下三个方面。

第一，婚姻家庭编贯彻婚姻自由价值。从广义上讲，婚姻家庭编中确立的婚

① 参见薛军：《人的保护：中国民法典编撰的价值基础》，载《中国社会科学》2006年第4期，第121页。

② Schwab/Löhnig，Einführung in das Zivilrecht，Hüthig Jehle Rehm，2007，Rn. 42.

姻自由原则就是私法自治价值的具体体现。我国《民法典》人格权编虽然没有对婚姻自主权作出规定，但总则编明确规定了个人享有婚姻自主权，彰显了对个人人格尊严的保护，婚姻家庭编进一步强化了对婚姻自主权的保护。一方面，婚姻家庭编尊重当事人的结婚意愿与离婚意愿，放宽结婚的条件，在结婚方面赋予了个人更多的意思自治。另一方面，婚姻家庭编强化了对老年人再婚意愿的保护。在父母子女关系中，《民法典》第1069条规定了子女对父母婚姻权利的尊重。依据该条规定，子女不得干涉父母行使婚姻生活中的离婚、再婚等权利。这一规定是对婚姻自主权的贯彻，针对老年人再婚中子女不当干涉的现象进行的规定。[①]这一规范充分彰显了《民法典》对老年人婚姻自由权利的尊重，也是维护人格尊严在父母子女关系中的体现。

第二，婚姻家庭编尊重和保障当事人的财产自由。例如，婚姻家庭编允许当事人在结婚时约定夫妻财产制，并进一步重申了夫妻双方对夫妻共有财产的平等处理权。再如，在离婚时，夫妻双方也可以约定夫妻共同财产的分割方法。此外，婚姻家庭编还保障夫妻双方参加生产、工作等自由。当然，在婚姻家庭领域，当事人的自由要受到必要的限制。例如，对未成年人的抚养和监护，仍然主要由家庭来承担。[②]

第三，在收养关系中，尊重被收养人的自主决定。《民法典》第1104条规定了收养8周岁以上未成年人的，需要征得被收养人的同意。8周岁以上的被收养人已经对于收养行为具有一定的认识能力，此时立法要求尊重被收养人的意愿，不得违背其意愿进行收养，这也体现了在收养关系中对于被收养人人格尊严的保护。

（二）彰显平等价值

从比较法的角度来看，民法典的现代化首先就是从婚姻家庭法的现代化开始的。[③] 自新中国成立以来，我们的立法传统一向追求平等价值，历来承认夫妻双

---

① 参见薛宁兰、谢鸿飞主编：《民法典评注 婚姻家庭编》，中国法制出版社2020年版，第291页。

② 参见朱红梅：《我国未成年人监护监督制度的法律分析》，载《沈阳大学学报》2008年第1期，第42-44页。

③ 参见赵万一：《婚姻家庭法与民法典关系之我见》，载《法学杂志》2016年第9期，第10页。

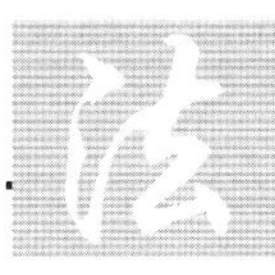

方平等。这既是我们的立法经验，也体现出我们社会主义制度的优越性。我国《民法典》婚姻家庭编贯彻了平等价值，其集中体现于第 1041 条第 2 款所确立的“男女平等”这一基本原则。第 1058 条规定了共同亲权原则，确认夫妻双方平等享有对未成年子女抚养、教育和保护的权利，共同承担对未成年子女抚养、教育和保护的义务。由于婚后夫妻的姓名直接体现了男女两性的社会地位和独立人格以及是否具有从属关系[①]，因此《民法典》第 1056 条确认夫妻独立享有姓名权，夫妻平等享有姓名等人格权破除了对女性的歧视，体现了对于婚姻当事人的独立人格的尊重和保护。[②]

在婚姻家庭编中，不仅仅注重权利能力的形式平等，不只关注整体的抽象的人，更关注婚姻家庭关系中的具体自然人，针对这些具体自然人，体现对具体的人的关爱。这一方面表现在《民法典》总则编专门为弱势群体外接特别法：第 128 条规定：“法律对未成年人、老年人、残疾人、妇女、消费者等的民事权利保护有特别规定的，依照其规定。”将民法典和一系列单行法连接起来，体现了“弱式意义上平等对待”[③]，彰显了民法人文关怀的理念。另一方面表现在婚姻家庭编的具体条款强化对弱势群体的保护，实现实质平等。婚姻家庭编旨在实现实质平等。“家是人最完整的存在尺度。”[④] 在现代社会，为了保护婚姻家庭关系中弱者的利益，法律逐渐加强了对婚姻家庭关系的干预，因此婚姻家庭法具有私法公法化的趋势。[⑤] 围绕着对人的保护，《民法典》健全了从人身到财产，从精神到物质的民事权利体系，构建了规范有效的权利保护机制，在婚姻家庭领域强化对未成年人、老年人、妇女等弱势群体的保护尤为重要。《民法典》婚姻家庭编强化了对弱势群体的保护与关爱，追求实质平等。婚姻家庭编在家庭关系、离婚和收养的规则中，均反映了未成年人利益最大化这一原则。《民法典》明确规定

---

① 参见余延满：《亲属法原论》，法律出版社 2007 年版，第 220 页。

② 参见潘淑岩：《〈民法典婚姻家庭编〉的中国化、现代化与未来面向》，载《长治学院学报》2021 年第 1 期，第 17 页。

③ 王轶：《民法价值判断问题的实体性论证规则》，载王轶：《民法原理与民法学方法》，法律出版社 2009 年版，第 38 - 48 页。

④ 张龑：《论我国法律体系中的家与个体自由原则》，载《中外法学》2013 年第 4 期，第 705 页。

⑤ 夏吟兰：《论婚姻家庭法在民法典体系中的相对独立性》，载《法学论坛》2017 年第 4 期，第 14 页。

婚生子女和非婚生子女的权利平等，维护继父母子女和养父母子女之间的家庭伦理关系，进一步保护家庭内妇女、儿童和老人等弱势群体的合法权益，以充分发挥家庭所具有的繁衍、教育、抚养、赡养等社会功能。夫妻离婚时，在子女抚养方面，《民法典》要求法院要按照最有利于未成年子女的原则作出判决（第 1084 条）。在规定收养的条件时，要求收养人“无不利于被收养人健康成长的违法犯罪记录”，以确保被收养人利益（第 1098 条）。

（三）强化维护婚姻家庭中的人格尊严和人身自由

《民法典》的人本精神在婚姻家庭编得到了充分的贯彻，这尤其表现为对婚姻家庭生活中的人格尊严的保护。“尊严”一词来源于拉丁文（dignitas），意指尊贵、威严。人格尊严是指人作为法律主体应当得到承认和尊重。人格尊严是每个人作为“人”所应有的社会地位，以及应受到他人和社会的最基本尊重，是人作为社会关系主体的基本前提。在婚姻家庭关系中，自然人在婚姻家庭中的人格尊严表现为，所有家庭成员均享有人格尊严受到尊重的权利。我国《民法典》婚姻家庭编从多个维度强化了对人格尊严的保护，具体而言：一是强调了对姓名权的保护。《民法典》第 109 条规定：“自然人的人身自由、人格尊严受法律保护。”这就表明，在《民法典》中，人格尊严具有价值上的统领性和适用上的优先性，当然应当贯彻于婚姻家庭法中。[①] 依据《民法典》第 1056 条规定，在家庭关系中，夫妻双方都有各自使用自己姓名的权利。姓名权作为一项重要的人格权，事关自然人的人格尊严。《民法典》的该条规定与《民法典》第 1012 条关于姓名权的规定相互呼应，强调了自然人在夫妻关系中有权独立行使姓名权。二是强化了对人身自由的保护。《民法典》第 1057 条规定：“夫妻双方都有参加生产、工作、学习和社会活动的自由，一方不得对另一方加以限制或者干涉。”该条对夫妻双方的人身自由权作出了规定。同时，我国《民法典》婚姻家庭编明文禁止家庭暴力，在家庭成员的人身自由权遭受侵害时，权利人还可以依法请求人民法院颁发禁令。三是对于婚姻家庭关系中个人所享有的人格权益的保护可以参照适用人

① 参见王利明：《构建〈民法典〉时代的民法学体系——从“照着讲”到“接着讲”》，载《法学》2022 年第 7 期，第 111－113 页。

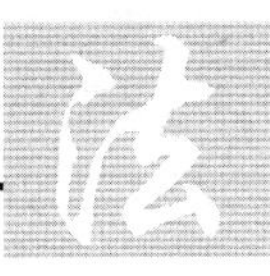

格权编的有关规定，这有利于强化对婚姻家庭关系中人格权益的保护。婚姻家庭编看似对人格权益的保护较少，这主要是因为人格权编中所存在的人格权益保护规定也可以被参照适用于婚姻家庭中的人格权益保护。[①] 例如，夫妻之间也要相互尊重隐私；禁止一方实施侵害另一方生命、健康和身体的家庭暴力行为。《民法典》在人格权编中专门设置了人格权保护的禁令制度（《民法典》第997条），这也适用于夫妻一方侵害另一方人格权益的情形。四是对婚姻家庭关系中名誉权、家庭隐私以及个人信息的保护。婚姻家庭编虽然没有对此类人格权益的保护作出明确规定，但在解释上应当认为，个人对家庭的名誉应当享有名誉权。[②] 婚姻家庭领域隐私性较强，个人对家庭隐私也应当享有隐私权，有关个人家庭的许多信息也应当属于个人信息的范畴，因此，这些人格权益也应当依法受到法律保护。[③] 家庭信息仍然属于个人信息范畴，只不过《个人信息保护法》第72条第1款规定："自然人因个人或者家庭事务处理个人信息的，不适用本法"。

（四）树立优良家风

中国古代历来强调"家国同构"，将家庭视为社会治理的基本单元，儒学倡导"家齐而后国治"，中国传统则追求"父严母慈子孝"，注重家庭的和谐、和睦，这实际上是将家庭作为社会的细胞，将家庭治理作为国家治理的基础。"中国人特重家庭伦理，蔚成家族制度。"[④] 家庭是国家和社会的基本单元，家庭和谐是社会和谐的基础，家庭治理是国家治理的基石。《民法典》在调整婚姻家庭关系方面并没有完全采用财产法个人主义的方法论，而更多地采用了团体主义的方法论。

第一，在整体上，《民法典》不仅以原子化的个人为中心，还同时注重家庭的价值和地位。总体来看，婚姻家庭编在第一章"一般规定"中增加了"家庭应当树立优良家风，弘扬家庭美德，重视家庭文明建设"的倡导性规定（第1043

① 参见王雷：《民法典人格权编中的参照适用法律技术》，载《当代法学》2022年第4期，第127页。

②③ 参见龙翼飞：《编纂民法典婚姻家庭编的法理思考与立法建议》，载《法制与社会发展》2020年第2期，第42页。

④ 梁漱溟：《中国文化要义》，上海人民出版社2005年版，第29页。

条第 1 款）。该条也被称为“家风”条款，其致力于维护家庭成员的和睦、和谐，培养家庭良好美德。应当看到，家庭具有很强的教育功能，好的家教家风是形成良好社会风气的重要前提。家庭是国家的基本构成单元，也是人生的第一所学校，是个人成长的基点，家教、家风对于家庭建设具有基础性的作用，在国家和社会治理体系中是不可或缺的重要环节。父母是子女的第一位人生导师，父母的言传身教对于子女行为具有极为重要的示范作用。波塔利斯指出：“家庭是良好品性的圣殿：正是在其中，私德逐步培养为公德。”① 家庭培养公民的私德，而良好的私德是公德的基础。我国《民法典》第 1043 条虽然是倡导性规定，但是在法律适用中并非没有任何意义。“重视家庭文明建设成为婚姻家庭编的基本价值取向。”② 在婚姻家庭编具体制度的解释和适用中，该条规定的价值理念，均起到了重要指导的作用，作为婚姻家庭编的一般规范，普遍适用于婚姻家庭编的各个章节之中。在各章节的具体制度的解释和缺少规则时的漏洞填补中，均应当以“家风”条款作为指引。

第二，在具体规则上，婚姻家庭编体现了权利和义务的密切关联。在家庭关系中，权利与义务密切联系、互为一体，“权利和义务互依互存的情态最初源于家庭”③。《民法典》在调整婚姻家庭关系方面要求家庭成员之间负有更多的义务，如夫妻之间互负忠实义务；同时要求这些义务与职责不可转让与放弃，如监护职责。这些都是为了实现家庭和睦团结的目标。

第三，婚姻家庭编在规定家庭关系时分别以专节的形式规定了夫妻关系、父母子女关系和其他近亲属关系，对这三类家庭关系中各家庭成员之间的权利义务关系作出了细化规定，构建了维持家庭关系和谐、稳定的基本法律框架。这也使树立优良家风不仅有伦理道德的支撑，也有了基本的法律保障。

---

① Portalis. “Discours préliminaire sur le projet de Code civil”. In Jean-Etienne-Marie Portalis，Discours et rapports sur le Code civil，Centre de Philosophie politique et juridique，1989，pp. 103 - 104.

② 王雷：《家庭文明建设在民法典中的体现》，载《山东大学学报（哲学社会科学版）》2021 年第 3 期，第 91 页。

③ ［英］梅因：《古代法》，郭亮译，法律出版社 2016 年版，第 90 页。

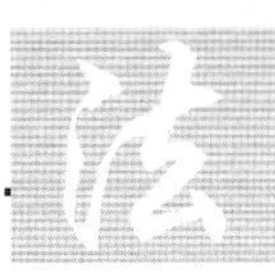

二、外在制度体系的协调——婚姻家庭编与《民法典》其他各编的适用关系

婚姻家庭法入典，与《民法典》其他部分形成有机的整体。一方面，反映了婚姻家庭法与民法的本质联系和逻辑必然。① 婚姻家庭法与其他基本民事制度具有密切联系。从婚姻家庭制度与其他民法制度的适用关系来看，婚姻家庭制度的许多内容与《民法典》的其他部分存在着密切关联。《民法典》体系化适用的要求意味着在婚姻家庭编适用的过程中必须时刻关注其与《民法典》其他各编之间的关系。例如，以提取公因式技术形成的《民法典》总则编是普遍适用于《民法典》所调整的各种法律关系的规范的总和。另一方面，这也突出了人法的重要地位，表明民法不仅是财产法，同时也注重调整个人与家庭中形成的各类人身关系。我国《民法典》第 2 条将民法的调整对象规定为“平等主体的自然人、法人和非法人组织之间的人身关系和财产关系”，明确了《民法典》对于人身关系的调整。《民法典》总则编在“民事权利”一章中明确规定“自然人因婚姻、家庭关系等产生的人身权利受法律保护”，将亲属身份关系等婚姻家庭关系纳入民法典调整的范围，确立了婚姻家庭法作为民法组成部分的地位与性质。

（一）婚姻家庭编与总则编的适用关系

当婚姻家庭法作为单行法出现时，我们不需要太多考虑其与《民法典》总则编的适用关系，但在将婚姻家庭法纳入《民法典》之后，就必须考虑其与《民法典》总则编之间的相互关系问题。我们需要明确，《民法典》总则编中的哪些规则适用于婚姻家庭法，哪些规则不能适用于婚姻家庭法。具体来说，处理两者之间的关系应当注意如下几个方面的问题。

第一，《民法典》总则编所确立的基本原则普遍适用于婚姻家庭编。作为《民法典》分则的一部分，婚姻家庭法应当遵守平等、自由等民法基本原则，体现《民法典》的价值理念。不过，这些原则运用到婚姻家庭法时，应当考虑婚姻

① 参见王洪：《婚姻家庭法》，法律出版社 2002 年版，第 15 页。

家庭法的特殊性。例如，民法上的自由原则在婚姻家庭法之中，体现为结婚自由和离婚自由；民法上的平等原则在婚姻家庭法之中，表现为强调男女平等、非婚生子女与婚生子女之间的平等。《民法典》第6条规定的公平原则可以适用于对婚姻家庭领域中弱势群体的保护，《民法典》第7条规定的诚信原则应当为全体家庭成员所遵守。当然，除了民法的基本原则外，婚姻家庭法还有其独特的原则，如团结和睦，保护妇女、未成年人、老年人合法权益的原则。中国历来有重视家庭和睦的传统，所谓“家和万事兴”。当代社会应该继续发扬这一传统，弘扬和睦与互助的家庭观念。① 需要指出的是，民法中仅仅适用于财产法的价值原则上不能适用于婚姻家庭法，如效率原则一般不适用于婚姻家庭关系，虽然夫妻财产法也涉及提高财产利用效益的问题，但绝大多数婚姻家庭关系是以感情为维系基础的，其无法用经济效益来衡量，因而效率价值自然不能成为婚姻家庭法的价值理念。此外，在婚姻家庭编有具体规则的情况下，应当依据该具体规则而不宜直接依据总则编所规定的基本原则裁判婚姻家庭纠纷，否则就构成“向一般条款逃逸”。

第二，监护制度对婚姻家庭编的适用。我国《民法典》总则编用二十多个条款规定了监护制度，对于监护制度应当规定于总则编还是婚姻家庭编，在《民法典》编纂过程中曾有两种截然不同的观点。一种观点认为，监护制度与婚姻家庭关系联系紧密，应当在婚姻家庭编中加以规定；而另一种观点认为，监护制度解决的是自然人的行为能力问题，因而应当在总则编中予以规定。② 最终《民法典》采纳了将监护制度置于总则编的做法。应当看到，虽然在我国监护制度中，监护不仅仅包括家庭监护，还包括社会监护、国家监护，但监护制度主要适用于婚姻家庭关系，其相关规则也应当可以用于调整婚姻家庭关系。有研究显示，家庭监护方式不当、监护能力不高，是未成年人犯罪的重要成因。③ 因此，保护未

① 参见杨大文、马忆南：《新中国婚姻家庭法学的发展及我们的思考》，载《中国法学》1998年第6期，第38-40页。

② 参见黄薇主编：《中华人民共和国民法典总则编释义》，法律出版社2020年版，第71页。

③ 参见林艳琴：《国家治理视域下未成年人家庭监护缺失的预防与干预》，载《国家行政学院学报》2018年第4期，第70页。

成年人的合法利益，完善监护制度对未成年人的保护，是《民法典》构建和谐家庭的重要组成部分。事实上，法定监护中监护人主要是在家庭成员中予以确定，监护职责的履行实际上也主要涉及家庭关系。

第三，民事法律行为制度的一般规则可以适用于婚姻家庭领域。关于法律行为制度是否可以适用于婚姻家庭领域，存在两种不同的观点。赞成说认为，虽然婚姻家庭领域有其特殊的规则，但法律行为制度仍然可以适用于该领域。反对说认为，法律行为制度的一般规则主要是依据财产性行为而抽象出来的。"由于身份行为具有不同于财产行为的诸多特征，故法律行为的规则，主要适用于物权行为与债权行为。"① 例如，总则编对于法律行为无效的规定，与婚姻家庭编中婚姻无效的规则相去甚远。笔者认为，上述两种观点都不无道理，关于法律行为制度的一般规则能否适用于婚姻家庭领域，应当区分不同情形分别予以认定。一方面，在财产关系中，通常可以适用法律行为的一般规则，如夫妻之间关于财产制的约定，即可适用法律行为的一般规则。另一方面，对人身关系而言，法律行为制度的适用应当受到一定的限制。特别是在我国，结婚行为具有特殊性，总则编关于法律行为效力瑕疵的规则并不能当然适用于结婚行为。例如，因欺诈订立的合同可以根据总则编相关规定予以撤销，但因欺诈而缔结的婚姻并非都应当撤销。当然，在某些情形下，法律行为制度也可以适用于相关的人身关系，例如，在协议离婚的情形下，在认定当事人所订立的离婚协议的效力时，则可以适用法律行为效力的一般规则。当然，婚姻家庭法应当根据婚姻行为的特殊性设置一些特殊规则。在法律适用上，首先要适用婚姻家庭编的特别规定，在该编没有规定时，原则上适用《民法典》总则编关于民事法律行为的一般规定。但是，如果民事法律行为制度的一般规则与婚姻行为的性质相冲突，则不得适用。

第四，代理制度可以适用于婚姻家庭法领域的财产关系。在我国，代理适用的范围较为宽泛，但在婚姻家庭法领域内，其适用的空间仅限于身份行为以外的法律行为。因为婚姻家庭关系都是以身份为基础的，个人意志和感情色彩较浓，所以常常需要探求当事人的真实意思表示，不允许由他人代理从事婚姻行为。例

① 尹田：《民法典总则与民法典立法体系模式》，载《法学研究》2006 年第 6 期，第 9 页。

如，依据我国《民法典》的规定，办理结婚登记与离婚登记时，都应当由本人亲自到婚姻登记机关办理登记，而不得由他人代理。更何况，婚姻关系一旦成立或者被撤销，将对当事人产生重大影响，可能会改变其人生历程和生活现实，所以需要当事人谨慎行为，不能由他人代理。但这并不意味着婚姻家庭关系中不适用代理，婚姻家庭领域的财产行为仍然可以适用代理制度。例如，父母作为法定代理人可以代理未成年子女从事交易行为。

（二）婚姻家庭编与物权编的适用关系

物权编的规则原则上可以适用于婚姻家庭领域中的财产关系。《民法典》物权编主要调整有体物的归属和利用关系，而婚姻家庭编调整的是人身关系。但是由于婚姻家庭关系中不可避免地涉及财产的归属与利用问题，因此婚姻家庭编与物权编在适用上也存在一定的交叉，这尤其体现在夫妻共有财产方面。

就财产的归属而言，可依据法定或约定确定夫妻共有财产的范围。关于夫妻法定共有财产，《民法典》第1062规定："夫妻在婚姻关系存续期间所得的下列财产，为夫妻的共同财产，归夫妻共同所有：（一）工资、奖金、劳务报酬；（二）生产、经营、投资的收益；（三）知识产权的收益；（四）继承或者受赠的财产，但是本法第一千零六十三条第三项规定的除外；（五）其他应当归共同所有的财产。夫妻对共同财产，有平等的处理权。"这就确认了夫妻在婚姻关系存续期间的法定共有财产。《民法典》扩大了夫妻共有财产的范围，将工资和奖金以外的其他劳务报酬和投资收益都明确规定为夫妻共有财产的范畴。有学者认为："夫妻双方婚后所得财产，属于共同共有而非按份共有。"[①]《民法典》物权编采用的是"共同共有"的表述，婚姻家庭编所采用的是"共同所有"的表述，这就表明两者之间有一定的联系和区别。物权编中的"共同共有"包含了内部关系和外部关系的共有形态，内部是共同享有权利，而对外是共同行使权利。而婚姻家庭编中的"共同所有"更强调内部的共同享有权利。就财产的利用和处分而言，无论是夫妻法定共有财产还是约定共有财产，核心特征是对夫妻共同财产共

① 李永军主编：《中国民法学》（第四卷 婚姻继承），中国民主法制出版社2022年版，第95页。

同所有，夫妻双方享有平等的处理权。① 夫妻在婚姻关系存续期间，对于共有财产享有平等的占有、使用、收益和处分的权利。② 夫妻共有财产是夫妻共同生活的物质基础，在通常情况下，婚姻家庭编中的财产规则与物权编中的财产规则不会发生冲突。婚姻家庭编主要调整的是夫妻之间的财产关系，而物权编调整的则是夫妻与不特定第三人之间的财产关系。例如，夫妻双方出卖、赠与属于夫妻共有的财产，应取得一致同意。在夫妻处分共有财产时，在对外关系上应当主要适用物权编的规定，例如，关于交付、登记、物权变动等规定在夫妻处分共有财产中均应当适用。

但是，倘若夫妻一方单独处分夫妻共同财产时，夫妻另一方的利益与不特定第三人的利益就可能发生冲突，婚姻保护与交易安全就将产生矛盾。此时，夫妻财产制成为协调这些利益冲突的基础制度，如何解释夫妻财产制的法律效力，乃是婚姻家庭编的重点难点。尤其是，当夫妻一方单独处分夫妻共同财产（如房屋）时，是否应当认定为无权处分？显然，如果将夫妻共同财产等同于《民法典》第 299 条的共同共有，则一方单独处分的行为构成无权处分，另一方可以阻止财产所有权的转让，或者要求返还原物。此时，物权编所要保障的交易安全反而受到了不利影响，这在以登记作为公示方式的不动产物权、股权中尤为明显。有研究认为，夫妻共同财产并非共同共有，而是“潜在共有”，即夫妻共同财产在婚姻存续期间为“潜在共有”，而非现实共有；只有发生离婚等事件时，潜在共有显在化，用以确定夫妻财产的清算。③ 法定财产制中的夫妻财产，仅在离婚、继承等法定财产制解体场合，在夫妻之间发生债权效力。④ 但在我国，长期以来，夫妻共同财产已经被立法、司法所采纳，并且在民众观念中被普遍认可，完全改变夫妻共同财产的理念可能会发生颠覆性的改变，这与长期以来婚姻家庭法理论所认为的夫妻共同财产的观点是相悖的，不利于法秩序的稳定。当然，应

① 参见黄薇主编：《中华人民共和国民法典释义》（下），法律出版社 2020 年版，第 1991 页。

② 参见梅夏英、高圣平：《物权法教程》（第二版），中国人民大学出版社 2010 年版，第 147 页。

③ 参见龙俊：《夫妻共同财产的潜在共有》，载《法学研究》2017 年第 4 期，第 28－36 页。

④ 参见贺剑：《夫妻财产法的精神——民法典夫妻共同债务和财产规则释论》，载《法学》2020 年第 7 期，第 31 页。

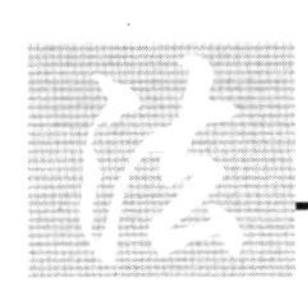

当看到，夫妻共同财产和一般的共同财产确有不同之处，《民法典》第 297 条对共有的表述为包括按份共有和共同共有，传统上一般都认为夫妻共同财产属于共同共有，但第 1062 条对夫妻共同财产的表述采取“共同所有”的表述。由此可以看出，《民法典》有意表明夫妻共同财产是一种特殊的共同共有，不能与一般的共同共有等同。这种特殊性就表现在：一方面，要维持夫妻之间的平等权利；另一方面，在对外关系上也要考虑第三人的交易安全保护问题。在对外关系上，对一般财产的处理，夫妻享有日常家事代理权，任何一方处分都对配偶双方发生效力，第三人也无须查验该财产的真正所有权人。但对大宗财产而言，尤其是房产、股权等，第三人应当查阅登记，并进一步了解登记权利人的婚姻状况。这就在一定程度上对夫妻一方处分财产作出了必要的限制。在夫妻内部关系上，无论登记是何种状况，只要是夫妻共同财产，夫妻双方都平等享有对财产的占有、使用、收益的权利，进而在夫妻离婚时，原则上应当对该共同财产进行平等分割，这也是夫妻共同财产的特殊之处。①

在实践中存在一方隐藏、转移、变卖、挥霍夫妻共同财产的可能性。在单独处分构成等价交易的情况下，夫妻共同财产的价值并未发生根本变化，只是财产形态发生了改变。例如，夫妻一方出卖房屋后收取了相应价款，这些价款仍然属于夫妻共同财产。如果夫妻一方单独处分是以赠与或者低价交易的方式进行的，夫妻另一方的利益可能受到损害，此时，夫妻另一方可以通过以下方式获得救济：其一，类推适用债权人撤销权制度。当夫妻一方以赠与或者低价交易出卖夫妻共同财产时，将会损害夫妻另一方在离婚时可以获得的份额，此时后者可以主张类推适用《民法典》第 538 条的债权人撤销权。其二，类推适用《民法典》第 1092 条的规定，根据该条规定，夫妻一方隐藏、转移、变卖、毁损、挥霍夫妻共同财产的，在离婚分割夫妻共同财产时，对该方可以少分或者不分。同样，当夫妻一方以赠与或者明显不合理的低价出卖夫妻共同财产，其在离婚分割夫妻共同财产时，理应少分或者不分。

---

① 参见冉克平：《夫妻财产制度的双重结构及其体系化释论》，载《中国法学》2020 年第 6 期，第 75 页。

（三）婚姻家庭编与合同编的适用关系

《民法典》第463条规定："本编调整因合同产生的民事关系。"依据本条规定，合同编调整"因合同产生的民事关系"，这就意味合同法调整平等主体之间因合同产生的财产法律关系。但此处所说的合同主要是以财产交换为内容的合同，是反映交易关系的法律形式。在德国法上，结婚（Eheschließung）是具有高度人身性的民事法律行为①，婚姻是一种合同，但具有特殊性，民法典亲属编有特殊规定的，该规定排除《民法典》总则编中法律行为一般规定的适用。《德国民法典》第116－118条关于真意保留、通谋虚伪表示、戏谑表示的规定以及第119条关于意思表示错误的规定不适用于缔结婚姻的意思表示，该意思表示不因此类意思瑕疵而无效或者可撤销。② 我国《民法典》婚姻家庭编没有将婚姻关系的缔结解释为合同行为，结婚行为属于身份法上的行为，而且是具有伦理情感的互助互爱关系，与财产法上的合同行为存在本质区别。不能简单地将《民法典》合同编规则直接适用于婚姻、继承等身份关系之中。

虽然合同与身份关系协议具有明显的区别，但是《民法典》第464条第2款规定："婚姻、收养、监护等有关身份关系的协议，适用有关该身份关系的法律规定；没有规定的，可以根据其性质参照适用本编规定。"依据这一规定，对于婚姻、收养、监护等有关身份关系的协议，可以根据其性质参照适用合同编的规定，参照适用就是"准用"（entsprechende Anwendung），即法律明确规定特定法律规定可以参照适用于其他的情形。准用"乃为法律简洁，避免复杂的规定，以明文使类推适用关于类似事项之规定"③。如此规定，既能弥补身份法立法规定的不足，同时，也能简化法律规定以避免重复。在具体的法律适用中，法官首先应当穷尽现有的规则，在穷尽现有规则的情形下，才能通过该准用条款，参照适用合同编的规范。关于婚姻、收养、监护等有关身份关系的协议，针对合同履行、变更、解除、违约责任等问题，婚姻家庭编并没有作出规定，在当事人就上

① Wellenhofer, Familienrecht, 5., Auflage, 2019, §6, Rn. 5.

② Vgl. Dieter Schwab, Familienrecht, 28. Aufl., 2020, S. 31; Palandt/Brudermüller (2020), Vor §1310 Rn. 3; Gernhuber/Waltjen, Familienrecht, 5. Aufl., 2006, S. 94.

③ 史尚宽：《民法总论》，中国政法大学出版社2000年版，第51页。

述问题发生纠纷后，法官在裁判时通常无法可依，如果不参照适用合同编的规定，则很难有效处理相关纠纷。《民法典》第 464 条所规定的参照适用规则包括如下两层含义。

第一，对于婚姻、收养、监护等有关身份关系的协议，首先应当适用身份关系的法律规定，这是特别法优先于一般法这一原则的必然要求。有关身份关系的法律规定虽然就身份关系而言属于一般规范，但是其中婚姻、收养、监护等有关身份关系的协议的规定相较合同规范而言则是特别规范。如果身份法上具有特别的规则，那么首先应当适用身份法上的相关规定。如关于夫妻婚内财产制的约定以及离婚财产分割等问题，婚姻家庭编已经作出了相关规定，这些规则应当优先于合同编的规则适用。只有在身份法中没有规定的情况下，才能依据其性质参照适用合同编的规则。

第二，有关身份法律关系的规范中没有规定时，应当依据该协议的性质，参照适用合同编的规定。这一规范意味着有关身份关系的协议可以参照适用合同编的规定。① 例如，在没有特别规范的情形下，意定监护协议可以参照适用委托合同的规定。与此同时，该规范并不意味着有关身份关系的协议就能参照适用合同编的所有规则。例如，对于家事代理行为，就不能适用委托合同中的任意撤销权。需要注意的是，参照适用的对象既包括当事人设立民事权利义务关系的协议，也包括当事人变更、终止民事权利义务的协议。

依据《民法典》第 464 条规定，有关身份关系的协议在参照适用合同编的规定时，需要考虑其性质，即对于合同规则在身份关系协议中的适用，应当基于不同的身份关系协议的性质与特点，尤其是相关协议中身份性的强弱，分别考虑是否可以适用合同编的相关规则。基于上述区分标准，身份关系协议可以区分为三类：第一类是纯粹的身份关系协议。例如，结婚协议、离婚协议等，此类协议具有明确的人身性质，与合同编中的合同具有本质上的区别，原则上不适用合同编的规则。第二类是基于身份关系作出的与财产有关的协议约定。例如，夫妻双方

① 参见冉克平：《“身份关系协议”准用〈民法典〉合同编的体系化释论》，载《法制与社会发展》2021 年第 4 期，第 63-65 页。

订立的婚内财产制协议和离婚中财产分割协议等，这类协议是基于身份关系作出的关于财产的约定，原则上可以参照适用合同编规则。[①] 第三类是纯粹的财产协议，这类协议虽然可能与身份关系有关，但是在性质上仍然属于财产协议，因而可以适用合同编的规则。例如，夫妻间的赠与协议，虽然赠与发生于夫妻之间，但是不影响赠与合同的性质，因此，应当适用合同编的规则。再如，遗赠扶养协议，虽然具有一定的身份属性，但其主要还是以财产为内容的协议。

（四）婚姻家庭编与人格权编的适用关系

人格权编主要调整人格关系，而婚姻家庭编主要调整的是身份关系。在民法上，人身关系是和财产关系相对应的，它是指基于一定的人格和身份所产生的社会关系。人格权法和身份权法都属于人身权法的范畴，它们共同调整人身关系，因此二者联系紧密。但人格权法与身份权法仍存在一定区别，身份权是民事主体基于特定的身份关系而依法享有的民事权利[②]，因此其不同于自然人生而享有的人格权利。从狭义上讲，身份关系既非人格权又非财产权，如婚姻撤销权、非婚生子女认领权、扶养请求权、同居请求权等属于身份权的范畴。[③] 婚姻家庭编与人格权编是《民法典》中较为接近但也相互独立的两编。婚姻家庭编与人格权编在适用上的互动关系主要体现在以下三个方面。

第一，婚姻家庭领域中的具体人格权受人格权编规则的保护。婚姻家庭领域不仅涉及身份权的保护，而且涉及具体人格权的保护。从法律的发展趋势来看，婚姻家庭中的人格权的保护不断得到加强。古代以及中世纪的法律注重人身支配关系，所以法律重点调整的是身份关系，而现代民法中更多的是贯彻人本主义精神，其基本理念为对人的尊重，以及对人身自由和人格尊严的保护，所以现代民法十分注重调整人格关系。[④] 在我国《民法典》婚姻家庭编中，也有一些规则涉

① 参见王雷：《论身份关系协议对民法典合同编的参照适用》，载《法学家》2020年第1期，第40-43页。

② 参见余延满：《亲属法原论》，法律出版社2007版，114页。

③ 参见余延满：《亲属法原论》，法律出版社2007版，120页。

④ Neethling，JM Potgieter & PJ Visser，*Neethling's Law of Personality*，LexisNexis South Africa，2005，p. 7.

及人格权的保护。例如，依据我国《民法典》婚姻家庭编的规定，夫妻双方的姓名权都受法律保护。除姓名权外，婚姻家庭领域的肖像权、名誉权、隐私权以及个人信息等，都应当受人格权编规则的保护。

第二，婚姻家庭领域中的一般人格权受人格权编规则的保护。在婚姻家庭关系中，夫妻双方以及其他家庭成员的人格尊严均受到法律保护，在受到侵害时，权利人有权依据一般人格权的保护规则主张权利。同时，随着社会的发展，在婚姻家庭领域中还会产生大量的新型人格利益，如祭奠利益、养女在过世养父母墓碑上的刻名权益等①，这些新型人格利益也受到一般人格权规则的保护。此类祭奠利益的特殊之处体现在：一方面，祭奠利益是基于近亲属与死者之间的身份关系产生的精神性利益，但是另一方面，祭奠利益又不能简单等同于身份权或者身份利益，这是因为死者不具有民事权利能力，并非民事主体，无法成为法律关系的参与者，因此不能简单地将祭奠利益看作近亲属与死者之间的身份关系。正是基于这一特殊之处，祭奠利益的保护既要考虑婚姻家庭法的规定，也要结合人格权法的有关规定。② 具体而言，尽管祭奠利益是基于近亲属与死者之间的身份关系产生的，但是祭奠利益应当视为人格利益，而非身份权或者身份利益；这就意味着，祭奠利益具有对世效力，而不仅仅具有对人效力。当不特定第三人侵害近亲属对死者的祭奠利益时，应当适用人格权编对一般人格权的保护规定。③

第三，婚姻家庭领域中身份权利的保护可以依法参照适用人格权编的规则。《民法典》第1001条规定："对自然人因婚姻家庭关系等产生的身份权利的保护，适用本法第一编、第五编和其他法律的相关规定；没有规定的，参照适用本编人格权保护的有关规定。"该条规范的立法目的主要包括以下几个方面：一是弥补身份权立法规定的不足。《民法典》总则编和婚姻家庭编等有关身份权制度的规定主要集中在身份权人所享有的权利义务方面，往往并没有就他人侵害身份权人权利的救济作出明确规定。例如，总则编规定了监护权人的权利义务等，但没有

① 《民法典颁布后人格权司法保护典型民事案例之二》，中央网信办（国家互联网信息办公室）违法和不良信息举报中心2022年4月26日，https://www.12377.cn/jsal/2022/5bd2152e_web.html。

② 参见张红：《侵害祭奠利益之侵权责任》，载《法学评论》2018年第2期，第79页。

③ 参见曹相见、迟莉佳：《论"祭奠权"何以不能》，载《学习与探索》2019年第11期，第82-85页。

规定第三人侵害监护权的责任，此时，允许参照适用人格权编的规则是十分必要的。二是简化法律规定以避免重复。许多人格权保护的规则也可以适用于身份权的保护，但如果在婚姻家庭编中再次对相关规则作出规定，就会导致法律规则的重复，因此，可以通过参照适用的方式，有效简化法律规定。三是保持法律的稳定性和连续性，避免过于频繁地修改法律。① 规定身份权的保护可以参照适用人格权保护的规则，可以实现对身份权的有效保护，避免基于身份权保护的需要而频繁修改《民法典》。此外，依据本条规定，人格权编的规则可以准用于身份权。参照适用人格权保护规则主要包括人格权编中有关禁令、精神损害赔偿、赔礼道歉等规定。当然，身份权类型较多，例如，监护权和配偶权存在很多不同，所涉及的利益不同，在参照适用人格权的保护规则时，要注意身份权类型的不同。即使身份权参照适用人格权，但是由于两者具有很大的差异，也需要对相关规则进行限缩解释。

三、体系化视角下婚姻家庭编规则的法律适用和漏洞填补

梅利曼指出，“民法典‘科学化’的程度，决定着在实体法、一般法理以及关于民法总则或一般原理课程中所使用的概念和原则统一的程度”②。婚姻家庭法和继承法入典后，要采取体系找法、体系释法、体系用法的方法，以准确理解并适用这些法律。“适用某一法律规范，实际上就是适用整个法秩序。”③

（一）体系找法

所谓找法，就是要按照司法三段论的要求，从纷繁复杂的法律规定中，寻找能够与特定的案件事实具有密切联系的裁判规则解决纠纷，得出妥当的裁判结论。所谓“以法律为依据”，就是要寻找恰当的解决纠纷的裁判依据。正如德国

① 参见刘德福：《法律准用问题分析——以民事法律制度为例》，载《江西公安专科学校学报》2007年第6期，第114页。

② ［美］约翰·亨利·梅利曼：《大陆法系》，顾培东、禄正平译，法律出版社2004年版，第73页。

③ ［德］罗尔夫·旺克：《法律解释》（第6版），蒋毅、季红明译，北京大学出版社2020年版，第110页。

学者魏德士所言，“法的获得属于方法问题”①，找法必须秉持体系观念。就婚姻家庭编规则的适用而言，体系找法意味着首先应当在婚姻家庭编中寻找解决因婚姻家庭产生纠纷的裁判规范，具体而言：

一方面，准确适用婚姻家庭编，要求法律适用者从体系化的高度出发，结合《民法典》其他各编的规定，从而妥当适用婚姻家庭编的规则。换言之，体系找法应当实现婚姻家庭编与《民法典》各编规则的协调。例如，《民法典》第 1066 条规定，在婚姻关系存续期间，一方从事如下两种行为，另一方请求人民法院进行婚内财产分割：一是一方有隐藏、转移、变卖、毁损、挥霍夫妻共同财产或者伪造夫妻共同债务等严重损害夫妻共同财产利益的行为；二是一方负有法定扶养义务的人患重大疾病需要医治，另一方不同意支付相关医疗费用的。出现这两种情况，都可以允许夫妻另一方向人民法院请求分割夫妻共同财产。《民法典》第 1066 条在坚持夫妻共同财产原则上不能分割、婚姻关系存续期间一方请求分割共同财产不予支持的基础上，对特别情形作为例外，准许在婚姻关系存续期间分割夫妻共同财产，以保护婚姻当事人的合法权益。② 这与第 303 条有关共有物的分割规则形成了体系关联，第 1066 条的上述情形构成了“有重大理由需要分割”的具体化。

另一方面，体系找法有利于发掘可供适用的法律规范。例如，《民法典》第 1060 条规定：“夫妻一方因家庭日常生活需要而实施的民事法律行为，对夫妻双方发生效力，但是夫妻一方与相对人另有约定的除外”。“夫妻之间对一方可以实施的民事法律行为范围的限制，不得对抗善意相对人。”这就确认了家事代理权，认可夫妻一方因家庭日常生活需要而实施的民事法律行为，对夫妻双方发生效力，家事代理权行使的法律后果是，配偶一方代表家庭所为的行为，另一方配偶须承担相应后果，配偶双方对其行为应当承担连带责任。③ 即使夫妻之间有特别

① ［德］伯恩·魏德士：《法理学》，法律出版社 2003 年版，第 289 页。

② 参见杨立新：《民法典婚姻家庭编完善我国亲属制度的成果与司法操作》，载《清华法学》2020 年第 3 期，第 195 页。

③ 参见蒋月：《配偶身份权的内涵与类型界定》，载《法商研究》1999 年第 4 期，第 23 - 24 页。

约定，也不能对抗善意相对人。但如果夫妻之间就日常家事代理权的行使作出了特别约定，夫妻一方超越内部约定的代理权对外订立合同，已经构成无权代理，如果相对人对该内部约定是知道或者应当知道的，此时，依据《民法典》第1060条第2款规定，则夫妻之间的约定可以对抗恶意相对人，但该条并没有明确规定夫妻一方所实施的超越日常家事代理权限行为的效力及其责任认定问题，因此，从体系找法的角度来看，就如何确定超越内部约定的代理权行为的效力及其责任确定，应当类推适用总则编有关无权代理的规则。① 再如，有关夫妻忠诚协议纠纷的处理问题，一直以来存在争议，审判实践中裁判各异，缺乏统一的标准。婚姻家庭编也并未对这一问题进行专门规定。那么应当如何认定其效力？从体系解释的角度来看，夫妻互相忠实本来就是法律规定的内容，《民法典》第1043条再次重申夫妻应当互相忠实、互相尊重、互相关爱，这是夫妻双方在共同生活中的基本准则，属于法律明确的要求，夫妻双方通过协议将该法定义务变为约定的义务，法院应当认可其效力。②

（二）体系释法

《民法典》所具有的体系化特点，为以体系解释婚姻家庭编提供了充分的条件和基础。在单行法时代，民事法律制度的体系化效应难以凸显，体系解释也往往只能局限在各个单行法之内。而《民法典》的出台则使民事法律规范体系得到了极大的完善，体系解释可以在更广泛和更深入的层面展开。③ 婚姻家庭法入典后，在具体适用婚姻家庭编的相关规则时，需要运用体系思考的方法，依据《民法典》的立法目的及其所作出的相关规则对其进行解释，这也有助于消除法律适用中的矛盾和冲突。因此，在婚姻家庭编的解释工作中，也应当将体系解释作为重要的解释方法。

---

① 参见杨立新：《民法典婚姻家庭编完善我国亲属制度的成果与司法操作》，载《清华法学》2020年第3期，第194页。

② 参见吴晓芳：《〈民法典〉婚姻家庭编涉及的有关争议问题探析》，载《法律适用》2020年第21期，第18-20页。

③ 参见王利明：《论〈民法典〉实施中的思维转化——从单行法思维到法典化思维》，载《中国社会科学》2022年第3期，第12页。

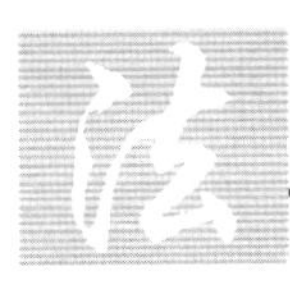

体系释法要求秉持体系的观念，主要表现在“相同情况相同对待，不同情况不同对待”，即对法律进行解释要重视“同等评价”①。这对解释婚姻家庭编的相关规则也具有引导价值。《民法典》有关法律行为、物权、合同的规则大多适用于交易关系，而婚姻家庭关系本质上是伦理情感关系，简单地套用交易规则显然是行不通的。例如，民事法律行为因重大误解而撤销的规则就难以适用到婚姻家庭编，即便一方在结婚时对另一方的身体状况、社会地位和财产状况存在“误解”，也不能据此而撤销结婚行为。这主要也是因为交易关系与伦理关系的性质差异所致，因此从体系思考的角度，也不能简单地将两者等同。当然，《民法典》第464条允许婚姻家庭关系参照适用合同等规则，但在判断是否能够参照适用时，必须从体系角度思考判断分析被参照适用规则的关系和参照适用的关系的相似性，在某类关系中，家庭伦理性越强，则与交易关系的差异性越大，参照适用交易规则的可能性越小；反之，与交易关系的差异越小，参照适用交易规则的可能性越大。这也是《民法典》第464条第2款中的“根据其性质”最为重要的考量因素。具体而言，在对婚姻家庭编的规则进行体系释法时需要注意如下几点。

第一，婚姻家庭中的规范要放到民法典体系中进行解释，并且要适用民法典的基本原则和相关规则。例如，对妇女儿童的特殊保护，在婚姻家庭中没有规定时，要适用《民法典》第126条和第128条（总则编）的规定。

第二，对婚姻家庭关系中的权益是否属于人格权益，应当适用第990条第2款予以解释。例如，《民法典》第1056条规定了夫妻平等使用自己姓名的权利，从体系解释的角度而言，此处所规定的“使用”就应当与《民法典》第1012条的“使用”做同一解释，其包含了第1012条所规定的“决定、使用、变更或者许可他人使用”其姓名的内涵。

第三，关于日常家事代理。《民法典》第1060条第1款规定：“夫妻一方因家庭日常生活需要而实施的民事法律行为，对夫妻双方发生效力，但是夫妻一方与相对人另有约定的除外。”这里所规定的日常家事代理要与总则编中的代理规则相协调，两者的共同之处在于都是一种效果归属，不同之处在于构成，日常家

① ［德］齐佩利乌斯：《法学方法论》，金振豹译，法律出版社2009年版，第141页。

事代理不像总则编代理需要代理人以被代理人名义，而是配偶一方以自己的名义。[①] 但是，依据《民法典》第 1060 条第 1 款规定，日常家事代理仅适用于民事法律行为，因此，总则编中民事法律行为的规则也可以适用。

（三）体系用法

所谓体系用法，是指适用婚姻家庭编的相关规定时，也要求裁判者遵循体系化的要求。一方面，要求裁判者识别完全法条和不完全法条。完全法条包含了构成要件和法律效果，可以独立作为请求权基础。而不完全法条只是为了说明、限制或引用另一法条，如果不与其他法条结合，通常不会发挥规范效果。[②] 所以，不完全法条必须与其他法条结合，才能成为请求权基础，并作为裁判规则适用。法条直接的结合并不仅仅局限于同一章内法条的结合，也可能是同一编内法条的结合，还可能会存在不同编的法条的结合。例如，《民法典》第 1091 条规定的离婚损害赔偿，就必须与侵权责任编的损害赔偿规范相结合才能得出裁判结论。另一方面，体系用法也要求裁判者准确把握参照适用技术。在处理身份协议和身份权的保护问题上，《民法典》第 464 条和第 1001 条均涉及参照适用这一技术。因此，在适用婚姻家庭编的规则时，也需要从体系用法的角度，考虑其与人格权编相关规则的关系。

（四）体系补法

所谓体系补法，是指在出现法律漏洞时，应当运用体系的观念寻找填补漏洞的规则。在婚姻家庭法入典后，《民法典》所具有的强大的体系性功能为查漏补缺、填补法律漏洞提供了重要依据，并使特别规定与一般规定之间形成完整的整体，可消除规则之间的矛盾冲突，有效填补法律漏洞。在婚姻家庭编的法律适用中，一旦出现法律开放的或隐藏的漏洞，应当以体系的方法尝试填补漏洞。例如，婚姻关系存续期间，夫妻一方致他人损害，是否构成夫妻共同债务？能否用夫妻共同财产承担损害赔偿责任？《民法典》第 1064 条主要聚焦夫妻一方以个人名义负担的合同之债能否构成共同债务，而没有对非合同之债作出规定，存在立

---

① 参见朱虎：《夫妻债务的具体类型和责任承担》，载《法学评论》2019 年第 5 期，第 47 页。

② 参见黄茂荣：《法学方法与现代民法》（第五版），法律出版社 2007 年版，第 162 页。

法缺位，应当构成法律漏洞，这就需要进行体系补法，以填补法律漏洞，具体而言：一方面，如果是因为夫妻共有财产致人损害而产生的债务，可以考虑类推适用《民法典》第 307 条规定，认定夫妻承担连带债务。另一方面，如果夫妻一方为家庭共同生活需要实施相关行为致人损害，如丈夫开出租车发生交通事故致人损害，则可以类推适用《民法典》第 1064 条，认定该债务为夫妻共同债务。

结　语

在单行法时代，婚姻家庭法逻辑自洽、自成体系，因此长期以来存在一种误解，即认为婚姻家庭法游离于民法之外，与民法相互隔离，具有自身特殊的价值和规范体系，不宜套用民法的一般规则来进行解释。甚至有观点认为从事婚姻家庭法研究的学者可不必研究民法，而研究民法的学者可不必研究婚姻家庭法。在单行法时代，这种看法不无道理。但是随着婚姻家庭法的入典，必须从观念上予以改变，即要把婚姻家庭法作为民法的组成部分，把婚姻家庭法纳入民法体系，探讨婚姻家庭编和其他编的相互关系。法典化就是体系化，婚姻家庭法入典后，要从单行法思维向法典化思维转变，由于婚姻家庭编已经与民法典其他编构成一个完整的逻辑体系，因而必须以体系化视野，准确适用《民法典》婚姻家庭编，以维护家庭和谐有序，实现对社会的有效治理。

第七编

侵权责任制度

生成式人工智能侵权的法律应对*

我们已经进入了人工智能时代，人工智能是未来新一轮科技革命和产业变革的核心力量，具有“大模型＋大数据”特征的生成式 AI，以亿万的、庞大的数据为参数，具有更出色的生成能力，其用途极为广泛，且具有惊人的应用价值。ChatGPT 产生以后，引发了全世界的广泛关注。被媒体称为“有史以来向公众发布的最佳人工智能聊天机器人”。比尔·盖茨认为，它是一项革命性的技术，其出现的重要性不亚于互联网和个人电脑的诞生。[①] 如同瓦特发明蒸汽机是工业革命时代的标志，ChatGPT 的诞生也有可能成为人工智能时代的里程碑。技术的变革总是在法律世界中引发新的机遇与挑战，我们应当积极拥抱这一技术变革，同时应当对这一技术变革引发的法律问题作出积极应对，就生成式人工智能而言，其产生的最大挑战就是潜在的侵权纠纷。如何在法律上进行应对，是值得探讨的重要话题。

---

* 原载于《中国应用法学》2023 年第 5 期。

① Bill Gates，The Age of AI has Begun，https://zhuanlan.zhihu.com/p/616522624，2023－01－05.

一、侵害何种权利：侵权客体的界定

现代社会是风险社会，而生成式人工智能的发展和广泛运用，必然伴随“人工智能风险”[①]。在各种可能产生的风险中，一个受到普遍关注的风险是因为生成式人工智能产生虚假信息等可能出现的侵权风险。ChatGPT一经出现，就引发了两种截然不同的观点。有的观点反对生成式人工智能的发展和普遍应用，其主要理由是其将会带来大量的侵权问题，甚至因为大量虚假信息的制造和传播，可能引发严重的社会问题。但是，正如硬币有正面反面一样，生成式人工智能也可以给人类社会带来大量的便利和好处，我们应该充分利用这些便利和好处。至于潜在的侵权问题和其他社会问题，则应当未雨绸缪地予以化解和解决。

首先应该看到，人工智能侵权具有自身的特殊性：一方面，人工智能侵权不同于一般的产品侵权。生成式人工智能不会对用户的生命权、身体权或者健康权造成严重损害，也不会给用户造成重大财产损失，因此与传统侵权法中的产品责任不同。这就决定了，人工智能引发的风险，可以被控制在一定限度内。同时，不宜直接套用产品责任的有关规定解决人工智能引发的侵权纠纷。另一方面，人工智能侵权也不完全等同于传统的网络侵权。生成式人工智能虽然可以制造虚假信息，生成虚假图片，甚至由于现有技术的缺陷、训练数据的不可靠性导致产品出现“臆想”（Hallucination），因而可能公然地胡说八道，但是，这些虚假信息还是需要借助于用户或者其他主体的传播才有可能影响社会公众。因此，生成式人工智能产生的内容并不直接地具备公开性，其内容主要是向特定的用户提供的，只要用户不进行广泛传播，那么生成式人工智能生成的内容不会发生扩散，因此不会产生大规模的侵权现象。在这个意义上，生成式人工智能不同于传统的网络侵权。

生成式人工智能的重要特征体现在它的侵权客体上。与传统的侵权行为不同的是，ChatGPT引发的侵权行为，主要是侵害人格权和著作权。

---

① 季卫东、赵泽睿：《人工智能伦理的程序保障》，载《数字法治》2023年第1期，第59页。

（一）侵害人格权

以 ChatGPT 为代表的人工智能，给人格权的保护带来了新的挑战。具体而言，ChatGPT 的出现，不仅会引发针对各类人格权的侵权行为，还带来了新的侵权形式，导致侵权类型的多样化。

第一，侵害隐私和个人信息。生成式 AI 可能引发大规模隐私或者个人信息泄露问题。大型生成式 AI 需要海量数据作为参数，而 AI 产品的提供者在训练 AI 产品时违规收集大量的个人信息，或者运用大量没有合法来源的信息训练 AI 产品，这就可能带来一些侵害隐私和个人信息的新形式。有研究发现，不法行为人有可能通过攻击大规模语言模型，提取出训练数据中的隐私敏感信息。如果如生成式 AI 一样的大规模语言模型，训练的数据中包含了隐私、敏感信息，那么就有可能通过攻击大规模语言模型，来获得这些信息，从而发生隐私的泄露。而且，该研究还发现，语言模型规模越大，越容易受到攻击。即使训练数据中没有某个人的个人信息，像 ChatGPT 这样的语言模型也有可能被用来推测他人的特征，例如，个人的性别、种族、性取向、年龄等，从而有可能发生对隐私和个人信息的侵害。生成式人工智能在输出信息时，也可能非法利用他人的个人信息回答用户的提问，从而导致个人信息、隐私的泄露。[①]

第二，侵害名誉权。大型生成式 AI 模型主要形式是人类以文本输入方式生成输出产品，如文本、图像、音频、视频等，一旦这些输出的信息是虚假的，就有可能导致对他人名誉权的侵害。ChatGPT 也会带来一些侵害名誉权的新形式。生成式 AI 的出现，导致虚假信息的大量生成和传播。[②] OpenAI 公司首席执行官山姆·阿尔特曼在接受采访中说："我特别担心这些人工智能被用于大规模制造虚假信息。"[③] 例如，生成式 AI 如 ChatGPT 的"臆造"现象，可能会导致 ChatG-

① 参见王若冰：《论生成式 AI 侵权中服务提供者过错的认定——以"现有技术水平"为标准》，载《比较法研究》2023 年第 5 期，第 30 页。

② See Betül Çolak, *Legal Issues of Deepfakes*, https://www.internetjustsociety.org/legal-issues-of-deepfakes, Last Visited: June 2, 2023.

③ ［美］加雷卡尔·巴加什里：《别小看人工智能带来的政治风险》，陈欣译，载《环球时报》2023 年 5 月 19 日。

PT 在回答问题时，编造有关他人涉嫌性骚扰、编造某人与他人非法同居等消息，造成对他人名誉的损害。还可能自动生成虚假图片、音频、视频、不仅可以“以假乱真”，还能够“无中生有”，导致对他人名誉、隐私等人格权益的侵害①，生成式人工智能自动生成的包含虚假信息的图片、视频、声音，已经达到了以假乱真的地步，甚至生成式 AI 都难以辨别其生成的图片等是真实拍摄的还是自动生成的。如果这些虚假信息在产生之后，不法行为人利用这些信息传播，受众就很容易受到虚假的影响，造成对他人名誉等人格权益的重大侵害。

第三，侵害肖像权。因为生成式人工智能可以自动生成图片、视频，随着生成式人工智能的发展，其比深度伪造更加难以辨别。所以，利用生成式人工智能自动生成的图像，比深度伪造造成的损害后果更加严重，其不仅会侵害个人的肖像权，甚至可能透过图片、视频扭曲个人的形象，特别是生成的图片涉嫌性骚扰、猥亵、非法同居等虚假信息后，将会对他人的名誉权、隐私权等权益的严重侵害。

第四，侵害死者人格利益。生成式 AI 的技术超越深度伪造，可以将死者的图像和声音汇集在一起，生成虚假的信息。例如，在自然人去世后，他人可以利用 ChatGPT 生成具有死者风格的文字，用来生成一些歧视、偏见、仇恨言论或者其他有毒害（toxic）的言论，事实上构成对死者人格尊严的侵害。又如，侵权人还可以利用生成式 AI 来模仿死者的口吻与死者近亲属进行交流，实施侵权，这样的行为也可能导致对死者人格利益的侵害。

（二）侵害知识产权

在生成式 AI 的训练和运行过程中，主要有两个环节可能会产生侵害著作权的行为。第一，在训练生成式 AI 的环节，需要使用大量的数据，这些数据当中可能存在他人享有著作权的作品。如果生成式人工智能使用这些数据的时候未经著作权人授权，有可能会侵害著作权。第二，在生成式 AI 生成内容的环节，生成的结果也可能会侵害他人的著作权。其生成的结果，如果使用了受著作权保护

① 参见李婧文、李雅文：《深度合成技术应用与风险应对》，载《网络与信息安全学报》2023 年第 2 期。

的作品或作品片段，或者是对作品的演绎，就会落入著作权的控制范围。例如，在 ChatGPT 问世后，有人就利用它生成了受著作权保护的书籍的缩略版，用以帮助他人快速阅读书籍，由于此种行为会构成对原书的市场替代，很难构成合理使用，因此有可能会构成侵害著作权的行为。另外，有人利用 ChatGPT 去生成某个作者风格的作品，这种行为是否会侵害著作权，或者是侵害其他的权益，值得研究。笔者认为，如果行为人没有利用他人享有著作权的作品生成类似风格的作品，原则上不应当构成对他人著作权的侵害。第三，生成式 AI 可能侵害商标权。如果未经授权许可，在生成式图片中使用他人的商标，并将其作为某种广告宣传或者产品装潢，引发消费者的混淆，这就可能构成对商标权的侵害。

（三）其他风险

除了生成式 AI 产品自身存在着固有缺陷外，服务提供者也有可能会利用生成式 AI 实施侵权行为。例如，服务提供者有可能会利用包含个人信息或者享有著作权的数据来训练 ChatGPT 的模型；或者会通过操纵数据、参数、模型来影响输出结果，进而影响用户的行为和选择，对用户的利益造成损害。这是因为，生成式人工智能输出的信息，是受到训练所用的大量数据和语料的影响的，这些数据和语料中包含着一些不正当的价值判断时，用户将会受到这些不当价值的影响，从而潜移默化地影响用户的行为和选择。随着生成式人工智能运用的场景越来越宽泛，由此造成的风险和侵权类型将会呈现逐渐扩大的趋势。

二、谁构成侵权：侵权主体的界定

生成式人工智能侵权的类型较为复杂，具体包括：第一，服务提供者可能未经同意，大量收集了涉及他人隐私、个人信息以及商业秘密等数据用于训练，此种信息处理行为可能构成侵权。第二，用户使用生成式人工智能的产品时，采取故意引诱等方式使生成式人工智能产生虚假信息，并且对虚假信息进行传播，这也可能构成侵权。第三，服务提供者开发的生成式人工智能生成各种虚假信息，或者生成具有侵权性质的文字、图片、视频等。因此，在生成式人工智能侵权中，责任主体具

有复杂性和多元性，因而有必要区分不同场景，明确不同主体的责任。

《民法典》第1194条规定了网络用户和网络服务提供者的责任。不同主体利用网络侵害他人权益，应当承担侵权责任。严格地说，生成式人工智能的运营商与网络服务提供者存在一定的差异，具体而言：首先，网络服务提供者的责任仅限于在网络空间中为用户提供访问、复制或者传播信息的服务时产生的，但是生成式人工智能并不一定要在网络空间中运行。一方面，只要可以访问生成式人工智能的模型，就可以使用该生成式人工智能的产品，因此在商业实践中可能存在不依赖于网络运行的“离线版本”的ChatGPT。另一方面，生成式人工智能生成的信息，是向用户个人提供的，而非向不特定公众提供的，因此这些信息只有用户个人知悉，不为他人所知悉。基于以上两个原因，生成式人工智能产生的侵权信息，不同于用户在网络空间中传播的侵权信息。但是，在生成式人工智能提供之后，用户利用其所生成的信息在网络空间中进行散播，此时，用户也是利用网络服务进行侵权，因此与《民法典》第1194条的规定具有相似之处，从而引发了是否适用网络侵权的避风港规则的问题。

对生成式人工智能同样如此。不同主体都有可能利用生成式AI侵害他人权益，都需要承担相应的侵权责任，因此在设计规则时，不能只考虑服务提供者单方面的责任。利用生成式人工智能侵权的情形多样，较为复杂。例如，在生成式AI的训练过程中，服务提供者对AI生成式人工智能输出的虚假信息，主观上可能是故意，也可能是过失，例如，有可能会非法利用他人的个人信息，从而构成对他人个人信息的侵权；利用算法有意生成虚假信息，但也可能是生成式人工智能自身固有的缺陷而产生的虚假信息，对用户而言，其主观过错也可能各不相同，其可能是故意诱导生成式人工智能产品输出虚假信息，也可能是因过失实施相关行为。

在责任主体方面，生成式AI引发侵权的情形，有可能会涉及多个责任主体，应当根据责任主体的过错程度，确定其相应的责任，具体而言，主要涉及服务提供者和用户这两类责任主体。

（一）服务提供者的责任

对于服务提供者利用生成式AI实施侵权，可以区分两种类型。一种类型是

服务提供者通过积极作为的方式实施侵权，例如，服务提供者在训练生成式人工智能时故意利用了他人的个人信息；另一种类型则是服务提供者通过不作为的方式实施侵权，例如，未采取合理措施，导致系统出现漏洞或者被黑客攻击，发生数据泄露；再如，在运行中发现、用户举报的不符合要求的生成内容时，未在合理期限内采取内容过滤、模型优化训练等措施。也有研究表明，从问答系统开发者的角度，可以利用信息检索系统提供外部知识、有意识地提高模型的召回能力、在处理复杂问题前识别其复杂性并对其进行分解，从而在一定程度上可以避免出现幻觉现象。[①] 但如果服务提供者对此完全放任不管，可能会导致损害的进一步扩大。尤其是随着生成式人工智能的数据规模越来越大，如果数据的真实性和客观性难以保证，生成虚假信息的可能性会越大。

对服务提供者还可以进行另一种分类，即非法处理、泄露个人信息的责任与其他侵权责任。非法处理、泄露个人信息包括如下类型：第一，没有满足知情同意的要求，因此不符合《中华人民共和国个人信息保护法》（以下简称《个人信息保护法》）第 13 条第 1 款第 1 项所要求的取得个人同意的要求。例如，非法爬取个人信息作为参数用于训练。第二，对已公开的个人信息进行不正当的利用，超越了合理范围的使用，违反了《个人信息保护法》第 27 条的规定。例如，服务提供者将网上的公开信息进行大范围的收集，最终生成虚假信息、图片和声音等，超越了处理公开个人信息的合理范围。第三，服务提供者可能因为没有承担安全保障义务而导致个人信息发生大规模泄露，或者被黑客攻击也可能发生个人信息泄露的问题。在这些情况下，网络服务提供者其实是一个个人信息处理者，其违反了个人信息处理者应当承担的相关义务，因此构成对个人信息权益的侵害，其应当承担的是个人信息处理者的责任。

非法处理、泄露个人信息不同于其他的一般侵权，表现在：首先，从法律依据来看，此种侵权适用的是民法典关于个人信息侵权的规定。其次，非法处理、泄露个人信息所应当承担的侵害个人信息责任，应当是推定过错责任（《个人信

① Zheng，Shen，et al. “Why Does ChatGPT Fall Short in Providing Truthful Answers?” *arXiv preprint arXiv*：2304. 10513*v*2（2023）.

息保护法》第69条）。过错推定也称过失推定，它是指行为人因过错侵害他人民事权益，依法应推定行为人具有过错，如果行为人不能证明自己没有过错的，则应当承担侵权责任。《个人信息保护法》第69条第1款规定，“处理个人信息侵害个人信息权益造成损害，个人信息处理者不能证明自己没有过错的，应当承担损害赔偿等侵权责任。”之所以采取此种归责原则，很大程度上是因为在实践中，受害人举证困难已经成为个人信息保护所面临的一大困境，采用过错推定原则有利于减轻受害人的举证负担，强化信息处理者的举证义务，从而对受害人提供有效的救济。最后，依据《民法典》和《个人信息保护法》的规定，个人信息侵权责任存在特殊的救济机制，包括查阅复制权、更正补充权和删除权等，在服务提供者作为个人信息处理者的场景中，用户还可以向这些服务提供者主张个人在个人信息处理活动中的权利。

（二）用户责任

用户可能会利用生成式AI来生成虚假信息，此类行为也是发生生成式AI侵权的重要原因。有研究指出，从用户的角度，如果其能够尽可能地提供背景信息、提供尽可能具体的外部知识、将复杂问题分解成子问题，可以有助于避免出现“臆想”现象①，但是如果用户在与生成式人工智能交流中，采取故意诱导的方式（如有意增加某一单词出现的频率、调整该单词在句子中的位置或者给出与该单词具有关联性的单词），或者故意指责某人存在性骚扰等行为，要求生成式人工智能生成图片或引导生成式AI生成其想要的答案，甚至误导其生成虚假信息②，则这些行为本身表明用户是具有过错的。例如，用户在提问时要求生成式AI生成某人涉嫌性骚扰的新闻，就要承担相应的侵权责任。实际上这种情形就属于用户利用生成式AI实施侵权，如果该情形满足一般侵权行为的构成要件，那么用户就应当承担一般侵权责任。

用户责任的另一种典型形态是，用户利用生成式AI制作虚假信息，随后用

---

① Zheng, Shen, et al. “Why Does ChatGPT Fall Short in Providing Truthful Answers?” *arXiv preprint arXiv*: 2304.10513*v*2 (2023).

② 参见舒洪水、彭鹏：《ChatGPT场景下虚假信息的法律风险与对策》，载《新疆师范大学学报（哲学社会科学版）》2023年第5期。

户又将该虚假信息进行广泛传播。特别是在AI生成有关他人性骚扰、非法同居等情形下，用户对这些信息进行非法传播，以假乱真，将会严重侵害当事人的名誉权等人格权益。在这种情况下，由于生成式AI的服务提供者没有实施侵权行为，该生成式AI只是作为被用户不当利用的工具，因此该服务提供者无须承担侵权责任，用户应当承担全部的侵权责任。

三、如何承担责任：侵权责任的认定

面对生成式AI引发的侵权问题，法律上应当如何去应对？首先，在价值取向方面，面对像生成式AI这样的新技术带来的问题，民法上首先应当秉持鼓励创新、预防风险的价值取向。具体到侵权责任制度的价值取向，应当更加强调侵权责任制度的预防功能而非制裁功能。也就是说，侵权责任制度的设计应当更加重视引导服务提供者和用户正确地行为，预防损害的发生，而非一味地加重侵权责任，进而影响企业创新的积极性。有一种观点认为，生成式AI服务提供者应当对生成式人工智能产品的预训练数据、优化训练数据来源的合法性负责，保证数据的真实性、准确性、客观性、多样性。此种观点值得商榷。诚然，如果确实能够保障数据的真实、准确、客观、多样，对于防范虚假信息能够起到很好的作用，但目前现有的技术很难达到这一目的。因此，将防范虚假信息作为一种倡导性的行为是有意义的，但是作为一种严格的法定义务，要求在AI服务提供者违反该义务时要对其科以侵权责任，未免过于严苛。如此可能不利于鼓励技术创新。

（一）归责原则主要适用过错责任原则

如前所述，在服务提供者大规模采集个人信息的情况下，应当根据《民法典》和《个人信息保护法》的规定承担过错推定的责任，对此没有争议。笔者认为，对其他的侵权行为，仍然应当采取过错责任，这主要是因为《民法典》第1165条第1款确立的一般侵权责任[①]，适用于一般侵权，如果法律没有特别规

---

① 该条规定："行为人因过错侵害他人民事权益造成损害的，应当承担侵权责任。"

定，原则上应当适用过错责任。尤其是就生成式人工智能引发侵权形态（除了侵害个人信息权益）而言，与一般侵权没有本质差异，理应适用过错责任。通过过错责任，在用户和服务提供者均有过错的情况下，可以利用过错进行分担，也有利于准确地认定各方主体的责任。

但是，对于在生成式AI产品的固有缺陷致人损害的情形下，采取何种归责原则，存在着争议。一种规定认为，因为生成式AI产品的固有缺陷致人损害，就应当由产品的制造者承担责任，不考虑其是否存在过错，应当适用严格责任原则。① 另一种观点认为，仅仅因为生成式AI产品的固有缺陷致人损害，还难以确定服务提供者存在过错，必须要考虑这种固有缺陷是如何产生的，是否是现有技术难以克服的障碍，服务提供者是否尽到了最大的努力。对此类情形，仍然应当采用过错责任。由于AI引发的损害往往由多方面原因导致，各方均应采取合理注意义务避免损害发生。因此，AI设计者、AI使用者都应当采取适当注意义务，否则就应承担责任。② 在欧盟关于人工智能产品的规则中，将人工智能产品按照风险分为不可接受的、高风险的、有限风险的和最小风险四类，对于不可接受的风险禁止使用③，产品涉及高风险的运营商承担严格责任。④

我国《民法典》侵权责任编对于一般侵权行为采取过错责任原则，适用《民法典》第1165条第1款，生成式AI侵权应当适用过错责任原则的重要理由在于：

首先，我们不能把生成式AI等同于一般的产品。也不能适用产品责任的归责原则，即将无过错责任原则简单地适用于生成式人工智能的侵权。生成式AI

---

① See Ariat Lior, "AI strict Liability Vis-à-vis AI Monopolization", 22 *Columbia Science and Technology Law Review* 90, 92 (2020).

② See Miriam Buiten & Alexandre de Streel & Martin Peitz, "The Law and Economics of AI liability", 48 *Computer Law & Security Review* 1, 13 (2023).

③ See Nello Cristianini, EU approves draft law to regulate AI-here's how it will work, The conversation, 2023-06-14, https://theconversation.com/eu-approves-draft-law-to-regulate-ai-heres-how-it-will-work-205672.

④ See Wagner G, *Liability for Artificial Intelligence: A Proposal of the European Parliament*, Available at SSRN 3886294, 2021.

产品虽然属于一种产品，但它与一般产品仍然存在着本质的区别。毕竟以ChatGPT为代表的生产式人工智能只是一个大型语言模型，其主要是提供信息内容服务，不会像一般产品因为自身的固有缺陷会导致对他人生命、健康、财产安全的威胁。虽然诸如自动驾驶汽车、医疗机器人等人工智能应用产品可能直接涉及生命、健康等重大利益，但以ChatGPT为代表的生成式人工智能一般不涉及这一类利益，主要是为人们提供一般性的信息服务。即使在解答有关的医疗、问诊等问题，其也只是提供一种参考的方案，具体是否采用，应当由使用者自己去判断，除非是在解答医疗问题等特定场景下，比较少直接涉及生命、健康等重大利益，因而法律没有必要针对生成式人工智能的固有缺陷导致的损害科以无过错责任。

其次，生成式人工智能的固有缺陷可能会导致各种风险，仍然可以采取各种方式来降低这种风险。它不像其他有些产品一样，产生的风险会直接作用于人并产生损害。例如，即便由于生产式人工智能的固有缺陷生成了虚假信息，这些虚假信息并不会立即直接导致损害，而且在生成以后，可以通过标识等方法降低其导致损害的风险。国家网信办等部门颁布的《生成式人工智能服务管理暂行办法》第12条规定："提供者应当按照《互联网信息服务深度合成管理规定》对图片、视频等生成内容进行标识。"加注标识是生成式人工智能服务提供者应当负有的义务，通过加注标识，可以有效防止生成式人工智能产生的虚假信息的传播，以及因虚假信息所造成的大量的侵权后果。

再次，依照鼓励创新的价值取向，适用过错责任原则更有利于人工智能技术的创新和发展。目前，生成式AI存在现有技术无法完全解决的固有缺陷，例如，人工智能由于自身的设计缺陷，使其产生各种"臆想"(Hallucination)，即会导致生成式AI经常一本正经地胡说八道，甚至编造出各种虚假信息。目前还没有研究表明，现有技术可以完全解决大型语言模型的"臆想"问题。[①] 如果适用无过错责任原则，一旦像ChatGPT这样生成式AI产品因为固有缺陷致人损害，服

① 参见王若冰：《论生成式AI侵权中服务提供者过错的认定——以"现有技术水平"为标准》，载《比较法研究》2023年第5期。

务提供者就要承担侵权责任，会导致服务提供者不敢轻易再将生成式 AI 产品投放市场，这会影响到相关技术的创新和发展。尤其是生成式 AI 产品致人损害的情形非常多样化，可能需要针对不同的情形予以不同的规制。适用过错责任，可以针对生成式 AI 产品固有缺陷致人损害的不同情形，设定不同的过错标准，有利于更有针对性地规制服务提供者的行为。例如，在人们向 ChatGPT 咨询医疗问题的情形下，服务提供者应当有更高的注意义务，采取一定的干预措施避免“幻觉”答案的出现，或者以明显的方式提醒用户，其提供的答案并不能代替医生的专业意见。

最后，生成式 AI 侵权主体是多元的，需要根据情形具体分析各方主体的过错，以分别确定其应当承担的侵权责任。因为 AI 产品出现虚假信息，在有些情形下主要是用户的责任。例如，用户可能会诱导生成式人工智能生成虚假信息。在这种情形下，不能认为如果服务提供者发现不了这些虚假信息，就需要承担侵权责任。相反，由于这些虚假信息可能是用户有意或者无意利用生成式人工智能生成的，用户应当有义务防止其传播，并通知服务提供者。如果服务提供者在收到通知后没有采取必要措施，导致损害的扩大，那么才有可能构成过错，需要承担相应的责任。另外，也要考虑因虚假信息构成侵权，现有技术条件下服务提供者是否尽到了最大的注意义务。

（二）应类推适用“通知规则”

通知规则也称为“通知—删除”规则，或避风港原则，它是指在网络用户利用网络服务者提供的网络实施侵权行为时，权利人有权通知网络服务提供者采取删除、屏蔽、断开连接等措施，网络服务提供者接到通知应当及时将该通知转送相关网络用户，或者采取必要措施。只有在受害人通知网络服务提供者，要求采取必要措施以后，网络服务提供者才有义务采取必要措施以避免损害的扩大。关于在 AI 人工智能产品因散布虚假信息对他人造成损害的情形下，是否应当适用“通知规则”，比较法上存在激烈争议。有观点认为，ChatGPT 等生成式人工智能所产生的内容，并不是第三方所形成的，而是自行生成的，无论其输出的是基于训练数据而产生的数据，还是基于用户输入而产生的数据，本质上都是其自行

输出的数据，因此造成的损害应当由服务提供者负责。此种观点主张，在美国现行法上，ChatGPT 等生成式人工智能很难适用避风港规则，也不应对其适用避风港规则。①

应当看到，反对 ChatGPT 等生成式人工智能直接适用“通知规则”的主要理由是，AI 生成的侵权信息并非由“网络用户利用网络服务实施侵权行为”，而是 AI 自己生成的，因此在构成要件上不满足《民法典》第 1195 条所规定的通知删除规则。尽管如此，笔者认为，利用生成式人工智能实施侵权与利用网络实施侵权在性质具有“评价重心”的相似性②，因此，AI 生成虚假信息的侵权行为应当类推适用“通知规则”，具体而言：

首先，AI 服务提供者无法一一审查 AI 生成的信息。无论是用户还是服务提供者利用生成式人工智能或者网络，都是将其作为一种侵权的工具。“通知规则”设立的一个原因，是因为网络平台上存在着海量的信息，网络服务提供者无法一一进行审查，保证不会出现侵害他人权益的信息。同样地，在生成式人工智能平台上，每天都在生成大量的信息，服务提供者也无法去逐一审查。AI 产品出现虚假信息，并不是服务提供者所能完全避免和控制的。一方面，人工智能产品力图模仿人，但其设计仍然存在固有缺陷，不可能完全具备人类的推理能力。③ 另一方面，生成式 AI 作为一项新技术，本身存在着不成熟的地方，以目前的技术难以完全避免一些漏洞。因此，其提供给人们的答案可能并不可靠。如果有人根据生成式 AI 臆造的答案来行事，就会存在风险，甚至可能会产生一定的损害(例如，按照生成式 AI 提供的医疗方案治病可能会给自己造成损害)。因此，需要权利人和用户在运行和使用的过程中发现涉及侵权的信息，并通知服务提供者，不能因为在生成式人工智能平台上出现了涉及侵权的信息，就要服务提供者

---

① See Hasala Ariyaratne，ChatGPT and Intermediary Liability-Why Section 230 Does Not and Should Not Protect Generative Algorithms，Available at SSRN：https：//ssrn. com/abstract=4422583.

② 参见［德］卡尔·拉伦茨：《法学方法论》，黄家镇译，商务印书馆 2020 年版，第 479 页。

③ See Cristiano Lima，AI chatbots won't enjoy tech's legal shield，Section 230 authors say，WASH. POST（Mar. 17，2023），https：//www. washingtonpost. com/politics/2023/03/17/ai-chatbots-wont-en-joy-techs-legal-shield-section-230-authors-say/.

承担侵权责任。[①] 如果一旦虚假信息构成诽谤等，就要由 AI 产品的制造者承担侵权责任，这实际上对其过于苛刻。

其次，AI 服务提供者根据用户的通知删除侵权信息的成本较低。尽管 AI 服务提供者无法对 AI 生成的信息进行事前审查，但是在用户发现 AI 生成信息构成侵权并且通知 AI 服务提供者进行删除或者其他必要措施时，AI 服务提供者可以以一种相对较低的成本删除相关信息。通过这一方式，AI 服务提供者可以以较低的成本防范侵权行为发生的风险，符合“防范成本最低的主体承担责任的原则”或“最便宜的成本规避者”（cheapest cost avoider theory）理论。[②] 在这个意义上，倘若 AI 服务提供者在收到用户的通知后仍然不删除的，那么其就对侵权信息的传播存在过错，应当承担过错责任。就此而言，AI 服务提供者所要承担的侵权责任，实质上类似于《民法典》第 1195 条所规定的通知删除规则。

综上所述，由于 AI 服务提供者难以对 AI 生成的信息进行实时审查，且根据用户的通知进行删除成本较低，因此 AI 服务提供者也应当类推适用《民法典》第 1195 条规定的通知删除规则。用户在使用中一旦发现虚假信息，其应当及时提出，AI 服务提供者在收到通知后应当及时删除该虚假信息。如果其未能在合理期限内删除相关的虚假信息，则其应当依法承担相应的侵权责任。如果服务提供者已经尽到了足够的注意义务，可以认定其不存在过错，不需要就任何内容引发的侵权行为承担责任。该规则充分考虑了技术发展的现状，对服务提供者较为宽容，既有利于激励创新，也能在一定程度上督促服务提供者尽到足够的注意义务。

（三）禁止深度合成、侵害他人合法权益。

所谓深度合成（Deepfake），是指利用深度学习、虚拟现实等生成合成类算法制作文本、图像、音频、视频、虚拟场景等网络信息的技术，通常是利用信息

---

① 参见王若冰：《论生成式 AI 侵权中服务提供者过错的认定——以“现有技术水平”为标准》，载《比较法研究》2023 年第 5 期。

② 按照“最便宜的成本规避者”理论，根据不同主体对事故成本防范所应当支付的费用，确定谁将对事故成本负责，是符合效率的。See Guido Calabresi，“Concerning Cause and the Law of Torts：An Essay for Harry Kalven”，Jr.，43 *U. CHI. L. REV.* 69，84（1975）.

技术手段深度伪造他人肖像、声音等，深度合成本身并不为法律所禁止，但如果利用信息技术手段伪造方式形成高度逼真且难以甄别的图像、声音、视频，侵害他人的肖像等人格权，则为法律所禁止。① 从比较法上来看，欧盟委员会曾经制定发布《应对线上虚假信息：欧洲方案》《反虚假信息行为准则》等文件，美国国会曾经提出《2018年恶意伪造禁令法案》，将利用深度合成技术制作不实信息纳入虚假信息打击范围，防范虚假信息的生成和传播。② 我国《民法典》第1019条规定："任何组织或者个人不得以丑化、污损，或者利用信息技术手段伪造等方式侵害他人的肖像权。"这就从侵害人格权益层面对深度伪造行为进行了规范。需要指出的是，《民法典》第1019条将该类侵权规定在肖像权中，但现在涉及深度合成的侵权行为早已不限于肖像，从实践来看，已经出现了模仿他人声音、动作、文字的行为，可能涉及不同的人格权益乃至著作权，因此有必要扩张解释《民法典》的上述规定，将其适用到深度合成的各类行为。

利用深度合成、侵害他人合法权益，主要是一种侵害人格权益的行为。作为大模型+大数据的AI不仅可以广泛收集大量的声音进行训练，同时可以利用收集的声音数据模仿、自动生成或者将某人的声音与其形体、动作结合起来，AI可以模仿任何人、说任何话。③ 一旦滥用深度合成技术，可能会导致非常严重的损害后果。而随着生成式人工智能的发展，其自动生成的图片、视频等比深度合成技术更加逼真，使得深度合成变得更加容易和逼真。甚至更可怕的是，其生成的虚假图片连生成式人工智能自身也辨别不了。④ 此种侵权行为不仅会侵害他人人格权，深度合成的虚假的图片、视频、音频等，或者伪造某人从属某种活动的视频，会造成以假乱真的后果，甚至会使受害人蒙受"不白之冤"。为了预防采用生成式人工智能技术进行深度合成导致的侵权，应当要求服务提供者承担如下

---

① 参见曹建峰：《深度伪造技术的法律挑战及应对》，载《信息安全与通信保密》，2019（10）。

② See Durach F, "Tackling disinformation: EU regulation of the digital space", *Romanian Journal of European Affairs*, 2020, 20（1）: 10-11.

③ 参见罗亦丹：《四句之内难分真伪 AI孙燕姿之后 AI歌手站到台前?》，载《新京报》2023年6月22日。

④ 参见沈知涵：《AI画得太逼真，以至于连AI自己都认不出来了》，https://mp.weixin.qq.com/s? __biz=MTg1MjI3MzY2MQ，2023年3月1日访问。

法定义务：一是要求服务提供者在训练生成式人工智能时，尽量避免大规模收集人脸、语音等个人敏感信息，《互联网信息服务深度合成管理规定》第14条第2款规定："深度合成服务提供者和技术支持者提供人脸、人声等生物识别信息编辑功能的，应当提示深度合成服务使用者依法告知被编辑的个人，并取得其单独同意。"因此，如果不得不使用这一类信息，应当取得权利人的同意，并尽量对个人信息进行脱敏化处理。二是要求服务提供者采取各种技术措施避免信息的大规模泄露，切实保障个人信息安全。三是要求服务提供者采取技术措施添加不影响用户使用的标识，提醒用户该内容是由人工智能生成的，以防止人工智能生成的虚假信息的广泛传播。[①] 从比较法上看，美国国会提出《2018年恶意伪造禁令法案》等，要求在人工智能生成的虚假内容中应当包含嵌入的数字水印、清楚标识更改的音频或视频内容。在现有内容治理手段基础上，明确规定了通过添加技术"标识"的方式，帮助用户有效识别人工智能生成内容。[②] 我国《互联网信息服务深度合成管理规定》第17条规定，深度合成服务提供者提供某些深度合成服务，可能导致公众混淆或者误认的，应当在生成或者编辑的信息内容的合理位置、区域进行显著标识，向公众提示深度合成情况。深度合成服务提供者提供前款规定之外的深度合成服务的，应当提供显著标识功能，并提示深度合成服务使用者可以进行显著标识。这些规定有利于尽量杜绝违法信息和虚假信息传播，避免用户的混淆或误认。由于这些义务属于法定义务，如果违反这些义务造成损害，就有可能构成侵权。

（四）服务提供者对个人信息的安全保障义务

由于生成式人工智能的参数规模和数据规模日益庞大，其面临的数据安全风险也越来越大，而且一旦发生数据泄露造成损害，就会形成民法上所说的大规模侵权，因此，为了防止这种大规模侵权，首先要重视风险的预防和防范。

在生成式人工智能的训练和服务提供过程中，AI服务提供者往往也会处理

---

① 参见张雨亭：《明星脸带货、虚假小作文，AI生成内容监管走到哪一步了?》，载《南方都市报》2023年6月5日。

② See Jessica S，Woodrow H，"The Upside of Deep Fakes"，*Maryland Law Review*，2019，78（4）：960-966.

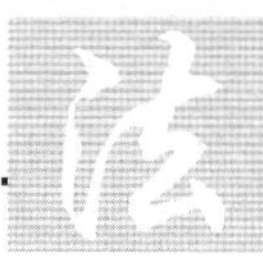

个人信息，例如在训练过程中可能使用含有个人信息的数据，在服务提供过程中可能收集用户主动输入的个人信息，此时该 AI 服务提供者也将构成个人信息保护法意义上的个人信息处理者，其应当承担个人信息处理者应当承担的义务与责任。《生成式 AI 服务管理暂行办法》第 7 条专门规定 AI 服务提供者作为个人信息的处理者，应当遵循《个人信息保护法》规定的原则和规则。因此，AI 服务提供者应当承担以下义务与责任。

第一，AI 服务提供者原则上应当取得个人同意才能处理个人信息，除非符合《个人信息保护法》规定的不需要取得个人同意的情形。对此，《生成式人工智能服务管理暂行办法》第 7 条规定："生成式人工智能服务提供者（以下称提供者）应当依法开展预训练、优化训练等训练数据处理活动，遵守以下规定：……（三）涉及个人信息的，应当取得个人同意或者符合法律、行政法规规定的其他情形。"在实践中，AI 服务提供者可能通过爬取互联网上公开的个人信息，对 AI 模型进行训练。根据《个人信息保护法》第 27 条的规定，个人信息处理者可以在合理范围内对公开个人信息进行处理，不需要取得个人同意。① 在这个意义上，实践中 AI 服务提供者在合理范围内对公开个人信息进行处理，原则上不构成对个人信息权益的侵害。但是，《个人信息保护法》第 27 条还进一步规定，个人可以明确拒绝个人信息处理者对公开个人信息进行处理。因此，当个人向 AI 服务提供者提出明确拒绝时，AI 服务提供者不得继续处理个人信息。此外，该条还进一步规定，对个人信息的处理若是对个人权益造成重大影响的，应当取得个人同意方可处理公开的个人信息。根据这一规定，若是使用公开的个人信息训练 AI 模型将会对个人权益造成重大影响，那么 AI 服务提供者也应当取得同意后才能处理公开个人信息。

第二，AI 服务提供者应该采取必要措施，保障个人信息的安全。AI 服务提供者是否负对个人信息和隐私的安全保障义务？对此存在争议。笔者认为，AI 服务提供者大量收集他人的人脸信息、语音信息进行训练，可能导致信息泄露，或者大量自动生成各种虚假信息。因此，应当就人工智能的训练过程和服务过程

① 参见程啸、王苑：《个人信息保护法教程》，中国人民大学出版社 2023 年版，第 91 页。

分别加以讨论，具体而言：首先，在训练阶段，AI 的服务提供者对数据进行处理时，应当对敏感个人信息采取必要的安全保障措施，应当尽快建立数据分类分级保护制度。服务提供者在训练时应当尽量保证所收集的数据的质量。《互联网信息服务深度合成管理规定》第 14 条第 1 款规定要求深度合成服务提供者和技术支持者应当加强训练数据管理，这也可以适用于生成式人工智能。其次，在提供服务的阶段，AI 服务提供者对用户的输入信息和使用记录承担保护义务，不得非法留存能够推断出用户身份的输入信息，不得根据用户输入信息和使用情况进行画像，不得向他人提供用户输入信息。法律法规另有规定的，从其规定。最后，AI 服务提供者在保存用户输入信息和生成式人工智能的输出信息期间，这些信息存储于 AI 服务提供者的服务器和数据库中，第三人可能侵入这些系统，造成用户个人信息的泄露。在这个意义上，AI 服务提供者也应当对个人信息承担安全保障义务，采取各种技术措施防止个人信息的大规模泄露。当前，不法行为人特别是有组织的网络犯罪行为人实施网络攻击、大规模窃取个人信息和隐私，成为网络安全包括 AI 技术安全的重大威胁，有效应对黑客攻击、保障个人信息的安全，是 AI 服务提供者应该承担的重要义务。①

（五）确定侵权责任的承担方式

我国《民法典》侵权责任编规定的侵权责任的承担方式主要是损害赔偿，此外，《民法典》还规定了停止侵害、排除妨碍和消除危险请求权等绝对权请求权。但是，这种民事责任是否可以适用到人工智能，仍然是一个值得探讨的话题。

一方面，AI 服务提供者作为民事主体，若是实施侵权行为，应当适用侵权责任法的一般责任形式，包括损害赔偿请求权和停止侵害、排除妨碍、消除危险等绝对权请求权。AI 服务提供者的侵权责任承担方式，类似于网络服务提供者的承担方式，应当适用《民法典》中第 1194 条以下网络服务提供者的相关责任。用户利用 AI 制造虚假信息，并对该虚假信息进行传播，用户应当承担独立的侵权责任，至于 AI 的服务提供者不需要承担责任。用户以及用户进一步传播虚假信息所使用的网络服务提供者的责任，则按照传统侵权法的规则处理即可。至于

---

① 参见马俊：《业内大咖谈 AI 时代“数字安全”格局》，载《环球时报》2023 年 8 月 10 日，第 8 版。

AI服务提供者收集个人信息所涉及的侵权责任，则依据我国《民法典》和《个人信息保护法》的相关规定进行处理，例如AI服务提供者不当处理个人信息，个人信息泄露造成的损失等，均可以适用损害赔偿责任，且《个人信息保护法》第69条第2款还规定了获利损害的规则。但是，倘若一个AI存在固有缺陷，总是生成可能构成侵权的虚假信息，此时该AI的服务提供者应当如何承担责任就成问题。在这种情况下，应当采取停止侵害、排除妨碍和消除危险的请求权予以解决。通过这种方式，既有利于维护民事主体的合法权益，也有利于鼓励人工智能技术的发展。

另一方面，AI服务提供者作为个人信息处理者，还应当承担《个人信息保护法》《民法典》所规定的个人信息处理者应当承担的民事责任。首先，AI服务提供者侵害个人信息权益造成损害的，应当适用《个人信息保护法》第69条第1款规定的过错推定责任，而非适用一般过错责任。其次，在AI服务提供者处理个人信息期间，个人还可以向AI服务提供者主张《个人信息保护法》第四章所规定的"个人在个人信息处理活动中的权利"，包括查阅复制权、可携带权、更正补充权、删除权和解释说明权。

结　语

生成式人工智能对侵权提出了新的挑战，但是仔细分析侵权的主体、客体和责任承担，可以发现生成式人工智能引发的侵权纠纷，没有完全超出《民法典》和《个人信息保护法》的相关规定，现行法的规定仍然可以作为处理和解决此类纠纷的依据。因此，在《民法典》颁布之后，对于实践中出现的新问题，应当注重通过对《民法典》的解释应对新问题形成的挑战。当然，生成式人工智能作为一种新的技术变革，可能引发新的纠纷和其他社会治理问题，而这就需要通过在未来条件成熟时，通过特别立法进行有效应对，从而预防和处理生成式人工智能引发的各种侵权风险，有效保障民事主体合法权益，促进人工智能产业的健康发展。

第八编

其 他

论基本民事权利保护与人权保障的关系*

关于基本民事权利保护与人权保障之间的关系，长期以来一直是法学界讨论的重大理论和实践问题。2022年2月25日，习近平总书记在主持中共中央政治局第三十七次集体学习时指出，我国要坚持“保障公民人身权、财产权、人格权”①，更好推动我国人权事业发展。这一重要论述为准确认识基本民事权利保护与人权保障之间的关系提供了重要指导。本文即从人权的整体性、人民性和发展性这三个方面，具体分析基本民事权利保护与人权保障之间的关系。

一、基本民事权利保护应坚持人权的整体性

按照马克思主义的基本观点，人的本质“在其现实性上”是“一切社会关系的总和”，其中包括经济关系、政治关系、文化关系及其他社会关系；因此，人权的整体性就在于人权是人在一切社会关系和社会领域中的地位和权利的“总

* 本文与朱虎合著，原载于《中国人民大学学报》2022年第5期。

① 习近平：《坚定不移走中国人权发展道路 更好推动我国人权事业发展》，载《人民日报》2022年2月27日。

和"，其中包括公民和政治权利、社会经济文化权利等。[①] 联合国教科文组织前官员瓦萨克认为，人权的内涵经历了一个发展的过程，由于世界上经历了三次大的革命运动，因而相应地产生了三代人权。[②] 第一代人权以 1789 年的法国大革命为先导，以"自由"为基础，根据"天赋人权"的理念，强调自然人享有天赋的、作为个人而享有的自然权利和政治权利。第二代人权是在俄国十月革命后产生的，以"平等"为基础，将人权的内涵扩及自然人所享有的经济、社会和文化等方面的权利。[③] 第三代人权基于 20 世纪五六十年代殖民地和被压迫人民的解放运动产生，以"博爱"为基础，与集体相联系，强调国家或民族享有自决权、发展权。[④] 第二次世界大战以来，对人权保护进一步加强，产生了很多专门保护人权的国际公约，如《世界人权宣言》《公民和政治权利国际公约》《经济、社会和文化权利国际公约》，确立了公民和政治权利以及经济、社会和文化权利等各项人权。

新中国成立以来，中国的人权保障不断发展。为人民谋幸福，是我们党的初心所在，习近平总书记强调，"尊重和保障人权是中国共产党人的不懈追求"[⑤]。进入 21 世纪后，2004 年的宪法修正案将"国家尊重和保障人权"写入宪法，这标志着中国人权事业进入了一个新的发展时期，对中国的法治建设起到了重大促进作用。党的十八大以来，党和国家坚持把尊重和保障人权作为治国理政的一项重要工作，推动我国人权事业取得历史性成就。党的十八大将"人权得到切实尊重和保障"写入大会报告；2014 年，党的十八届四中全会强调"加强人权司法保障"和"增强全社会尊重和保障人权意识"；2017 年，党的十九大报告明确提出"加强人权法治保障"；2020 年，党的十九届五中全会强调"促进人的全面发

① 参见董云虎等：《世界人权总览》，四川人民出版社 1991 年版，第 30 页。

② 参见［法］卡雷尔·瓦萨克：《人权的不同类型》，张丽萍、程春明译，载郑永流主编：《法哲学与法社会学论丛》（第 4 辑），中国政法大学出版社 2001 年版，第 462 - 474 页。

③ 参见罗玉中等：《人权与法制》，北京大学出版社 2001 年版，第 29 页。

④ 参见杨成铭：《人权法学》，中国方正出版社 2004 年版，第 38 页。

⑤ 习近平：《坚定不移走中国人权发展道路 更好推动我国人权事业发展》，载《人民日报》2022 年 2 月 27 日。

展和社会全面进步”和“促进人权事业全面发展”。党关于人权保障的这些观念是中国人权发展的重要指导，坚持党的领导是我国人权发展的主要特征和宝贵经验。改革开放以来，我国不仅结束了几千年中国社会始终没有解决的饥饿和贫困问题，而且实现了七亿人全面脱贫的伟大壮举。党和国家厉行法治，促进全过程人民民主，形成了良好、有序的社会秩序。美国咨询公司盖洛普发布的2021年《全球法治报告》（Global Law and Order Report）显示，就安全指数而言，挪威排在全球第一位，分数为94分（100分满分），中国位列第三，分数为93分。[①]中国的安全系数大幅度提升，也从一个侧面反映出我国法治建设的成就。“自由是秩序的目的，秩序是自由的保障”[②]，良好的社会秩序使人民的获得感、幸福感、安全感更加充实、更有保障、更可持续。

过去讨论人权往往侧重于公法层面，对民法层面的人权关注不够。其实，民法对民事权利的保护与人权保障的关系十分密切，民事权利保护的持续增强，有力地推进了中国人权事业的进步和发展。1986年的《民法通则》，在中国数千年历史上第一次全面地详细列举了各项民事权利；1999年的《合同法》和2007年的《物权法》构建了基本的财产法，形成了对财产权利的全面的保障；2009年的《侵权责任法》第一次通过单独的侵权责任法立法，确立对各种民事权益予以多元救济的民事责任体系。2020年举世瞩目的《民法典》作为民事权利的宣言书，以民事权利为中心构建了对民事权利保护的基本框架和体系，有力地促进了中国人权事业的发展，尤其是将人格权独立成编和侵权责任编独立成编，不仅是在体系上作出重大创新，而且构建了一部体现对生命健康、财产安全、交易便利、生活幸福、人格尊严等各方面权利平等保护的民法典，是一部具有鲜明中国特色、实践特色和时代特色的民法典。因此，习近平总书记特别强调，民法典“对坚持以人民为中心的发展思想、依法维护人民权益、推动我国人权事业发展，

① 参见 https://www.gallup.com/analytics/356963/gallup-global-law-and-order-report.aspx.，2022年4月12日访问。

② 习近平在第二届世界互联网大会开幕式上的讲话，载习近平：《论坚持全面依法治国》，中央文献出版社2020年版，第64页。

对推进国家治理体系和治理能力现代化，都具有重大意义”①。

习近平总书记强调，“坚持以生存权、发展权为首要的基本人权。生存是享有一切人权的基础，人民幸福生活是最大的人权。”“保障公民人身权、财产权、人格权，保障公民参与民主选举、民主协商、民主决策、民主管理、民主监督等基本政治权利，保障公民经济、文化、社会、环境等各方面权利。”② 这些重要论述首先明确指出了，人权包括基本民事权利、基本政治权利和经济文化社会环境权利等三部分内容。人身权、财产权、人格权是人权的重要组成，也是人之所以作为人所享有的最基本的人权。习近平总书记将这些基本民事权利置于各类人权之首，这充分表明了这类人权的重要性。人权的内涵和外延不断扩张，从个体到集体，从物质到精神，但无论如何发展，这些基本民事权利都是各类人权发展的基础。首先，生命权是第一位的、最高的人权。天地间，人为贵，人之所贵，莫过于生；“皮之不存毛将焉附”，没有生命健康，其他人权都将化为乌有。“人命关天，发展决不能以牺牲人的生命为代价。这必须作为一条不可逾越的红线。”③ 在生命、健康与其他权利发生冲突时，其他的权利都要退居其次。其次，财产权反映了人民最基本的物质需求。“仓廪实而知礼节，衣食足而知荣辱”，没有财产权谈不上人权，在财产权缺乏保障、食不果腹的年代，何谈其他权利？生存是享有一切人权的基础，人民幸福生活是最大的人权，而财产权保护是最大的民生。“对中等收入群体来说，财产权是他们对社会信心的主要来源。保护好产权、保障财富安全，才能让他们安心、有恒心，才能稳定他们的预期。”④ “各类市场主体最期盼的是平等法律保护。一次不公正的执法司法活动，对当事人而言，轻则权益受损，重则倾家荡产。……要把平等保护贯彻到立法、执法、司

---

① 习近平：《充分认识颁布实施民法典重大意义 依法更好保障人民合法权益》，载习近平：《论坚持全面依法治国》，中央文献出版社 2020 年版，第 278 - 279 页。

② 习近平：《坚定不移走中国人权发展道路 更好推动我国人权事业发展》，载《人民日报》2022 年 2 月 27 日。

③ 习近平：《就做好安全生产工作作出的指示》，载《人民日报》2013 年 6 月 8 日。

④ 习近平在中央财经领导小组第十三次会议上的讲话，载中共中央党史和文献研究院编：《习近平关于尊重和保障人权论述摘编》，中央文献出版社 2021 年版，第 94 页。

法、守法等各个环节，依法平等保护各类市场主体产权和合法权益。”① 我们已经全面建成小康社会，历史性地解决了绝对贫困问题，脱贫人数占全世界总数的四分之三，这难道不是人权事业的巨大成就吗？最后，基于人身自由和人格尊严产生的人格权，在现代社会中占据了重要的位序。“人民的福祉是最高的法律”，保护人格权是为了使人们生活得更幸福和更有尊严。新中国成立后有一段时间，出现了严重侵害个人人格权、践踏人格尊严的现象，基于对此的反思，我国逐步重视对人格权的保护。尤其应当看到，随着互联网技术的发展，利用网络披露他人隐私、毁损他人名誉等侵害人格权的行为大量出现，由于其侵害后果更加容易被扩散，受众范围更广，其损害后果往往具有不可逆转性；基因、克隆等现代生物技术的新发展提出了人格权保护的新课题；信息化技术的发展也产生了人的姓名、肖像等人格权的商业化利用和保护的问题。这些也对人格权法律制度的完善提出了新的要求，尊重且充分保护人格权成为关注的重心。

习近平总书记的上述重要论述还进一步指出了各项人权的整体性和综合性。以生存权和发展权为基础，以各项人权的实现为内容，以促进人的自由全面发展、实现人民幸福生活为目的，围绕“人的尊严”所产生的各项人权，是不可分割、相互依存、相互联系的。② 基本民事权利的实现离不开其他各类人权的协力和保障。如果基本的政治经济权利无法保障，人民民主就无法实现，法治就是空谈。可以说基本的政治经济权利会直接影响到政治经济制度等的健康运转，而基本民事权利是在基本政治、经济制度的框架和结构中得以实现和保障的。

据此，基本民事权利的实现需要立足于两个基本方面。一是消极防御，即要求国家的消极保障义务，国家不得侵犯权利，例如，劳动权也必然意味着公民有选择职业的自由，国家不得禁止公民从事自己选择的职业，不得禁止公民工作。防御权功能是最为基本的功能。二是积极保障，即对于那些需要国家保障才能实现的权利，如受教育权、就业劳动权等，国家不仅不能侵犯，还需要采取积极有

① 习近平：《为做好党和国家各项工作营造良好法治环境》，载习近平：《论坚持全面依法治国》，中央文献出版社 2020 年版，第 254 页。

② 参见鲁广锦：《历史视域中的人权：中国的道路与贡献》，载《红旗文稿》，2021 年第 1 期。

效的措施保障其实现；此种积极保障也被称为国家机关在公法上的给付义务。人权在实在化为基本权利后，基本权利除了“主观权利”功能之外，还具有“客观秩序”功能，这要求国家除了承担“不侵犯义务”和“给付义务”外，还应当运用一切可能的和必要的手段促进权利的实现。① 所以，保障人权为国家设定了各种积极义务，国家对人权的义务发展为尊重、保护、满足和促进的义务，国家必须为人权实现采取积极的措施，为公民具体行使权利提供各种物质基础保障和制度条件，使得公民的权利从资格权利、纸面意义上的权利，切实转换为公民可以具体行使的现实性权利。②《宪法》第 33 条第 3 款规定“国家尊重和保障人权”，其中“尊重”即体现了国家对人权的消极防御义务，而“保障”则体现了国家对人权的积极保障义务。

二、基本民事权利保护坚持人权的人民性

习近平总书记强调，“推进全面依法治国，根本目的是依法保障人民权益”③；“人民性是中国人权发展道路最显著的特征。”“让人民成为人权事业发展的主要参与者、促进者、受益者”“坚持以人民为中心的发展思想，坚持发展为了人民、发展依靠人民、发展成果由人民共享。”④ 这些重要论述指出了当代中国人权观最显著的特征是人民性。

西方资本主义的人权观是个体对抗国家的产物，当代中国的人权观力图促进作为公民的个体与国家之间的一致性，坚持用制度体系保障人民当家作主。习近平总书记指出：“坚持以人民为中心，坚持国家一切权力属于人民，支持和保证

① 参见张翔：《基本权利的受益权功能与国家的给付义务——从基本权利分析框架的革新开始》，载《中国法学》2006 年第 1 期。

② 参见焦洪昌：《“国家尊重和保障人权”的宪法分析》，载《中国法学》2004 年第 3 期；韩大元：《国家人权保护义务与国家人权机构的功能》，载《法学论坛》2005 年第 6 期。

③ 习近平：《以科学理论指导全面依法治国各项工作》，载习近平：《论坚持全面依法治国》，中央文献出版社 2020 年版，第 2 页。

④ 习近平：《坚定不移走中国人权发展道路 更好推动我国人权事业发展》，载《人民日报》2022 年 2 月 27 日。

人民通过人民代表大会行使国家权力，健全民主制度，丰富民主形式，拓宽民主渠道，保证人民平等参与、平等发展权利，发展更加广泛、更加充分、更加健全的全过程人民民主。”[①] 包括民法典编纂在内的民事立法，正是在个体与国家的一致性基础上人民为自我立法的体现。除了该整体层面外，在具体层面，“人民性”的内涵至少包括以下要求：第一，人权的全民共享。人权主体具有普遍性和广泛性，以此区分于少数人或者部分人享有的特权，“共享发展是人人享有、各得其所，不是少数人共享、一部分人共享”[②]。第二，人权的平等共享。要充分保障所有社会成员平等参与、平等发展的权利，“我们坚持法律面前人人平等，把尊重和保障人权贯穿立法、执法、司法、守法各个环节，加快完善权利公平、机会公平、规则公平的法律制度”[③]。第三，人权的广泛充分。“共享发展就要共享国家经济、政治、文化、社会、生态各方面建设成果，全面保障人民在各方面的合法权益。”[④] 只有实现人权的全民共享、平等共享和广泛充分，才能实现中国人权发展道路的人民性。《民法典》作为基础性法律，对基本民事权利所做的规定和保护，始终坚持人权的人民性。

（一）基本民事权利保护坚持人权的全民共享

《民法典》承认所有的自然人都享有民事权利能力，进而明确了所有自然人的民事主体地位，同时规定自然人的权利能力始于出生、终于死亡，在此期间不可剥夺和消灭（第 13 条）。不仅如此，《民法典》还将民事权利的保护往两端部分延伸至出生前和死亡后，规定了胎儿的遗产继承、接受赠与等利益保护（第 16、1155 条），以及死者人格利益的保护（第 994 条），充分体现了全民共享的人权保护。

关于法人、非法人组织是否能够作为人权的主体，存在争论。在民事权利保

① 习近平在中央人大工作会议上的讲话，载《求是》2022 年第 5 期。

② 习近平在省部级主要领导干部学习贯彻党的十八届五中全会精神专题研讨班上的讲话，载《人民日报》2016 年 5 月 10 日。

③ 习近平：《坚定不移走中国人权发展道路 更好推动我国人权事业发展》，载《人民日报》2022 年 2 月 27 日。

④ 习近平在省部级主要领导干部学习贯彻党的十八届五中全会精神专题研讨班上的讲话，载《人民日报》2016 年 5 月 10 日。

护上，《民法典》承认法人和非法人组织能够成为财产权主体。但是，对于人格权，《民法典》一方面规定法人和非法人组织享有名称权、名誉权和荣誉权；另一方面，《民法典》第 110 条第 2 款对法人和非法人组织的人格权予以完全的封闭式列举，第 990 条第 2 款也仅明确了自然人人格权范围的开放性，因此，法人和非法人组织的人格权益不具有无限发展的可能性。

（二）基本民事权利保护坚持人权的平等共享

人权的平等共享首先意味着人权的形式平等。为将此种形式平等贯彻于民事权利保护上，《民法典》确认了民事主体的法律地位和自然人的民事权利能力平等（第 4、14 条），并确认了民事主体权利保护的平等（第 113、207 条）。在婚姻家庭和继承领域，《民法典》也确认了男女平等的原则（第 1041 条第 2 款、第 1055 条）以及非婚生子女和婚生子女的平等（第 1071、1127 条）。

平等共享进一步要求人权的实质平等，承认并尊重历史文化传统和社会结构中差异的人权主体对人权的特殊要求，加强对特定群体权益的平等保护和特殊扶助，促进所有人平等分享发展成果，“促进妇女儿童、老年人、残疾人等特定群体权益更有保障”①。《民法典》不仅关注形式平等，也关注实质平等，保障所有人的全面发展。对此，《民法典》首先采取了外接的方式，第 128 条规定，“法律对未成年人、老年人、残疾人、妇女、消费者等的民事权利保护有特别规定的，依照其规定”，将《民法典》与《妇女权益保障法》《未成年人保护法》《老年人权益保障法》《残疾人保障法》《消费者权益保护法》等特别法律中的注重实质平等的规范连接起来。同时，《民法典》也采取了内嵌的方式对特定群体权益的保护作出具体规定。《民法典》第 1041 条第 3 款确立了婚姻家庭领域中保护妇女、未成年人、老年人、残疾人合法权益的原则，具体而言：

第一，在妇女权益保护层面，考虑到妇女往往构成婚姻家庭关系中的弱势方，特别强调按照约定成为对方家庭成员的权利、夫妻各自使用自己姓名的权利、人身自由、夫妻对未成年子女的权利、相互扶养、日常家事处理权、遗产继

① 习近平：《坚定不移走中国人权发展道路 更好推动我国人权事业发展》，载《人民日报》2022 年 2 月 27 日。

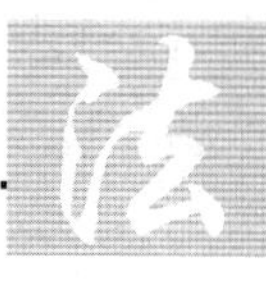

承权、共同财产处理权等各方面的平等以及保障妇女在家庭关系中的财产权（第1050条、第1056－1062条、第1126条），特别规定女方在怀孕期间、分娩后一年内或者终止妊娠后6个月内男方原则上不得提出离婚（第1082条）；在离婚后果上，《民法典》规定了离婚时的补偿、适当帮助以及损害赔偿请求权（第1088、1090、1091条），这也有益于妇女权益的保护。性骚扰大多是针对妇女，《民法典》专门规定了性骚扰的侵权责任（第1010条）。这些规定，有助于持续改善妇女发展环境，促进妇女依法平等行使权利、参与经济社会发展，共享发展成果。

第二，在儿童权益保护层面，《民法典》同样作出诸多规定。未成年人作为无行为能力和限制行为能力人，其所作出的法律行为无效或者原则上效力待定；但为了避免过多干涉未成年人人格的自由发展，特别规定了劳动成年规则以及限制行为能力人所作出的与其年龄、智力相适应的行为有效。在监护制度上，监护主体上确立了“家庭监护为主体、社会监护为补充、国家监护为兜底”的整体原则，同时尊重被监护人的真实意愿；监护职责行使上确立了最有利于被监护人并且尊重被监护人的真实意愿的原则，并规定了监护人资格的撤销和恢复，强化监护人对被监护人的监护职责行使。并且，通过收养制度的一系列规则加强对未成年人权益的保护，例如，禁止借收养名义买卖未成年人（第1044条第2款）；收养人应当具备的条件中尤其考虑到被收养未成年人的保护（第1098条）。在人格权益保护上，特别规定未成年人遭受性侵害的损害赔偿请求权的诉讼时效期间自受害人年满18周岁之日起计算（第191条），不满14周岁的未成年人的个人信息属于敏感信息而适用特殊的处理规则（第1035条和《个人信息保护法》第28－32条），明确教育机构对未成年人人身损害的责任。在婚姻家庭领域，强化对未成年人的抚养义务，离婚时子女抚养权和财产处理要遵循最有利于未成年子女的原则。由此，《民法典》坚持儿童优先原则，保障儿童生存、发展、受保护和参与的权利，促进儿童健康、全面发展。

第三，在老年人权益保护层面，《民法典》规定了成年意定监护（第33条）；从各方面强化对老年人的赡养义务；保障老年人的继承权，且通过继承制度鼓励

对老年人的赡养，例如尽了主要赡养义务的丧偶儿媳女婿作为第一顺序继承人（第1129条），分配遗产时对尽了主要赡养义务的继承人可以多分，而对有赡养能力和条件的继承人不尽赡养义务的不分或者少分（第1130条第3、4款）；老年人的婚姻不受子女干涉（第1069条）。所有这些，都有助于提高老年人权益保障水平，让老年人老有所养、老有所依、老有所乐、老有所安。

第四，在残疾人权益保护层面，除了民事行为能力制度的保护外，特别规定侵权造成残疾的应当赔偿辅助器具费和残疾赔偿金（第1179条），通过公共运输承运人的强制缔约义务保障残疾人的出行（第810条），据此促进残疾人的平等参与和社会融入，加强对困难和重度残疾人帮扶力度，保障残疾人共享社会发展成果。

（三）基本民事权利保护坚持人权的广泛充分

人身权、财产权、人格权是人的美好生活需要的动态延展，《民法典》坚持人权的广泛充分，加强对这些基本民事权利的保护。就人身权而言，《民法典》从各个方面保障生命健康。《民法典》明确规定了生命权、身体权和健康权，并且将生命权内容界定为生命安全和生命尊严，将身体权内容界定为身体完整和行动自由，将健康权内容界定为身心健康，扩充保护范围。在具体规则上，《民法典》加强重点领域安全保障，针对产品消费、机动车交通、生态环境、饲养动物、高空抛物等安全问题易发频发的领域，在归责原则、惩罚性赔偿等方面作出特别规定，以保障头顶上的安全、舌尖上的安全、车轮上的安全等；加强重点行业安全保障，针对医疗、高度危险作业、建筑施工等事故多发的高风险行业，同样在责任主体、归责原则等方面作出特别规定；加强重点场所安全保障，针对商场、银行、车站、机场、体育场馆、娱乐场所等公共安全风险大的人员密集场所特别规定安全保障义务。[①]《民法典》加强紧急情况时的生命健康保障，发生突发事件等紧急情况导致监护人暂时无法履行监护职责时的临时生活照料（第34条第4款）、危难情形中的法定救助义务（第1005条）、抢救生命垂危的患者无法取得同意时的经批准立即实施医疗措施的权利（第1220条）等。《民法典》也

---

① 参见黄文艺：《民法典与社会治理现代化》，载《法制与社会发展》2020年第5期。

加强了多元综合救济机制，将社会保险、商业保险、救助基金、侵权责任结合起来，在高空抛物侵权中引入可能加害的建筑物使用人的补偿责任作为最后救济措施。

就财产权而言，《民法典》扩大财产范围，确立了从有体财产到无体财产、从实体财产到虚拟财产、从生活资料财产到生产资料财产的多元形态；明确财产归属，确立财产权利可能冲突时的顺位，保护各类民事主体的财产权，完善住宅建设用地使用权自动续期规则，增补物业服务合同规则，明晰业主的各项权利；发挥财产效用，调整财产的使用价值和价值的利用，促进物尽其用，推动财产增值；将“社会主义”与“市场经济”有机结合，探索公有制前提下的财产利用方案，实现农地等“三块地”的“三权分置”等各项改革；推动财产交易，明确依法成立的合同受法律保护，划定网络交易合同的框架，通过担保和合同保全促使债权实现，扩展典型合同的种类；加强财产保护，对征收征用进行严格的条件和程序限制。

就人格权而言，首先，扩充人格权类型。除扩充既有权利类型的保护范围之外，《民法典》增加规定了对声音的保护，同时规定个人信息受保护，预留《个人信息保护法》的接口；第 990 条第 2 款规定了自然人享有基于人身自由、人格尊严产生的其他人格权益，据此回应社会发展所产生的新型人格权益保护需求，避免具体列举人格权所产生的封闭性，发挥对人格权益进行兜底性保护的功能，保持人格权制度发展的开放性。其次，界定人格权内容。《民法典》细致规定了各项人格权的权利内容、权利边界以及对应的行为人义务，明确人格权益的许可使用及其与人的尊严之间的协调，细化人格权在人体捐赠、人体临床试验、基因胚胎研究、深度伪造等各具体领域中的规则。最后，加强对人格权的预防和救济。《民法典》明确规定更正、删除等人格权请求权，增加快速保护人格权的人格权侵害禁令制度，实现对人格权侵害的预防功能；确立侵害人格权的请求权竞合时的精神损害赔偿，规定侵害人格权的一些责任请求权不适用诉讼时效，细化消除影响、恢复名誉、赔礼道歉的责任形式；同时将人格权保护的规则参照适用于身份权利的保护。

三、基本民事权利保护坚持人权的发展性

习近平总书记指出，“实现人民充分享有人权是人类社会的共同奋斗目标。人权保障没有最好，只有更好”①；“要顺应人民对高品质美好生活的期待，不断满足人民日益增长的多方面的权利需求”“确保人民依法享有广泛充分、真实具体、有效管用的人权”②。这要求进一步推进人权保障机制，对基本民事权利的保护也指出了发展方向。

人权作为一种框架性权利，其内涵和外延并不是封闭的，而是随着经济生活文化条件的变化发展而不断具体化和持续发展，不存在脱离于特定时代条件所能产生和实现的人权。人权的这种动态发展的属性决定了我们在尊重和保障人权的过程中，不能以一种封闭和固定的视角来看待我们应当尊重和保障的基本民事权利的范围，而是要不断面向新的社会经济条件所带来的新问题和新挑战。

人权的发展性也暗含了人权的实现和发展需要立足于特定的社会经济条件，不能超越特定的社会发展阶段，否则就是空中楼阁。习近平总书记指出：“人权是历史的、具体的、现实的，不能脱离不同国家的社会政治条件和历史文化传统空谈人权。”③ 例如，西方一些学者认为言论自由是绝对的，但事实上，任何国家也不可能允许和接受绝对的言论自由。相反，人权保障必须与国情相结合，人权的发展总是和每个国家的历史、经济、时代和文化密切相关。这在基本民事权利的保障方面体现得尤为突出。基本民事权利存在于平等主体之间，假定了民事主体之间是平等的，对此，近代民法并不考虑农民、手工业者、制造业者、企业家、劳动者等之间的区别，民法中的人是不考虑各种人力、财力等差异的抽象的

① 习近平：《致“2015·北京人权论坛”的贺信》，载《人民日报》2015年9月17日。

②③ 习近平：《坚定不移走中国人权发展道路 更好推动我国人权事业发展》，载《人民日报》2022年2月27日。

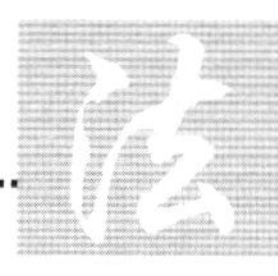

人，所追求的是一种形式意义上的平等。[①] 但是，民事主体之间可能存在实质性的不对等。例如，相比于消费者，经营者具有更强的经济地位；相比于信息主体，个人信息处理者具有更强的“数据权力”。为了充分尊重和保障人权，法律秩序还应当在承认主体之间存在实质性的不对等的基础上，规定和保护政治权利和经济文化权利。因此，在坚持传统民法的形式主义平等观的基础上追求适度的实质平等，基本民事权利的充分保障也要和社会经济条件相适应。例如，《民法典》基于中国目前社会经济结构的基本立场，通过动态系统协调人格权保护与新闻报道、舆论监督、创作自由、数据共享利用等其他价值。

基本民事权利保护坚持人权的发展性，首先意味着，基本民事权利保护要随着数字技术等高科技发展以及市场发展而不断推进完善，对人身权、财产权、人格权等进行更加充分的保护，构建更有效率和安全、事前预防与事后救济并重的保护机制。具体表现为如下方面。

第一，人身权的保护要随着生物技术等高科技发展而不断发展。人身权在民法意义上包括人格权和基于婚姻家庭所产生的身份权，而从人权的意义而言，更多地指生命、人身自由和人身安全等。[②] 科学技术迅猛发展的同时，也在深刻地改变着人类社会，一旦科学技术被滥用，将对人类福祉造成不利影响。例如，人类辅助生殖技术的发展使得人体胚胎已经具有了生命的形态，使得生命尊严具有丰富的延展性。基因编辑技术的发展可能可以使新生儿对某种疾病天然地带有免疫能力，但是也在伦理层面和社会层面冲击人权。《民法典》第 1009 条规定：“从事与人体基因、人体胚胎等有关的医学和科研活动，应当遵守法律、行政法规和国家有关规定，不得危害人体健康，不得违背伦理道德，不得损害公共利益。”《民法典》对基因编辑的科学活动进行规制，可以推动和指引后续立法，强化基本民事权利的保护，进一步实现人权保障。

---

① 参见［日］星野英一：《私法中的人》，王闯译，中国法制出版社 2004 年版，第 34 - 35 页；［德］拉德布鲁赫：《法学导论》，米健译，中国大百科全书出版社 1997 年版，第 66 页。

② 《国家人权行动计划（2021—2025）》中称之为生命权和人身权利；《世界人权宣言》第 3 条规定：“人人有权享有生命、自由和人身安全。”

第二，人格权的保护应当随着数字技术的发展不断地丰富和完善。这一方面体现在人格权上，随着数字技术的发展，人格权更加容易受到侵害，而且不及时制止将使权利主体的合法权益受到难以弥补的损害。例如，在自媒体时代，网络话语权不断下沉，网络暴力频繁发生；信息泄露已经成为一种社会公害，时刻威胁着公民的人身、财产安全。美国学者 Froomkin 提出了“零隐权”的概念，认为各种高科技、互联网的发明在给人类带来巨大福祉的同时，也对我们的隐私权保护带来了巨大威胁。[①] 另一方面，在数字时代，人格权益往往被数字化，随着数字技术的发展，特别是由于算法黑箱和算法歧视所引发的问题，我国《个人信息保护法》第 24 条第 1 款已经明确禁止“大数据杀熟”，要尊重用户的算法解释权和公开权，以保证算法的公开透明、合理，维护个人的人格尊严。

第三，财产权的保护应当随着市场经济的发展不断强化。首先，要求强化平等保护原则。建立全国统一大市场，构建新发展格局，促进商品要素资源在更大范围内畅通流动，必须明确基本的交易规则，促进交易安全和意思自治的实现；同时要建立和完善统一的产权保护制度，依法平等保护各种所有制的经济产权，依法保护企业产权以及企业家人身、财产安全。其次，要加强推进知识产权战略，强化知识产权新产品的保护，鼓励科技创新，促进科技进步和发展。再次，为适应互联网和数字技术的发展，财产要素、财产类型日益多样化，财产范围不断扩张，从有形财产扩张到数据等无形财产，《民法典》第 127 条规定数据与网络虚拟财产受法律保护，充分体现了基本民事权利与时俱进的特点。此时，要构建数据产权的统一规则，基于数据的非竞争性和非排他性，采取“权利束”这种更为功能化、灵活和实用的财产理论界定数据产权，以促进数据产权市场的发展。最后，在财产权的保护上，网络诈骗、非法的网络借贷等时刻威胁着人们的财产安全，需要构建更为安全的财产权保护机制。

基本民事权利保护坚持人权的发展性，也意味着基本民事权利的保护还要求不断全面推进依法治国，推动实现治理体系和治理能力的现代化。人权保障机制

---

① See A. Michael Froomkin, “Cyberspace and Privacy: A New legal Paradigm? The Death of Privacy?”, 52 *Stan. L. Rev.* 1461 (2000).

是一个多元综合治理机制，在国内和全球人权治理中，要坚持共享发展理念，而这其中包括共建共享，“这是就共享的实现途径而言的。共建才能共享，共建的过程也是共享的过程。要充分发扬民主，广泛汇聚民智，最大激发民力，形成人人参与、人人尽力、人人都有成就感的生动局面”①。在人权保障机制中，“要加强人权法治保障，深化法治领域改革，健全人权法治保障机制，实现尊重和保障人权在立法、执法、司法、守法全链条、全过程、全方位覆盖，让人民群众在每一项法律制度、每一个执法决定、每一宗司法案件中都感受到公平正义”②。加强基本民事权利保护是推进人权法治保障的重要组成，这同样涉及立法、执法、司法等所有方面。一方面，《民法典》直接涉及民事主体的权利义务关系，所以，“国家机关履行职责、行使职权必须清楚自身行为和活动的范围和界限。各级党和国家机关开展工作要考虑民法典规定，不能侵犯人民群众享有的合法民事权利，包括人身权利和财产权利。同时，有关政府机关、监察机关、司法机关要依法履行职能、行使职权，保护民事权利不受侵犯、促进民事关系和谐有序。民法典实施水平和效果，是衡量各级党和国家机关履行为人民服务宗旨的重要尺度”③。《民法典》的生效实施涉及立法、执法、司法、普法等各个层面，各级政府和机关都要把《民法典》作为各项活动的重要标尺，不得违背法律法规随意作出减损民事主体权益或增加其义务的决定。另一方面，司法机关要加强民事司法，提高民事权利的保护水平和效率，畅通司法救济渠道，统一法律适用标准，加强民事权利保护重点领域的审判、监督指导和民事检察。习近平总书记进一步指出：“对滥用查封、扣押、冻结财产等强制措施，把民事纠纷刑事化，搞选择性执法、偏向性司法的，要严肃追责问责。”④ 这意味着，在很多问题上，甚至

① 习近平在省部级主要领导干部学习贯彻党的十八届五中全会精神专题研讨班上的讲话，载《人民日报》2016 年 5 月 10 日。

② 习近平：《坚定不移走中国人权发展道路 更好推动我国人权事业发展》，载《人民日报》2022 年 2 月 27 日。

③ 习近平：《充分认识颁布实施民法典重大意义 依法更好保障人民合法权益》，载习近平：《论坚持全面依法治国》，中央文献出版社 2020 年版，第 280 页。

④ 习近平：《为做好党和国家各项工作营造良好法治环境》，载习近平：《论坚持全面依法治国》，中央文献出版社 2020 年版，第 254－255 页。

要坚持民法保障的优位，严格区分民事纠纷与行政违法、刑事犯罪，不得运用行政、刑事手段介入民事性质的经济纠纷。唯其如此，方能充分保障基本民事权利的实现，满足人民群众日益增长的美好幸福生活的需要。

四、结语

当今世界，促进人权事业的发展已成为人类社会的共识，对人的尊重和保护被提升到前所未有的高度，尊重和保障人权既是宪法的基本要求，也是国家和社会的基本责任。只有尊重和保障人权，才能拥抱世界，和世界对话，也才能真正构建人类命运共同体。据此，民法学研究也要依托我国人权事业发展的生动实践，体现继承性和民族性、原创性和时代性、系统性和专业性，促进人权学科和民法学科的交叉融合，推动从一般观念到学科体系、学术体系和话语体系的发展，注重从基本民事权利保护的角度讲好中国人权故事。

坚持以习近平法治思想为指导，加强涉外法治人才培养*

加强涉外法治人才培养，建设一支通晓国际法律规则、善于处理涉外法律事务的涉外法治人才队伍，是以习近平总书记为核心的党中央关于新时代全面依法治国的重要决策部署。习近平总书记在中央全面依法治国委员会第二次会议上强调“专业人才培养要跟上”，在十九届中央政治局第三十五次集体学习时再次强调“要加强涉外法治人才建设”。无论是建设更高水平开放型经济新体制，推动贸易和投资自由化便利化，还是积极参与全球治理体系改革，在很大程度上都依赖于一大批高素质的涉外法治人才。法学院校是法治人才培养的第一阵地，在法治人才培养中发挥着基础性、先导性作用。在全面依法治国新征程上，法学院校要坚持以习近平法治思想为指导，从培养导向、知识体系、能力素质、培养模式等方面入手进行深入探索，努力培养一大批堪当新时代涉外法治工作重任的优秀法治人才。

* 原载于《民主与法治》编辑部：2022年《习近平法治思想研究与实践》专刊。

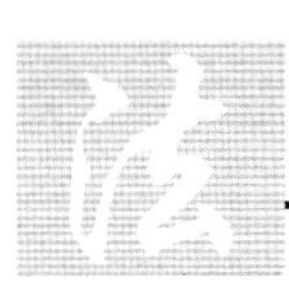

一、树立正确的人才培养导向，解决好培养什么样的涉外法治人才问题

人才培养目标决定着人才培养的方向、立场和方法。习近平总书记就法治人才培养作出了一系列重要论述，深刻指明了涉外法治人才培养的正确导向。

一是具有坚定的理想信念。2017 年，习近平总书记在中国政法大学考察时指出："坚持以马克思主义法学思想和中国特色社会主义法治理论为指导，立德树人，德法兼修，培养大批高素质法治人才。"2021 年，习近平总书记在十九届中央政治局第三十五次集体学习时强调："努力培养造就更多具有坚定理想信念、强烈家国情怀、扎实法学根底的法治人才。"我国涉外法治人才应当具有坚定的理想信念，把对马克思主义的信仰、对中国特色社会主义的信念作为毕生追求，忠于党、忠于国家、忠于人民、忠于法律，成为习近平法治思想的坚定信仰者、积极传播者、模范实践者。为此，涉外法治人才培养，必须落实立德树人根本任务，强化思政铸魂功能，扎实推进习近平法治思想进教材、进课堂、进头脑，提高涉外法治人才运用习近平法治思想观察、分析、处理复杂法律问题的能力。

二是具有德才兼备的道德品行。习近平总书记指出："法学教育要坚持立德树人，不仅要提高学生的法学知识水平，而且要培养学生的思想道德素养。首先要把人做好，然后才可能成为合格的法治人才。"① 习近平总书记曾引用蔡元培先生的名言"若无德，则虽体魄智力发达，适足助其为恶"，强调学生思想道德素养的重要性。涉外法治人才不仅要具备基本的道德操守，坚守法律职业伦理，更需要胸怀人类前途命运的使命担当。近年来，中国人民大学等高校积极探索将涉外法治人才道德素质培养落到实处的具体途径，其中包括：全面改革法律职业伦理课程体系和教学方法，开设涉外法律谈判、全球法律与战略等涉外法治专门课程、系列讲座和圆桌会议，让学生在日常学习中感受道德伦理在涉外法治工作

① 习近平：《全面做好法治人才培养工作》（2017 年 5 月 3 日），载习近平：《论坚持全面依法治国》，中央文献出版社 2020 年版，第 179 页。

中的重要性；引导学生更多参与法律咨询、普法宣传、法律援助等公益服务，让学生在实践活动过程中增强社会责任感和正义感。

三是具有明法笃行的法治信念。习近平总书记曾指出："很多出了问题的领导干部，法律是学过的，法律知识也是有的，但都不过心，不过脑子，到了实际问题面前就忘得一干二净。这些人不仅害了自己，也贻害党和人民事业。"① 因此，习近平总书记提出："希望法学专业广大学生德法兼修、明法笃行，打牢法学知识功底，加强道德养成，培养法治精神，而且一辈子都坚守，努力用一生来追求自己的理想。"中国人民大学积极鼓励和支持学生们参加"红船领航""千人百村""街巷中国"等社会调研和实践活动，让他们在用脚步丈量祖国大地、用眼睛发现中国精神、用耳朵倾听人民呼声、用内心感应时代脉搏的过程中，感悟我国法治建设的成就，增强作为一名法律人的光荣感和使命感，并将此贯穿学业全过程、融汇在事业追求中。

四是具有求真务实的扎实功底。法治是治国理政的基本方式，要担负国家法治建设重任必须具备良好的法学素养。习近平总书记指出，"首先要打牢法学基础知识，同时要强化法学实践教学"②，从理论与实践的角度指出了养成良好法学素养的关键。相对于国内法治，涉外法治在理论、知识和技能等方面都存在一些特殊性，由此也对人才培养的求真务实提出了更高标准、更严要求。强调"求真"，就是要通过构筑"国际法基础课—多门专业特色课—分层次选修课"多阶课程体系和"通识类—技能类—专业类—实践类"多元课程模块，努力在原理、规则、制度等层面把涉外法治相关内容讲深讲透讲活。注重"求实"，就是要与我国法院、检察院、司法行政部门以及律师事务所、企业等实际工作部门，与联合国相关机构、其他国际组织展开深度合作，通过把优质实践教学资源"引进来"和学生去这些部门、机构和组织实习等"走出去"，全方位提升学生的专业技能、实操能力和实务经验。

---

① 习近平：《全面做好法治人才培养工作》（2017 年 5 月 3 日），载习近平：《论坚持全面依法治国》，中央文献出版社 2020 年版，第 180 页。

② 习近平：《全面做好法治人才培养工作》（2017 年 5 月 3 日），载习近平：《论坚持全面依法治国》，中央文献出版社 2020 年版，第 177 页。

五是具备内外融通的开放胸怀。涉外法治工作一头牵涉国内法治和国内法律规范体系，另一头又涉及国际法治和国际法律规则体系。涉外法治人才培养应当注重引导学生形成内外融通的开放胸怀，特别要妥善处理好两对关系：其一，国内法学理论与国际法律规则之间的关系。任何规则及其应用都有其理论基础，不了解这些基础很难真正掌握规则，更不用说准确合理地运用这些规则来展开合作、竞争甚至斗争。在培养涉外法治人才时，应当注重揭示国际法律规则背后的理论预设、政治立场和利益关系，以擦亮学生的“眼睛”。与此同时，要继续推进中国特色社会主义法治理论的发展，为国际秩序和世界法治文明贡献中国智慧，提升我国参与国际规则制定的话语权。其二，家国情怀与世界胸怀的关系。涉外法治人才应当具有强烈的家国情怀，心怀“国之大者”，为国分忧、为国解难、为国尽责，树立不负人民的家国情怀，为党和人民的事业拼搏奉献；同时，也应当心怀天下、兼济天下，把握世界百年未有之大变局，有志为世界和平与人类发展事业服务。

二、构建完整的法律知识体系，解决好涉外法治人才培养应传授什么专业知识的问题

面对当前更为复杂的世界格局，加强涉外法治人才培养是中国法学教育对时代之题的回应。党的十八大以来，习近平总书记就法学教育和法治人才培养作出了一系列重要指示，为涉外法治人才培养指明了方向。涉外法治人才肩负着创新引领、战略竞争、合作共赢的重要使命，必须将习近平法治思想融入涉外法治人才培养全过程，构建起具有涉外法治特色的法律专业知识体系。涉外法治人才所应掌握的法律专业知识包含本国法、国别法、比较法、国际法等四大类别。

一是夯实本国法知识基础。本国法是法治人才培养的基础，也是涉外法治人才培养的根基。中国特色社会主义法律体系已经形成并不断完善，我国各领域法律制度已经相对成熟，我国法学学科体系和知识体系日益健全。只有系统地掌握中国法律知识，涉外法治人才才有可能对涉外法治问题提出中国方案，更好地服

务国家法治建设战略。当然，涉外法治人才培养与一般法治人才培养还是有所不同，教学重点应更侧重于我国国内法中含有涉外内容的部分，即我国宪法、民法、刑法、行政法等法律部门中调整含有涉外因素法律关系的内容。例如，对外事务的权力分配、条约的缔结与批准、国际法在国内的适用、管辖规则、豁免规则等内容及反外国制裁法等涉外斗争的法律。

二是掌握必要的国别法知识。随着我国全方位对外开放格局的确立，以及"一带一路"倡议、全球发展倡议等倡议的实施，我国公民和企业同世界各国和地区的往来更加密切，我国的海外利益保护问题迫在眉睫。近年来，境外侵犯我国公民、企业合法权益的事件呈上升之势。这就迫切要求树立海外利益拓展到哪里、安全保护和法治服务就跟进到哪里的理念，加快构建海外安全保护体系，建立健全涉外工作法务制度，及时向赴境外人员提供安全保护和法律服务，支持公民和企业在境外依法维权。这也要求培养一大批熟悉各国国别法的涉外法治人才，专门从事安全保护和法治服务工作。总体而言，我国法学法律界对西方主要国家的法律制度较为了解，而对拉丁美洲、非洲、亚洲等区域的许多国家的法律制度了解不够。比如，目前我国熟悉"一带一路"沿线发展中国家国别法的涉外法治人才仍然相当稀缺。传统国别法教学和研究更多地聚焦于相关国家宏观性和基础性法律知识，而较少从实战实践的角度研究如何应用国别法来保护我国海外利益。当前，世界上有 190 多个主权国家，任何一所法学院校都无法独自承担这么多国别法的研究和教学工作。因此，在有关部门的统筹协调下，各个法学院校应当从各自情况出发，进行适当合理的分工，各有侧重地从事必要的国别法研究和教学工作，培养相关国别法的涉外法治人才。

三是熟悉比较法知识。比较法是现代法学学科体系中的一门重要学科，对于涉外法治人才培养至关重要。传统比较法较为注重对各国法律体系及其结构、概念、制度的比较研究，这对于了解世界各国法律的总体情况大有裨益。当代比较法不仅对各国法律体系进行宏观比较和微观比较，更为重视对当今世界法律总体格局演变及其规律的研究。比如，对法律多样性问题的研究，揭示了人类法律制度多样性的成因、多样性的具体体现、多样性与统一性的关系。又如，对各国法

律文化相互作用的研究，揭示了各国法律文化是如何互动的、这种互动将产生什么样的结果。这些比较法知识，对涉外法治人才更好理解各国法律制度异同的原因，更好把握世界法律发展趋势和规律，更好掌握跨法域沟通技巧和方法，具有重要理论和实践价值。

四是系统掌握国际法知识。国际法知识是涉外法治人才必备的基础性知识。我国涉外法治人才培养的一个重要任务，是培养一大批能到国际组织特别是国际司法机构、国际仲裁机构任职或办理业务的优秀法治人才，让全球法律舞台上有更多中国面孔、中国声音、中国元素。具体来说，就是需要培养在国际司法机构、国际仲裁机构中能够独当一面、赢得案件的国际法律师，在国际组织中能够担任高级法律官员的国际法实务人才，能够在多边条约谈判和国际软法的造法过程中具有说服力、影响力的国际法专家。当前，国际法已发展出一个包括大量分支学科的法学学科群，产生了一个相当复杂的知识体系。涉外法治人才培养必须把国际法教学摆到重要位置，把握国际法的发展趋势，加强国际法案例教学等实践教学的比重，提高学生国际法实务操作能力。

三、瞄准涉外法治工作战略布局需求，解决好涉外法治人才应具备哪些能力的问题

加强涉外法治工作战略布局，构建起与大国地位相适应的涉外法治体系，是以习近平总书记为核心的党中央在新时代作出的重大战略部署。习近平总书记指出："要加快涉外法治工作战略布局，协调推进国内治理和国际治理，更好维护国家主权、安全、发展利益。"① 这就要求涉外法治人才培养要瞄准涉外法治工作战略布局需求，提高涉外法治人才的综合能力素质。

一是熟练运用法律外语的能力。熟练运用法律外语进行沟通交流，这是涉外法治人才在国际法律舞台上施展身手所应具备的一项基本功。然而，长期以来，

① 习近平：《坚定不移走中国特色社会主义法治道路 为全面建设社会主义现代化国家提供有力法治保障》，载《求是》2021年第5期，第13页。

法律外语能力的不足一直是我国法治人才培养工作的短板之一。近年来，法学院校学生运用外语进行日常生活交流的能力逐步提高，但运用专业外语从事法律工作的能力仍然有所欠缺，毕业后难以直接适应涉外法治工作环境。当前，我国涉外法治领域的高端外语人才寥寥无几。这不仅表现为精通小语种的涉外法治人才匮乏，也表现为精通法律英语的涉外法治人才不足。因此，适应涉外法治建设的巨大人才需求，法学院校应加大法律外语教学的分量，切实提升学生的专业外语交流能力。

二是精通涉外法务谈判的能力。涉外法治人才应具有精通国际谈判的能力，能够对接国家重大需求，有效参与涉外法务实践。随着我国改革开放的进一步深化，国家间的沟通、磋商和谈判成为至关紧要的环节。因此，涉外法务谈判能力成为开展国际交往最基本、最关键的能力之一。无论是政府间交往，还是我国企业开展国际业务，都需要一大批精通涉外法务谈判能力的涉外法治人才，以国际规则为指引，熟悉国别法，练就过硬的法务谈判能力，审时度势地开展涉外法律谈判，切实维护我国主权、安全、发展利益。

三是通晓和起草国际规则的能力。随着我国日益走向世界舞台中央，我国在国际规则体系中所扮演的角色，正在从规则“接受者”“参与者”向规则“制定者”“引领者”转变。习近平总书记多次强调，我们要积极参与国际规则制定，推动全球治理体系变革。推动建设国际经济金融领域、新兴领域、周边区域合作等方面的新机制新规则，推动建设和完善区域合作机制，加强周边区域合作，加强国际社会应对资源能源安全、粮食安全、网络信息安全、应对气候变化、打击恐怖主义、防范重大传染性疾病等全球性挑战的能力。我国涉外法治人才要具有通晓和起草国际规则的能力，能够聚焦当前各国共同关心的全球公共问题，提出凝聚中国智慧和中国价值、能为国际社会普遍接受的国际规则。

四是办理涉外法律案件的能力。能够熟练地办理涉外法律案件，是涉外法治人才应当具备的基础性能力。当前，我国能够在国际仲裁和司法机构熟练办理涉外法律案件的法治人才比较匮乏，与我国的大国地位不相称。习近平总书记深刻指出：“这些年来，我国涉外法律服务业有了长足发展，但同快速增长的需求并

不相配。目前，国内能够熟练办理涉外法律业务的律师只有七千二百多名，能够办理‘双反双保’业务的律师不到六百名，能够在世界贸易组织上诉机构独立办理业务的律师只有三百多名。国内企业大量的涉外业务都被欧美律所拿走了，其中蕴含着很大的安全风险。”① 截至目前，中国在世界贸易组织被其他成员起诉的案件49起，起诉其他成员的案件22起，作为利益相关第三方，参与了192起案例。但是，不仅世界贸易组织争端解决机构中的中国籍法官数量非常有限，且当前代理我国开展诉讼活动的主要还是欧美律师，这与我国涉外法治人才供给不足有关。因此，我国涉外法治人才培养要增强实战性与实践性，提高办理涉外法律案件的能力。

五是涉外法治统筹协调的能力。这是对涉外法治工作领导人才的素质要求。无论是党政机关、人民团体的涉外法治工作部门领导干部，还是企业、律所等单位的涉外法务高管，不仅要掌握办理具体业务的技能，还要懂得部门协调、团队管理的艺术。在统筹推进国内法治和涉外法治的大背景下，涉外法治工作领导人才应树立全局意识和大局观念，善于建立和使用信息共享、分析研判、多方联动等机制，协调解决涉外法治工作中的重大问题，形成涉外法治工作大协同格局。

四、创新完善人才培养模式，解决好如何培养复合型涉外法治人才的问题

复合型涉外法治人才培养，不能只靠法学院校单打独斗，还需要整合各种力量资源，构建内外贯通、多方协同的人才培养模式。习近平总书记指出，要打破高校和社会之间的体制壁垒，将实际工作部门的优质实践教学资源引进高校，加强法学教育、法学研究工作者和法治实际工作者之间的交流。② 这实际上也为涉外法治人才培养模式的创新指明了方向。涉外法治人才培养的关键就在于通过多

① 习近平：《为做好党和国家各项工作营造良好法治环境》（2019年2月25日），载习近平：《论坚持全面依法治国》，中央文献出版社2020年版，第257页。

② 参见《习近平在中国政法大学考察时强调 立德树人德法兼修抓好法治人才培养 励志勤学刻苦磨炼促进青年成长进步》，载《人民日报》2017年5月4日，第1版。

环节的学习和训练，提高学生准确分析事实、解决矛盾纠纷的能力，使其未来成为涉外法律实践的业务能手和高手。

一是坚持知识教学和实践教学相互衔接。习近平总书记指出："法学学科是实践性很强的学科。法学教育要处理好法学知识教学和实践教学的关系。"① 涉外法治人才培养不能仅仅局限于课堂知识教学，还需要深入开展法律实践教学。课内实践教学应注重知识传授与应用导向的结合，突出"基础性、知识性、应用性"，而课外实践教学须侧重实践能力的升级与提高，突出"创造性、探索性、研究性"。中国人民大学法学院在课程体系、教学方法方面，增加案例教学、编写高质量的案例教材，办好模拟法庭、法律诊所，鼓励学生参与辩论式教学和辩论大赛，鼓励学生参与实践、重视并支持学生参与实践活动，积极开展覆盖面广、参与性高、实效性强的专业实习，引导学生勤于实践、知行合一，在实践中获得知识、运用知识，将理论知识与社会实际相结合，培养学生学有所用的实践精神。中国人民大学法学院主办了"杰赛普（JESSUP）国际法模拟法庭比赛中国赛区选拔赛""牛津大学普莱斯（PRICE）传媒法模拟法庭亚太地区选拔赛"等重大国际赛事，支持学生积极参与威廉·维斯（Willem C. Vis Moot）国际商事仲裁模拟仲裁庭辩论赛等国际模拟法庭赛事，多次取得冠军、亚军等重要奖项。

二是坚持法学院校和法治实务部门相互协同。按照习近平总书记的重要指示，应打破法学院校和社会之间的体制壁垒，构建法学院校与法治实务部门联合培养机制，把涉外法治实践的最新经验和生动案例带进课堂教学中。这就要求推进人员互聘，鼓励教师到实务部门挂职，聘请校外导师，邀请实务部门人员到学院开坛设讲，强化理论和实践部门的结合。中国人民大学法学院鼓励、支持专家学者挂职中央依法治国办、最高人民法院、最高人民检察院等国家机关，推进、完善涉外法治人才培养中的"实务导师"制度，在已有的法律硕士校外实务导师实践经验的基础之上，2022 年春季学期又开启了专门对接涉外法治人才培养的

① 习近平：《全面做好法治人才培养工作》（2017 年 5 月 3 日），载习近平：《论坚持全面依法治国》，中央文献出版社 2020 年版，第 177 页。

校外导师制度。

三是坚持法学院校和外语院校相互合作。法学院校在涉外法治人才的培养中，迫切需要加强与外语院校合作，提升涉外法治人才的国际传播能力、国际交往能力和国际法治建设能力。从法务市场需求来看，精通小语种的涉外法治人才特别稀缺。为此，中国人民大学依托中国人民大学法学院，推进法学院和外语学院跨学院联合培养模式，并推进与北京外国语大学等高校合作，设计了“法律＋外语＋N”的课程体系、教学体系，致力于培养法律专业素质高、外语交流能力强的高层次涉外法治人才。

四是坚持境内培养和境外培养相互结合。由于相当多涉外法治人才都要到境外工作，在培养环节就要创造在境外学习或实训的机会，以尽早适应境外工作环境和要求。“境内＋境外”联合培养是涉外法治人才培养的最佳模式。在教学环节，北京、上海等地不少法学院校已率先开展这种联合培养模式的探索，积极拓展与国际高水平大学法学院的合作渠道，积极推进教师互派、学生互换、课程互通、学分互认和学位互授联授等实质性合作。在实习实训环节，一些法学院校加强与国际组织的合作，为学生到国际组织实习实践创造更好条件，支持学生到相关国际组织工作。中国人民大学“中欧欧洲法”国际组织后备人才培养项目在这方面积累了一定经验，通过与日内瓦大学连续八年合作，选送国内五所院校的优秀申请者赴日内瓦大学联合培养，研究国际法和欧洲法，并且推荐优秀学员赴世界贸易组织、联合国、欧洲人权法院等国际组织实习，培养了一批年轻的涉外法律人才。

当今世界正处于百年未有之大变局，国际形势风云变幻，世界面临的不稳定性、不确定性十分突出，国与国之间的竞争日益激烈。习近平总书记在十九届中央政治局第三十五次集体学习时指出：“从国际看，世界进入动荡变革期，国际竞争越来越体现为制度、规则、法律之争。”涉外法治人才的竞争也十分激烈。因此，法学院校要坚持以习近平法治思想为指导，进一步推进法学教育改革，努力提高人才培养质量，培养造就一大批高素质的涉外法治人才，为全面推进依法治国提供强有力的人才保障。

后　记

本卷主要收集了自2021年1月1日《民法典》实施以来，笔者在有关报纸杂志上发表的学术论文。围绕《民法典》的贯彻实施以及数字法治建设，笔者撰写了一系列论文，并汇集成本辑，以求教于同仁和读者。在本书撰写过程中，中国人民大学法学院朱虎教授、中央财经大学王叶刚副教授、南京大学法学院潘重阳博士等人都提供了大量帮助，中国人民大学法学院边琪、包丁裕睿博士后也协助查找和翻译了一些德文资料，中国人民大学出版社也为本书的出版提供了大力帮助，在此一并致谢。

图书在版编目（CIP）数据

中国民商法研究文丛：典藏本. 第十一卷/王利明著. -- 北京：中国人民大学出版社，2024.3
ISBN 978-7-300-32485-2

Ⅰ. ①中… Ⅱ. ①王… Ⅲ. ①民商法-中国-文集
Ⅳ. ①D923.04-53

中国国家版本馆 CIP 数据核字（2024）第 025158 号

中国民商法研究文丛（典藏本）（第十一卷）
王利明 著
Zhongguo Minshangfa Yanjiu Wencong（Diancangben）

出版发行	中国人民大学出版社		
社　　址	北京中关村大街 31 号	**邮政编码**	100080
电　　话	010－62511242（总编室）		010－62511770（质管部）
	010－82501766（邮购部）		010－62514148（门市部）
	010－62515195（发行公司）		010－62515275（盗版举报）
网　　址	http://www.crup.com.cn		
经　　销	新华书店		
印　　刷	涿州市星河印刷有限公司		
开　　本	720 mm×1000 mm　1/16	**版　　次**	2024 年 3 月第 1 版
印　　张	48.25 插页 4	**印　　次**	2024 年 3 月第 1 次印刷
字　　数	704 000	**定　　价**	298.00 元